Reginald R. Isaacs · *Walter Gropius*

Reginald R. Isaacs

Walter Gropius

Der Mensch und sein Werk

Band 1

Gebr. Mann Verlag · Berlin

Aus dem Amerikanischen übersetzt
und für die deutsche Ausgabe bearbeitet
von Georg G. Meerwein

CIP-Kurztitelaufnahme der Deutschen Bibliothek

Isaacs, Reginald R.:
Walter Gropius : d. Mensch u. sein Werk / Reginald R. Isaacs.
[Aus d. Amerikan. übers.
u. für d. dt. Ausg. bearb. von Georg G. Meerwein]. – Berlin : Mann
Aus d. Ms. übers.
NE: Meerwein, Georg G. [Bearb.]
Bd. 1. Die Grundlagen : d. Zeit bis zum Weggang
aus Deutschland. – 1983.
ISBN 3-7861-1372-6

Frontispiz: W. Gropius. Porträtaufnahme aus der Weimarer Bauhauszeit,
vermutlich von Luis Heldt

Der Verlag dankt den Wissenschaftlern des Bauhaus-Archiv, Berlin,
für die gewährte Hilfe bei der Sichtung des umfangreichen Archivmaterials.

Copyright © 1983 by Gebr. Mann Verlag · Berlin
Alle Rechte einschließlich Fotokopie und Mikrokopie vorbehalten
Satz: Utesch Satztechnik GmbH · Hamburg
Reproduktionen: Carl Schütte & C. Behling · Berlin
Druck und Bindearbeiten: Franz Spiegel Buch GmbH · Ulm
Entwurf des Schutzumschlages: Wieland Schütz · Berlin
Printed in Germany 1983 · ISBN 3-7861-1372-6

Reginald R. Isaacs

Walter Gropius
Der Mensch und sein Werk

Aus dem Inhalt von Band 2

IV BERLIN 1928 – 1934

Reise in die Vereinigten Staaten
Eindrücke – Prosperität – Armut – Neger, Indianer und ihre Kulturen – Wohnungsbau, jüngste Entwicklung, Trends – Die Bauindustrie.
Planungsarbeiten und Bauten
Wohnung und Büro – Gedanken über Stadtentwicklung – Wohnhochhäuser im Grünen – Siedlungsbau – Die erste Ehrendoktorwürde – Die Reichsforschungsgesellschaft – Spandau-Haselhorst – Siemensstadt – Das Aschrott-Wohlfahrtszentrum für Kassel – Entwürfe von Möbeln und Einrichtungsgegenständen für das Kaufhaus Feder – Karosserieentwürfe für die Adler-Automobilwerke – Wohnhochhäuser – Die Werkbund-Ausstellung in Paris und die Deutsche Bauausstellung in Berlin – Ein »Justizpalast« für Berlin – Das Ukrainische Staatstheater – Der Palast des Obersten Sowjet – Das Kupferne Haus – Projekte für Argentinien – Das Wachsende Haus.
Das Bauhaus unter neuer Leitung: Meyer und Mies van der Rohe
Eheprobleme: Freiheit und Partnerschaft
Ferien in Ascona – Der »Geist von Ascona« – Das Dreieck – Versöhnungsbemühungen – Das »Experiment« von Arosa.
Die nationalsozialistische Machtübernahme – Verunglimpfung des Bauhauses und der Berufsverbände
Die neuen Machthaber – Die Verlegung des Bauhauses nach Berlin und seine Schließung – Reise nach Leningrad – Wettbewerbe unter Nazi-Regie – Umgang mit den neuen Machthabern – Einladungen aus den Vereinigten Staaten – Die Erkrankung der Tochter Manon.
Weggang aus Berlin
Einladungen zu Vorträgen: Das Theater-Symposium in Rom – Vortragsreise über Zürich nach London.

2. TEIL
DIE ÜBERGANGSPHASE
DIE JAHRE IN ENGLAND

Erste Bekanntschaft mit England – 1934
Vortrag und Ausstellung im Royal Institute of British Architects – Vortrag in Liverpool.
Die Zeit in England 1934–1937
Jack Pritchards Einladung zur Zusammenarbeit mit Maxwell Fry – Plan zur Übersiedlung nach England.
Neue Erfahrungen und Arbeiten
Wohnungsbau, Wohnungsmarkt, Wohnungsnot – Jack Pritchard – England in den dreißiger Jahren – Architektur, neue Kunstrichtungen, Stadtplanung – Neue Freunde – ein Wohnungsbauprojekt in Manchester – Internationale Kontakte – Dartington Hall und die Elmhirsts – Besuch in Deutschland – Suche nach Aufträgen – Der Tod der Tochter Manon.
Beruf und Praxis
Das Wohnungsbauprojekt in Birmingham – St. Leonard's Hill in Windsor – London Aluminium Co. – Christ's College in Cambridge – Denham Film Laboratory – Henry Morris und die Landschule in Impington – Die MARS-Gruppe – Als Zeuge vor Gericht in Erfurt – Adolf Sommerfeld.
Ein Lichtblick: die Berufung an die Harvard-Universität
Vorgespräche und Verhandlungen – Berufung – Formalitäten zur Übersiedlung – Abschied von England.

3. TEIL
»DER FRUCHTBARE BODEN«
DIE JAHRZEHNTE IN DEN VEREINIGTEN STAATEN

I DIE ZEIT ALS PROFESSOR AN DER HARVARD-UNIVERSITÄT 1937–1952

Die Vereinigten Staaten im Wandel
Die Neue Welt – Architektur und Stadtplanung – Tradition – Bildungsmethoden und Praxis – Architekten-Ausbildung in USA.
Lehrtätigkeit an der Harvard-Universität 1937–1952
Ein neuer Anfang
Harvard und seine School of Design – Das neue Heim – Veränderungen in der School of Design – Das »New Bauhaus« in Chicago – Die Bauhaus-Ausstellung des Museum of Modern Art in New York.

Tätigkeit als Architekt
Wohnhäuser – Wheaton College Art Center – Black Mountain College – Pennsylvania State Pavilion – Wohnhaus Frank – Die Situation in Europa – Regionalplanung in Harvard – Die Arbeitersiedlung in New Kensington, Pennsylvania – Der Bruch mit Breuer.
Die Kriegszeit
Die School of Design – Die General Panel Corporation – Anfeindungen: Gropius der Ausländer – Herbert Bayer – Aspen, Colorado, und die Container Corporation.
Die Nachkriegszeit
Chicago – Das Michael Reese Hospital und die South Side – »The Architects Collaborative« – Hua Tung Christian University – Als Berater bei der US Army in Deutschland – Andrew Sommerfield (Adolf Sommerfeld) – Das Harvard Graduate Center – Spannungen im Lehrkörper und vorzeitige Aufgabe der Professur.

II Die Zeit nach der Emeritierung 1952–1969

Der Abschied von der Universität und die Umstellung
Berufungen nach Harvard: José Luis Sert und Reginald Isaacs – Ehrendoktor von Harvard – Das Gebäude der American Association for the Advancement of Science – Das Boston Center – Die Biennale in São Paulo und der Matarazzo-Preis – Reise nach Japan – Besuche unterwegs – CIAM in Amerika und in Europa – Springfield College – Das Tallahassee-Projekt – Die Universität von Bagdad – Alma Mahlers Autobiographie – Das PanAm-Gebäude – Goldmedaille des American Institute of Architects.
Wiedersehen mit Deutschland – Neue Projekte und Bauten
Das Wirtschaftswunder – Berlin: Das Hansaviertel – Le Corbusier – Goethe-Preis der Stadt Hamburg – Die Gropiusstadt in Berlin – Der Römerberg in Frankfurt am Main – Die Universität Bochum – Das Bauhaus-Archiv in Darmstadt und in Berlin – Goethe-Preis der Stadt Frankfurt am Main – Das Werksgebäude für Rosenthal in Selb – Das Fabrikgebäude für Thomas-Glas in Amberg – Stadtplanung für Selb.
Bautätigkeit und Ehrungen in England
England in den fünfziger Jahren – Goldmedaille des Royal Institute of British Architects – Piccadilly Circus und das Monico-Projekt – Jack Cotton – Das City Centre für Birmingham – Das Haus Park Lane 45 in London – Goldene Albert-Medaille der Royal Society of Arts.

Letzte Schaffensjahre
Arbeiten in Kanada – Benjamin Thompson – Die School of Design der Harvard Universität – Das John F. Kennedy Building in Boston – Robert Motherwell – Das Hochhaus von Tower East in Cleveland – »The Architects Collaborative« und ihr neues Haus – Die Huntington Galleries in Park Hills – Die Residenz des deutschen Botschafters in Buenos Aires – Ferienaufenthalt in Arizona – »Die Kneipe« in Berlin – Krankheit und Tod.

EPILOG

ANMERKUNGEN

ANHANG: Chronologische Übersicht, Ausgewählte Literatur, Register

Interessenten senden wir gerne einen ausführlichen Prospekt

Gebr. Mann Verlag
Postfach 11 03 03 · 1000 Berlin 11

*Dieses Buch ist zwei Frauen
von großer Geduld gewidmet*

Ise Frank Gropius
und
Charlotte Aldes Isaacs

Inhalt

GELEITWORT VON WALTER GROPIUS 11

VORWORT 13

PROLOG 23

1. TEIL
DIE GRUNDLAGEN
DIE ZEIT BIS ZUM WEGGANG AUS DEUTSCHLAND

I HERKUNFT – JUGENDJAHRE – WELTKRIEG 31
    Walter Gropius, die Familie, die Vorfahren 31
    Kindheit 43
    Der Gymnasiast 43
    Studium in München 55
    Als Einjährig-Freiwilliger bei den Wandsbeker Husaren 58
    Immatrikulation in Berlin 66
    Erste Arbeiten als Baumeister 68
    Die Reise nach Spanien 78
    Im Büro von Peter Behrens 90
    Das eigene Architekturbüro 96
    Alma Mahler – Erste Erfolge als Architekt 98
    Das Fagus-Werk 105
    Der Tod Gustav Mahlers – und eine Entfremdung 109
    Aufträge und Arbeiten – Die Kölner Werkbund-Ausstellung . . . 116
    Die Kriegsjahre 127
    Alma Gropius! Maria Gropius! 139
    Eine Anfrage aus Weimar 147
    Eheprobleme – Familienprobleme 155
    Glückliche Geburt einer Tochter – Manon Gropius 159
    Alma Gropius und Franz Werfel 174

II WEIMAR: 1919–1925 187
    Die Nachkriegszeit 187

   Weimar und das Bauhaus 203
      Weimar, Berlin und die Familie 218
      Lily Hildebrandt. 228
      Erste Angriffe auf das Bauhaus 234
      Alma, Lily, Maria – Frauen um Walter Gropius 237
   Das Bauhaus – Fortschritte und Schwierigkeiten 242
      Das Ringen um die Scheidung – und Schwankungen der Liebe . . 245
      Streitereien im Bauhaus. 250
      Lily hier – Alma dort. 252
      Formfindung am Bauhaus und Abspaltung
      der alten Kunsthochschule. 255
   Das eigene Architekturbüro in Weimar 260
      Lily und Hans Hildebrandt –
      Der »Kreis der Freunde des Bauhauses«. 274
   Das Bauhaus – Lehre und Lehrer. 283
      Die Bauhaus-Ausstellung von 1923 296
      Das Versuchshaus des Bauhauses 301
      Ise Gropius, geborene Ilse Frank 304
   Das Bauhaus im Kreuzfeuer der Gegner 318
   Das letzte Jahr des Bauhauses in Weimar 327
      Ise Gropius und das Bauhaus 335
      Weimar – die Zuspitzung der Krise 338
      Das Bauhaus ins Rheinland? 342
      Das Ende des Staatlichen Bauhauses in Weimar 345

III Dessau: 1925–1928 349
   Der Abschied von Weimar – Das Bauhaus zieht nach Dessau 349
      Die Bauhaus-Bauten 358
      Die Aufnahme des Unterrichts in Dessau 362
      Sorgen um Ise Gropius 368
      Arbeitsalltag – Die Suche nach Aufträgen 369
      Die Bauhaus-Bücher 371
      Mitarbeit in den Berufsverbänden. 373
      Eine Reise in den Süden – fast eine Flucht 375
   Aufträge für das Bauhaus und das Büro Gropius 377
      Die Siedlung Dessau-Törten – Ein Experimentierfeld für den
      Wohnungs- und Siedlungsbau. 382
      Die Weißenhof-Siedlung in Stuttgart 385
      Wohnhäuser und Villen 388
      Aufträge zu Ladengeschäften und Ausstellungsständen 392
      Das Arbeitsamt in Dessau. 394
      Die Siedlung Dammerstock bei Karlsruhe. 396

Eine »Stadtkrone« für Halle 398
Das Totaltheater 399
Das Bauhaus in Dessau –
Ein neuer Anfang und seine Schwierigkeiten 403
   Die Einweihungsfeier des Bauhauses 407
   Das Bauhaus zum Jahresbeginn 1927 –
   und der Schwierigkeiten kein Ende 409
   Walter und Ise Gropius auf Reisen 413
   Gäste am Bauhaus 414
   Vorträge und Verhandlungen –
   Finanzielle und politische Sorgen 418
   Walter Gropius, die Tochter Manon und Alma Mahler-Werfel . 421
   Das Bauhaus im neunten Jahr – der Gründer verabschiedet sich . 422
   Ultimo: März 1928 – Rückblick und Ausblick 433

ANMERKUNGEN 439

ABBILDUNGSNACHWEIS 485

REGISTER 486

Geleitwort

Mein Leben lang habe ich mich mit der Suche nach einer übergreifenden Erfassung unserer physischen Umwelt und unserer Gesellschaft beschäftigt. Die Untersuchung des Zusammenhangs, der Beziehungen aller Teile zueinander, brachte für mich ganz natürlich die Hinwendung zur Planung mit sich. Mein Interesse an städtebaulicher und regionaler Planung drückte sich früh schon aus als eine logische Erweiterung meines eigenen Umgangs mit der Architektur in Lehre und Praxis. Die ständige Zunahme dieses Interesses wurde zudem gefördert durch meine Verbindung mit vielen Männern, die unmittelbar mit Aufgaben und Verantwortlichkeiten in großräumigeren Bereichen wie im gesellschaftlichen Leben zu tun hatten. Ich wurde als Zuschauer und als Beteiligter Zeuge mehrerer Epochen von stadträumlichem Wachstum, Verfall, versuchter Wiederbelebung und eines gegenwärtigen Zustands der Krise, ich wurde ebenso Zeuge eines rasch anwachsenden Verstädterungsprozesses, der ganze Regionen erfaßte und zur Zerstörung ihrer sozialen Verhaltensweisen und ihrer ästhetischen Werte führte.

Das hat es mit sich gebracht, daß Reginald Isaacs die Ausbildung meines Wesens, meiner Ansichten, meiner Prinzipien einer beständigen Konfrontation mit historischen Ereignissen und einer Abfolge wechselnder Umgebungen zuschreibt – Ereignissen und Umgebungen von sehr unterschiedlicher Art, was die Menschen, die Kulturen und die Institutionen wie die von ihnen ausgehenden Einflüsse anbelangt. In dem vorliegenden Buch hat er mein Leben mit meinem Werk verknüpft im Rahmen eines großen, das ganze Umfeld miteinbeziehenden Gesamtzusammenhangs, der zahllose andere Menschen berührt und einwirken läßt.

Heutzutage sind die Probleme unserer Welt und ihrer städtischen Bereiche in immer stärkerem Maße sehr komplex geworden, doch der Autor hält meine Ansicht fest, daß nicht nur die Möglichkeiten wie das rechtliche, das wissenschaftliche und das wirtschaftliche Instrumentarium zu einer Lösung dieser Probleme an Zahl und Vielfalt zugenommen haben, sondern daß sich auch unsere Intuitionsgabe und unsere Urteilsfähigkeit noch in weit stärkerem Maße in Anspruch nehmen lassen.

Wohl greift der Autor um mehr als ein Jahrhundert – um rund hundertfünfundzwanzig Jahre – zurück, um den Ausgangspunkt für seine Arbeit zu finden, doch er setzt sich danach ausführlich mit den Menschen meiner Zeit, seinen eigenen Zeitgenossen und der nachfolgenden Generation auseinander. Seine Darstellung richtet sich mehr an unsere Kinder und Enkel, die jene Epochen selbst nicht erlebt haben. Er schließt auch meine Meinung über die Zukunft mit ein; hier will ich nicht eine besondere Einsicht beanspruchen, sondern eher eine Art von Synthese anbieten.

Wenn mich auch der Umfang überrascht, den dieses Buch schließlich angenommen hat, so muß ich doch gestehen, daß ich von dieser grundlegenden Erforschung meiner Anliegen sehr angetan bin. Die Veröffentlichung, in Konzeption und Ausführung so breit angelegt, kulminiert in dem Glauben an eine Idee und in der Beständigkeit der Hingabe, die ich mir lobe.

Walter Gropius

Lincoln, Massachusetts
August 1968

Vorwort

Gleich zu Beginn der Arbeit an diesem Buch wurde Walter Gropius in die Erforschung seiner eigenen Geschichte hineingezogen; Anlaß genug für ihn, sich in Gedanken immer wieder mit der Vergangenheit zu beschäftigen. An seine Schwester schrieb er: »*Neuerdings habe ich viel zurückgedacht – Symptome eines alternden Mannes – und ich wünschte, ich könnte bei Dir sitzen und vergangene Zeiten wiederaufleben lassen. Jemand schreibt ein Buch über mich und bohrt bei Ise und mir nach Fakten und Daten. Was mir bis jetzt unwichtig erschien, steht nun plötzlich da, als ob es wichtig erscheine. Und ich gestehe, daß ich wirklich allmählich herausfinden möchte, warum ich wurde, was ich bin.*«[1]

Es war allerdings nicht zum ersten Mal, daß jemand Gropius an einem Buch über sein Leben, seine Vorstellungen und sein Werk zu beteiligen suchte. Etwa fünfzehn Jahre zuvor, im Jahre 1949, hatte ich dem Museum of Modern Art in New York vorgeschlagen, es solle ein wirklich umfassendes Buch von Gropius selbst herausbringen. 1951 hatte auch Herbert Bayer Gropius zu überreden versucht, daß er seine Autobiographie aufzeichnen müsse – und fast wäre es ihm gelungen. Gropius schrieb ihm damals: »*Ich könnte aufzeigen, worauf ich aus war, indem ich mein Werk so ordnete, wie ich es sehe. Eine kritische Würdigung des Werks könnten dann, wenn ihnen der Sinn danach steht, andere vor oder nach meinem Tod übernehmen. Zusätzlich zu meinem sichtbaren Werk will ich außerdem versuchen, die besten meiner Artikel und Vorlesungen usw. zusammenzustellen und daraus einen weiteren Band zu machen.*

Was Personen anbelangt, die ein Buch über mein Werk schreiben, so frage ich mich, ob das von jemandem gemacht werden sollte, der keine unmittelbare Berührung mit der Bauhaus-Bewegung und den ganzen äußeren Bedingungen und Zuständen gehabt hat, aus denen dieses Werk erwachsen ist. Vielleicht irre ich mich, aber im Augenblick hoffe ich, Sie werden mich verstehen, da bis jetzt noch niemand darangegangen ist, ein solches Buch zu schreiben, daß ich mein Material zuerst selbst veröffentlichen möchte...«[2]

Die briefliche Diskussion mit Bayer über in Frage kommende Personen, die eine Biographie schreiben könnten, setzte sich noch eine Weile fort, aber am Ende schrieb Gropius: »*Was das Buch über mich anbelangt, so habe ich beschlossen, es selbst zu schreiben... Ich stimme Ihnen voll und ganz zu, daß ein Dritter, der ein Buch über unsereinen schreibt, niemals die Atmosphäre hervorbringen kann, in der unsereiner lebt. Es war ein seltsames Erlebnis für mich, wie ich mich so sehr distanziert und objektiv gegenüber Argans Buch fühlte, als ich es las, so als ob es über wer weiß wen geschrieben wäre.«*[3]

Zumindest zwei Verleger traten an Gropius heran mit der Anregung, er möge seine Autobiographie schreiben und veröffentlichen. Er lehnte ab, da die zunehmende Ausweitung seiner Aufgaben als Architekt ihm keine Zeit ließ. Schließlich stellte Sigfried Giedion, fast als eine Vorbedingung für die Verleihung des Matarazzo-Preises auf der Biennale von São Paulo, rasch eine Biographie zusammen[4], und es erschien unter dem Titel »Scope of Total Architecture« eine Reihe gesammelter Aufsätze von Walter Gropius.[5] Damals verbannte Gropius jede weitere Beschäftigung mit dem Thema der Autobiographie aus seinen Gedanken. Von den Gründen für seine abwartende Haltung sprach er zu einem späteren Zeitpunkt: *»Wie einige Verleger schon zu ihrem Verdruß herausgefunden haben, biete ich in dieser Hinsicht recht dürftige Aussichten, denn bis zum heutigen Tage bin ich nicht in der Lage gewesen, mein eigenes Leben in einer Biographie zu rekapitulieren und rückblickend zu bewerten, hauptsächlich, weil ich zu sehr damit beschäftigt war, es zu leben. Ich habe auch meine Zweifel, ob jemand, der auf seine eigene Geschichte zurückschaut, wahrhaftig die Einwirkungen der Geschehnisse auf seinen Geist oder, umgekehrt, die Einwirkung seines Geistes auf das Geschehen wiedergeben kann. Er hat schließlich einen anderen Abschnitt in seinem Leben erreicht, er lebt in einem veränderten Klima der Empfindungen, und seine gegenwärtige Sicht ist von neuen Erfahrungen, neuen Horizonten bestimmt.«*[6]

Einige Monate danach – und der Anstoß kam von diesen Bemerkungen – nahm ich die Aufgabe auf mich, ermutigt durch die Kollegen und durch Gropius selbst. Ich glaubte, ich wisse genug von Walter Gropius, um eine genaue Vorstellung von seinem Leben, seinem Werk und seinem Denken vermitteln zu können. Zudem durfte ich auf seine Bereitschaft zur Mitwirkung zählen, durfte Belehrung und Zuspruch von ihm erwarten – sämtlich unabdingbare Voraussetzungen für ein solches Unterfangen. Um die zwanzig Jahre liegt das nun zurück, und ich gestehe, daß ich die Aufgabe unterschätzt hatte. Beinahe sieben Jahre lang trafen Gropius und ich fast jede Woche einmal zur Diskussion zusammen. Meine Rolle war nicht die eines »Eckermann«; das würde Gropius niemals zugelassen haben. Diese Zusammenkünfte hatten auch nichts von einer Frage- und Antwortstunde an sich, es waren Stunden des Nachdenkens und der Besinnung – es ging um die Erkenntnis und Bewertung der letzten hundert Jahre, der unruhigen Gegenwart und einer, wie er meinte, besseren Zukunft. Mit den Jahren kam so eine schier unerschöpfliche Quellensammlung von außerordentlicher Vielfalt und Spannweite zusammen. Es fiel schwer, aus dieser Fülle die

Dokumente und Zeugnisse auszuwählen, die mit einem Minimum an Erläuterungen durch den Autor eine wahrhafte Vorstellung von Walter Gropius, dem Menschen und seinem Werk, vermitteln konnten, die ihn zeigen in seiner Zeit und unter den jeweiligen Bedingungen physischer, geistiger, gesellschaftlich-wirtschaftlicher, politischer und psychologischer Natur, mit denen er selbst seinen Werdegang, sein Denken und Wirken in Beziehung brachte.

Die Biographie hält sich eng an den chronologischen Verlauf seines Lebens in Deutschland, England und den Vereinigten Staaten. Teil I mit dem Titel »Die Grundlagen« geht durch mehrere Generationen hindurch den Vorfahren nach und erfaßt sie in ihrer zeitgenössischen Umgebung vor allem im Deutschland des 19. und frühen 20. Jahrhunderts mit seiner wechselvollen Geschichte. Die Jahre der Kindheit und Jugend sind rekonstruiert aus Erzählungen der Familie und der Freunde, aus seinen eigenen Erinnerungen, aus der umfangreichen Korrespondenz jener Zeit, die erhalten blieb, auch anhand von Fotografien und anderen Erinnerungsstücken. Seine schmerzlichen Erfahrungen als Gymnasiast, sein Studium an der Technischen Hochschule, sein mehrmonatiger Spanienaufenthalt und seine Dienstzeit als Einjährig-Freiwilliger bei den Husaren werden ausführlich behandelt. Auf Liebeserfahrungen des jungen Gropius, dramatische wie traumatische, hatten bislang biographische Notizen nur zuweilen angespielt, hier zeugen Auszüge aus Briefen – ein gutes Tausend davon liegt vor – von einem so aufregenden wie anstrengenden Privatleben. Nach einem ersten Erlebnis erwiderter Zuneigung, noch jugendhaft und linkisch, machte Gropius die Erfahrung der reifen Liebe damals, im Jahre 1910, als er Alma Mahler begegnete, der Frau des Komponisten Gustav Mahler. Der intime Briefwechsel kündet von der Ekstase wie von der Verkümmerung ihrer Liebe über den Zeitraum eines Jahrzehnts hinweg.

Ungeachtet aller Seligkeit und allen Leids brachte dieser Zeitraum die Ausführung zweier herausragender Entwürfe, des Faguswerks und des Verwaltungsgebäudes mit Maschinenhalle und Werkstätten auf der Kölner Werkbund-Ausstellung. Der Briefwechsel der folgenden Jahre berichtet nicht nur vom Grauen des Krieges und von der Pflichterfüllung des Soldaten, er zeugt auch von der raschen Reife des Mannes, den einerseits eine ausgeprägte Abhängigkeit an die Mutter, andererseits die unausrottbare Liebe an Alma Mahler fesseln. Daran schließt sich die fruchtbare Epoche des Bauhauses in Weimar zwischen 1919 und 1925 an. Im Deutschland der jungen Republik von Weimar, nach Krieg und Revolution, regten sich neue Kräfte und schienen sich einzigartige Möglichkeiten zu bieten. Gropius nutzte die Gunst der Stunde und postulierte kühn eine neue Ausbildung und Erziehung, die Künstler und Handwerker in der Entwicklung technologisch bestimmter Arbeitsabläufe und industrieller Fertigungsprozesse zusammenführen sollte. Dieser kurze, ereignisreiche Zeitabschnitt sah auch das

Ende der Liebe und Qual zwischen Alma Mahler und Walter Gropius, das Aufkeimen und Vergehen seiner leidenschaftlichen und zugleich für beide förderlichen Verbindung mit Lily Hildebrandt, der Frau des Kunsthistorikers Hans Hildebrandt, schließlich den Beginn seiner Liebesbeziehung zu Ilse Frank, die für sein weiteres Leben entscheidend werden sollte und zu einer Ehe führte, der erst sechsundvierzig Jahre später sein Tod ein Ende setzte.

In diesen Jahren fand er dank seiner Gaben und seines Charisma Anerkennung als Vordenker und Vorkämpfer, setzte er seine so verheißungsvoll begonnene Laufbahn als Architekt dort fort, wo er sie bei Kriegsausbruch hatte unterbrechen müssen, und entwickelte er in Theorie und Praxis seine Vorstellungen von einer neuen, Künste und Handwerk, Technik und Industrie verbindenden Bildung, während er sich gleichzeitig unablässig der Angriffe auf das Bauhaus, sein Programm und seine Mitarbeiter zu erwehren hatte. Es ist dieser Zeitabschnitt in der Geschichte des Bauhauses – dem insgesamt etwa ebenso lange Bestand beschieden war wie der Weimarer Republik –, der dem Teil I des Buches den Titel gab: die Grundlagen. Der Teil behandelt abschließend die Jahre zwischen dem Abschied von Weimar und dem Abschied von Deutschland. Mit der Übersiedlung des Bauhauses nach Dessau setzte seine eigentliche Blüte ein, entfalteten sich seine zukunftsträchtigen Pläne, gelangte es zunehmend zu weltweitem Ansehen. Davon ist zu berichten, aber auch von den fortgesetzten Angriffen auf die Schule und dem endlichen Rücktritt ihres Direktors Walter Gropius, der 1928 nach Berlin zurückkehrte. Neue Eindrücke und Erfahrungen brachte eine Reise nach den Vereinigten Staaten, doch daheim wurde die Arbeit, allen energischen Bemühungen zum Trotz, zunehmend erschwert durch die Verfemung unter der sich ausbreitenden Nazi-Ideologie und belastet durch die Entfremdung der Ehegatten. So stand am Ende der Entschluß, Deutschland zu verlassen.

Teil II, »Die Übergangsphase«, beschreibt die Umstände, unter denen Walter und Ise Gropius 1934 nach England gingen: England während der Wirtschaftskrise, der Depression, das war das Land der Austerity, der Einschränkungen, der Sparsamkeit, der Entbehrungen – ein Land mit seiner eigenen gesellschaftlichen Struktur und seinem eigenen intellektuellen Klima in einem introspektiven Moment seiner Geschichte. Gropius verbrachte nur zweieinhalb Jahre in England, doch die englische Kultur übte einen tiefen und nachhaltigen Einfluß auf ihn aus. Er seinerseits hatte schon vor dieser Zeit Beachtung in England gefunden und konnte nun direkt an der Verbreitung seiner Gedanken und Vorstellungen mitwirken durch seine Beziehungen zu den Berufsverbänden, seine Teilnahme an Fachveranstaltungen, seine Vorträge, durch seine Verbindungen zu Architekten, Studenten, Künstlern, Intellektuellen, Behördenvertretern, zu Menschen aus allen Schichten der englischen Gesellschaft. Seine Bescheidenheit, was seine eigenen Leistungen anbelangte, und sein unersättliches Interesse, mit dem er England, die Engländer, die englische Art erforschte und annahm, nahmen rasch alle für ihn ein, die ihn kennenlernten.

Teil III, »Der fruchtbare Boden«, beschreibt die Situation der Vereinigten Staaten, wie sie Gropius vorfand, als er 1937 nach Amerika übersiedelte. Das euphorische Hochgefühl der zwanziger Jahre war längst gewichen, die Wirtschaftskrise hatte ihre tiefen Spuren hinterlassen. Niedergedrücktheit, Unbeweglichkeit auch an der Graduate School of Design der Harvard University, die noch vom Erbe der Beaux-Arts zehrte und an der Gropius die nächsten fünfzehn Jahre – bis 1952 – lehrte. Es waren Jahre einer fruchtbaren, weithin ausstrahlenden und erfolgreichen Tätigkeit, an der Universität zusammen mit Joseph Hudnut, Martin Wagner, Marcel Breuer, und in der Praxis zusammen mit Breuer und anderen jüngeren, als kommende Architekten vielversprechenden Lehrern – es waren auch die Jahre des Zweiten Weltkriegs und der Periode der Neuorientierung in der ersten Nachkriegszeit. Aber es sollten dann die Jahre der eigenen Ungebundenheit nach der Emeritierung sein, die Gropius die größten Möglichkeiten boten, gemäß den Prinzipien, die er als Lehrer begründet und weitergegeben hatte, nun auch im praktischen Werk zu gestalten, zu entwerfen und zu bauen. Noch siebzehn Jahre blieben ihm nach der Emeritierung, und Anerkennung und Ehrungen waren ihm in reichem Maße beschieden gewesen, als er am 5. Juli 1969 – noch immer zu früh für den Sechsundachtzigjährigen – in Boston, Massachusetts, starb.

Dieses Buch hätte schwerlich geschrieben werden können ohne die Mitarbeit von Ise Gropius, die ihre Aufgabe in der Erschließung und Weitergabe der Prinzipien ihres Mannes gesehen hat, seit sie ihn kennenlernte: »Als ich 1923 in das Bauhaus eintrat, fand ich da einen ›geharnischten Ritter‹...« Ihre Übersetzung der deutschen Briefe von Walter Gropius machte mir bisher unveröffentlichtes Material zur Biographie zugänglich. Die Sorgfalt, mit der sie das Gropius-Archiv geordnet und geführt hat, kam dem Buch in hohem Maß zugute. Sie selbst freilich sieht in Walter Gropius den Urheber dieses Archivs, seiner Anlage und seines Umfangs: »*es gab zwingende Gründe, jedes bißchen Papier aufzubewahren, Briefe, Schriftstücke, Zeitungsausschnitte und andere Unterlagen, weil das Bauhaus, wie Sie wissen, fast von Anfang an das Ziel gewissenlosester Attacken war... und da es nun einmal den Status einer staatlichen Einrichtung hatte, war der Direktor gehalten, allen Angriffen entgegenzutreten, um sich und die Schule zu verteidigen... in Deutschland war ein Mensch nicht [solange] unschuldig, bis er für schuldig befunden wurde, er hatte vielmehr seine Unschuld zu beweisen, um nicht als schuldig zu erscheinen. Diesen Umstand benutzten die Feinde des Bauhauses als Waffe, weil sie glaubten, daß Gropius allmählich weich werden würde unter der ständigen Bürde, daß er auf behördliche Nachforschungen zu erwidern oder Prozesse vor Gericht zu führen hatte...*

und sie lauerten ständig auf den leisesten Fehler der Bauhaus-Mitarbeiter, um sie gänzlich aus dem Sattel zu heben...

Aber [Gropius] war sich zugleich sehr wohl der Tatsache bewußt, daß da etwas höchst Ungewöhnliches in einer höchst ungewöhnlichen Epoche der deutschen Geschichte unter seinen Händen erblühte und daß alles Geschriebene und Gedruckte und alle Reaktionen – günstige und ungünstige – aufbewahrt werden müßten... um bereit zu sein, jeden Augenblick jede Art Waffe zu zücken, und das Bauhaus hätte niemals überleben können ohne seine immerwährende Wachsamkeit.«[7]

Nicht weniger Umsicht und Sorgfalt hat Dr. Klaus Karbe in Bad Godesberg, ein Neffe von Walter Gropius, der Sammlung, Sichtung und Ordnung der Dokumente zur Familiengeschichte angedeihen lassen. Für seine kenntnisreiche Hilfe, die er jederzeit großzügig gewährte, ist ihm der Autor zu Dank verpflichtet.

Frau Anna Mahler, Dr. Reiner Hildebrandt und Dr. Joachim Benemann haben bereitwillig die Verwendung von Auszügen aus dem Briefwechsel zwischen ihren Müttern und Walter Gropius gestattet; es läßt sich schwerlich ganz erfassen, in welchem Maße diese Frauen auf das Leben wie auf die Gedanken und Vorstellungen von Walter Gropius Einfluß genommen haben.

Im geteilten Deutschland unserer Tage gab es keine Mauer, die Ost und West geschieden hätte, was die liebenswürdige Gastfreundschaft und die unermüdliche Hilfe anbelangt, die mir zuteil wurden, noch gab es jemals Versuche, mich zu bewegen, die Dinge aus einem bestimmten Blickwinkel heraus darzustellen. Zwei vormalige Generalkonsuln der Bundesrepublik Deutschland in Boston, Massachusetts, Philipp Schmidt-Schlegel und Edgar von Schmidt-Pauli, unterstützten bereitwilligst meine Forschungsarbeit in Deutschland, indem sie mir mit gutem Rat und freundschaftlichen Empfehlungen weiterhalfen.

Inter Nationes gewährte mir als erfahrene Beratungsstelle in kulturellen Angelegenheiten freundliche Unterstützung und ermöglichte mir die Begegnung mit Behördenvertretern und anderen Persönlichkeiten in der gesamten Bundesrepublik.

Dr. Hans Hopp, der Präsident des Bundes der Architekten (BdA/DDR), und Walter Mickin mit seiner Gattin vom Sekretariat des BdA ließen mir während meiner wiederholten Aufenthalte in der DDR ihre Gastfreundschaft und liebenswürdige Unterstützung angedeihen; aus der gegenseitigen Wertschätzung erwuchs wirkliche Freundschaft. In Dankbarkeit nenne ich auch Dr. Christian Schädlich, einen hervorragenden Gelehrten an der Hochschule für Architektur und Bauwesen in Weimar, Dr. Karl-Heinz Hüter, Architekturhistoriker an der Deutschen Akademie der Wissenschaften in Ost-Berlin, dessen Arbeit über »Das Bauhaus in Weimar« Gropius (der sie im Manuskript las) schätzte, und den Architekten Karl-Heinz

Schlesier, den Treuhänder für das Dessauer Bauhaus. Auf der Suche nach den frühesten Bauten von Walter Gropius in Pommern und der Provinz Posen hatte ich das Glück, Dr. Andrzej Poczatek und seine Gattin in Drawsko Pomorskie (Dramberg) kennenzulernen, der mir tagelang seine Zeit widmete und dem ich zu tiefstem Dank verpflichtet bin; er allein war es, der das Arbeiterhaus und den Kornspeicher in Janikow wiederentdeckte, zwei noch erhaltene Bauten von Gropius aus dessen Anfängen.

Zu Dank verpflichtet bin ich den Bibliotheken der Harvard University, des Massachusetts Institute of Technology und der Architects Collaborative in Cambridge, Massachusetts, deren Unterstützung ich genoß. Mit Dankbarkeit habe ich ebenso zu nennen die Bibliotheken des Royal Institute of British Architects in London, der Kunstakademie in Stuttgart, der Technischen Universität Berlin, der Technischen Hochschule München, der Johann-Wolfgang-Goethe-Universität in Frankfurt am Main sowie die Landesarchive und Bibliotheken in Dessau und Weimar.

Mit vielen einstigen Meistern des Bauhauses war ich persönlich bekannt, sei es, daß es sich um eine flüchtigere Bekanntschaft handelte oder auch um eine engere Beziehung. Zu diesen Künstlern gehörten Josef Albers, Herbert Bayer, Max Bill, Marcel Breuer (der zugleich mein Lehrer war), Ludwig Hilberseimer, Johannes Itten, Gerhard Marcks, Ludwig Mies van der Rohe, László Moholy-Nagy, Mart Stam, Lothar Schreyer und Georg Muche. Als Student und danach als Kollege lernte ich die meisten der Männer kennen, die zusammen mit Gropius in Harvard lehrten; mit mehreren Partnern von Gropius aus der Zeit nach seiner Emeritierung habe ich zusammengearbeitet. Zu meinen Lehrern gehörte auch der Urbansoziologe Louis Wirth, seinerseits ein Schüler der deutschen Philosophen und Soziologen Tönnies, Weber und Simmel, mit deren Werken er mich vertraut machte; so erschloß sich mir manches von dem geistigen Hintergrund, vor dem sich die Prinzipien von Walter Gropius herausbildeten.

Es wäre mir schwergefallen, ein umfassendes Bild der zweieinhalb Jahre zu zeichnen, die Gropius in England verbrachte, hätten mir nicht die Erinnerungen von E. Maxwell Fry und Jack Pritchard zur Verfügung gestanden. In gleicher Weise wäre es mir schwergefallen, das Bauhaus und seine Zeit recht zu verstehen, hätte mir nicht Dr. Hans Maria Wingler, der Direktor des Bauhaus-Archivs in Berlin, mit Rat und Tat zur Seite gestanden; er gewährte mir bereitwilligst Zugang zu den Beständen des Archivs. Eine weitere Unterstützung seitens des Bauhaus-Archivs erfuhr ich zudem von Dr. Peter Hahn und Dr. Christian Wolsdorff, die zur Vervollständigung der dokumentarischen Unterlagen für dieses Buch beigetragen haben.

Es mag ungewöhnlich sein, daß der Autor expressis verbis auch dem Verleger wie dem Übersetzer seinen Dank abstattet. Im vorliegenden Fall sind aber der ermutigende Zuspruch und die konstruktiven Vorschläge von

Dr. Heinz Peters wie die einfühlsame und verständnisvolle Übersetzung durch Dr. Georg G. Meerwein von solchem Wert für mich gewesen, daß die ausdrückliche Würdigung ihrer Verdienste nicht fehlen sollte.

Mit Genugtuung und Dankbarkeit verzeichne ich, was Mitglieder meiner Familie zum Zustandekommen dieses Buches beigetragen haben. Meine Frau Charlotte Aldes Isaacs hat sich während all der Jahre der Vorbereitungszeit in nicht endenwollendem Mühen um das Manuskript verdient gemacht, obendrein ließ sie es an der notwendigen Ermutigung nicht fehlen, während ich, wie Gropius es auszudrücken pflegte, dem ›blauen Affen‹ nachjagte, der mich da gebissen hatte. Unsere Söhne Mark und Henry reisten durch England, Westdeutschland, Ostdeutschland und andere Länder, um mit der Kamera das Werk von Walter Gropius aufzunehmen, dessen Freundschaft sie sich erfreuen durften; daneben suchten sie dessen Freunde und frühere Partner in England auf, um sich berichten zu lassen. Henry steuerte außerdem Zeichnungen bei. Unsere Schwiegertochter, Lisa DeFrancis, hat zahlreiche Abbildungen beigesteuert und alte Archivfotos und -zeichnungen durch restauratorische Maßnahmen erst verwendungsfähig gemacht. Unsere Tochter Dr. Merry Isaacs White bearbeitete die umfangreiche Darstellung der Japan-Reise von Gropius einschließlich der vielen Anmerkungen, die sich auf dieses denkwürdige und folgenreiche Erlebnis des Architekten beziehen.

Mein Kollege François Claude Vigier besprach während der ganzen Werdezeit des Buches die Arbeit mit mir und spornte mich durch seinen Zuspruch an; ihm verdanke ich außerdem eine Reihe sorgfältiger Übersetzungen aus dem Französischen.

Schließlich haben eine Anzahl weiterer Freunde und Fachleute ihren Teil zum Zustandekommen des Buches beigetragen – sie waren in der Tat jene umgänglichen und hilfsbereiten Mitarbeiter, wie sie Gropius so überaus schätzte.

Die Frank Backus Williams-Stiftung des Department of City and Regional Planning der Harvard University stellte Mittel zur Verfügung, die während der vorbereitenden Studien der ersten Jahre die Beschäftigung japanischer, italienischer, griechischer und deutscher Übersetzer erlaubten. Die Graham Foundation for the Advancement of the Fine Arts gewährte einen finanziellen Zuschuß, der es ermöglichte, auf Reisen durch Europa frühere Studenten und Meister des Bauhauses im Gespräch zu befragen. Dieser Zuschuß wie auch die von Inter Nationes beigesteuerten Mittel machten es mir möglich, mehrere Städte in England, über dreißig Städte in Ost- und Westdeutschland und einige jetzt zu Polen gehörende Städte aufzusuchen – die Orte, an denen Gropius studiert, gelehrt und gewirkt hat oder an denen seine Schüler aus der Bauhaus-Zeit Bedeutendes geleistet haben. Wohl hat sich an diesen Orten im Laufe der Zeit vieles verändert, nicht zuletzt durch die Zerstörung während des Krieges, wohl sind es nicht mehr die Orte, wie sie Gropius einst erlebte, und doch ist noch genügend von den Bauten und ihrer Umgebung, von Stadtraum, Landschaft und Eigenart verblieben, um mir ein neues und tieferes Verständnis der Menschen und der Stätten jener mehr als hundert Jahre zuteil werden zu lassen, von denen ich schreibe.

Schließlich und endlich aber ist es Walter Gropius, dem meine Dankbarkeit, meine Zuneigung und Verehrung gelten – sie gelten ihm als dem Menschen ebenso wie als dem Urheber bedeutender Leistungen für die Gesellschaft, für die Ausbildung und Erziehung junger Menschen und für die Berufsaufgaben, denen er sich widmete. Dankbar kann ich auch verzeichnen, daß er erste Vorentwürfe für dieses Buch durchgesehen und daß er ihm ein Wort zum Geleit mitgegeben hat; um so mehr schmerzt es mich, daß er dessen Veröffentlichung nicht mehr erleben durfte – ich habe es mir selbst zuzuschreiben, daß ich zu saumselig war in der Erwartung, daß ihm noch viele Jahre mehr beschieden sein würden. Indem ich dieses Buch vorlege, erkenne ich meine Schuld gegenüber Walter Gropius an, eine Schuld, die ich während der vergangenen fünfundvierzig Jahre nicht einzulösen vermochte.

März 1982
Cambridge, Massachusetts   Reginald R. Isaacs

Prolog

April 1933

Die Vorzeichen waren beklemmend. Die Anfänge der gesellschaftlichen und politischen Umwälzung in Deutschland, die immer unverhüllter auf die kommende Entwicklung vorauswiesen, wirkten bedrückend auf Walter Gropius. Das Bauhaus, nunmehr von Ludwig Mies van der Rohe geleitet und in Berlin angesiedelt, war unablässigen Pressionen ausgesetzt. Für das Architektenbüro von Walter Gropius gab es, da er nicht in die Partei eintreten wollte, kaum Aussicht auf Aufträge. Seine Ehe, die ihn vordem bestärkt und getragen hatte, war äußerst gefährdet, was ihn zutiefst erschütterte. Er fühlte sich alt, älter jedenfalls, als es sein bevorstehender fünfzigster Geburtstag erwarten ließ. Niedergeschlagen und voller düsterer Vorahnungen setzte er sein Testament auf. Darin heißt es: *»Es wäre schön, wenn alle meine Freunde aus Gegenwart und Vergangenheit nach einem Weilchen zu einem Fest zusammenkommen würden, à la Bauhaus, und tränken, lachten, sich liebten. Dann werde ich bestimmt dabeisein, mehr als im Leben. Es ist fruchtbarer als die Friedhofskapelle...*[8*]

18. Mai 1970

Fast vier Jahrzehnte später, ein Jahr nach dem Tod von Walter Gropius, erfüllten seine Mitarbeiter und Freunde diesen Wunsch. Das »Grop-Fest«, ursprünglich für den 8. Mai geplant, war – und das ganz im Sinne von Gropius – um einige Tage verschoben worden, denn es sollte nicht mit den Protestaktionen der Studenten von Harvard gegen das tragische Geschehen an der Kent State University zusammenfallen. Dort hatte die studentische Rebellion der späteren sechziger Jahre, der Konflikt zwischen Studenten und Universitätsleitung, zu gewalttätigen Auseinandersetzungen mit den zur Wiederherstellung der Ordnung herbeigerufenen Männern der Nationalgarde geführt, die im Tod einiger Studenten gipfelten.

Seit Tagen hatte der graue Nebel, wie er die Küste von New England heimsucht, das Land überzogen und die Stimmung sinken lassen. Nun, am Abend jenes 18. Mai 1970, eines Montags – es wäre der siebenundachtzigste

Geburtstag von Walter Gropius gewesen – waren nach schauerartigem Regen Harvard Square und das Common von Hippies und Passanten, Harvard Yard von protestierenden Studenten leergefegt. Doch es lag, ständig steigend und überall spürbar, eine erwartungsvolle Spannung in der Luft, die Lehrer und Schüler erfaßt hatte, im Massachusetts Institute of Technology und in Harvard, unter den fachlich Engagierten und den anderen; das Fest hatte nichts von seiner Anziehungskraft verloren, man hatte sich, ganz im Gegenteil, innerlich nach Ablenkung gesehnt, Ablenkung von den Nöten und Wirren der Universität und der Stadt, der Nation und der Welt.

Als der Abend zur Hälfte vergangen war, hatten die Veranstalter der Party, The Architects Collaborative, längst begriffen, daß aus den fünfhundert zu dem Fest im TAC-Gebäude eingeladenen Gästen mehr als dreimal so viel geworden waren; das übertraf alle Erwartungen. Eingelassen wurde jeder, der etwas Metallisches an sich trug, ein Schmuckstück, ein Gerät, ein Kostüm, bescheiden oder üppig – es war, »à la Bauhaus«, ein »Metallisches Fest« in Wiederaufnahme und Fortführung des Themas der Faschingsfeier im Dessauer Bauhaus aus dem Jahre 1929 *(Abb. 1)*. Die Scharen der Gäste quollen über Rutschen in die von flackernden Lichtreflexen erfüllte »Lach-Galerie« im Kellergeschoß, breiteten sich über Treppen und Aufzüge aus und bevölkerten die drei Geschosse bei elektronischer Musik, Jazz und anderen Klängen, bei Tanz und Festschmuck, bei zeitgenössischem Theater, bei Erdbeeren und Champagner. Keiner kam mehr durch, Platz machte man nur noch dem zehn Meter langen, metallbewehrten Drachen, der sich durch die Menge wand.

Während in Filmausschnitten Szenen aus dem Leben von Walter Gropius abliefen und seine Stimme erklang, während man das Glas erhob und seiner Witwe Ise, seiner Familie und seinen engsten Freunden zutrank, blieb doch noch Zeit für Augenblicke der Besinnung, da man in Zuneigung und Verehrung des großen Architekten gedachte. Vergessen war die Absicht einer Studentengruppe, die auf der Party als politische Proselytenmacher auftreten wollte, und vergessen war auch die Zurückhaltung des konservativen Flügels. Man erinnerte sich früherer und glücklicherer Tage – und es keimte wieder Hoffnung auf für zukünftige Tage, ruhige und schöpferische. Schließlich schwang auch in der Frische und Spontaneität der Darbietungen dieses Abends und in der Ausgelassenheit der Menge eine besondere Note mit, etwas wie ein Tribut an einen weiteren Wesenszug des Architekten.

Es war die Art von Party, die Gropius plötzlich zu einem anderen Menschen hätte werden lassen. Für gewöhnlich gab er sich auf der unvermeidlichen Cocktail-Party scheu und fühlte sich nicht wohl dabei. Doch selbst in schwierigen Zeiten konnte er die einzigartige Ausgelassenheit der Feste im Bauhaus und der alljährlichen Feiern zu seinem Geburtstag genießen, konnte er, wie Ise sagte, »voll da sein, alles mitkriegen, was vor

Abb. 1 »Metallisches Fest«. Plakat von A. Schawinsky. 1929

sich ging, und sich mit Freunden über den Augenblick freuen«. So war hier erfüllt, was für ihn ein solches Fest ausmachte. In einer schwierigen Zeit für die Schule, die Stadt, die Nation war sein »Grop-Fest« zumindest ein Moment des Aufatmens, der Erholung. Gewiß also war er, wie er es erhofft hatte, im Geiste hier überall anwesend. –

Wer und was war Walter Gropius, daß sein Charisma noch über sein langes Leben hinaus fortwirken sollte, um eine erwartungsvolle, erlebnishungrige Schar von fast zweitausend Menschen zur Feier seines Geburtstags anzulocken? Was waren seine Ideen, was seine Taten, daß sie zu einem solchen Anlaß eine solch buntgemischte Schar anzuziehen vermochten – nicht nur die Partner, Künstler und Fachkollegen aus seinem Arbeitsgebiet, die Schüler, Studenten und Fakultäten des deutschen Bauhauses und amerikanischer Universitäten, sondern auch Politiker, seine einstigen Auftraggeber, Bankiers, Bauunternehmer, Männer aus dem Baugewerbe, Kaufleute, Nachbarn, Männer der Kirche zusammen mit neugierigen Studenten und Leuten von der Straße? Trotz aller möglichen Unterschiede in Weltanschauung und politischer Einstellung, in Verbandszugehörigkeit und Einkommensverhältnissen hatten sie allesamt eine Beziehung zu diesem einen Mann. Die Tausende von Briefen und Telegrammen, Zeitungsartikeln, Radio- und Fernsehbeiträgen aus dem ersten Jahr nach seinem Tod schienen die große Unterschiedlichkeit seines Publikums, das sich allein in der Wertschätzung des Mannes zusammenfand, nur noch zu unterstreichen.

Persönlichkeit und Wesen dieses Walter Gropius sind oft in einzelnen Zügen, seine Meinungen, seine Überzeugung und sein Wirken in einzelnen Ausschnitten geschildert worden. Man hat ihn als den Erben Schinkels und Sempers in Architektur und städtebaulicher Planung bezeichnet, als einen Interpreten der Schule von Chicago und, fälschlicherweise, auch als den Begründer des »Internationalen Stils«. Er ist bekannt als ein Denker im Geiste Goethes, als ein intellektueller (mehr denn ein utopischer) Sozialist, als Pragmatist und Erneuerer des Bildungswesens in der Nachfolge John Deweys, als Schüler des Zen, als Exponent der beruflichen Zusammenarbeit im Team und der gesellschaftlichen Zusammenarbeit in der Gruppe, und als einer, der Menschen zusammenführt und Dinge zusammenfügt, ein Verkünder des Wandels.

Doch Gropius war nicht allein das eine oder andere, oder das alles zusammen, ohne daß er mehr gewesen wäre. Das Verlangen nach Verbindung aller Aspekte des Lebens mit der Umwelt war Teil seiner natürlichen Antwort auf jedwede Frage, Teil einer fast schon automatischen Synthese. Eine solche Haltung hat ihre tiefen Wurzeln, sie erwächst aus der Geschichte des Mannes, erklärt sich aus seiner Herkunft, seinem Werdegang, seiner Erfahrung. Diese Geschichte ist wie ein feinfädiges, vielfarbiges Gewebe, eine Verbindung von geplanten und unvorhergesehenen Teilen, ein verknüpftes Gefüge, das unterschiedliche Kräfte, Vorstellungen und Gelegenheiten bewirkt haben. Es ist dieses ›Gewebe‹, das hier vor dem Leser ausgebreitet wird, gewirkt aus Gesellschaft und Umwelt und durchzogen von dem goldenen Faden, den Walter Gropius – der Architekt, der Lehrer, der Humanist und der Philosoph – in seiner Geschichte gleichsam darstellt, der sich in das Ganze eingewoben findet und seinerseits zu dessen Vielfalt und Fülle beiträgt.

1. Teil
Die Grundlagen
Die Zeit bis zum Weggang
aus Deutschland

I Herkunft – Jugendjahre – Weltkrieg

Walter Gropius, die Familie, die Vorfahren

Das zerschossene Dorf in der Linie Soissons–Reims, das die Deutschen so zäh hielten, hatte nach dem Gegenangriff der Westmächte gegen Ende Juni 1918 keine strategische Bedeutung mehr. Die Hitze des Sommers war drückend, Wolken dicken Staubs trieben dahin, von den Einschlägen hochgerissen; in der Luft lag noch der Widerhall fernen Geschützfeuers, man fühlte den scharfen Geschmack, den detonierter Sprengstoff hinterläßt, auf der Zunge, atmete den Gestank der Verwesung, spürte das Leiden der Verwundeten. Ein verirrtes Geschoß schlug direkt in die Mairie ein, hinter deren Steinmauern und unter deren Eichenbalken sich der deutsche Regimentsstab wie in einem sicheren Unterstand gewähnt hatte, löschte mit Verschüttung und Tod den Gefechtsstand aus *(Abb. 2)*.

Abb. 2 An der Front bei Soissons-Reims. Juni 1918

Das Wunder, das den Leutnant Walter Gropius – der erst Tage zuvor auf diesen Posten abkommandiert worden war – bei der Zerstörung des für einen festen Unterstand gehaltenen Quartiers überleben ließ, bedeutete ihm nichts. Die Schmerzen, die ihm seine Verwundung verursachte, und die Folgen der Gehirnerschütterung wurden durch Stunden eines halbwachen Dämmerzustands gnädig gemildert. Eingeklemmt zwischen herabgestürztem Mauerwerk, geborstenen Balken und den Körpern der toten Kameraden, am Leben erhalten durch den Zustrom rußig schmeckender Luft aus einem Schornstein neben ihm, der, wenn auch seines oberen Teils beraubt, noch immer aus dem Massengrab aufragte, wußte er nicht, was mit ihm geschehen würde. Zwei Tage und Nächte lag er so, ein Gefangener in den Trümmern, und litt Schmerzen, wurde von schrecklichen Gedanken und furchtbaren Träumen heimgesucht. – – –

Viele Jahre danach sagte Walter Gropius, als er von diesem Erlebnis erzählte, daß er in jenen verzweifelten Stunden wahrhaftig nicht nur sein eigenes Leben, sondern auch das seiner Familie an sich vorüberziehen sah – er meinte seinen Vater vor sich zu sehen, einen Veteranen des deutsch-französischen Kriegs von 1870/71, der niemals von seinen Kriegserfahrungen gesprochen hatte, und seinen Onkel Felix, der Ruhmreiches von seinen einstigen Erfahrungen als Kriegsteilnehmer zu verkünden wußte und jetzt, fast schon siebzig, vier Jahre im Weltkrieg gedient hatte. Vor allem die Geschichten seines Vetters Richard gingen ihm durch den Sinn. Richard, der sich als Gelehrter auch mit der Familiengeschichte befaßte, war seit 1863 beim Militär und diente selbst mit fünfundsiebzig Jahren noch dem Vaterland. Seine Aufzeichnungen, in denen die Schlachten, die Dienstgrade, die Auszeichnungen aufgeführt waren, hielten die stolze Erinnerung an die militärischen Leistungen einer jeden Generation wach. Richard stellte auch, zu Nutz und Frommen der Nachwelt, die Genealogie der Familie zusammen, deren Wurzeln er bis ins 16. Jahrhundert zurückverfolgte. Kirchenbücher der Zeit aus dem Braunschweigischen, aus Halberstadt und Helmstedt, wo die Vorfahren gelebt hatten, führen unter den Familienmitgliedern nicht nur Soldaten auf, sondern auch einen Generalstaatsanwalt, einen Färbermeister, einen Küchenmeister sowie Schullehrer und Geistliche.[9] Der Ururgroßvater von Walter Gropius, Georg Siegfried Ludwig Gropius (1726–1784) *(Abb. 3)*, war Pfarrer in Helmstedt. Vom Leben dieses friedfertigen Mannes ist wenig bekannt, außer daß er sich in der Vorbereitung auf sein geistliches Amt großer Gelehrsamkeit befleißigte und daß er zehn Kinder zeugte. Mehr als irgendein anderer Vorfahr steht wohl er am Anfang der Familie Gropius als eines rechtschaffen bürgerlichen Geschlechts. Seither weist die Familiengeschichte eine Fülle von Beamten, Kaufleuten und Malern auf, doch in erster Linie finden sich Geistliche, Baumeister und Lehrer; einige Familienmitglieder wurden Gutsbesitzer,

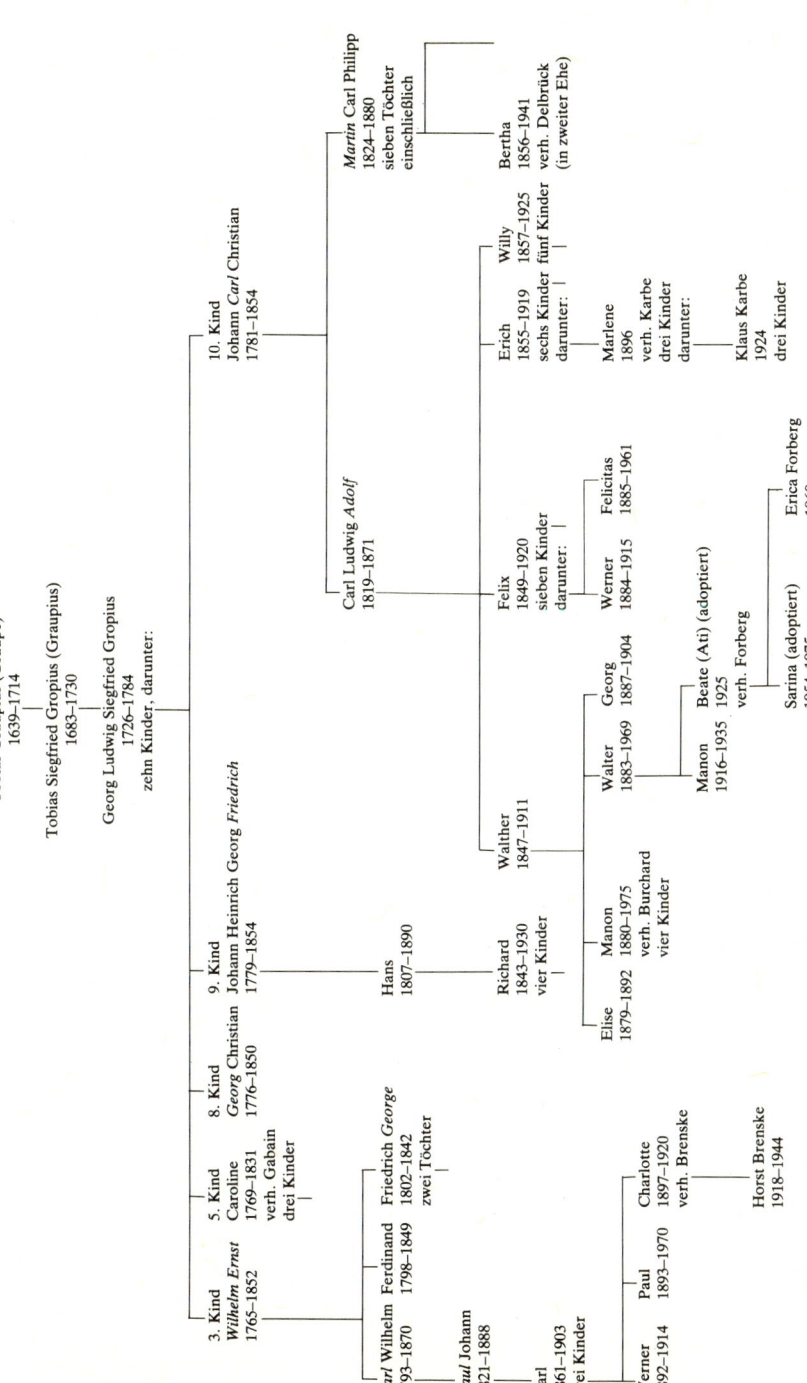

Stammbaum der Familie Gropius (aufgrund des Deutschen Geschlechterbuches mit zusätzlichen Einträgen von K. Karbe und R. R. Isaacs)

freilich bestellten sie nicht alle ihre Güter im legendären großzügigen Stil der ostelbischen Junker. Immer wieder dienten auch in den Kriegen seither, so wie Walter Gropius im Ersten Weltkrieg, die Söhne der Familie als Soldaten. Dennoch gab es in der Revolution von 1848 unter den Mitgliedern der Familie Gropius nur zwei, die auf der Seite der Herrschenden standen; es waren Wilhelm Ernst Gropius, Walters Großonkel, und Hans Gropius.[10]

Die Reihe der Künstler und Baumeister, die aus der Familie Gropius hervorgingen und deren hervorragendster Exponent Walter Gropius werden sollte, läßt sich zurückführen auf seinen Urgroßvater Johann Carl Christian Gropius (1781–1845) *(Abb. 4)* und dessen Brüder Wilhelm Ernst (1765–1852) und Georg Christian (1776–1850). Georg Christian, der als Generalkonsul nach Griechenland ging, gelangte schließlich dank seiner Forschungen und Wiederherstellungsbemühungen als Archäologe zu besonderem Ansehen; er gehörte zu den Gründern der griechischen Archäologischen Gesellschaft, die fast fünfzig Jahre vor der Zeit entstand, da sich das offizielle Deutschland der archäologischen Forschung anzunehmen begann.[11] Häufig hielt er sich als Gast im Hause seines Bruders Johann Carl Christian auf und war dort das Idol der jüngeren Generation, seines Neffen Carl Wilhelm, dessen Vetter Martin und Martins älterem Bruder Carl Wilhelm Adolf. Carl Wilhelm Adolf (er änderte später seinen Vornamen in Carl Ludwig Adolf), geboren 1819, war der Großvater von Walter Gropius.

Johann Carl Christian, der als Soldat im Befreiungskrieg gekämpft hatte, war als Partner in die Firma seines Schwagers George Abraham Gabain eingetreten, des Gründers und Inhabers einer Seidenweberei im Zentrum

Abb. 3 Georg Ludwig und Dorothea Gropius. Ururgroßeltern von W. Gropius. Scherenschnitte

Abb. 4 Carl Christian Gropius. Urgroßvater von W. Gropius. 1845

Berlins.[12] Johann Carl Christians älterer Bruder Wilhelm Ernst, der 1788 als Artillerist den Zug nach Holland mitgemacht hatte, erwarb Anfang des 19. Jahrhunderts eine Fabrik für Theatermasken in Berlin. Er übernahm außerdem ein Theater, in dem vor einem Landschaftshintergrund mit bewegten Figuren und wechselnden Lichteffekten, mit Musik untermalt und von einem erklärenden Vortrag begleitet, eine belebt und dreidimensional erscheinende Darstellung geboten wurde.

Johann Carl Christian ebenso wie Wilhelm Ernst waren Freunde des großen preußischen Architekten Karl Friedrich Schinkel (1781–1841). Schinkel wurde ein häufiger Gast im unweit der Seidenweberei gelegenen Haus der Familie Gropius, Breite Straße 22, in dem er auch 1808 für einige Monate wohnte. Hier unterrichtete er Wilhelm Ernsts älteren Sohn Carl Wilhelm (1793–1870) *(Abb. 5)* im Zeichnen und Malen, Fertigkeiten, die vor allem den Theaterdarbietungen des Vaters zugute kamen. Schinkel, damals noch kaum bekannt, suchte in diesen Zeiten, da ihm als Baumeister keine nennenswerten Aufträge beschieden waren, seine Einkünfte durch Malen und Zeichnen aufzubessern. Durch ihre Firmen vermochten Johann Carl Christian und Wilhelm Ernst Gropius den jungen Schinkel zu unterstützen. Sie beauftragten ihn mit der Schaffung eines Proszeniums samt Vorhang für das Theater. Wilhelm Ernst Gropius bot auf der alljährlichen

Abb. 5 Carl Wilhelm Gropius, entfernter
Großonkel von W. Gropius (nach
einer Zeichnung von Ludwig Buchhorn)

Berliner Weihnachtsausstellung, die er zusammen mit dem Gropiusschen Theater besorgte, dem jungen Freund zwischen 1807 und 1815 die Möglichkeit, seine Gemälde und Panoramen der Öffentlichkeit zu zeigen. Ein besonderer Erfolg war Schinkel auf der Weihnachtsausstellung des Jahres 1809 beschieden, als er eine Reihe großformatiger szenischer Gemälde zeigte, die unter stimmungsvoller Anwendung von Beleuchtungseffekten und mit musikalischer Untermalung dem staunenden Publikum vorgeführt wurde, das sich in Massen zu der Darbietung drängte. Auch Königin Luise, soeben erst mit dem Hof aus Königsberg in die Residenzstadt zurückgekehrt, besuchte die Vorführung und war von dem Erlebnis so bewegt, daß sie sich den jungen Künstler vorstellen ließ – es war Schinkels erste persönliche Begegnung mit einem Mitglied der königlichen Familie.

Wilhelm Ernsts Söhne Carl Wilhelm, Ferdinand (1798–1849) und George (Friedrich Georg, 1802–1842) führten das Werk ihres Vaters fort, das dieser mit seinen Darbietungen begonnen hatte, und suchten es zu vervollkommnen. Nach dem Vorbild des Dioramas, das Bouton und Daguerre 1822 in Paris ins Leben gerufen hatten, schufen sie ihr eigenes Diorama in Berlin, Georgenstraße 12, das sie am 24. Oktober 1827 eröffneten. Beim Entwurf des Gebäudes *(Abb. 6)* war ihnen Schinkel, der sich seinerseits 1826 in Paris aufgehalten hatte, mit Skizzen behilflich.[13] Dort konnten die Zuschauer im Halbdunkel nacheinander drei riesige, über achtzehn Meter breite und zwölf Meter hohe szenische Gemälde erleben, die, raffiniert ausgeleuchtet, zu bestimmten Stunden von vierstimmigem Chorgesang untermalt wurden. Es gab mehrere Vorführungen täglich, zu denen manchmal bis zu dreitausend Zuschauer kamen. Das Diorama wurde zu einer besonderen Attraktion in Berlin, die vor allem zu den Weihnachtsfeiertagen ihr Publikum anzog.

Die Verbindung Karl Friedrich Schinkels mit der Familie Gropius war nicht allein auf künstlerische Unternehmungen beschränkt. Schinkel blieb zum Beispiel ein beständiger Bewunderer der Geschäftstüchtigkeit Carl Wilhelms und wußte sich bei bestimmten Gelegenheiten seiner Unterstützung zu bedienen.[14]

Das Diorama der Brüder Gropius bestand bis 1850, als die Gemälde auf Wunsch des Zaren nach St. Petersburg geschickt wurden. Die einträglichsten Jahre dieser Art von Veranstaltung waren vorüber, um die Jahrhundertmitte zogen andere naturnachbildende Darstellungsweisen das Publikum an.[15] Nichtsdestoweniger sollte dieses Interesse der Familie Gropius an der Kunst der theatralischen Darbietung, das sich schon im 18. Jahrhundert geregt und im 19. Jahrhundert zu einer Berufung, zum tatsächlich ausgeübten Beruf gewandelt hatte, im 20. Jahrhundert in den Entwürfen von Walter Gropius neuen schöpferischen Ausdruck finden.

Abb. 6 Das Diorama der Gebrüder Gropius in Berlin.
Nach einem Entwurf von Schinkel erbaut. Stich von Klose. 1833

Zu den Unternehmen Carl Wilhelms und seiner Brüder Ferdinand und George gehörte auch eine bekannte Buch- und Kunstausstellung, die unter der Leitung von George Gropius 1827 gegründet worden war und sich innerhalb weniger Jahre als Gropius'sche Buchhandlung einen Namen machte; aus ihr ging später der Verlag von George Gropius hervor. Ferdinand betätigte sich bis zu seinem Tod im Jahre 1849 als Künstler und Kunsthändler. 1851 konstituierte sich die Firma neu (zunächst als Ernst & Korn), die (seit 1894) als Wilhelm Ernst & Sohn weiterhin in Berlin besteht.

Wird schon an Leben und Werk der Söhne des Wilhelm Ernst der mächtige Einfluß deutlich, der von Schinkel auf die Familie Gropius ausging, so läßt die Entwicklung Martins, des Sohns von Johann Carl, dieses noch stärker verspüren. Martin Carl Philipp Gropius (1824–1880) war siebzehn, als er sich – es war das Jahr, in dem Schinkel starb – am Gewerbe-Institut in Berlin einschrieb. Er studierte unter dem Schinkel-Schüler Bötticher, der wie sein Lehrer überzeugt war, daß die Gestalt des Bauwerks von den verwendeten Materialien, der Bauweise und dem Zweck abhängig seien, daß diese sich gegenseitig bedingten. Martin Gropius gelangte zu Ansehen durch seine Leistungen im Bildungswesen und auf kulturellem Gebiet wie als international geachteter Architekt, dessen Ruf sich auf das eigene wie auf das seit 1865 in Zusammenarbeit mit Heino Schmieden entstandene Werk gründete. Er war ein leuchtendes Vorbild für seinen Neffen Walther Gropius (1847–1911) *(Abb. 7)*, der selbst den Beruf des Architekten ergriff und solcherart vom Werk und von den Vorstellungen Schinkels angezogen wurde, dessen Einfluß auf die deutsche Architektur noch immer überall spürbar war. Walther Gropius *(Abb. 8)* war der Vater von Walter Gropius, der Jahrzehnte später dessen Wesenszüge so beschrieb: »*Er war ein ziemlich zurückhaltender und furchtsamer Mensch ohne genügend Selbstsicherheit, weshalb er auch niemals bis in die erste Reihe vorstieß. Er hat nur im ersten Teil seiner Laufbahn, bevor er städtischer Angestellter wurde, einige Gebäude entworfen und gebaut. Er war ein entschiedener Gegner der Entwicklung der Architektur unter dem Kaiser. Er liebte Schinkel und nahm mich oft mit, um dessen Bauten anzusehen. Er hatte einen Hang zur Einfachheit und Unmittelbarkeit in der Architektur und haßte alles Reißerische, jede Sentimentalität und überladene Architektur...*«[16*]

Die Mutter von Walter Gropius, Manon Gropius, geborene Scharnweber *(Abb. 9)*, entstammte einer Hugenottenfamilie. Einige tausend der Hugenotten, die gegen Ende des 17. Jahrhunderts ihr Vaterland verließen, um der religiösen Verfolgung in Frankreich zu entgehen, hatten im protestantischen Brandenburg und nicht zuletzt in der Residenzstadt Berlin eine neue Heimat gefunden. Sie waren der Einladung Friedrich Wilhelms, des Großen Kurfürsten, gefolgt, der unmittelbar, nachdem in Frankreich am 18. Oktober 1685 das Edikt von Nantes aufgehoben wurde, am 29. Oktober mit seinem Edikt von Potsdam »denen Evangelisch-Reformirten Frantzösi-

Abb. 7 Walther Gropius (sitzend), der Vater von Walter, und seine Brüder Willy, Felix und Erich, etwa 1865

Abb. 8 Der Vater von W. Gropius, Walther Gropius, als Bräutigam 1878

Abb. 9 Die Mutter von W. Gropius, Auguste Pauline Manon Scharnweber, als Braut 1878

scher Nation« besondere »Rechte, Privilegia und andere Wohlthaten« einräumte. Die Zuwanderung hielt auch in der folgenden Zeit noch an, insgesamt ließen sich etwa 20 000 Hugenotten in Brandenburg-Preußen nieder. Friedrich der Große, der Freund und Verehrer französischen Geistes, der um 1770 selbst noch einmal im Zuge der Neuordnung des Steuerwesens etwa 3000 Franzosen als »Accisebediente« ins Land kommen ließ, konnte mit Genugtuung von den Hugenotten sagen: »Brandenburg wurde in der Tat ein ganz neues Land... Die Reichsten wanderten nach England und Holland aus, die Ärmsten, aber Fleißigsten kamen nach Brandenburg... Sie halfen unsere verödeten Städte neu zu bevölkern und brachten uns alle die Manufakturen, die uns fehlten.«[17]

Manon Scharnwebers Großvater Johann Christian Friedrich Scharnweber (1770–1822) war Ratsherr gewesen und hatte unter dem Freiherrn von Stein und dem Fürsten Hardenberg während der napoleonischen Zeit an dem großen Reformwerk des preußischen Staates mitgewirkt. Der Vater Karl August George Scharnweber (1816–1894) *(Abb. 10)* war Kreisrat im Barnim. Einer der Vorfahren war ferner der Goldschmied Daniel Baudesson gewesen, der für den Hof Friedrichs des Großen gearbeitet hatte. Es war diese besondere Tradition, die Tradition der Familie wie die Tradition

Abb. 10 Karl August Georg Scharnweber, Großvater mütterlicherseits von W. Gropius

des Staates und seiner Hauptstadt, auf die der Bildhauer Gerhard Marcks im späteren Leben einmal die Wurzeln der geistigen Ausrichtung seiner selbst und auch eines Mannes wie Walter Gropius zurückführte.[18]

Die Familie Gropius war liberal eingestellt, man verhielt sich konservativ gegenüber sozialistischen Aktivitäten und ablehnend gegenüber den rechten Bewegungen der Zeit. Die Eltern und Voreltern, seit Generationen schon in Brandenburg-Preußen und in Berlin ansässig, hatten das Leben in Deutschlands bedeutendster Stadt mit ihrer Freizügigkeit und ihrem geistigen Klima erfahren. Die Familie und deren Freunde hielten sich nicht an die gängigen Vorstellungen der oberen Schichten der preußischen Gesellschaft, denen sie angehörten; so vollzog sich die grundlegende Herausbildung der Wesenszüge von Walter Gropius in einer gesellschaftlich und wirtschaftlich privilegierten Atmosphäre, in der humanistischen Umgebung des Elternhauses, in einem Familien- und Freundeskreis, der Geborgenheit bedeutete, mit altbewährten Traditionen und Sitten. Jahrzehnte später freilich sollte Gropius sagen: »*Das geistige Klima, das in den achtziger und neunziger Jahren vorherrschte, hatte noch einen mehr oder weniger statischen Charakter, getragen von einem anscheinend unwandelbaren Glauben an die ›ewigen Werte‹*«.[19] Und dennoch hatte im Deutschland des 19. Jahrhunderts zu der

Zeit, da Walter Gropius geboren wurde, die Ausbildung der Ideen und Gestaltungskräfte einer neuen Zeit bereits ihren Anfang genommen, deren gesellschaftlich-geistige wie politisch-wirtschaftliche Zielrichtungen ihn in späteren Jahren in starkem Maße beeinflussen sollten. Als Achtzigjähriger schrieb er von der eigenen wie von Max Burchards, »Maexchens«, Familie an seine Schwester: »*Beim Nachdenken über die Tradition unserer Familie und ihre moralische Temperatur im Vergleich zu denen der mehr konservativen Onkels schneiden unsere Eltern mit ihrer liberalen Breite und ihrer unzerstörbaren Güte und Toleranz gut ab. Ihre Haltung ließ eben Spielraum für ungehinderte Entwicklung. Mir scheint, daß gerade die liberalen Familien, wie unsere, wie Maexchens, am flexibelsten ausgerüstet waren, innerlich die ungeheuren Revolutionen der Zeit zu verdauen und menschlich zu positivieren. Das gibt uns Zugehörigkeit zum deutschen Grundstock. Diese Tradition ist zweifellos auch in deinen Kindern und Enkeln lebendig. Ich persönlich spüre deutlich, daß mein liberales Erbe mir kosmopolitische Haltung und Breite des Denkens gegeben hat. Wir verdanken dies besonders Mutter, die ja ungewöhnlich befähigt war, sich schnell auf veränderte Verhältnisse umzustellen.*«[20]

Die Schwester Manon Burchard erinnerte sich, daß ihr Vater und ihre Mutter Linksliberale waren, für die Republik eingenommen, doch im Geiste Bürgerliche, was den jungen Walter unausweichlich in die Opposition drängte.

Einige Mitglieder der Familie Gropius sind schließlich noch zu erwähnen, die andere Berufe ergriffen; manche nahmen eine früher begonnene Geschäftstätigkeit auf und wurden Geschäftsleute, andere, darunter die Onkel Erich und Felix, wurden Gutsbesitzer oder Landwirte. – – –

So war denn Walter Gropius, obschon er in jungen Jahren am stärksten von dem dominierenden Erbe der Künstler und Baumeister seiner Familie geprägt war, doch noch von der militärischen Tradition eingeholt worden, die ihn in dem verwüsteten französischen Dorf an den Rand des Todes geführt hatte. In der Stille der Dämmerung, in der Frühe des dritten Tags nach dem Feuerüberfall, kehrten deutsche Truppen, ihre Deckung verlassend, noch einmal zurück, um die gefallenen Kameraden zu bergen und zu bestatten und danach die unhaltbar gewordene Stellung aufzugeben. Sie hörten die Hilferufe des Erschöpften und bahnten sich den Weg durch den Trümmerhaufen, räumten das zerschlagene Gemäuer und die geborstenen Balken beiseite, die ihn eingeklemmt und zugleich gerettet hatten. Bald danach lag er im Feldlazarett, wo die Arm-, Brust- und Kopfwunden vorläufig versorgt wurden; hier blieb er einige Tage. Ende Juli 1918 wurde er in ein Kriegslazarett in der Nähe von Wien verlegt.

Kindheit

Walter Gropius war als drittes Kind der erste Sohn des Walther Gropius und der Manon Gropius, geborene Scharnweber *(Abb. 11)*. Er kam am 18. Mai 1883 in Berlin im Elternhaus, in der Genthiner Straße 23, zur Welt – in der Nähe des Lützowplatzes, in der Nachbarschaft des Tiergartens und nicht weit vom Standort der Seidenweberei der Familie entfernt – und wurde am 20. Juni 1883 auf den Namen Adolf Georg Walter Gropius getauft. Die Friedrich-Wersche Kirche war zwar nicht das Gotteshaus, das die Familie gemeinhin besuchte, doch der Vater war zur Wahl dieses Denkmals der ›Neuruppiner Gotik‹ als Taufkirche durch seine lebenslange Verehrung für dessen Schöpfer Karl Friedrich Schinkel bewogen worden[21], der auf dem Friedhof der Dorotheenstädtischen und Friedrich-Werderschen Gemeinden begraben lag. Walther Gropius, schon dreiunddreißig Jahre alt, als sein Sohn geboren wurde, war Regierungsbaumeister und hoffte, daß Walter junior in seine Fußtapfen treten würde – als Architekt im Geiste Schinkels. Die Familie und deren Freunde waren in großer Zahl zur Taufe erschienen, und das Taufzeugnis dieses ersten Sohns trug die Unterschriften von Mitgliedern der Familien Scharnweber, Wahlaender, Hönig, Stoeckenius, Cromer, Koerte, Karsten und Gropius.

Walters früheste Jahre verliefen verhältnismäßig ruhig, lebte er doch behütet in einem überaus besorgten Elternhaus und blieb so bewahrt vor den Wechselfällen und Entdeckungen der Kindheit. Einen ersten einfachen Unterricht erteilten ihm noch vor Beginn der Schulzeit die Mutter und die ältere Schwester. Vom sechsten bis zum zehnten Lebensjahr besuchte er – wie damals jedes Kind aus einer Familie der oberen Schichten – eine private Grundschule in seiner Heimatstadt. Neun weitere Schuljahre am Humanistischen Gymnasium schlossen sich an.[22]

Der Gymnasiast

Das Gymnasium, ursprünglich eine private Bildungseinrichtung, war bereits eine öffentlich geförderte Schulart geworden, und die Gymnasien, die Walter Gropius besuchte, wurden entweder schon von der Gemeinde geführt oder unterstanden dem gegliederten Schulsystem der Stadt. Besonderen Wert legte man unvermindert auf Latein und Griechisch. Als erstes besuchte Walter von 1893 bis 1895, nach wie vor im Elternhaus in der Genthiner Straße lebend, das Leibniz-Gymnasium. Der Schulbau aus dem Jahre 1875 war gegenüber dem pompösen Klassizismus anderer Schulgebäude dieser Epoche, der Gründerjahre, seiner Zeit voraus. Er lag in einer Gegend der Stadt, die man damals als den Berliner Osten bezeichnete, in einem Wohnbezirk der oberen Schichten unweit der Spree am Mariannenplatz vis-à-vis der großartigen St.-Thomas-Kirche und des berühmten Bethanien-Hospitals. Der Schulbau mit dem warmen, hellen Ton seiner Ziegelfassade und dessen Umgebung müssen freundlich und einladend auf den Jungen gewirkt haben – ein höchst verheißungsvoller Auftakt zum Beginn des ernsthaften Studiums. Doch gerade an diesem Gymnasium mußte er eine schmerzliche Erfahrung machen mit einem Lehrer, die für ihn fast zum Trauma zu werden drohte, mit einem grausamen und gefühllosen Lehrer, der ihn sich immer wieder vornahm, um ihn vor allen anderen zu maßregeln – nicht wegen eines Unfugs, den er angestellt hätte, sondern wegen seiner ungewöhnlich verhaltenen Art, wegen seiner Unfähigkeit, rasch zu antworten, und weil er Fragen stellte, die als unangebracht angesehen wurden.

Das gesellschaftliche Leben der Familie und ihrer Freunde vollzog sich, solange man in Berlin weilte, in der geziemlichen Art jener Zeit. Man machte seine Besuche und empfing seine Besucher, pünktlich wie immer, ob Sommer oder Winter. Die bedeutsamen nationalen und kirchlichen Feiertage wurden festlich und ohne den Zwang allzu großer Förmlichkeit begangen; die Bälle und besonders die Debütantenbälle, seltene Ereignisse, waren formelle Anlässe. Walter versteckte sich bei solchen Gelegenheiten lieber, aus Scheu. Zuweilen, wenn auch nicht übermäßig häufig, besuchte die Familie die Oper, ein Konzert oder einen Ballettabend; häufiger ging man zu einem Vortrag oder ins Theater. Geselligkeit im Familienkreis spielte sich hauptsächlich zu Hause ab. Walter versuchte sich einige Jahre auf dem Cello, doch ein glänzender Cellist wurde er nicht. Zusammen mit seinem jüngeren Bruder Georg, der schon in frühen Jahren ein begabter Geiger war, und seiner Schwester Manon, die sich unter der Anleitung der Mutter zu einer einfühlsamen Pianistin entwickelt hatte, spielte er manchmal Trios und Kammermusikstücke. Gesellte sich noch ein viertes Instrument dazu, so wagten sie sich an den späten Beethoven. Seine Liebe zur Barockmusik, zu Bach, Händel, Vivaldi und Gesualdo bewahrte sich Walter Gropius sein Leben lang, fast der ganze Mozart und der ganze Schubert wurden ihm im Lauf der Jahre vertraut.

Es war eine Zeit der Widersprüchlichkeiten. Es gab elektrisches Licht und es gab Butzenscheiben. Die Eleganz der gehobenen Gesellschaft stand in scharfem Gegensatz zum Elend der Armen. Arbeitskräfte waren reichlich und billig zur Verfügung; Deutschlands industrielles Wachstum hatte einen noch ständig wachsenden Mittelstand hervorgebracht, doch die Kluft zwischen reich und arm war zunehmend weiter geworden. In Berlin säumten die Wohnhäuser der Wohlhabenden die Alleen und Boulevards, in ansehnlichen Häusern wohnte der Mittelstand, und die Armen lebten in den Hinterhöfen der Mietskasernenblocks, die, oft tief hintereinander gestaffelt, von Hof zu Hof schäbiger wurden. Kutschen und Pferdewagen teilten sich die Straßen mit dem Automobil, der ›Elektrischen‹ und dem Pferdeom-

Abb. 11 W. Gropius (rechts) mit seinen Eltern, seiner Schwester Manon und seinem Bruder Georg, 1892

nibus. Unter den Linden war die Promenade der besseren Gesellschaft, wo man flanierte oder den anderen vom Café aus zusah. Die Märkte und die Kaufhäuser hatten eine Blütezeit; Damen mit Dienstboten im Gefolge bewegten sich zwischen Verkäufern, Straßenkehrern, Hausfrauen und den jungen Frauen, die damals als Berufstätige Einzug hielten in den Büros und im Dienstleistungsgewerbe. Das Militär war überall präsent, in Uniform zeigten sich Offiziere und Rekruten, Polizisten, Portiers und Botenjungen. Unterhaltung gab es für jedermann, vom Symphonieorchester bis zur Ballhauskapelle, von literarischen Gesellschaften bis zu Straßensängern, die um Zuhörer warben. Das Strandbad, das Badeleben überhaupt, wurde beliebt, und die Seebäder erlebten eine erste Blüte. In einem dieser Badeorte an der Ostsee, in Timmendorfer Strand, stand nicht weit vom Wasser das komfortable zweite Heim der Familie Gropius.[23] Hier *(Abb. 12)* verbrachte Walter manches Jahr die Ferien mit seinen Eltern. Ihre unmittelbaren Nachbarn waren die Grisebachs, eine befreundete Familie aus Berlin. Hans Grisebach, der die beiden Häuser entworfen hatte, war ein damals gefragter Architekt; er baute die Häuser für Wilhelm von Bode, für Gerhart Hauptmann und für andere Repräsentanten der Berliner Gesellschaft. Sein Neffe Hellmut Grisebach war Walters Spielgefährte; Walters engster Freund war Dietrich Marcks, er und sein Bruder Gerhard fanden sich zusammen mit den Eltern zuweilen als Nachbarn in Timmendorfer Strand ein. –

Mit der Ausweitung der Interessensphäre des Deutschen Reiches, mit der zunehmenden Bedeutung seiner Schiffahrtslinien und dem fortschreitenden Ausbau seines Eisenbahnnetzes waren die Deutschen zu ›Weltreisenden‹ geworden und darin in Konkurrenz zu den Engländern getreten. Abenteuerlustige Mitglieder hatte die Familie Gropius in jeder Generation aufzuweisen gehabt, und Walters Generation bildete da keine Ausnahme. Mit dem Baedeker in der Hand führte Manon Scharnweber-Gropius ihre Kinder auf Ferienexkursionen durch Italien, die Schweiz, Österreich, Frankreich und die Niederlande. Pflichtschuldig meldeten sie sich bei den deutschen Konsulaten und ließen sich unterrichten über die Museen, über die Denkmäler und über gastfreundliche Mitglieder der deutschen Kolonie. Erst im späteren Leben, als aus den Kindern schon Erwachsene geworden waren, sollten sie sich gern an diese Exkursionen erinnern, die ihnen damals als mühselige Wandertouren erschienen waren. Walter Gropius, mit vierundzwanzig Jahren selbständig auf einer Studienreise durch Spanien, gedachte früherer Reiseerlebnisse: *»Du erinnerst Dich an mich in Florenz, wo ich ebenso überwältigt war von seiner Großartigkeit, die mich mit Ruhelosigkeit erfüllte...«* Und danach berichtete er vom gegenwärtigen Erleben: *»Ich kann aber nicht leugnen, daß bei der grenzenlosen Fülle von neuem bedeutenden meine Aufnahmefähigkeit etwas zu schwinden beginnt.*

Ich bin wie ein vollgesogener Schwamm. Mir gehen die Dinge, die ich sehe doch zu nahe, als daß ich dies schnelle Reisen weiter vertragen kann... Es ist eine vollkommene Arbeit, die sehr anstrengt, so intensif und gründlich zu reisen, wie wir es jetzt in den ersten 6 Wochen gethan haben; dem oberflächlichen Zuhörer klingt das vielleicht lächerlich, aber es ist wirklich so... die Kathedralen fangen wahrhaftig an, vor mir zu tanzen bei dem vergleichen und erinnern.«[24]

Ganz besonders genoß Walter das Zusammensein mit den Großeltern, den Onkeln und Vettern. Gelegentlich kamen diese zu Besuch zur Familie der Mutter, den Scharnwebers, auf deren kleinen Besitz Hohenschönhausen im Niederbarnim.[25] Vor allem mit der Großmutter väterlicherseits, Luise Gropius, geborene Hönig, verband Walter eine wirkliche Freundschaft, die zwischen seinen Besuchen in Haus Groß-Schönfeld[26] im Kreis Greifenhagen – ungefähr fünfzehn Kilometer südlich von Stettin – im

Abb. 12 Die Familie Walther Gropius in Timmendorf, 1897, vor der Villa Wahlaender. W. Gropius auf dem Fahrrad

Briefwechsel ihren Niederschlag fand. Groß-Schönfeld *(Abb. 13)* war ein stattlicher Besitz, von tüchtigen Arbeitskräften *(Abb. 14, 15)* betreut und wirtschaftlich gesund, wurde es doch von Walters Großvater Carl Ludwig Adolf (ursprünglich Carl Wilhelm Adolf) Gropius *(Abb. 17)* geführt, dem einstigen Offizier und Beamten, aus dem ein Rechtsanwalt und Agronom geworden war. Wohl war die Großmutter *(Abb. 16)* eine lustige und lebhafte Frau, doch das Leben auf Groß-Schönfeld verlief eher im Rahmen steifer Förmlichkeit, und so entschied sich der junge Walter doch öfter für den Ferienaufenthalt bei seinem Onkel Felix Gropius auf dessen Gut Hohenstein im Kreis Deutsch-Krone, Provinz Posen *(Abb. 18)*.[27] Von den sieben Kindern des Onkels waren drei etwa gleichaltrig mit Walter: seine im gleichen Jahr geborene Kusine Annemarie, der ein Jahr jüngere Werner und die zwei Jahre jüngere Felicitas; zu ihnen kam danach noch der etwa sechs Jahre später geborene Conrad hinzu. Diese Kinder waren dort seine ständigen Spielkameraden. Am leichtesten aber fiel ihm die Wahl des Ferienortes, wenn er wußte, daß Felicitas in Hohenstein sein würde. Beim Tod der Kusine, sechzig Jahre später, gedachte er ihrer: »*Der Tod von Felicitas geht mir sehr nahe, auch wenn ich sie so lange nicht mehr gesehen habe. Sie war meine erste Liebe während unvergeßlicher Sommer in Hohenstein...*« *(Abb. 19)*[28]

Felix Gropius, vordem ein forscher Offizier im Garde-Artillerie-Regiment des Kaisers, war zum Gutsbesitzer, wenn auch nicht gerade zum

Abb. 13 Gut Groß-Schönfeld in Pommern. Besitz des Großvaters Gropius

Abb. 14. 15 Kutscher und Gutsarbeiter auf Groß-Schönfeld

Abb. 16 Luise Gropius, geb. Hönig, Großmutter väterlicherseits, etwa 1845 (nach einem – verschollenen – Gemälde von W. Schadow)

Abb. 17 Carl Ludwig Adolf Gropius, Großvater väterlicherseits, 1847 (nach einer Zeichnung von Oskar Begas)

Abb. 18 Gut Hohenstein, Eigentum von Felix Gropius

Abb. 19 Walter Gropius (links) mit Vetter und Kusinen (v. l. n. r.: Felicitas Gropius, Heidi Conrad, Werner Gropius) auf Gut Hohenstein

erfolgreichen Landwirt geworden, als er Hohenstein 1881 von einem Onkel der Familie Hönig erbte. Es machte einen beträchtlichen Eindruck auf den jungen Walter, damals in Hohenstein, wenn Onkel Felix seine Paradeuniform eines Hauptmanns der Garde-Artillerie anlegte und sich so als ein soldatisches Vorbild hinstellte, als das sich der eigene Vater, ebenfalls Teilnehmer des Kriegs von 1870/71, eben nicht zeigen wollte, weil er persönlich nichts vom Krieg hielt.

Die höchsten Wonnen und nachwirkende Einflüsse freilich sollten für den jungen Mann die alljährlichen Sommerferien auf den großen Gütern Janikow und Golzengut seines Onkels Erich bedeuten, die er meist ohne die Eltern verbrachte. Zu dem Besitz bei Dramburg in Hinterpommern gehörten neben den endlosen Feldern auch Wälder und Forellenteiche, der Lübbesee war nur zwanzig Minuten zu Fuß entfernt.[29] Die Reise dorthin war umständlich. Walter fuhr zunächst mit dem Zug bis Stargard, dem für Dramburg nächstgelegenen größeren Ort. In Stargard, der schönen mittelalterlichen Stadt mit ihrem Mauerring, mußte er auf eine Nebenlinie umsteigen, auf der nur wenig Züge verkehrten. So fuhr er dann in bequemen Etappen weiter nach Kallies und von dort nach Dramburg, wo ihn eine Kutsche oder ein Pferdewagen des Guts abholte, um ihn das letzte kurze Stück bis nach Janikow und Golzengut zu befördern. Er genoß den stundenlangen Zwischenaufenthalt in Stargard, die alte Stadt zog ihn an, allerdings nicht so sehr wegen ihres mittelalterlichen Charakters als vielmehr wegen des eindrucksvollen Backsteinmauerwerks ihrer Mauern und Häuser, das so typisch ist für diesen Teil Norddeutschlands.

Damals hatte das pommersche Gut Janikow noch nicht einmal 8000 Morgen, es war klein im Vergleich mit dem Besitz derer von Klitzing, der Familie, der die Gattin von Erich Gropius entstammte und deren Gut Zuchow mehr als 18 000 Morgen umfaßte.[30] Erich war erst 1883 nach Janikow gekommen, als er das Gut erworben hatte, während die Familien seiner polnischen Landarbeiter seit Generationen dort gelebt hatten. Unter dem neuen Besitzer wurden experimentelle Methoden der landwirtschaftlichen Produktion bis hin zu Viehzucht und Fischzucht erprobt und, wenn bewährt, angewandt. Das Gut Janikow war mit dem Aufkauf des benachbarten Golzengut auf rund 48 000 Morgen angewachsen, zu Golzengut mit seinem fruchtbaren Boden gehörten neben den verschiedenen Gutsgebäuden auch einige Landarbeiterhäuser.

Walters Vettern und Kusinen, die sechs Kinder Onkel Erichs, waren acht bis fünfzehn Jahre jünger als er, zu jung, als daß sie hätten seine Gefährten sein können. Onkel Carl Willy, Zuckergroßhändler in London, und Tante Wiene kamen gelegentlich mit ihren Kindern zu Besuch und bescherten so Walter die Gesellschaft seiner englischen Vettern. Zuweilen erschienen auch die Kinder benachbarter Familien, so etwa die jungen von Klitzings, doch das waren mehr offizielle Besuche, die man eher über sich ergehen ließ, als daß man sie genossen hätte. Walters Bruder Georg war wohl ein guter Gesellschafter, doch ging er meist lieber seinen eigenen Interessen nach. Und die Schwester Manon hielt sich natürlich im Kreis der Damen auf. Walters Ferienkameraden waren darum noch am ehesten die Kinder der Pächter aus der Umgebung oder eben seine Onkel, denen er geduldig hinterhertrabte. Wenn es der Zustand der Landstraßen und Feldwege erlaubte, pendelte er mit dem Rad, oft zusammen mit Freunden, zwischen den Gütern hin und her *(Abb. 20)*. Er durchstreifte Wald und Flur zu Fuß, zu Pferde oder in der Kutsche, oder er schloß sich Erwachsenen an, wenn es zur Jagd auf Hasen und Rotwild ging. Er nahm die Schönheit der Landschaft mit ihren wohlbestellten Feldern und den Waldstücken, den Hecken und Fischteichen in sich auf. Die Liebe zur Scholle, wie sie die Mutter empfand, war auch in ihm lebendig, und das alljährliche Wiedersehen mit Janikow und Golzengut machte ihn frei, bedeutete wahre Erholung von Schule und Büffelei. –

Walters nächste Schule, nach dem Leibniz-Gymnasium, war das Kaiserin-Augusta-Gymnasium in Charlottenburg, das er von 1895 bis 1900 besuchte; die Familie war inzwischen zum Kurfürstendamm 25 umgezogen. Das Schulhaus war ein trostloser Kasten, abweisend, die Straße und seine Umgebung fast erdrückend. Auf einen Zwölfjährigen muß es von außen so übermächtig und überfordernd gewirkt haben wie das Pauken, das ihn drinnen erwartete.

Danach wechselte Walter auf das Gymnasium Steglitz über.[31] Das war ursprünglich eine private Schule gewesen, doch mit der neuen Schulgesetzgebung war sie 1873 von der damals noch selbständigen Stadt Steglitz bei Berlin übernommen worden. Das Schulhaus war ein nichtssagender Bau, der keine der Stärken oder Schwächen der zwei Schulen verspüren ließ, die Walter vorher besucht hatte. Mochte ihm das erste Gymnasium zumindest äußerlich freundlich und das zweite trostlos erschienen sein – dieses dritte konnte kaum irgendwelche Gemütsregungen in ihm wecken. Doch auch hier blieb ihm Kummer nicht erspart, das Unglück holte ihn ein, als gerade das Abiturientenexamen bevorstand. Seine Großmutter Luise Gropius, die ihn vergötterte, berichtete bestürzt ihrem Sohn, Walters Onkel Erich: *»Habe ich Dir von dem scheußlichen Pech erzählt, das unseren armen Walty heimgesucht hat? Er liegt seit dem 26. Januar mit einer schweren Influenza im Bett, dabei hätte er am 31. die schriftliche Prüfung gehabt, und in der nächsten Woche sollte es weitergehen ... Stand am Sonntag für ein paar Stunden auf, war aber sehr schwach. Ich besuchte ihn am Nachmittag und fand in grübelnd und bedrückt. Mein Gott, wie sehr fühle ich mit ihm! Der Rektor und seine Lehrer mögen ihn, aber werden sie ihn später prüfen dürfen? Er wird sehr schwach sein, weil er so wenig ißt, Mund und Hals tun ihm sehr weh. Oh, mein armer Walty!«*[32*]

Abb. 20 Walter Gropius auf dem Fahrrad, 1898

Walter erholte sich und machte sein Examen. Er wurde in Latein und Griechisch geprüft, und den krönenden Abschluß bildete eine längere Übersetzung einer sapphischen Ode. Überschwenglich konnte Großmutter Luise verkünden: »*Ich bin heute glücklich, zufrieden, zuversichtlich und besonders dankbar, weil gerade eben mein geliebter Walty hier war, zum ersten Mal groß im langen Mantel statt in seinem lässigen Jackett, und er kam von der Reifeprüfung, die er sehr gut bestanden hat. Er war schrecklich glücklich, der junge Student! Rektor und Lehrer waren bei der Prüfung außerordentlich gnädig gewesen, voller Mitleid, weil er doch solches Pech gehabt hat, aus Krankheitsgründen. Er ist von seinem Vater ganz herzlich empfangen worden, der ihn sofort mitnahm zu Kempinski, ihn prächtig bewirtete und mit Champagner mit ihm anstieß. Ich bin außerordentlich glücklich, daß dieser geliebte Junge diese erste der vielen Prüfungen, die das Leben mit sich bringt, so leicht, mit solchem Glück bestanden hat. Er war zuerst sehr nervös heute, wurde dann aber immer ruhiger, bis er endlich ganz ohne jede Angst war. Er pries seinen Entschluß, das Augusta-Gymnasium in Steglitz vor dreieinhalb Jahren zu verlassen und nach Steglitz zu gehen, wo er nicht so schlecht behandelt wurde wie vorher. . .*«[33*]

Von früh an hatte Walter bis dahin ein recht in sich gekehrtes Leben geführt, die Schule hatte ihn in Anspruch genommen, und er hatte seinen eigenen Gedanken nachgehangen. Von seiner Zukunft hatte er nur verschwommene Vorstellungen. Seine Freunde waren meist Klassenkameraden *(Abb. 21)*, gegenwärtige und frühere. Sein Bruder Georg, vier Jahre jünger als er, war ihm noch zu klein, als daß er mit ihm hätte etwas anfangen können. Seine knapp zwei Jahre ältere Schwester Manon verehrte er tief, und sie war es auch, die ihn oft beeinflußte.[34]

Das Leben in der Familie verlief ruhig und in geordneten Bahnen, doch Walter war ruhelos, und diese Ruhelosigkeit hatte sich schon in frühen Jugendjahren bemerkbar gemacht. Die Eltern hielten nicht auf die strenge Unterordnung der Kinder, wie sie damals charakteristisch war für die Erziehung in der Familie, und er war auch nicht den zudringlichen Fragen und bedrückenden Auflagen einer Familienhierarchie ausgesetzt, da von den Verwandten nur wenige in Berlin und der Mark lebten. In Glaubensdingen wahrte man in der Familie Gropius die Form, man stand zur Kirche, doch es war ein äußerliches Verhältnis eher denn eine innerliche Bindung. Ohne große innere Anteilnahme und auch ohne daß der Tag besonders festlich begangen worden wäre, erlebte Walter 1898 die Konfirmation in der nur wenige Minuten von der elterlichen Wohnung entfernten Kaiser-Wilhelm-Gedächtniskirche auf dem damaligen Auguste-Victoria-Platz.

Die Familie Gropius dachte, entgegen der in den gehobenen Schichten üblichen Gepflogenheit, ebensowenig daran, die Söhne zu zwingen oder doch mit sanfter Gewalt zu drängen, daß sie einen bestimmten Beruf ergriffen oder eine bestimmte Beamtenlaufbahn einschlugen. Wohl zählte

Walter Gropius Baumeister, Ingenieure, Künstler zu seinen Vorfahren, doch das allein war nicht ausschlaggebend für die Wahl seines zukünftigen Berufs. Er selbst führte den Ursprung seines Interesses am Entwerfen und Bauen auf die Beschäftigung mit den Schriften des klassischen Altertums im Gymnasium zurück. Als der Gymnasiast sich mit Caesars Beschreibung der beiden Brücken, die er über den Rhein schlagen ließ, auseinanderzusetzen hatte[35], ging er sofort daran, die eine der Brücken sorgfältig in Grundriß und Aufriß zu zeichnen, und baute sie schließlich im maßstabgetreu verkleinerten Modell nach. Das, so erklärte er, habe erstmals sein Interesse an Bauentwurf und Bauausführung geweckt.

Studium in München

Walter hatte mit dem mündlichen Examen am 28. Februar 1903 seine Gymnasialzeit abgeschlossen, und da er sich lange zuvor für die Architektur als seinen zukünftigen Beruf entschieden hatte, immatrikulierte er sich für das Sommersemester dieses Jahres an der Technischen Hochschule in München. Quartier bezog er in der Theresienstraße 29, in einem alten giebelgeschmückten Haus, nur ein paar Häuserblocks von der Hochschule entfernt. Und voller Eifer belegte er so ziemlich alles, was in diesem Semester in seinem Fach angeboten wurde, darunter neben einem Grund-

Abb. 21 Walter Gropius (rechts) mit Freunden auf dem Abitur-Ausflug, 1903

kurs im Entwerfen Vorlesungen über Baukonstruktion für Architekten, klassische Komposition und Proportion, Geschichte, die graphischen Techniken. Das ergab ein volles Programm, sechs Tage die Woche von morgens bis abends. Architektur lehrten als Professoren der berühmte August Thiersch, Entwurf, Josef Bühlmann, Geschichte, und Mecenseffy, Pfann und Jummerspach, Konstruktionslehre.[36] Sie waren absolute Autoritäten, und es ist zu bezweifeln, ob Gropius jemals mehr bei ihnen hörte als vielleicht hie und da einmal eine Vorlesung. Die Ausbildung besonders der Studienanfänger lag in den Händen der Assistenten, und bei ihnen ging Gropius wie die anderen Neulinge in die Lehre. Zu diesen Assistenten gehörten Hans Willich, Entwurf, Eberhard Meier, Konstruktion, und Alexander Mahler, Graphik, ferner Fiechter, Drescher und Lompel.[37] Die Alte und die Neue Pinakothek, der Hochschule direkt gegenüber und nur eine Straße von seiner neuen Wohnung in der Türkenstraße entfernt, waren die Orte, an denen er seine wenigen freien Stunden zubrachte, um hier die deutschen, niederländischen und italienischen Meister, dort die französischen Impressionisten zu studieren.

Der früheste Brief des Studenten Walter Gropius, der sich noch finden ließ (er und ein vorangegangener, relativ belangloser Brief sind zugleich die ältesten noch erhaltenen Aufzeichnungen von seiner Hand), ist an seine Mutter gerichtet und stammt aus dem Frühsommer 1903. Walter berichtet, daß er möglicherweise sein Studium unterbrechen und seine Ferienreisepläne umstoßen müsse. Es stünde ihm jetzt frei, sich im August der Musterungskommission als Bewerber für ein vornehmes Kavallerieregiment vorzustellen, in dem er als Einjährig-Freiwilliger seine Militärdienstpflicht erfüllen könnte. Seine Überlegungen machen seine Unsicherheit deutlich: *»...soll ich meine Sachen einpacken und hier lassen, oder nach Hause schicken? auf die Gefahr hin, sie wieder zurückschleppen zu müssen, wenn ich nicht genommen werde; ...muß ich meine entzückende neue Wohnung aufgeben, in die ich schon ganz verliebt bin und die der Neid meiner Freunde ist... Vormittags modelliere ich jetzt mit großem Fleiß einen fast lebensgroßen, antiken weiblichen Torso, nachdem ich den männlichen in Plastilin vor 3 Tagen zur Zufriedenheit des Professors beendet habe. Es macht mir viel Spaß und geht mir vorläufig besser von der Hand, als das Zeichnen...*

Dem Ordelchen immer wieder gute Besserung; kann er denn Schach spielen zu seiner Zerstreuung; sag ihm, ich hätte es jetzt gelernt.«[38]

Kaum eine Woche später schrieb Walter wieder, und diesmal waren ihm Studium und Militärdienst weit weniger wichtig als die schwere und schließlich zum Tode führende Krankheit (es soll sich um eine eitrige Nierenentzündung gehandelt haben) seines jüngeren Bruders Georg (Orda). Er suchte seine Mutter zu trösten: *»Du lieber Gott, was mußt Du alles durchmachen. Ich seh Dich jetzt immerzu in Angst an Ordas Bette sitzen. Behalte nur Deinen guten Mut, liebes Muttchen...*

..., daß ich im Winter nach Berlin kommen will, wenn ich nicht genommen werde beim Militär. Ich lese eben noch einmal Deinen lieben Brief, ---? ich komme sehr bald, ich fühle mich jetzt so gesund, daß ich eine der beiden Schwestern vertreten kann und vielleicht kann ich auch dazu beitragen, daß Orda nicht selbst zu unruhig über seinen Zustand wird...

Ich werde nun Orda selbst eine Karte schreiben, daß ich bald komme, damit er nach diesem Brief nicht fragt, er wittert sonst hinter allem etwas, wenn er erst beginnt mißtrauisch zu werden im Punkte seiner Krankheit...

...ich hatte das Dienstjahr nur nicht in den Beruf kommen lassen wollen, unter diesen Umständen ist das ja aber ganz egal. Geld hätte ich jetzt selbstverständlich nicht gefordert, habe ja überhaupt immer abgelehnt, aber Vater hat darauf nicht reagiert.«[39]

Als Georgs Krankheit sich verschlimmerte, entschloß sich Walter, mit dem Dienst als Einjährig-Freiwilliger zunächst noch zu warten. Mitte Juli 1903 verließ er München und kehrte zur Familie nach Berlin zurück. Sein Bruder Georg starb im Januar 1904, und die Wohnung in der Rankestraße wurde noch um einen Schatten düsterer. Der Diener Wilhelm und die anderen Dienstboten bewegten sich leise und zurückhaltend, wenn sie die Angehörigen und Freunde einließen, die zu Beileidsbesuchen kamen, die Trauerzeit, die man bis zum Jahresende einhielt, war ungewöhnlich lang.[40]

Der Mutter schrieb Walter im Spätherbst tröstend und im Gedenken an den Bruder: *»Ich hoffe, daß Deine gute, starke Natur weiter durchdringen und die Wunden allmählich heilen wird, die Dir Ordas Tod geschlagen. Morgen, am Totensonntag, ist wieder ein schwerer Tag für Dich... Wenn Du morgen früh auf den Kirchhof gehst, dann lege auch mit in meinem Namen einen Kranz hin, da ich nicht mitgehen kann.«*[41]

Während die Mutter sich mühte, ihren Kummer zu verbergen, nahm der Vater das Schicksal schwerer und zog sich noch mehr zurück. Die Trauer der Eltern läßt ein ungewöhnlicher Brief Walters verspüren, den er dem Vater zum ersten Jahrestag von Ordas Tod schrieb: *»Du schreibst mir immer so besonders nett, lieber Vater, daß ich mir einmal alle Deine Briefe vornahm und sie durchlas und bekam dann erst ein rechtes Bild von Deinem großen Schmerz um Orda. Sei nur recht nett zu Mutter, Du nimmst ja alles doppelt so schwer, wie sie, und wenn bei ihr hoffentlich bald einmal ihre fröhliche Natur durchbricht, steh ihr nicht hindernd im Weg. Wenn ich an die Zeiten vor Ordas Krankheit denke und wie es jetzt ist, kommt es mir immer vor, als wäre unser ganzes schönes Haus zusammengebrochen. Aber so schwer auch der Verlust ist, müssen wir doch versuchen die Lücke wieder zu schließen und uns nicht erdrücken zu lassen. Vergessen werden wir ihn darum nie. Dies Gefühl läßt mich hier nie zur Ruhe kommen und ich bin immer im Zwiespalt. Einerseits zieht es mich stark zu Euch, weil ich weiß, daß ich Euch helfen könnte, und andererseits spüre ich, von welcher großen Bedeutung dieses Jahr für mich ist.«*[42]

Als Einjährig-Freiwilliger bei den Wandsbeker Husaren

Das Jahr 1903 war für Walter so glückhaft wie traurig gewesen. Im Besitz einer Empfehlung von Wilhelm (Willy) Martens wurde er im August 1903 als Lehrling in das Architekturbüro von Solf und Wichards aufgenommen.[43] Die beiden Architekten waren mit der Familie befreundet; Franz Wichards hatte 1895 das Hauptgebäude für Janikow, das Gut von Walters Onkel Erich, im modifizierten englischen Landhausstil entworfen.[44] Walter, älter als die anderen Lehrlinge, machte rasch Fortschritte, bald hatte er die einfache Zeichnerei am Reißbrett hinter sich gelassen, arbeitete mit auf der Baustelle und avancierte schließlich zum Bauleiter; München und die Technische Hochschule traten in der Erinnerung zurück, während er so, und diesmal von der Pike auf, sein Architekturstudium fortsetzte.

Im Sommer 1904 bewarb sich Walter dann um den Eintritt als Einjährig-Freiwilliger in das Regiment seiner Wahl; er wurde angenommen. Im September des Jahres schied er bei Solf und Wichards in Berlin aus, und gleich darauf hatte er seinen Dienst beim Husaren-Regiment Nr. 15 in Wandsbek bei Hamburg angetreten. Die Sache schien sich recht vielversprechend anzulassen: »*Ich wohne hier sehr hübsch in einem großen, uralten ländlichen Gasthof mit patriarchalischen Verhältnissen, bin scheinbar der einzige Gast zur Zeit. Morgen ziehe ich in meine Wohnung ein. Meine Uniformen saßen ganz famos, ich werde sehr elegant drin aussehen...*

Mir geht es ausgezeichnet und ich gehe ohne jede Furcht den Strapazen entgegen.«[45]

Die Briefe an die Mutter, der er in kurzen Abständen schrieb, berichten von dem tatsächlich anstrengenden täglichen Dienstablauf – Wecken um fünf Uhr morgens, Stallreinigen, Pferdepflege, Zaumzeug- und Sattelpflege, anschließend Reitstunde und Unterricht bis in den späten Nachmittag. Walters Pferd war, seiner Schilderung nach, sehr schwer zu reiten und trug den passenden Namen: Teufel. Doch er verstehe, wie er stolz verkündet, mit dem Pferd umzugehen: »*Es wird gleich sehr viel verlangt, im Trab ohne Bügel u. Zügel, während der Reitlehrer die Longe in der Hand hält... in Damensitz, rückwärts u. stehend zu reiten, was mir alles glückte, wie ich garnicht geahnt... Nächste Woche geht es durch den Sprunggarten. Unter diesen Umständen freue ich mich nur darauf, im Gegensatz zu meinen Kameraden, denen es weniger gut ging.*«

Walter war einer der wenigen Söhne aus bürgerlichem Hause, die in diesem feudalen Regiment dienen durften *(Abb. 22)*. Am Anfang seiner Dienstzeit als Einjährig-Freiwilliger, die er so frohgemut begann, hatte er wohl der Familie noch geschrieben: »*Im ganzen wird es nicht schwer sein, mit ihnen [den Kameraden in der Kaserne] auszukommen. Ich habe schon sehr meine eigene Richtschnur gezogen u. gezeigt, wie weit ich gehen darf. Gegen das Spielen haben sich alle in meiner Kaserne verschworen.*«[46]

Abb. 22 W. Gropius als Einjährig-Freiwilliger bei den Husaren in Wandsbek, 1904

In Wahrheit aber gehörte er keineswegs den tonangebenden Kreisen im Regiment an.[47]

Der tägliche Dienst war ganz auf das Reiten, den Umgang mit dem Pferd und die Taktik im Kavallerieverband abgestellt.[48] Der Unterricht über Situation und Ziele des Deutschen Reiches, über Geopolitik trat zurück hinter der Behandlung der Geschichte des Regiments, seiner Schlachten, seiner Standarten und seines Ruhms. An geistiger Anregung oder sonstigen Ablenkungen bot sich in der neuen Umgebung kaum etwas. Daß Walter sich mit einem jungen Mann anfreundete, der mehr noch als er einen Ausnahmefall in diesem Regiment darstellte, mag zum Teil daran gelegen haben, zum Teil aber auch daran, daß sie sich beide isoliert sahen unter den Aristokraten. Dieser Kamerad, »Doktor« Lehmann, war Jude, und Walter berichtete der Mutter mit einer gewissen Herablassung von ihm: »*Er ist ... ein netter Mensch, noch unerfahren, naiv u. ungewandt, nicht im geringsten protzig oder geldprahlerisch, und ich habe noch keine jüdische Eigenschaft an ihm entdeckt ... Er ist der gebildetste von allen.*«[49]

Zwei Wochen später fügte er hinzu: »*Unterhalten kann ich mich am besten mit dem kleinen Dr. Lehmann, der wirklich ein geistreicher Mensch, sehr belesen und urteilsfähig ist ...*«

Inzwischen hatte sich aber auch herausgestellt, daß Angehörige und Freunde der Familie Gropius Verbindungen zu Familien in Hamburg und Umgebung hatten, was er sich sofort zunutze machte; so konnte er der Mutter jetzt befriedigt berichten: »*Bei Mutzenbechers war es neulich sehr nett, sie waren noch draußen in Niendorf, wohnen wirklich entzückend. Herr M. versprach, mich in die Gesellschaft einführen zu wollen, das ist mir sehr lieb, um so mehr kann ich mich später absolvieren, im Nov. ziehen sie in die Stadt. Im Pelz-Attila sehe ich sehr nobel aus, Du sollst bald ein Bild haben, Dr. L. hat mich schon aufgenommen.*«[50]

Und er war um weitere Empfehlungen an einflußreicher Stelle bemüht: »*Ich bitte Dich übrigens* inständig, *doch möglichst bald Tante Lisbeth zu bitten, an [Graf] Hoffmannsegg zu schreiben, ich lerne jetzt kennen, von welcher ganz immensen Bedeutung Connexionen zumal beim Militär sind. Versuche doch Conrad zu veranlassen, seine versprochene Empfehlung an den Kommandeur jetzt zu schreiben, da dieser leider Gottes mit ziemlicher Bestimmtheit zum 1. Januar in den Generalstab kommt, er kann mir jetzt noch sehr viel nützen. Ich bin freilich schon bei ihm angesehen, bekam neulich, als er mich reiten sah, eine Belobigung, die vor Unteroffizieren u. Offizieren viel Eindruck machte, daß ich seitdem noch mehr mit Glacéhandschuhen angefaßt werde. Es ist nun mal so beim Militär.*«[51]

So fand der Einjährig-Freiwillige zwar Zugang zu Kreisen der Gesellschaft, doch das hielt sich in Grenzen. Kein Wunder, daß er sich Mitte November bereits in Gedanken mit dem Weihnachtsurlaub beschäftigte, auf den er noch mehr als fünf Wochen zu warten hatte. Er beschrieb seine

Situation: »*ich freue mich sehr darauf, die fremde Atmosphäre drückt doch sehr u. ich vermisse, meine Interessen, ausgenommen das Reiten, so gar nicht pflegen zu können. Nach Ablauf dieses Jahres bin ich sicher geistig ganz verstumpft; aber andere Vorteile sind auch dafür da.*«[52]

Hamburg, die weltoffene Großstadt mit ihrem Leben und Treiben, zog Walter Gropius an: »*Heute beginnt in Hamburg der ›Dom‹, ein großer, carnevalartiger Weihnachtsmarkt, zu dem fahre ich jetzt...*«[53]

Das war Anfang Dezember 1904 gewesen. Vier Wochen danach, Anfang Januar 1905, kehrte er, nachdem er den Weihnachtsurlaub im Kreis der Familie daheim in Berlin verbracht hatte, ausgeruht und erholt wieder nach Hamburg zurück. Und nunmehr fand er Eingang in die Gesellschaft der Hansestadt. Befriedigt konnte er dem Vater mitteilen: »*Gestern kam ich zum ersten mal in die große Hamburger Gesellschaft: 90 Personen (bei Senator Westphal), musikalischer Abend, Gesang mäßig, sehr gutes Klavierspiel, nachher Tanz. Eine Italienerin sang caro mio ben; sehr schön. Sonst wahnsinnig kalte, oberflächliche Formenmenschen... ferner Hamburger beaus, typische Salonlöwen, aber Reserveoffiziere und reich an Geld, wie an Phrasen. Sehr schöne Mädchen, aber alle kaltes Hanseatenblut.*«[54]

Walter Gropius reussierte zunehmend, je rascher es auf das Ende der Wintersaison zuging, in der Gesellschaft, und Anfang Februar konnte er bereits mit offensichtlichem Stolz der Mutter vermelden, daß sein Verabredungskalender für die nächsten zwei Monate voll sei.[55] In verschiedenen Briefen durfte er zudem vermerken, daß er Gast des Kommandeurs gewesen sei, beim Mittagessen, auf der Rennbahn und aus dienstlichem Anlaß.

Walter verließ sich allerdings nicht allein auf Beziehungen und Empfehlungen, um voranzukommen, er unterzog sich eifrig jeder Aufgabe, war bei jeder Reitstunde voll und ganz dabei. Seine Liebe zu den Pferden und die Art, in der er jedes Pferd rasch zu beherrschen und dessen beste Eigenschaften hervorzubringen wußte, trug ihm die Anerkennung der Vorgesetzten ein; sichtbarer Ausdruck dafür war die unverhältnismäßig frühe Verleihung der Sporen, von der er seinem Vater im Brief vom 16. Oktober 1904 unverzüglich Meldung erstattete. Ein weiteres Erfolgserlebnis vermochte er schon eine Woche später in seinem, diesmal an die Mutter gerichteten Brief verkünden: »*... zu meinem eigenen Erstaunen halte ich alles am besten aus von meinen Kameraden, die jeder über wunde Füße, Durchreiten, Gliederschmerzen etc. klagen, mir ist das alles fern, fühle mich dauernd frisch und bin auch in meinem Zuge am leistungsfähigsten; u. springe aber z. B. in der Abteilung am besten, 1,10 m Schlußsprung ohne Anlauf, zur Freude meines Sergeanten.*«[56]

Wenige Wochen danach konnte er dem Vater wiederum von seinen sportlichen Leistungen berichten: »*Die Offiziere der Schwadron kamen zum*

Turnen und bekamen Lust mitzuspringen; sie forderten mich zum Match auf, worin ich alle besiegte mit einem Sprung von 1,65 m Höhe bei 3 Schritt Anlauf.«[57]

Und natürlich nahm er auch einmal die Gelegenheit wahr, die Eltern ausdrücklich darauf hinzuweisen, daß er die Achtung der Stallmannschaften, der Rekruten und Unteroffiziere durch seine Leistung als Spitzenreiter errungen habe und nicht mit Geld oder Bier, das die Kameraden zu solchem Behufe zu spendieren pflegten. Nach solchen Erfolgsmeldungen aus dem Kasernenbetrieb wie aus dem Gesellschaftsleben fühlte sich Walter bemüßigt, dem Vater in seinem Brief vom 10. Februar 1905 zu versichern, daß er nicht zum Dilettanten geworden sei, daß er sich vielmehr zu noch größerer Anstrengung angespornt fühle. Und er habe sich nicht umsonst angestrengt. In Anerkennung seiner Leistung, zugleich auch in Ansehung der besonderen Besonnenheit, die er bei einem Zwischenfall während einer Prüfung im Umgang mit dem Karabiner an den Tag gelegt hätte, sei er nunmehr zum Gefreiten befördert worden. Dabei mußte er zugeben, daß er sich einmal vom Pferd habe abwerfen lassen; als Strafe für solches Mißgeschick hatte der Anfänger die Kameraden mit einem Faß Bier zu bewirten. Es war nicht das einzige Mal, daß Walter vom Pferd fiel. Drei Monate später berichtete er der Mutter in seinem Brief vom 2. Mai 1905 – nicht ohne Hinweis auf sein Glück und seine Ausdauer – von den Vorbereitungen zu einer Truppenvorführung in voller Montur, die bis zur Erschöpfung geübt wurde: *»Bei uns geht es jetzt wüst her; in diesen Tagen ist Vorbesichtigung und alles wird im Caracho ausgeführt, infolgedessen stehen heut 23 Pferde lahm. Am letzten Sonnabend stürzte ich mit meinem schlapp gewordenen Pferd beim Springen in der Schwadron in den Graben. Es war ein seltsames Gefühl wie ich unter meinem Gaul liegend die ganze Schwadron über mir weg springen sah; habe mir aber absolut nichts getan, stieg gleich wieder auf und ritt nach.«*[58]

Im Frühjahr wurden große Inspektionen und Paraden abgehalten, bei denen die Offiziersaspiranten ihren Ausbildungsstand zu beweisen hatten. Abermals widerfuhr Walter Gropius eine besondere Auszeichnung. Der inspizierende General belobigte ihn: *»Besonders und namentlich will ich Sie nennen, Sie gereichen nicht nur ihrer Abteilung, sondern der ganzen Schwadron zum Schmuck; Sie reiten nicht nur gut, sondern sogar sehr gut, und auch als Tetereiter haben Sie Ihre Sache ausgezeichnet gemacht.«*[59]

Im Mai dieses Jahres 1905, als Walter Gropius seine Dienstzeit schon nahezu abgeleistet hatte und sein zweiundzwanzigster Geburtstag bevorstand, schrieb die Großmutter Luise Gropius *(Abb. 23)* ihm einen Brief: *»Wes das Herz voll ist, des gehet der Mund über, will sagen, er ist voller Liebe für Dich, mein liebes altes ›Dickchen‹ oder ›Husarenenkelchen‹!*

Da ich nicht weiß, ob Du wie Dein lieber, drolliger Vater sagen würdest: ›Aber Du sollst mich doch nicht so sehr lieben!‹, gebe ich mich mit meiner

Abb. 23 Großmutter Luise Gropius, geb. Hönig, 1905

Unwissenheit zufrieden und liebe Dich weiter so schrecklich wie zuvor. Das tat ich schon am 18. Mai 1883, als morgens – es war ein Freitag – die Botschaft aus der Genthinerstraße eintraf: ›Ein Sohn ist geboren!‹

Die Freude hat wie ein ›Funke vom Himmel‹ ein Feuer in mir entzündet, das seitdem immer glüht und glüht, ohne je zu flackern, und das heute mein ganzes Wesen mit einer hellen warmen Flamme erleuchtet. Hab Geduld mit mir, mein liebster Junge, und trage Deinen schönen Namen wie bisher in Demut, Dir und Deinen Liebsten zu Stolz und Freude ... Gott segne Dich.

Wenn Du wieder herkommst, werden wir bei einer Flasche Kirsch oder einem anderen Wässerchen feiern. Deine Oma«[60*]

Mit dem herannahenden Ende seiner Dienstzeit fühlte sich Walter zunehmend freier und gelöster, fühlte er sich zu Streichen und Eskapaden aufgelegt, die selbst solche Kameraden aufmerken ließen, die ihn sonst nicht wahrnahmen. Ein solches Abenteuer hätte ihn, wäre er dabei aufgeflogen, leicht um das Patent bringen können – er ließ sich, in Zivil und in Begleitung einer jungen Dame aus der Nachbarschaft, eine Offizierskutsche kommen, fuhr damit samt Dame auf das Kasernengelände und schließlich aus der Kaserne wieder zurück in die Stadt, ohne erkannt und gestellt zu werden. Mit Rücksicht auf seine nichtadlige Abkunft und in Sorge um die

Verschwiegenheit der Kameraden zog er niemals andere mit hinein, wenn er so über die Stränge schlug, er verheimlichte seine Eskapaden nicht, unternahm sie aber stets allein.

Die Familie Gropius war zwar wohlhabend, aber nicht reich, und mochte die Kosten, die ihr der Einjährig-Freiwillige aufbürdete, als eine rechte Belastung empfinden. Beinahe mit jedem Brief, den Walter aus Wandsbek an Mutter oder Vater schrieb, trug er zu ihrem Kummer über die zusätzlichen Ausgaben bei. *»Mit dem Gelde habe ich mich gleich auf allen Punkten einzuschränken gesucht, um den Leuten gleich klar zu machen, daß ich nicht damit fluschen kann u. will... Die Hauptrechnungen kommen nun am 1. Nov., das werden ziemliche Summen sein, das Pferd, Sattelgeld und im Voraus alle Futtergelder für das ganze Jahr zusammen an 900 M. Dann die Schneider-, Sattler- u. Schusterrechnung. Sobald ich die Summen weiß schreibe ich. Von dem mitgegebenen Gelde habe ich noch ca. 650 M (90 M gingen für den Wintermantel fort) übrig, davon bezahle ich Wirtin u. Casino u. lebe den nächsten Monat davon.«* (An den Vater, 10. Oktober 1904)

»Das einzige was mich die 3 Tage bei Euch quälte war der Gedanke, daß ich diesen Monat wieder nicht auskomme, und angesichts der Nervosität von Vater würgte ich an diesem Kloß, ohne ihn herunterzubekommen. Es ist mir fürchterlich um Geld bitten zu müssen und Du kannst sicher sein, daß ich es nur im äußersten Falle tue... freilich mußte ich jetzt Dr. L. um 100 M anpumpen. Ich habe die ganze Woche nichts mitgemacht zum großen Verdruß meiner Kameraden und mich nach allen Seiten hin eingeschränkt, aber die Summe von 300 M ist überhaupt zu gering angesetzt, sie geht fast ganz für die laufenden Monatsrechnungen drauf, die alle notwendig sind.« (An die Mutter, 13. März 1905)

»Dein Brief hat mich ganz unglücklich gemacht, vor allem weil er so mißtrauisch klingt; Du glaubst garnicht wie ich wirtschaften muß und was ich mir alles abgehen lasse, was die anderen nicht tun... Du kannst meinen Schreck begreifen, als Vater mir nur 200 M schickte, ich mußte also Lehmann anpumpen. Gestern kam Dein Geld nachdem ich 3 mal vergeblich zur Post lief u. Dr. L. war schon nach Berlin fort... aber darum brauche ich doch nun nicht sofort für einen Verschwender gehalten zu werden, der ich Euch bisher noch nie in der Beziehung Sorge machte... Ich werd hier noch ganz melancholisch wegen dem verfluchten Mammon.« (An die Mutter, 19. März 1905)

Geld blieb das ständige Thema bis zum Schluß, und noch der letzte Brief an die Mutter, den Walter Gropius gegen Ende September 1905 aus Wandsbek schrieb, drehte sich um den leidigen Punkt: *»ich habe doch sicherlich meine einfache Gesinnung durch das opulente Dienstjahr hindurchgerettet und werde in unseren alten Verhältnissen sicherlich nichts vermissen. Ich bin doch weder Gourmet noch Vergnügungssüchtiger geworden und die Gesellschaft hier laß ich sehr gern im Stich...*

Abb. 24 W. Gropius als Student 1905

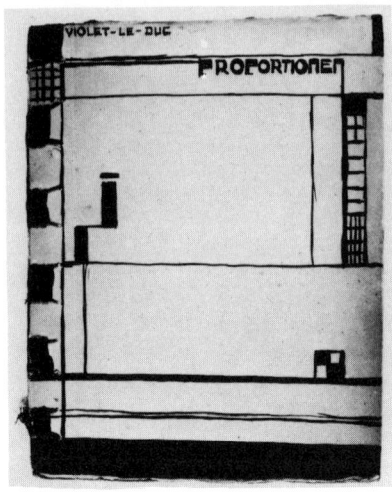 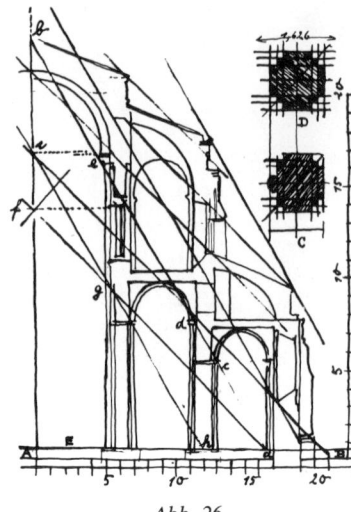

Abb. 25   Abb. 26

An Rechnungen muß ich noch viel bezahlen 1) ca. 200 M bei Schuster, Schneider u. Sattler, dann 2 Monate Eskadron (Quartiergeld etc., Putzer, Casino u. Photografien), so daß ich noch weit über einen Monatswechsel brauche. Gott sei Dank, daß ich das letzte Mal um Geld bitten muß; im Winter brauche ich ja fast nichts...«

Und fast so, als hätte er es beinahe vergessen, setzte er am Ende noch hinzu: *»Bitte besorge mir doch durch Streisand gleich ein Programm für die [Technische] Hochschule.«*[61]

Immatrikulation in Berlin

Walters Eltern, und ganz besonders sein Vater, begrüßten es sehr, daß er sich entschloß, sein Hochschulstudium wieder aufzunehmen, und wohl noch mehr freute es sie, daß er sich für die Königliche Technische Hochschule in Charlottenburg entschied, an der er sich im September 1905 einschrieb *(Abb. 24)*. Das Studium der Architektur sah einen rigorosen Stundenplan vor, etwa siebzehn Vorlesungen und Kurse, die sich über einen Zwölfstundentag verteilten, von morgens acht bis abends acht Uhr. Ein Dutzend Professoren und eine noch größere Zahl von Assistenten vertraten das Fach, und einige von ihnen gehörten zu den führenden Persönlichkeiten in Deutschland: Professor Wolf hatte damals das Dekanat inne, Genzmer und Borrmann lehrten Geschichte der Baukunst, Jacob landschaftliches Gestalten, Raschdorff Perspektive, Geyer Ornament und figürliches Zeichnen,

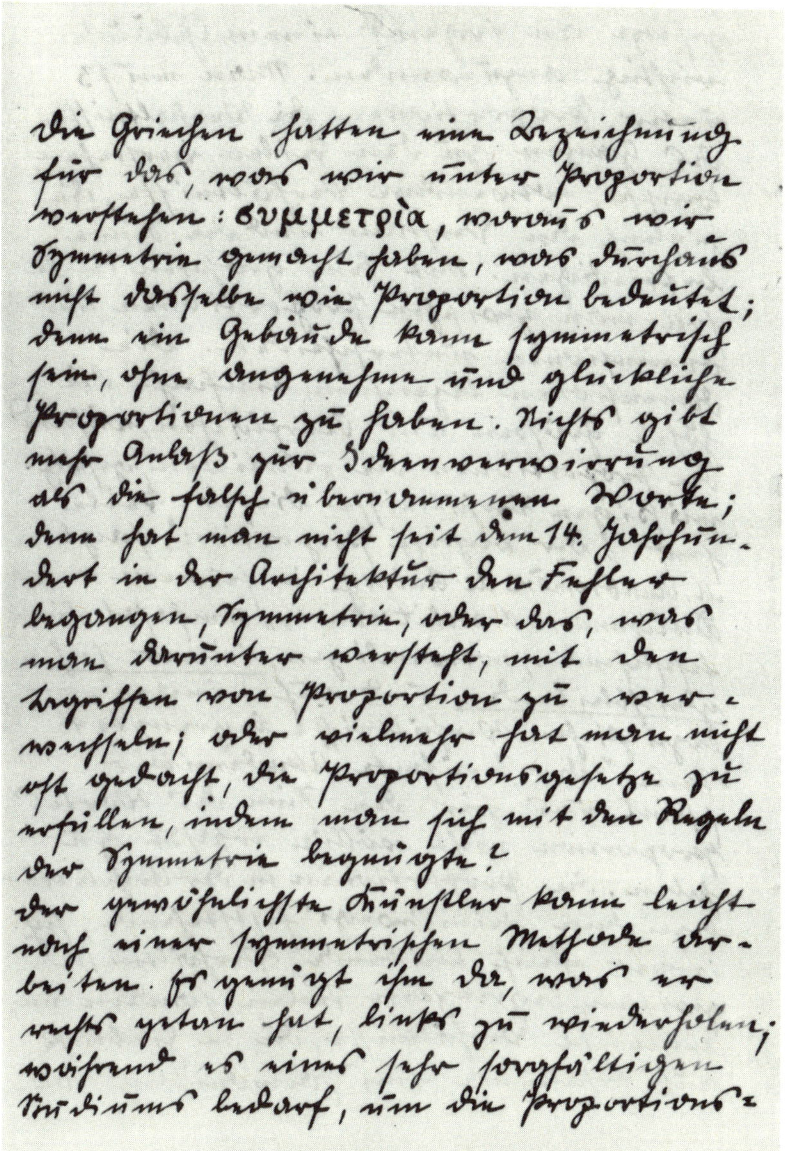

Die Griechen hatten eine Bezeichnung für das, was wir unter Proportion verstehen: συμμετρία, woraus wir Symmetrie gemacht haben, was durchaus nicht dasselbe wie Proportion bedeutet; denn ein Gebäude kann symmetrisch sein, ohne angenehme und glückliche Proportionen zu haben. Nichts gibt mehr Anlass zur Ideenverwirrung als die falsch übernommenen Worte; denn hat man nicht seit dem 14. Jahrhundert in der Architektur den Fehler begangen, Symmetrie, oder das, was man darunter versteht, mit den Begriffen von Proportion zu verwechseln; oder vielmehr hat man nicht oft gedacht, die Proportionsgesetze zu erfüllen, indem man sich mit den Regeln der Symmetrie begnügte?
Der gewöhnlichste Künstler kann leicht nach einer symmetrischen Methode arbeiten. Es genügt ihm der, was er rechts getan hat, links zu wiederholen; während es eines sehr sorgfältigen Studiums bedarf, um die Proportions-

Abb. 25, 26, 27 Aus den Vorlesungsheften von W. Gropius: Proportionen nach Viollet-le-Duc und Schriftprobe

Strack zusammen mit Hensler Komposition und Zeichnen, Koch Konstruktion und Raumgestaltung. Geyer befaßte sich außerdem mit künstlerischer Stadtgestaltung, ebenso Genzmer. Mit besonderem Interesse folgten Gropius und andere Architekturstudenten den Vorlesungen Schubrings, die sich mit dem in raschem Wandel begriffenen Verständnis der historischen Stile und der zeitgenössischen Tendenzen in Kunst und Kunsthandwerk auseinandersetzten. Zwei Jahre lang sollte sich Walter Gropius der strengen Disziplin des Vorlesungs- und Ausbildungsbetriebs an der Technischen Hochschule unterwerfen *(Abb. 25–27)*. Allerdings genoß er doch gewisse Privilegien – er durfte sich zwischendurch erholsamer Ferienaufenthalte in Timmendorfer Strand und auf Gut Janikow erfreuen, und er erhielt erstmals Gelegenheit, in Dramburg und Umgebung selbständig Bauten zu entwerfen und auszuführen.

Erste Arbeiten als Baumeister

Walter Gropius hatte in diesem Herbst 1905 sein Studium noch kaum recht wieder aufgenommen, als Onkel Erich mit einem Vorschlag an ihn herantrat: Er dürfe sein baumeisterliches Können an dringend benötigten Gutsgebäuden für Janikow beweisen. Es sollten unter anderem eine Schmiede, ein Waschhaus und eine Hofummauerung entstehen – und diese bildeten tatsächlich die allerersten Bauten, die Gropius schuf.[62] Die Bauarbeiten wurden unverzüglich begonnen und waren zum Jahresende bereits weit fortgeschritten; der Schöpfer der Gutsanlagen hatte alle Mühe, das geregelte Studium daheim und die gelegentlichen Inspektionen auf dem Baugelände in Pommern miteinander in Einklang zu bringen. Onkel Erich, zufrieden mit dem Fortgang der Arbeiten, bestellte zusätzlich noch einen Kornspeicher *(Abb. 28)*. So entstanden dort auf Janikow und Golzengut die ersten Bauten des Architekten Walter Gropius, seine »Jugendsünden«, wie er sie später nannte.

Daraufhin fragten die Metzners, Freunde der Familie, bei dem jungen Baumeister an, ob er ein Haus entwerfen wolle, das sie in Dramburg planten, also in der Nähe von Onkel Erichs Besitz. Es war der erste Auftrag für ein Wohnhaus, der ihm da winkte, und er sagte sofort zu.[63] Unverzüglich begann er mit den Skizzen; seine Vorstellungen beim Entwurf orientierten sich eindeutig an Onkel Erichs eigenem, von den Metzners sehr bewunderten Haus auf Janikow, das Franz Wichards im Büro Solfs und Wichards gebaut hatte. Binnen kurzem mußte er dazu noch einem geschulten Zeichner die Anfertigung der Zeichnungen für die Bauausführung übertragen. Mit der Schneeschmelze im Frühling setzten die Bauarbeiten ein, und im Frühsommer war das Haus bereits zu einem guten Teil hochgezogen

(Abb. 29). Ganz ohne Schwierigkeiten ging es freilich nicht ab. In der zweiten Junihälfte 1906 hatte der Architekt wieder einmal seine Baustellen in Pommern inspiziert und wußte nach der Rückkehr der Mutter, die sich gerade in Timmendorfer Strand aufhielt, von dort zu berichten: »*... der Maurermst. hatte überall geschwindelt, und es war nun meine Aufgabe, alles herauszufinden. Mir brummte gehörig der Kopf, nachdem ich 3 Stunden mit 2 Polieren, 2 Tischlern, 1 Klempner und dem Bauherrn durch den Bau gezogen war, und alle meiner Weisheit lauschten. Ich habe mir aber keine Blöße gegeben und fand 22 Schäden heraus, die der Meister ändern muß; es war aber harte Arbeit. Onkel Erichs Speicher ist auch schon bis zum I. Stock aus der Erde.*«[64]

Abb. 28 W. Gropius: Kornspeicher auf Gut Janikow, 1905–6, eine der frühesten Arbeiten als Architekt

Doch nicht nur »harte Arbeit« gab es für Walter Gropius auf Pommerns Gütern. So hatte er dort einmal zur Winterszeit einen Besuch abgestattet, der ihm mit »drei wirklich köstlichen Jagdtagen« Ablenkung und Entspannung bot. Glücklich berichtete er nach der Rückkehr der Mutter: »*Es läßt sich garnicht beschreiben, wie entzückend die Natur, vor allem der Zuchower Forst sich im Rauhreifkleide bei −15 Grad ausnahm. Ich will nun erzählen, wie es mir ging. Bis Stargard kam ich recht glatt, dann begann eine wahnsinnige Fahrt von 3 Stunden in eiskalter, klappriger Bimmelbahn durch öde Schneefelder, so daß ich mich nach Sibirien verschlagen glaubte. In Kallies kam ich um ½ 2 an und bekam nach vielen Mühen ein Zimmer, in dem das Waschwasser daumendick gefroren war. Um ½ 6 gings nach Zuchow weiter. Es war noch so dunkel und der Schnee fiel so dicht, daß immer ein Wegkundiger dem Schlitten voranlief... Nach sehr königlichem Frühstück gings bei −10° und Ostwind zur Jagd hinaus. Es waren Wangenheim mit beiden Söhnen, 2 Rosenstiels, dessen Schwiegersöhne, sämmtlich Riesengestalten, dazu Onkel Erich, 2 Klitzings und ich. Die Jagdergebnisse waren freilich nur flau, ich kam garnicht zu Schuß. Auch am nächsten Tag sahen wir auf der Hirschjagd nichts, es war aber so köstlich im Walde, daß wir uns daran schadlos hielten... Der Schnee lag gestern so tief, daß ich am Treiberflügel immer bis an den Bauch drinstak. Denke Dir ich stritt mit Herrn von Hartmann, der ebensoviel schoß wie ich (10 Hasen) um die Ehre des Jagdkönigs und mußte reden, was mir sauer wurde, aber ich glaube mich mit einigem Geschick aus der Affaire gezogen zu haben. In der Nacht um 1 schoß ich bei Mondschein noch 4 Hasen und war nun damit Matador. Auch mit meinem Speicher legte ich Ehre ein, so daß ich anfange, in Pommern ein bekannter Mann zu werden.*«[65]

Walter hatte keine große Mühe, seinen Onkel Erich, der ihn liebte und ihm stets die Stange hielt, davon zu überzeugen, daß er der geeignete Architekt für die Planung wie für die Bauleitung sei, als es um die Errichtung neuer Siedlungshäuser für die Landarbeiter auf Janikow ging. Und Onkel Erich sollte bald wissen, daß er die richtige Entscheidung getroffen hatte, denn die Arbeiterhäuser von Janikow fielen so sehr zu seiner Zufriedenheit aus, daß er seinen Neffen anschließend mit einem ähnlichen Projekt für Golzengut beauftragte.[66]

Die äußeren Lebensumstände der Landarbeiter hatten Walter Gropius in Gedanken beschäftigt, denn diese waren oft schlechter untergebracht als die Pferde und Rinder. Onkel Erich, konservativ in seiner politischen Grundhaltung, war im täglichen Leben ein großzügiger und liberaler Mann. Seine Angestellten und Arbeiter achteten ihn, bei seinesgleichen genoß er Wertschätzung und heimliche Bewunderung; als offener und empfindsamer Mensch hielt er auf soziale Gerechtigkeit. Er hatte, wie sein Neffe, in Berlin das Gymnasium absolviert, danach sich aber auf die Landwirtschaft verlegt;

seine Ausbildung als Agronom hatte er sich zum Teil auch im Ausland erworben. Walter Gropius hat später manches von dem, was er selbst dachte und was ihm zum Erfolg verhalf, diesem seinem Onkel zugeschrieben. Zugleich sah er auch, rückblickend, in dem alten Freund und Berater des Onkels, dem ›Privatjuden‹ der Familie Erich Gropius, einen Mann, der ihn in seinem Willen zum Erfolg bestärkt hatte – dessen Ratschlag war ihm noch immer gegenwärtig: »Frage Dich selbst am Ende jeden Tags, ob Du Deinem Ziele ein wenig näher gekommen bist.«[67] Dieser gute Rat, der dem jungen Mann damals mit auf den Weg gegeben wurde und der sich ihm einprägte, hat Walter Gropius in späteren, schwierigen Tagen oftmals ermutigt und getröstet. Den Ratschlag des alten Freundes unterstrich auch Onkel Erich, der die Anlagen erkannte, die in seinem Neffen schlummerten; er setzte sein Vertrauen in den heranwachsenden Architekten und brachte ihm das Trinken und Rauchen bei – mit Vernunft, versteht sich, und als ein gestandener Mann.

Abb. 29 Haus Metzner in Dramburg, das erste von W. Gropius gebaute Wohnhaus, 1905–6

Entwurf und Ausführung eines vergleichsweise großen Bauprojekts, wie es diese Landarbeitersiedlung darstellte, verlangten zwar ein gewisses Maß an Kenntnissen und Erfahrung, doch Walter Gropius konnte nun bereits auf das Metznersche Haus in Dramburg wie auf die Wirtschaftsgebäude von Janikow verweisen, die er zuvor für den Onkel entworfen hatte und die bereits ihrer Fertigstellung entgegengingen. Er hatte bald seinen Entwurf in Skizzen fixiert und legte dann in kurzer Zeit die Bauzeichnungen an. Sein Projekt umfaßte vier unterschiedliche, in den Grundzügen jedoch ähnliche Siedlungshäuser, die jeweils aus dem zweigeschossigen kubischen Wohnhaus und verschiedenen ein- oder auch zweigeschossigen seitlichen Anbauten bestanden, sollte diese Siedlung doch die Großfamilien der Landarbeiter aufnehmen, wie sie zu jener Zeit üblich waren *(Abb. 30)*. Es waren schlichte Wohnbauten, sämtlich annähernd gleich, was die Abmessungen, das Mauerwerk – immerhin war auf einfache Zierformen wie Bandornamente in Gestalt vortretender Ziegellagen nicht verzichtet –, die Ausstattung mit Fenstern und Türen oder die Ausbildung der Dächer anbelangte. Ihren Platz erhielt die Siedlung am Rande der Felder von Janikow auf einem Stück Ackerland an der Straße nach Dramburg. Die Bauausführung unter der verantwortlichen Leitung von Walter Gropius war einem Dramburger Bauunternehmer übertragen, der, anders als im Fall des Metznerschen Hauses, wirklich sorgfältige Arbeit leistete.[68] Die Siedlung wirkte vorbildhaft *(Abb. 31, 32)*, andere Güter in der Nachbarschaft folgten bald dem Beispiel und errichteten Häuser für ihre Landarbeiter. War dies an sich bereits ein schöner Erfolg für den jungen Architekten, so läßt sich das

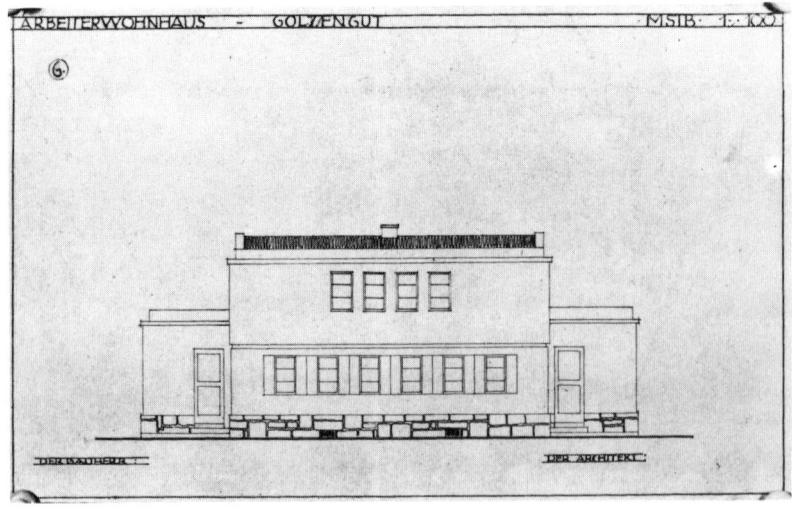

Abb. 30 W. Gropius: Entwurf zu einem Arbeiterwohnhaus auf Golzengut, 1906

Abb. 31

Aufsehen, das er mit seinem Projekt erregte, nicht zuletzt auch an der Zahl der Aufträge ermessen, die es ihm einbrachte – in Dramburg und Umgebung selbst, im weiteren pommerschen Umland, schließlich weiter südwärts bis in die Posener Gegend.

Nachträglich muß man wohl zugeben, daß es ein beachtliches Maß an Mut und Entschlossenheit war, welches jener Erich Gropius damals aufbrachte, als er dem Neffen das Projekt seiner Landarbeitersiedlung übertrug – dem jungen Mann, der bis dahin weder eine qualifizierte Ausbildung als Architekt noch eine besondere Praxis und Erfahrung als Baumeister aufzuweisen, der lediglich einige Wirtschaftsgebäude und ein einziges Wohnhaus geschaffen hatte. Als beachtlich muß aber auch das Maß an Fürsorge gelten, das jener Erich Gropius seinen Landarbeitern angedeihen ließ und das ihn dazu brachte, ihnen angemessene, solide Häuser zu bauen; er setzte sich damit hinweg über die in jenen Gegenden Preußens übliche

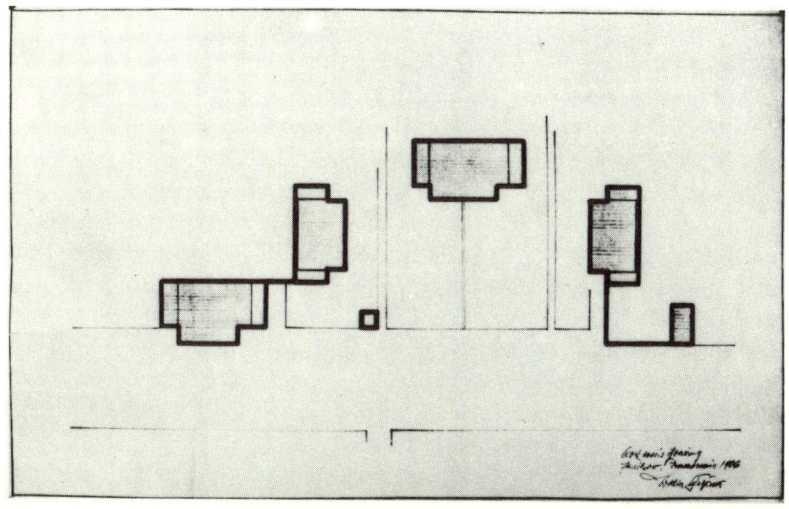

Abb. 31, 32 W. Gropius: Wohnhäuser für Gutsarbeiter auf Janikow. Perspektivische Ansicht und Lageplan, 1906

Art der Behandlung der Landarbeiter, besonders solcher polnischer Abstammung.[69] Das Vorbild des Onkels sollte denn auch nicht ohne Auswirkung auf den Neffen bleiben, es sollte zu einem nicht unbedeutenden Teil beitragen zu den Vorstellungen von Architektur und besonders vom Wohnungs- und Siedlungsbau, die sich in dem jungen Gropius gerade erst auszubilden begannen.

Indes war der Dreiundzwanzigjährige, während er sich dort in Pommern bereits als Baumeister betätigte, zugleich noch immer der Student der Architektur an der Technischen Hochschule. Seine Eltern machten sich Sorgen um ihn, nicht nur über sein Wohlergehen und sein Studium, sondern auch über seine Lebensführung, seine Selbstdisziplin und seine finanziellen Probleme. So hatte er einen bekümmerten Brief von seiner Mutter erhalten, die sich, um der drückenden Hitze des Sommers in der Großstadt zu entgehen, nach Timmendorfer Strand zurückgezogen hatte. Nun mußte ihr Walter zurückschreiben: *»Frau Heyden besorgt mich sehr ordentlich, so oft ich etwas verlange, freilich nehme ich sie wenig in Anspruch. Ich stehe von ihr geweckt jeden Morgen pünktlich um 8 Uhr auf, frühstücke und arbeite dann mit meinem Zeichner bis ½ 4 Uhr durch... Auf der Hochschule habe ich mir auch Arbeiten geben lassen und gehe regelmäßig Nachmittags hin. Mit dem Colleg fange ich am Montag wieder an.*

... meine Kasse krankt recht stark an den Folgen der Übung und da mich das Casino gemahnt hat, muß ich nun doch noch Eure Hilfe anflehen. Ich hatte es allmählich von meinem Wechsel abbezahlen wollen. Aber wie soll ich das jetzt noch, da ich im Casino 153 M bezahlen muß. Die Schneiderrechnung ist noch nicht so eilig, aber da das Casino am 1. revidiert wird muß es wol bezahlt werden. Ich komme mir vor wie ein dummer Schuljunge und ärgere mich, daß ich nicht imstande bin, die Sache aus eigener Kraft zu regeln.«[70]

Auf die Schelte der Mutter, daß er nicht mit dem Geld umgehen könne, erwiderte er: *»Du darfst nicht das Vertrauen in mich verlieren, auch wenn ich Deinen berechtigten Ärger nicht unterschätze. Ich habe mich verkalkuliert und war dann entsetzt über alles, was da zusammengekommen war... Ich werde von jetzt an sehr frugal leben...«* Und auf ihre drängenden Fragen nach dem Stand des Studiums antwortete er: *»Meine privaten Sachen sind nun soweit gediehen, daß ich mich mit Efort auf die Erledigung der Hochschulzeichnungen geworfen habe. In den Collegs kann ich nach der langen Pause nicht mehr folgen, sie sind überhaupt außer für Genies illusorisch; ich gehe nicht mehr hin und arbeite alles nach Collegheften durch. Vor Statik graut mir am meisten... Ich habe in dem wolzahlenden Milieu die Ohren nicht genügend steif gehalten.«*[71]

Walters Darlegungen mögen wohl nicht sehr beruhigend auf die Mutter gewirkt haben, sie blieb in Sorge um den, wie sie es sah, liederlichen Lebenswandel des Sohnes. Hoffnungsvoll holte er, um ihre Zweifel an seiner Besserungsfähigkeit zu zerstreuen, abermals zu einer ausführlichen Schilderung aus und schrieb ihr: »*Es tut mir leid, liebe Mutter, daß Du Dich nun wirklich in ein derartiges Mißtrauen hineingeredet hast, daß Du meinen Gedankenkreis so gänzlich aus den Augen verloren hast und alles, was ich jetzt tue, mißdeutest.*

...Jedenfalls ist es heute meine Absicht, Dich zu beruhigen, was ich mit bestem Gewissen tun kann.

...Wenn jemals, so habe ich jetzt das Gefühl, mein Leben mit Arbeit und Vergnügen sehr richtig anzufüllen. Ich bin sogar felsenfest davon überzeugt... Ich bin damit durchs gröbste durch, fühle mich dem Leben gegenüber recht viel mehr gewappnet und stehe heut mit einem gut Teil Zielbewußtsein und Selbstvertrauen da, noch einmal: Gott sei dank. Glaube nicht, daß ich dies erstrebenswerte Ziel erreicht hätte, wenn ich nach Vorschrift von Vater gelebt hätte. Von ihm hab ichs nicht gelernt, auch mal andere auf den großen Zeh zu treten. Um dahin zukommen, giebt es aber freilich Zeiten, wo der Sohn nicht ins Haus paßt und daraus folgt dann eine scheinbare Entfremdung, von der Du leider sprichst. Du bist mir immer dieselbe Mutter und ich empfinde es nur schmerzlich, wenn Du mich so garnicht verstehst...

Du hast Dich in ein ganz schauerliches Bild von einem verbummelten Studenten hineinspintisiert. Wenn ich nicht mehr arbeite, kannst Du mich so nennen. Aber bitte denke mal daran, was ich im Winter geschafft habe. Ehrlich arbeite ich jetzt, Du wirst Dich wundern, was ich alles gezeichnet habe, wenn Du wiederkommst. Für die Bauten habe ich täglich zu tun und noch hat kein Bauherr über mich geklagt. Es bleibt bei mir nichts liegen, und mein Interesse für die Arbeit ist genau so groß wie bisher. Vater geht fast täglich um ½ 8 aus dem Hause, wenn ich dann noch liege, spricht er vom in den Tag hinein schlafen, aber bisher hab ich kaum einen Tag später als um 9 Uhr an der Arbeit gesessen. Vater ist es unbegreiflich, daß ein arbeitender Mensch so spät des Abends aufbleibt. Ich bin aber jung und will meine beste Zeit ausnützen, nicht sauertöpfisch leben, wie er es leider tat. Ich brauche beides: Vergnügen und Arbeit zugleich, das erste ist überhaupt Leben. *... In einem aber will ich Dir vollkommen recht geben, daß ich mich um Vater zu wenig gekümmert habe und ich will es jetzt mehr tun.*«[72]

Die Mutter gab, wie immer, schließlich nach und schrieb ihm einen versöhnlichen Brief. Walter ließ mit einer Antwort nicht auf sich warten. Kurz und bündig erklärte er, wie liebevoll er auf Großmutter Luise und den Vater eingehe und wie triste doch das Leben im Hause ohne sie, die Mutter, sei – »nichts ist gemütlich!« –, und schließlich wolle er ihr doch gleich schreiben, da ja am nächsten Tag ihr Geburtstag sei.[73]

Beide Eltern hatten das erwählte Berufsziel des Sohnes begrüßt und suchten ihn nun in seiner Ausbildung zu fördern. Den Vater freilich erfüllte es weiterhin mit Sorge, daß Walter sich nicht an den üblichen Weg, die traditionelle Verbindung von Studium und praktischer Lehre, halten wollte, doch er war ein toleranter, friedfertiger Mensch, ausdauernd in seiner Geduld und zurückhaltend im Urteil. Die Mutter hingegen, die mehr noch als er auf den Sohn einzuwirken vermochte, war ständig darauf aus, Walters Interesse am Studium wachzuhalten oder wieder wachzurütteln; sie suchte für ihn die Neuerscheinungen auf dem europäischen und amerikanischen Buchmarkt und neue Zeitschriftenbeiträge über Architektur heraus, sie machte ihn auf öffentliche Fachvorträge und akademische Vorlesungen aufmerksam.

Im Herbst 1906 kehrte Walter Gropius nach den Semesterferien wieder an die Technische Hochschule zurück, und nun dämmerte ihm endgültig die Erkenntnis – er fand das Studium langweilig und einengend, es hatte für ihn nichts zu tun mit der Welt da draußen, ging nicht auf die Wirklichkeit ein. Er machte sich nichts aus Algebra, während er doch, soweit Mathematisches sich in sichtbarer Form und Gestalt ausdrückte, so etwa in darstellender Geometrie, sehr gut mitkam und in Konstruktionslehre geradezu glänzte. Es lag eine tiefe Kluft zwischen dem theoretischen Lernstoff, der ihm hier dargeboten wurde, und der praktischen Erfahrung, die er selbst in Entwurf und Bauausführung bereits gesammelt hatte. Es behagte ihm nicht, daß man ihm hier beibringen wollte, wie man historische Stile auf neue Bauten anzuwenden habe.

Eine architekturgeschichtliche Studie, die Walter Gropius in die Hände kam, hinterließ bei ihm einen bleibenden Eindruck: ein in Buchform veröffentlichter Vortrag über die mittelalterlichen Bauhütten.[74] Mit Geschichte und Gestalt der großen Kathedralen Europas war der junge Architekt vertraut, doch nun begann er zu verstehen, wie diese gewaltigen Bauten Stein um Stein aufgeführt worden waren von den zunftmäßig aufeinander eingeschworenen, in der Gemeinsamkeit des Glaubens und des Ziels miteinander verbundenen Künstler-Handwerkern, die wie im Familienverband auf den Bauplätzen lebten und arbeiteten.

Im November 1906 starb Walters geliebte Großmutter Luise, und ihr Tod schmerzte ihn ebenso sehr, wie er seine Befürchtungen um den Gesundheitszustand des Vaters bestärkte. Ablenkungen brachten ihm da die Aussichten auf neue Aufträge, während sein Interesse am Studium ständig weiter abnahm. Unter den in Aussicht stehenden Auftraggebern war ein weiterer Freund seines Onkels Erich, Herr von Brockhausen auf Mittelfelde, ein reicher Junggeselle, weitgereist und voller ehrgeiziger Pläne. Er dachte an Aufgaben für den jungen Architekten, die diesen über mehrere Jahre hinweg beschäftigt halten würden. Während eines Wochenendaufenthalts auf von Brockhausens Besitz konnte Walter den Eltern berichten: *»Hier ist es in jeder Beziehung famos. Abgesehen von dem prachtvollen Land in tiefem Schnee und $-15°$ R., was mich entzückt, eröffnen sich hier größere*

Perspektiven für mich. Brockhausen hat amerikanische Ideen, walzt alles um und scheint bedeutende Summen aufwenden zu wollen. Er will mit den Jahren den ganzen Hof neu aufbauen. Zunächst mache ich folgendes.
1) Änderung der Vorfahrt mit großen Mauern und Toranlagen
2) In der Mitte des Hofes ein Schuppengebäude für Kartoffelkästen etc.
3) Ein ziemlich opulentes 4-Familienhaus
und 4) höchstwahrscheinlich eine größere Holzfabrik zur Bearbeitung seines reichlichen Eichenholzes.«[75]

Onkel Erich selbst war außerordentlich zufrieden mit den Landarbeiterhäusern auf Janikow. 1908, ein Jahr, nachdem er den Neffen mit Herrn von Brockhausen zusammengebracht hatte, konnte er den benachbarten Besitz Golzengut erwerben. Daraufhin beauftragte er Walter mit der Bauleitung bei der Errichtung einer etwas kleineren, doch mit nahezu gleichartigen Häusern ausgestatteten Arbeitersiedlung auf dem neuen Besitz. Der Bau dieser Siedlung auf Golzengut ging danach, nicht zuletzt auch dank Walters inzwischen gewachsener Erfahrung, recht rasch vonstatten. Doch das war, wie gesagt, erst ein Jahr später – in dem Augenblick jedenfalls, da Walter Gropius so euphorisch, wenn auch etwas zweifelnd aus Mittelfelde von den Plänen des Herrn von Brockhausen berichtete, war er noch immer Student der Architektur an der Technischen Hochschule.

Solche Aussichten und Aufträge trieben Walter Gropius um, machten ihn ruhelos und ließen ihn mehr denn je am Sinn seines Studiums zweifeln. So traf er schließlich seine Entscheidung. Sein zweites Jahr an der Technischen Hochschule war auch sein letztes gewesen, ohne Abschlußexamen, ja ohne den Semesterschluß abzuwarten, ging er 1907 ab. Er hatte kurz zuvor eine beträchtliche Summe aus der Hinterlassenschaft seiner Großtante geerbt und daraufhin den Entschluß gefaßt, zu einer einjährigen Studienreise nach Spanien aufzubrechen. Angetrieben hatte ihn dazu wohl die innere Sehnsucht, aus der gewohnten Umgebung auszubrechen oder, wie er es später nannte, »außerhalb der ausgetretenen Pfade in unbekannte Gegenden vorzustoßen, um mich selbst besser kennenzulernen«, doch ein weiterer, äußerlicher Anlaß war hinzugekommen. Um seine Offiziersausbildung fortzusetzen, mußte der Einjährig-Freiwillige in den nachfolgenden Jahren von Zeit zu Zeit wieder zu kürzeren Übungen einrücken, und nun war Walter Gropius völlig unerwartet vom Kommandeur der Wandsbeker Husaren die Teilnahme verweigert worden. Daß er als Einjährig-Freiwilliger in das Regiment aufgenommen worden war, in dem der Adel so eindeutig den Ton angab, mußte wohl als eine besondere Auszeichnung angesehen werden, und daß er 1905 zum Sergeanten und 1906 zum Wachmeister befördert worden war, hatte er seinen Vorzügen als Reiter zu verdanken gehabt. Ihm, der er doch anfänglich so oft und so großzügig belobigt worden war, erschien die Absage des Regimentskommandeurs als eine regelrechte Diskriminierung, und seine Enttäuschung war bitter. Ende

August 1907, kurz vor dem Aufbruch nach Spanien, schrieb er an seine Mutter: »*Als ich am vergangenen Sonnabend beim Bezirkskommando meine Anmeldung vorbrachte und mich über Wahlangelegenheiten erkundigen wollte, sagte man mir, ich hätte meine Übung ohne Erfolg abgeleistet. Ich hielt das natürlich für ein Versehen und zeigte die deutlich gegenteilige Notiz in meinem Militärpaß, eigenhändig vom Rittmeister unterschrieben. Ich konnte es ja doch unmöglich annehmen, nachdem ich von den verschiedensten Seiten aufs freundlichste verabschiedet worden war und man mir ›auf Wiedersehen‹ gewünscht hatte. Mein Protest nützte mir aber nichts... Das Offizierkorps selbst hat doch offenbar nichts davon gewußt, man hätte mich sonst unmöglich so behandeln können, es sind doch nicht alle Betrüger. Ich habe schon früher einmal von kameradschaftlicher Seite eine gemeine Intrige vermuten müssen, die ich leider nicht aufdecken konnte... Dann weiß ich auch, daß ich manchen jungen Dachsen nicht reich genug schien, denn man wisperte sich einmal ›der hat ja noch nicht mal ein Auto‹. Es muß aber offenbar vom Oberst ausgehen, der auch die betreffende unglückliche Bemerkung ›ohne Erfolg‹ in mein Matriarcat [d. h., die Wehrstammrolle] geschrieben hat. Ich hörte auch zuletzt von seiner Absicht, das Reservecorps zu veradligen. Kurz und gut, die Wahrheit kann ich nicht ergründen. Ich bin in tiefem Grimm, weiß nicht, wo ich mich vor Scham lassen soll... Ich bin nun völlig ratlos und kaput, die Kränkung kann ich nicht so schnell vergessen... und dann all die Mühe und Geld umsonst... Für Vater tuts mir auch so leid, es ist eine unverschämte Schmach, die man uns angetan... Ich entsinne mich deutlich der Stunde, da Du über die Wahl des Regimentes unwillig warst, Du solltest also doch, wenn auch anders, Recht behalten.*«[76]

Die Reise nach Spanien

Das Erlebnis der Reise nach Spanien sollte Walter Gropius bald über seine Enttäuschung hinweghelfen, es sollte ihm schließlich auch weitgehend seinen Wunsch erfüllen, sich selbst besser kennenzulernen.[77] Seine und seines Reisegefährten Hellmut Grisebach Abenteuer – der Begleiter war ein Sohn der Nachbarn in Timmendorfer Strand – verzeichnete er tagebuchartig in den Briefen an die Eltern daheim. Diese Briefe setzten mit der Abfahrt von Hamburg gegen Ende September 1907 ein. An Bord der »Albingia« reisten sie über Le Havre nach Bilbao *(Abb. 33)*. Walter berichtete von dem Schiff, von den Mitreisenden, den sieben Mahlzeiten am Tag, dem Bummel durch Le Havre bei Nacht – dabei waren sie »durch den unheimlichen Hafen geirrt..., immer die Revolver parat« – und den Sturm in der Biskaya, bei dem jeder seekrank war, der Berichterstatter ausgenommen. Bei Bravourstücken dieser Art, Zeugnissen von Mannesmut und Überlegenheit, hält sich der Briefwechsel gern und häufig auf, ebenso gern auch, zumindest in

Abb. 33 Überfahrt nach Spanien (Postkarten-Zeichnung von H. Grisebach), 1907

Abb. 34 W. Gropius und H. Grisebach in Spanien
(Postkarten-Zeichnung von H. Grisebach), 1907

den ersten Wochen, bei der eignen Verzweiflung ob des hoffnungslosen Reisegefährten: »*Er ist von so unwandelbarer Trägheit erfüllt, daß ihn noch nicht einmal die wunderbarste Sache der Welt aus dem Schlummer erwecken kann. Er hat noch nicht ein einziges Mal etwas Interessantes gesagt und, was noch schlimmer ist, ist noch keine fünf Minuten vergnügt gewesen... Ich fange jetzt an, ihn von der komischen Seite zu sehen... und darum haben wir noch keinen Krach gehabt, was ohnehin schwierig wäre bei seiner Art Temperament. Er ist wie ein völlig hilfloses Kind, alle Reisevorkehrungen habe ich zu treffen, er vergißt alles, weiß sich nie selber zu helfen und hat kaum mehr als drei Worte Spanisch gelernt.*«[78*]

Danach beschreiben die Briefe den liebenswürdigen Empfang seitens der deutschen Konsulate, erzählen von den allezeit höflichen Basken, den Kathedralen und Kirchen von Bilbao; dort hatten Walter die Briefe der Mutter erwartet, in denen sie sich besorgt über sein waghalsiges Auftreten in Le Havre und die Sache mit dem Revolver äußerte. Von Bilbao aus reisen die zwei jungen Deutschen weiter, mit dem Zug, mit der Kutsche, zu Pferde, auf Eseln oder zu Fuß, nach San Sebastian, Burgos, Salamanca, Valladolid, Medina del Campo, und erlebten ein liebenswertes, gastfreundliches Land. In der Nähe von Burgos *(Abb. 34)* besuchten sie das Kloster San Domingo de Silos, wo sie vom Abt und den Mönchen besonders herzlich aufgenommen wurden.[79] Der leicht zu beeindruckende junge Architekt fand sich zutiefst angerührt von der katholischen Messe in ihrer ihm fremden Großartigkeit und vom gregorianischen Kirchengesang ebenso wie von den kirchlichen Bauten in ihrer ausgeprägten Eigenart, diesen Zeugnissen großen handwerklichen Könnens und eines hingebungsvollen Glaubens.

Für die Familie und für sich selbst zeichnete Walter Gropius seine Gedanken beim Studium der großen Bauten und Monumente auf.[80] Die Eindrücke, die er angesichts der Kirchen, der Paläste, der mauerbewehrten Städte niederschrieb, waren vom unmittelbaren Erleben und Erfassen geprägt, so etwa seine Notiz über das Kastell Coca in der Nähe von Segovia, »*die Burg..., mit ihren tausend Zinnen und Türmen wie ein Märchenschloß aussehend... und die Natur herum großartig und monumental in ihrer melancholischen Öde*«.[81] Oder es packte ihn das Erlebnis einer Stadt wie Avila mit der einzigartigen Lage, den mittelalterlichen, auf römische Vorgänger zurückgehenden Mauern, Türmen und Toren, der Kathedrale aus dem zwölften Jahrhundert – und den Frauen: »*Die Avilanerinnen sind eigentlich alle schön, und neben ihren prächtigen Gesichtern kann ich mir vorläufig ein flaues nordisches Gesicht nicht denken.*« (An die Mutter, Avila, 25. Oktober 1907)

Dies ist nicht das einzige Mal, daß er in seinen Briefen die Schönheit der jungen Spanierinnen zu rühmen wußte: »*Die Mädchen sind bis zum 20. Jahre schlank, eine schlanke, schöne Frau sah ich noch nicht. Diese sind unförmig dick, tragen alle die Spitzenmantille über dem pechschwarzen Haar, das zu dem fahlgelben Gesicht, in dem nur die Lippen blutrot sind, herrlich steht. Man sieht hier aber auch fabelhaft viele blonde Köpfe mit blauen Augen, baskischer Herkunft.«* (An die Mutter, San Sebastian, 5. Oktober 1907) *»Die Mädchen eigentlich durchweg sehr hübsch, offenbar auch ein wohlhabender Schlag, denn sie sehen besonders soigniert aus. Den Hauptwert legt jede Spanierin auf die Frisur und es ist mir noch keine Viehmagd oder Wäscherin begegnet, die es in dieser Beziehung nicht mit jeder Dame aufnehmen könnte.«* (An die Mutter, Medina del Campo, 21. Oktober 1907) *»Man sieht so entzückend schöne Frauen und blendende Toiletten, daß es zu meinen liebsten Beschäftigungen gehört, dank meinen schönen Sachen als vollendeter Weltmann (guapo) gekleidet, mich ebenfalls hier spazieren zu führen, was auch sonst nicht aus dem Rahmen unserer erlesenen Vornehmheit fällt...«* (An die Mutter, Madrid, 31. Oktober 1907)

In Madrid also hatte sich der gerade Vierundzwanzigjährige auch schon entsprechend auf die Begegnung mit der Damenwelt eingestellt, aber eine der aufregendsten Begegnungen sollte ihm noch bevorstehen. Davon berichtete er Anfang Januar 1908 der Mutter ausführlich: *»Einen Abend bei Vogels, der im übrigen langweilig, aber durch das Erscheinen der beiden schönsten Mädchen Madrids, zwei junger Cubanerinnen, unvergeßlich sein wird. Beide in Figur und Gesicht gleich hinreißend schön, wie Königinnen, so daß mir der Atem still stand, als ich mit ihnen sprach. Ich bezähmte aber meine Verlegenheit und führte die eine zu Tisch und fand, daß auch Intelligenz und Liebenswürdigkeit zu ihren Vorzügen gehören, eine unerhörte Seltenheit. Es ist aber schon 8 Tage her und mein Herz ist noch nicht entzwei, sei also unbesorgt.«*[82]

Das Erlebnis der spanischen Corrida bedeutete zuerst einen Schock für Walter Gropius, doch nach mehreren Besuchen in der Arena hatte er genügend Abstand gewonnen – nur den Tod der Pferde vermochte er nicht zu verwinden: *»Währenddessen sprangen der Matador und die Banderilleros mit den roten Mänteln (Muletas) vor den Kopf des Stieres und brachten ihn in rasende Wut, bis es ihm zur begeisterten Freude des Publikums gelang, eines der unglücklichen Pferde auf die Hörner zu nehmen. Während aus dem völlig aufgerissenen Pferdeleib Gedärme und Blut herausstürzten, zwang man mit Stockhieben noch einmal das arme Tier zum Aufstehen, bis es vor dem Ausgang sterbend zusammenbrach. Ich war so aufgeregt, daß ich am ganzen Leibe zitterte und konnte mich garnicht mehr bemeistern. Dieses Pferdemorden ist etwas zu gemeines und unwürdiges. Das finden aber die rohen Spanier nicht, sie waren selig, auch die Weiber, und sahen fieberhaft nach dem zuckenden Pferdeleib, die Männer brüllten: otro caballo, otro caballo... Wenn nur das Pferdetöten nicht wäre...«*[83] *»... die Gewandtheit der Matadore, ich sah die berühmtesten die Spanien hat, ist so meisterhaft und geradezu schön, daß man die rasende Passion der Spanier begreifen lernt.«*[84]

Die Hauptstadt Madrid faszinierte den jungen Spanienreisenden. Sein Blickwinkel war, naturgemäß, der des behüteten Sohnes aus respektablem Hause, und entsprechend waren seine Beobachtungen und sein Urteil so einseitig wie naiv: *»Es war mir zuerst wieder ganz merkwürdig nach den stillen Provinzstädten des Nordens, in ein so wahnsinniges Großstadttreiben hereinzukommen, das an vielen Punkten unseren Potsdamerplatz noch übertrifft. Madrid bietet an Bauten überhaupt garnichts, ist aber sehr weitläufig und elegant angelegt, schöne Plätze und Promenaden mit viel Geschmack. Gearbeitet wird anscheinend überhaupt nicht, Fabriken existieren nicht, ein Mittelstand ist kaum vorhanden. Es giebt nur eine Unzahl reicher eleganter Leute, die in Prachtequipagen und prickelnd eleganten Toiletten leben und noch mehr Bettler und entsetzliche Krüppel, die jeden nur halbwegs anständig aussehenden Menschen belagern. – Nachmittags wandelt auf den großen Parcours zu Fuß und Wagen die vornehme Welt von Madrid. Man sieht so entzückend schöne Frauen und blendende Toiletten.«*[85]

Zwei Monate später schrieb er allerdings dann auch von der *»Frische und Gesundheit der breiten Massen dieses Volkes. Nur die oberen 10 000 sind Lungerer und Taugenichtse, und aus ihnen rekrutieren sich die Leiter des Landes. Schade um dies intelligente Volk.«*[86]

Die Botschaft hatte die deutsche Kolonie in Madrid auf die Ankunft der beiden jungen Reisenden vorbereitet. Man machte sie mit vielen Leuten bekannt, sie wurden zu Besuchen empfangen, und es verging kaum ein Abend, an dem sie nicht ausgegangen wären – zu einer Gesellschaft, zu einem Konzert, ins Theater. Walter Gropius gewann neue Freunde in Madrid, und die Freundschaft, die er damals mit Josef (Pepe) Weißberger schloß, sollte ein Leben lang währen. Über ihn wußte er nach Hause zu berichten, er sei *»ein weitgereister Junggeselle angenehmsten und feinsten Genres, der 6 Sprachen, darunter Arabisch, perfekt sprechen soll und auch sonst auf allen Gebieten unheimlich Bescheid weiß. Er ist rührend, lud uns in einen Club zu Tisch, zeigte uns amüsante Lokale und führt uns zu den kleinen Antiquaren, wo ich mir schon allerlei, dank meinem keramischen Verständnis, das sich hier, wie Ihr sehn sollt, noch geschärft hat, billig gekauft habe. Ich konnte mich auch erkenntlich erweisen, da ich ihm den Kauf eines großen Meißner Tellers aus dem* Brühlschen Schwanenservice, *also gewiß eine Rarität, vermittelt habe... ich fand ihn in einer dunklen Ecke.«*[87] Weißberger, ein höchst erfolgreicher Geschäftsmann und Inhaber einer Versicherungsagentur, wurde für die beiden jungen Deutschen so etwas wie ein ständiger Begleiter. Walter und Hellmut ließen sich eifrig herumführen – sie hatten »ganze Läden umgewühlt«, und Walter Gropius hatte »selbst eine Unzahl teilweise sehr schöner Sachen gekauft, lauter Gangas (Gelegenheitskäufe)«.[88] Dank solcher Freunde wie eben Pepe Weißberger standen Walter auch private Kunstsammlungen offen, daneben aber versäumte er keineswegs die Besuche in den großen Museen. Den Prado allein durchwanderte er neunmal, vor allem suchte er hier die Gemälde des Velazquez auf. Die Begeisterung für die Werke der alten Meister hatte in den beiden ein Feuer entzündet, und nun verlegten sich Walter und Hellmut auf die Jagd nach Kostbarkeiten in den Antiquitätenhandlungen. Aus den anfänglich eher beiläufigen Streifzügen wurde, während sie hier auf eine alte Keramik, dort auf ein altes Gemälde stießen, eine zunehmend aufregendere Schatzsuche.

Diese Expeditionen ins Reich des Kunsthandels hatten einen unerwarteten Wandel der Gefühle zur Folge, die Walter dem Reisegefährten entgegenbrachte. Seine erste unverhohlene Abneigung gegen Hellmut Grisebach[89] war allmählich vergangen und hatte einem besseren Verständnis Platz gemacht, das sich innerhalb weniger Monate zur Bewunderung ob des Kunstsinns und der Geschäftstüchtigkeit des Freundes steigerte. Solche Gaben bewies Hellmut etwa mit der Entdeckung eines ›echten‹ Murillo und eines Perez. *»Hellmut ist völlig erwacht und geht mit großen Plänen um, ich bin ängstlicher und skeptischer wie er, die umgekehrte Welt mit einem Mal... Hellmut hat eigenes Vermögen, worum er sofort telegrafiert hat.«*[90] *»Hellmut wirst Du nun erst nach Deiner Rückreise in Berlin treffen, er ist momentan mit dem großen Claudio Coelli, dessen Bedeutung mir erst jetzt klar geworden ist, in Paris, um ihn dem Direktor des Louvre zu zeigen... Hellmut wird dann die Sache weiter in die Hand nehmen. Er ist hier aufgewacht in unseren großen Taten und wird mit seiner Stetigkeit eine große Stütze für unsere Pläne sein.«*[91]

Das »große Unternehmen«, von dem da die Rede war, bestand darin, daß die beiden in Spanien Gemälde aufspürten, die besten auswählten, im Stillen taxierten und dann zu einem Bruchteil ihres wahren, sprich von den beiden »Kennern« angenommenen Werts aufkauften, um sie anschließend – und das waren eben ihre »Pläne« – nach Deutschland zu bringen, wo die Meisterwerke ausgestellt und verkauft werden sollten. So hofften die zwei jungen Unternehmer zu Ansehen zu gelangen und dabei einen guten Gewinn zu machen *(Abb. 35)*. Walter nahm rapide an Selbstsicherheit zu, und noch rascher wuchs sein Ehrgeiz: *»So schnell habe ich noch nie gelernt. Ich kannte ja fast jedes Bild, aber mit wie anderen Augen, mit wieviel mehr Verständnis nun. Das sind wirklich Genüsse. Kaufend und auswählend habe ich mehr gelernt als bei bloßer Betrachtung... und ich hab schon einige Beweise, daß ich mitreden darf... Ich möchte mich verdreifachen können, um alles das zu treiben, was mir am Herzen liegt, und das schwerste ist nun für mich zu sichten und mich mit dem zu begnügen, was ich geistig und körperlich leisten kann.«*[92]

Die helle Begeisterung des jungen Mannes und sein stolzes Selbstvertrauen verfehlten ihre Wirkung auf zumindest einen der Adressaten seiner Briefe nicht. Die Mutter überwies ihm Gelder, die teils aus seinem von der

Großtante ererbten Vermögen, teils aus ihrer eigenen Privatschatulle stammten – der Vater sollte nichts von dieser Transaktion erfahren. Es klang schon recht selbstsicher, wie Walter Gropius die Mutter um ihre weitere Unterstützung bat: »*Ich hoffe, Du wirst noch einmal stolz sein auf diese Sache. Laß mich ruhig etwas unternehmungslustiger sein als Vater, nur wer wagt, gewinnt, und die Gropius konnten nie wagen. Ich bin voller Zuversicht, ohne meine Ruhe zu verlieren. Sage nicht nein Deinem Sohn.*«

Und dann setzte er nachträglich noch rasch hinzu: »*Grüße Vater sehr, aber stimme ihn etwas optimistischer für unsere Sache.*«[93]

Die hochfliegenden Pläne der zwei jungen Deutschen im fernen spanischen Land zielten auf eine glänzende Zukunft ab, die in den beredten Briefen des Walter Gropius bereits deutliche Umrisse anzunehmen scheint. Doch dabei bleibt es dann auch, denn hier stößt der außenstehende Betrachter auf die merkwürdige Tatsache, daß aus dem Zeitraum zwischen der zweiten Januarwoche und dem ausgehenden Frühjahr kein einziger Brief mehr aufzufinden ist. Was aus Walters und Hellmuts Gemäldefunden und Kunstkäufen wirklich geworden ist, bleibt im Dunkeln. Vielleicht hat schon Hellmuts Reise zum Louvre mit dem Coelli und anderen Gemälden im Gepäck das so geschäftig begonnene Unternehmen zum Platzen gebracht. Gerhard Marcks, den Ise Gropius im Sommer 1975 befragte, erinnerte sich, daß jene von den beiden »Kunstkennern« aufgekauften Gemälde von Experten als Arbeiten von keinem besonderen Wert, als Produkte der Volkskunst oder bestenfalls noch der Murillo-Nachfolge eingestuft wurden. Ein Vetter Walters, bei dem Ise ebenfalls nachfragte, steuerte die recht plausible Vermutung bei, daß das Verschwinden jener Briefe, die Walter zweifellos im bewußten Frühjahr 1908 an die Mutter gesandt hat, möglicherweise in ursächlichem Zusammenhang mit deren Befürchtung stünde, der Vater könne vom Unternehmen des Sohnes erfahren und nach dessen Ausgang forschen. Lucius Grisebach, ein Großneffe Hellmut Grisebachs, wußte schließlich etwas von den Erwerbungen der beiden Kunstfreunde zu berichten: »*Die Gemälde, die Hellmut Grisebach während jenes berühmten Abstechers nach Spanien zusammen mit Walter Gropius gekauft hat, befanden sich bis zu seinem Tod in seinem Besitz und sind jetzt, denke ich, bei seinem Sohn. Wir meinten immer, er hätte höchst wertvolle Meisterwerke zusammengetragen, aber es waren eben nur alte Gemälde. Er hat sein Leben lang versucht, Kunsthistoriker zu finden, die ihm Expertisen schreiben würden, wonach seine Gemälde gute und eigenhändige Werke von Velasquez und anderen spanischen Meistern wären, aber es waren eben einfach keine...*«[94]

Walter Gropius selbst hat, solange er lebte, seit jenem Frühjahr 1908 nie mehr ein Wort über seinen unternehmerischen Ausflug in die Gefilde des Kunstmarkts verlauten lassen. Aber mochte er auch bei diesem Abenteuer

Abb. 35 W. Gropius »eingerahmt«, Spanien 1908

Schiffbruch erlitten haben, seine jugendliche Abenteuerlust selbst dürfte kaum davon betroffen gewesen sein.

Gelegentlich lassen, bei diesem Abenteuer wie in anderen Zusammenhängen, Walters Reportagen von seinen waghalsigen Eskapaden, seinen Leistungen, seinen Gedankengängen oder seiner Meinung über Hellmut Grisebach den Urheber als einen beinahe unausstehlichen Burschen erscheinen. Zu seiner Ehrenrettung sei aber daran erinnert, daß er ein junger Mann war, noch nicht voll ausgebildet und gefestigt im Wesen, seiner selbst noch nicht sicher, der da mit seinen Berichten offensichtlich von einem weiteren Publikum als nur von den Eltern allein bewundert sein wollte.

Daneben klingt aber auch in den Briefen immer wieder echte Besorgnis um das Befinden der Eltern an. So packte Walter Gropius in der Vorweihnachtszeit während eines Ausflugs nach Segovia, Granada und zur andalusischen Küste, den er zusammen mit Hellmut Grisebach und Josef Weißberger unternahm *(Abb. 36),* unversehens das Heimweh; seine Gedanken verweilten bei den Eltern in Berlin. Er schrieb ihnen einen langen Brief, den er mit einer romantischen Schilderung ihrer Fahrt begann: *»Durch ganz pompöse Felslandschaften... fuhren wir nach Malaga. Nach jäh aufhörenden Felsklüften plötzlich tropische Vegetation und warme Luft: Orangenwälder, voller Früchte, Kakteen aller Art, Chrysanthemen und Rosen.«* Es war ein Ausflug, der sich der Erinnerung einprägte, und Walter Gropius beschrieb ihn ausführlich in allen Einzelheiten, vergaß auch nicht, den besinnlichen Abschluß des vorangegangenen Tages zu erwähnen: »*In einer Laube aus Geranium deckte man uns den Tisch... Es begann mit 2 Dutzend Austern pro Kopf, die riesengroß und direkt aus der Fischerhütte vor uns herausgeholt wurden, ein Luxus, den man sich hier leisten kann, da das Dutzend 1,25 pes. kostet. Der Jerez dazu war recht famos, und alles der Güte nicht entsprechend recht billig. Es war Nacht geworden, und heiter und leise angesäuselt begannen wir den weiten Rückweg. Die Nacht war ganz sternenklar, kein Wind und deutsche Juliwärme. Die Felsen zur rechten lockten so, daß wir beim ersten Querweg einen Aufstieg begannen, leichtfüßig und sicher, wie man in solcher Stimmung ist. Oben auf dem Kamm legten wir uns auf Moos nieder, unter uns das rauschende Meer, sonst völlig Stille. Es war mir interessant, nachher zu sehen, wie das verschieden auf die Menschen wirkt: Hellmut schwermütig, Weißberger sentimental bis zu Thränen, ich eigentlich nur fröhlich und ruhig, so daß ich nach 10 Minuten voller Glück einschlief.*« Nach diesem Bericht kam er auf das bevorstehende Weihnachtsfest zu sprechen, und dabei wurde er selbst doch auch recht sentimental: »*Nun meine lieben Alten werde ich etwas weihnachtlicher werden. In dem merkwürdig bedrückenden Gefühl, das Fest ganz ohne Euch verleben zu müssen und Euch einsam kluckend zu wissen, druckse ich eigentlich seit Tagen herum an diesem Brief, so daß er wol nur noch gerade zur Zeit auf Euren stillen Weihnachtstisch fallen wird... Ich sehe Euch unter einem bescheidenen Bäumchen, was Du gegen Vaters Wunsch aus Pietät aufstellen wirst, freilich in dem Gefühl, als sei es eigentlich unnütz, da ja die fröhlichen fehlen. Alles wird Euch provisorisch vorkommen und Ihr werdet wünschen, daß das Fest erst vorbei sei. Aber sei sicher, daß die drei Punkte, Berlin, Alfeld und Madrid, die ganze heilige Nacht und die Feiertage hindurch mit einem Faden der Liebe und Sehnsucht verbunden sein werden. Uns beiden, Mannchen und mir, werden die vollen Töpfe in der Eßstube gewaltig fehlen, und Ordas Geist wandelt körperlicher denn je. Im Andenken an alles das sei Du, Vater, so nett mit Mutter, wie wir es wünschen können, schilt ihre Pietät nicht sentimental und sprich nicht über Deinem so guten Herzen weg...*

Nun meine guten, lieben Alten umarme ich Euch tausendfach und wünsch Euch, daß Ihr so gut, wies ohne uns geht, durch die Feiertage kommt, mit den Freunden, die Euch bleiben und die sich Euerer annehmen werden, nicht so ganz allein, hörst Du Vater, nicht Euch einschließen! das geht nicht für Mutter. Schreibt mir beide ein paar liebe Worte, am Heilig Abend oder ersten Feiertag, auch Du Väterchen!«[95]

Diese Stimmung, die Walter Gropius während jenes denkwürdigen Ausflugs überkommen hatte, sollte noch eine Weile anhalten. Schließlich verlebte er zum ersten Mal in seinem Leben das Weihnachtsfest fern von daheim. Und so berichtete er der Mutter am zweiten Feiertag, wie er in Madrid das Fest erlebt hatte: »*Nun willst Du wissen, wie ich Weihnachten*

Abb. 36 W. Gropius und H. Grisebach in Andalusien, 1908

verbrachte... *Zum Trost sage ich Dir, daß in Spanien das Fest kein anderes ist wie alle übrigen, einer von den unzähligen Festtagen, und so empfand ich es nicht so schwer, als wenn alles um mich herum in deutscher Festesandacht gewesen wäre... Wir aßen sehr fein in dem elegantesten Restaurant von Madrid und gingen dann ins Teatro Lara, wo ein reizendes Rokokostück gegeben wurde. Es ist die beste Bühne Spaniens. Danach gab es Sekt in einem eleganten Theehaus mit einem Haufen anderer Bekannter. Alles fremde Menschen am Heilig Abend. Ich darunter etwas stumm und apathisch mit meinen Gedanken in der weniger grellen, doch so viel heimischeren Eßstube der Rankestraße weilend.«* Und als er den Brief mit seinen Wünschen für das kommende Jahr schloß, brachte er damit wiederum die Sorge um das Befinden der Eltern zum Ausdruck: *»Nun wünsch ich Euch allen ein so gutes Jahr wie möglich. Dir vor allem mein Muttchen, daß Du nur viel siehst und der Vater nach seinem Abschied gemütlicher wird.«*[96]

Walther Gropius senior, gealtert, ermattet und dem Ende seines Berufslebens als Beamter nahe, schien sich von der Frau und den Kindern zurückgezogen zu haben. Dennoch schrieb er an den Sohn, wie es sich dieser gewünscht hatte, und Walter junior beeilte sich mit der Antwort in der Hoffnung, den Briefwechsel in Gang halten zu können. *»Mein guter alter Herr«*, begann er herzlich, *»Du sitzt nun ganz einsam in der Arbeit und merkst wenig von dem Trubel und Jubel, der die Menschen um Neujahr packt. Dein lieber Brief kam gestern ersten Feiertag früh in meine Hände, so*

daß ich von Euch allen zum Fest ein paar Worte hatte... Es geht mir hier wieder so gut, wie ichs garnicht verdiene, lebe in einer Fülle leiblicher und geistiger Genüsse. Die Menschen verziehen mich geradezu und so kannst Du glauben, daß ich zufrieden mit meinem Schicksal bin, das mir manche Früchte bringen soll.
Ich schließe nun mit diesen kurzen Sätzen und wünsch Dir nur noch das, was Du brauchst fürs neue Jahr, den Abschied und die wolverdiente Ruhe. Vielleicht wird Dir die Erkenntnis, daß ich mich schon durchhauen werde, ein Grund mehr dafür sein, daß Du ruhig Dein Schwert aus der Hand legst.«[97]

Frohgemut beschrieb Walter Gropius hier in Kürze sein Leben in Spanien, und offensichtlich genoß er es auch in vollen Zügen. Seine Interessen kannten keine Grenzen, und mit geradezu unbändiger Energie ging er ihnen nach – ob es das Reisen war oder das Gesellschaftsleben mit seinen vielfältigen, verlockenden Ablenkungen, ob es die Monumente der Architektur waren oder die Werke der alten Meister. Hinzu kam noch das spezielle Interesse an der Keramik, er beschäftigte sich vornehmlich mit den »alicatados«, den aus Fliesen gefügten Einlegearbeiten im maurischen Stil, und den »azulejos«, den blau-weißen Fliesen Kataloniens. Das Studium der Keramik Spaniens lag ihm wahrhaft am Herzen. *»Mit Keramik bin ich hier fast totgefüttert worden und habe die besten Sammlungen Madrids gesehen. Die schönste ist die vom Finanzminister von Osma... Was man in seinem Hause sieht, sind eigentlich durchweg beste Museumsstücke... Ich habe nie eine so glänzende Sammlung gesehen und die Aufstellung ist ungleich schöner wie in jedem Museum, ich kann höchstens noch an Poldi Pezzoli in Mailand denken... Osma... ist selig, wenn einer recht genießt, und weiß sehr viel... Er war sehr liebenswürdig und forderte mich auf, wiederzukommen, was ich sicher nicht versäumen will... es erweiterte meinen keramischen Blick und ich... beginne... jetzt, was davon zu verstehen und bekomme einen leidlichen Instinkt für die Sachen, jedenfalls habe ich die besten Stücke, auch bei Osma, sofort herausgetippt.«*[98]
Durch die Vermittlung der Botschaft lernte Walter Gropius zwei andere junge Deutsche kennen, die ebenfalls an Kunst und Kunsthandwerk ihres Gastlands interessiert waren: Ernst Kühnel und Hans Wendland. Die beiden waren außerdem auch ihrerseits mit Pepe Weißberger befreundet. Walters leicht exaltierte Lebensweise reizte sie, und gemeinsam unternahmen sie Studienfahrten über Land oder Ausflüge an die Costa del Sol. Insbesondere Hans Wendland teilte Walters Interessen und sie wurden bald gute Kameraden; zusammen fuhren sie nach Barcelona, um dort die ganz besonderen Fliesen Kataloniens aufzuspüren.[99] Noch in späten Jahren erinnerte sich Walter Gropius an diese Reise: »In Barcelona lernte ich Puig i Cadafalch kennen, der mir seine Keramiksammlungen zeigte und mir das Buch »Rajolas Valencianas y Catalanas« von Josef Fonty Gumé gab.«[100]

Gropius und Wendland hatten erkannt, daß die alten handwerklichen Erzeugnisse, die Stoffe, die Schnitzereien und insbesondere die Keramik von außerordentlicher künstlerischer Qualität waren. Die Fliesen ließen Walter Gropius überdies an ganz neue Möglichkeiten denken; er sagte später dazu: »Ich setzte da auf die Idee, die alte Keramikproduktion wiederzubeleben[, um die Fliesen] als Wandverkleidung für unsere zeitgenössische Architektur [zu verwenden].« Zugleich erinnerte er sich, wie er vor allem die künstlerischen Arbeiten der Handwerker in einer Keramik- und Fliesenmanufaktur in Triana bei Sevilla bewundert hatte und schließlich sich auch selbst hier als Handwerker versuchen durfte. Der junge Architekt hatte dort in Spanien einen ihm neuen Zweig der Kunst entdeckt, die Keramik, die ihn faszinierte – und nun spielte er mit dem Gedanken, selbst das Handwerk soweit zu erlernen, daß er danach neue Produktionsverfahren entwickeln und erproben könne, um die Keramik schließlich in der Gestaltung seiner eigenen Bauten einzusetzen. Der Mutter berichtete er von seiner Arbeit. Er habe zunächst Skizzen angelegt und danach einige Tierfriese entworfen, die er entsprechend in das keramische Produkt umsetzte. Die Friese wurden in einzelne große Fliesen von unregelmäßiger Form zerlegt, glasiert, gebrannt und endlich zum Ganzen zusammengefügt: ein bildlich gestalteter Fliesenbelag für die Wand, analog zum gemalten Wandbild. Jahrzehnte nach diesen Anfängen war die Erinnerung in Walter Gropius unvermindert lebendig, und er unterstrich dabei, daß sein Interesse damals ebensosehr den technischen Vorgängen – von der Bemalung, Formung, Herstellung der Fliesen bis zur Endmontage als Bildträger-Wandverkleidung – wie den künstlerischen Details in der Ausführung der bildlichen Darstellung gegolten habe. »Glasierte Wandbilder, wie sie aus diesen ersten Versuchen hervorgegangen sind, habe ich später in von mir entworfenen Gebäuden angewandt.«[101]

In Barcelona hatte ein spanischer Architekt neue Wege eingeschlagen, und sein Werk machte einen großen Eindruck auf den jungen Deutschen. Zusammen mit Hans Wendland besichtigte Walter Gropius den Parque Güell, die Wohnhäuser und andere Bauten des Antoni Gaudí. Er lernte den Architekten persönlich kennen, den er bei der Arbeit in der Werkstatt nahe bei der Kirche La Sagrada Familia antraf.[102] *»Er war in seine Arbeit vertieft und kaum ansprechbar. Seine Hingabe an die Aufgabe, seine Konzentration beeindruckten mich zutiefst, während doch, was er an Architektur hervorgebracht hatte, weit entfernt war von meinen eigenen, noch unbestimmten Vorstellungen. Seine Intensität nahm mich gefangen, erschien mir als ein höchst begehrenswerter Wesenszug menschlichen Tätigseins, doch ich war noch zu unreif, um seine einzigartige Kühnheit und erfinderische Begabung als Baukonstrukteur zu verstehen.«*[103]

In Madrid lernte Walter Gropius dank der Vermittlung Pepe Weißbergers gegen Ende seines Aufenthalts in Spanien Karl Ernst Osthaus kennen, den Direktor des Folkwang-Museums in Hagen in Westfalen. Osthaus, damals bereits ein anerkannter Sammler zeitgenössischer Kunst und bewährter Förderer junger Künstler und Architekten, fand Interesse an dem jugendlichen Landsmann, der gleich sein Interesse auf einige Stücke spanischer Keramik lenkte, die Osthaus denn auch erwarb. Sie wurden bald gute Freunde, und von Osthaus stammte schließlich auch der Vorschlag, der für Walter Gropius von entscheidender Bedeutung werden sollte – er riet ihm, sich bei Peter Behrens in Berlin um Aufnahme in dessen Büro zu bewerben, mehr noch, er machte sich zum Fürsprecher des bis dato unbekannten jungen Architekten und schrieb selbst an Peter Behrens.[104] Walter Gropius verfehlte nicht, der Mutter davon umgehend Mitteilung zu machen: »*Letzte Nacht ist Herr Osthaus von hier abgereist. Bevor er abfuhr, hat er an Peter B. geschrieben und mich bestens empfohlen. So ist alles in der denkbar besten Weise in Angriff genommen. Mein Fries hat ihn sehr beeindruckt. Ich habe jeden Tag in der Fabrik gearbeitet und heute letzte Hand angelegt. Morgen wird er zum letzten Mal in den Ofen wandern, bis er in einer Woche wieder herauskommt. Ich arbeite eine Menge mit Wendland. Am 5ten werden wir Sevilla endlich den Rücken kehren. Ich kann es nicht erwarten, Deutschland wiederzusehen... Was macht Vater? Bitte gib mir Nachricht.*«[105*]

Im Büro von Peter Behrens

Im Frühjahr 1908 verließ Walter Gropius Spanien und kehrte nach Berlin zurück. Er war wieder daheim bei den Eltern in der Rankestraße, doch jetzt hatte er nichts Wichtigeres zu tun, als Verbindung mit Peter Behrens aufzunehmen – er durfte sich vorstellen und wurde angenommen.

Peter Behrens, damals gerade vierzig Jahre alt, war bis dahin als Architekt noch kaum hervorgetreten; die Bauten, die ihm seinen Namen eintrugen, entstanden sämtlich erst später. Seit 1907 war er als Architekt und künstlerischer Berater für die AEG in Berlin tätig. Seine Aufgabe war es, künstlerische Gesichtspunkte in der Gestaltung all dessen anzuwenden und zu wahren, worin sich die AEG in der Öffentlichkeit darstellte – von den Fabrikgebäuden bis zu den Verkaufsbüros, von den Produkten bis zum Warenzeichen.[106] In seinem Büro gesellten sich zu Walter Gropius bald auch Ludwig Mies van der Rohe und Dietrich Marcks hinzu. In sehr viel späterer Zeit sollte einmal ein Gerücht aufkommen, das sich fast zu einer Saga der modernen Architektur verdichtete: Gropius und Mies, so hieß es, hätten Schulter an Schulter mit Le Corbusier im Büro von Peter Behrens gearbeitet. In Wirklichkeit trat Le Corbusier erst bei Behrens ein, als Gropius bereits ausgeschieden war. Gropius selbst erkärte später dazu: »*Ich war Professor Behrens' Faktotum im Jahr 1909, als auch Mies dessen*

Assistent wurde. Wir arbeiteten zeitweilig im gleichen Raum an einigen Häusern für Hagen-Westfalen.«[107] *»Selbstverständlich gab es unter uns eine Menge Diskussionen, aber ich bin heute nicht mehr in der Lage, diese zu rekonstruieren. Corbu trat für eine kurze Zeit in das Behrens-Büro ein, als ich bereits weggegangen war, um 1910 mein eigenes Büro anzufangen.«*[108]

Peter Behrens war ein Mann, der wohlwollend und aufmerksam auf seine jungen Mitarbeiter und die Angestellten einging und sich in jeder Weise um sie kümmerte; das Verhältnis zwischen ihm und Gropius war das des Architekten und Lehrers zu dem Mitarbeiter und Meisterschüler. Häufig war Walter Gropius Gast der Familie Behrens, oft genug jedenfalls, um eher als ein Freund denn ein Gast empfangen zu werden. Er war ein begeisterter Tennisspieler, der fleißig trainierte, und so führte er auch Petra, die Tochter der Familie Behrens, in das Tennisspiel ein. Freilich hätte er sich wohl etwas mehr schonen sollen, denn er spielte für gewöhnlich mit solcher Intensität, daß er sich krampfartige Zuckungen an Hand und Unterarm zuzog, was wiederum zur Folge hatte, daß seine ohnehin minimalen Fertigkeiten im Zeichnen noch weiter eingeschränkt wurden – doch worin er sich nicht einschränken lassen wollte, das war seine Tennisleidenschaft, er spielte weiter.

Das mangelnde Geschick im Zeichnen hatte Walter Gropius schon während der Spanienreise irritiert. Der Mutter klagte er damals sein Leid: *»Meine absolute Unfähigkeit, auch nur das einfachste aufs Papier zu bringen, trübt mir manches schöne und läßt mich oft mit Sorgen auf meinen zukünftigen Beruf sehn. Ich bin nicht imstande einen geraden Strich zu ziehen. Als 12-jähriger Junge konnte ich viel besser zeichnen. Es scheint mir fast eine physische Unmöglichkeit bei mir zu sein, denn ich bekomme sofort einen Krampf in der Hand, breche dauernd die Spitzen ab, und muß mich nach 5 Minuten ausruhen. Bei meiner Handschrift gehts mir ja gerade so. Sie wird jeden Tag schlechter. Daß es so trostlos wäre, habe ich in meinen dunkelsten Stunden nicht befürchtet. Wie soll das werden? ... Auch Hellmut kann mir dabei wenig helfen, da er selbst zu wenig Klarheit besitzt über das, was ihn umgiebt. Er und der Bleistift sind meine beiden Schmerzenskinder und ich muß Euch auch von diesen schreiben.«*[109]

Peter Behrens zeigte sich von diesem Handicap wohl weniger beeindruckt, offensichtlich erkannte er, daß die Begabung und die Fähigkeiten des jungen Architekten auf anderen Gebieten lagen. So eröffnete er ihm einzigartige Möglichkeiten, Erfahrungen zu sammeln und zu lernen. Solche Möglichkeiten bot etwa, noch im Jahre 1908, eine Besichtigungsreise nach England, auf der Walter Gropius den Meister begleitete; sie studierten dabei nicht nur Fabrikanlagen und Industriebauten, sondern auch die architektonischen Denkmäler des Landes. Walter nahm gleichzeitig die Gelegenheit wahr, seinen Onkel Willy Gropius und Tante Wiene *(Abb. 37)* in Chislehurst in der Nähe von London aufzusuchen.

Abb. 37 W. Gropius mit Tante Wiene in Chislehurst, England, 1908

1909 begann Peter Behrens die Arbeit an seinem Entwurf für die große Turbinenhalle der AEG in Berlin-Moabit, mit dem er noch beschäftigt war, als Walter Gropius aus seinem Büro ausschied. In dieser Zeit schuf Behrens auch seinen Entwurf für das Kaufhaus Lehmann in Köln; hierbei waren die Gestaltung eines Geschäftszimmers und einiger Einrichtungsgegenstände die einzigen Beiträge, die er als ausschließlich von Walter Gropius selbst stammend angab. Gropius wußte sich wohl noch anderer Arbeiten zu entsinnen, doch Behrens folgte lediglich der Gepflogenheit jener Zeit, wenn er nicht namentlich benannte, was die jüngeren Mitarbeiter seines Büros eingebracht und beigesteuert hatten. Desungeachtet führten die zeitweilige Zusammenarbeit und die freundschaftlichen Beziehungen zu einer dauerhaften Verbindung zwischen den beiden Männern, die erst mit dem Tod von Peter Behrens – er starb 1940 in Berlin – erlosch; sie überdauerte den Weltkrieg und die Revolution, das wechselvolle Geschick des Bauhauses und die ideologische Spaltung der Berufs- und Fachverbände.

Bei der AEG konnte Walter Gropius die industriellen Fertigungsverfahren aus unmittelbarer Anschauung kennenlernen, und das war für ihn ein erregendes Erlebnis. Vertieft wurde dieses Erlebnis noch durch Erfahrungen, die er Anfang 1909 während einer Reise ins Ruhrgebiet sammelte. Anlaß der Reise war ein Besuch bei seiner Tante Auguste Becher, einer geborenen Wahlaender, und ihrem Gatten, der damals als Präsident der

Preußischen Staatseisenbahnen in Essen amtierte. Dort an der Ruhr sah er zum ersten Mal mit eigenen Augen einen Teil der Fabrikanlagen des Industriegiganten Krupp, er sah aber auch, und das war für ihn bedeutsamer, einige der Krupp-Siedlungen, das Ergebnis der rund sechzigjährigen Bemühungen der Firma um die Unterbringung ihrer Stammarbeiter. Es war gerade der Widerspruch, der sich für ihn hier auftat – der Widerspruch zwischen den Fabriken Krupps, in denen die moderne Industrietechnik Einzug gehalten hatte, und den Arbeitersiedlungen Krupps, die nach herkömmlicher Weise in Handarbeit ausgeführt wurden –, der nachhaltig auf den jungen Architekten einwirkte und zur Ausbildung seiner erst in Ansätzen umrissenen Vorstellungen von der Anwendbarkeit industrieller Fertigungsverfahren im Großsiedlungsbau beitrug.

Allgemein hatte die Zeit noch kaum die Probleme und Erfordernisse des Lebens in den großen städtischen Ballungsgebieten erkannt und verstanden. Städtebauliche Fragen, insbesondere Fragen des Wohnungsbaus, fanden daher bei Regierungen und Verwaltungen, bei Beamten, Soziologen oder Architekten verhältnismäßig wenig Beachtung. Das war die Situation, als Walter Gropius 1909 begann, seine erst vage umrissenen Vorstellungen über den Wohnungsbau unter Einsatz industrieller Fertigungsmethoden systematisch zu ordnen, er skizzierte seine Gedanken in Studien und erstellte Analysen der Möglichkeiten, der Bedingungen und der Zukunftsaussichten. Als Mitarbeiter von Peter Behrens genoß er den Vorzug, daß ihn Emil Rathenau wie auch dessen Sohn Walther kannten. Emil Rathenau, der Gründer der AEG, stand als Vorstandsvorsitzender dem Unternehmen vor und bestimmte in den Grundzügen dessen Politik; der damals Zweiundsiebzigjährige sollte auch für die restlichen fünf Jahre seines Lebens, die ihm noch verblieben, diese Aufgaben wahrnehmen, doch war er wohl den Dingen etwas entrückt und weniger leicht zugänglich als der Sohn. Walther Rathenau war der tatsächliche Herr der AEG – deren Präsident er 1915 nach dem Tod des Vaters wurde –, er leitete die Geschäfte, und an ihn wandte sich Walter Gropius im März 1910, um ihm seine Gedanken und Vorstellungen vorzutragen. So kam es, daß Walter Gropius seinen anschließend vorgelegten Vorschlag zur Errichtung einer mit industriellen Produktionsmethoden arbeitenden Wohnungsbaugesellschaft durch die AEG zunächst an den Sohn übergab, in der Hoffnung, auf diesem Weg damit schließlich auch den Vater zu erreichen.[110] Zu diesem Vorschlag, seinem »Programm zur Gründung einer Allgemeinen Hausbaugesellschaft auf künstlerisch einheitlicher Grundlage«,[111] erklärte Gropius später: »*Ich habe diese Schrift selbst im Jahr 1910 verfaßt, als ich gerade dabei war, aus dem Büro von Behrens auszuscheiden und mein eigenes Büro aufzumachen. Ich schickte sie an Walther Rathenau von der AEG... Selbstverständlich, da ich zwei Jahre im Büro von Behrens gewesen bin und viele Gespräche mit ihm geführt habe, ist es möglich, daß ich ihn um Rat fragte.*«[112]

Peter Behrens seinerseits beschäftigte sich ebenfalls mit den Beziehungen zwischen Industrie und Wohnungsbau und insbesondere mit Fragen der Anlage von Arbeitersiedlungen. Ihm war es zu jener Zeit auch – anders als Walter Gropius – dank seiner Tätigkeit für die AEG vergönnt, selbst solche Werksiedlungen zu errichten. Bereits Anfang Februar 1910, also kurz, bevor Walter Gropius mit seinem Programm bei Walther Rathenau vorstellig wurde und danach seinen Abschied von Peter Behrens nahm, konnte Karl Ernst Osthaus in einem Zeitungsartikel verkünden, Behrens arbeite »am Bebauungsplane einer Gartenstadt für die Beamten und Arbeiter des Werkes« der AEG in Hennigsdorf. Dort entstanden 1911 tatsächlich die ersten Arbeiterwohnhäuser des Architekten, 1914–1915 folgte die AEG-Siedlung Oberschöneweide und 1918–1919 das zweite Projekt in Hennigsdorf.[113] Es war das generelle Konzept solcher Siedlungsanlagen, dem Peter Behrens in der Theorie wie in der Praxis nachging, er befaßte sich dabei mit den Beziehungen zwischen Industrie- und Wohnhausarchitektur und damit nicht zuletzt mit städtebaulichen Zusammenhängen. Die Siedlungen, postulierte er, würden »in engster Beziehung mit den Industrieanlagen auftreten und sollten darum von demselben Geiste industrieller Energie errichtet und geformt werden«; zu wünschen wäre, daß diese Siedlungen »mit den Anlagen der Industrie durch die gemeinsame Idee zu einer organischen Einheit verschmelzen möchten, aus der ein neuer und eigenartiger Typ der modernen Industriestadt erwachsen könnte.«[114] Zu dem Programm seines jungen Mitarbeiters, dem es um die Anwendung der industriellen Fertigungsverfahren im Siedlungsbau, um die ›Industrialisierung des Wohnungsbaus‹, schlechthin also um die Technisierung des Bauwesens ging, hatte der Meister damals wohl nicht viel zu sagen.

Walter Gropius hat zu keiner Zeit den Anspruch erhoben, daß er der Urheber des Konzepts eines Wohnungsbaus mit vorgefertigten Teilen und der Erfinder der anzuwendenden Verfahrensweisen gewesen sei. In seinem Programm, das er Walther Rathenau zur Weiterleitung an den Seniorchef der AEG übergab, hatte er festgestellt: »*Zum Teil ist man schon zur industriellen Herstellung geschritten, aber die von Unternehmern aus rein wirtschaftlichen Gründen geschaffenen Typen sind unreif und schlecht in technischer wie künstlerischer Beziehung und stehen deshalb den handwerksmäßig hergestellten Bauteilen an Qualitäten nach.*«[115]

Mit dem Hinweis auf bereits im Hausbau Anwendung findende industriell hergestellte Teile bezog sich Gropius auf seine Kenntnis amerikanischer Verhältnisse. Große Versandhäuser wie Sears, Roebuck & Co. in Chicago, Illinois *(Abb. 38),* und die Hodgson Company in Dover, Massachusetts, boten in ihren Katalogen – die auch in Europa zirkulierten – komplett aus Fertigteilen zu errichtende Häuser verschiedener Größen und Typen zu günstigem Preis an. Man konnte den Bausatz, montagefertig, frei Bauplatz bestellen und hatte dann nur noch für das Fundament zu sorgen, um in

ILLUSTRATION OF THE PLAN OF ONE OF OUR FRAME HOUSES FOR $2,065.00

This illustration and the illustrations on the following pages show our plans on one of our frame houses for $2,065.00. Naturally the plans are reduced in size, but they give you an idea of the detail and perfection of our actual plans.

Compare the building plans shown on this and the following pages with the plans usually furnished by architects who charge all the way from $100.00 to $150.00 per plan. Note how much more complete, how much better drawn and how much plainer and easier to understand our building plans are compared with the average building plans. Our plans are correct in every respect, they are accurately drawn to the scale of ¼ inch to the foot, the most convenient size for carpenters to build from. Please do not overlook the great amount of attention we have given to the small details, which as a rule are entirely overlooked by the average architect. Carefully look over every one of the plans shown on pages 16 to 23, which include every plan necessary to complete a high class house. These plans, which we furnish you in the form of blue prints drawn to the scale of ¼ inch to the foot, consist of the following, as shown below:

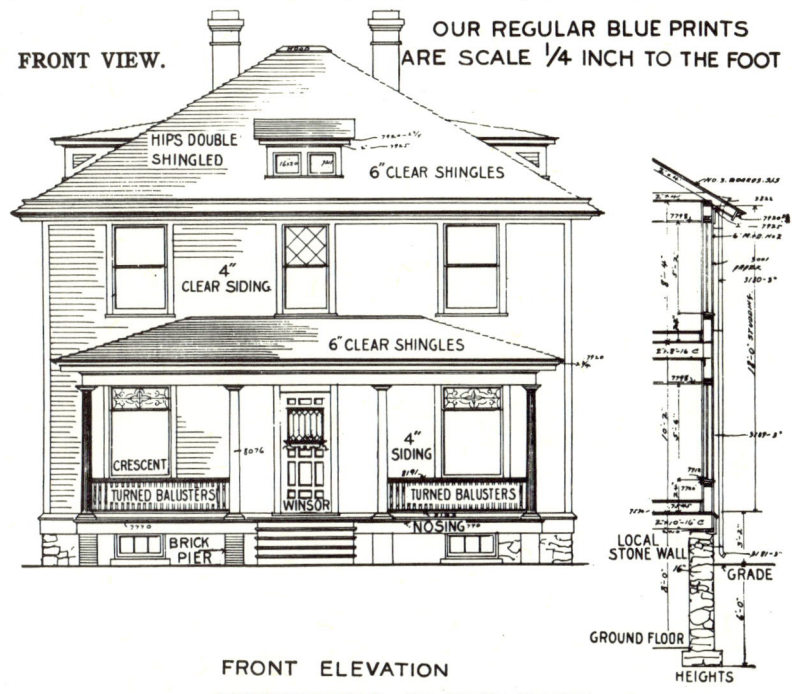

FRONT ELEVATION
MODERN HOME No. 102, PRICE, $2,065.00

Plans (Reduced Illustration of Blue Prints) for Modern Home No. 102. See perspective view on page 12.

1. Front Elevation (shown on this page).
2. Right Side Elevation (shown on page 17).
3. Left Side Elevation (shown on page 17).
4. Rear Elevation (shown on page 17).
5. First Floor Plan (shown on page 19).
6. Second Floor Plan (shown on page 20).
7. Basement Plan (shown on page 21).
8. Longitudinal Sec. View (shown on page 18).
9. Detail Drawings of Material (shown on pages 22 and 23).

On pages 22 and 23 we show a reduced reproduction of one of our detail drawings for Modern Home No. 102, which fully illustrates all details. If you are in doubt about the quality or reliability of our plans, be sure to refer to this page and compare the work shown thereon with the plans furnished by other concerns. All our plans are made by the best architects in the country.

Abb. 38 »Häuser per Post«: Verkaufsprospekt der Firma Sears, Roebuck & Co., Chicago, Ill., 1908

Windeseile das neue Eigenheim daraufzusetzen. Unglücklicherweise war die AEG nicht so leicht von den Vorzügen des Programms zu überzeugen, das der junge Architekt ihr da unterbreitete. Sein Vorschlag, mochte er auch zunächst mit Wohlwollen aufgenommen worden sein, verfiel der Ablehnung, zu sehr lag wohl das Programm außerhalb der Unternehmensinteressen und zu dubios war es wohl als Ganzes, um als lohnendes Investitionsvorhaben zu locken. Für Walter Gropius selbst hingegen war dieses Programm eine wichtige erste Zusammenfassung seiner noch unfertigen Vorstellungen von einem neuen Konzept des Wohnungsbaus für seine Zeit. Es sollte ihm zwar nicht so rasch Gelegenheit zur Entwicklung von Siedlungsprojekten größeren Umfangs geboten sein, doch diese frühe Beschäftigung mit dem Thema sollte sich als eine wertvolle Grundlage für seine spätere Arbeit erweisen.

Das Jahr 1910 bescherte Walter Gropius zudem noch einen weiteren Kontakt mit den Vereinigten Staaten, diesmal aber einen künstlerischen, der ihn unmittelbar berührte. Unter der Schirmherrschaft der Akademie der Künste wurde am Pariser Platz beim Brandenburger Tor eine Ausstellung von einhundert Zeichnungen der Arbeiten Frank Lloyd Wrights gezeigt, und der große amerikanische Architekt kam selbst als Gast nach Berlin. Gleichzeitig erschien auch die erste deutsche Publikation über sein Werk.[116] Die Mutter hatte Walter Gropius zuvor schon mit Zeitschriftenaufsätzen bedacht, in denen Abbildungen der Bauten und Entwürfe Frank Lloyd Wrights enthalten waren, die den Sohn geradezu faszinierten. So hatte sie nun nicht viel Mühe, sein Interesse an der Ausstellung wie an dem Bildband zu wecken. Zusammen mit der Mutter besuchte Walter Gropius die Ausstellung und nahm Eindrücke mit, die er sich sein Leben lang bewahrte. Bei späteren Anlässen kam er gelegentlich auf die Ausstellung wie auf den Bildband zu sprechen und hob dabei stets hervor, daß diese bildliche Dokumentation des Werks von Frank Lloyd Wright für ihn selbst bedeutsam geworden sei, indem sie auf die Konzeption und Zielrichtung seiner zukünftigen Entwürfe eingewirkt habe.

Das eigene Architekturbüro

Im Frühjahr 1910 hatte Walter Gropius schließlich auch – dies war in der Tat ein für ihn ereignisreiches Jahr – einen Punkt erreicht, an dem er eine Entscheidung treffen mußte. Seit geraumer Zeit schon hatte ihn das Gefühl bewegt, daß er mit seiner Arbeit für Peter Behrens in ein Stadium eingetreten sei, über das er nicht mehr hinwegkommen könne; er sagte sich, wie er es später beschrieb, »es ist doch einfach lächerlich, hier im Büro herumzuhocken«. So traf er, noch bevor das Frühjahr zu Ende gegangen

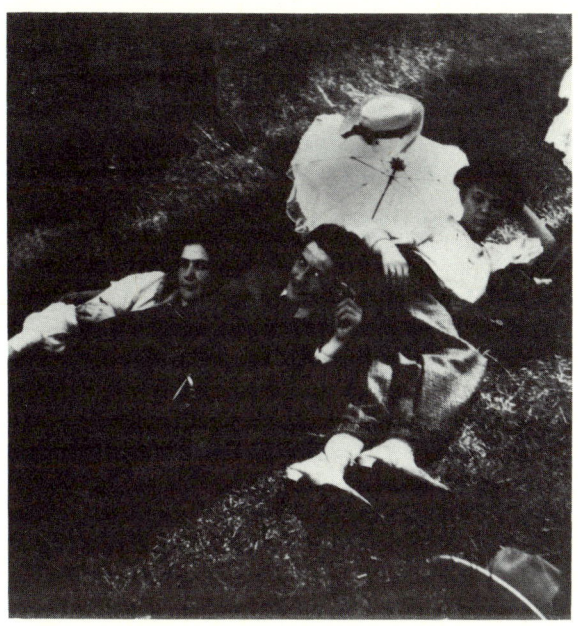

Abb. 39 W. Gropius als »Hahn im Korb«, Gut Janikow 1910

war, seine Entscheidung und schied bei Peter Behrens aus, um unverzüglich sein eigenes Büro zu eröffnen, das er zunächst in Neu-Babelsberg einrichtete und später nach Berlin verlegte. Mit Energie und Entschlossenheit ging er daran, sich als nunmehr selbständiger Architekt bekanntzumachen und die ersehnten Aufträge hereinzuholen. Hoffnungsvoll schrieb er Briefe um Briefe, wandte er sich an Dutzende von Firmen und Privatpersonen, von denen er gehört hatte oder annehmen durfte, daß sie bauen wollten.

Als Gefährten auf dem kühnen Weg in die Selbständigkeit nahm Walter Gropius einen weiteren Mitarbeiter aus dem Büro von Peter Behrens mit, den einstigen Absolventen der Düsseldorfer Kunstgewerbeschule Adolf Meyer, der sich in dieser Anfangszeit als ein hochbegabter zweiter Mann, die rechte Hand und der getreue Assistent, erwies. Die ausgezeichnete, allzeit bewährte und stets reibungslos funktionierende Zusammenarbeit der beiden Männer wie auch die beharrliche Art, in der Gropius auf Anerkennung des Anteils seines zwei Jahre älteren Mitarbeiters bestand, hat manche zu der Annahme verleitet, es habe sich um eine Partnerschaft zwischen Gleichgestellten gehandelt. Gropius hat dazu, in voller Anerkennung des Beitrags seines Mitarbeiters, später eindeutig erklärt, daß Adolf Meyer zu jener Zeit sein »Assistent mit vollem Gehalt« oder, schlichter gesagt, ein »bezahlter Angestellter« gewesen ist.

Die Familie und ihre Freunde unterstützten Walter Gropius selbstverständlich nach Kräften, überall verbreiteten sie die Kunde, daß hier ein begabter junger Architekt zur Verfügung stünde, als Baumeister bereits bewährt und bereit, neue Aufträge anzunehmen. In der Tat waren die angesehene Familie und die prominente Verwandtschaft für Walter Gropius ebenso von Nutzen wie die Bauten, die er 1906 in Pommern mit solchem Erfolg ausgeführt hatte – er und Meyer fanden sich bald mit Aufgaben in der gleichen Umgebung betraut *(Abb. 39)*. 1910–1911 hatten sie für Herrn Kleffel in Baumgarten, Kreis Karwitz, eine Stärkefabrik zu entwerfen, und Onkel Erich hatte ihnen Neu- und Umbauten auf Golzengut anvertraut. Weitere Aufträge für Wohnhäuser und Gutsgebäude folgten. Es bleibt freilich festzustellen, daß das neu eröffnete Büro in seiner ersten Phase nicht gerade überfordert war.

Alma Mahler – Erste Erfolge als Architekt

Im Frühsommer dieses Jahres 1910 fühlte Walter Gropius, daß er nach den Entscheidungen der letzten Monate und nach der turbulenten Zeit des Neuanfangs als selbständiger Architekt eine Ruhepause brauchte; zudem suchte er Erholung von den Nachwirkungen einer hartnäckigen Erkältung, die er lange mit sich herumgeschleppt hatte. So begab er sich zur Kur nach Tobelbad, einem kleinen Sanatorium in der Nähe von Toblach in Tirol.[117] Und dort, in Toblach, lernte er am 4. Juni 1910 Alma Mahler kennen; deren Arzt hatte die Wienerin und den Berliner miteinander bekanntgemacht. Alma, Tochter des Malers und Kunstlehrers Jakob Emil Schindler in Wien und damals einunddreißig Jahre alt, war die Gattin des fast zwanzig Jahre älteren Komponisten Gustav Mahler, mit dem sie schon den dritten Sommer in Toblach verbrachte; sie befand sich in Begleitung ihrer kleinen Tochter Anna, Gucki genannt. Alma hat zwar später behauptet, daß der junge Mann sich auf der Stelle in sie verliebt habe, doch die erhaltengebliebenen Briefe wie auch die nachfolgenden Ereignisse beweisen eindeutig, daß die sich anbahnende Beziehung aus einer beiderseits spontan empfundenen Zuneigung hervorgegangen ist. An jenem ersten gemeinsam verbrachten Abend unternahmen die zwei, der noch recht unerfahrene Siebenundzwanzigjährige und die vier Jahre ältere, welterfahrene Frau, nach dem Abendessen einen Spaziergang, ließen sich am Rand eines Baches nieder und unterhielten sich im Mondlicht unter freiem Himmel bis spät in die Nacht hinein.[118]

Alma kehrte nach diesem ersten Beisammensein nach Toblach zurück, wo Gustav Mahler an seiner Zehnten Symphonie arbeitete, und Walter blieb weiterhin in Tobelbad, doch von nun an gingen Liebesbriefe zwischen den beiden hin und her. Sie hatten zwar vereinbart, ihr Geheimnis zu wahren und sich die Briefe nur postlagernd zuzusenden, doch binnen kurzem war der Schleier der Verschwiegenheit zerrissen – durch Walter Gropius selbst, der einen an Alma gerichteten Brief direkt an Gustav Mahler adressierte. Die Geliebte mochte sich wohl in ihrer Verzweiflung noch an den Gedanken klammern, der Liebhaber würde diesen entlarvenden Brief nicht absichtlich dem Ehemann in die Hände gespielt haben, ihr Verdacht ließ sie viel eher das Gegenteil vermuten. Alma, in äußerster Sorge um ihres Mannes ohnedies angegriffene Gesundheit und gequält von dem Wissen um den Schmerz, den sie ihm mit ihrer Untreue zugefügt hatte, beklagte sich bei Walter: »*Ich habe mir gestern wieder 2 Briefe von Dir geholt. A. M. 40 – alles in Ordnung – nur verstehe ich den vorgestrigen Abend immer weniger. – Das Einzige – was mich glauben lassen könnte, daß Du die Adresse mit Absicht an Herrn G. Mahler geschrieben hast – ist der Passus in Deinem heutigen Brief:* ›*Hat Dein Mann noch nichts gemerkt? Schreibe mir alles aufrichtig, ich werde Dich immer recht verstehen!!*‹ *– Sonst aber müßte ich an Sinnesverwirrung denken u. ich thu es lieber... – Da es quasi durch Zufall herausgekommen ist u. nicht durch ein offenes Geständnis von meiner Seite – hat er jedes Vertrauen, jeden Glauben an mich verloren.*« Sie flehte den Geliebten an, daß er nicht nach Toblach kommen dürfe, daß er ihr aber weiterhin Briefe schreiben und postlagernd zusenden solle: »*Mit fieberhafter Sehnsucht erwarte ich Deinen Brief, worin Du mich aufklären mußt.*« Und offenbar dachte sie nicht daran, Schluß zu machen und sich von ihm loszusagen – »*Ich hoffe darauf, daß Du irgendetwas zu Deiner u. meiner Rettung sagen kannst.*«[119] Die Antwort von Walter Gropius folgte auf dem Fuß, sie war kurz und bündig, schien aber Betroffenheit auszudrücken: »*Dein Brief macht mir grausige Angst um Euch. Keine Tragödie! Ich werde irrsinnig, wenn Du mich nicht rufst, ich will mich selbst vor Euch rechtfertigen und das Rätsel lösen zu helfen.*«[120]

Walter Gropius kam nach Toblach. Und nach der Darstellung, die Alma Mahler später in ihrer Autobiographie gab, kam er unerwartet und ohne vorherige Ankündigung: »*Es war während einer Fahrt durch den Ort, daß ich Walter Gropius sah, wie er sich unter einer Brücke versteckte...*«

Gustav Mahler habe sich, nachdem sie ihm ihre Geschichte von dem fremden jungen Mann erzählt hatte, den sie da im Dorf sah und der sie an den Walther von Stoltzing in Richard Wagners »Meistersingern« erinnerte, auf die Suche gemacht, Walter Gropius tatsächlich gefunden und mit nach Hause gebracht. Walter habe danach wohl den großen alten Mann mit allem Respekt und in aller Form gebeten, sich von seiner jungen Frau scheiden zu lassen, damit er sie in Ehren zu seiner Frau machen könne. Gustav Mahler habe Alma jedenfalls vor die Wahl gestellt, und sie habe sich entschlossen, bei ihm zu bleiben; am nächsten Morgen habe sie Walter Gropius auf den Zug gesetzt, woraufhin er ihr während der ganzen Rückreise von jedem Aufenthalt flehentliche Telegramme und Briefe sandte.[121]

Tatsache ist, daß Walter Gropius sich vor seiner Abreise aus Toblach mit einem Brief noch einmal an Gustav Mahler selbst wandte: »*Wir hatten uns leider eben ja nur so wenig zu sagen – es schmerzt mich, daß ich Ihnen nur wehe tun kann.*
Lassen Sie mich Ihnen wenigstens noch danken für die Noblesse, mit der Sie mir entgegenkamen, und Ihnen ein letztes mal die Hand drücken.«[122]

Die beiden Liebenden blieben, auch wenn sie das vor Gustav Mahler abstritten, weiterhin miteinander in Verbindung. Kurz nach der Trennung schrieb Alma an Walter – das Ehepaar war inzwischen wieder nach Wien zurückgekehrt –, daß sich Gustav Mahler in seinem Verhalten ihr gegenüber völlig verändert habe; er, der stets so übermäßig von seiner Tätigkeit als Dirigent in Anspruch genommen war und seiner jungen Frau vordem so wenig Beachtung geschenkt habe, überschütte sie jetzt fieberhaft mit Bekundungen seines wiedererwachten Interesses an ihr. So fand sie sich nun in der Zwickmühle, hin- und hergerissen in ihren Empfindungen für den Gatten wie für den Liebhaber, und sie drang in Walter, daß er seine Einstellung ihr gegenüber noch einmal klarmache: »*Ich bin nun gezwungen, mich zu entscheiden. –*
Ich erlebe etwas an meiner Seite, das ich nicht für möglich gehalten hätte. Nämlich, daß Liebe so grenzenlos ist, – daß mein Bleiben – trotz allem, was geschehen ist – ihm Leben – und mein Scheiden – ihm – Tod sein wird...
Gustav ist wie ein krankes, herrliches Kind.« Und dann wollte sie von ihm wissen, wie er sich ihrer beider Zukunft vorstelle: »*wie Du es einrichten würdest – was mit mir geschehen würde – wenn ich mich für das Liebesleben mit Dir entscheide. Ach – wenn ich daran denke – mein Walter, daß ich Deine starke Liebe für mein ganzes Leben nicht mehr haben sollte –! Ach Du –...*
hilf mir – ich weiß nicht, was ich thun soll – wozu ich das Recht habe –«[123]

Offenbar war sie sich der Aufrichtigkeit seiner Gefühle doch nicht so sicher, wollte sie ihn immer wieder seine Liebe beteuern hören.

Die Erfahrung mit Walters falsch adressiertem Unglücksbrief, der eine solche Kettenreaktion auslöste, hatte Alma übervorsichtig gemacht, was die Verständigung zwischen ihnen und den Umgang miteinander anbelangte. In vielen Briefen ermahnte sie ihn zu Vorsichtsmaßregeln, die der Geheimhaltung ihres Briefwechsels und ihrer Zusammenkünfte dienen sollten: Briefe, die postlagernd mit bestimmter Kennzeichnung an bestimmte Postämter zu richten waren, Briefe, die sie auf dem Umweg über ihre verständnisvoll duldsame und verschwiegene Mutter erreichen konnten, Verabredungen an unauffälligen Treffpunkten zu Stunden des Beisammenseins, die sorgfältig auf Gustav Mahlers Konzertreisen und Probentermine abgestimmt waren, verschlüsselte Tarnbezeichnungen für Zugverbindungen und Hotels, und nicht zuletzt das Rezept, sich »immer ›dumm‹ zu stellen, falls das Gespräch irgendwo auf uns kommt«. Die Verständigung konnte gelegentlich auch, wie die Korrespondenz belegt, durch Telegramme geschehen, doch niemals

Abb. 40 Alma Mahler, geb. Schindler, etwa 1910

ist von Telefongesprächen die Rede; sie erschienen wohl zu gefährlich oder möglicherweise verfänglich.

Alma *(Abb. 40)* hatte inzwischen einsehen müssen, daß ihre Liebe mehr als nur eine Episode, ein kurzes Intermezzo im Frühling, gewesen war – der Sommer schien sich für die beiden Liebenden, die unter der Trennung litten, endlos in die Länge zu ziehen. Linderung ihrer Qualen brachte da einzig der Briefwechsel. Gelegentlich schlichen sich im Überschwang der Gefühle gar höhere Gedanken ein; so flocht Walter Anfang Juli in einem Brief eine kryptische Notiz über die »Notwendigkeit der Religiosität zur Erschaffung großer Kunstwerke« ein, auf die Alma wenige Tage später mit der Feststellung antwortete, daß Gustav Mahler gewiß der gleichen Überzeugung sei. Alma sprach von ihrem Wunsch, Walters Mutter kennenzulernen, und versicherte ihn wieder und wieder ihrer Liebe: sie »ist, was in meinem Leben gesund ist«.[124]

Walter kam schließlich auch zu einem kurzen Besuch nach Wien, wo er sich heimlich mit Alma traf. An Almas Mutter, die ihm ob seiner Zuneigung zu ihrer Tochter äußerst wohlgesonnen war, sandte er zum Abschied einen Dankesgruß: »*Meine kurze Pause hier habe ich dem Stefansdom gewidmet, er erschien mir der einzig würdige Raum für meine ernsten Gedanken. Nun bin ich etwas ruhiger und kann wieder atmen... Meine Mutter konnte mich nicht liebevoller von sich lassen.*«[125]

Gustav Mahler selbst mochte wohl wenig Ruhe und inneren Frieden finden in diesen Tagen. Zu lange war er der bejubelte Maestro des Opernpublikums, der umworbene Mittelpunkt der Salons und der vergötterte Heros der Weiblichkeit gewesen, als daß er den Verlust der ungeteilten Zuwendung seiner jungen Frau hätte verstehen können. Wenn er sich in diesem Sommer einmal von Toblach entfernen mußte, um seinen Verpflichtungen als Dirigent nachzukommen, deckte er Alma beinahe stündlich mit Telegrammen, Briefen, Blumen, Geschenken ein. Alma ihrerseits wußte sich diese überwältigenden Aufmerksamkeiten nicht anders zu deuten denn als Symptome einer sich anbahnenden Geisteskrankheit, »denn diese abgöttische Liebe und Verehrung, die er mir jetzt zollt, ist kaum mehr normal zu nennen.« In den Briefen suchte Alma zuweilen ihre Liebe zu ergründen und stieß auf psychische wie physische Komponenten, entdeckte (hätte es den Begriff damals schon gegeben) psychosomatische Zusammenhänge. Sie empfand diese Liebesbeziehung, die seltenen verstohlenen Zusammenkünfte, das leidenschaftliche Beisammensein als unerläßlich für ihr körperliches Wohlergehen, als notwendigen Ausgleich für die unerfüllt gebliebene Ehe der jungen Frau mit dem zwanzig Jahre älteren Mann, der zudem so ganz in seiner Arbeit aufging und sie so häufig alleinließ. »*Ich glaube an meinem Organismus bemerkt zu haben, daß für das Herz und alle anderen Organe – nichts schlechter ist – als erzwungene Askese. – Ich meine nicht nur die Sinnenlust damit, deren Entbehren mich vorzeitig fast zur weltfremden – resignirten, alten Frau gemacht haben, sondern auch das fortwährende Ruhen für meinen Körper... Jetzt liege ich im Bett... und ich bin bei Dir, so intensif, dass Du mich fühlen mußt. – Ich habe immer eine große Freude an Dir. Deine edle Art läßt Dich Gustav so wohl verstehen und schätzen und da Du bar aller Kleinheit bist, sagst Du es mir so frei.«*[126]

Mit der Zeit sprachen Almas Briefe immer unverhohlener von erotischen Empfindungen und Sehnsüchten. Als sie den Geliebten in Berlin von ihrer bevorstehenden Reise mit Gustav Mahler nach München unterrichtete und verlangte, daß er sie dort treffen sollte, konnte er nicht widerstehen. Sie hatte ihm geschrieben: »*Wann wird die Zeit kommen, wo Du nackt an meinem Leib liegst, wo uns nichts trennen kann – als höchstens der Schlaf?... Ich weiß, daß ich nur für die Zeit lebe, wenn ich ganz und gar die Deine werden kann...*«

Und folgerichtig hatte sie dann auch unterzeichnet: »Dein Weib«.[127] Sie trafen sich in München, sie mußten sich wieder trennen, und weiter folgte Brief auf Brief. Die Trennung steigerte nur Sehnsucht und Verlangen. »*Mein Walter – von Dir will ich ein Kind – und will es hegen und pflegen – bis der Tag erscheint, an dem wir ohne Reue mit Sicherheit und Ruhe – uns lächelnd und für immer in die Arme sinken. Schreibe mir, Walter – ob das heute Dein Wunsch noch eben so stark ist, wie vor einem Monat.*«[128]

Walter Gropius antwortete auf Alma Mahlers Briefe in ähnlicher Weise. Etliche seiner Briefe lassen freilich den Verdacht aufkommen, daß er sie zunächst im Konzept durcharbeitete, bevor er dann die Reinschrift zu Papier brachte und der Post anvertraute. Dieser Eindruck ergibt sich aus dem gemesseneren, getragenen Ton und der zuweilen gespreizten oder gar pathetischen Ausdrucksweise solcher Briefe – möglicherweise schlägt sich darin aber auch nur eine natürliche Abwehrreaktion gegen das Übermaß der Gefühle nieder, das da auf ihn eindrang: »*Mein Lebensglück, zum erstenmale saß ich wieder über meine Denkmalsarbeit versunken – da kam Dein Brief! Auf den Knien bin ich vor Dir gelegen, Du Wahrheit, und habe dankerfüllt zu Dir aufgeschaut... Du gabst dem Lebensdocht neue Nahrung – junges, schöneres Leben seh ich aus unseren Schmerzen erblühn; der Genesene segnet die Krankheit und geht beherzter, furchtloser ins Leben zurück... was wir zusammen erleben, ist das allergrößte, höchste, was Menschenseelen begegnen kann. Eine Feierlichkeit ist in mir, Bewegungen, Handlungen, Worte werden getragener; muß ich nicht zum pater ecstaticus werden an Deiner Seite, die Du, um Deiner Mission zu folgen, übermenschliche Opfer bringst, ohne zu klagen. Meine Alma, Gott schütze Dich, daß Du Deine schweren Leiden erträgst und ein gesunder Mensch bleibst.*«[129]

Alma dachte wieder an ihr letztes Zusammensein in München zurück und ließ Walter wissen, wie gern sie sich an ihn erinnere, wie er am Eingang des Hotels Regina auf sie gewartet hatte, wenn sie sich dort heimlich trafen zu den Stunden, da Gustav Mahler durch seine Orchesterproben in Anspruch genommen war. Sie hatte ihn auch schon darauf vorbereitet, daß eine weitaus längere Trennung bevorstünde. Gustav Mahler bestand darauf, daß ihn seine Frau, da er nicht einen Tag mehr ohne sie leben könne, nach New York begleite, wo er – nachdem er 1907 wegen seines Gesundheitszustandes von der Leitung der Wiener Hofoper hatte zurücktreten müssen – nunmehr im dritten Jahr als Dirigent der Metropolitan Opera und des Philharmonic Orchestra wirkte. Mit äußerstem Trotz und präzisester Überlegung gelang es den Liebenden dann doch, dem Schicksal noch eine kurze Zeit des Zusammenseins abzuringen. Das Ehepaar Mahler wollte von Frankreich aus die Schiffsreise nach New York antreten, und die Anreise bot die Möglichkeit, die Alma sofort nutzte – die Gelegenheit beim Schopfe ergreifend, versäumte sie doch nicht, das Treffen genauestens zu planen und die nötigen Sicherheitsvorkehrungen zu beachten: *»Rendezvous wäre München... Ich reise Freitag den 14ten October um 11.55 vormittags mit dem Orientexpress von hier ab.*

Mein Coupée-Bett No. 13 – ist im IIten Wagon-Schlafwagen. Ich war noch nicht in der Stadt und weiß noch Deine Antwort nicht – Ich schreibe hoffend ins Blaue hinein. – Ich würde dir rathen – (wenn Du fährst) Dein Schlafwagenbillet auf den Namen Walter Grote *aus Berlin ausstellen zu lassen – da G. 2 Tage später fährt u. sich vielleicht die Liste zeigen läßt. Baldigste Antwort A. M. 50.«*[130]

Walter Gropius wartete in München am Bahnsteig auf den Orient-Express und stieg zu; gemeinsam verbrachten sie auf der Fahrt nach Paris hingerissen Stunden voller Glückseligkeit, denen sich in den nachfolgenden Tagen in Paris noch einige heimliche Begegnungen anschlossen.

Schließlich trat Alma mit Gustav Mahler die Reise in die Neue Welt an, doch kaum in New York angekommen, sandte sie dem Geliebten schon wieder den ersten Brief über den Ozean. Sie schwor ihm ihre Treue und forderte die seine, sie ließ ihn freimütig ihr Verlangen spüren. *»Vergeude nicht Deine liebe Jugend, die* mir *gehört. – Mir ward ganz schwindlig, als ich das wieder sah und fühlte, was mich so unendlich und allein glücklich gemacht hat. Ich liebe Dich! So sicher, so legitim, möchte ich sagen – so als ob ich Dein* Weib *sei – verreist sei – und eben – auf Dich wartete... Halte Dich gesund für mich. – Du weißt warum.«*[131] Walters Briefe ließen nicht auf sich warten, Alma konnte sie in New York am Postschalter abholen. Fast ekstatisch antwortete sie ihm und beschwor noch einmal die seligen Stunden auf dem Orient-Express und in Paris herauf: *»Die Tage in Paris – entzückend – voll ungetrübter Stimmung. Noch nie war ein Mißklang in unserer Liebe – nur daß Du armer Kerl so lang immer auf mich warten mußtest. Das war mir schrecklich! Ich war immer unter Menschen und konnte sowenig mit meinem Menschen sein!«* Ihre Sinne kehrten zu den leidenschaftlichen Umarmungen zurück – *»Du schwebst gleich einer Lichtgestalt vor mir – schönster Jüngling*

– und bestimst meine Handlungen.«[132] Ihr Gefühl wandelte sich zu wahrhafter Anbetung, wenn sie sich im Geiste ihre nächste Begegnung ausmalte: *»Wann werde ich sie physisch wieder vor mir haben! Wann! werde ich Dich wieder so sehen, wie ein Gott – denn nur ein solcher kann so etwas zustande bringen – Dich erschaffen hat. Deine ganze Schöne will ich in mich aufnehmen. Unser beider Vollendetes muß einen Halbgott erstehen lassen.«*[133]

Doch die Trennung lastete schwer auf den Liebenden. Almas Mutter, in das Geheimnis eingeweiht und voller Mitgefühl, verfolgte ihr Los mit größter Anteilnahme. In einem Brief, den sie in den gleichen Tagen an Walter Gropius schrieb, ließ sie deutlich erkennen, daß sie in ihm mehr als nur einen zufälligen Freund ihrer Tochter sah: *»Es ist ja das traurige, daß man selbst jetzt garnichts tun kann, – man muß alles der Zeit überlassen und ich glaube fest, daß bei Euch Beiden Eure Liebe alles überdauern wird. Ich habe so unbegrenztes Vertrauen zu Ihnen und bin fest überzeugt, Sie haben mein Kind so lieb, daß Sie alles tun werden, um sie nicht noch unglücklicher zu machen.«*[134]

Das Fagus-Werk

Die Briefe, die zwischen Alma Mahler und Walter Gropius hin- und hergingen, wurden bald seltener und ließen länger auf sich warten. Äußere Gründe dafür gab es genug. Alma konnte sich im fernen New York nicht so leicht den Aufgaben entziehen, die ihr das Leben mit Gustav Mahler und dessen berufliche Inanspruchnahme auferlegten, zudem mußte sie mit größter Vorsicht zu Werke gehen, um Briefe oder Telegramme aufzugeben und in Empfang zu nehmen, ohne Verdacht zu wecken; schließlich brauchte auch die Post auf dem Weg über den Atlantik ihre Zeit.

Walter Gropius war damit erst einmal eine Atempause gegönnt, er konnte etwas Abstand gewinnen vom Erlebnis dieses Sommers und sich wieder mehr seinen beruflichen Aufgaben zuwenden; dies war um so dringender erforderlich, als sich sein Büro bis zu dieser Zeit noch in keiner Weise hervorgetan hatte.

Die »Denkmalsarbeit«, aus der ihn, wie er am 21. September schrieb, ein neuer Brief von Alma herausgerissen hatte, war zunächst zu Ende zu bringen. Sein Wettbewerbsentwurf für das Bismarck-Nationaldenkmal bei Bingen *(Abb. 41)*, den er schließlich zusammen mit Adolf Meyer fertigstellte und einreichte, sah eine wuchtige, schwer lastende Anlage vor: ein kräftiger, wie eine Schildmauer vorgelagerter Querbau als Zugang, dahinter ein langgestreckter, von Säulenhallen eingefaßter Ehrenhof, als triumphaler Abschluß das von zwei mächtigen, pylonhaft gebildeten Türmen flankierte und mit einem Pfeilerumgang zum Rheintal hin geöffnete Halbrund am äußersten Vorsprung des felsigen Abhangs. Sein Mühen sollte ihm leider keinen Lorbeer bringen, der Entwurf errang noch nicht einmal eine lobende Erwähnung.[135]

Der wichtigste Auftrag, den das Büro Gropius in dieser Zeit erhielt, schien zunächst nur von seinem Umfang her bedeutsam zu sein. Es ging um die Errichtung eines Fabrikgebäudes für die unter dem Markennamen »Fagus« bekannte Schuhleistenfabrik Carl Benscheidt in Alfeld an der Leine. Den ersten Schritt hatte Walter Gropius selbst getan, als er sich am 7. Dezember 1910 mit einem Brief an den Firmeninhaber wandte, in dem er sein Interesse an diesem Auftrag zum Ausdruck brachte; zugleich konnte er als persönlichen Bürgen einen Verwandten in Alfeld benennen, den Landrat Max Burchard.

Carl Benscheidt war ein fortschrittlicher Unternehmer, der stets um ein gutes Verhältnis zu seinen Angestellten und Arbeitern und um menschenwürdige Arbeitsbedingungen bemüht war. Offensichtlich hatte er in dem Brief des ihm unbekannten jungen Architekten etwas gelesen oder doch verspürt, das verwandte Saiten in ihm anklingen ließ – er sah plötzlich die Möglichkeit vor sich, mit dessen Hilfe seine eigenen Vorstellungen verwirklichen zu können.[136] In dieser Einschätzung wurde Carl Benscheidt nachträglich bestärkt durch einen Vortrag von Walter Gropius, den er im April 1911 hörte und der ihn besonders durch die Berücksichtigung sozialer Belange beeindruckte.

Der Vortrag am 10. April war durch die Initiative von Karl Ernst Osthaus zustandegekommen, mit dem Benscheidt wie Gropius befreundet waren und der letzterem schon zuvor seine Förderung hatte angedeihen lassen; Veranstaltungsort war das von Osthaus geleitete Folkwang-Museum in Hagen in Westfalen. Es mochte im Rahmen der Themenstellung wie beiläufig erscheinen, daß Walter Gropius hier in seiner ersten Rede vor einem größeren Publikum öffentlich seine eigenen Gedanken zu den sozialen Aspekten des Bauens aussprach; der Schein trog. »Monumentale Kunst und Industriebau« lautete das Thema, und in diesem Zusammenhang hob der junge Architekt nun gerade die zweckentsprechende Leistung in Entwurf und Konstruktion hervor, wie sie sich an Getreideförderanlagen und Silos in den Vereinigten Staaten erwiesen. Mochten schon seine Gedanken über den Entwurf einen neuen Ton in der Diskussion anklingen lassen, so waren in noch stärkerem Maße seine Ausführungen über Arbeitsumwelt und Arbeitsplatzbeschaffenheit wahrhaft zukunftweisend: »*DER ARBEIT müssen Paläste errichtet werden, die dem Fabrikarbeiter, dem Sklaven der modernen Industriearbeit, nicht nur Licht, Luft und Reinlichkeit geben, sondern ihn noch etwas spüren lassen von der Würde der gemeinsamen großen Idee, die das Ganze treibt. Erst dann kann der einzelne Persönliches dem unpersönlichen Gedanken unterordnen, ohne die Freude*

Abb. 41 W. Gropius und A. Meyer: Entwurf zum Bismarck-Denkmal bei Bingen, September 1910

am Mitschaffen großer gemeinsamer Werte zu verlieren, die früher dem Machtbereich des Individuums unerreichbar waren. Dieses Bewußtsein, im einzelnen Arbeiter geweckt, könnte vielleicht eine soziale Katastrophe, die bei der Gärung des heutigen Wirtschaftslebens ja täglich droht, vermeiden. Weitsichtige Organisatoren haben es längst erkannt, daß mit der Zufriedenheit des einzelnen Arbeiters aber auch der Arbeitsgeist wächst und folglich die Leistungsfähigkeit des Betriebes. Der subtil rechnende Herr der Fabrik wird sich alle Mittel zunutze machen, die die ertötende Eintönigkeit der Fabrikarbeit beleben und den Zwang der Arbeit mildern könnten.«[137]

In der ersten Februarwoche dieses Jahres 1911 kamen Carl Benscheidt und Walter Gropius zusammen, und es dauerte nicht lange, bis sich Bauherr und Architekt über den neuen Entwurf für das Faguswerk einig waren. Mit den Bauarbeiten für das Fabrikgebäude war bereits begonnen worden, dem Unternehmer lagen die von dem Architekten Eduard Werner stammenden Unterlagen nahezu fertig vor: Lageplan, Stockwerkgrundrisse, Vorentwürfe für die Bauausführung. Vorgesehen war danach eine Fabrikationsanlage herkömmlicher Art, mit kaum einer Spur von ästhetischen Ambitionen. Benscheidt hatte zunächst nur gemeint, daß sich der geplante Neubau durch den Entwurf einer wohlgestalteten Fassade verbessern ließe. Mit einem solchen Entwurf beauftragte er daher Walter Gropius, der somit erst zu dem Bau hinzugezogen wurde, nachdem die Fundamente bereits fertiggestellt waren. Danach aber gelang es dem Architekten, in einer geduldigen, behutsam geführten Auseinandersetzung seinen Bauherrn davon zu überzeugen, daß er ihm, von dem bestehenden Fundament abgesehen, ganz und gar freie Hand lassen müsse. So konnte endlich, über vorgegebenem Grundriß, sein eigener Fabrikneubau aufgeführt werden. Ein hilfreich von einer Firma in den Vereinigten Staaten, der United Shoe Machinery Corporation, gewährtes Darlehen trug zur Finanzierung bei, so daß die Neubauten – neben dem Werksgebäude entstand außerdem ein Lagerhaus – noch vor Jahresende fertiggestellt waren.[138]

Die ›Neuartigkeit‹ dieses Fabrikgebäudes in Alfeld *(Abb. 42)* lag nicht zuletzt auch in seiner entschiedenen Abkehr von dem vorherrschenden Eklektizismus, mit dem Walter Gropius aufräumen wollte. Doch das schmälert in keiner Weise den Eigenwert der kühnen Konstruktion, die sich im Außenbau darstellt als eine weitflächige, freien Ein- und Ausblick gewährende gläserne Wand, die abschnittsweise zwischen den schmalen Streben der pfeilerartig aufgemauerten äußeren Abschlüsse der tragenden Wände des Inneren aufgehängt ist. Das Faguswerk rief von Anfang an kritische Stellungnahmen von allen Seiten hervor, wobei die weitaus größere Zahl der Kommentare den Bau im rechten Licht zu sehen und zu würdigen wußte. Carl Benscheidt war außerordentlich glücklich über das Resultat, ebenso wie seine Angestellten und Arbeiter. Es war ein wahrhaft

Abb. 42 W. Gropius und A. Meyer: Das Fagus-Werk in Alfeld, 1910–11

Abb. 43 W. Gropius: Haus v. Arnim in Falkenhagen, 1911

erfolgreicher Anfang für den jungen Architekten und seinen Mitarbeiter Adolf Meyer.

Das Faguswerk war zwar die charakteristischste Arbeit des Gropiusschen Büros aus dieser Zeit, und es wurde auch die bekannteste, doch es blieb durchaus nicht der einzige Auftrag, den das junge Team erhielt. In dem gleichen Jahr 1911 fielen noch andere, kleinere Aufgaben an, vorwiegend Entwürfe zu Wohnhäusern. Was an Projekten dieser Art aus dem Büro hervorging, zeigte kaum Ansätze zu irgendwelchen Neuerungen, es waren vielmehr herkömmliche Lösungen, eklektisch und ohne besondere eigene Merkmale, meist dem Geschmack und den Wünschen des Auftraggebers folgend *(Abb. 43).*

Der Tod Gustav Mahlers – und eine Entfremdung

Der Briefwechsel zwischen Alma Mahler und Walter Gropius hatte zwar etwas an Intensität eingebüßt, er war aber beileibe nicht abgerissen. Anfang Februar 1911 hatte Alma noch geschrieben, sie hoffe, daß sie gegen Ende März aus den Vereinigten Staaten zurückkehren könnten, doch das Schicksal wollte es anders.

Am 11. März ließ Alma wissen, daß Gustav Mahler bereits seit drei Wochen krank sei; diese Nachricht, bat sie Walter Gropius, möge er aber für sich behalten. Vierzehn Tage später schrieb ihm Alma erneut einen Brief. »Mein Geliebter«, redete sie ihn an, und mit »Deine Braut« unterzeichnete sie. Sie teilte ihm mit, daß Gustav Mahler, der seit nunmehr fünf Wochen krank darniederliege, an einer Endokarditis leide. Diese Mitteilung ließ wohl auch Walter Gropius die Schwere der Erkrankung erkennen, war der Komponist doch ohnedies mit einem Herzleiden behaftet – drei Jahre zuvor hatte der Arzt bei ihm einen ererbten doppelten Herzklappenfehler festgestellt. Die letzten zwölf Tage, berichtete Alma, seien wahrhaft zermürbend gewesen: »*Zu meinem größten Staunen konnte ich Unmenschliches leisten. Ich war buchstäblich 12 Tage nicht aus den Kleidern – und war nurse – Mutter – Hausfrau – alles – und über allem voll von Leid – Angst u. Sorgen.*« Und zum Schluß setzte sie, fast flehentlich hinzu: »*Momentan ist meine Empfindung erstarrt – aber ich weiß, wenn ich Dich sehe, wird alles in mir aufleben – aufblühen. Liebe mich!... mit den Empfindungen, die mich so überglücklich gemacht haben. Ich* will *Dich!!! Aber Du?? – Du – auch – mich?*«[139]

Acht Wochen zuvor, in der vorletzten Januarwoche 1911, war Walter Gropius seinerseits in Berlin mit der Kunst Gustav Mahlers in Berührung gekommen, und das Erlebnis der Musik des Komponisten hatte offenbar eine überwältigende Wirkung auf ihn gehabt, denn unverzüglich danach setzte er sich zu Hause an den Schreibtisch und berichtete Alma in New York davon: »*Ich komme aus Gustavs 7. – erschöpft – aufgewühlt. Höre meine Eindrücke, denn ich fühle das* Bedürfnis, *mich zu Dir auszusprechen. Mir ist wirr zu Mute, wie einem, der sich festklammern mußte, um nicht aus seiner Bahn geworfen, von seinen Idealen fortgelockt zu werden, wie einem, der staunend ein fremdes Land betritt. Freilich erfaßte ich den Stil, seine vollkommene Originalität schnell wieder, aber damals in München kreutzten sich zu viele Ströme von Empfindungen in meiner Brust, als daß mir der Verstand auch zu bewußtem Erkennen verholfen hätte. Es war mir heute alles neu und seltsam – ein fremder, ferner Titan hat mich geschüttelt, mich mit seinem kolossalischen Impuls mit fortgerissen, alle Register des Herzens berührt vom Dämonischen bis zu rührender Kindereinfalt. Das arglose Aufstreben, das einsame Gottsuchen in diesem Werk hat mich ergriffen..., aber – ich fürchtete mich vor dieser fremden Stärke, denn meine Kunst wächst in anderem Boden auf.*« Und der damit beschriebene – oder umschriebene – Zustand seiner Gedanken und Gefühle mag Alma wohl doch beunruhigt haben, als er mit der kryptischen Bemerkung schloß: »*Mir ist an diesem Abend abermals wichtiges klar geworden über Gustav und Dich und – mich, davon Auge in Auge, Du bist ein reiner Engel.*«[140]

Gustav Mahlers Gesundheitszustand besserte sich schließlich wenigstens so weit, daß der Arzt ihn veranlaßte, nach Paris zu reisen, wo man ihn durch eine Spezialbehandlung noch zu retten hoffte. Mit dem Schiff reiste das Ehepaar von New York nach Frankreich zurück, und der Schwerkranke begab sich in eine Klinik in Neuilly. Von dort schrieb Alma am 30. April und am 1. Mai wieder an Walter Gropius und bat ihn, zu ihr zu kommen, da sie annahm, sie würden geraume Zeit in Frankreich bleiben müssen. Mit Schmerz betrachtete sie Mahlers Leiden: »Solch ein vornehmer Mensch ist niedergestreckt.« Sein Zustand verschlechterte sich indes zusehends, für Alma war es eine Zeit »des Elends«. Sie sehnte sich, schrieb sie, nach Walters »warmen, sanften, lieben Händen«. In einem weiteren Brief, der wohl auch aus der ersten oder zweiten Woche des Mai 1911 stammt, dankte Alma für Walters Telegramm und sein Bild, das sie in ihrem Zimmer versteckt aufbewahrte, sie schloß flehentlich mit der Bitte: »starkes, liebes Wesen – halte mich – ich küsse Deine Hände als Deine Geliebte, Alma«. Und er möge ihr doch seine Briefe unter dem Pseudonym Anna Moll zusenden, dem Namen ihrer Mutter. In Neuilly aber erkannte man, daß alles menschliche Mühen vergeblich war, auf seinen eigenen Wunsch wurde Gustav Mahler mit seiner Begleitung nach Wien gebracht. Er starb dort, noch nicht ganz einundfünfzig Jahre alt, am 18. Mai 1911.

Dieser Todestag Gustav Mahlers, dieser 18. Mai 1911 – er war zugleich auch der achtundzwanzigste Geburtstag von Walter Gropius, und Alma sah in dem zufälligen Zusammentreffen, ungeachtet ihrer Betroffenheit und ihres Schmerzes, eben mehr als einen Zufall, es schien ihr ein hoffnungsvolles Zeichen zu sein. Während der Trauerzeit sandte sie ihm Tag für Tag ihre Grüße; viele der Briefe schrieb sie im Bett, da sie krank war oder sich »verzweifelt« fühlte. Walter Gropius ging in seinen Briefen mitfühlend auf ihre Situation ein. Unmittelbar nach Erhalt der Nachricht vom Ableben Gustav Mahlers hatte er ihr geschrieben: »*Ich trauere mit ernstem Herzen um Gustav. Ich habe ihn als Künstler noch zu wenig gekannt, doch als menschliches Wesen ist er mir in so vornehmer Weise begegnet, daß die Erinnerung an jene Stunden unauslöschlich in mir ist.*«[141]*

Der jungen Witwe mochten seine Briefe wohl nicht viel Trost bringen, sie verlangte es nach seiner leibhaftigen Gegenwart. Doch Walter Gropius befand sich selbst in einer merkwürdig zwiespältigen Verfassung. Mitte Februar, gerade ein Vierteljahr vor Gustav Mahlers Tod, hatte er den eigenen Vater verloren, er fühlte sich jetzt manchmal etwas ratlos, hilflos, wenn nicht gar deprimiert. Von einem Aufenthalt an der Ostsee schrieb er am Jahrestag ihrer ersten Begegnung an Alma: »*es ist so einzig schön an dieser friedlich heimatlichen Stätte; in dieser arbeitslosen Muße denke ich mit Wehmut unausgesetzt an Dich und Gustav und alles geschehene. Könnte ich Dich hier pflegen! Du würdest gesunden. Heute ist es ein Jahr her, daß ich Dich – unbewußt – das erste mal erblickte; es scheint mir ein Jahrzehnt dazwischen zu liegen, soviel erlebten unsere Herzen. Meines blieb trotzdem stark und jung.*«[142]

Walter Gropius reiste zu Alma Mahler nach Wien; ihr Beisammensein war voller Leidenschaft, und im ernsthaften Gespräch erforschten sie einander, suchten sie Klarheit über ihre Lage. Bei einem solchen Anlaß berichtete Alma vertrauensvoll, wie sie Gustav Mahlers starkem Bedürfnis nach Liebe und Zärtlichkeit in den letzten Tagen seines Lebens ganz und gar entsprochen habe; sie mochte wohl gehofft haben, daß Walter Verständnis und Mitgefühl, ja vielleicht sogar Bewunderung für ihre hingebungsvolle Sorge um den Todkranken aufbringen werde. Unglücklicherweise aber war Walter Gropius damals noch nicht der verständnisbereite und tolerante Mann, als der er sich im späteren Leben erwies – er war erst achtundzwanzig, und er reagierte mit Vehemenz. In seinem Hotelzimmer in Wien schrieb er an Alma und bezichtigte sie der Untreue. *»Laß mich heute sprechen – ganz ruhig, ich habe in der Nacht alles überlegt, jeden Gedanken wiederholt geprüft – . . .*

Eine schwere Frage, die Du mir beantworten sollst, bitte!: wann bist Du zum erstenmale wieder seine G. geworden? . . .

Kein Glaube konnte nur darauf stehen, daß Du ihm folgtest, ihn bewahrtest und hütetest bis an sein Ende, aber – nicht seine Geliebte warst . . . Damit, daß Du das tatest, hast Du die Leidenschaft zu mir als eine Verirrung bezeichnet, und das fällt nur auf mich zurück . . .

. . . ich habe einen Tristanglauben – ich bin zu sehr Idealist, mehr als sich meine Person das gestatten darf. Mein Keuschheitsgefühl habe ich als etwas so unerhört starkes kennen gelernt – es sträuben sich mir die Haare, wenn ich an das entsetzliche denke, ich hasse es für Dich u. mich u. ich weiß mit aller Bestimmtheit, daß ich für Jahre Dir treu bleiben muß. Aber diese Verdammnis ist nicht das schlimmste für mich, sondern daß mir die Begeisterung, der Glaube an mich selbst genommen ist . . .

Der einzige Trost, an den ich mich zu klammern suche, ist der, daß ich zwei herrliche Menschen wie Euch in ihrem Leben weitergebracht habe.« Und er schloß mit einem Ausblick auf die fernere Zukunft, der, obwohl da von seiner »Hoffnung« die Rede ist, doch nicht so recht trostreich klingen wollte: *»Eine letzte Hoffnung pflege ich noch in meinem tiefsten Inneren, daß Du mich noch lieben wirst, wenn G. einmal nicht mehr ist, und daß dann auch für uns noch [die Zeit] eines ferneren Glückes kommen kann. So gehe ich nicht ganz bettelarm und mit ganz leeren Händen fort.*

Ich weiß, daß ich Jahre lang warten und nach Dir hungern muß, und werde immer zur Stelle sein, wo und wann Du mich brauchst.«[143]

Das klang schon wie ein Abschied für lange Zeit, wenn nicht für immer. Und genau in diese Richtung zielt auch der Rückblick auf die Zeit ihrer Liebe – der einzige »Trost«, der ihm bleibt, ist der Gedanke, daß er Alma und Gustav Mahler »in ihrem Leben weitergebracht« habe. Es ist das eine Vorstellung, die in seinem späteren Leben bei zukünftigen Liebeserfahrungen wiederkehren sollte. Das nächste, was er von Alma Mahler hörte, dürfte ihn allerdings unerwartet getroffen haben.

In einer gewissen Abschiedsstimmung war Walter Gropius von Wien abgereist, doch kaum daß er nach Berlin zurückgekehrt war, erhielt er einen aufgeregten Brief von Alma, der ihn wohl noch mehr in Verwirrung gestürzt haben mag – offenbar schien sie anzunehmen, daß ihr Liebesabenteuer nicht ohne Folgen geblieben wäre: »*Ja – sonderbar muß Dir mein Gebahren wohl vorkomen. Bin ich mir doch selber ein Rätsel. – Jetzt zittere ich unter anderem, daß mir etwas passiert sein möchte – und frage mir den Kopf aus, was ich da wohl thun könnte: – Schreibe Du mir immerfort in Deiner lieben-lieben Weise –*« Freilich vergaß sie darüber nicht ganz die kleinen Dinge des Alltags, denn im Nachsatz fügte sie noch rasch hinzu: »*Bitte schick mir mein schwarzes Halsband, ich brauche es.*«[144] Sie hatte das gute Stück, diesen unerläßlichen Bestandteil der Kleidung einer Dame jener Zeit, beim Abschied fahrlässigerweise in Walters Hotelzimmer liegengelassen und mußte nun fürchten, daß dessen Fehlen Verdacht erregen könnte. Ihre andere und viel schwererwiegende Befürchtung erwies sich dagegen als unbegründet, sodaß die Beziehungen zwischen ihr und Walter Gropius vor einer zusätzlichen Belastungsprobe bewahrt blieben.

Walter Gropius indes blieb in seiner Haltung schwankend und ungewiß. Die Erinnerungen bedrängten sein Gewissen, die Reue überkam ihn, er fühlte sich beunruhigt, bedrückt, schuldbewußt. Er suchte Alma aus dem Weg zu gehen, da ihn sein Verantwortungsgefühl beklommen machte. So teilte er ihr mit, daß sie sich besser nicht, wie geplant, am 25. September in Berlin sehen sollten: »*seit ich fort bin von Dir steigt eine heiße Scham in mir auf, die mich Dich meiden heißt. Ich muß eine Weile fortgehen und erproben, ob meine Augen nicht blind sind, ob ich wirklich imstande sein werde,* wenn Du es wolltest... *meine Liebe in so schöne Form zu kleiden, wie sie einzig Deiner würdig sein und wol sie das Leid wieder ausgleichen könnte, das ich Gustav und Dir aus Mangel an gereifter Vorsicht zufügte; Heute weiß ich es* nicht *und bin betrübt über mich.*«[145]

Sie sahen sich nicht mehr so oft, doch ihr Briefwechsel erlitt keine Unterbrechung. Im November schrieb Alma aus Paris, daß sie zu einem geregelten Leben gefunden habe, daß sie nun eine Wohnung hätte und daß Walter zu ihr kommen solle. Walter Gropius aber fühlte sich zu der Zeit ganz und gar nicht auf dem Posten, er schrieb zurück: »*als ich gestern von der Reise kam, befand ich mich in jämmerlichem Zustand, so daß ich mich hinlegen mußte. Ich hatte gehofft, meine Schwächezustände zu zwingen, vermied daran zu denken und davon zu sprechen, aber die Zahnvergiftung, die mich so heruntergebracht hat, zeigt erst jetzt ihre Nachwirkung wie eine regelrechte Blutvergiftung, sehe schauderhaft aus. Sollte ich in dieser Verfassung zu Dir kommen? die Vernunftgründe müßten schon sehr überwiegen, wenn ich ein Wiedersehen mit Dir aufschieben will.*«[146]

Er ließ sich schließlich dazu bewegen, in einer Poliklinik seinen Gesundheitszustand untersuchen zu lassen. Daraufhin begab er sich zur Kur in ein renommiertes Sanatorium bei Dresden. Beruhigend konnte er von dort der Mutter nach Berlin schreiben: »*Es geht mir ganz gut, aber ich merke, wie matt ich bin und wie nötig mir eine Ausspannung tut.*«[147] Im nächsten Brief konnte er der Mutter danken für ihre Briefe und die Bücher, die sie ihm gesandt hatte; er schrieb ihr, er gehe jetzt »– immer einsam – spazieren«, und schloß nachdenklich: »*Es ist merkwürdig, wie man sich innerlich immer näher kommt, wenn es einem nicht gut geht.*« Und als Nachsatz setzte er darunter: »*Lade doch Meyer mal zu Tisch ein, ich will ihn etwas freundschaftlich erhalten.*«[148] Dies ist die erste Erwähnung Adolf Meyers und einer freundschaftlichen Beziehung zu ihm, die in den Briefen von Walter Gropius auftaucht.

Erholt kehrte er von der Kur nach Berlin zurück, und kurz darauf kam Alma Mahler zu Besuch. Die Umstände waren wohl nicht so günstig, der Besuch bedeutete offensichtlich eine Enttäuschung für sie. Anscheinend war das Erlebnis dieser Stadt mehr gewesen, als sie ertragen konnte; ihre Abneigung gegen Walters Mutter und seine Schwester Manon – obwohl sie letztere noch gar nicht persönlich kennengelernt hatte – mag vielleicht der ursächliche Grund für ihre Abneigung gegen Berlin insgesamt gewesen sein.

Nach diesem Besuch im Dezember, gegen Ende des Jahres 1911, wurden die Briefe seltener. Am 15. Januar 1912 schrieb Alma wieder und bedrängte Walter: »Bist Du mir auch treu?«, am 26. Januar wollte sie wissen, warum er auf ihre Briefe nicht geantwortet habe. Im April konnte sie ihm vermelden, daß sie, »äußerlich gesehen ... in klösterlicher Ruhe« lebe. Am 18. Mai 1912, als sich Gustav Mahlers Todestag zum ersten Mal jährte, schrieb sie, daß sie daran denken müsse, wie er doch eigentlich nur in ihrem Haus in Semmering so recht zur Arbeit gekommen und so recht glücklich gewesen sei – mit keinem Wort ging sie darauf ein, daß dies auch Walters neunundzwanzigster Geburtstag war; sie wiederholte nur, daß sie seines Schutzes bedürfe, sie habe als seinen wichtigsten Wesenszug seine »Güte erkannt«. Am 30. Mai bat sie um Antwort auf ihre Briefe, ebenso am 3. Juni: »*Warum so ein Stillschweigen; wann kommst Du nach Wien!?*«

Im November 1912 bat Alma um die Rückgabe einiger Zeitschriften, die sie Walter geliehen hatte; wiederum wartete sie auf Antwort: »*Sind wir denn nicht Wesen, die sich* voll *verstanden?*«[149] Und Walter Gropius, der sich, offenbar von Zweifeln umgetrieben und mit sich selber uneins, während dieses ganzen Jahres abwartend verhalten zu haben scheint, entschloß sich schließlich zu einer Antwort: »*es freute mich so, daß Du liebevoll meiner gedacht hast. Freilich verstehe ich den Sinn Deiner Worte nicht ganz. Du bist zu weit von mir fortgeraten und deshalb mußte ja die Vertrautheit gegenseitigen Verstehens leiden. Und Du wunderst Dich* ernsthaft: ›*Wächst denn das nicht?*‹ *Nein, es kann nicht wie früher sein und alles ist* von Grund auf *anders geworden. Kann man denn unerhörte Empfindungen der Gemeinschaft willkürlich in* freundschaftliche *abwandeln?? Würden Dir diese Tasten klingen, wenn ich sie anschlüge?* Nein –; *und es ist* wenig *Zeit verflossen seit den Tagen schmerzlichster Erkenntnis. Was später kommt weiß ich nicht, es hängt nicht von mir ab. Es wirrt ja alles durcheinander, Eis und Sonne, Perlen und Dreck und Teufel und Engel; so folgt man eben. Vielleicht, daß eine glückliche Stunde* Dich *vorbeibringt...«*[150]

Alma Mahlers Briefe an Walter Gropius setzten noch immer nicht aus, während sie doch schon in eine recht enge und vertraute Freundschaftsbeziehung zu dem Maler Oskar Kokoschka eingetreten war. Sie hatte den sechsundzwanzigjährigen genialischen Künstler nicht allzu lange nach dem ersten Todestag Gustav Mahlers im Haus ihres Stiefvaters Carl Moll in Wien kennengelernt. Gegenüber Walter Gropius erwähnte sie den neuen Freund mit keinem Wort, ebenso wenig erfuhr dieser etwas von dem jungen Architekten in Berlin.

Um die Weihnachtszeit des Jahres 1912 hatte Kokoschka das bedeutsame Doppelbildnis seiner selbst mit Alma Mahler geschaffen; das Gemälde war das früheste sichtbare Dokument ihrer Beziehungen, der fast hymnische Vortrag eines Verhältnisses zwischen dem Künstler und seiner Partnerin, das bereits unverhüllt vom Eros geprägt war. Im Lauf des Jahres 1912 hatte auch Walter Gropius erstmals Arbeiten von Oskar Kokoschka sehen können, die in der neueröffneten Galerie des »Sturm« ausgestellt waren; sie berührten ihn wenig. Im Frühjahr 1913 aber war jenes Doppelbildnis auf der Ausstellung der Berliner Sezession zu sehen, und seine Botschaft war für Walter Gropius auf den ersten Blick unmißverständlich. Seit dem März 1913, als er noch einmal an Alma Mahler schrieb, scheint er die Verbindung mit ihr abgebrochen zu haben. Und auch Alma Mahler dürfte sich, so läßt es wenigstens der erhaltene Briefwechsel vermuten, über ein Jahr lang in Stillschweigen gehüllt haben. Erst im späten Frühjahr 1914 hat es wohl wieder eine Verbindung zwischen ihnen gegeben. Anfang Mai dieses Jahres kam ein Brief von Alma Mahler, der wie eine Antwort auf eine – möglicherweise sehr verhaltene und sachliche – Frage nach ihrem Befinden klingt und in dem sie ihre Situation beschreibt: »*Wie ich lebe? – Nach Kämpfen und Irrungen – wieder zu mir selbst gebracht! – Ich bin reifer – freier – vor allem weiß ich, daß ich nichts zu suchen habe – weil ich in meinem Leben so viel – alles – gefunden habe. – Ich stehe bei keinem Meilenstein still! – Willst Du meine Freundschaft – so hast Du sie. – Ich habe den größten Wunsch, mit Dir zu sprechen. – Dein Bild ist lieb und rein in mir – und Menschen, die so Seltsames und Schönes miteinander erlebt haben, dürfen sich nicht verlieren. – Komm – wenn du Zeit und Freude dran hast – komm her. – Es ist* keine *Resignation, die mich all dies schreiben läßt, sondern* erhellter neugeklärter *Blick. Alma Mahler (und nicht mehr anders in diesem Leben).«*[151]

Alma Mahler hatte sich zu diesem Zeitpunkt gerade endgültig von Oskar Kokoschka getrennt, doch das blieb unerwähnt. Wie Walter Gropius auf diesen und die nachfolgenden Briefe reagierte, ob er überhaupt reagierte, das bleibt im Dunkeln, eine Antwort findet sich in dem erhaltenen Briefwechsel nicht.

Aufträge und Arbeiten – Die Kölner Werkbund-Ausstellung

So waren es schwierige Zeiten, durch die Walter Gropius in diesen ersten Jahren nach Eröffnung des eigenen Büros hindurchzugehen hatte – schwierig nicht nur, weil ohnedies aller Anfang schwer ist, sondern auch infolge der Belastungen durch sein Verhältnis zu Alma Mahler und nicht zuletzt durch seine zeitweiligen depressiven Gemütszustände, mochte seine seelische Verfassung nun unmittelbar mit dem Liebeserleben in Beziehung stehen oder nicht. 1912 waren vornehmlich Aufgaben in Zusammenhang mit dem Neubau des Faguswerks oder im Anschluß daran zu bewältigen, außerdem gingen verschiedene Aufträge ein, die sich aus der vorherigen Arbeit in Pommern ergeben hatten. Es ging dabei um die Errichtung von Landarbeiterwohnhäusern *(Abb. 44)*, Gutsgebäuden, Speichern und Lagerräumen neben Verwaltungsräumen und einer Bankzahlstelle. Die Aufträge folgten rasch aufeinander, wobei sich meist der eine aus dem anderen ergab. Daneben lieferten Walter Gropius und Adolf Meyer auch noch Entwürfe zur Wohnraumgestaltung und zu Möbelstücken für die Familien Langerfeld und Mendel in Berlin.

Abb. 44 W. Gropius: Arbeitersiedlung in Dramburg, 1912

Abb. 45 W. Gropius: Eisenbahn-Salon-Triebwagen mit Verbrennungsmotor, 1913

Dank der Vermittlung des Großonkels Becher in Essen erhielt Gropius 1913 den Auftrag zum Entwurf eines Eisenbahn-Salon-Triebwagens mit Verbrennungsmotor für die Waggonfabrik der Preußischen Staatseisenbahnen in Königsberg *(Abb. 45)*. Eine derartige kompakte Kombination von Zugmaschine und Personenwagen mit Salon und Schlafabteil war etwas gänzlich Neues, es war das erste Modell eines Bahntriebwagens zur Personenbeförderung in Deutschland, wenn nicht überhaupt in Europa. An eine Besonderheit konnte sich Gropius später noch erinnern: »*Der Auftraggeber für den Benzol-Triebwagen war besonders zufrieden mit der gekrümmten Nase des Wagens, weil die heiße Abluft des Motors unter der gekrümmten Haube sanft abgesogen wurde.*«[152]

1913 konnte Gropius auch mit seinen Innenraumentwürfen auf der Genter Weltausstellung eine Goldmedaille erringen. Zu den weiteren Aufträgen aus dieser Zeit, die sich aus dem Erfolg herleiteten, den Gropius mit seinem Faguswerk erzielt hatte, gehörte der Entwurf zu einem Krankenhaus für Alfeld. Sein Konzept für den vergleichsweise bescheidenen Krankenhauskomplex läßt freilich nichts von dem Pioniergeist verspüren, der ihn bei dem Entwurf für das Fabrikgebäude geleitet hatte *(Abb. 46)*.

Die Fragen des Wohnungsbaus für die Bevölkerungsschichten mit niedrigem Einkommen, mit denen sich Gropius schon so früh auseinandergesetzt hatte, ließen ihn nicht los, er beschäftigte sich weiterhin mit der Anlage von Arbeitersiedlungen samt der zugehörigen Gemeindeeinrichtungen. Gelegenheit zur praktischen Verwirklichung eines solchen Projekts gab ihm ein Auftrag der Landesgesellschaft Eigene Scholle GmbH. Zusammen mit Adolf Meyer entwarf er dreißig Einzel- und Reihenhäuser *(Abb. 47)*, die in ländlicher Umgebung unweit des nördlichen Stadtrands von Wittenberge entstanden; sie waren als Heimstätten für Minderbemittelte konzipiert und nahmen die Familien von Facharbeitern und angelernten Arbeitskräften auf, die in den Nähmaschinenfabriken, Eisenbahnwerkstätten und anderen Produktionsstätten des unmittelbar benachbarten Raums beschäftigt waren. 1913–1914 arbeitete Gropius zusammen mit Meyer ein ähnliches

Abb. 46 W. Gropius und A. Meyer: Krankenhaus in Alfeld (Entwurf), 1913

Projekt für Fitz bei Frankfurt an der Oder aus. Dort sollte, wiederum in einer nicht weit vom Stadtrand entfernten ländlichen Umgebung, eine kleinere Landarbeitersiedlung entstehen. Dieses Projekt kam freilich über das Entwurfsstadium nicht hinaus, es ist unausgeführt geblieben.

Mittlerweile hatte sich im Umkreis der Familie eine Veränderung ergeben, die für Walter Gropius von Bedeutung werden sollte. Sein Onkel Felix war zu der Erkenntnis gekommen, daß sich eine Bewirtschaftung von Gut Hohenstein nicht mehr lohne. Die zu geringe Größe der landwirtschaftlich nutzbaren Fläche des Besitzes und der kärgliche Boden, nicht zuletzt aber auch die seinerzeit recht schlechte Ertragslage bei landwirtschaftlichen Produkten hatten ihn zur Aufgabe gezwungen. So hatte er 1903 Hohenstein verkauft und die Stelle eines Geschäftsführers bei der Landwirtschaftskammer für die Provinz Posen übernommen, die von ihm selbst, dem Konservativen, einst mitbegründet worden war. Dank seiner Position vermochte er dem Neffen nun Hinweise zu geben, wo, wie und von wem möglicherweise Aufträge zu erwarten seien. Aus einem solchen Hinweis ergab sich 1913 die Teilnahme des Büros Gropius am Wettbewerb um die Planung eines großen, neu anzulegenden Stadtteils zur Erweiterung des Stadtgebiets der damals noch in raschem Wachstum begriffenen Provinzhauptstadt Posen. Gropius und Meyer reichten einen Plan ein, der in besonderem Maße auf die Erfüllung der Wohnbedürfnisse der Bevölkerung des Neubaugebiets Rücksicht nahm. Ein Erfolg in diesem Wettbewerb blieb ihnen zwar versagt, der Erste Preis ging an den Architekten und Ingenieur Charnetzky, doch Walter Gropius hatte damit seine ersten Erfahrungen auf dem Gebiet der großräumigen städtebaulichen Planung gesammelt.

Der Ruf des begabten modernen Architekten, den Walter Gropius mit seinem Faguswerk begründet hatte, verbreitete sich, und die wachsende Anerkennung führte ihm weitere Auftraggeber zu. Ein solcher Auftraggeber war die Bernburger Maschinenbau-Gesellschaft in Alfeld-Delligsen, die auf die Produktion gußeiserner Schwungräder und landwirtschaftlicher Geräte spezialisiert war.[153] Dr. Max Meyer, der Generaldirektor der Firma, war ein Unternehmer, den die sozialen Belange seiner Mitarbeiter nicht unberührt ließen. Er setzte sich mit seiner Überzeugung durch, daß es zu den Aufgaben der Firma gehöre, diesen Mitarbeitern angemessenen Wohnraum zur Verfügung zu stellen. So konnte Walter Gropius 1913–1914 eine kleinere Mehrfamilien-Wohnanlage für Angestellte der Firma entwerfen, die in einer noch kaum erschlossenen Umgebung in der Nähe von Alfeld errichtet wurde *(Abb. 48)*.

Ebenso trug aber auch der Ruf des zuverlässigen Baumeisters, den sich Walter Gropius schon in jungen Jahren mit seinen Gutsgebäuden und Arbeiterwohnhäusern in Pommern erworben hatte, dazu bei, daß es ihm an

Abb. 47 W. Gropius und A. Meyer: Arbeiterhäuser »Eigene Scholle« in Wittenberge/Elbe, 1912–13

Aufträgen verwandter Art nicht mangelte. Seit Beginn des zweiten Jahrzehnts hatten überdurchschnittlich gute Ernteergebnisse einerseits wie die Bildung landwirtschaftlicher Ein- und Verkaufsgenossenschaften andererseits bei insgesamt verbesserten Marktbedingungen für landwirtschaftliche Produkte zu einem zunehmenden Wohlstand auch in den überwiegend agrarisch bestimmten Gebieten des Deutschen Reiches geführt, und daraus ergab sich naturgemäß eine verstärkte Bautätigkeit auf dem flachen Land *(Abb. 49)*. Im Gefolge dieser Entwicklung hatte Gropius 1913–1914 Lagerhäuser und Speicher, Wirtschaftsgebäude sowie eine kleine Brauerei neben Wohnhäusern für die Landbesitzer und Siedlungshäusern für die Landarbeiter zu entwerfen.

Im Frühjahr 1914 brachte die geplante Teilnahme an der großen Demonstrationsschau des Deutschen Werkbunds eine Fülle von Arbeit und eine rege Korrespondenz für Gropius mit sich. Er war dem Werkbund 1910 beigetreten, drei Jahre nach dessen Gründung.[154] Der Werkbund hatte es sich zum Ziel gesetzt, einer breiteren Öffentlichkeit anhand vorbildlicher praktischer Beispiele die jüngste Entwicklung auf dem Gebiet der Architektur und der angewandten Kunst vorzuführen und damit neue Wege zu weisen. Die Werkbund-Ausstellung des Jahres 1914 in Köln war als die erste wirklich umfassende Schau angelegt, auf der die als richtungweisend empfundenen Ergebnisse des angestrebten Zusammenwirkens von Künstlern, Architekten, Handwerkern, Wissenschaftlern, Ingenieuren, Unternehmern in Entwurf und Ausführung gezeigt und, für jedermann zugänglich, zur Diskussion gestellt wurden.[155]

Abb. 48 W. Gropius: Mehrfamilien-Wohnanlage für die Bernburger Maschinenbau-Gesellschaft (Entwurf), 1912–13

Abb. 49 W. Gropius und A. Meyer: Kaufhaus in Märkisch Friedland, 1913

Mit der Ausstellung sollte sich Walter Gropius, nachdem er mit dem Faguswerk seinen ersten Erfolg erzielt hatte, zum zweiten Mal eine großartige Möglichkeit bieten, seine inzwischen weiter gereiften, zu einer neuen Konzeption führenden Entwurfsideen in einem Projekt zu verwirklichen, dem überdies von vornherein die Beachtung der breitesten Öffentlichkeit sicher war. Er hatte erfaßt, welches Glück ihm damit beschieden war, als er der Mutter im April 1914 verkündete: »*meine Arbeit ist jetzt geradezu unmenschlich und ich kann sie nur mit Mühe leisten, aber ich bin dabei grenzenlos glücklich, weil ich bestimt weiß, daß mein Cölner Werk etwas ganz gutes wird. Alle, von deren Urteil ich etwas halte, gratulieren mir spontan. Deshalb mühe ich mich bis zum letzten, um dieser Arbeit jede Sorgfalt angedeihen zu lassen. Es muß mein Fundament für später werden.*«[156]

Um sicherzustellen, daß die Arbeit gut werde, ließ er sich im April 1914 in Köln nieder und vertraute sein Büro der bewährten Führung Adolf Meyers an. Bei Carl Rehorst, dem die Gesamtplanung der Ausstellung oblag, hatte er durch die Vermittlung des Sekretärs des Werkbunds durchgesetzt, daß ihm der Entwurf der Ausstellungsbüros und der Maschinenhalle, die zugleich Ausstellungsbau für Maschinen zu sein hatte, übertragen wurde; hinzu kam noch ein Sonderpavillon der Deutzer Gasmotorenfabrik. Es gab die unvermeidlichen Probleme der Koordination mit anderen Architekten und Künstlern wie auch mit Rehorst selbst. Doch mit seinen kühnen Ideen und Entwürfen gewann Gropius die Unterstützung von einflußreichen Männern wie Peter Behrens, Henry van de Velde, Josef Hoffmann und anderen. Er konnte nach allen Auseinandersetzungen am Ende sein Konzept verwirklichen.

Der axial bestimmte Komplex seiner ›Musterfabrik‹ *(Abb. 50)* war eindeutig gegliedert. Er begann mit dem zweigeschossigen Bürogebäude, dessen Fassade beiderseits von halbrund vortretenden, gläsern ummantelten Treppentürmen mit vorkragenden geschwungenen Treppenläufen flankiert war und dessen Dach zwischen den beiderseits turmartig zu einem dritten Geschoß aufsteigenden, Zugang gewährenden Eckpartien einen Dachgarten mit Restaurant trug. An der Rückseite des Bürogebäudes folgte ein weiter rechteckiger, an den beiden Schmalseiten von offenen Hallen (Garagen) eingefaßter Innenhof, an den sich die langgestreckte Maschinenhalle anschloß, wobei zwei seitlich vor dem Hallentor angesetzte eingeschossige Flügelbauten zwischen der größeren Breite des Bürogebäudes und der geringeren Breite der Halle vermittelten und den Hof auf dieser Seite umgrenzten. Ein besonderes Element in diesem soweit streng symmetrischen Ensemble bildete lediglich der Pavillon für die Gasmotoren, ein hohes Oktogon mit weiten Glasflächen zwischen den schlanken Stützen über einem kubisch geschlossenen eingeschossigen Sockel, der am rückwärtigen Ende der Maschinenhalle seitlich angesetzt war, doch in seiner Stellung ähnlich wie ein Campanile wenigstens die strenge Achsenbezogenheit wahrte.[157]

Walter Gropius konnte auf der Ausstellung noch eine Fülle weiterer Arbeiten zeigen, darunter Entwürfe zu Automobilkarosserien, komplett eingerichtete Wohnräume und ein Eisenbahn-Schlafwagenabteil *(Abb. 51)*. Zu letzterem merkte er mehr als ein halbes Jahrhundert später noch an: »*Bei dem Schlafwagen-Abteil, das 1914 für die Kölner Werkbund-Ausstellung entworfen wurde, habe ich darauf hingewirkt, daß die Trennwand im Zickzack verlief, so daß das davorstehende Waschbecken mehr Platz erhielt. Alle Einzelheiten der Beschläge und Bezüge waren von mir selbst entworfen. Inwieweit das Schlafwagen-Abteil von der deutschen Eisenbahn nachgebaut worden ist, weiß ich nicht, weil gleich nach der Kölner Ausstellung der Erste Weltkrieg ausbrach.*«[158]

Unseligerweise hatte sich schon während der Vorbereitung der Ausstellung ein Meinungsstreit angebahnt, der dann auf der vom 2. bis 6. Juli in Köln abgehaltenen Jahrestagung des Deutschen Werkbunds offen zum Austrag kam. Es wurde daraus fast ein Glaubenskrieg. Die Antagonisten waren einerseits Hermann Muthesius, andererseits Henry van de Velde mit August Endell, Hermann Christ, Bruno Traut und anderen. Rund tausend Tagungsteilnehmer wurden Zeugen des Zusammenpralls,[159] nachdem sich der Streit an Muthesius' Vorstellungen von Kunst und Gestaltung entzündet hatte, wie sie sich in seinen Beiträgen zur Ausstellung darstellten und in

Abb. 50 W. Gropius: »Musterfabrik« auf der Werkbund-Ausstellung, Köln, 1914

Abb. 51 W. Gropius: Schlafwagenabteil.
Werkbund-Ausstellung, Köln, 1914

seinen der Tagung vorliegenden »Leitsätzen« niederschlugen. »Die Architektur und mit ihr das gesamte Werkbundschaffensgebiet drängt nach Typisierung... Nur mit der Typisierung... kann wieder ein allgemein geltender, sicherer Geschmack Eingang finden.« Muthesius schien nicht bereit oder gar nicht fähig, den Standpunkt des Künstlers zu erkennen und einzubeziehen, zu unkünstlerisch und uneinsichtig war er veranlagt, zu starr in Dingen seines Glaubens. Ihm setzte van de Velde – unterstützt von den Künstlern im Werkbund, darunter auch Gropius – die Überzeugung entgegen, daß sich mit Festlegung und Typisierung keine künstlerische Einheitlichkeit herbeiführen lasse. Seine rasch ausgearbeiteten und vorgelegten »Gegen-Leitsätze« enthielten die Feststellung: »Der Künstler ist... freier spontaner Schöpfer; aus freien Stücken wird er niemals einer Disziplin sich unterordnen, die ihm einen Typ, einen Kanon aufzwingt.«

Dabei hatte Muthesius in seinen »Leitsätzen« nicht zuletzt auf wirtschaftliche Notwendigkeiten hingewiesen: es müsse »eine geschmackvolle Allgemeinhöhe... des deutschen Kunstgewerbes« erreicht werden, denn da »es für Deutschland eine Lebensfrage ist, seine Produktion mehr und mehr zu veredeln, hat der Deutsche Werkbund als eine Vereinigung von Künstlern, Industriellen und Kaufleuten sein Augenmerk darauf zu richten, die Vorbedingungen für einen kunstindustriellen Export zu schaffen. Die Fortschritte Deutschlands in Kunstgewerbe und Architektur sollten dem Ausland durch eine wirksame Propaganda bekanntgemacht werden.« Und genau an diesem Punkt rieben sich wieder die Kontrahenten, van de Velde konterte in seinen »Gegen-Leitsätzen«: Deutschland habe eben noch schöpferische Begabungen, und »es heißt geradezu eine Kastration vornehmen, wenn man diesen... Aufschwung jetzt schon festlegen will«; zwar sei »der Fluch wohl bekannt, der auf unserer Industrie lastet, exportieren zu müssen«, doch es sei »niemals etwas Gutes und Herrliches geschaffen worden aus bloßer Rücksicht auf den Export«. Da mochte auch der besonnene Vortrag über »Werkbund und Weltwirtschaft«, den Friedrich Naumann am 4. Juli in der Festhalle der Ausstellung hielt und in dem er die beiden konträren Standpunkte relativierte, sie durch den notwendigen Kompromiß miteinander verband, nichts mehr fruchten. Zum Schluß bleibt freilich die Erkenntnis, die Julius Posener hervorhebt: »daß man aneinander vorbeigeredet hat – wie auch einige der Redner in der Diskussion feststellten.«[160]

Die Vorstellungen von Hermann Muthesius waren schon lange bekannt gewesen, und seine Widersacher hatten sich in Erwartung seines Vortrags auf der Tagung zu gemeinsamem Vorgehen zusammengefunden. August Endell wandte sich bereits gegen Ende Mai, fünf Wochen vor der Tagung, mit einem Protestbrief gegen den Altmeister an Walter Gropius; die beiden jungen Berufskollegen hatten sich durch die Vermittlung von Karl Ernst Osthaus kennengelernt. Endell zog zornig wider Muthesius vom Leder, erklärte ihn für unzuständig, weil er nicht nur der modernen Bewegung fernstünde, sondern auch unverhohlen gegen deren Exponenten eingenommen sei, und meinte, daß er in der sich anbahnenden Schlacht keine Schonung verdiene: »*Auf der Tagung handelt es sich darum: Künstler oder Fabrikant? sollen wir Künstler dulden, daß der Werkbund zu einem Organ für ethische Kultnullen-Reklame im Ernst – der Fabrikant – herabgewürdigt wird, daß wir Künstler als Aushängeschild benutzt werden von Leuten, die uns verachten – unsre Arbeit, unser Wollen gar nicht verstehen.*«[161]

Gropius war auf der Tagung nach vierjähriger Mitgliedschaft im Deutschen Werkbund in den Vorstand gewählt worden – der Jüngste in der Runde. Er war seinerseits auch davon überzeugt, daß man ohne Standardisierung auf bestimmten Gebieten gar nicht auskommen werde, er war aber ebenso davon überzeugt, daß die Freiheit des Künstlers gewahrt bleiben müsse, und stellte sich auf die Seite van de Veldes. Hermann Muthesius, den Gropius später als lebhaft, arbeitsam und intelligent beschrieb, war von Natur aus ein recht unfreundlicher, unangenehmer Mensch, und die Art, in der er gegen van de Velde anging, war höchst aggressiv. Gropius sah ihn schon damals als einen Ränkeschmied, der sich geradezu machiavellistisch der ausgefeimtesten Mittel bediente, wenn es darum ging, sich selbst den Vorrang zu sichern.[162] Mit offensichtlicher Genugtuung blickte Gropius später auf die Rolle zurück, die er im Deutschen Werkbund gespielt hatte: »*Im Werkbund war ich immer der Rebell oder, wie man mich nannte, das ›enfant terrible‹. Der Werkbund war meiner Meinung nach nicht radikal genug, so griff ich ständig an.*«[163]

Wenn Walter Gropius in Köln für die Freiheit des Künstlers stritt und sich also auf die Seite van de Veldes schlug, so richtete er seine Attacke allerdings mehr gegen die Person des Hermann Muthesius als gegen dessen Thesen, und diese Attacke bedeutete keineswegs die uneingeschränkte Übereinstimmung mit van de Veldes Gegenthesen. Ungeachtet der gemeinsam ausgefochtenen Abweisung des Gegners und seiner Vorstellungen war es doch wohl mehr eine ad hoc gebildete Phalanx gewesen, die dort in Köln zu Feld gezogen war; van de Veldes subjektives, aus dem Jugendstil der Jahrhundertwende hervorgegangenes Konzept vom Wirken des Künstlers geriet in Vergessenheit, als die Neue Sachlichkeit ihren Siegeszug antrat.

Daß die bedeutsame und vielfältig nachwirkende Auseinandersetzung auf der Kölner Werkbund-Tagung einen bleibenden Eindruck bei Walter Gropius – und ähnlich muß es wohl allen Beteiligten ergangen sein – hinterlassen hatte, beweist seine zusammenfassende Stellungnahme, die er mit dem Abstand von rund einem halben Jahrhundert niederschrieb: »*Muthesius drückt sich in seiner Erklärung [den ›Leitsätzen‹] nicht deutlich aus. Sein hauptsächlicher Irrtum ist sein Glaube, daß man einen Stil durch organisatorische Maßnahmen von oben einführen und permanent etablieren kann. Hiergegen haben sich die Künstler im Werkbund leidenschaftlich verwahrt.*

Er hat Geschmack mit schöpferischer Hervorbringung durcheinandergebracht. Ein Typus erwächst nur aus einer allmählich sich bildenden gemeinsamen Übereinkunft, d. h., aus einer Bevorzugung durch den Willensentscheid vieler Individuen. Harmonie des Stils läßt sich nicht diktatorisch verfügen, sondern ist ein jenseits des Individuellen sich bildendes Ergebnis.

Er kommt nicht auf den Gedanken, in Modellversuchen Standardtypen zu entwickeln, die sich dann industriell vervielfältigen lassen; er denkt nicht an vorgefertigte Komponenten.

Er will den Künstler oder den Entwerfenden moralisch und patriotisch in die Pflicht nehmen, was dieser ablehnt, um gänzlich frei zu sein in seinen künstlerischen Anliegen.

Er sehnte sich nach einem Zeitstil, doch die vorgeschlagenen Methoden, zu einem solchen zu gelangen, waren falsch.«[164]

Nachträglich fand Gropius, daß er damals recht gehandelt hatte, als er sich auf die Seite van de Veldes schlug. Doch betrachtet man die Streitpunkte, um die es in der Auseinandersetzung ging, so wird deutlich, daß die Fronten quer durch die Parteien gingen. So wußte Gropius etwa, daß Peter Behrens im Grundsatz für eine Typisierung und Standardisierung war; rückblickend merkte er dazu an: »Behrens hat sich herausgehalten aus der Kölner Debatte 1914 und aus den Vorgängen, die sich anschließend im Vorstand des Werkbunds zutrugen.«[165] Andere hingegen waren da nicht so unbeteiligt geblieben. Bruno Taut etwa, der ebenfalls Vorstandsmitglied im Werkbund und gleichzeitig im Bund Deutscher Architekten war, sah sich veranlaßt, während der ersten beiden Tage nicht an der Tagung teilzunehmen. Er war noch Ende Juni während der Vorbereitungszeit auf der Werkbund-Ausstellung gewesen und hatte die Situation so unerfreulich gefunden, daß er, wie er Walter Gropius erklärte, »*schließlich mit einem ungeheuren Katzenjammer zurückkam und an Cöln nicht mehr denken möchte.*« Doch er sicherte Gropius zu: »*Bei Ihrer Diskussion morgen können Sie auf meine Bundesgenossenschaft rechnen.*« Zugleich versicherte er, daß er am Wochenende wieder von Berlin zurückkehren werde, um bei den abschließenden Diskussionen der beiden letzten Tage dabeizusein: »*dann muß ich ja in Cöln 2 volle Tage vertrödeln, die mir hier ungeheuer wertvoll sind. Sonnabend früh treffe ich aber bestimmt ein und werde in der Diskussion mein Sprüchlein hersagen (höchstens 20 Minuten).*«[166]

Als Bruno Taut diese Zeilen schrieb, waren die Menschen bereits von der Furcht erfaßt, daß ein großer Krieg in Europa unmittelbar bevorstünde. Die Spannungen zwischen Deutschland und den Westmächten hatten sich verstärkt.

Die 1909 aufgenommenen deutsch-britischen Flottenverhandlungen waren 1912 im Sande verlaufen, die französisch-britische Entente hatte sich gefestigt und die Aufgaben ihrer Flotten auf den europäischen Meeren neu verteilt, durch die Konzentration der französischen Flotte im Mittelmeer fühlte sich Österreich bedroht. Die deutsche Militärvorlage von 1913 war noch beträchtlich über die 1912 beschlossene Verstärkung von Heer und Kriegsmarine hinausgegangen. Dies war nicht ohne Auswirkung auf das Wirtschaftsleben geblieben, die neuen Steuern, mit denen der Grundbesitz belastet wurde, hatten zu einem deutlichen Rückgang der Bautätigkeit geführt, der freilich noch glimpflich ausfiel im Vergleich mit den Folgen der kommenden Jahre nach der Erfassung der Rohstoffe für die Kriegsproduktion und der völligen Abschnürung des Wirtschaftsverkehrs von der Außenwelt.

Am 28. Juni 1914 wurden bei dem Attentat in Sarajewo der österreichische Thronfolger, Erzherzog Franz Ferdinand, und seine Gemahlin, die Herzogin von Hohenberg, ermordet. Die Teilmobilmachung in Österreich-Ungarn und die Mobilmachung in Rußland folgten, am 1. August machte Deutschland mobil und erklärte Rußland den Krieg, am gleichen Tag verkündete Frankreich die Mobilmachung, die mit der deutschen Kriegserklärung am 3. August beantwortet wurde. Der Weltkrieg war ausgebrochen.

Für Walter Gropius, der als Reservist sofort eingezogen wurde, bedeutete die lange Zeit des Kriegsdiensts, daß er über vier Jahre seinem Beruf als Architekt fast gänzlich entsagen mußte. Die Führung seines kleinen Büros in Berlin überließ er dem Mitarbeiter Adolf Meyer, der nach bestem Vermögen die noch anstehenden Arbeiten abschließen sollte.[167]

Die Kriegsjahre

Am 5. August 1914 meldete sich Walter Gropius im Feldlager des Husaren-Regiments Nr. 9 bei der Reserve-Einheit der Wandsbeker Husaren. Hier traf er die Kameraden wieder, die mit ihm 1904–1905 als Einjährig-Freiwillige gedient hatten. Er hatte zwar die Beförderung zum Offizier noch nicht erreicht und war nach wie vor nur Vizefeldwebel, doch das schien im Augenblick keine besondere Rolle zu spielen, ein neuer Geist der Kameradschaft hatte in diesen Tagen der Hochstimmung alle ergriffen, da man eher noch an eine Mobilmachungsübung oder allenfalls einen kurzen Feldzug glaubte. Die Stimmung schlug freilich rasch um, als am 8. August aus Berlin der Befehl zum sofortigen Abmarsch eintraf. Walter Gropius erhielt Genehmigung, seine Familie telegrafisch zu unterrichten – aus Rathenow meldete er der Mutter nach Timmendorfer Strand: »Heute Abend Abmarsch Frankreich, beste Stimmung. Tausend Grüße. Adresse sobald wie möglich.«[168] Kurz danach hatte das Regiment in den Vogesen erste Gefechtsberührung mit dem Feind.

Der Optimismus, der in diesen ersten Tagen des großen Krieges noch vorherrschte, drückt sich in einem Bericht aus, den Walter Gropius der Mutter nach Hause sandte. Die Husaren hatten die Aufklärung zu übernehmen, und er führte zwischen dem 13. und 15. September einen Auftrag aus, bei dem er die Feuertaufe erhielt. Der Befehl galt der Feststellung möglicher Truppenkonzentrationen des Feindes. Er war mit seiner kleinen Schar Berittener bis zu dem Berg Aubry in der Nähe von Senones vorgestoßen und hatte dort im Tal der Meurthe zu seinen Füßen französische Truppen in Bereitstellung beobachtet. Der Mutter erzählte er davon: »*Heute will ich Dir meine letzten Erlebnisse ausführlicher schildern, auch um für mich eine detaillierte Erinnerung daran zu haben.*

Am 13. lagen wir in Quatar, unsere schwierige Aufgabe war es, die sehr überlegenen feindl. Truppen so rechtzeitig in ihren Stellungen zu erkunden, daß unsere Artillerie sie wirksam aufhalten konnte. Aus Mangel an Offizieren wurde mir die wichtigste Patrouille mit 6 Reitern anvertraut. Es galt, auf eine jenseitige Höhe durch dichten Wald auf einer einzigen passierbaren Straße heraufzureiten, festzustellen, ob dort eine wichtige Wegkreuzung vom Feinde frei sei, ob Maschinengewehre evtl. auf dieser Straße vormarschieren könnten und vor allem nach Möglichkeit den linken Flügel des Feindes zu erkunden. Das Glück und die übergroße Vorsicht oder besser Feigheit der Franzosen standen mir bei, so daß ich Meldungen von solcher Bedeutung schicken konnte, daß sie den ganzen Tag und vielleicht noch mehr entschieden haben. Ich bin bei meinen Ritten, was ich ja vorher auch nicht wußte ganz kaltblütig, *gehe aber sehr vorsichtig vor und sichere mich durch Postenaufstellung. Dadurch bin ich bisher allen Gefahren entronnen. Es ist eigentümlich, wie man sich doch noch garnicht kennt. Ich glaube, mit meinen militärischen Fähigkeiten und namentlich mit meiner Gesundheit sei es nicht weither, nun stecke ich aber glatt die meisten in die Tasche. – Du weißt, daß das keine Prahlerei ist, aber es fällt mir auf,* wie wenige *so ganz einfach und gerade ihre Pflicht tun.*

Also ich kam auf die Höhe (Mont Aubry), fand die Straße frei, stellte Posten auf und kroch dann selbst in Ginsterbüschen auf eine benachbarte Höhe herauf. Rechts unter mir lag in strahlender Schönheit das Tal der Meurthe. Ich war zuerst ganz durch den schönen Anblick gebannt, als ich zu meinem nicht geringen Erstaunen die ganzen Straßen im Thal: Hurbache – St. Michel – Denipaire gedrängt voll von den Marschkolonnen der feindl. Armee sah. Ich hatte noch gerade Zeit ein genaues Croqui zu machen, als ich rechts von mir aus den Büschen Feuer bekam, danach retirierten zwei feindl. Chasseure vor mir auf 30 Schritt Entfernung. Ich zog mich schleunigst zurück und wartete 1 Stunde bei meinen Pferden, versuchte dann noch einmal, geschickt in Deckung reitend von der Höhe ins Tal zu sehn, u. stellte fest, daß die feindl. Armee die Stellung noch nicht verändert hatte. Nun aber trat plötzlich eine ganze Schützenkette aus dem Waldrand hervor und überschüt-

tete uns mit blauen Bohnen, wir waren aber wie der Wind davon, einer meiner Leute stürzte mit dem Pferde, wir nahmen ihn noch in aller Ruhe wieder in unsere Mitte und entkamen ohne Verlust. Sie schießen zu schlecht. – Ich ging dann auf eine Höhe bei Ménil und es war höchst interessant zu sehn, wie unsere Artillerie nun die von mir gemeldeten Positionen des Feindes beschoß. Der Rittmeister erzählte mir nachher, daß meine Meldung sofort durch die ganze Division gegangen ist. Die Artillerie hat erbarmungslos in die französischen Kolonnen auf den Straßen geschossen und dort wahnsinnigen Tumult angerichtet. Nach dieser Patrouille bin ich mit einem Schlage ein bekannter Mann im Reg. geworden und werde von Offizieren und Leuten mit Achtung behandelt.

Am 14. lagen wir in Belval. Ich wurde als Patrouille vor der Spitze vorgeschickt, um festzustellen, ob der Weg nach P^{te} Raon – Senones vom Feinde frei sei, mußte mit anderen Worten vorreiten bis ich Feuer bekäme. In P^{te} Raon fiel mir schon das auffällige Benehmen der Einwohner auf, ich entdeckte ganz frische Fußabdrücke franz. Infanterie, befragte mit der Pistole Einwohner und erfuhr nun, daß eben feindl. Chasseure durchmarschiert seien. Ich wußte nun, daß Gefahr im Verzuge, und ging mit äußerster Vorsicht mit meinen paar Reitern weiter. Aber die Franzosen machens mit der List und stellen gern Fallen. Als ich auf der geraden Hauptstraße auf 50 m bis zum Marktplatz heranwar, erhielt ich aus den Jalousien eines gerade vor uns stehenden Hauses plötzlich Schnellfeuer. Ein braver Gefreiter neben mir fiel beim ersten Schuß, aber sonst haben die Hunde keinen von uns bekommen, obwohl sie mehr als 100 Schuß aus geringer Entfernung auf uns abgegeben haben. Dazu hatte ich erreicht, daß sich das ganze feindliche Bataillon in der Annahme, es kämen stärkere Truppenabteilungen hinter mir, aus Senones zurückzog. Meinen Husaren haben sie nicht einmal mitgenommen, als wir am Nachmittag Senones besetzten, erfuhr ich im Spital, daß er dort mittags gestorben war. Ich war dankbar, als ich an diesem Abend noch gesund am Leben war.

Am nächsten Morgen mußte ich noch im Dunkeln gleich wieder fort mit dem Auftrag, über die Vogesen herüberzureiten (mit 12 Mann) und die Straßen von Celles, das besetzt sei, zu beobachten, Infanterie sei zu meiner Rückendeckung auf der Höhe. Als ich aber ankam, zog die Infanterie wieder ab, da es ihr zu brenzlich war, und mit meiner Rückendeckung wars Essig. Der Feind konnte bildschön von Moyenmoutier vorstoßen und mir den Faden nach hinten abschneiden. In solchen Fällen muß man dann trocken runterschlucken und mit Vertrauen auf den guten Geist – er waltet wirklich über mir – vorwärtsgehen, denn es ist nun einmal Befehl und einer muß es wagen. Denkt Euch undurchdringlich dichten Tannenwald, rechts andauernder tiefer Abgrund, links steile Höhen, ein Entweichen von der Straße ganz unmöglich. Ich kam weit vor bis zu einem prachtvollen Beobachtungspunkt, wo ich deutlich die feindlichen Bewegungen sah und detaillierte Meldungen mit Croquis zurückschicken konnte. Nachts zog ich mich auf die 9 km hinter mir liegende vorderste Infanterie zurück; ein grausiger Ritt in strömendem Regen, stockfinster, mit der elektr. Laterne Schritt für Schritt an den Abgründen vorbei durch zahllose Verhaue uns durchtastend. Dort übernachteten wir klappernd im Modder auf der Straße, keinen Augenblick Schlaf. Vor Tagesanbruch ließ ich abfüttern und ging wieder vor. Eine Dragonerpatrouille, die sich allein verloren fühlte, schloß sich mir an. Ehe ich auf meinen alten Beobachtungspunkt kam, begegneten uns ganz dicht 3 feindliche Reiter, die ich mit Hurrah und gefällten Lanzen in die Flucht schlug. Einen erbeuteten Karabiner bringe ich mit. Mein alter Beobachtungspunkt war damit frei, ich schrieb neue Meldungen und ging dann allein mit zwei Mann noch weiter vor, um zu sehen, ob feindl. Truppen im Anmarsch seien. Plötzlich sah ich auf der Straße eine feindl. Schwadron Dragoner mit zwei Offizieren an der Spitze von einer Biegung des Weges her auf mich zureiten. Als sie mich erblickten trabten sie an. Ich machte kurz kehrt und ging einige Kilometer an eine günstige Stelle hinter Wegverhaue zurück, frühstückte in aller Ruhe und wartete ab. Meine Posten (ich hatte leider nur noch 4 Mann) waren gut instruiert, plötzlich winkte mir der eine zu, wir sprangen alle hinter Bäume und verhielten uns still, nur auf mein Zeichen sollte gefeuert werden. Am hinteren Verhau erschien 1 Reiter, dann weiter 4 und immer mehr, da war der erste auf 30 Schritt vor uns, ein Riesenkerl, älterer Offizier, Degen in der Hand, und schaute witternd vorwärts, im selben Augenblick sausten die Kugeln und er sank stumm vom Pferde. Ich dachte in diesem Augenblick, Rache für meinen erschossenen Husaren. Dann gaben wir noch einen Schuß ab, der einen zweiten Reiter zur Strecke brachte, dann kommandierte ich schleunigst an die Pferde und zog mich vor der Übermacht zunächst abwartend zurück. Dann gings nochmal vor, da sah ich, wie die ganze Schwadron ausriß und die letzten ihren toten Rittmeister mitnahmen. Sein Zaumzeug, einen Reitstock und einen Karabiner nahm ich als Trophäen mit. Die Infanterie, die ich heranholte, kam leider zu spät, sonst hätten wir noch die ganze Gesellschaft fangen können. Du kannst Dir denken, daß ich mit Stolz zum Regiment zurückritt.«

Es war ein aufschlußreicher und packender Bericht aus der vordersten Linie, den Walter Gropius da nach Hause sandte – von einem Abschnitt in den Vogesen, an dem zu dieser Zeit der deutsche Vormarsch noch nicht zum Stehen gekommen war, an dem die Front noch in Bewegung war. Lob und Anerkennung für die so verwegen wie umsichtig durchgeführte Feindaufklärung war denn auch nicht ausgeblieben – in der Tat hatte der junge Husar seinem langen Bericht stolz die Mitteilung vorangestellt: »*ich habe Ehrentage hinter mir, nicht nur das Regiment, sondern selbst der Divisionsgeneral spricht von mir und meinen Patrouillenritten. Der Regimentskommandeur hat mir ganz bewegt gedankt und mir gesagt, daß er mich sofort zum Eisernen*

Kreuz vorgeschlagen habe. Beim Marsch rief er mich und meine Patrouille vor die Front, bedankte sich vor versammeltem Regiment bei mir und sprach den Mannschaften seine besondere Anerkennung für ihr braves Verhalten unter meiner Führung aus. Es waren erhebende Momente für mich, die ich nicht vergessen werde.«

Daß er überhaupt so ausführlich berichten konnte, verdankte er der Tatsache, daß das Regiment vorübergehend in Ruhestellung lag, und er versäumte nicht, zum Schluß auch von seinen äußeren Lebensumständen zu schreiben: »*Nun sitze ich hier mit Ehren überhäuft seit vorgestern in herrlicher Ruhe, kann meine Sachen trocknen und bekomme am Offizierstisch so gut zu essen, wie lange nicht. Freu Dich mit mir, ... daß es mir so gut geht, hoffen wir, daß es so bleibt. Keine Hämorrhoiden, keine Erkältung, kein Durchfall, während die meisten anderen nach den unsäglichen Strapazen liegen blieben und in die Lazarette mußten.*

Nun kommt allerdings die Kälte mit Macht und davor fürchte ich mich am meisten... Mein heute mit dem Adjutanten nach Schirmeck gesandtes Telegramm hast Du hoffentlich bekommen, auch die anderen habe ich immer per Auto über die Grenze geschickt, denn ich bin dauernd in Frankreich... Es soll irgendwo eine Seeschlacht gewesen sein, wo? Sonst haben wir immer neue Zeitungen aus Straßburg...

Jetzt gehts zum Essen, das ist eine so wichtige Sache im Kriege, daß ich schließen muß... Wenns doch bald zu Ende wäre und das Quecksilber wieder zusammenrollt, aber sie lassen uns nichts erpart, die Verräter draußen, und es kann noch eine gute Weile dauern.«[169]

Kaum eine Woche nach diesen erfolgreichen Patrouillenritten wurde Gropius wiederum, diesmal mit mehr als der doppelten Zahl von Reitern, zur Erkundung ausgeschickt. Der Bericht, den er der Mutter von diesem zweiten Unternehmen sandte, mochte das erste Abenteuer hinter den feindlichen Linien beinahe wie eine Feldübung während der aus Friedenszeiten gewohnten Frühjahrs- oder Herbstmanöver erscheinen lassen: »*nun habe ich schon einige Tage der Ruhe in Le Quieux hinter mir und konnte mich von den letzten Schrecken des Krieges, die ich erlebte und die alles bisherige weit überstiegen, etwas erholen. In der Nacht zum Montag wurde ich aus dem Schlaf geholt, ich sollte mit 15 Mann zu einer Unternehmung von Senones auf Celles sofort ausrücken. Ich kannte diesen entsetzlichen Wald schon und ging nur klopfenden Herzens herein, daß ich diesmal wieder lebend herauskam, dafür habe ich bewegt dem Himmel gedankt, als ich nach zwei schrecklichen Tagen und Nächten ohne Essen, ohne Schlaf, ständig von Kugeln umsurrt, die Schreie der Verwundeten und Sterbenden unaufhörlich im Ohr, glücklich und unverletzt zum Regiment zurückkam. Zwei Tage waren meine Nerven ganz kaputt, nun bin ich wieder ganz in Ordnung und kann Dir gottlob lauter gutes von mir berichten. – Der Führer des Detachements nach Celles verwendete mich und meine Kavallerie in unglaublich leichtsinniger Weise,* wenn ich nicht einfach selbständig nach Vernunft und eigener Erfahrung gehandelt hätte, wäre ich nicht mehr da. Die Höhe im Walde war schwer besetzt, der Franzose war so gut verschanzt, daß wir ihn nicht sahen, ich brachte nach den ersten Salven die Pferde in Sicherheit und nahm dann mit meinen Leuten in der Schützenlinie der Infanterie am Kampfe teil; nach einer Stunde waren auf unserer Seite von 300 Mann 80 tot oder verwundet, also fast jeder dritte Mann. Es war namenlos schrecklich, die Verwundungen durch die an Bäume schlagenden Kugeln gräßlich und die Schreie der Getroffenen vergißt man nie wieder. Wir mußten bis zum Abend liegen, ohne uns zu rühren, dann kam endlich Verstärkung und schon im Dunkeln warfen wir den Feind im Sturm aus seinen Schanzen und aus seinem Lager, wo er gerade abkochen wollte. Dann erhielt ich den angenehmen Auftrag mit meinen Reitern hinter dem Feinde her auf der Straße weiter nach Celles zu reiten und Verbindung mit dem General Neubert bei Celles zu nehmen. Ein wahnsinniger Auftrag, dessen Unausführbarkeit mir völlig klar war. Nach 10 Minuten (denkt Euch stockfinstere Nacht, kalt, Regen, undurchdringlicher Vogesenwald) stieß ich auf Baumverhaue, die für Pferde unpassierbar waren. Ich schickte zurück um Infanteriehilfe. Nach langer Zeit kam ein Feldwebel mit einem Zuge, der die Bäume beseitigte. Trotz ausdrücklichen Auftrages weigerte sich aber der Feldwebel, der vor Angst zitterte, weiter vorzugehen. Ich sah mich genötigt, vom Pferde zu steigen, selbst mich an die Spitze der Infanterie zu setzen und die Pferde nachkommen zu lassen. So gingen wir langsam eine Stunde lang durch die Nacht. Der Feldwebel klammerte sich, alle Haltung verlierend, an mich an. Plötzlich rief uns auf 20 Schritt eine Stimme an: Qui est là? Wir waren, wie ich richtig vermutet hatte, direkt an eine feindl. Feldwache angelaufen. Im selben Moment fielen Schüsse in unsere Kolonne herein, mein Feldwebel verschwand und ich führte mit möglichster Ruhe mein Detachement selbst wieder zurück. Dann verbrachte ich den Rest der Nacht im Regen stehend auf der Straße. Die Schreie der Verwundeten nachts, die noch nicht gefunden waren, haben mich mehr erregt als alle eigne Gefahr, ich bin erst heute wieder so weit, daß ich daran denken und es Euch erzählen kann.

Am nächsten Morgen fiel mir die Aufgabe zu, auf der langen Waldstraße die Verbindung mit meinen Reitern aufrecht zu erhalten, wir wurden allenthalben von Versprengten, die auf Bäumen und im Busch saßen beschossen. Eine Kugel fuhr mir durch die Manteltasche und ging neben meinem linken Fuß in die Erde, ich bringe sie zum Andenken mit. Mittags griff der Feind nochmals stärker an, schoß in unsere ahnungslosen Sanitätswagen hinein, dann wurde er mit eintreffender Verstärkung gegen Abend im Sturm vertrieben. In wenigen Minuten fielen einige tausend Schüsse, ohne daß auf unserer Seite seltsamerweise ein Verlust war. Offenbar war drüben ein falsches Visier befohlen worden. Der Befehl des Detachements war damit erfüllt und wir konnten endlich den grausigen Wald in der Nacht verlassen, *den wir alle wol nie vergessen werden. Die Infanterie waren lauter Landwehrleute zw. 35 u. 40 Jahren und doch warfen sie aktive Alpenjäger in doppelter Übermacht, aber mit welchen Verlusten.*

Beim Regiment, das hier seit Tagen Ruhe hat, hatte man sich schon über meinen Verbleib Sorge gemacht, ich wurde rührend nett empfangen, vor allem von meinem Rittmeister. Allerdings war ich auch höllisch kaput und erholungsbedürftig, im Schlaf hörte ich immerzu Verwundete schreien.

Vorgestern Abend nun wurde ich aus dem Bett in dringender Angelegenheit zum Kommandeur befohlen; ich glaubte schon ich solle wieder gegen den Feind, aber diesmal kams anders, er überreichte mir feierlich im Beisein aller Offiziere das erste eiserne Kreuz im Regiment.[170] Ihr könnt mir glauben, daß mich diese Auszeichnung sehr gefreut hat, zumal ich das Gefühl habe, es verdient zu haben, denn das Schicksal wollte es, daß keiner soviel erlebt hatte, wie ich. Gestern abend bekam auch der Kommandeur von der Division das eiserne Kreuz zugeschickt; er sagte, meine Herren ich habs nicht verdient, dann stand er auf, trank mir zu und setzte hinzu: merenti! So habe ich nun einen schönen Stand im Regiment, werde von allen beneidet und fühle mich dabei wol. Zu Deiner Beruhigung will ich auch sagen, daß jetzt viele Offiziere hier sind, die auch auf das Kreuz spekulieren, so wird man mich voraussichtlich in nächster Zeit in Ruhe lassen und andere sich mit den Franzosen abgeben lassen. Ich bin stolz auf mein Kreuz, die Husaren haben mir eben Fahnen an die Tür gesteckt. – Nun möchte ich nur bald von Euch wieder etwas hören, seit Tagen reißt die Post wieder gänzlich ab, nur kleine Pakete werden befördert, vielleicht steckt wieder eine Absicht dahinter.

Hoffentlich bekomme ich auf mein letztes Telegramm telegrafische Antwort, denn aller Wahrscheinlichkeit nach bleiben wir noch einige Zeit hier, bis die große Schlacht im Westen entschieden ist.

Ich liege in gutem Quartier bei einem Bauern mit zwei Husaren, die für mich durchs Feuer gehen. Seit gestern ist herrliches Wetter; ich sitze neben einem Bächlein, das Vater erfreuen würde, auf einer Wiese übersät von lila Herbstzeitlose.«[171]

Und wirklich war Walter Gropius eine kurze Atempause vergönnt, ein paar Tage konnte er sich in Straßburg und Moussey erholen, das Quartier war entsprechend – dort gab es Heizung und ein Badezimmer, gutes Essen (Gänseleberpastete!), genug Schlaf und Ausritte in friedlicher ländlicher Umgebung. Glücklich schrieb er der Mutter: »*ihr könnt kaum ahnen, wie das einem verkommenen Feldsoldaten gut tut. Und dann – mein eisernes Kreuz (Abb. 52). Es war geradezu erhebend, wie es aufs Publikum wirkte. Die Leute liefen mir nach, ja sogar zwei Generale sprachen mich an: ich habs mit Stolz getragen... An dieser Stelle des Kriegsschauplatzes ist so eine Art stillschweigender Waffenstillstand eingetreten. Franzosen und Deutsche liegen sich auf 200 m in Schützengräben gegenüber. Auf beiden Seiten alle*

*irgend entbehrlichen Truppen nach Norden zur Verstärkung geschickt...
Alle die ich höre haben felsenfeste Zuversicht zu einem guten Ende, so schwer
es auch noch sein wird, den Riesenkreis der Feinde aufs Haupt zu schlagen...
Wir schossen hier einen französischen Brigadestab ab, bei dem sich Briefe
fanden, die über den trostlosen Zustand des franz. Heeres Aufschluß geben.
Manche Regimenter sind überhaupt nicht mehr vorwärts zu kriegen, täglich
kommen Gehorsamsverweigerungen gröbster Natur vor... Das ist erklärlich
dank der vorzüglichen Schießausbildung unserer Armee. In zwei Dingen sind
die Franzosen uns über: In der Feldartillerie (sie schießen weiter) und im
verschanzen. Letzteres verstehen sie glänzend und nur so ist es zu verstehen,
daß die Schlacht im Nordwesten so unheimlich lange dauert... Den Pelz von
dem Du sprichst möchte ich noch nicht haben. Bin zwar Offizierdiensttuer
geworden, aber ehe ich nicht Offizier bin, steht mir kein Packpferd zu, und da
ist man eben im Platz aufs einfachste beschränkt.«*[172]

Doch die Sache mit dem Pelz mußte sich Walter Gropius noch einmal überlegen. Mitte September hatte es schon einmal einen Kälteeinbruch gegeben, der ihn veranlaßte, die Mutter um warme Wollsachen für den Winter zu bitten, doch gegen Ende des Monats war das Wetter noch einmal spätsommerlich warm geworden, so daß Gropius sich, »neben einem Bächlein sitzend«, auf der Wiese niederlassen konnte, um nach Hause zu schreiben. Und noch in der ersten Oktoberwoche meinte er, auf den Pelz vorerst verzichten zu können, doch eine Woche darauf war das Wetter umgeschlagen, und nun brauchte er ihn doch. Er schrieb an Schwester und Schwager, nach Alfeld, die daraufhin sofort nach Berlin telegrafierten: »*soeben erfreulicher brief walters aus moussey, hat wollsachen erhalten, bittet um seine pelzjagdweste, eine zweite unterhose von gerson...*«[173]

Allerdings hatte Walter Gropius nicht nur die Beständigkeit des spätsommerlichen Wetters überschätzt, sondern auch den Ablauf des weiteren Kriegsgeschehens. Der anfängliche Schwung, mit dem die deutschen Truppen durch Belgien hindurch nach Frankreich hinein vorgestoßen waren, hatte nachgelassen, nach der ›Schlacht an der Marne‹ war am 9. September der Befehl zum Rückzug ergangen, die Truppen wurden bis hinter die Aisne zurückgenommen. Die Hoffnung auf ein schnelles Ende des Krieges im Westen geriet ins Wanken – und im Osten hatte man zwar die Russen aus Ostpreußen wieder vertrieben, doch weiter südlich in Galizien waren sie weiter im Vormarsch.

Derweilen war Walter Gropius bei der Familie und den Freunden nicht vergessen. Da er als einer der ersten aus ihrem Kreis eingezogen worden war, galt ihm vornehmlich ihre Aufmerksamkeit. Karl Ernst Osthaus war ihm als der Freund und Förderer verbunden geblieben, als der er sich bereits bei ihrem ersten Kennenlernen in Spanien erwiesen hatte; er verfolgte den beruflichen Werdegang des jungen Architekten, der seit den Tagen in Spanien in ständiger Verbindung mit ihm geblieben war, mit verhaltenem

Stolz. Als Antwort auf eine Feldpostkarte, die ihm Gropius geschickt hatte, schrieb er am 1. Oktober 1914 einen längeren Brief, in dem er in bewegten Worten seine Gedanken und Empfindungen darlegte, um anschließend von gemeinsamen Freunden zu berichten. *»Es ist grausam, daß man in diese Ereignisse hineingerissen wurde, ohne auch nur zwei Worte noch tauschen zu können. Erst vor vierzehn Tagen erfuhr ich mit Bestimmtheit, daß sie im Felde seien, bei den ›Danziger Husaren‹ und im Osten, wie [Ernst] Jäckh glaubte. Nun hat mir Frl. Perl Ihre Adresse mitgeteilt. Ich kann Ihnen also sagen, wie sehr meine Gedanken in diesen Wochen mit Ihnen gezogen sind, mit Ihnen mehr wie mit jedem Anderen, dessen Leben mir teuer ist. In Wenigen nur kann das Große, was auf dem Spiele steht, so bewußt sein wie in Ihnen. Sie wissen, worum es sich handelt, und werden mit ganzer, starker Seele diesen Kampf führen, aber Sie werden auch leiden mehr wie Andere, und es graut einen zu denken, daß das Neue Deutschland vielleicht ohne Ihre gestaltende Hand erbaut werden müßte. Der Himmel schütze Sie und führe*

Abb. 52 W. Gropius mit dem Eisernen Kreuz 2. Kl., September 1914

Sie glücklich in unseren Kreis zurück! Gestern war ich bei Bötticher, er hatte einen Arm- und Beinschuß, wird aber ganz heil werden, wenn auch erst nach geraumer Zeit. Velde ist im Sanatorium (Binswanger) in Konstanz, er hat unter dem Zwiespalt seiner Abstammung und Geisteszugehörigkeit sehr gelitten, auch hat man ihn in Weimar sehr taktlos behandelt. Riemerschmid soll im Felde sein, Heinersdorff baut Schanzgräben in Graudenz. In Köln – da herrscht nach wie vor der ›Werkbund‹.

Glück auf also! Alles innig Liebe sendet Ihnen der ganze Hohenhof und Ihr treu ergebener Osthaus.«[174]

Am 21. Oktober 1914 gratulierten die Kollegen der Ortsgruppe Berlin des Bundes Deutscher Architekten dem »Herrn Architekt B.D.A., Vizefeldwebel d. Res. Walter Gropius, Ritter des eisernen Kreuzes«:

»Während wir mit Ernst beraten
Ueber uns're wicht'gen Dinge,
Schufen Sie die großen Taten,
Kreuzten mit dem Feind die Klinge.

Ihnen sind auch hier Erfolge
Kaiserseits schon zugewiesen,
Neidlos sei daher gepriesen
Ihr Talent und Ihre Kraft,
 Denn mit Stolz gedenken Ihrer
 Grüßend die ›Kollegenschaft‹.«

Zu den Unterzeichnern des Glückwunschs gehörten Paul Engler, Wassili Luckhardt, Bruno Möhring und Friedrich Paulsen.[175]

Am 1. November 1914 wurde Walter Gropius zum Leutnant befördert. Üblicherweise brauchte ein Reserveoffiziersanwärter drei bis vier Jahre, bevor er das Offizierspatent erwarten durfte, doch jetzt im Krieg sah die Situation etwas anders aus. Bei Gropius wurde die gute Allgemeinbildung wie die bereits bewiesene persönliche Tapferkeit anerkannt – und die Verluste unter den Offizieren im Fronteinsatz waren sehr hoch gewesen. Der Familie teilte Walter Gropius mit: »*Du kannst mir nun wieder gratulieren: Seit 2 Tagen bin ich Leutnant mit ›Patent vom 1. Nov. auf Allerhöchste Kabinettsorder‹. Es ist doch sehr viel angenehmer als Offizier zu rangieren und die Folgen sind sofort zu spüren. Mein reitzender Rittmeister, der mich liebt, hat mir außerdem angeboten, daß ich nach dem Kriege in sein Regiment zur Reserve komme. 6. Küraßiere Brandenburg. – Man munkelt, daß wir hier wegkommen, herauf nach Belgien.*«[176]

Nicht lange sollte er das erhebende Glücksgefühl genießen. Gerade zu dem Zeitpunkt, da er von einer möglichen Verlegung nach Belgien schrieb, war die deutsche Offensive zum Stehen gekommen, wurde der ›Wettlauf zum Meer‹ abgebrochen und begannen die Fronten zu erstarren. Sein Regiment wurde zur Verstärkung in die Schützengräben der vordersten Linie geworfen. So mußte Walter Gropius drei Wochen später der Mutter gestehen: »*Die Metamorphose zum Infanteristen vollzieht sich langsam, wozu es allerdings der ganzen patriotischen Elans bedarf, den man als guter Deutscher heute hat. Das gute Bett in der Mairie von Moussey habe ich mit einer Erdhöhle vertauscht, zu der man durch kniehohen Lehm hinaufwatet...*

Dein Telegramm kam hierher von St. Blaise aus. Evt. Weihnachtspakete sendet *nur per Dringendes Schnellzugsgut bahnlagernd St. Blaise. Alles andere ist unsicher. Briefzusatz: nicht Corps Eberhardt, sondern neuerdings XV. Reserve-Corps. – Zum Schreiben ist immer wenig Zeit, da ich fast nie allein bin. – Schickt mir doch bitte Palmströms Gedichte recht schnell zum Vorlesen im Schützengraben.*«[177]

Das Korps erhielt neue Angriffsbefehle, und die Kompanie von Walter Gropius hatte die Aufgabe, dem Feind eine befestigte Höhenstellung wieder zu entreißen. Sie nahmen die Stellung, doch es wurde ein blutiger Sieg. Er hatte kaum den Mut, der Mutter den Angriff zu beschreiben: »*Siegreich, aber gebeugten Hauptes sind wir heute Morgen von unserem grauenvollen Berge herabgestiegen, auf dem ich den Krieg in seiner furchtbarsten Gestalt habe erkennen müssen. Die besten sind tot, unser herrlicher Hauptmann und viele Kameraden dahin. Wir letzten sitzen stumpf und weinend mit erschlafften Nerven. Wir sollen nun endlich abgelöst werden, nachdem wir die letzten 8 Tage ohne jeden Schlaf in ständigem Granatfeuer zubringen mußten. Mit einem tiefen Seufzer und Dank dem Himmel, der mich durch diese Schrecken heil hindurchgeführt hat, bin ich hier nach Laitre zurückgegangen.*«[178]

Acht oder zehn Tage mußten erst vergehen, bis Walter Gropius sich ein Herz faßte und der Mutter einen genaueren Bericht sandte – er tat dies vor allem, um der Familie zu beweisen, daß er selbst unversehrt davongekommen war. »*Am 28. [Dezember 1914] wurde meine Kompanie, die als tüchtigste der Brigade galt, auf einen verlorenen Posten (Höhe bei Ban de Sapt) geschickt, um eine gänzlich verfahrene Karre aus dem Dreck zu ziehen. Wir gingen schwersten Herzens herauf und wußten, daß uns bevorstand, einen französischen Schützengraben zu stürmen, der fast uneinnehmbar schien. 4 Tage und Nächte ohne* jeglichen *Schlaf gruben wir uns in der Erde bergauf, Tag und Nacht von feindlicher Artillerie zugedeckt. Am 1. Januar platzte eine schwere 15 cm Mörsergranate unmittelbar vor mir. Ich warf mich zu Boden, lag einige Augenblicke bewußtlos, stand dann aber, oh Wunder, heil, nur über und über mit Erde beschüttet auf! Der Chok war ein schrecklicher. Am Abend des zweiten erfolgte dann unser Angriff, wir Offiziere haben uns zum Sturm alle freiwillig gemeldet. Unser Hauptmann, ein in jeder Beziehung herrlicher Mann, dem ich Thränen nachgeweint habe –*

wählte den jüngsten von uns zum Sprung in den feindl. Graben. Ich führte den linken Flügel der Kompanie. Die Franzosen hatten sich bis auf 7 m. an uns heran gegraben. Mit dem Abschuß einer Mine in den feindl. Graben begann der Höllentanz, dann der Sturm.

Unser lieber Hauptmann sank als erster ins Herz getroffen um, dicht vor mir. Dann setzten 4 verschiedene Artillerien ein, auf beiden seiten Kreuzfeuer der Maschinengewehre und wahnsinniges Gefechtsfeuer. Alle Höllenschlünde schienen geöffnet. Allein auf unserer Seite wurden in 2 Stunden 17 000 Patronen verschossen. Außer dem Hauptmann fiel noch ganz spät, neben mir von einem Querschläger ins Herz getroffen ein reitzender Leutnant Rose, ferner ein Offizierstellvertreter tot, ein netter Pionieroffizier schweren Lungenschuß, ein Feldwebelleutnant durch eine zu kurz gehende eigne Granate getötet, ca. 15 Tote Mannschaften und zahllose Verwundete. Ich kann die grauenvolle Nacht noch garnicht schildern, es sticht mir ins Herz wenn ich daran denke. Wir standen noch einen Tag und noch eine Nacht, Reserven giebt es nicht, darum wurden wir ausgepumpt bis zum letzten. Wir übrig gebliebenen Offiziere hielten uns durch Rauchen wach und mußten die Leute an den Schützenblenden wach schlagen, damit sie nicht im stehen einschliefen. Als wir unseren Hauptmann begruben (an einer Ruine in Laitre), brachen wir vor Jammer und Erschöpfung fast zusammen. Viel Ehre, wir hatten das Ziel erreicht und die officielle Parole für die Division lautet für 10 Tage: ›Kompanie Naegelsbach‹, aber wie teuer ist dieser Ruhm erkauft, von 250 Mann fielen wir auf 134 herab... Die Granate vom Neujahrstag hatte meine Nerven nicht gerade konsolidiert, ich bekam Nachts das heulende Elend. Deshalb hat mich der Arzt zur Erholung für einige Tage hinter die Front geschickt. Seit gestern nacht bin ich hier in Wisch in einem privaten Hause mit richtigem Bett.«[179]

Walter Gropius erholte sich rasch, und bald suchte er in einem Brief die Mutter und sich selbst wieder aufzumuntern, in dem er von einem in Aussicht stehenden Erholungsurlaub berichten konnte. Er fühlte sich einsam: »*Ich hab eine Riesensehnsucht nach Euch allen, namentlich auch nach den Kindern, ihre kleinen Persönlichkeiten beschäftigen mich oft, sie werden ja die Träger der neuen Zeit –... Sei innigst gegrüßt von Deinem wieder fidelen Sohn.*«[180]

Unterstützt wurde er in seinem Bemühen, die Familie zu beruhigen, und in seiner Hoffnung, einen Sonderurlaub aus Gesundheitsgründen antreten zu können, durch den behandelnden Arzt im Feldlazarett, der in einem Brief an Manon Gropius erklärte: »*Nach Ansicht des leitenden Oberarztes der hiesigen inneren Station leidet ihr Herr Sohn an einer Schlaflosigkeit, die durch Nervosität hervorgerufen ist. Die Ursache hierzu scheint mir in Übereinstimmung mit dem Urteil des Oberarztes in dem anstrengenden Dienst draußen und in einem durch Platzen einer Granate in der Nähe veranlaßten Schock... zu liegen. Es ist hier in der Ruhe unter ärztlicher*

Aufsicht schon eine entschiedene Besserung eingetreten. Ihr Sohn schläft recht gut, hat Appetit und sieht bedeutend besser aus, so daß kein Grund zu irgendwelchen Besorgnissen vorliegt und auch die berechtigste Hoffnung besteht, daß der jetzige Zustand spurlos verschwinden wird. An eine Rückkehr in die Front ist vorläufig noch nicht zu denken. Sobald es irgend möglich ist, soll Ihr Herr Sohn versuchen, Urlaub zu bekommen, um sich in einem Bade und in der Heimat völlig zu erholen.«[181]

Alma Gropius! Maria Gropius!

Zu Hause erwartete Walter Gropius ein Stapel Post, der sich inzwischen angesammelt hatte. Darunter war auch ein Gruß, den ihm Alma Mahler am Silvesterabend geschrieben hatte. Zwischen ihren Wünschen für seine glückliche Heimkehr klang wehmütige Erinnerung an: »*Wird die Zeit kommen, in der ich Dich hierher führen darf – hierher, wo Du mit* Deinen *Schritten mir den Boden abgemessen hast.«*[182]

Es war beileibe nicht der erste Gruß, den er von Alma erhielt, seit ihre Korrespondenz im Dezember 1912 zu einem vorläufigen Ende gekommen war. In den ersten Monaten des Jahres 1914 hatten sich die Beziehungen zwischen Alma Mahler und Oskar Kokoschka sichtlich abgekühlt. Symptomatisch war Almas Reaktion auf das neue Doppelbildnis, das Kokoschka in diesem Frühjahr malte[183], sie konnte keinen Gefallen daran finden, und noch weniger schien es ihr angebracht als Morgengabe, wofür es von Kokoschka gedacht war. Etwa um diese Zeit, im späteren Frühjahr 1914, begannen die Zeitungen ausführlich von der Kölner Werkbund-Ausstellung zu berichten, und Walter Gropius zog als kühner Neuerer in der Architektur ebenso wie als rühriger Mitarbeiter im Deutschen Werkbund in beträchtlichem Maß die Aufmerksamkeit auf sich. Alma Mahler wurde durch ihre Freundin Berta Zuckerkandl, die Gattin des berühmten Wiener Anatomen Emil Zuckerkandl, auf diese Berichte hingewiesen. Am 6. Mai 1914 hatte sie, offenbar nach über einjährigem Schweigen, erstmals wieder einen Brief an Walter Gropius gerichtet, und am 24. Mai schrieb sie ihm erneut, diesmal nach Köln, wo er sich gerade aufhielt, und ließ ihn wissen, daß sie sich gern im Juli mit ihm treffen würde; sie fühle sich einsam. Von Oskar Kokoschka sagte sie nichts, und nichts davon, daß sie sich inzwischen getrennt hatten.[184] Walter Gropius erhielt noch weitere Briefe von ihr mit der flehentlichen Bitte um ein Wiedersehen – was er ihr darauf antwortete, und ob er überhaupt antwortete, bleibt ungewiß.

Von der Aufbruchsstimmung der ersten Kriegswochen, als die deutsche Offensive im Westen noch täglich Geländegewinne erbrachte, war auch Alma Mahler erfaßt worden. Aus Zeitungsnotizen, die von den Taten des Husaren Walter Gropius berichteten, hatte sie seinen augenblicklichen

Aufenthaltsort erfahren und ihm daraufhin Anfang September 1914 begeistert und erwartungsvoll nach Straßburg geschrieben: »*Ich werde nach Berlin kommen, wenn die Deutschen in Paris einmarschieren!*«[185]

Der Krieg verlief allerdings nicht so, wie Alma Mahler, wie viele Menschen in Deutschland und Österreich es sich ausgemalt hatten; das »Wunder an der Marne« brachte den deutschen Vormarsch zum Stehen. Mehr als ein Vierteljahr war seit jenem euphorisch beschwingten Brief von Anfang September vergangen, als Alma nach der ersten Kriegsweihnacht aus Semmering in der Silvesternacht in ihrem bereits erwähnten Brief sehnsuchtsvoll wieder an Walter Gropius schrieb: »*Ich wünsche Dir, daß Du wohl aus der Schlacht zurückkehrst, alles andere wird Dir Deine liebe schöne Natur selber anziehen, da brauche ich nicht weiter zu wünschen. – – – Eben jetzt gieng ich auf meinen Nordbalcon – es ist Mondschein – die Berge liegen schweigend und groß – – nirgends ein Laut – ein Hauch. –... Morgen haben sich Gäste angesagt,... – so bin ich morgen nicht so allein – so allein. Wird die Zeit kommen, in der ich Dich hierher führen darf – hierher, wo Du mit Deinen Schritten mir den Boden abgemessen hast. Ich drücke Deine Hände. Alma.*«[186]

Walter Gropius mag diesen Brief mit gemischten Gefühlen aufgenommen haben, doch das Erlebnis des Krieges hatte wohl manches in seiner Sicht der Dinge verändert – scheinbar Näherliegendes war nun in die Ferne, scheinbar Entfernteres wieder in die Nähe gerückt. Er vereinbarte mit Alma Mahler eine Zusammenkunft, sobald sich ihm die Gelegenheit dazu bieten würde.

So sahen sie sich gegen Ende Februar 1915 zum ersten Mal nach langer Trennung in Berlin wieder, Alma Mahler war aus Wien gekommen, um während seines Urlaubs mit ihm zusammenzusein. Das erste Wiedersehen nach einer Zeit der Entfremdung ließ die alte Liebe rasch wieder aufflammen. Freilich sollten sie sich während der nächsten Monate nicht allzu häufig sehen. Die dienstlichen Verpflichtungen, die der junge Offizier in dieser Kriegszeit ernsthaft und verantwortungsbewußt auf sich nahm, rissen sie wieder auseinander.

Am 12. März 1915 wurde Walter Gropius eine zweite Auszeichnung zuteil, er empfing den Bayerischen Militärverdienstorden IV. Klasse mit Schwertern für besondere Tapferkeit. Mit der Auszeichnung wurde eine zwei Monate zurückliegende Tat anerkannt, ein kleines persönliches Husarenstück – er war als Bodenbeobachter eingeteilt gewesen und hatte, um schnellstens und genauestens die Position des Feindes festzustellen, sich voll aufrichtend das feindliche Feuer auf sich gezogen. Gleich nach dieser erfolgreichen Erkundung hatte er damals der Mutter berichtet: »*ich halte es nach wie vor für wichtig, Dir alles den Tatsachen entsprechend zu schreiben. Was da alles geschieht, müssen wir eben mutig entgegennehmen und – wir* *können nicht dankbar genug sein für das Glück, das über mir waltete. Die Kugeln haben mich in diesem Kriege nun schon vollständig um*schrieben: *eine in die Pelzmütze, eine in die Stiefelsohle, eine rechts, eine links durch den Mantel und – die schauerliche Granate!«*[187]

Das Verhältnis zwischen Alma Mahler und Walter Gropius war nicht lange unbemerkt geblieben – die Witwe des großen, noch nicht lange verschiedenen Komponisten, die eben noch die Geliebte des vielbeachteten Malers gewesen war, bot allezeit Stoff für die Klatschspalten der Zeitungen und für das Getuschel in den Salons. Das Gerede blieb natürlich auch der Mutter des Betroffenen nicht verborgen, und sie mußte sich sagen, daß dies nicht bloßes Geschwätz war. Der größere Teil des Briefes, den Manon Gropius gegen Ende April 1915 an den Sohn richtete, befaßte sich mit der Affäre. Sie beklagte, daß er sie nicht eingeweiht habe. Ihre gerade überstandene schwere Krankheit habe ihr eine neue innere Ruhe in der Auseinandersetzung mit allen Schwierigkeiten beschert. Sie räume ein, daß seine Wahl nicht eben ihren Wunschvorstellungen entspräche, doch sie gestehe ihm sein eigenes Recht zu und werde bestrebt sein, die Dinge mit seinen Augen zu sehen: *»Ich habe... noch eine Überraschung: hier geht stark das Gerücht, Du würdest Dich gleich nach dem Krieg verheiraten. Warum verschweigst Du mir das, mein Walter, wenn es wahr ist? Zweifelst Du an meinem Verständnis, oder fürchtest Du, mich zu sehr zu erregen? Sei versichert, daß beides nicht nötig ist, und daß ich ganz glücklich und zufrieden bin, wenn Du es bist. Glaube mir, wenn man so am Grabesrand gestanden hat, wie ich diesen Winter, dann bringt man den Dingen des Lebens eine gelassenere Ruhe entgegen, als früher wohl. Ich empfinde es täglich dankbar, daß ich noch da sein darf... Aber man hat doch andrerseits erfahren, wie schnell es mal zu Ende sein kann, und da wäre es mir ja eine unaussprechliche Wohltat, Dich glücklich verheiratet zu wissen. Daß Deine Wahl vielleicht nicht so sein wird, wie es mein altmodisches Herz gewünscht hätte, ist mir längst klar. Du bist eben ein Künstler, ein ganz moderner Mensch, und Deine Bedürfnisse, den Menschen gegenüber, sind ganz anders als die meinen. Aber glaube mir, daß ich mir alle Mühe geben werde, mit Deinen Augen zu sehen, die ja doch helle genug sind und sich auch hoffentlich hierin nicht täuschen. Also wenn es so ist, wie ich vermuten muß, daß Du verlobt bist – dann mache mir kein Geheimnis daraus, sondern sprich Dich frei aus, und sei versichert, daß ich Dir mit liebendem Verständnis entgegenkomme.«*[188]

Die beiden Liebenden schrieben sich nunmehr fast täglich, und der Inhalt ihrer Briefe zeugte von ihrem innigen Verhältnis. In den ersten Maitagen gedachte Alma des Anfangs ihrer Liebe – an eben dem 2. Mai sei sie genau fünf Jahre zuvor nach Toblach gereist, wo sie sich dann zum ersten Mal gesehen hätten.[189] Und danach schrieb sie wieder einen Brief, in dem sie andeutete, daß sie möglicherweise ein Kind empfangen habe; sie schien sich dessen nicht sicher zu sein. Sie redete Walter Gropius als ihren Mann an und unterzeichnete als seine Frau: »*bin bei Dir – nicht eine Secunde weg – gehe herum mit der* einen *Idee – möge es* jetzt *geschehen sein. Ich zittere vor unserer Wildheit – die vielleicht Verworfenheit – aber so* himmlisch *schön war*...

Überlege wo ich im Sommer für 8–14 Tage hinkommen könnte – bei Straßburg – um in Deiner Nähe zu sein – und dort *heiraten wir ob es nun notwendig sein wird oder nicht – Erkundige Dich über all diese Dinge – ich will dann mit Gucki kommen – sie soll überall dabei sein –*... *Kann ich nicht nach Moussey – für ein paar Tage – wenn wir vorher verheiratet werden?*«[190]

Walter Gropius war um diese Zeit bereits wieder an der Front, sein Regiment stand in den Kämpfen an der oberen Mosel zwischen Nancy und Epinal. Er erhielt zeitweilig keine Post aus der Heimat und hatte auch selbst keine Gelegenheit zum Briefeschreiben. Damit rief er unverschuldet Almas Unmut hervor, die sich ungeduldig über sein Schweigen beschwerte und den offenbaren Mangel an Zuneigung beklagte. Sie schrieb ihm von ihrer Freude und ihrer Liebe, sie erinnerte ihn daran, daß sie ihre Bereitschaft, alles für ihn zu opfern, bereits bewiesen habe – »*fühle ich aber, daß Deine Freude kleiner ist als die meine, so gehe ich stillschweigend aus Deinem Gesichtskreis – von meinem Leid wirst Du nie etwas sehen.*«[191]

Wenige Wochen, nachdem sie von ihrer möglicherweise eingetretenen Schwangerschaft geschrieben hatte, wußte sie, daß ihre Annahme unbegründet gewesen war. Dennoch drang sie weiterhin auf eine baldige Eheschließung. »*Wenn Du Urlaub bekommst – gehe ich dorthin – wo Du mich am schnellsten siehst – ich bringe meine Papiere mit und wir heiraten... ohne daß es ein Mensch erfährt. Man hat heute andere Sachen im Kopf. Ich bleibe incognito Deine Frau, so lange bis Du zurückkehrst und mir Deinen Schutz geben kannst...*

AlmaMGropius

AMariaGropius

Da schau her: Ist das lieb; – Schreib mir wieder einmal innen im Brief diesen *Namen. Will ihn von Dir geschrieben lesen – Gropius – fremder Name – Du:* ... *Schöne liebe Phantasien – eine helle Vollmondnacht – Gucki läßt ein Pratzerl aus dem Bett hängen – ich glühe – ich kann nicht schlafen.*«[192]

Walter Gropius hatte sich den Mai hindurch brieflich und während einiger Urlaubstage in Berlin auch im persönlichen Gespräch mit seiner Mutter (und schließlich auch mit seiner Schwester Manon) über Alma Mahler auseinanderzusetzen, deren Lebensweise und Wesensart den beiden Berlinerinnen offenbar höchst befremdlich vorkam. Die Mutter fühlte sich peinlich berührt und verärgert, sie würde, käme er nach Berlin, nicht in der Stadt bleiben, da es nicht einmal »auch nur leichte Hoffnung auf irgendeine Verständigung« gäbe und sie »bitteren Worten, die uns immer mehr voneinander entfernen würden«, aus dem Weg gehen wolle; sie bete für den Sohn und segne ihn.[193] Ungeachtet ihrer Vorhaltungen und Befürchtungen kam Walter Gropius zusammen mit Alma Mahler nach Berlin. Er hoffte auf eine Verständigung und Aussöhnung, doch er hatte vergeblich gehofft. Nach seiner Abreise schrieb ihm die Mutter: »*Die hier mit Dir und Frau M. durchlebten und durchkämpften Tage waren wie ein Sturmwind über mich dahingebraust und ließen mich gebeugt und völlig erschöpft zurück. Ich bin solchen Erregungen körperlich jetzt garnicht gewachsen und klappte völlig zusammen... Ich merke aber hieran, wie alt... ich bin, daß es mir so unsäglich schwer wird, alles aus diesen neuen Gesichtspunkten anzusehen. Vielleicht lerne ich es besser, wenn ich sie erst noch mehr kenne – habt nur Beide Geduld mit mir, hoffentlich trifft auch hier zu: was lange währt, wird gut!*«[194] Und weiterhin schrieb sie, so unglücklich wie hartnäckig, dem Sohn Briefe, in denen sie ihre Ablehnung seiner Wahl und Entscheidung unterstrich. Er las diese Briefe, er suchte die Mutter zu verstehen, und er antwortete ihr dann in der offensten, schonungslosesten Weise, die er sich je der Mutter gegenüber herausgenommen hatte. Er gestand ihr die Liebe des Sohnes zur Mutter ein und wollte ihr auch keine anderen als die besten Absichten unterstellen, doch er hob den geistigen Abstand hervor, der sie trennte und den er als eine Kluft ansah, die es zu überwinden gelte, um den Zwist zwischen ihnen aus der Welt zu schaffen. Er meine darum, daß sie sich freimütig aussprechen sollten, insbesondere, da er davon überzeugt sei, daß es sich bei dem Streit allein um eingebildete Differenzen handele. »*Ich bin von Deinem Blut, bin in der Schule Deiner Meinungen groß geworden, kenne sie also alle und verstehe Dich durchaus, aber siehst Du, dieselben sanktionierten Ansichten, die heut zum Teil versteinert und abgestorben in Dir liegen, habe ich in einem* jungen *Leben versucht, auf ihren Gegenwartswert aufrichtig zu prüfen, brüchiges und kurzsichtiges fortzuwerfen, ihre Grenzen zu erweitern, kurz sie dem* neuen, heutigen und darum *allein berechtigten Leben anzupassen. Ich mag dabei 1000 mal geirrt haben, in den Hauptsachen nicht. Erinnere Dich, wie ich Konventionen gehaßt, mich gegen sie aufgebäumt habe, wie ich der faden, großen Gesellschaft aus dem Wege ging, nur positive Menschen suchte, wie ich statt Examina zu paucken, wirklich etwas fürs Leben zu lernen versuchte.*« Er erinnerte seine Mutter daran, daß er sein Leben lang gegen die Konvention, die er mit Mittelmäßigkeit gleichsetze, angekämpft habe, er wies auf die Verwurzelung der Mutter im Herkömmlichen, auf ihre Streitsucht und ihren Mangel an Einsicht hin: »*wenn Du gewollt hättest, so brauchten Dich meine Lebensanschauungen, die Dich heut erschüttern, nicht unvorbereitet treffen und meine Heirat mit dieser Frau voll innerster Freiheit würde Dir ein logisches Glied in meiner Entwicklungskette.*« Er verwies darauf, daß er »*innerlich in den letzten Jahren rapide vorwärtsgekommen*« sei zu einer Reife und Erfahrung, die ihm ein erstauliches neues Selbstvertrauen beschert habe, so daß er nunmehr seinen eigenen Vorstellungen noch gegen den Widerstand seiner Zeitgenossen, »*gegen ganze Massen herzensträger Mitmenschen*«, Form und Ausdruck geben könne. So bat er schließlich die Mutter: »*Und wenn Du ... zur Ruhe gekommen bist, dann bitte schreibe meiner lieben Maria ein paar Worte; sie krankt an Dir. Aber um Gottes willen nenne sie nicht Du, das ist doch das äußere Symbol einer inneren Vertrautheit, die eben noch nicht vorhanden ist. Ich denke aber nun würden Deine Worte auf guten Boden fallen und dann könntest endlich auch Du an unserem Glück teilnehmen und brauchtest nicht mehr freudlos und teilnahmlos von ferne stehen.*«[195]

Manon Gropius richtete daraufhin wirklich einen Brief an Alma Mahler, die sie mit ihrem zweiten Vornamen Maria anredete: »*Darf ich Sie bei diesem schönen Namen nennen. Walter schreibt mir so viel von ›seiner lieben Maria‹, daß es mir unnatürlich erscheint, Ihnen eine steife Anrede zu geben, wollen sie mir diese erlauben ...*«[196]

Dann las man in den Zeitungen beunruhigende Meldungen über die Kämpfe um Ban-de-Sapt, und Manon Gropius fürchtete, ihr Sohn könne dort, wie schon zuvor am Jahresende 1914, abermals eingesetzt sein. Der Gedanke quälte sie, und sie schrieb ihm von der Besorgnis der Familie: »*alle die schweren Opfer umsonst ... und die schwer umstrittene Höhe nun doch wieder in französischen Händen ...*«; ihr Streit sei töricht gewesen, der »*in dieser Zeit des bitteren Kämpfens*« nur zusätzlich Wunden aufreiße. Sie betonte, daß sie ihn gut genug kenne und daß sie sein Heranwachsen vom Jüngling zum Mann mit Freude begleitet habe, auch wenn sie, wie sie zugeben müsse, nicht gewahr geworden sei, daß eine Frau dahintersteckte. Sie wolle sich mit ihm aussöhnen, um ihre so betrüblich brüchig gewordene Beziehung zueinander wieder zu festigen. Sie blieb allerdings am Ende dabei, daß ihre eigenen Überzeugungen und Ansichten ihr selbst überlassen bleiben müßten, während sie im gleichen Atemzug zugab: »*Dein Glaube ist der für Dich rechte ... – denn er hilft Dir vorwärts.*«[197]

Um die Mitte des Jahres 1915 mußte sich Alma Mahler in einem Brief an Walter Gropius mit einer gerade herausgekommenen Veröffentlichung im Zeit-Echo, einer in München erscheinenden Zeitschrift, auseinandersetzen – es ging um »Άλλως – Μακαρ«, ein Gedicht, das Oskar Kokoschka 1913 geschrieben und illustriert hatte, das aber, obendrein mit dem Untertitel »Kriegstagebuch eines Künstlers« versehen, nicht ohne weiteres als ein bereits zwei Jahre zuvor entstandenes Werk zu erkennen war.[198] Mag sein, daß Alma Mahler ihrerseits vorbeugend Stellung zu der Veröffentlichung nehmen wollte, bevor Walter Gropius von anderer Seite darauf aufmerksam gemacht wurde – auf jeden Fall aber wollte sie klarmachen, daß sie längst endgültig mit Oskar Kokoschka gebrochen hatte.
»*Ich habe die Empfindung, als ob ich nichts – leider – ungesprochen zwischen uns lassen dürfe und darum schicke ich Dir heute die Nr. 20 des Zeitecho.*

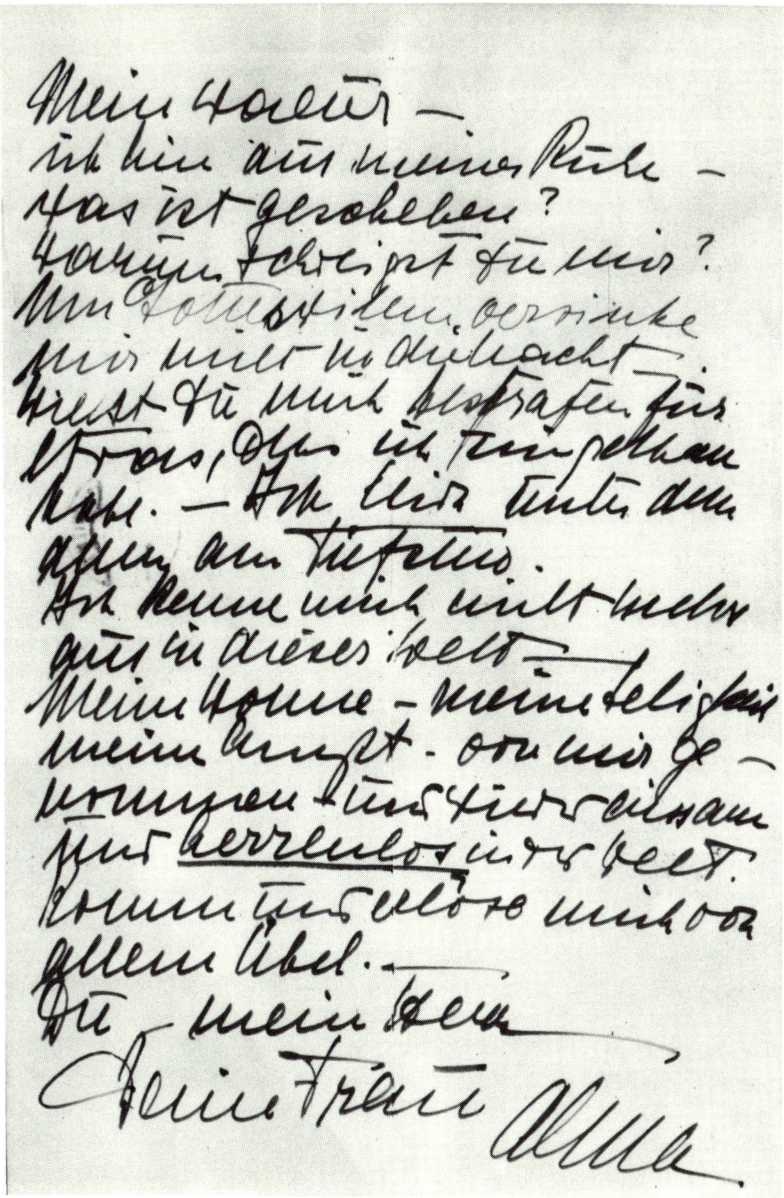
Mein Walter –
ich bin aus meiner Ruhe –
was ist geschehen?
Warum schweigst du mir?
Um Gotteswillen versinke
mir nicht in Ohnmacht –
Willst du mich bestrafen für
[illegible], die ich [illegible]
habe. – Ich liebe dich unter allen
Dingen am tiefsten.
Ich kenne mich nicht mehr
aus in dieser Welt –
Meine Sonne – meine Seligkeit
meine Angst – [illegible]
[illegible] einsam
und herrenlos in der Welt.
Komm und erlöse mich von
allem Übel. –
Du mein Herr
Deine Frau Alma

Abb. 53 Handschriftlicher Brief von Alma Mahler, wohl 1915

Ich halte das Blatt, aber hörte und wußte nicht, daß O. K. darin mitarbeite. – Ich schlug es auf und bedauerte tief, nicht alles sofort mit Dir besprechen zu können. Die 2te Zeichnung und die 3te finde ich sehr gut – 1-4-5 scheußlich. Das Gedicht aber ist wirklich schön. Die 2te Zeichnung direct groß... Ich bitte Dich, mir genau darüber zu schreiben – es ist auch viel bei den Haaren herbeigeholtes dabei – wo er es doch nicht kann. Ich bin so glücklich, dass es nichts gibt, das ich Dir nicht sagen möchte – bin glücklich über mich selbst.

Ich will diesen Menschen – der mein Hirn fast vernichtet hätte – nie mehr sehen – und immer mußt Du vor mir stehen – was auch kommen mag.

Ich habe die Empfindung, daß das so eine Art Botschaft von ihm sein soll – weiß er doch, daß ich mich für alles neue interessiere – d. Lieser fand sogar etwas merkwürdiges heraus, auf das ich nie gekommen wäre. Schau Dir einmal Allos – makar genau an ——— aber es berührt mich gar nicht! – Ich empfinde den künstlerischen Wert oder Unwert der Sache – das ist alles.

Würde ich es Dir aber verheimlichen, so würde es mich vielleicht bedrängen. – Hebe es auf und schauen wir es einmal zusammen an – wenn meine Hand in der Deinen liegt – und mein Kopf an Deiner Brust – alle bösen Geister der Welt sind dann wirkungslos. Ist das nicht schön, daß Du so ein herrlich starker Mann bist, daß ich Dir alles sagen darf.

Ich liebe Dich – in Ewigkeit – Alma. –«[199]

Ungeachtet aller Widerstände und Bedenken ließen sich Walter Gropius und Alma Mahler am 18. August 1915 in Berlin heimlich trauen. Er hatte nur zwei Tage Sonderurlaub erhalten, so kehrte er anschließend wieder – sein Regiment stand noch immer am Moselabschnitt – an die Front zurück, Alma Gropius reiste heim nach Wien. Die deutschen Armeen im Westen waren geschwächt durch die Verlegung von Truppen an die Ostfront, wo am 1. Juli 1915 die große deutsch-österreichische Offensive eingesetzt hatte, während im Westen die Front weithin bereits im Stellungskrieg erstarrt war.

Almas Briefe schlugen nach der heimlichen Hochzeit fast augenblicklich im Ton um. Hatten sie zuvor von Liebe, Sehnsucht, Verlangen gesprochen, so klang aus ihnen jetzt fast nur noch Murren und Klagen. Alma beklagte sich über die Heimlichtuerei um ihre Ehe, äußerte sich verächtlich über Walters Familie, ließ an Berlin und den Berlinern kein gutes Haar. Sie schimpfte über die zusätzliche Arbeit und die enormen Kosten, die ihr der nicht abreißende Strom der Gäste und Besucher ihres Hauses in Semmering aufbürde, und betonte im gleichen Atemzug, wie unentbehrlich ihr um der Ablenkung willen diese Besuche seien. Niemand und nichts blieb verschont, doch das Unerträglichste war die Trennung von dem Geliebten und heimlichen Ehemann. Es schien, als ginge sie der Krieg nichts an und als habe sie vergessen, daß ihr Mann als Offizier im Felde stand, sie entrüstete sich über seinen Mangel an Aufmerksamkeit, da er noch nicht einmal an ihren Geburtstag am 31. August gedacht habe.[200]

Dem Empfänger der Briefe, für den Tod und Vernichtung längst zum

Alltag gehörten, mag dieser Katalog der Klagen und Beschwerden vielleicht ein wenig unpassend erschienen sein – den Geburtstag jedenfalls hatte er nicht vergessen. Es war Almas sechsunddreißigster Geburtstag, und er hatte ihr eine Onyxhalskette gesandt, ein Familienerbstück. Almas Freude über das Geschenk war groß und ihr Dank überschwenglich: »*Gestern kam die Kette, die mich ganz* verrückt *macht. Ich finde sie so* herrlich *schön, daß ich sie nachts im Bett hatte. Kann mich gar nicht trennen davon. Werde sie immer immer tragen. – Sie kam gerade an, als Gretel C. und Baronin v. Therlitz da waren. Und beide fraß der Neid. So was süßes! – Verdiene ich ja gar nicht.*«[201]

Walter Gropius hatte Alma die Treue geschworen, doch sie legte ein fast krankhaftes Mißtrauen an den Tag. Sie brachte es nicht über sich, seinem Wort zu vertrauen. Seit sie die Ehe geschlossen hatten, plagte sie der Gedanke, was er wohl treibe, während er so lange fern von ihr weilte. Daß Krieg war und daß er im Felde stand, schien ihr auch in diesem Punkt nichts zu besagen. In einem Brief vom Juli, noch vor der Hochzeit, hatte sie ihn im Nachsatz ermahnt, »*obwohl mein Walter mir heute nicht geschrieben hat, vertraue ich ihm.*« Im Nachsatz eines Briefes vom August appellierte sie an ihn: »*Verlange von mir, was Du willst, und nur von mir!*« Und auch in jenem Brief vom September, in dem sie sich so überschwenglich für das Geburtstagsgeschenk bedankte, blieb dieser Punkt nicht unerwähnt: »*Mutzi, thu nichts Böses! – Nein mein Engel – laß uns diese furchtbare Prüfungszeit, die mir für meinen Wankelmut und Dir für Deine Schwäche auferlegt wird – ehrenhaft bestehen. – Ich liebe Dich aus vollem Herzen. – ... Mutzi – meine schöne* Kette!«[202] An die Stelle des mißmutigen Klagens und mißtrauischen Zweifelns konnte dabei gelegentlich auch wieder einmal eine eher launische Stimmung treten, so etwa, wenn sie bald darauf neckisch schrieb: »*Ich weiß schon* nichts *mehr von Dir. Kann mir Dich nicht mehr vorstellen – weiß nichts mehr von unseren* süßen *Liebesfreuden – aber sie müssen schön gewesen sein: – ... Du schreibst heute vom* December*!! Also diesmal* 4 Monate . . . Leben kann ich *nur mit Dir. Seit ich dieses holde Ineinandergreifen aller Verstandes- und Herzfasern kennengelernt habe – schmeckt mir Brotsuppe nicht mehr...*«[203]

Eine Anfrage aus Weimar

Der Krieg hatte seine unmittelbaren Auswirkungen auf die Menschen in den betroffenen Ländern. Eine solche Auswirkung des Krieges war es nicht zuletzt gewesen, die Walter Gropius und Alma Mahler wieder zusammengeführt, miteinander verbunden und erneut getrennt hatte. Es war eine weitere Auswirkung des Krieges, daß sich dem jungen Frontoffizier und Architekten unerwartet eine einzigartige Möglichkeit eröffnen sollte. Henry van de Velde, der in Deutschland lebende und arbeitende Belgier, seit

Jahren Direktor der Großherzoglich Sächsischen Kunstgewerbeschule in Weimar[204], war durch den Großherzog von Sachsen-Weimar zunächst aufgefordert worden, sein Amt zum 1. April 1915 niederzulegen, danach aber hatte man ihn ersucht, die Amtsgeschäfte noch bis zum Oktober des Jahres weiterzuführen.[205] Es galt darum, einen Nachfolger für ihn zu finden, und unter den drei in Frage kommenden Personen, die van de Velde dem zuständigen Ministerium benannte, war auch Walter Gropius.[206] Zwar waren sich die beiden Männer in ihren Auffassungen von Kunst und Architektur, Erziehung und Bildung durchaus nicht einig, aber dennoch hatte van de Velde Gropius vorgeschlagen; dazu mag wohl beigetragen haben, daß er nicht nur dessen bereits erwiesene Begabung als Architekt anerkannte, sondern daß er auch mit ihm im Vorstand des Deutschen Werkbunds zusammengearbeitet und gemeinsam mit ihm auf der Kölner Werkbund-Tagung gegen Muthesius angekämpft hatte.

Am 11. April 1915 schrieb van de Velde an Gropius, um ihm seinen Vorschlag vorzutragen und dessen Meinung einzuholen. Walter Gropius antwortete zustimmend und berichtete unmittelbar danach der Mutter: *»Nun das wichtigste – bleibt zwischen mir und Dir, aber wirklich. – Beifolgenden Brief schrieb mir v. d. Velde. Ich war erst entschlossen nein zu sagen, habe dann aber doch nach langem Überlegen gefunden, daß ich ein solches Angebot* nicht *fallen lassen darf, denn es giebt einem natürlich ein solcher Posten starkes Relief und die* Möglichkeit *zu großen Aufträgen. Ich habe also v. d. Velde mit Nennung aller Bedenken, die mir aufstiegen, ›ja‹ gesagt. Wahrscheinlich wird das Ministerium sich ungern mit einem homo novus befassen. Muthesius, der mitzureden hat, wird vielleicht ganz froh sein, mich aus seiner Nähe fortzubekommen, oder aber mir ebenso froh ein Bein stellen. Ich warte ab.«* Er bat die Mutter, Material zusammenzustellen, das van de Velde möglicherweise anfordern würde: Zeitungsausschnitte und Veröffentlichungen über seine Tätigkeit und seine Projekte, Fotografien von seinen Bauten »und *alte* Werkbund-Jahrbücher«.[207] Manon Gropius entsprach seinem Wunsch und brachte mit Adolf Meyers Hilfe eine kleine Sammlung derartiger Unterlagen zustande. Sie schrieb dem Sohn, daß sie ganz und gar seiner Meinung sei und daß sie die in Aussicht gestellte Berufung für eine große Ehre halte, aber sie fürchtete auch ihrerseits, daß Muthesius ihm in die Quere kommen könnte: *»Ich finde es ganz richtig, daß Du van de Velde in bejahendem Sinne geschrieben hast, Du hast ja immer schon Lehr-Ideen gehabt, und es wäre doch für Dich eine große Ehre. Auch wäre es ja angenehm, gleich nach dem Kriege so eine feste Sache zu haben, die Dir Halt geben würde. Daß manches dagegen spricht und daß es Dir sehr schwer sein wird, das anregende Berlin mit der kleinen Residenz zu vertauschen, ist ja sicher – aber ich glaube, die Vorteile überwiegen. Freilich fürchte ich eher, daß Muthesius Dir ein Bein stellt, aus Rache, als daß er Dich fortlobt – aber daß muß man eben abwarten.«*[208]

Die Kunstgewerbeschule in Weimar hatte ihren Lehrbetrieb mehr und mehr einschränken müssen, bis auf zwei Klassen waren inzwischen alle Abteilungen geschlossen worden, und es gab nur vage Pläne für die zukünftige Weiterführung. Anfang Juli 1915 hatte van de Velde an Gropius geschrieben und ihn, wie erwartet, um eine Übersicht über das bisher von ihm Geleistete gebeten,[209] doch diese Aufforderung erreichte den Adressaten unglückseligerweise erst mit nahezu fünfmonatiger Verspätung – bis dahin war sie dem Leutnant Gropius infolge des ständigen Wechsels seiner Einsatzorte vergeblich nachgesandt worden. Betroffen schrieb Gropius sofort nach Erhalt des Briefes in den ersten Dezembertagen an van de Velde, erklärte die Umstände und entschuldigte sich zugleich als ein Deutscher und Freund für die unwürdige Art, in der man van de Velde nach all den Jahren seines Wirkens in Deutschland seitens bestimmter Kreise in Weimar behandelt hatte.[210] Noch im gleichen Monat Dezember antwortete van de Velde, er habe Walter Gropius nichts nachzutragen, doch er bitte ihn nochmals dringlich, die Berufung zum Direktor der Kunstgewerbeschule anzunehmen, um deren weiteren Verfall aufzuhalten.

Etwa zwei Monate, bevor Walter Gropius jenen verspäteten Brief van de Veldes endlich erhielt, war ihm eine weitere Mitteilung aus Weimar zugegangen. Fritz Mackensen, der Leiter der Großherzoglich Sächsischen Hochschule für Bildende Kunst, hatte sich gegen Ende September 1915 im Vertrauen an ihn gewandt und ihn um seine Zustimmung gebeten, daß Mackensen ihn als zukünftigen Direktor der Kunstgewerbeschule empfehle. Wenn Gropius zustimme, möge er die entsprechenden Unterlagen – »etwas Material und einen kurzen Lebenslauf« – an Mackensen senden, damit dieser sie dem Großherzog unterbreiten könne.[211]

Walter Gropius antwortete umgehend, er erklärte sich bereit, einem Ruf nach Weimar zu folgen, falls die Wahl auf ihn fiele, und fügte die erbetenen Unterlagen bei. Schon Anfang Oktober konnte Fritz Mackensen ihm den Empfang der Sendung bestätigen, doch nun erst ließ er, indem er »noch einige nähere Angaben« hinzufügte, die Katze wirklich aus dem Sack. *»Soeben habe ich Ihren freundlichen Brief erhalten und freue mich sehr, daß Sie im Prinzip bereit sind, einem Rufe nach Weimar Folge zu leisten. Ich habe Ihren Brief und den Lebenslauf sofort an das Ministerium des Inneren weitergegeben.*

Ich möchte Ihnen nun noch einige nähere Angaben machen, aber auch diese streng vertraulich. Vielleicht ist Ihnen schon bekannt geworden, daß die Kunstgewerbeschule als solche aufgehoben ist. – (Ich weine ihr keine Träne nach, denn die Kunstgewerbeschulen sind nach meiner Meinung sehr selten Anstalten zur wirklichen Förderung der angewandten Kunst, am wenigsten der Architektur.) –

Es hat sich mit der Zeit herausgestellt, daß die Architektur, das wichtigste Element, zu kurz kam und das übrige einen etwas femininen Charakter erhielt. Die Werkstätten sollten sich mit der Zeit selbst erhalten, doch war daran natürlich nicht zu denken; es wurde von den Meistern sehr schöne Arbeit geleistet, jedoch fehlte dem Lehrling die strenge Zucht, ohne die nun einmal das Handwerk, und ebenso wenig das Kunsthandwerk, nicht auskommen kann. –

Ich möchte nun von Ihnen hören, ob Sie die Aufhebung der Werkstätten bedauern.

An Stelle der Kunstgewerbeschule soll eine Professur für Architektur an unserer Kunsthochschule treten unter der Bezeichnung ›Abteilung für Architektur und angewandte Kunst‹. So war es meine *Absicht!*

... Nun würde es aber nach meiner Ansicht sehr notwendig sein, eine kleine Schule für Architektur und angewandte Kunst einzurichten, in die besonders Schüler aufgenommen werden könnten und zwar ... selbständig von dem betreffenden Leiter der Abteilung für Architektur ...

Selbstverständlich ist völlige Selbständigkeit in aller künstlerischen Lehrbetätigung des Leiters die wichtigste Gewährleistung der Direktion der Hochschule.«[212]

Walter Gropius teilte durchaus nicht van de Veldes Auffassungen von Kunst und Architektur, und er brachte nicht das geringste Verständnis für dessen Art der Lehrtätigkeit auf, da van de Velde seiner Meinung nach die Schüler zu armen Wesen erzog, die peinlichst genau den Weisungen des Meisters folgten und ihm allein nacheiferten, so daß deren eigenständige Kreativität absterben mußte. So antwortete Gropius am 11. Oktober, wenige Tage nach Erhalt des Briefes, und seine Ausführungen müssen auf Mackensen zumindest ermutigend gewirkt haben, denn er schrieb unverzüglich zurück – es war wiederum ein »vertraulicher« Brief. Er stellte fest, daß sie in ihren Ansichten über »künstlerisch-architektonische Forderungen« übereinstimmten wie auch in der gerechten Würdigung des Wirkens van de Veldes: »*Da nur wirkliche Überzeugungstreue der Kunst Heil bringen kann, habe ich van de Veldes Streben außerordentlich geschätzt ... Die Schule ist gegen meinen Wunsch aufgelöst. Ich will nun retten, was zu retten ist, und habe einstweilen durchgesetzt, daß alle Einrichtungen bestehen bleiben, bis ein Fachmann, das heißt der Nachfolger van de Veldes, darüber bestimmt.*« Schließlich wiederholte er noch einmal, nun etwas ausführlicher, den Vorschlag, eine solche neu zu schaffende Architekturschule nicht an van de Veldes Kunstgewerbeschule, sondern an seiner eigenen Hochschule einzurichten: »*Der Hintergrund einer Hochschule für bildende Kunst will mir im allgemeinen doch besser scheinen, als der einer Kunstgewerbeschule ... Deshalb ist auch der Geist, welcher an einer wirklichen Hochschule für bildende Kunst lebt, ... ein Quell der ewigen Erneuerung einer Architekturabteilung ... Eine solche Architekturklasse ... muß doch ganz neu geschaffen werden, denn in Veldes Schule war nichts dieser Art vorhanden. Sie kann sich nach dem Willen des Meisters sicher am allerbesten nach und nach im Verbande mit der Hochschule organisch entwickeln...«*[213]

Die Antwort von Walter Gropius kam postwendend, sie war knapp und präzis, eine unumwundene Feststellung des eigenen Standpunkts: *»Was ich nur noch vermisse, sind positive Vorschläge über die Art der Angliederung an die Hochschule und über die Selbständigkeit der Architekturschule... Ich... könnte... niemals in der Lehre der Architektur eine Unterabteilung sehen, denn sie ist allumfassend... Ich könnte nur nach meinen eigenen Ideen – in den wesentlichen Punkten – ersprießlich arbeiten... Bewegungsfreiheit muß ausdrückliche Bedingung sein...«*[214]

Walter Gropius hatte natürlich auch Alma über alles unterrichtet, was da aus Weimar an ihn herangetragen wurde. Sie bezog, klug und vorausschauend in ihrer Analyse wie in ihren Fragen, unumwunden Stellung. Aus ihrer Einschätzung Fritz Mackensens machte sie kein Hehl: *»Mack. ist ein Lügner. Ich erinnere mich, daß er im ersten Brief schreibt, er weine der aufgelösten Kunstschule keine Thräne nach – ... Nach seinem Benehmen und der Versicherung, daß er v. d. Velde deckte wo er kann wird nur klar, daß er v. d. V. herausgebissen hat. Diesem Menschen würde ich nicht trauen.*

... Diese Stellung ist nicht so großartig.

Nur dann überhaupt nähertreten, wenn man Dir schriftlich alle Kompetenzen gibt, die Du verlangst. Über Geld und Titel nicht zu sprechen ist arische Übernoblesse – die Dich später straft.

... Ich würde unbedingt verlangen – bevor Du den entscheidenden Schritt thust – einmal selbst mit dem Großherzog zu reden, denn das Sprachrohr M. gefällt mir nicht. –

Aber Gründe, die mir Weimar rosig erscheinen ließen, lasse ich schweigen – d. h. sie schweigen von selbst – wenn ich mir Dich in untergeordneter künstlerischer Stellung zu denken habe. –

Da bist Du doch 1000mal besser dran mit Deinem aufwachsenden Büro in Berlin. Hättest Du dort Zeit genug, um für Dich selbst Bauten auszuführen? – Ist M. Dir überstellt? Oder hättest Du einen vollkommen unabhängigen Wirkungskreis. All das beantworte mir und Dir und verlange dort.

Höchstens... wird man Dich nicht nehmen!«[215]

Ganz in dem Sinne, wie Alma ihm riet, war Walter Gropius schließlich auch in seinem fordernden Brief an Fritz Mackensen verfahren. Ebenso wenig hatte er versäumt, bei seinem Freund Karl Ernst Osthaus in Hagen nachzufragen, ob er ihm Näheres über die Vorgänge in Weimar und die beteiligten Personen sagen könne. Und Osthaus hatte ihn unverblümt wissen lassen: *»Mackensen... ist alter Worpsweder und malt im allgemeinen Kühe im Grünen. Seine Hochschule bedeutet für die Kunst nicht viel... Über Weimar kann ich Ihnen berichten, daß Velde's Schule... völlig aufgelöst ist, und er selbst ohne nennenswerte Arbeit und Aussicht auf andere Berufung in Weimar sitzt.«*[216]

Jahrzehnte später hat Gropius in der Rückerinnerung an Mackensen und jenen Briefwechsel des Jahres 1915 die Überzeugung geäußert, daß Mackensen keine rechte Vorstellung von Amt und Aufgaben hatte, die er da anbot. Jener Meinungsaustausch zwischen Mackensen und Gropius jedenfalls – die Korrespondenz endete mit einem letzten Brief von Walter Gropius am 25. Januar 1916 – erbrachte nichts Konkretes; Mackensen war nicht der Mann, der sehr viel für die Berufung von Walter Gropius nach Weimar tun konnte (oder wollte).

Den Gedanken, eine Architekturschule einzurichten, hatte man freilich in Weimar nicht ad acta gelegt. Der Großherzog selbst hatte inzwischen verfügt, daß eine solche Schule nicht mit Werkstätten ausgestattet sein sollte. Diese Entscheidung war durchaus nicht im Sinne von Walter Gropius, doch er konnte ja zu jener Zeit in Weimar noch nicht mitreden.[217]

Im Januar 1916 erging an Walter Gropius die Aufforderung, zu persönlichen Gesprächen nach Weimar zu kommen; er konnte der Front in den Vogesen für kurze Zeit den Rücken kehren. Er sollte dem Großherzog von Sachsen-Weimar-Eisenach und seiner Gemahlin, dem Oberhofmarschall Freiherrn von Fritsch und verschiedenen Behördenvertretern über seine Vorstellungen von der zu schaffenden Schule berichten. In Weimar wurde er an der Pforte des aus dem 17. Jahrhundert stammenden, gegen Ende des 18. Jahrhunderts umgebauten Schlosses empfangen, und man geleitete ihn durch Fluchten vornehm-elegant ausgestatteter Räume und Galerien in das prachtvolle große Treppenhaus, man führte ihn die Treppe empor, danach war noch eine Reihe von Salons zu durchschreiten, einer noch kostbarer ausgeschmückt als der andere, bis man schließlich in die üppig eingerichteten Privatgemächer gelangt war, in denen Walter Gropius von dem großherzoglichen Paar zur Audienz empfangen wurde.

Der Vortrag vor dem Großherzog und dem Oberhofmarschall wie auch die übrigen Gespräche verliefen anscheinend zur Zufriedenheit, und der Leutnant Gropius kehrte wieder an die Front zurück. Bei erstbester Gelegenheit sandte er Alma telegrafisch einen kurzen Bericht, auf den sie mit offenkundiger Begeisterung und in einer für sie typischen, unmittelbar zupackenden Art antwortete: »*Das heutige Telegramm hat einen neuen Strom von Glück in mein Herz gegossen. Weimar!* Das *wäre mir das* Liebste.

Dort ein ganz kleines Hauserl mieten und fern von Verwandten und Bekannten – beginnen.

Herrgott, das *wäre* lieb.

Ach schau, daß es zu Stande kommt.«[218]

Wann immer es der Dienst erlaubte und wann immer in den Ruhepausen Anspannung und Erschöpfung nicht zu übermächtig waren, arbeitete Gropius nun in der zweiten Hälfte des Januar 1916 eine schriftliche Zusammenfassung und ausführliche Erläuterung seiner in Weimar vorgetragenen Überlegungen aus. Das Großherzoglich Sächsische Staatsministerium hatte ihn aufgefordert, seine in Weimar vorgebrachten »Darlegungen hinsichtlich des Architekturunterrichts bei der Hochschule für bildende Kunst zu ergänzen durch eine Darlegung der Art der Einwirkung auf das Handwerk nach der künstlerischen Seite und die Erteilung eines kunstgewerblichen Unterrichts an Meister, Gesellen und Lehrlinge«. Am 25. Januar konnte Gropius das Manuskript seiner »Vorschläge« aus Namur an das Staatsministerium in Weimar absenden.[219]

Die »Vorschläge« konnten allein von dem Rahmen und den Zielen ausgehen, die der Großherzog selbst festgelegt hatte, und sie bezogen sich ausschließlich auf »die Begründung der geplanten Schule«, wie es Gropius in seinem Manuskript ausdrückte, oder die Aufnahme »des Architekturunterrichts«, wie es das Staatsministerium genannt hatte.

An die Möglichkeit der Einrichtung von Werkstätten, wie sie in Friedenszeiten an der Kunstgewerbeschule bestanden hatten, war zu jenem Zeitpunkt nicht zu denken. An der Spitze der Hochschule für bildende Kunst stand zudem noch immer Fritz Mackensen, der Maler, der schon im vorangegangenen Briefwechsel zu erkennen gegeben hatte, daß er von Werkstätten an Kunst- und Gewerbeschulen nicht sonderlich viel hielt. So mußte Gropius mit seinen »Vorschlägen« andere Wege weisen.

Eine solche »Lehranstalt als künstlerische Beratungsstelle für Industrie, Gewerbe und Handwerk« müsse zum Ziele haben, im Zeitalter der maschinellen Produktion das Zusammenwirken der Produkthersteller und Produktverkäufer mit den entwerfenden und gestaltenden Künstlern zu fördern, wenn nicht gar erst herbeizuführen. Die Industrie beginne zu erkennen, daß es mit der maschinellen Produktion allein nicht getan sei. »*So lange die Mitarbeit des Künstlers für entbehrlich angesehen wurde, mußte das Maschinenprodukt minderwertiger Ersatz des handwerklichen Erzeugnisses bleiben. Doch ganz allmählich erkennt man in kaufmännischen Kreisen, welche neuen Werte der Industrie durch die geistige Arbeit des Künstlers zugebracht werden. Man versucht nun, in besserer Erkenntnis die künstlerische Qualität des Maschinenproduktes von vornherein zu verbürgen und gleich bei der Erfindung der Form, die vervielfältigt werden soll, den Künstler mit zu Rate zu ziehen. Daraus bildet sich eine Arbeitsgemeinschaft zwischen Künstler, Kaufmann und Techniker...*« Der Künstler hat sich seinerseits auf die neue Aufgabe einzustellen, er kann dem Verfall der Form in der industriellen Produktion, der *»Gefahr der Verflachung... nur dadurch begegnen, daß er sich mit dem gewaltigsten Mittel moderner Formgestaltung, mit der Maschine jeder Art – vom einfachen Werkzeug bis zur komplizierten Spezialmaschine – verständnisvoll auseinandersetzt und sie in seinen Dienst zwingt, anstatt ihr in Verkennung des natürlichen Laufes der Dinge aus dem Wege zu gehen. Diese Einsicht wird notwendig zu einer engen Arbeitsgemeinschaft zwischen dem Kaufmann und Techniker einerseits und dem Künstler andererseits führen.«*

An dieser so lebhaft beschworenen arbeitsgemeinschaftlichen Aufgabenteilung zwischen Industrie und Kunst habe sich die Auswahl der Schüler wie die Arbeitsweise der Schule auszurichten. *»Der Auswahl der Schüler nach Maßgabe ihrer Vorbildung und ihrer natürlichen Fähigkeiten kann seitens der Meister und Fabrikherrn, die sie entsenden, gar nicht genug Sorgfalt gewidmet werden... Der teilnehmende Schüler muß den Nachweis führen, ein Handwerk erlernt oder eine bestimmte Zeit in einem praktischen Betriebe als Zeichner gearbeitet zu haben. Er bringt seinen Arbeitsstoff aus der Werkstatt selbst in die Schule mit, und zwar in Form bestimmter Aufträge seines Meisters, die augenblicklich in dem betreffenden Betriebe aktuell sind... Der Schüler arbeitet nun im Entwurfsatelier der Anstalt die Form bis ins Detail unter Anleitung der Lehrer zeichnerisch durch und kehrt für die Ausführung zur Werkstatt seines Meisters... zurück. Die Lehrer der Schule besuchen gleichfalls persönlich die Werkstätten und Fabriken,... sie geben Anregungen zu neuen technischen Versuchen und halten dauernd enge Fühlung mit den Leitern der Betriebe. Für Schüler, die zwar technische Vorbildung besitzen, aber ausreichende zeichnerische Ausbildung nicht genossen haben, soll eine gesonderte Zeichenklasse eingerichtet werden.«*

In dieser Weise hatte Gropius die Werkstättenfrage gelöst und konnte nun noch auf die Vorteile des vorgeschlagenen Verfahrens verweisen: *»Die Anlehnung der Schule an bestehende praktische Betriebe erspart ihr die kostspielige Unterhaltung eigener Versuchswerkstätten und beseitigt gleichzeitig damit die Gefahr eines Konkurrenz-Mißtrauens von Seiten der Fabrikanten, da ihr ja keinerlei Erwerbsabsichten zugrunde liegen können. Die für die Kasse des Fabrikanten entstehenden Kosten beschränken sich auf die geringe Unterrichtsgebühr für den Schüler, den er zur Ausbildung entsendet. Dafür gelangt er in den alleinigen Besitz vollwertiger Entwürfe, wie er sie gerade für seine Werkstätten benötigt.«*

Seine Überlegungen zu diesem Punkt hat Gropius mehr als dreißig Jahre später noch einmal erläutert: *»Ich war mir völlig klar darüber, daß ich schlau sein mußte, nur etwas niederzuschreiben, was nicht den Verdacht der Handwerkskammer in Weimar erwecken würde, da ich wußte, sie würden sich reaktionär verhalten. So habe ich mich an recht allgemeine Begriffe gehalten, und die... Antwort des Vorsitzenden der Handwerkskammer in Weimar hat bewiesen, daß ich recht hatte mit dieser Zurückhaltung. Bereits zu jener Zeit wußte ich, daß die Errichtung von schuleigenen Werkstätten eine absolute Notwendigkeit wäre.«*[220]

An den Schluß seiner »Vorschläge« stellte Gropius einen Gedanken, in dem er Wesen und Wirken der Schule zusammenfaßt und der in seiner Vorstellung von der Arbeitsgemeinschaft wie eine Vision wirkt. Eine solche Schule *»könnte... die Werkkunst in ihrer ganzen Ausdehnung befruchten. In ihrem Kreise könnte eine ähnlich glückliche Arbeitsgemeinschaft wiedererstehen, wie sie vorbildlich die mittelalterlichen ›Hütten‹ besaßen... Mit der*

Wiederbelebung jener erprobten Arbeitsweise, die sich der neuen Welt entsprechend anpassen wird, muß das Ausdrucksbild unserer modernen Lebensäußerungen an Einheitlichkeit gewinnen, um sich schließlich wieder in kommenden Tagen zu einem neuen Stile *zu verdichten.«*

Walter Gropius war sich durchaus bewußt, daß eine Stadt wie Weimar, die kleine Hauptstadt eines kleinen Großherzogtums, mit ihrer Tradition und Kultur, mit ihren Kunsteinrichtungen und Schulen, mit ihren Behörden und nicht zuletzt mit dem Großherzog selbst, nicht der Ort war, an dem sich ein Wandel rasch vollziehen könnte. Die Einrichtung jener neuen Schule und ihre Entfaltung würden Zeit brauchen, es würde ein langwieriger, mühseliger Prozeß sein. Als er im Januar 1916 seine »Vorschläge« zu Papier brachte, glaubte er, den langen Atem zu haben, der dazu nötig war, glaubte er, seine Ungeduld zügeln und alle Schwierigkeiten meistern zu können.

Es gab zwar, seit die »Vorschläge« dem Staatsministerium in Weimar vorlagen, einige inoffizielle Reaktionen, Walter Gropius erhielt auch eine Reihe ermutigender Zuschriften, doch die amtlichen Stellen hielten sich zurück. Über ein Jahr mußte er warten, bis ihm der Oberhofmarschall unter dem Datum des 17. April 1917 eine Mitteilung zugehen ließ – des Inhalts, daß die Unterlagen, die er in Zusammenhang mit seiner Bewerbung um eine Berufung eingereicht habe, nunmehr zurückgesandt würden. Man war mitten im Krieg, der Empfänger dieser Mitteilung stand an der Front, und der Großherzog, sein Oberhofmarschall, die Behörden hatten in dieser Zeit Dringlicheres zu tun, als sich mit dem Aufbau einer neuen Kunstschule zu befassen. Der Kriegsverlauf und die Wirtschaftsentwicklung boten wenig Anlaß, sich eingehender mit den Fragen der »Gründung einer Lehranstalt als künstlerische Beratungsstelle« zu beschäftigen oder gar die Diskussion darüber intensiv fortzuführen.

Eheprobleme – Familienprobleme

Walter Gropius stand als Soldat an der Front, und doch hatte er Zeit und Gelegenheit gefunden, sich mit Fragen der Kunsterziehung auseinanderzusetzen – während er im gleichen Atemzug Zeit und Gelegenheit brauchte, sich mit seiner ihm heimlich angetrauten Frau hier und der über seine Wahl erzürnten Mutter dort auseinanderzusetzen.

Seine Mutter flehte er an, den Streit endlich ruhen zu lassen. Er warb um ihr Verständnis, er versicherte sie seiner Liebe, und er gestand ihr die eigenen Versäumnisse ein: »*ich habe heute nur den heißen Wunsch, Dir zu helfen und meine Liebe zu zeigen, die ich gerade diese lange Zeit über, ich kanns vor Gott beschwören, stärker denn je für Dich empfand. Du konntest sie aber wol nicht spüren, ich bin Dir mit Siebenmeilenstiefeln fortgelaufen und aus dem Gesichtskreis entschwunden, aber warum reicht Dein Vertrauen zu mir nicht aus und warum glaubst Du mich auf einem Irrpfad? Ich folge meinem Glauben und suche reine Tat, und es schmerzt* bitter, *wenn die Mutter das nicht erkennt.«* Ihre Klage, daß eine heimliche Eheschließung doch unanständig und unehrenhaft sei, wies er zurück: *»Meine Frau ist eine so sensible Natur, daß* öffentliche *Formalitäten ihr schon in der Vorstellung unerträglich sind... Warum ohne daß ein Zwang dazu besteht sie, die als bekannte Persönlichkeit in Wien tausendmal mehr wie einer von uns dem ausgesetzt ist, eine solche Zeit allein durchmachen lassen, während sie neben mir in Berlin dem fast ganz entrückt sein wird?«* Wenn allerdings Walter Gropius die Mutter zu beruhigen und zum Einlenken zu bewegen suchte, hätte er vielleicht seine Argumente etwas behutsamer wählen sollen. Es wird wohl kaum Balsam auf ihre Wunden gewesen sein, wenn er ihr schließlich kategorisch den Unterschied zwischen der jüngeren Generation und ihr klarmachte: *»Wir sehen die Konventionen als ein notwendiges Übel, aber eben ein großes Übel, nicht als eine Freude an. Versuch es zu verstehen zu Deinem und unserem Glück.«*[221]

Die Mutter unternahm abermals einen Versuch, sich mit ihrer frischgebackenen Schwiegertochter zu verständigen und auszusöhnen. Auch diesem Versuch freilich war wohl ein durchschlagender Erfolg nicht beschieden, geht man von dem aus, was Alma daraufhin dem Ehemann an der Front ins Stammbuch schrieb: *»Dies ist der erste Brief Deiner Mutter, der aus einem Herzen kommt, freilich aus einem beschränkten. Was soll ich da raten? Ich scheine wirklich vom Circus herzukommen – da es mir so fremd ist. Aber nach wie vor rate ich Dir,* für Deine Person *mit ihr lieb zu sein.* Ich *habe weder mit ihr noch mit Deiner Schwester das Geringste zu thun – bevor* sie *nicht* zu mir *kommt. Sie ist sehr herrisch und ich zu leidenschaftlich – das Wort kommt hier aber nicht von Leidenschaft, sondern von Leidenschaftlichkeit – weil alles an ihr etwas zu klein geraten ist... Du schreibe nur weiter Deine guten, braven Briefe. Sie ist es von Dir gewöhnt und braucht das – dann wird* Euer *gutes Verhältnis bald wieder hergestellt sein. Das ist* mir *die Hauptsache daran. Sei ganz Sohn!!... Sag ihr doch einmal, daß die Thüren der ganzen Welt, die dem Namen Mahler offenstehen, zufliegen vor dem gänzlich unbekannten Namen Gropius. Ob sie vielleicht einmal daran gedacht hat, was* ich *mit aufgab. Daß ich, wenn ich meine heutige Position aufgebe – einen Mann an meiner Seite haben will – der mich die vielen kleinen Entbehrungen – vergessen läßt. Sei doch stolz für mich – sonst sucht sie schäbige Gründe, die* nicht *existiren. –*

... Ich weiß was Du bist und was Du mir bist, aber für die Welt bist Du ein unbeschriebenes Blatt. – Sie soll sich einmal eine Symphonie anhören, dann wird sie schon – vielleicht mehr begreifen – obwohl ich ihrem Urtheil wenig zutraue. Ich stehe über dem allen – da aber sie es nicht thut – wäre es an der Zeit ihr einmal mitzutheilen, wie 10000weise die Geheimräte herumspazieren

– daß es aber nur einen Gustav Mahler gegeben hat und daß es auch nur eine – Alma – gibt. Dein Brief hat mich mehr geärgert, als der Deiner Mutter.«[222]

Almas Briefe änderten sich in ihrem Charakter nicht, in ihnen mischten sich die Beschwörungen grenzenloser Liebe und sehnsüchtigen Verlangens mit Klagen und Beschwerden, bitteren Vorwürfen und scharfzüngigen Urteilen, Überschwenglichem und Alltagskram. Dem Empfänger an der Front mochten sie wohl keine große Hilfe und Erleichterung bedeuten. Was sollte er daraus machen, wenn Alma in einem Atemzug ihm erklärte, sie werde bei ihrem Aufenthalt in Berlin nicht seine Wohnung benutzen und auch seine Mutter nicht aufsuchen, danach ihn vor alten Irrwegen warnte, seine Familie herabsetzte und ihn zum Ende mit ihrer Sehnsucht bedrängte: »*Bevor ich nach Berlin gehe, stellst Du Dir eine Aufgabe für mich zurecht, nur daß Du nicht zurückfällst in die Philistergasse – Wenn ich sehe, wo Du herkommst, dann bewundere und liebe ich Dich noch mehr. – ... Aber mein Vertrauen in Deine Kraft ist endlos. – In Deine Continuität. Liebster Walter –* wann *wirst Du* hier *herumgehen – meine Zimmer für ewig weihen –*«[223]

Walter Gropius seinerseits ließ auch im Fronteinsatz den Briefwechsel mit Wien und Berlin nicht abreißen. Alma hatte sich einmal in diesem Sommer 1915 nach einem Aufenthalt in Berlin darüber beklagt, daß seine Mutter sie dort nicht in ihrem Hotel aufgesucht habe. Er unterließ es, sie daran zu erinnern, daß sie selbst gerade zuvor sich solche Besuche verbeten hatte, er bat sie statt dessen, sich aus ihrer Verbitterung zu lösen, denn »dann wird der Morgen schon bald dämmern«. Da sie verlangt hatte, daß er einen bevorstehenden Urlaub verschiebe, weil just zum vorgesehenen Termin ein großes gesellschaftliches Ereignis zu erwarten war, war er damals um einen Hinweis auf seine Situation doch nicht herumgekommen – sie müßten Gott danken für jeden Augenblick, den sie zusammensein könnten, und es müßten andere Kameraden für ihn eintreten, wenn er sich von der Front entferne. Er würde mit Freuden zu ihr kommen: »*Aber ich komme, verlaß Dich drauf, mein Engel, zerspringt mir doch selbst der Schädel, muß mich täglich streicheln und vernünftig zureden, daß ich bleibe wo ich pflichtmäßig hingehöre! Fordern kann ich schon, aber man muß es aus selbstbewußtem Herzen tun! Will erst noch was fürs Ganze verrichten, ehe ich mir dieses Glück gönnen kann.«*[224]

Mit der Mutter hielt er ständig Verbindung, er sandte ihr, wann immer es möglich war, brieflich seine Berichte oder schickte gelegentlich auch ein Telegramm. So ermahnte er sie im Spätherbst einmal telegrafisch: »*Bitte gehe Montag in Mahlers Lied der Erde, Philharmonie, Nikisch*«[225] – damit eine Aufforderung weitergebend, die Alma ihm vier Wochen zuvor in jenem bitteren Beschwerdebrief über seine Mutter hatte zukommen lassen. Als schließlich Weihnachten vor der Tür stand und er kaum noch Aussicht auf Festtagsurlaub hatte, gestand er der Mutter, daß er im Inneren zutiefst glücklich sei, während seine Gedanken daheim in Berlin und in Wien weilten: »*Meine Gedanken laufen in zwei entgegengesetzte Richtungen, nach Wien und zu Euch, hier bleibt nur meine leere Schale einsam unter fremden Menschen. Es kommt mir schwer an, den zweiten Weihnachtsabend draußen bleiben zu müssen... Wo wird Mannchen aufbauen, im Eßzimmer? Laßt mich alles wissen, wie Ihr beisammen seid, wie die Kinder ihre Freude äußern, was für Musik ihr macht... Vor einem Jahr wars schlimm, ich stand in schwerer Gefahr, es war das seltsamste Weihnachten, das ich je erlebte, aber keiner dachte, daß unsere Geduld auf so harte Probe gestellt werden sollte.*«[226]

Er hatte Glück, sein Urlaubsgesuch wurde genehmigt, und schleunigst fuhr er nach Wien, um zum ersten Mal gemeinsam mit Alma das Weihnachtsfest zu feiern. Daß es wirklich ein frohes Weihnachtsfest war, das sie zusammen begingen, ließ er, kaum an die Front zurückgekehrt, die Mutter wissen – und gleichzeitig rühmte er schwärmerisch seine junge Frau: »*Nun sitz ich wieder verwaist unter fremden Menschen im Kriege und zehre von seligen Erinnerungen dieser glücklichen Zeit. In Wien bin ich mit solcher Wärme und Innigkeit aufgenommen und verzogen worden, daß ich wirklich nicht weiß, womit ich soviel Liebe und Freude verdiene. Diese drei Tage dort sind mir eine neue Bestätigung dessen, was ich erwartet und ersehnt habe, ich bin mit einem Schlage ein reicher Mensch geworden. An dem Kind habe ich nur* Freude, *sie hat mir nichts fremdes, ist mir wol vertraut und hängt mit rührender Liebe an mir... ich habe nur den einen unablässigen Wunsch, daß ich* ihr *[d. h. Alma] genügen möge. Sie wird in ihrer unablässigen Sehnsucht nach Vollendung aus mir machen, was nur möglich ist.*«[227] Er vermochte sich wohl nicht vorzustellen, welche Gefühle ein solcher Lobgesang auf das fremdartige Wesen Alma in seiner Mutter erwecken mußte, von der Reaktion seiner Schwester Manon ganz abgesehen, die dem Bruder bis zu diesem Tag noch nicht ein einziges Mal geschrieben hatte.

Während der Weihnachtsfeiertage in Wien schien der Krieg in weite Ferne gerückt, doch die Atempause war kurz gewesen, und Walter Gropius stand wieder an der Front. Dort im Feldquartier in den Vogesen konnte er nachträglich einige Weihnachtspäckchen und die Grüße von Verwandten und Freunden in Empfang nehmen; außer der Mutter hatten ihm neben anderen auch Gerhard Marcks, der selbst vordem an der Belagerung von Antwerpen beteiligt gewesen war, und Peter Behrens geschrieben. Er schickte nun, sobald er Gelegenheit dazu fand, den Absendern Dankesbriefe, und im Brief an die Mutter suchte er wiederum um Verständnis für Alma zu werben. Offensichtlich war er dabei um Zurückhaltung bemüht, und so begann er in gemäßigtem Ton, doch dann mußte er wieder Almas Vorzüge herausstreichen, er verurteilte die Scheu der Mutter vor Almas »souveräner Art« – es brach aus ihm heraus: »*Du liebst leidenschaftlich das ruhige Mittelmaß, sobald Dir aber starke Originalität, Eigensinn, Paradoxie (das*

Kainszeichen der talentvollen Menschen) begegnen, erschrickst Du und suchst auszuweichen, zumal wenn einer gegen die leichte gute Sitte verstößt..., dann giebst Du Dir nicht mehr die Mühe, seinen wirklichen Wert zu prüfen. So ähnlich hat Dich auch die starke, nun gut sagen wir souveräne Art Almas erschreckt... Und bei mir ist es eigentlich genau so... So mußte es schließlich kommen, daß ich für einen ganz anderen gehalten wurde, als ich bin.«[228] Verständlich, daß seine Mutter sich durch diese Auslassungen gekränkt fühlen mußte; seinem Werben um Verständnis für Alma war der Ausbruch gewiß nicht förderlich gewesen, und es sollte eine Woche vergehen, bis die Mutter sich wieder an Alma wandte.

Alma selbst bewegte sich in gewohnten Kreisen, und zwischen Sehnsucht und Verlangen, Kümmernissen und Beschwerden klangen in ihren Briefen zuweilen auch die Begegnungen mit anderen Männern an. Es war zumindest Selbstbewußtsein, das sie an den Tag legte, wenn sie in ihren Briefen von solchen Begegnungen schrieb: »*Diesen Brief von S——— sende ich, damit Du eine Ahnung von diesem guten braven Menschen hast und von der Art meiner Correspondenz und meines Verkehrs. – Ich bin da absolut seiner Meinung – er vertritt den Standpunkt des Ariers und betont ihn, wo er kann... Daß meine Schönheit einen solchen Eindruck auf ihn macht, wußte ich nicht – er ist wirklich Herr seiner selbst. –*

Morgen kommt Hassmann. Aber Du kannst beruhigt sein. Nicht er – niemand kann mir je auf Erden noch gefährlich sein – er war es allerdings nie. – Er ist auf kurzem Urlaub in Wien. Ist Oberleutnant. Aber er kann heiter sein und wir werden ein bissel musizieren – er ist mehr Musiker als Maler – überall halb talentirt und überall halb verbummelt.«[229] Mag sein, daß ihre Schilderungen, trotz des angedeuteten Verzichts auf Romanzen irgendwelcher Art, doch nicht so recht beruhigend auf den jungen Leutnant an der Front gewirkt haben.

Glückliche Geburt einer Tochter – Manon Gropius

In den ersten Tagen des Februar 1916 war es für Alma zur Gewißheit geworden, daß sie ein Kind erwartete – daß sie diesmal wirklich schwanger war. Voller Glück berichtete sie unverzüglich der Schwiegermutter, daß sie in anderen Umständen sei, und diese gratulierte ihr sofort herzlich und lud sie nach Berlin ein.[230] Während der folgenden Wochen begann Alma wahrhaft aufzuleben, offensichtlich bewegt nicht nur vom Überschwang der Gefühle, sondern auch von dem Gedanken, daß das Kind ihr den Mann näherbringen würde. Doch hielt sie auch weiterhin ihre Ehe vor der Öffentlichkeit verborgen, ebenso wenig ließ sie etwas von ihrer Schwangerschaft verlauten. Auch am Inhalt ihrer Briefe änderte sich kaum etwas, sie schrieb nach wie vor von Freunden, Einkaufstouren, Musik, von Musikern und Dirigenten, die ihr verehrungsvoll ihre Aufwartung machten und Präsente darbrachten, von den Umständen ihrer Ehe und von ihrer Verachtung für Kokoschka – neu waren nur zwei Themen: ihre Schwangerschaft, die noch nicht zu bemerken sei, und das Glück, das ihr Kind ihnen bescheren werde.

Wenn Alma in ihren Briefen an Walter Gropius den Krieg kaum einmal erwähnt, so ließe sich vielleicht eine Erklärung in ihrer Absicht finden, ihn wenigstens für Augenblicke einmal abzulenken und an andere Dinge denken zu lassen. Doch wenn dem wirklich so gewesen wäre, so bleibt noch immer die Frage, warum sie nicht auch sonst in ihren Briefen solche Fürsorge und Rücksichtnahme obwalten ließ – denn was sie schrieb, war im allgemeinen tatsächlich wenig geeignet, seine Stimmung zu heben oder ihm in seiner Lage Trost zu bieten. So löste er in dieser Zeit mit einer besorgten Nachfrage nichtsahnend eine Reaktion bei Alma aus, die ihn wie ein Keulenschlag getroffen haben muß. Er hatte für ihr Haus »Breitenstein« auf dem Semmering bei Wien den Entwurf zum Anbau einer Veranda angefertigt und sich in einem Brief an Alma anteilnehmend nach dem Stand der Bauarbeiten erkundigt. Die Antwort war nicht allein eine höhnische Tirade, es war ein veritabler Wutanfall: »*Manchmal bist Du sehr merkwürdig – fast könnte ich sagen – etwas . . . d . . . !!* –

›*Ist die Porch schon bis vors Eßzimmerfenster erweitert worden?*‹ – *Dies schreibt ein* ›*Architect*‹ *oder einer der es gerne vorstellen möchte seiner schwangeren Frau – während des Krieges – deren Haus 1000 m hoch liegt.*

Da steht mir der Verstand still – Im Frieden und bei vollster *Gesundheit wäre eine solche Weiterführung einer Eisenbetonterrasse eine große Strapaze – da hier oben alles erschwert ist – ich nur schwer* überhaupt *Arbeiter bekomme und nun gar erst jetzt. Diese Gedankenlosigkeit gibt mir zu denken.*

Und auch diese große Portion Rücksichtslosigkeit –

Wenn ich so hirnrissig handelte, daß ich jetzt *ein solches Unternehmen wollte, müßtest Du* alles *tun, um mich abzuhalten. Offene Thüren – Zug – Schmutz – fremde Männer im Haus – große Geldausgaben – aber vor allem – Übermüdungsgefahr. All dies scheint Dir nicht bewußt geworden zu sein! –*

Nur, Du *willst einen practischen Beruf ausüben und hast keine Ahnung, was Du einem Menschen zumuthen kannst.*

Und Du *willst* mir *Stütze sein – und pelzt mir unnötige leichtsinnige Aufgaben auf:*

Jetzt überlege ich – sind das Phrasen oder –!

So lieb Deine Briefe waren – hat mich das doch so *empört, daß ich respectlos an Dich denken muß. Diese* Besonnenheit *ist etwas was ich von Dir* verlange! *Sonst hätte ich ja gleich einen deutschen Lyriker heiraten können, so ein* Wolkenschaf. –

Schreibe mir, ob ich nicht noch wieder eine Taglöhnerarbeit *für Dich verrichten darf? –*

Vielleicht den Umbau des Hausmeisterhauses??? –
Ich bin G. s. D. wieder allein und ruhe mich aus. Schreibe mir, daß Du meine Wut verstehst.«[231]

Daß Walter Gropius gerade wieder einmal mit dem Leben davongekommen war – davon erfuhr Alma nichts. Er war als Luftbeobachter zu einem Aufklärungsflug eingeteilt gewesen, die Maschine war in feindliches Feuer geraten und abgeschossen worden, und er konnte sich beim Absturz bis auf ein paar Schrammen und Verstauchungen unverletzt retten, während der Pilot in den Trümmern starb. So unermüdlich er auch die Familie daheim mit den Reportagen von seinen Kriegserlebnissen bedachte, Alma gegenüber erwähnte er davon nichts; sie sollte geschont werden.

Alma war dort in ihrem Haus sehr viel sich selbst überlassen, sie hatte Zeit, sich mit sich selbst zu beschäftigen, mit ihrer Gesundheit, mit dem in ihrem Leib heranwachsenden Kind. Gewiß hatte sie Schwangerschaft und Geburt schon erlebt, als Verlobte und Frau Gustav Mahlers, doch diesmal war sie fast ganz auf sich selbst gestellt, mußte mit allem ohne den Mann an ihrer Seite fertig werden – verständlich, daß sie von Ängsten nicht verschont blieb. Ihr Mann, dem sie sich anvertrauen konnte, war fern von ihr, es blieben ihr nur die täglichen Briefe, in denen sie von ihren Gedanken und Sorgen schrieb. Immer wiederkehrendes Thema war ihre Liebe und die bange Frage, ob er ihr auch treu sei. »*Ich bin sehr sinnlich – sehne mich beständig – nach den unerhörten Dingen – möchte wie ein Polyp Dich von allen Seiten einsaugen – aussaugen Geliebter –* bleib, *sei –,* und *war mir treu: Und antworte mir auf meine Fragen... Gieße Deinen süßen Strom in mich. Ich verschmachte.«*[232] Hinzu kam nun, daß sie von Gerüchten gehört hatte, wonach fast jeder, der von der Front heimkehrte, eine Geschlechtskrankheit mit sich herumschleppe; zwiefacher Grund, warum sie von ihm immer wieder die Beteuerung seiner Treue verlangte. So flehte sie ihn bald darauf an: »*Walter, sage mir heute ehrlich – und schwöre mir, bei allem was Dir heilig ist – warst Du mir seit wir verheiratet sind ein einziges mal untreu? –*
Sage mir die Wahrheit.
Ich habe plötzlich so eine Angst.
Wir wollen uns rein *entgegentreten!!?...*
Ach – ich bin Dir rettungslos verfallen. Und so glücklich *verfallen.«*[233]
Eine zeitweilig ins Auge gefaßte Übersiedlung nach Berlin lehnte sie schließlich ab. In jenem vorangegangenem Brief, in dem sie sich über Walters eheliche Treue besorgt gab, hatte sie berichtet, daß jetzt in Wien Familien mit Kindern aus Deutschland einträfen, die aus Angst vor dem Verhungern nach Österreich auswichen. Und sie wisse nicht, schrieb sie dann, was sie in Berlin anfangen solle, allein und ohne ihren Mann: »*So lange Du nicht bei mir bist, was soll ich da in der Fremde?«*[234]
Selbst in Gedanken an die geliebte Musik, die ihr doch immer Trost war,

beklagte sie noch das Alleinsein: »*gestern mittag war noch Heller mit Frau hier (Concertunternehmer) – so habe ich mir das Requiem von Berlioz auch in Wien bestellt. Ochs macht es auf meinen Befehl 20. Nov. in Berlin – Heller mit Mengelberg im December* in Wien. *Ich muß dieses Werk hören. Ach – warum aber allein?*«[235]

Ihre Einsamkeit erfuhr eine kurze Unterbrechung, als Manon Gropius zu Besuch nach Semmering kam. Der Gast aus der »Fremde« in ihrem Hause schien eine höchst heilsame Wirkung auf Alma auszuüben. Begeistert schrieb sie dem Sohn von seiner Mutter: »*Nun weiß sie längst, daß Du keine Mesalliance gemacht hast, sondern eher... ———*

Sie hat mir weinend für alles gedankt und ich habe die Empfindung, daß wir uns sehr nahe gekommen sind.

Ja – mehr noch. –

Ich habe sie liebgewonnen. *Ich kann sagen – sie fehlt* mir. *Sie hat eine ungemein wohlthuende Gegenwart.*

Bitte schicke mir, was sie über den Aufenthalt und mich sagt.«[236] Auch die Mutter vermochte nun die Wahl des Sohnes besser zu verstehen, doch in die Worte der Bewunderung für Alma mischen sich unüberhörbar die Äußerungen ihres Zweifels: »*Ich weiß jetzt, daß Du wohl wirklich einen Schatz gehoben hast, und daß ein seltenes und innerlich reiches Menschenkind Dein eigen geworden ist. In ihrer lebhaften Art läßt sie mich viele Blicke in ihr Leben und auch in Euere gemeinsame Vergangenheit tun. Daß mir noch viele ihrer Ideen, Gewohnheiten und Anschauungen fremd und verwunderlich sind, ist ja natürlich. Ihr in jeder Beziehung großes Verwöhntsein macht mir recht oft Sorgen. Das wird vielleicht immer bleiben, wird aber nicht hindern, daß ich ihr gut bin und sie in vielen Beziehungen bewundere, weil sie klug und gut und reich begabt ist. Ihre Musik ist herrlich, aber auch überwältigend. Ich genieße sie sehr, und sie spielt, nach dem ersten Zögern, jetzt viel und unbefangen vor mir. Gucki ist mir ein anziehendes Kind – auch nicht ganz vertraut. Doch bewundere ich, wie es Alma gelungen ist, sie in ihrem unruhigen Leben so einfach und kindlich zu erhalten. Ihre geistige Reife und Intelligenz kann ich nicht beurteilen, weil sie davon wenig zeigt, aber das gerade bewundere ich sehr. Sie ist so schlicht kindlich und natürlich und hat einen großen charme für mich. Alma sehe ich immer anders – äußerlich und innerlich schimmert sie beständig in neuem Licht. Ich sah nie Jemand von so mannigfaltigem Wesen.*«[237]

Daß Walter Gropius, als Offizier an der Front in ständigem Einsatz, ständig bis an den Rand der Erschöpfung seine Kräfte verausgabend und bei aller Nervenanspannung nicht nur an die Angehörigen daheim, sondern auch noch an die Zeit nach dem Kriege, an die Zukunft denkend, zuweilen in seiner Korrespondenz mit Alma und mit der Mutter etwas nachlässig war, nimmt nicht wunder. Er hatte Anfang Juni 1916, gerade zu der Zeit, da die

Mutter zu Besuch in Semmering weilte, Gelegenheit erhalten, für kurze Zeit die Front zu verlassen, um an der Tagung des Deutschen Werkbunds in Bamberg teilzunehmen. Es war ein hastiger Abstecher, zum Schlafen war er weder auf der Hin- noch auf der Rückreise gekommen. So hatte er Alma von dieser Exkursion nur eine kurze Notiz geschickt, eilig zwischen Tür und Angel mit dem Bleistift hingekritzelt. Ihre Reaktion war eruptiv, zumal ihr die Schwiegermutter sogleich – wohlmeinend, natürlich, und nur, um sie ein bißchen aufzuziehen – unter die Nase rieb, wie ein liebender Ehegatte doch stets brieflich oder telegrafisch für angemessene Unterrichtung sorge:

»... *nun bist Du längst zurück im Feld und ich habe von Dir* direct *aus Bamberg nichts gehört. Du hattest also keine Minute Zeit, mich zu verständigen, daß Du dort bist.*

Ich werde Dir daher die nächsten 8 Tage nicht schreiben, damit Du siehst, wie weh das thut. Ich habe nun 5 Tage keinen Brief gehabt, denn solche Ortswechsel verzögern alles. Daran dachtest Du nie – und ließest mich allein. Weißt Du, was das heißt? ...

Ich bin wirklich *böse!* –

Wenn Du mich betrügst – so thue ich es wieder – merk Dir das! – Und ich finde *immer* Menschen! *– Nur hatte ich in der letzten Zeit keine Lust. – Sei lieb mit mir.*«[238a] Diesen Brief schrieb Alma an einem Freitag, offenbar unmittelbar, nachdem sie die Bleistiftnotiz erhalten hatte, in der er ihr – unterwegs auf der Rückfahrt – von seinem Abstecher nach Bamberg berichtete. Nun mußte er zwar nicht volle acht Tage warten, bis sie wieder an ihn schrieb, doch sie ließ ihn fast ebenso lange ohne Nachricht, wie er es ihr angetan hatte – und dann mußte das Thema natürlich erst noch einmal kräftig herausgestrichen werden. Am darauffolgenden Dienstag griff Alma also wieder zur Feder: »*Ich schreibe Dir,* obwohl *Du mir von Bamberg aus weder geschrieben noch telegraphiert hast und mir nur von der Reise aus einen Bleistiftbrief hingefetzt hast, an dem ich mir die Augen verdorben habe. Ich schreibe Dir* deshalb, *weil heute eine glorreiche Sonne vom Himmel scheint und die Natur für Dich bittet. Kein Argument aber kann Dich entschuldigen. –*

Man darf *um aller Fachlichkeiten willen nicht Frau und ... vergessen! – ...*

Und Du – beginnst mich zu vergessen.

Gut! –

Meine Seele hat Flügel – vergiß das nicht! – Ich habe seit Freitag 100mal meine Sehnsucht nach Dir unterdrückt...«[238b] Und es sollte Walter Gropius in der Tat nicht verstattet sein, diese Episode so schnell zu vergessen, in mindestens noch zwei nachfolgenden Briefen griff Alma das Stichwort »Bamberg« wieder auf und gemahnte ihn an seine Verfehlung.

Wie sich Walter Gropius in diesem Fall aus der Affäre zog, ist nicht mehr festzustellen; auf jeden Fall war diese Angelegenheit wohl längst ausgestanden, als Alma im Oktober ihr Kind zur Welt brachte. Doch hatte er auch während der Bamberger Tage keine Zeit gefunden, Alma ausführlicher zu schreiben, so fand er anschließend Gelegenheit, sich wenigstens im Briefwechsel mit dem auseinanderzusetzen, was dort verhandelt worden war. Die Werkbund-Tagung hatte seine Gedanken wieder auf seinen Beruf, auf die Zeit nach dem Krieg gerichtet. Dort hatte man unter anderem über einen Architekturwettbewerb für ein Projekt in der Türkei gesprochen, über Kunsterziehung und – in Fortsetzung der Kölner Diskussion von 1914 – über Ziel und Richtung des Werkbunds. Im Streit zwischen Industrie und Kunst begannen sich die ›Künstler‹ durchzusetzen, Hermann Muthesius war endgültig zurückgetreten. Der Mutter berichtete Gropius: »*Bamberg war wirklich erfolgreich. Die Sache mit Konstantinopel ist aber noch nicht etwa wie ein Auftrag aufzufassen, sondern es wird zunächst eine enge Konkurrenz, zu der wir aufgefordert werden. Die Teilnehmer jurieren selbst.*

Durch meinen Einfluß mit ist es nun außerdem wirklich geglückt, eine ganz andere Zusammensetzung des Vorstandes zustande zu bringen. Muthesius, der während der Abwesenheit der jungen Leute Eseleien machte, hat nun, heftig bedrängt, endlich seinen Vorsitz niedergelegt und Poelzig hat die Wahl angenommen, ein mir sehr *sympathischer Künstler und Charakter. Außerdem sind Endell und R. F. L. Schultz mit im Vorstand (auf meinen Antrag), so daß die vernünftigen nun in der Überzahl sind und die ganze Sache anfängt wieder Spaß zu machen. Interessant war es, wie mein ziemlich bestimmter Plan, von Osthaus unterstützt, die recht unschlüssigen Herrn von hinter der Front schnell umstimmte,* trotzdem *ich der jüngste bin und seit zwei Jahren nicht dabei war. Giebt mir ein mächtiges Kraftgefühl!*

Die Nachricht über Janikow hat mich überrascht. Er tut mir sehr *leid, aber ich sehe ein, daß es vernünftig ist... Ihr seid sehr brav, daß Ihr gar nicht klagt, ich weiß aber doch, was für dauernde Entbehrungen Ihr dort auskämpfen müßt, damit wir hier vorne Fleisch und Brot haben. Aber ich habe begründete Hoffnung, daß in diesem Jahre Gott die Menschheit endlich erlösen wird.*«[239]

Die Hoffnung auf ein baldiges Ende des Krieges freilich war trügerisch, vielleicht war sie bei Gropius vor allem auch durch den Optimismus ausgelöst, mit dem ihn das Erlebnis der Bamberger Tagung erfüllt hatte. Dieser Optimismus klingt auch an in einem Brief, den er an Karl Ernst Osthaus schrieb, mit dem er sich dabei über einen anderen Punkt der Bamberger Diskussion – die Bedeutung der Kenntnis der Werkstoffe für den Künstler – auseinandersetzte: »*Die Kleinlautheit unserer inneren Gegner zeigt mir,* jetzt *müssen wir energisch – aber vorsichtig und allmählich – mit Poelzigs Hilfe die Zügel an uns reißen und das Eisen schmieden... Die Bestrebungen zur besseren Materialkenntnis begrüße ich auch sehr. Nur in einem Punkte stimme ich Dir nicht bei: Die praktische Behandlung der Materialien kann* nicht *Aufgabe der Kunstgewerbeschulen sein. Ich lege Dir meine Gedanken darüber – die ich dem Ministerium in Weimar (für*

Handwerk und Gewerbe zugeschnitten) einreichte – bei und bitte Dich, mir sie mit Deinem Urteil zurückzusenden.«[240]

Blieb so der junge Architekt in diesen Kriegsjahren wenigstens in der theoretischen Diskussion mit der Welt seines Berufes verbunden, war ihm doch jede praktische Ausübung seines Berufes versagt – es sei denn, man wolle die Anlage von Postenstellungen oder den Bau von Unterständen dazurechnen. Er war während dieser mehr als vier Jahre nichts als Soldat, ein Offizier im Fronteinsatz. Selbst militärische Bauvorhaben wie die Errichtung von Depots oder Kasernen wurden von den zentralen Dienststellen in Berlin gesteuert und durchgeführt. Die Kriegsanstrengungen hatten alle Bereiche des Lebens in Deutschland erfaßt, und jeder hatte an dem Platz seinen Dienst zu versehen, an den er gestellt war. Und für Walter Gropius war dieser Platz eben an der Front, nur in Gedanken konnte er sich mit den Dingen beschäftigen, die seine eigentliche Aufgabe waren. So schrieb er etwa, mehr als ein Jahr nach der Bamberger Tagung und noch immer (oder wieder einmal?) in der Hoffnung auf das bevorstehende Ende des Krieges, an die Mutter: *»Ich hatte bei Osthaus über einige wichtige Werkbundsachen zu verhandeln..., denn ich fange an für den Frieden, der nun doch langsam kommen muß, vorzubauen, ehe man ganz in Vergessenheit gerät... aber ich werde nächstens wol einmal energische Versuche zu einer gründlichen Erholung machen, denn nach 3½jähriger Aufopferung für diesen abscheulichen Krieg spüre ich das dringende Verlangen, meine letzten Kräfte festzuhalten, für das, was ich in diesem Leben noch an aufbauende Dinge hingeben möchte.«*[241]

Wenn Alma sich in solcher Weise über das Versäumnis erregt hatte, das Walter Gropius beging, als er sie nicht rechtzeitig und ausführlich über seine Reise nach Bamberg informierte, so mag ihr zugute zu halten sein, daß sie in anderen Umständen war und daß sie gerade die Schwiegermutter in ihrem Haus zu Gast gehabt hatte. Klang Almas erster Bericht von diesem Besuch noch recht euphorisch, so mußten die skeptischen Betrachtungen ihrer Schwiegermutter doch zeigen, daß die Probleme zwischen der Jüngeren und der Älteren, der Wienerin und der Berlinerin damit nicht gelöst waren. Almas Zuneigung zu Manon Gropius sollte so rasch, wie sie aufgeflammt war, auch wieder erlöschen. Während des ganzen Sommers, der sich für sie durch die Beschwernisse der Schwangerschaft und durch die Abwesenheit ihres Mannes noch weiter in die Länge zu ziehen schien, führte ihr die Abneigung gegen den Rest der Familie Gropius die Feder, sie spickte ihre Briefe mit herabsetzenden Geschichten über Walters Mutter und seine Schwester, sie antwortete auf dessen Versuche zur Besänftigung und zum Ausgleich nur mit noch schärferen Ausfällen und bezichtigte ihn der Parteinahme gegen die eigene Frau. Seine Mutter, meinte sie, zeige sich in ihren Einkaufsgewohnheiten und in der Art, wie sie nach wie vor das große Haus führe, als so extravagant, daß es schon an Größenwahn grenze, und vernachlässige dafür seine, Walters, Wohnung wie auch andere wichtige Dinge. Walter Gropius suchte sie behutsam Punkt für Punkt zu widerlegen, doch das spornte Alma nur aufs neue an, sie holte aus und schloß nun aus der Folge von Behauptung und Gegendarstellung, vermengt mit einem Schuß weiblicher Eingebung, auf das schlichte Gemüt und die unaufrichtige Art seiner Mutter, nicht ohne obendrein sein Verhalten seiner Frau gegenüber und seine »Politik der mildernden Umstände« zu rügen.

Walter Gropius konnte von diesen unablässigen Reibereien und der ständigen Auseinandersetzung mit der Frau wie mit der Mutter nicht unberührt bleiben, der Briefwechsel wirkte zermürbend auf ihn. Ebenso wenig gab die Lage an der Front Anlaß zur Zuversicht, in der ersten Jahreshälfte hatte der deutsche Angriff auf Verdun und Douaumont zu furchtbaren Kämpfen geführt und doch keinen durchschlagenden Erfolg gebracht (die eroberten Festungswerke sollten noch vor Jahresende wieder verlorengehen), jetzt in der zweiten Jahreshälfte tobten die Abwehrkämpfe an der Somme gegen die Durchbruchsversuche der Alliierten. Für die Verfassung des Leutnants Gropius zeugt etwa, was er Mitte August 1916 bei der Rückkehr aus den vordersten Linien ins Feldquartier der Mutter schrieb: »*Ich möchte rasen, in Ketten geschlagen durch diesen wahnsinnigen, allen Lebenssinn tötenden Krieg... Niederlagen müssen einen Mann bedrücken, und so fehlte es mir an jeder Frische. Der Krieg wird uns noch alle zu Grunde richten. Die Dauer zerstört die Nerven sensibler Menschen. Die Stimmung der Front gegen die Regierung wird Gottseidank gefährlich, so werden vielleicht diese elenden Noten-Schreiber doch noch vor unser aller Ende bankerott machen. Jeder sollte das seinige dafür tun.*«[242] Und je weiter sich der Krieg in die Länge zog, je weniger eine Besserung der Lage abzusehen war, desto trüber wurden auch die Gedanken. So schrieb Walter Gropius ein Jahr danach in jenem bereits erwähnten Brief, in dem er der Mutter von seinem Besuch bei Karl Ernst Osthaus im November 1917 berichtete: »*als ich aus Hagen zurückkam, fand ich Deinen Klagebrief – und heute gottseidank der andere auf meinen telefonischen Anruf. Leider verstand ich Euch kaum und stand nun dumm am Hörer... Mein Brief neulich klang wol deshalb deprimiert, weil ich unter all diesen trostlosen Widrigkeiten mehr und mehr leide und weil meine Nerven am Ende sind... Ich glaube, Ihr könnt Euch kaum die geistige Verödung einer so langen Zeit provisorischen Vegetierens vorstellen.*«[243] Und obendrein belasteten ihn die Gedanken an Alma. In jenem Brief vom August 1916 teilte er der Mutter unverhüllt seine Empfindungen mit: »*Ich fand einige Briefe von Alma, die mir zeigen, daß sie in einem jammervollen Zustand ist. Alle zurückgehaltene Angst und Liebe ist in diesem Augenblick der schweren Enttäuschung hervorgebrochen, sie kann nicht mehr, empfindet zu stark. Ich weiß mir nicht zu helfen, meine Nerven sind total zerfetzt und mein Gemüt umdüstert. Ich habe eine schreckliche Angst, daß ich noch nicht weiß, ob die Übersiedlung unter diesen schweren*

Umständen geglückt ist. Schreibe ihr, meine Briefe sind nicht *durchgekommen und nun glaubt sie, ich nähme nicht teil an ihrem Leid.«* Der Sorge, ob die Übersiedlung vom Semmering nach Wien geglückt sei, wurde er allerdings noch enthoben, bevor er den Brief aufgegeben hatte – als Nachsatz konnte er hinzufügen: *»Gottseidank – eben Telegramm: ›Bin gut angekommen u. trotz Hitze viel heiterer.‹ Mir sind Zentnerlasten vom Herzen.«*[244]

Almas Liebe schien den gleichen Stimmungen zu unterliegen wie ihr Temperament. Gelegentlich sprachen ihre Briefe von nichts anderem als von ihrer Liebe, selbst wenn daneben die Klagen über ihre Einsamkeit unüberhörbar sind. Ihre Freunde suchten sie abzulenken, sie aufzumuntern und sie über ihre Einsamkeit wenigstens zeitweilig hinwegzutrösten: *»Die Heiterkeit des Schrecker ist wie Medicin für mich. Und seine Frau ist in keiner Weise störend. – ... Ich muß mich jetzt etwas mit Heiterkeit umgeben... Unser Kindi hüpft lustig in mir herum und ich bin glücklich, so oft zu spüren: Ich liebe Dich. – Daß es Dein Kind ist, ist mein Glück.«*[245]

Walter Gropius konnte zwar keine Besucher empfangen, aber er erhielt doch wenigstens Briefe von daheim, auch wenn diese ihn manchmal erst mit Verspätung erreichten, da sie ihm von Einsatzort zu Einsatzort nachgeschickt werden mußten. Sie vermittelten auch etwas von der allgemeinen Stimmung in der Heimat, wie etwa ein Brief von Peter Behrens, der um die gleiche Zeit schrieb, in diesem September 1916, da sich Alma einmal heiter und gelöst gab. Behrens war bedrückt. Er gratulierte nachträglich zur Hochzeit und gedachte vergangener Tage, da Gropius noch in seinem Büro arbeitete und sie gemeinsam nach England gefahren waren – dem Land, mit dem man jetzt im Krieg lag. Er fügte einen knappen Zustandsbericht an: *»Hier geht alles seinen gewohnten Gang, man ißt schlecht, trinkt schlecht und baut Fabriken; das erste teuer, das zweite billig, das Ganze ist das mit Kunst umwobene Dasein!«*[246]

Walter Gropius *(Abb. 54)* war am 1. September 1916 zum Regimentsadjutanten ernannt worden, und seine dienstlichen Verpflichtungen nahmen ihn damit noch stärker in Anspruch. Urlaub von der Front gab es selten, und wenn er einmal bei Alma erschien, war es meist nicht viel mehr als eine Stippvisite. Ein längerer Urlaub von mehr als zwei Wochen aber wurde ihm gewährt, damit er zum voraussichtlichen Zeitpunkt der Geburt seines ersten Kindes bei seiner Frau sein könnte. Leider hielt sich dieses Kind weder an ärztliche Prognosen noch an dienstplanmäßige Urlaubsfristen. Leutnant Gropius hatte sich pünktlich beim Regiment an der Front zurückzumelden und klagte der Mutter sein Los: *»das Schicksal will uns nicht wol und führt uns an der Nase herum. Ich mußte am Sonntag nach 17 Tagen des Wartens abreisen und ließ Alma in trostloser Stimmung allein zurück. Die normale Zeit ist längst verstrichen... Ich bekam schon drei Telegramme aus Wien, die*

mich sehr beruhigen, da sie wieder heiter und mutig klingen, aber ich sage Dir es war ein harter Abschied...
Hier ist viel verändert. Ich bin inzwischen etatmäßiger Regimentsadjutant geworden, mein Major ist krankheitshalber fort und nun schwebe ich als alleinige Säule des Stabes vollständig in der Luft und weiß nicht, was aus mir wird.«[247]

Zwei Wochen später schrieb er der Mutter wieder, beunruhigt und ratlos: *»ich habe eine solche Unruhe in mir! Wir kennen uns garnicht mehr aus; dieses Kind scheint gar keine Lust zu verspüren, in diese toll gewordene Welt zu steigen. Aber was ist davon zu halten? Ich glaube, Du machst Dir keine rechten Vorstellungen davon, was für Gemütsbewegungen Alma und ich durchleben.«* Das hatte er am 5. Oktober geschrieben, doch der Brief war liegengeblieben, Gropius »konnte vor Erregung nicht weiter« – und so durfte er am folgenden Tag halb beruhigt, halb besorgt auf dem gleichen Blatt nachtragen: *»Nun ist mein Kind wirklich in diese Welt getreten. Ich sehe es nicht, ich höre es nicht, nur ein kurzes Telegramm kündet mir seine Geburt ›nach schwerer Vorbereitung‹. Ich kann mich nicht freuen, ehe ich nicht weiß, wie es* ihr *geht, und warte mit Zähneklappern, was das Schicksal über mich hilflos jämmerlichen Mann beschlossen hat.«*[248] Er mußte sich noch etwas gedulden, bis er endlich von seiner Sorge erlöst wurde. *»Gott sei Dank sind die ersten Briefe eingelaufen und die Depeschen lauten sehr gut. Du kannst Dir nicht vorstellen, was ich für eine* Angst *ausgestanden habe – ich weiß nun erst,* wie *lieb ich sie habe –. Nun ist aber auch meine Freude unaufhaltsam, ich bin stolz und* glücklich *und möchte die Welt umarmen... Denke Dir Almas erstes Wort war, sie wolle nun bald einen Buben haben!!«*[249]

Alma hat später in ihrem Lebensbericht den Augenblick beschrieben, da der Vater zum ersten Mal sein neugeborenes Kind sah. Sie analysiert dabei, rückblickend, ihre Empfindungen: *»... er war vom französischen Kriegsschauplatz gekommen, war die ganze Nacht durch auf einer Lokomotive mitgefahren, um aus einem Zweitageurlaub ein paar Stunden in Wien herauszuquetschen, und war direkt vom Bahnhof nach Hause geeilt. Als ich ihn erblickte, verdreckt, unrasiert, Uniform und Gesicht schwarz von Eisenbahnruß, war mir, als sähe ich einen Mörder... Ich stand vor dem Wickeltisch, auf dem das Kind lag, und ließ ihn nicht näher an sie herankommen... Erst nach langem Betteln habe ich ihm erlaubt, aus der Entfernung einen verstohlenen Blick auf sein Kind zu werfen... instinktiv... wollte ich ihn nicht teilhaben lassen am Besitz des Kindes, weil meine Ängste Wirklichkeit geworden waren – weil meine Empfindung für ihn einer müden Dämmerbeziehung gewichen war. Ich meinerseits konnte eine Ehe auf weite Distanz nicht durchstehen.«*[250]

Walter Gropius, erschöpft, übermüdet und ganz auf die erste Begegnung mit seinem Kind konzentriert, verspürte damals nichts von dem, was in Alma vorging, ihn nahm das Glück gefangen, das ihm sein Töchterchen

Abb. 54 Stellung an der Westfront in den Vogesen, 1916

bereitete. Die Stunden in Wien vergingen wie im Fluge, er mußte zurück an die Front, aber er schwor bei der Abreise, daß er zur Taufe zu Weihnachten dabei sein werde, komme was wolle.

Auch Alma fand nach all den Anstrengungen und der Aufregung rasch wieder zu sich selbst. In ihren Briefen sprach sie nun erneut, wie vor der Geburt, von dem, was sie erlebte und was sie bewegte – ihrer wiedererlangten Gesundheit, gesellschaftlichen Ereignissen, ihren Besuchen und Besuchern, ihrer Musik, der Liebe zu ihrem Mann und zu ihren Kindern. Sie berichtete von ihren Gästen, von ihrem Klavierspiel, sie schrieb von ihrer Sehnsucht nach ihm und davon, daß sie nun mit Stärke und Entschlossenheit die Trennung ertragen werde.[251] Wenige Tage später erzählte sie von ihrem Alltag, ihrem Musizieren, der Oper, ihren Einkäufen und Spaziergängen, von weiteren Gästen; ihre Briefe aus diesen Wochen nach der Geburt der Tochter, den letzten zehn Wochen des Jahres 1916, lassen etwas von Selbstbescheidung, von Zufriedenheit verspüren.[252]

Die Taufe der kleinen Tochter fand, wie vorgesehen, zu Weihnachten statt. Walter Gropius hatte Festtagsurlaub erhalten und war nach Wien gekommen, von seiner Familie allerdings war niemand anwesend – man hatte sich mit dem Hinweis auf die Beschwerlichkeiten einer Reise um diese Jahreszeit und in diesen Kriegstagen entschuldigt. So konnte Gropius der Mutter nur schriftlich von den Feiertagen berichten, und wie glücklich er mit Alma, der zwölfjährigen Gucki und der kleinen Manon sei, sie lebten zusammen »froh und heiter« und »in innigster Harmonie«.[253] Alma war auch wirklich glücklich, und sie war auch bereit, das Glück mit ihrer Schwiegermutter zu teilen, die sie jetzt »meine liebste Mama Gropius« nannte. Sie berichtete ihr am Jahresende von den Feiertagen und beschrieb ausführlich die festlich bei Kerzenschein begangene Taufe ihrer Enkelin am Weihnachtstag, die sich ihr Sohn für die Familie ausgedacht hatte. Das kleine Kind, Manon Alma Anna Justine Caroline, sei zwar nun mit fünf Vornamen beladen, dafür seien aber auch genügend Patinnen bereit, für den neuen Erdenbürger einzustehen (neben Manon Gropius Almas Mutter, Almas Schwägerin Rose, Almas Tochter Anna-Gucki). Es sei ein wunderbares Weihnachtsfest gewesen. »*Heute kam nun Deine Schachtel mit den vielen schönen Sachen an. Du hast keine Ahnung, was für eine Freude Du mir gemacht hast! – Alles so lieb ausgedacht und vollendet – Ich ersah daraus – etwas das mich maßlos freut – und an das ich bis heute nicht glaubte – nämlich, daß Du mich doch ein bissel lieb hast.*«[254] Und die Mutter mag es wohl doch bereut haben, daß sie nicht zur Taufe gekommen war, wenn der Sohn ihr, kaum daß er sein Kind zum zweiten Mal – und diesmal unter glücklicheren Umständen – zu sehen bekommen hatte, von dieser ihrer Enkelin erzählte: »*Das Kind ist unsere Sonne. Sie ist bildhübsch, hat ewig wechselnde, kluge, große Augen, die schon bewußt in die Welt schauen, Händchen mit langen schmalen Aristokratenfingern und lange, rundlich gepolsterte Glieder, handlange Haare, dunkelbraun. Du hast ganz recht, sie ist mir aus dem Gesicht geschnitten, nur die Augen sind Schindlerisch.«*[255]

Walter Gropius hatte wohl während der Festtage in Wien nicht mehr die Zeit gefunden, der Mutter seinerseits ausführlicher zu schreiben. So schilderte er ihr, wieder an die Front zurückgekehrt, nachträglich noch die Taufe und schwelgt dabei in der Erinnerung: *»Pastor von Zimmermann hielt eine blöde, leere Taufrede, die uns an der Heiterkeit aber durchaus nicht hinderte. Das Zimmer war sehr schön zurechtgemacht... Eine Fülle weißer Lilien, nur Kerzenlicht an Leuchtern und Weihnachtsbaum, Alma in Weiß sah entzückend aus und die Kleine benahm sich so verständig, als begriffe sie schon, daß irgend etwas wichtiges und interessantes mit ihr vorgehe.«* Und zum Schluß berichtete er dann von Überlegungen, die Alma und er während seines Urlaubs in Wien angestellt hatten, wobei nicht zuletzt die in diesen Notzeiten so bittere Sorge um das tägliche Brot eine Rolle spielte: *»Ich hoffe vielleicht in der zweiten Hälfte Januar 2–3 Tage Urlaub herauszudrücken, um Dich zu besuchen. Wäre es evtl. denkbar, daß wir uns in Baden-Baden träfen, wo ich so leicht hinkommen kann? Dann könnte ich mich dort auch nach den Lebensverhältnissen umsehen, denn Alma trägt sich mit dem Gedanken, im Frühjahr dorthin mit den Kindern zu gehn, um mir näher zu sein. Die Verpflegung ist dort leidlich, wie ich von verschiedenen Seiten höre.«*[256]

Derweil suchte Alma sich ihre glückliche, ausgewogene Gemütsverfassung zu bewahren, ohne sich doch selbst aufzugeben – angesichts ihrer Veranlagung und aller äußeren Umstände ein schwieriges Unterfangen. Sie wünschte sich ein Ende der Trennung oder, solange daran nicht zu denken war, doch wenigstens eine Verkürzung der Entfernung, die zwischen Walter Gropius und ihr mit den Kindern lag, wie dies schon lange in jenem Gedanken an eine zeitweilige Übersiedlung nach Baden-Baden zum Ausdruck gekommen war. So schlug sie, wenige Wochen, nachdem Walter Gropius der Mutter von derartigen Überlegungen berichtet hatte, unversehens vor, daß sie innerhalb einer Woche nach Berlin umziehen könnte; selbst die Allgegenwart der Schwiegermutter dort schien ihr jetzt willkommen zu sein. Freilich konnte sie nicht umhin, auch wieder von ihrer alten Sorge zu sprechen: *»Ich bitte Dich, mir in jeder Weise treu zu bleiben – wozu auch ich fest entschlossen bin.«*[257]

Im März 1917 hatte Walter Gropius Glück, er konnte einen längeren Heimaturlaub durchsetzen. Als er sein Töchterchen wiedersah, war es schon fast ein halbes Jahr alt. Er geriet ins Schwärmen, als er der Mutter berichtete: *»Das Kind ist einfach entzückend, ich bin bereits ganz verliebt in sie. Zuerst kannte ich sie nicht wieder, so verändert war sie nach den 3 Monaten des nicht beieinanderlebens. Sie liegt augenblicklich neben mir im Wagen und singt endlose Lieder wie ein Vögelchen zwitschernd vor sich hin. Sie ist heiteren Gemütes wie wir glauben und voll Lebendigkeit. Dabei* *bildhübsch trotzdem sie mir so lächerlich ähnlich sieht. Komm bald her und erquicke Dich an ihr, Du wirst eine Riesenfreude haben. Alma nährt sie noch immer fast ausschließlich und leistet* erstaunliches; *denn ohne daß sie eine Hilfe hat, besorgt sie das Kind ganz allein und findet noch Zeit und geistige Frische zu Musik und Geselligkeit... Ich komme mir wie im Paradies vor und genieße die schönen Tage, die freilich so unliebsam schnell verfließen.«*[258]

Die schönen Tage waren bald vorüber, und anschließend wurde Walter Gropius einmal mehr von hier nach dort entsandt, er stand zeitweilig an der Somme, dann an anderen Frontabschnitten im Westen, schließlich landete er in Namur bei einer Heeresschule für das Nachrichtenwesen. Dort hatte er unter anderem für die Ausbildung von Hunden zu sorgen, die im Grabenkrieg als Meldehunde eingesetzt wurden. Befriedigt konnte er der Mutter berichten: »*Nun bin ich nach rasender Arbeit und Mühe, durch die unnatürliche Hitze vermehrt, so ziemlich eingerichtet und zwar* sehr *nach meinem Wunsch. Ich bewohne mit meinem Trupp allein ein verlassenes belgisches Schloß nahe der Stadt Namur, das zwar im Innern recht ausgeäubert ist, aber an Lage und Großartigkeit der Garten und Terrassenanlagen überhaupt zu dem schönsten gehört, was ich kenne. Ich komme mir wie ein Fürst vor, wenn ich abends auf meinen Versailler Terrassen allein spazieren gehe und meine freilich ewig sehnsuchterfüllten Augen viele Meilen weit über das herrliche Maas- und Sambretal wie über die malerisch dazwischen gruppierte Stadt Namur spazieren lasse. Ich habe es nach Kämpfen durchgesetzt, daß ich hier hineinkam und bin nun nicht wenig stolz auf mein prächtiges Kriegsbesitztum. Schaue ich hier beim Schreiben zur linken aus dem Fenster, so habe ich das ganze Landschaftswunder vor Augen. Vom Schloßhof aus führt eine 100jährige Lindenallee, die jetzt zu blühen beginnt, an die Haltestelle der Trambahn, die mich in 10 Minuten nach Namur bringt.*

Nach kaum 2 Monaten bei der Nachrichtensache hat mich der Dezernent der O.H.L., den ich neulich in Charleville kennen lernte, für diese Stelle als Lehrer *im Nachrichtenmittelwesen für Generäle und Generalstäbler als* geeignetsten *ausersehen.«*[259]

Offenbar residierte Walter Gropius allerdings nicht in dem ausgeplünderten Schloß, er hatte sein Quartier in einem Nebengebäude oder in der Nachbarschaft. Sein nächster Bericht spricht auch vom Problem der Nahrungsmittelknappheit, das sich in Deutschland im dritten Kriegsjahr immer drückender bemerkbar machte – der ›Kohlrübenwinter‹ stand bevor: »*Mir geht es hier äußerlich gut. Ich habe ein hübsches Zimmer in einem Bauernhof und sehr selbständige Arbeit. Es kümmert sich fast niemand um mich. Meine Aufgabe ist, außer der Leitung der Hundeschule, das Zusammenwirken der verschiedenen Nachrichtenmittel, wie Lichtsignalapparat, Signalwerfer, Brieftauben usw. Ich esse mit Herren des Platzes in einem kleinen Casino. Verpflegung sehr schlecht, täglich Kohlrüben und sog. Leberwurst. Es liegt teilweise an der Indolenz dieser Herren u. ich bin dabei, dort Wandel zu schaffen, denn auf die Dauer spürt man die Folgen. Aber wir können in dieser Beziehung ja eigentlich nicht mitreden, denn dem Inland geht es viel schlechter. In diesem Jahr* muß *es ein Ende geben und ich bin auch überzeugt davon. Unsere Reserven auch an Nervenkraft sind aufgebraucht und wir zehren vom Kapital; ich selbst spüre das auch leider stark, denn eigentlich habe ich mich keinmal in den drei Kriegsjahren richtig erholen können... Von Alma habe ich gute Nachrichten, sie ist so ruhig und ausgefüllt durch das Kind, es ist herrlich.«* Die Mutter hatte sich inzwischen, nicht zuletzt aus finanziellen Gründen, gezwungen gesehen, die Wohnung aufzugeben, da sie sich neuerlich der Obhut einer Klinik anvertrauen mußte. Der Verlust des Heims, in dem er aufgewachsen war, schmerzte den Sohn sehr: *»Ich spüre mit Dir und Manna die Abscheulichkeit des Umzugs. Es ist ja nicht nur die Obdachlosigkeit, die Du schwer empfinden mußt, sondern auch das Verlassen einer Heimat mit zahllosen Erinnerungen. Es war für mich* der *Platz der Familie und deshalb sehe ich auch nach wie vor schwarz darüber, daß Ihr ihn gänzlich verwischen wollt. Es fehlt nun das natürliche Nest, wo die Quecksilberkügelchen zusammenrollen!«*[260]

An der Nachrichtenschule wurde gute Arbeit geleistet, der Aufgabenkreis wurde Schritt um Schritt erweitert, und die Briefe, die Gropius nach Hause sandte, berichteten laufend von der Entwicklung der Dinge dort: *»Unsere Schule ist eine Riesensache geworden und wir haben der Kritik der ganzen Armee, die von West, Süd und Ost hierherkommt, Stand zu halten. Wahrscheinlich werde ich in besonderem Auftrag Anfang Dezember nach Italien gehn, worauf ich mich freue, und dann anschließend zu Alma nach Wien gehn.«*[261]

Walter Gropius wurde tatsächlich an die Front nach Italien entsandt, er hatte dort die österreichischen Kameraden über den Einsatz von Meldehunden zu instruieren, nachdem an der Front im Westen deren Verwendung bereits die Nützlichkeit einer derartigen Nachrichtenverbindung bei feindlichem Störfeuer erwiesen hatte; daneben sollte er die von den österreichischen Verbänden angewandten Nachrichten- und Verständigungssysteme studieren. Seine Tätigkeit brachte ihm zwiefache Anerkennung ein. Einmal erhielt er seitens der Österreicher die K. u. K. Militärverdienstauszeichnung III. Klasse mit Kriegsdekoration, die ihm am 3. Januar 1918 verliehen wurde. Zum anderen gewährte ihm seine Dienststelle in Würdigung der erfolgreichen Erfüllung des Auftrags einen Sonderurlaub. Erleichtert schrieb er der Mutter aus Wien: *»Ich bin glücklicherweise wieder hier. Bin 10 Tage an der italienischen Front herumgetost und kam wie elektrisiert von dem Erlebnis wieder. Es war sehr interessant und ich bekam wirklich alles zu sehn, was in diesem merkwürdigen Feldzug Bedeutung gewonnen hat. Trotz der großen Anstrengung – auch Biwaks im Freien – hat mich diese Abwechslung wunderbar erfrischt und nun habe ich Zeit, bis zum 1. Januar bei Alma zu* *bleiben. Die Kleine hat sich wieder fabelhaft entwickelt und ist unser Entzücken.«*[262]

In den ersten Monaten des Jahres 1918 bereitete die deutsche Heeresführung die großen Frühjahrsoffensiven im Westen vor, mit denen man noch einmal eine Wende des Krieges herbeizuführen hoffte. In seiner Eigenschaft als Fachmann für das Meldewesen wurde Walter Gropius während dieser Zeit in das Hauptquartier befohlen, um dort über die neuen Mittel und Systeme der Nachrichtenübermittlung in vorderster Linie zu berichten. Stolz konnte er der Mutter mitteilen: *»Ich war eine Woche lang in Maubeuge, telegrafisch von der Oberst. Heeresleitung dorthin gerufen als Berater in einer entscheidenden Frage für die kommenden Angriffskämpfe. Ludendorff und die Chefs sämtlicher Heeresgruppen und Armeen waren dort zugegen. Große Vorführung und Vortrag meinerseits. Zwei Tage und eine Nacht habe ich an einem grundlegenden Bericht gearbeitet, der eben durch Sonderboten ans Hauptquartier abgegangen ist. Ich bin recht herunter, denn die Arbeit war horrende, aber ich bin stolz, meine besten Kriegserfahrungen auf diese Weise unter meinem Namen an die entscheidenden Männer gebracht zu haben. Ludendorff hat mir einen starken Eindruck gemacht. Goethe-Augen und eine Napoleonische Willensstirn. Es war vielleicht mein interessantestes Kriegsereignis. Mehr darf ich nicht darüber schreiben!«*[263]

Alma Gropius und Franz Werfel

Die Trennung durch den Krieg lastete schwer auf Alma, die, von Unrast umgetrieben, zu Selbstmitleid neigend und nach dem ausschließlichen Besitz ihres Mannes verlangend, in dessen seltenen und meist nur kurzen Besuchen kaum rechten Trost und wirkliche Stärkung fand.

Im Oktober 1917 hatte Alma in Wien den aus dem Feld zurückgekehrten Franz Werfel kennengelernt. Der junge Dichter hatte es der achtunddreißigjährigen Alma auf der Stelle angetan. Zwischen der unter ihrer Einsamkeit leidenden Frau und dem elf Jahre jüngeren Mann entspann sich ein Liebesverhältnis, und Anfang Dezember, um die Zeit, da Walter Gropius an die italienische Front entsandt wurde, war Alma bereits schwanger. Als er am 15. Dezember 1917 zu seinem Weihnachts- und Neujahrsurlaub bei ihr eintraf, vermochte sie ihren Zustand vor ihm zu verbergen.[264] Gropius war wohl überhaupt einer der letzten, der von dem Verhältnis zwischen Alma und Franz Werfel erfuhr, das ansonsten natürlich nicht unbemerkt blieb; Vermutungen, Hinweise und Erläuterungen machten bald in den Salons und Cafés die Runde.[264]

Jedenfalls hatte Walter Gropius, als er zu Beginn des Jahres 1918 wieder an die Front in Frankreich zurückkehrte, ganz offenbar von diesem Stand der Dinge nicht die geringste Ahnung. Gleich darauf wurde er überdies aus der Siegfriedlinie nördlich von Ailette an andere Frontabschnitte im Westen versetzt, bis er schließlich im Raum Soissons–Reims landete. Niedergedrückt gestand er der Mutter: »*Nun bin ich in die graue Welt wieder zurückgekehrt, die ich hier fast nicht mehr ertragen kann. Ich fühle mich geistig recht abgemagert und die Nerven werden schlechter. Lange darf es nun wirklich nicht mehr dauern, damit wir für den schweren Friedenskrieg, der kommen muß, wenigstens noch etwas Spannkraft herauszuretten imstande sind.*«[265]

Seine Kommandos führten ihn zeitweilig in raschem Wechsel von einer Ecke der Front zur anderen, so daß die Post nicht mehr nachkam und ihn Briefe aus der Heimat oft erst mit wochenlanger Verspätung erreichten. Almas Briefe hatten sich jetzt im Charakter gänzlich gewandelt, da war nun keine Rede mehr von Liebesbeschwörungen und Sehnsuchtsbeteuerungen, der klagende Ton war in Aggressivität umgeschlagen. Auch regelrechte Wutausbrüche waren nicht selten: »*Seit ich weiß, daß ich nicht auf die Adresse schreiben muß Leiter einer Hundeschule – kann ich wieder schreiben. Ich hatte auch einen Menschen mit Namen Kohn nicht geheiratet. Und ich bitte Dich – wenn Du irgendwo ein unreines Tier berührt hast, mir lieber nicht zu schreiben, wenn Du nicht die Möglichkeit hattest, Dich vorher gründlich zu waschen. – Denn mir graust so vor den Thieren in Deiner Nähe.*« Und natürlich durfte auch in diesem Zusammenhang einer der gelegentlichen Seitenhiebe auf seine Mutter nicht fehlen, ihre offen zur Schau getragene Arroganz sei absurd: »*Ja, wird denn dieses Frauenzimmer nicht einsehen, daß ich in jeder Weise über ihr stehe?*«[266]

Walter Gropius war durch den Krieg nicht so abgestumpft, wie es vielleicht seine Kameraden in den Schützengräben sein mochten, und nicht so resignierend gleichgültig angesichts der Unbeweglichkeit des Stellungskrieges wie etwa die Männer in der Etappe. Er fühlte Verzweiflung ob der allgemeinen Lage, daß der Krieg nicht enden wollte und daß gar nicht abzusehen war, wie er überhaupt enden sollte, und er fühlte Verzweiflung ob seiner persönlichen Lage, daß der Kriegsdienst, den er leisten mußte, ihn von allem abhielt, was er als seine eigentliche Aufgabe vor sich sah. Da konnten Almas Briefe mit ihren herzzerreißenden Klagen über ihr leidvolles Dasein und ihren jammervollen Geschichten von der Mühsal des täglichen Lebens im Kriege nur dazu beitragen, daß er im Grübeln über den Krieg und seine Ursachen auch über die Schuldigen nachsann. Und die Schuldigen kannte man schon, zwar nicht die Urheber, aber diejenigen, die den Krieg noch ständig verlängerten, das waren die ›Spekulanten, Schieber, Kriegsgewinnler‹ – eine Vorstellung, die später in der Weimarer Republik fröhliche Urständ in der Propaganda der extremen politischen Gruppierungen feiern sollte. Und bequem war es zudem, diese Schuldigen unter einem Begriff zu subsummieren, man wußte, es war der Jude. Es ist seltsam, Walter Gropius in diesen schrecklichen Chor mit einstimmen zu hören – den Mann, der aus einer Familie stammte und aus einer Schicht kam, die sich unter einem Juden bestenfalls etwas vorstellen konnte wie einen Gerson von Bleichröder, den genialischen Bankier des Eisernen Kanzlers. Im April 1917 hatte Gropius schon einmal an Karl Ernst Osthaus geschrieben: *»Ich habe gerade das Glück eines Urlaubs in Wien genossen und finde mich schwer in den ewig öden, nur niederreißenden und gar nicht aufbauenden Kriegsbetrieb herein. Ich denke viel über den Sinn des ganzen nach und komme nun manchmal in Zweifel und Gewissensnot; denn geschieht das alles wirklich nur, damit die Juden sich zu Hause mehr und mehr mästen und diese alles Leben und vermehrtes Gut aus dem großen Jammer erretten? Der Kapitalismus ist so grotesk geworden..., daß er doch schließlich wohl an sich selbst zu Grunde gehen muß?! Wir alle sind schuld, daß es so gekommen ist, wir haben die Juden unbehindert groß werden lassen... Mir ist, als sei ich vor Jahr und Tag aus einem Schnellzug gefallen auf einen toten Acker, wo ich verdorre. Wird man je wieder blühen können?«*[267]

Es ist verständlich, daß sich Walter Gropius gerade im Urlaub – er war in der zweiten Märzhälfte 1917 auf Urlaub in Wien gewesen – und nach der Rückkehr vom Urlaub an die Front mit diesen Gedanken auseinandersetzte. Dabei verwob sich das eigene Schicksal mit dem ganzen Kriegsgeschehen, wie sein Brief aus dem Weihnachtsurlaub dieses Jahres 1917 an den Freund in Hagen zeigt: *»Allmählich bröckele ich innerlich ab und nun kommt der Augenblick, wo ich mich aufbäume, um nicht alles zu verlieren. Ich muß eine Zeitlang heraus und* etwas *wenigstens arbeiten, sonst verkomme ich als Künstler und – werde von der Welt gänzlich vergessen... Ich will nicht lebendig begraben werden und muß mich deshalb gewaltig regen, damit die Leute sehen, daß ich noch da bin.«*[268]

Und nun zu Beginn des Jahres 1918, da er aus jenem Weihnachtsurlaub wieder an die Front zurückgekehrt ist, bricht es noch einmal aus ihm heraus – in einem Brief nicht an Alma, sondern an die Mutter: *»Über Almas neuen Zustand komme ich noch nicht zur Freude. Die Lebensumstände sind zu trostlos und mir bangt vor dem Kommenden. Wir können soviel und so herrlich kämpfen wie wir wollen, die Schwächlinge und die Schweine in der Heimat fallen uns in den Arm und vernichten alles Erreichte. Die Juden, dieses zersetzende Gift, das ich mehr und mehr* hasse, *verderben uns. Sozialdemokratie, Materialismus, Kapitalwirtschaft, Wucher – alles ist* ihr Werk *und* wir *haben Schuld, daß sie sich* so *in unser Leben einfressen konnten. Sie sind der Teufel in der Welt, das* negative *Element der Welt.«*[269]

Es ist ein merkwürdiger Ausbruch, geboren aus dem verzweifelten Grübeln über den Sinn des Krieges, und die summarische Schuldzuweisung an allen Übeln der Welt scheint in irgendeiner Weise mit Wien, mit Alma und ihrer Umgebung zusammenzuhängen. Aber es ist ein einmaliger Ausbruch, der zeigt, daß auch ein Mensch wie Walter Gropius in einer ausweglos erscheinenden Situation sich in ein Klischee flüchten kann, ein abgegriffenes, falsches und bösartiges. In früheren Äußerungen hat er auch gelegentlich von Juden gesprochen, aber eben schlicht von Menschen, wie sie sind – von dem Kameraden bei den Wandsbeker Husaren, der viermal in einem Durchgang vom Pferd fiel und der ihm mit Geld aushalf, oder von dem Berater seines Onkels Erich, der ihm ein weises Wort mit auf den Weg gab. Und sein ganzes Leben beweist, daß dieser Ausbruch lediglich eine momentane Ausflucht war, und nicht mehr.

Alma schrieb weiterhin ihre Briefe, die Gropius meist erst mit Verspätung erreichten, und sie wandte sich auch an seine Mutter, der sie von ihrer Schwangerschaft berichtete und von der sie sich Mitgefühl und Ermunterung erhoffte: »*So glücklich ich nun das erste mal war – so desperat bin ich heute. Denn unser aller precäre Lage – Walters Unsicherheit – die Reiseschwierigkeiten – die immer größer werdenden Ernährungsschwierigkeiten – die immer größere Schwierigkeit Walters mir zu helfen – kurz – ich bin sehr deprimiert. –*« Ihren Klagen fügte sie dann ein Wort an, das fast wie ein Eingeständnis ihrer Untreue, wie ein Erklärungs- und Entschuldigungsversuch klang: »*Dieser ewige Krieg mit seinen Aufregungen und der Umstand, daß Walter nicht bei mir ist, läßt mich immer mehr mich auf mich selbst besinnen. Das ist traurig für uns beide.*« In der Tat gingen auch die Zeitereignisse nicht spurlos an Alma Gropius vorüber. Am 15. Januar 1918 war in der Wiener Neustadt ein Streik ausgebrochen, der schnell auch auf Brünn und Graz, auf Budapest und Prag übergriff. Die streikenden Arbeiter forderten einen baldigen Friedensschluß, eine bessere Lebensmittelversorgung und eine Demokratisierung des Wahlrechts. Der Streik ging nach wenigen Tagen zu Ende, nachdem die Regierung eine Verbesserung des Gemeindewahlrechts zugesagt hatte. Auch davon berichtete Alma noch in ihrem Brief: »*Wir hatten ein paar böse Tage – die Stadt war in größter Aufregung – es scheint einstweilen beigelegt, aber es sind schwarze Wolken über uns – . . .*«[270]

Manon Gropius, die von Almas Freundschaft mit Franz Werfel keine Ahnung hatte, antwortete postwendend und lud Alma ein weiteres Mal nach Berlin ein. Alma griff diese Einladung nicht auf. Sie hatte die Schwiegermutter wissen lassen, daß sie ihr gesellschaftliches Leben fortzusetzen gedenke und sich auch durch den Krieg nicht davon abbringen lasse: »*Allen Schwierigkeiten zum Trotz werde ich zu Ehren von Willem Mengelberg einen großen Empfang für vierzig Personen geben. Walter, der sich darauf gefreut hatte, mußte drei Tage vorher abreisen.*«[271]

Wenn Walter Gropius in diesem Frühjahr 1918 Briefe oder Telegramme ähnlichen Inhalts von Alma erhielt, so erreichten sie ihn wohl alle mit Verspätung, da er an ständig wechselnden Orten eingesetzt war. Immerhin fand er gelegentlich Zeit zum Briefeschreiben. So berichtete er der Mutter im April: »*trotz Dreck und großer Strapazen geht es mir gut. Es kann ja nicht anders sein, da die Schlacht so günstig steht, es beflügelte uns alle und wir haben nun wirklich begründete Hoffnung, daß der Stein ins Rollen kommt! Ich habe die ganze Schlacht an der Oise als Beobachtungsoffizier mitgemacht und komme eben wieder aus den frisch eroberten Stellungen und höre von dem großen Erfolg nördl. Arras.*« Er hatte eine Einladung erhalten, nach dem Krieg ein Lehramt anzutreten, und schrieb dazu: »*Ich kann mich aber nicht für dieses Angebot erwärmen, wenn ich einen Lehrposten übernehme, so suche ich einen, auf dem ich selbst regieren kann, nicht aber im Rahmen einer festgelegten Schule, die mir durchaus nicht zeitgemäß erscheint. Abgesehen davon freut es mich natürlich, daß man sich meiner erinnert.*«[272]

Doch es blieb ihm nicht viel Zeit, sich in Gedanken über den Augenblick hinaus zu erheben, trotz einiger Erfolge brachten die Offensiven zwar nicht den erhofften Durchbruch, aber noch schien es vorwärts zu gehen. Gropius, nunmehr ganz in das Kampfgeschehen an vorderster Front einbezogen, konnte der Mutter hoffnungsvoll berichten: »*die letzten Tage waren unerhörte Ereignisse. Soeben komme ich von der* Marne. *Von Anfang an war ich mitten drin. Es ist alles so glücklich verlaufen, wie sich niemand von uns hat träumen lassen. Die Überraschung war vollständig. Das Artillerie-Trommelfeuer aus* vielen tausend *Geschützen in der Nacht zum 27. war unbeschreiblich. Ich war ganz vorne vor den Geschützen als die Hölle anbrach. Foch's Renommée ist nun dahin, da er sich völlig verrechnet hat.*

Es geht uns recht gut. Freilich die Frische von anno 14 kann ich nicht mehr aufbringen. Schlaf ist Luxus geworden; gegessen wird bei Gelegenheit tags oder nachts, wie es sich trifft. In absehbarer Zeit hoffe ich aber auf Urlaub zu kommen, wenn hier ein gewisser Abschluß erzielt ist. – Wir können froh sein: es ist noch nicht das letzte, aber wir sind einen Riesenschritt vorwärts gekommen.«[273]

Er war erneut im Gefecht verwundet worden und lag im Feldlazarett; es war bereits das dritte Mal, daß er verwundet wurde, aber diesmal erhielt er nun auch das Verwundetenabzeichen, das ihm am 20. Mai 1918 verliehen wurde. Wegen des erzwungenen Lazarettaufenthalts hatte er einen in Aussicht stehenden Urlaub zum Besuch bei Alma und der kleinen Manon nicht antreten können, doch er wurde anschließend in ein Wiener Lazarett verlegt und erhielt dort einen kurzen Rekonvaleszentenurlaub.

Hier in Wien hatte er nun wieder Gelegenheit – und Anlaß, über seine und seiner Familie Situation nachzudenken. Die Gegenwart sah trübe genug aus, und die Zukunft noch trüber. Unter anderem hatte ihm der Krieg sein Einkommen genommen, er bezog lediglich den nicht gerade üppigen Sold eines Leutnants. In einem bitteren Brief an die Mutter machte er seinem Herzen Luft: »*Seit 14 Tagen haben sie hier* kein *Brot. Es giebt Karten, aber keine Lebensmittel, nur gegen unerschwingliche Wucherpreise... Ich zermartere mir mein Gehirn. Ich sitze da draußen, gab dem Staat alles her und muß zusehen – ohne, daß ich selbst etwas irgendwie erkleckliches beisteuern kann – wie meine Familie* ihr *Geld aufbraucht und dabei hungert. Ich bin mir klar geworden, daß ich der* Armut *nahe bin. Ich habe mich nun entschlossen, nach Berlin zu fahren, meine Möbel in den großen Atelierraum zu stellen, um Speicherkosten zu sparen, und die Wohnung dann zu vermieten... Mein Stolz erträgt es jedenfalls nicht mehr, daß mein Kind mit dem Geld, das ein fremder Mann sich erworben hat, aufgezogen wird...*

Ich gab jetzt 4 Jahre lang mein bestes für diesen irrsinnigen Krieg her und habe nur verloren, verloren. Kein Mensch giebt mir je etwas dafür und ein großer Teil der anderen mästet sich währenddessen von uns. Ich habe größte Lust, den Spieß umzudrehen, denn ich will nicht schließlich ins Proletariat übergleiten, von dem ich nicht *mehr weit entfernt bin. Komme ich nach Hause – ohne Leutnantsgehalt – so habe ich nichts – und ringsum die Teuerung. Ich habe Dir das heute einmal geschrieben, weil es mich angesichts der trostlosen Lage der Meinen ganz beherrscht und – weil Du selbst offenbar noch gar nicht* über *meine wirtschaftliche Lage nachgedacht hast. Es hat mich in Erstaunen gesetzt, daß Du einen Anzug von mir an die Portierfrau geschenkt hast, obwohl ich bat, das nicht zu tun. Solch ein Anzug ist jetzt in bar oder im Tausch 300–400 M. wert. Ich habe längst auf diese Sachen spekuliert und war froh, noch einen Vorrat zu haben. Du schenkst großartig in meinem Namen fort, während ich seit Jahr und Tag* jeden Groschen *umdrehe, keine Zigarren kaufe, niemanden zum Wein einlade usw., um wenigstens etwas von dem kärglichen Besitz den Meinen zuzuführen... Ich bitte Dich nun in Zukunft in allen Fragen, die meine Wirtschaft betreffen, Dich an Alma zu wenden. Sie weiß über meine Sachen gut Bescheid und mag dann entscheiden. Sie tut alles mit Weitblick und Klarheit... Ich bewundere sie, wie sie selbst in ihrem jetzigen Zustand... alles selbst macht... Aber sie übernimmt sich fortwährend... Du kannst Dir kaum vorstellen, was das heißt,* jetzt *ein Kind zur Welt bringen und dafür zu sorgen. Der Zuschnitt wird ungeheuer vergrößert durch solch ein kleines Wesen, und dem steht nichts gegenüber... es ist ein trübes Geschick, für ein immer zweifelhafteres patriotisches Ideal Gesundheit, Beruf, Geld, Familienleben, ja eigentlich* alles *hingeben zu müssen. Wäre Alma nicht so rührend, so voll Noblesse gegen mich, so könnte ich den Zustand der Passivität nicht mehr ertragen, zu der ich verdammt bin.«*[274]

Der Rekonvaleszentenurlaub war noch nicht abgelaufen, da wurde Walter Gropius unvermittelt an die Front zurückbeordert; die Dinge standen nicht zum besten, und er wurde für den Einsatz im Stabsdienst gebraucht. Nur Stunden, nachdem er sich an seinem neuen Einsatzort im Abschnitt entlang der Vesle zwischen Soissons und Reims gemeldet hatte, schlug eine Granate in die Mairie des zerschossenen kleinen Dorfes ein, in der sich der Regimentsstab festgesetzt hatte *(Abb. 55)* – man war sich hinter den Mauern des bescheidenen einstöckigen Hauses verhältnismäßig sicher vorgekommen. Es war ein Volltreffer, der das Gebäude zerstörte und alle, die sich darin aufhielten, tötete – alle bis auf den Leutnant Gropius, der, verletzt, unter herabgestürztem Gebälk und eingestürztem Mauerwerk verschüttet, überlebte und dank der Luftzufuhr durch einen von der Zerstörung verschont gebliebenen Rauchabzug neben ihm vor dem Ersticken bewahrt wurde. Nach zwei oder drei Tagen von Kameraden aus den Trümmern geborgen, wurde er ins Feldlazarett gebracht, wo er die nächsten Tage zubringen mußte.

Hier im Feldlazarett erreichte ihn auch mit wochen-, zum Teil mit monatelanger Verspätung wieder Post, die ihm von Ort zu Ort nachgeschickt worden oder während seines Urlaubs liegengeblieben war. Darunter befand sich auch ein Brief – Anfang April 1918 geschrieben, und mittlerweile war es Anfang Juli geworden – von Richard Meyer, dem Direktor der Kunstschule in Hamburg, der ihm einen an der Schule bestehenden und derzeit vakanten Lehrstuhl anbot. Walter Gropius konnte ihm nun endlich antworten, und er reagierte auf das Angebot ähnlich wie auf die Anfrage, die drei Jahre zuvor Fritz Mackensen aus Weimar an ihn gerichtet hatte. *»Zunächst danke ich für Ihr mich erfreuendes Angebot vom 10.4.18. Ich wartete auf die angekündigten Drucksachen, sie trafen aber nicht ein. Ich habe mir Ihre Anfrage gründlich überlegt, kann mich aber zu einem ›ja‹ nicht entschließen. Ich kann mir nicht vorstellen, daß ich mich in eine bestehende Lehrklasse einpassen kann. Ich bin dazu zu eigenwillig und habe seit langem meine bestimmten von dem bestehenden sehr abweichenden Ideen, wie Architektur zu lehren ist. In dieser Beziehung kann man keine Kompromisse schließen und es wird mir wol nichts anderes übrig bleiben, als meine Bemühungen, eine eigne Lehrklasse zu gründen fortzusetzen.«*[275]

Es war die dritte Anfrage dieser Art, die Walter Gropius während des Krieges erhielt, und sie machte ihm Mut. Sie half ihm, seine Gedanken, die sonst nur um den Krieg und die Familie kreisten, einmal mehr auf die Zukunft zu lenken. Die Tatsache, daß sich Bildungsanstalten auch jetzt im vierten Kriegsjahr ungeachtet aller zeitbedingten Einschränkungen und der Entwicklung an den Fronten mit der Zeit nach dem Kriege – dessen Ende man wieder einmal nahe wähnte – beschäftigen konnten, wirkte befreiend auf ihn. Er hatte während des Lazarettaufenthalts erzwungenermaßen etwas Zeit und Ruhe gehabt, über Richard Meyers Angebot gründlich nachzudenken, und er war nun offensichtlich entschlossen, sein eigenes Konzept einer Architektur- und Kunstausbildung zu verwirklichen, wenn sich endlich die Gelegenheit böte.

Die Realität freilich holte ihn sofort wieder ein. Er wurde aus dem Feldlazarett, nachdem der Schock, den die Verschüttung, die Hilflosigkeit, der Tod der Kameraden ausgelöst hatten, erst einmal abgeklungen war, in ein Kriegslazarett nach Wien verlegt. Er sah Alma und die Kinder wieder

und berichtete sogleich der Mutter: »*Mir ist die Welt jetzt nicht sehr rosig, vieles drückt auf mein Gemüt... Ich werde möglicherweise nach Franzensbad geschickt werden, jedenfalls betreibe ich das...*
Voll neuer Hoffnungen schau ich auf meine Armee, die gestern die Marne überschritten hat. Was wird werden?
Unsere Mutzi ist von einer hinreißenden Süßheit. Alma und ich waren fortwährend gegenseitig eifersüchtig auf sie. Alle Instinkte erwachen nun in ihr, sie ist wild und urlebendig, scheint voller Anlagen zu stecken und Almas Erziehung ist bewundernswert, ich weiß dieses Kind wunderbar gut aufgehoben; aber soll dieses sich-sehnen-müssen bis in die Ewigkeit dauern.«[276]

Man hatte ihm mitgeteilt, daß Alma möglicherweise vor einer schweren Geburt stehe, so konnte er es als Offizier und unter Hinweis auf seine Bewährung an der Front durchsetzen, daß er am 28. Juli 1918 nach Semmering in das dortige Kriegslazarett verlegt wurde. Wenige Tage später, am 2. August, noch vor dem erwarteten Zeitpunkt, brachte Alma einen kleinen Jungen zur Welt, von dem Walter Gropius noch immer nicht wußte, daß er Franz Werfels Sohn war. Ein zufälliges Zusammentreffen wollte es, daß der Leutnant Gropius wiederum zwei Tage später, am 4. August, mit dem Eisernen Kreuz Erster Klasse ausgezeichnet wurde. Von der Geburt und seinen eigenen Empfindungen berichtete er der Mutter getreulich: »*die letzte Woche hat mir Furchen in die Stirn gegraben, mir ist,*

Abb. 55 Zerstörter Ort bei Soissons nach Artilleriebeschuß, 1918

als wären Jahre vergangen. Eines Morgens wurde ich aus dem Schlaf gerufen... ich solle sofort mit einem Gynäkologen auf den Semmering kommen. Mit dem nächsten Zug war ich oben. Der Arzt... wollte dort operieren und den Transport nicht riskieren. Das Kind sei verloren, die Mutter sehr gefährdet. Da uns der Arzt mißfiel, ließ ich noch in der Nacht Professor Halban aus Wien heraufkommen, der unbedingt zu sofortigem Transport riet. Erst im Wagen, der mit Matratzen ausgestopft war, dann in einem leeren Viehwagen auf der Bahn brachte ich Alma mit dem Arzt und der Hebamme nach Wien hinunter... Wir kamen glücklich ins Sanatorium. Auf Drängen der Ärzte entschloß sich Alma am Tage darauf zur Operation. Es war eine entsetzliche Nacht... Halban ist unser Retter geworden. Nur seiner unerhörten Kunst ist es zu verdanken, daß... das Kind noch unverletzt und lebend zur Welt kam... So ein Arzt kommt mir vor wie ein Feldherr, plötzliche Entschlüsse, geniale Einfälle; es stand alles auf dem Spiel. – In solchen Augenblicken weiß man plötzlich, was das wichtige im Leben ist, und für diesen Kriegswahnsinn habe ich nun jedes Verständnis verloren. – ... Molls helfen rührend, und in diesen Tagen sehe ich an der Teilnahme von Almas Freunden, wieviel Liebe sie erregt... Ich glaube, Du hast doch kein rechtes Bild davon, was sie zu tragen hatte und – was für ein seltener hoher Mensch sie ist. In den größen Schmerzen selbst dachte sie immer an andere, nie an sich. Das ist das Kennzeichen ihrer Natur.

Was wird an der Front werden? Ich fürchte, es kommen böse Zeiten herauf. Je länger ich fern dieser Atmosphäre bin, desto ferner werde ich ihr. Ich glaube nicht mehr an unsere Sache, es wird ein schreckliches Erwachen kommen... Seit ich dort vorne fort bin, schätzt man mich mit einemmale, schickte mir das Eiserne Kreuz I. Kl. und hat mir bei der Obersten Heeresleitung ein eignes Ressort geschaffen und mich dorthin versetzt. Aber zu spät, ich habe keinen inneren Zusammenhang mehr damit. Jetzt können andere in die Bresche springen.«[277]

Zehn Tage später, er befand sich noch immer als Rekonvaleszent im Lazarett, konnte aber Alma täglich besuchen, schrieb er wieder, und nun schon etwas ruhiger, an die Mutter: »*Vor Almas Bett habe ich die ganze Zeit* bewundernd *gestanden. Diese Beherrschung, dieses Darüberstehen, und immer nur an andere denkend, nicht an sich. Sie hat ein großes, herrliches Herz, und es ist kein Zufall, daß die Menschen sie so lieben, sie hat es sich selbst verdient.*«[278]

Und wiederum acht Tage später erfuhr er dann endlich die Wahrheit, die ihm so lange verborgen geblieben war, die Wahrheit über Almas Beziehungen zu Franz Werfel und damit die Wahrheit über den Erzeuger des neugeborenen Kindes. Der Zufall brachte die Aufdeckung.

Am Morgen des 25. August war Walter Gropius wieder bei Alma erschienen, er »kam unerwartet mit einem enormen Blumenstrauß zur Tür herein«, als Alma gerade mit jemandem am Telefon sprach. Er hörte noch mit, wie sich Alma in eindeutiger, höchst intimer Weise mit dem Teilnehmer am anderen Ende unterhielt. Kein Wunder, daß er, der noch nicht recht genesen war, der noch unter den Nachwirkungen des Schocks litt und dessen Wunden noch kaum verheilt waren, im ersten Augenblick wie betäubt verhielt. Dann aber setzte bei ihm spontan die Reaktion ein, er erzwang von Alma das Geständnis, daß der von ihr so vertraulich angeredete Gesprächsteilnehmer, wie er plötzlich erkannte, tatsächlich Franz Werfel gewesen sei, und in aufflammender Erregung zwang er sie auch zum Eingeständnis ihrer Untreue. Seine heftige Anklage brachte Alma dazu, daß sie ihrerseits ihn beschuldigte, er habe sie zu lange allein gelassen, das Eingeständnis ihrer Schuld war nicht weniger Bekenntnis als zu gleichen Teilen Rechtfertigung. Alma hat später von diesen Momenten geschrieben: »... *als ich, unfähig zu lügen, Franz Werfels Namen genannt hatte, fiel Gropius wie vom Blitz getroffen zu Boden.*«[279]

Ganz so überwältigt von der jähen Erkenntnis scheint Walter Gropius aber doch nicht gewesen zu sein, er besaß noch genügend Widerstandskraft, um auch diesen Schock zu überwinden. Franz Werfel jedenfalls bezeugt, daß Gropius seine Beherrschung rasch wiedergefunden haben muß, daß die schmerzhafte Einsicht sogleich zurücktrat hinter der Sorge um die Frau und das Neugeborene: »*Walter Gropius.*

Er hat gestern alles erfahren...

Er war nachmittags bei mir, ich schlief und habe so sein Klopfen überhört. Er ließ mir eine Karte da. Er schreibt: ›*Ich komme, Sie mit der Kraft zu lieben, die mir zu Gebote steht. – Schonen Sie Alma. Es kann ein Unglück geschehen. Die Erregung – wenn uns (Uns!) das Kind stürbe!*‹«[280]

Die folgenden Tage dehnten sich endlos in die Länge für Walter Gropius, er bewegte sich zeitweilig wie im Traumzustand, unfähig zu denken, unfähig zu handeln. Dazwischen erlebte er Stunden der Qual, in denen er sich mit Selbstanklagen herumschlug. Er suchte eine Klärung herbeizuführen, zumindest für sich selbst, unter der Hand meldete er sich einigemale bei Almas Mutter Anna Moll und sprach sich mit ihr aus, er ging auch zu Rechtsanwälten und ließ sich ernsthaft beraten.

Aus all dem wurde er jäh herausgerissen durch einen Marschbefehl, der ihm das Ende seines Urlaubs ankündigte und ihn zur Truppe zurückbeorderte. Er hatte zu gehorchen, und nach einem überstürzten Aufbruch aus Wien fand er sich plötzlich wieder an der Front; seine Einheit stand im Abschnitt zwischen Marne und Aisne, wo die Deutschen nach der französischen Gegenoffensive seit Mitte Juli das zuvor gewonnene Gelände weitgehend wieder hatten aufgeben müssen. Im Osten hatte zwar der Friedensschluß zu Brest-Litowsk Anfang März 1918 Entlastung gebracht, doch im Westen stand es schlecht, bis Anfang September mußten sich die deutschen Truppen auf die Siegfriedlinie zurückziehen.

Walter Gropius hatte nun kaum mehr Gelegenheit, Briefe nach Hause zu schreiben, er fand wohl auch nicht die innere Kraft dazu, selbst wenn ihn immer wieder die Sorge um das Schicksal vor allem seines Töchterchens Manon und der kleinen Gucki überkam. Er hatte vor dem Krieg mit intensivem Pflichtbewußtsein seine Aufgaben als Architekt erfüllt, und schwerlich geringer war das Pflichtbewußtsein, mit dem er in den Kriegsjahren seine Aufgaben als Offizier erfüllte, doch hierin unterschied er sich in nichts von den anderen Offizieren bei den Wandsbeker Husaren, dieser Eliteeinheit, der er angehörte und die er nun längst nicht mehr mit den Augen des Einjährig-Freiwilligen von einst sah. Aber diese Offiziere entstammten fast ausschließlich der Aristokratie, und entsprechend war ihre Einschätzung des Leutnants Gropius, des Bürgerlichen, während sich sonst im Kaiserreich der Offizier gemeinhin der höchsten Achtung erfreute. Das hatte auch dazu geführt, daß während des Krieges die Entscheidungen der Militärs kaum jemals in Frage gestellt wurden und daß man sich in die politische, gesellschaftliche und wirtschaftliche Entwicklung fügte.

Walter Gropius hatte niemals etwas von Bewunderung für das Militär, für den Offiziersstand schlechthin verspürt, doch er versagte einzelnen militärischen Führern seinen Respekt nicht.[281] Er war allmählich mißtrauischer geworden gegenüber den Fähigkeiten der Militärs und gegenüber deren Entscheidungen. Hatte er einmal der Mutter begeistert von einer Begegnung mit Ludendorff und seiner Bewunderung für diesen Mann geschrieben, so mußte er ihr ein andermal von einem Zufallserlebnis berichten, das eigentlich entlarvend war – das war Anfang April 1917 gewesen, als man Ludendorff die Nachricht vom Kriegseintritt der Vereinigten Staaten überbrachte und Gropius ihn dazu nur sagen hörte: »Amerikaner? Haha! Barnum und Bailey!« Bis zu diesem Zeitpunkt, meinte Gropius später, habe er noch geglaubt – wie wohl auch die Mehrheit der Bevölkerung –, daß nach dem Krieg wieder alles so sein werde wie vorher, und auch seine Schwester Manon konnte nur bestätigen, daß er vordem in seiner politischen Einstellung konservativ und ein wenig naiv gewesen sei.

Der Mehrheit der Bevölkerung war auch die wahre militärische Lage Deutschlands und der Mittelmächte lange verborgen geblieben. Noch das letztliche Scheitern der deutschen Frühjahrsoffensiven 1918 und der seit dem »schwarzen Tag« des Heeres, der Tankschlacht von Amiens am 8. August, einsetzende schrittweise Rückzug waren nicht so recht ins Bewußtsein gedrungen. Um so rascher kam dann das Ende. Am 29. September verlangten Hindenburg und Ludendorff sofortige Waffenstillstandsverhandlungen, am 26. Oktober wurde Ludendorff in der Obersten Heeresleitung abgelöst, am 29. Oktober brach in Wilhelmshaven die Meuterei der Matrosen der Hochseeflotte aus, am 9. November wurde in Berlin die Republik ausgerufen, einen Tag später ging Kaiser Wilhelm II. ins holländische Exil, und am 11. November wurde der Waffenstillstand abgeschlossen,

Hindenburg mußte die deutschen Truppen in Eilmärschen hinter den Rhein zurückführen.

Der Zusammenbruch bedeutete auch für Walter Gropius persönlich das Ende eines Lebensabschnitts. Mehr als vier Jahre hatte er im Krieg gedient, und nun erlebte er an dessen Ende die Niederlage des Vaterlandes und die Revolution in der Heimat. Als Geschlagener kehrte er aus dem Felde zurück, körperlich und seelisch ausgezehrt. Zerstört war die hergebrachte Ordnung, waren die Traditionen, in denen er aufgewachsen war – und obendrein lebte er in der Qual der Gewißheit, daß er die Familie, daß er Frau und Kinder verloren hatte.

II Weimar: 1919–1925

DIE NACHKRIEGSZEIT

Der Krieg war zu Ende, aber ein Friede war noch nicht in Sicht. Es war ein eigentümlicher Zwischenzustand, in dem sich Deutschland zwischen dem Abschluß des Waffenstillstands am 11. November 1918 und der erzwungenen Annahme des Friedensvertrags durch die Nationalversammlung in Weimar am 22. Juni 1919 befand. In diesen sieben Monaten, in denen schließlich die Republik von Weimar ihren Anfang nahm, mochte es so erscheinen, als ob für die Deutschen die Wahl der zukünftigen Staatsform noch offenstehe – ob sie sich für die Demokratie entscheiden würden, wie sie in den Vereinigten Staaten, der kriegsentscheidenden Siegermacht im Westen, heimisch und in Deutschland im revolutionären Aufbruch von 1848 schon einmal gefordert worden war, ob für die Diktatur des Proletariats, wie sie nach der Oktoberrevolution von den Bolschewiken im Osten und, im Sinne der Weltrevolution, nach der Novemberrevolution auch auf deutschem Boden verfochten wurde, oder nicht gar doch für die Rückkehr zur Monarchie, der vertrauten und durch die Jahrhunderte hindurch als gottgegeben angenommenen Staatsform. Die dritte, letzte Möglichkeit freilich blieb wohl nur als Utopie in den Köpfen einiger weniger erhalten. Der Rückmarsch des Feldheeres vollzog sich geordnet und diszipliniert, in Berlin wurden die einrückenden Truppen fast wie Sieger empfangen – »im Felde unbesiegt« war denn auch eine Parole, die bald die Runde machte. In der Tätigkeit der Soldatenräte widerspiegelte sich das Bild der äußeren Zustände im Reich, sie waren ebenso oft ein Instrument der Auflösung und Zersetzung in der kriegsmüden Truppe, wie sie ein Element der Disziplin und Ordnung waren. Matrosenrevolte, Arbeiterunruhen, bayerische Räterepublik, Spartakistenkämpfe, Freikorpskämpfe hielten das Land in Atem. Am 15. Januar 1919 wurden in Berlin Rosa Luxemburg und Karl Liebknecht ermordet, am 13. März 1920 unternahmen Kapp und Lüttwitz in Berlin ihren Putsch, am 24. Juni 1923 wurde Walter Rathenau in Berlin ermordet, das Frühjahr 1923 brachte eine Rote Armee an Rhein und Ruhr, der Herbst des Jahres Adolf Hitlers Marsch zur Feldherrnhalle in München; die Wirren und Auseinandersetzungen dauerten noch bis in die Zeit der großen Inflation hinein an.

In Wirklichkeit aber war die Entscheidung längst gefallen. Der Kaiser und die Fürstenhäuser hatten abgedankt, und eine radikale sozialistische Umwälzung wollte die Mehrheit der Bevölkerung nicht, zu abschreckend war das Beispiel Rußland. Es gab gar keine Alternative, es gab nur den Weg in die parlamentarische Demokratie. Am 19. Dezember 1918 entschied sich die Reichskonferenz der Arbeiter- und Soldatenräte in Berlin für die von Friedrich Ebert und den Sozialdemokraten geforderte Wahl zu einer verfassunggebenden Nationalversammlung, und am 6. Februar 1919 trat die Nationalversammlung in Weimar zusammen. Die Nationalversammlung aber beschloß nicht nur die neue Verfassung, die am 11. August 1919 mit der Unterzeichnung durch den nunmehrigen Reichspräsidenten Friedrich Ebert in Kraft trat, sie mußte auch die Annahme der Friedensbedingungen beschließen – am 28. Juni 1919 unterzeichneten die deutschen Unterhändler das Friedensdiktat der Siegermächte in Versailles. Es war ein schweres Erbe, mit dem die Republik von Weimar von Anfang an belastet war.

Für die Nationalversammlung war das von Unruhen erschütterte Berlin nicht der rechte Ort gewesen, die Volksvertreter traten in Weimar zusammen, der Stadt Goethes und Schillers, der Stadt klassischen deutschen Geistes. Und auf Weimar richtete auch Walter Gropius erneut seine Hoffnungen, nachdem er im Zuge der Demobilisierung am 18. November 1918 mit dem Rang eines Leutnants aus dem aktiven Dienst entlassen worden war.[1] Er war auf den Tag genau fünfunddreißigeinhalb Jahre alt – in einem Alter also, wie er später meinte, in dem ein Architekt gemeinhin nach der Zeit der Einübung, der Praxis und der Reife der Erfahrung an der Schwelle zu seinen größten Leistungen stehe.

Im Oktober 1918 war Walter Gropius von der Front – er stand damals noch immer im Abschnitt zwischen Marne und Aisne – auf ärztliche Anordnung in Urlaub geschickt worden, und in Berlin hatte er die ersten Erschütterungen durch die sich anbahnende Revolution in Deutschland und in Österreich-Ungarn miterlebt. Unter dem Eindruck dieser Erfahrung wandelte sich seine Einstellung zu Politik und Gesellschaft, zur Arbeit und zum Leben radikal. Plötzlich überkam ihn – »wie von einem Lichtstrahl getroffen«, nannte er es später – die Erkenntnis, daß er sich bekehren, auf eine neue Zeit und neue Verhältnisse einrichten müsse. Aus dem vordem eher Konservativen wurde quasi über Nacht ein Progressiver, ein jäher innerer Wandel, den er in der Erinnerung einmal mit der bündigen Formel umschrieben hat: »*Nach dem Krieg dämmerte mir..., mit dem alten Krempel war es vorbei.*« Und als suche er in Wochen das in Jahren Versäumte nachzuholen, stürzte er sich in die Arbeit – vordringlich ging es ihm um die Wiedereröffnung seines Büros und die Ordnung seiner persönlichen Verhältnisse.

Als dringendstes Problem stand eine Klärung der Situation nach dem

Scheitern seiner Ehe vor ihm. Noch während seines Urlaubs vor der Entlassung aus dem Kriegsdienst war er am 4. November 1918 zu Alma nach Wien gereist und hatte von ihr die Übertragung des Sorgerechts für seine Tochter Manon verlangt; Alma, so erklärte er, verbliebe ja dann noch immer mit ihrer Tochter Gucki, Franz Werfel und ihrem Söhnchen Martin der eigene Familienkreis. Alma hatte in einem dramatischen Auftritt sein Ansinnen abgelehnt. In ihren Erinnerungen schildert sie diesen Tag. *»Heute kam ein Brief von Walter Gropius, in dem er mich bittet, ihm Manon, mein Kind, zu geben... ich weinte den ganzen Tag, bis endlich Walter Gropius und Franz Werfel kamen. Ich teilte ihnen meinen Entschluß mit, auf beide zu verzichten, meine Kinder mir zu lassen und mich meinen Weg allein zu Ende gehen zu lassen. Walter Gropius beschwor mich, ihm zu verzeihen.«*[2] Alma war ohnedies von Ängsten und Sorgen gequält, denn die Entwicklung des drei Monate alten Martin ließ das Schlimmste befürchten. Seit seiner Geburt hatte sie in fast jedem ihrer Briefe von ihrem »Bubi« berichtet, und in diesem November mußte sie der Schwägerin Manon Gropius schreiben: *»Das Bubi ist sehr groß und stark – aber der Kopf ist zu schnell gewachsen und er ist geistig zurück. – Der Arzt hofft – ich hoffe...«*[3]

Ihre Ängste und Sorgen sollten noch zunehmen. Am 11. November verließ Kaiser Karl die Hauptstadt und ging in die Schweiz, am 12. November brach in Wien die Revolution aus. Eine Gruppe junger Literaten hatte eine »Rote Garde« gegründet, und der freundliche und naive Franz Werfel hatte sich vor ihren Karren spannen lassen. Von dieser Episode berichtet Alma: *»Seine ganze Raserei war der Polizei bekannt, und er wurde überall gesucht. Walter Gropius fuhr an alle Orte und Wohnungen, um Werfel zu warnen... Es ist Franz Werfel nichts geschehen, Walter Gropius' Hilfe hatte ihn gerettet.«*[4] Danach verließ Gropius Wien, und Alma vermerkt: *»Er reiste schließlich nach Deutschland, um uns ein neues Leben zu bauen.«*[5] Doch unter dem 15. Dezember 1918 vermerkte sie ebenfalls: *»Eine glorreiche Nacht! Werfel war bei mir. Wir waren aneinandergeschmiegt und fühlten innigste Innigkeit unserer sich liebenden Seelen. Er ist eine große Auflösung meines Lebens.«*[6]

Während dieser ganzen Zeit schrieb Walter Gropius der Mutter in seinen Briefen, mit denen er ihr nun wieder getreulich von seinem Tun und Lassen berichtete, nicht ein einziges Wort über Alma, das auch nur den Schatten eines Verdachts hätte auf sie fallen lassen. Er war ohne Arbeit und er lebte von dem, was er noch zusammenkratzen konnte, aber dennoch suchte er offenbar die Familie zusammenzuhalten – um seiner Tochter Manon willen, wohl auch um Guckis willen, wenn nicht gar aus noch nicht erloschener Liebe zu Alma. Etwa einen Monat, nachdem er die Uniform abgelegt hatte, berichtete er der Mutter von seinen Bemühungen: *»Ich habe mich kopfüber in den Strudel hineingestürzt und sofort entsprechende Leute aufgesucht... Ich muß jetzt suchen und suchen, um endlich einmal ein Nest für meine*

Familie schaffen zu können. Ich kann es mir schon fast nicht mehr vorstellen, daß das Wirklichkeit werden könnte.«[7]

Wenn Walter Gropius sich in einer schwierigen Lage fand, so galt das gleiche auch für Alma, nur daß ihre Schwierigkeiten mehr von den persönlichen Verstrickungen herrührten, in denen sie sich verfangen hatte. Und ihre Ungeduld angesichts der augenblicklichen Situation war gewiß auch nicht geringer. In ihren Briefen an die Schwiegermutter gab sie sich, obwohl doch Franz Werfel ständig um sie war, ganz als die besorgte Mutter, die liebende Gattin und die ergebene Schwiegertochter. Es war nach wie vor »Meine liebste Mutter«, an die sie ihre Briefe richtete, und sie entschuldigte sich dafür, daß sie nicht häufiger zum Schreiben komme. Die Belastungen seien einfach zu groß, da seien die Sorgen um den Zustand des kleinen Martin, um den vergeblich Arbeit suchenden Gatten, um den vorgesehenen und leider umständehalber immer wieder verschobenen Umzug nach Berlin und ganz allgemein um die Zukunft, die doch nach »der schweren Niederlage Deutschlands« so bedrohlich düster aussehe.[8]

Der Zustand des kleinen Martin, der, während das Kind schon fast fünf Monate alt war, keinerlei Besserung zeigte, ließ auch Walter Gropius keine Ruhe. Der Mutter schrieb er: »*Alma regt sich maßlos auf und schreibt tief deprimiert und Du kannst Dir denken, wie dieses Schicksal aus der Ferne auf mich wirkt. Es blieb keine Wahl. Jedenfalls wird nichts versäumt, Alma hat die besten Ärzte und die sind hoffnungsvoll. Aber ich bin manchmal ganz verzweifelt über die immer neuen Hindernisse unserer Vereinigung.*«[9]

Alma hatte sich, seit er während der Revolutionstage in Wien bei ihr gewesen war, immer weniger um ihn gekümmert, zu sehr war sie mit dem Kind beschäftigt – und mit Franz Werfel. Nur gelegentlich, und eher zufällig, erhielt er noch ein Lebenszeichen von ihr. Schließlich riß ihm der Geduldsfaden, Anfang Februar raffte er sich auf und sandte ihr einen geharnischten Protest, daß sie ihm nicht schreibe und seine Fragen unbeantwortet lasse, daß sie nicht bereit sei, Wien zu verlassen und zu ihm nach Berlin zu kommen, und daß sie offenbar ebenso wenig bereit sei, Franz Werfel den Laufpaß zu geben: »*Dein heutiger Brief, mein Almuchi, war Mehltau aufs Herz, mir ist den ganzen Tag beklommen zu Mut, so furchtbar finster sind die Wolken, die mir daraus hervorsteigen. Ich fühle, daß ich Dir nichts bin und daß Du mich nicht vermißt... Daß Du nicht heiter bist, begreife ich wol, aber dieses immer weitere Fortschieben meiner Person empfinde ich als Unrecht an mir und unseren Kindern. Ich wartete* vor allem, daß Du Werfel fortschicken würdest. *Du versprachst mir einige Tage vor meinem Abschied, wenn ich fortführe, würdest Du ihn bitten, wegzufahren, damit ich Ruhe fände, und er selbst sagte mir, er würde in einigen Tagen nach Deutschland fahren. Daran habe ich fest geglaubt und stürzte mich froh und mit einem ganz neuen hoffnungsvollen Schwung in meine Arbeiten... Nichts von dem geschah – leere Worte. Du fandest wol nicht den Mut dazu und spielst weiter mit mir ein unentschiedenes Spiel, das sich furchtbar an uns rächen wird. Du lebst weiter mit ihm, siehst ihn täglich, auch Weihnachten, und ich weiß aus Deinen kärglichen Briefnachrichten auch nicht das einfachste von Eueren Gemeinsamkeiten. Du bist ja auch verstrickt in Schicksal und kannst nichts dafür, aber ich bin jetzt oft ganz verzweifelt und weiß nicht, wie ich je da herauskommen soll, da ich Dich fern von mir fortwandern sehe... Dein Schicksal war und ist, daß Du allen gerecht werden willst und es darum vielleicht niemandem auf die Dauer sein kannst, und das erzeugt das große Einsamkeitsgefühl in Dir.«*[10]

Vor der Mutter mußte er seinen Zorn auf Alma verbergen, nicht aber seine bange Sorge um das Schicksal des kleinen Martin und sein Mitgefühl, als er ihr bald danach schrieb: *»Der Junge ist von den Ärzten aufgegeben. Nach der dreimaligen Punktion, die furchtbare Aufregungen für Alma brachte, hat sich nichts geändert, das kleine Gehirn bleibt dunkel.«*[11]

Drei Wochen später mußte Alma ihn unterrichten, daß für das Kind keine Hoffnung mehr bestünde und nun alles in den Händen der Ärzte läge. *»Den Tag, bevor ich ihn in die Klinik gab, habe ich ihn taufen lassen: Martin Johannes, doch er wird niemals mit diesem Namen gerufen werden.«*[12]

Im späteren Frühjahr 1919 reiste Walter Gropius noch einmal nach Wien, um Alma aufzusuchen. Es war ein sehr kurzer Besuch, alles andere als ein freudiges Wiedersehen. Er konnte nur wenig Zeit für den Aufenthalt erübrigen, Alma ging wieder voll und ganz im Gesellschaftsleben auf, Franz Werfel war ständig in der Nähe, und der kleine Martin lag noch immer in hoffnungslosem Zustand in der Klinik. Immerhin konnte er eine Weile mit den Kindern zusammensein, mit seiner Tochter Manon, nun schon drei Jahre alt, und mit Almas Tochter Gucki. Der Zufall führte ihn auch auf einer von Almas Soireen mit dem Schweizer Maler Johannes Itten zusammen; die beiden sollten sich bald als unmittelbare Kollegen wiedersehen.

Die Rückkehr ins Zivilleben nach über vierjährigem Kriegsdienst, die Wiedereröffnung des Büros und die Bemühungen um Aufträge nahmen Walter Gropius zur Genüge in Anspruch, sie bedeuteten zugleich eine wenigstens zeitweilige Ablenkung von den Sorgen um die Familie. Daneben stürzte er sich in allerlei Unternehmungen der künstlerischen Avantgarde in Berlin. Vor allem aber galt es, Arbeit zu finden, Aufträge zu erlangen, denn er mußte sich ja erst eine neue Existenzgrundlage schaffen. Er wandte sich an alte Freunde und Gönner wie an frühere Auftraggeber, er fragte nach, wo Aussicht bestand, daß einst Geplantes und während des Krieges Liegengebliebenes wieder in Gang gebracht werden könnte. Dem Freund Karl Ernst Osthaus hatte er Mitte Dezember 1918, vier Wochen nach dem Abschied vom Dienst, mitgeteilt, daß er wieder zur Verfügung stünde, und der ließ ihn nicht lange warten. Osthaus schrieb ihm, daß man mit Plänen beschäftigt sei und bat ihn, bald zu einem Besuch nach Hagen zu kommen.

Beglückt antwortete Gropius: »*Von Dir kommt der erste Lichtblick meiner Tätigkeit, das muß ich dankbar anerkennen. Seit 14 Tagen brause ich fieberhaft durch Berlin, um irgendeine Tätigkeit zu finden, aber bis jetzt gelang alles daneben, und ich bin schon ganz verzweifelt, wie das werden soll. In 4½ Jahren sind eben die meisten Spuren hinter einem verwischt und es ist genau so, wie ich es seit langem befürchtete... Jedenfalls wäre ich glücklich, wenn ich zunächst wenigstens mit dem Projekte-Machen bald beginnen könnte.*«[13] Und bald darauf, Mitte Januar 1919, konnte er der Mutter denn auch berichten: »*Die Reiserei nach und von Hagen war fürchterlich – beide Nächte durch in wahnsinniger Fülle zwischen Pöbel, der jetzt mit Vorliebe I. Classe fährt. Dafür habe ich aber einen regelrechten Auftrag auf eine Villa – zunächst Projekt – für einen Herrn Kerckhoff in Hagen durch Osthaus' Vermittlung mitgebracht und richte mir nun wieder ein Atelier ein.*«[14] Rund zwei Monate später, Mitte März 1919, schrieb er der Mutter noch einmal von diesen Aussichten – er konnte damals noch nicht wissen, daß die Hagener Projekte über das Planungsstadium nicht hinauskommen würden: »*Mein Bauprojekt in Hagen ist vorgestern angenommen worden, neu und anders wie Arbeiten vor dem Kriege wie alles, was ich jetzt tue.*« Diesen Brief, den er so hoffnungsvoll mit einer Notiz von seiner Arbeit begann, mußte er freilich mit einer betrüblichen Notiz von seiner Familie schließen: »*Bubi liegt seit Wochen im Spital, die Ärzte machen Versuche mit ihm und Alma wird ihn nicht im Stich lassen, ehe Klarheit über ihn ist. Es ist ein furchtbares Schicksal, was uns da betroffen hat.*«[15]

Die Kriegsjahre hatten Walter Gropius Abstand gewinnen lassen von seinem Leben vor dem Kriege, die Erfahrung an der Front wie in der Heimat hatte ihn manches sehen gelehrt, was er vordem übersehen hatte, und ihm neue Einsichten über vieles gebracht, was er vordem vielleicht als kurios oder als übel angesehen, aber doch als selbstverständlich angenommen hatte, weil es nun einmal so war. Was sich an Abneigung gegen Übelstände mehr oder minder unbewußt in ihm angesammelt hatte – die innere Auflehnung gegen die Ausbeutung und Unterdrückung der Landarbeiter auf den Gütern Ostdeutschlands, die krassen Klassenunterschiede in Spanien, die Oberflächlichkeit und Hochnäsigkeit seiner Kameraden bei den Wandsbeker Husaren, die Zustände in der kaiserlichen Armee wie etwa die rasche Beförderung von Angehörigen der Elite und die entwürdigende Behandlung von Gemeinen und Rekruten, die Grausamkeit des Stellungskrieges und die Sinnlosigkeit der Materialschlachten – das alles schoß nun zusammen und brach sich Bahn. Der Verfall für unverrückbar gehaltener Vorstellungen mit dem Zusammenbruch des Kaiserreichs beschleunigte und bestärkte den Vorgang der Bewußtwerdung, der sich in dieser Zeit des Umbruchs nicht allein in Walter Gropius vollzog. Seine Bitterkeit über die verlorenen Jahre trug das ihre dazu bei, und so sparte sein Zorn auch die eigene Verwandtschaft nicht aus, die Gutsbesitzer in Pommern, Schlesien und der Provinz Posen, deren Gastfreundschaft er doch als Kind und junger Mann genossen hatte. In einem Brief an die Mutter, geschrieben gerade zwei Monate nach seinem Abschied vom Dienst, machte er seinem Herzen Luft: »*Zu Onkel Erichs Begräbnis bin ich in Matzdorf gewesen. Er hat sich noch furchtbar quälen müssen und es scheint für alle eine Erlösung gewesen zu sein, daß es nun so schnell zu Ende ging. Ich hatte ihm noch kurz vorher einen langen Brief geschrieben, der ihm noch große Freude gemacht haben soll. Darüber war ich froh, denn es tat mir zugleich leid, daß ich ihn nicht mehr sehen konnte. Die Stimmung unter diesen Verwandten allerdings war eine mir so völlig fremde, daß ich vergebens nach* irgend *etwas gemeinsamen suchte – ich stand völlig allein unter ihnen. Sie sind maßlos und unüberzeugbar in ihrem einseitigen agrarischen Haß, ganz verrannt und voll anmaßendem politischen Größenwahn, klagen uns an, ohne einmal selbst an die Brust zu schlagen, sehen* nur *das stürzende, aber nichts neues. Von dem geistigen Leben der Menschheit ahnen sie nichts und gehen daran bewußt vorbei. Gestern war ich auch zu Tisch bei Onkel Felix, aber ich* kann *das einfach nicht, es fehlt an jeder Verständnismöglichkeit zwischen uns, und in der Zufälligkeit der Blutsverwandtschaft kann ich immer weniger Verpflichtung zu menschlichem Verzicht erblicken, dafür ist das Leben zu kurz. Ich könnte Dir noch viele Einzelheiten mitteilen, die meine innere Erfahrung über diesen Punkt bekräftigen. Ich habe mit diesen Onkels nichts gemein und muß sie vielleicht meiner ganzen Lebensanschauung nach heftig bekämpfen.*«[16]

Walter Gropius war nicht das einzige Mitglied der Familie, das der Krieg in dieser oder jener Weise betroffen hatte – sie hatten zumindest Jahre ihres Lebens geopfert. Von seinen etwa fünfundzwanzig Vettern, die im Feld gestanden hatten, kehrten sechs nicht mehr heim, sie waren in Kämpfen zu Lande, zu Wasser und in der Luft gefallen. Aber er glaubte nun zu erkennen, daß sie, seine Verwandten, allesamt wenig aus den Erfahrungen dieser Jahre gelernt hätten, daß sie weiterhin verantwortungslos in den Tag hineinlebten und nicht bereit waren, sich der neuen Zeit zu stellen – sie allesamt, ob sie nun im Felde gedient oder in der Heimat Kriegsdienst geleistet hatten oder ob sie vom Krieg vergleichsweise unberührt geblieben waren, ja vielleicht sogar von ihm profitiert hatten.[17]

Die Revolution und die Umwälzungen in ihrem Gefolge, der in Wirren und Unruhen, Manifesten und Straßenkämpfen ausgetragene Streit um die zukünftige Gestalt Deutschlands – es war fast zuviel, was da auf die Menschen einstürmte, und bei Walter Gropius, der sich eben erst zu einem Kämpfer für die neue Zeit gewandelt hatte, kam noch die eigene kritische Situation hinzu, die Sorge um Arbeit und Brot und die Sorge um die Ehe. Erst der Zusammenbruch hatte ihm die Augen geöffnet, und im Zorn über die Sünden der Vergangenheit konnte er gelegentlich wild um sich schlagen.

So hatte er die gesamte Verwandtschaft in Bausch und Bogen verurteilt, und so fuhr er auch die Mutter an, als sie ihm ihre Meinung über Rosa Luxemburg und Karl Liebknecht nach dem Mord im Tiergarten mitgeteilt hatte: »*Über Liebknecht u. Rosa L. urteilst Du mit der Masse in Bausch und Bogen. Hast Du mal Schriften von ihnen gelesen und Dich bemüht zu begreifen, was sie wollten? Dies waren reine Idealisten, die für ihre Idee wie wenige lebten u. starben. Leider nur machten sie denselben Fehler wie die Antipoden und griffen auch zur Gewalt; das ist ihre Tragik. Ich könnte da noch vieles sagen, ich stehe mit meiner Ansicht durchaus nicht allein. Zur Beschäftigung schicke ich Dir diesen Ausschnitt von Romain Rolland. Ich bin überzeugt, daß der gemeine Mord an diesen beiden uns tiefen Schaden im Ausland zugefügt hat.*«[18] Die Mutter hätte sich vielleicht dem Sohn gegenüber etwas vorsichtiger ausdrücken sollen, hatte dieser ihr doch – er war damals gerade von seinem ersten Besuch bei Osthaus aus Hagen zurückgekehrt – gleich nach der Tat geschrieben: »*Der Mord an Liebknecht und Rosa L. ist gemein, schlimmer als alles, was die Spartakisten taten. Auch sonst bedaure ich das Ende dieses Tribunen, er war der Bürgerschreck, und nun zieht Michel schon wieder die Schlafmütze bis tief über die Ohren.*«[19]

Doch derartige Ausbrüche waren für Walter Gropius nicht die Regel, vielmehr beschäftigte ihn die Möglichkeit der konstruktiven Mitarbeit in einer der zahlreichen Künstlergruppen, die sich überall in den großen Zentren nach der Revolution gebildet hatten. Gleich nach der Rückkehr von Wien, wo er den Ausbruch der Revolution miterlebt hatte, berichtete er der Mutter: »*Nach strapaziöser Reise durch Böhmen hindurch schreibe ich Dir nun gleich... Bubis Taufe wird nun erst Weihnachten sein, wenn es mir gelingt, wieder hinzukommen, denn ich rechne seit Wochen mit Bestimmtheit darauf, das Foch unser Land besetzen wird. Ich bin jetzt hergekommen, um mich zu orientieren und bei den neuen Künstlerorganisationen mitzutun. Es scheint mir höchste Zeit zu sein... Gleich habe ich eine Unterredung mit Prof. Tessenow und Bruno Taut in Fragen des Arbeitsrats für Kunst.*«[20] Und bald darauf teilt er Karl Ernst Osthaus mit: »*Ich fuhr hierher, um an den Umwälzungen teilzunehmen. Es ist hochgespannte Stimmung hier, und wir Künstler müssen in dieser Zeit das Eisen schmieden, so lange es heiß ist. Im Arbeitsrat für Kunst, in den ich eintrat, ist vorläufig eine sympathisch radikale Stimmung und fruchtbringende Ideen werden vorgebracht.*«[21]

Der Arbeitsrat für Kunst, der sich in Berlin im Winter 1918/1919 bildete, war der Zusammenschluß einer Gruppe von Künstlern und Architekten, die einer breiteren Öffentlichkeit das Verständnis für neue Kunst und Architektur erschließen und den Künstlern und Architekten eine festere Basis für die Mitarbeit an den kulturellen und sozialen Vorhaben der neuen Regierung schaffen wollten.[22] Anfänglich hatte ein Vier-Mann-Komitee die Geschäfte geführt, bestehend aus César Klein, Otto Bartning, Adolf Behne und

Walter Gropius, dann übernahm Adolf Behne den Posten des Sekretärs und Bruno Taut den des Ersten Vorsitzenden.

Vor Weihnachten 1918 arbeitete Gropius zusammen mit Bruno Taut an der Vorbereitung eines richtungweisenden Manifests. Dieses selbstbewußte »Architekturprogramm« Tauts setzte dann markige Akzente: *»Unmittelbarer Träger der geistigen Kräfte, Gestalter der Empfindungen... ist der Bau. Erst die vollständige Revolution im Geistigen wird diesen Bau schaffen... Beginn großer Volkshausbauten, nicht innerhalb der Städte, sondern auf freiem Land im Anschluß an Siedlungen... Diese Bauten... können nicht in der Großstadt stehen, weil diese, in sich morsch, ebenso verschwinden wird wie die alte Macht. Die Zukunft liegt auf dem neu erschlossenen Lande, das sich selbst ernähren wird...«*[23] Das Programm forderte neben anderen utopischen Projekten die Schaffung großer Gemeinschaftszentren, die im Abstand von den großen Städten auf dem flachen Land entstehen und mit Hotels, Restaurants, Schauspiel- und Opernhäusern, Konzerthallen und sonstigen Gebäuden jede Art von geistigen, kulturellen und geselligen Ansprüchen befriedigen sollten. Das Programm verlangte auch die Förderung neuer baulicher Ideen, es vergaß vor allem die städtebaulichen Forderungen nicht. Erforderlich sei die sorgfältige, harmonisch ausgewogene Planung von Siedlungen, Straßensystemen, neuen Stadtteilen, bei der Stadtplanung müßten aus Architekten und Landschaftsgestaltern gebildete Räte mitwirken.

Innerhalb der Gruppe hatte sich Walter Gropius schon in dieser Phase durch sein Organisationstalent und seinen Führungsstil hervorgetan, und so löste er noch im Dezember 1918 Bruno Taut im Vorsitz ab. Fast ein halbes Jahrhundert später meinte er dazu, Bruno Taut sei nicht der richtige Mann an der Spitze gewesen, er war *»in erster Linie ein Theoretiker, recht inkonsequent in seinem Handeln. Er war wankelmütig und offensichtlich unfähig, den Aufgaben als Präsident des Arbeitsrats für Kunst gerecht zu werden. Er trat zurück, und man machte mich zum Direktor...«*[24] In den ersten Januartagen des Jahres 1919 konnte Walter Gropius dem Freund Karl Ernst Osthaus bereits freudig und stolz berichten: *»... der ganze Ton im Arbeitsrat ist so erfrischend und radikal, und es wird dort wirklich gearbeitet, so daß ich sicher bin, in kurzer Zeit werden wir wichtige Anregungen herausbringen und positive Arbeit leisten. Bei der jetzigen politischen Lage ist es unumgänglich nötig, die Kräfte nicht zu zersplittern und an einem Haupthebel mitzudrehen. Wir haben jetzt wirklich fast alle wichtigen Leute unter den Künstlern und Kunstfreunden, die auf der radikalen Seite stehen, für uns und stellen bereits eine Macht dar.«*[25] Einige Wochen darauf erzählte er der Mutter von seiner Tätigkeit – er mußte sich entschuldigen, weil er längere Zeit nichts hatte von sich hören lassen: *»ich... kam noch nicht zum schreiben, denn ich bin wieder mitten in der großstädtischen Hetze und habe viel Arbeit. Ich war in* einer *Woche in Hagen* *und in Weimar und war außerdem inzwischen zum Vorsitzenden des ›Arbeitsrat für Kunst‹ gewählt worden, den ich ganz radikalisiert habe und damit viel Arbeit und Nervenaufregung fand. Ich stürze mich in all die Tätigkeit, um die Unruhe und Sorge um die Meinen zu übertönen.«*[26]

Und Walter Gropius verlor keine Zeit, in kürzester Frist hatte er der Künstlergruppe seinen Stempel aufgedrückt. Mitte März 1919, noch nicht ein Vierteljahr nach der Übernahme des Vorsitzes, konnte er sich der Mutter gegenüber bereits rühmen: »*Dieser A. f. K. macht mir große Freude, ich habe, seit man mich zum Vorsitzenden wählte, ihn ganz umgekrempelt und habe ein interessantes, recht lebendiges Leben zustande gebracht; alle wichtigen modernen Künstler, Architekten, Maler, Bildhauer unter einen Hut. Sie kommen alle zu unseren Versammlungen und das ist unglaublich schön und anregend . . . Das ist die Art Leben wie ich es mir lange dachte, aber die innere Reinigung durch den Krieg war dazu nötig. Ich bin durch vieles innere Leid im Kriege vom Saulus zum Paulus geworden. Geistig idiosiert und zermürbt aus dem furchtbaren Krieg heimkehrend stürzte ich mich vor drei Monaten wie ein Rasender auf das geistige Leben und habe nun heute die beruhigende Genugtuung, durch eigene Kraft in dieser doch verhältnismäßig kurzen Zeit meinen Stand zu behaupten und mir neuen Boden zu erringen. Ich weiß heute genau, daß es nur dadurch möglich war, daß ich mich innerlich völlig umgewandelt und auf das Neue, was unheimlich stark heraufsteigt, umgestellt habe. Nun wünsche ich nur, endlich nach langer Wüstenfahrt mit den Meinigen vereint zu werden, und will dann froh an neue Arbeit gehn.*«[27]

Zu einer eindeutigen Festlegung der Zielsetzung und des Programms kam es nie, dafür waren im Arbeitsrat für Kunst die Dinge viel zu sehr in Gärung, doch um so wichtiger war dafür seine Funktion als Sammelpunkt komplementärer wie divergierender Tendenzen und Bestrebungen, die sonst in der Vereinzelung vielleicht im Sande verlaufen und wirkungslos geblieben wären. Die Mitgliederzahl wuchs, solange Walter Gropius den Vorsitz führte, auf über hundert an.

Der Arbeitsrat war wohl eine bedeutende, aber durchaus nicht die einzige Gruppierung von Künstlern, die sich bei Kriegsende spontan zusammengeschlossen hatten. Ebenfalls noch im November 1918 hatten sechs Künstler aus der Gruppe um Herwarth Waldens Galerie »Der Sturm«, unter ihnen Ludwig Mies van der Rohe und Rudolf Belling, eine Verbindung begründet, die sich dann als »Novembergruppe« im Dezember eine festere organisatorische Form gab. Auch sie rief alle »revolutionären« und »radikal schöpferischen« Künstler auf, sich ihr anzuschließen.[28] Das Manifest der Novembergruppe erklärte, daß Architekturprojekte als Gemeinschaftsaufgaben der Zusammenarbeit aller Beteiligten bedürften, es forderte die grundlegende Umgestaltung der Kunstschulen, die Einrichtung von Museen für Volkskunst, die Schaffung von öffentlichen Ausstellungsräumen und die Zuweisung öffentlicher Mittel für die Kunst. Walter Gropius hat später gelegentlich darauf verwiesen, daß er kein Mitglied der Novembergruppe gewesen sei, aber Briefe und andere Zeugnisse der Zeit belegen, daß er verschiedentlich an deren Zusammenkünften teilgenommen hat.

Während die Novembergruppe und der Arbeitsrat für Kunst regelmäßig ihre Zusammenkünfte abhielten und sich eine programmatische Basis schufen, hatten sich etliche ihrer Mitglieder zu einem geselligen, durch keinerlei Organisationsform oder Programm gebundenen Kreis gefunden. Die kleine Schar von Künstlern, es waren niemals mehr als fünfundzwanzig, und die meisten kannten sich schon seit langer Zeit oder waren miteinander befreundet, besaß ihren Treffpunkt in einer kleinen Berliner Gaststätte am Alexanderplatz. Dort versammelte man sich und diskutierte, entwarf utopische Bauten und ganze imaginäre Städte – es war natürlich auch eine Flucht aus der Enge und Not der Zeit, da an Bauen in Wirklichkeit gar nicht zu denken war. Eine treibende Kraft in diesem Kreis war der phantasiebegabte Bruno Taut, der schon auf der Kölner Werkbund-Ausstellung von 1914 mit dem von seinem Dichterfreund Paul Scheerbarth besungenen Glashaus die Künstler begeistert hatte und jetzt an seinen ersten Büchern arbeitete, »Die Stadtkrone« mit den in der Kriegszeit entstandenen Zeichnungen und »Alpine Architektur«.[29] Das Glashaus hatte Bruno Taut in dieser Runde den Spitznamen »Glas« eingetragen, und im Einklang mit dem spiritus rector nannte sie sich dann auch die »gläserne Kette«.[30] Jeder in der Runde trug einen solchen Spitznamen, gleichsam ein Pseudonym, das hier aber nicht die wahre Identität verbergen sollte, sondern eher dazu diente, zwischen dem einzelnen Künstler und den von ihm im vertrauten Kreis vorgetragenen Ideen eine gewisse Distanz zu schaffen, so daß die Ideen, von der Person abgelöst, um so reiner erscheinen und wirken könnten. Die Spitznamen bezogen sich jeweils auf Wesen und Werk der Person; so war etwa der getreue Adolf Behne der »Ekkehard«, der einfallsreiche Hermann Finsterlin war »Prometheus«, Wassili Luckhardt war der »Zacken« und sein Bruder Hans war »Angkor«, und Walter Gropius zierte das verpflichtende »Maß«.

Auf die in der »gläsernen Kette« miteinander verbundenen Freunde bezieht sich das früheste Poem aus der Feder von Walter Gropius. Anfang Februar 1919 entstanden, stellt es eine kryptisch verschlüsselte Kurzfassung von Gedanken und Empfindungen dar, die ihn damals bewegten. Die Idee der Bauhütte und der Kathedrale des Mittelalters klingt an, daneben ist es von Sendungsbewußtsein durchdrungen, doch will es auch eine Huldigung an die Freunde sein, die hier mit ihren noms de plume erscheinen. Wer die »Muse« und der »Erdenwurm« waren, ist nicht mehr zu erforschen, »Klang« – zu »Glas« – dürfte Max Taut gewesen sein.[31]

5.
Februar
1919

Spectrum mysticum

Iris leuchtet im Kristall,
Farbenbrüder im Weltenall.
Goldnes Gelb Wahrhaftigkeit,
Violett Verschwiegenheit,
Feuerrot der Heiterkeit,
Gütig Grün und einfach Blau
Einen sich zum großen Bau.
Brüder neuer Brüderschaft
Baut! – Aus tiefer Leidenschaft
Baut den strahlenden *Muse*turm,
Trotzt dem Jammer. *Erdenwurm!*
Laßt nicht ab zu rasen,
Brecht die morschen Phrasen.
Glaubenstreu wie *Ekkehard*
Wirkt das Werk, bis es vollbracht.
Glied um Glied zum Himmel reckt,
Geist den toten Stoff erweckt.
Heiliger Sinn im klaren *Glas,*
Farben*klang* und Formen*maß!*
    Baut den Bau!

Um das Ende des Frühjahrs 1919 bereits waren die Teilnehmer an der Runde der »gläsernen Kette« weithin über Deutschland verstreut, nur fünf oder sechs lebten noch in Berlin, einige fanden sich in Köln zusammen; Walter Gropius hatte sich schon in Weimar niedergelassen. Die räumliche Trennung aber hatte Anlaß zu einem regen Briefwechsel gegeben, man tauschte Gedanken, Aufrufe, Erklärungen, Skizzen aus. Das war der berühmt gewordene Utopische Briefwechsel, der vor allem von dem Freundeskreis um Bruno Taut im Arbeitsrat für Kunst, in der Novembergruppe und der »gläsernen Kette« ausging. Seine Anfänge hatte dieser Briefwechsel eigentlich schon in der Vorkriegszeit genommen, doch erst mit der Zerstreuung der Freunde in alle Winde setzte jener rege Schriftverkehr ein, dessen intensivste Periode schließlich mit einem Rundbrief von Bruno Taut am 24. November 1919 eingeleitet und mit einem Brief von Hermann Finsterlin am Heiligabend 1920 mehr oder minder beendet wurde; er setzte sich darüber hinaus sporadisch noch bis wenigstens zum Untergang der Republik von Weimar fort. Es war eine bunte Mischung aus Realität und

Utopie, Postulaten und Hypothesen, Vorstellbarem und Phantastischem, die Spannweite reichte von kapriziösen Gedankenspielen, wie sie etwa Bruno Taut mit »kosmisch-komischen Luftvergnügen« anbot, bis hin zum Entwurf von Konstruktionen, deren Verwirklichung man – zumindest damals – für unmöglich hielt.

In der Korrespondenz des Kreises um die »gläserne Kette« tauchen Hinweise auf »Maß«, auf Walter Gropius auf, doch dieser fand im Verlauf des Frühjahrs 1919 immer weniger Zeit, sich mit den gemeinsamen Anliegen im Arbeitsrat für Kunst zu beschäftigen, er mußte sich zuvörderst um die eigenen Angelegenheiten und seine berufliche Zukunft kümmern. Dennoch nahm er, solange er noch in Berlin blieb, regen Anteil an der Entwicklung; es wird erkennbar, daß es ihm – wie auch Bruno Taut – vor allem um die Planung neuer Städte, um die Planung großer, komplexer Projekte und um die Verwirklichung gesellschaftlicher Idealvorstellungen in der Planung ging.

Eines der ungewöhnlichsten Projekte der gesamten frühen Schaffensperiode von Walter Gropius verdankt seine Entstehung den Anregungen Bruno Tauts und der hoffnungsvollen Freundesrunde der »gläsernen Kette«: das utopische Konzept der Wohnberge, das er in einer Folge hastig hingeworfener Skizzen und flüchtiger Notizen während dieser hektischen Wochen des Frühjahrs 1919 entwickelte *(Abb. 56, 57)*. Es hätte sein Beitrag zu den utopischen Entwürfen der »gläsernen Kette« sein können, hätte er nur Zeit und Gelegenheit gehabt, sein Konzept weiter auszuarbeiten und zu vervollständigen. Die Umstände waren dagegen, und so verschwand das ganze Konvolut, die Skizzen, die zur Begründung herangezogenen statistischen Unterlagen der vergangenen Jahre bis einschließlich 1918 und die Notizen zu Planung und Ausführung, erst einmal im Aktenschrank.[32] Die Wohnberge seines Konzepts waren riesige langgestreckte, etwa dreißig Geschosse hohe Wohnhausbauten mit dreieckförmigem Querschnitt, beiderseitig jeweils in Form eines auf den Kopf gestellten Schiffsbugs abgeschlossen. Sie sollten sich als vollkommen ebenmäßige, von Menschenhand geformte Gebilde in eine ebene oder auch hügelig bewegte Landschaft einpassen, gebaute Bergkämme eher denn Hügelketten oder Gipfelfolgen. Es waren vier verschiedene Typen normierter Wohnungen vorgesehen: für Einzelpersonen, für »in Liebe oder in einer Arbeitsbeziehung miteinander verbundene« Paare, für Familien mit Kindern und für alte Menschen. Walter Gropius sah einen Wandel in Lebensformen und Sozialstruktur voraus, als er in den Begleitnotizen das Leben in seinen Wohnbergen beschrieb. Dort würde die grundlegende Sozialeinheit nicht länger die Familie oder das Gemeinwesen oder der Staat sein, sondern das Individuum, der einzelne Mensch, woraus sich eine neue, vollkommenere menschliche Gesellschaft ergebe. Familienpflichten als solche werde es nicht mehr geben, und die Entbindung von aller häuslichen Arbeit werde Mann und Frau innerhalb des Rahmens der zur Verfügung stehenden Zeit die gleichen Möglichkeiten bieten. Die Frau würde bei Gleichartigkeit der Begabung und Fähigkeiten die gleiche Verdienstmöglichkeit wie der Mann haben.

In diesem Frühjahr 1919 schickten sich die Mitglieder des Arbeitsrats für Kunst schließlich an, in einem Überblick festzustellen, wieweit es ihnen schon gelungen sei, eine Basis für die proklamierte gemeinsame Arbeit von Künstlern und Architekten zu finden. Walter Gropius war begeistert bei der Sache, stellte dies doch eine Untermauerung seiner Forderung nach Zusammenarbeit dar, und schlug vor, in einer Ausstellung das Ergebnis ihrer Bemühungen der Öffentlichkeit vorzuführen. Das Resultat war die im April 1919 eröffnete »Ausstellung für unbekannte Architekten«, veranstaltet, wie Gropius erklärte, »weil wir wissen wollten, wo die neuen Männer sind« und weil es notwendig sei, »neue Gedanken zu entdecken«.[33] Walter Gropius, Bruno Taut und Adolf Behne schrieben die Texte für ein Flugblatt zu dieser Ausstellung, in dem Gropius emphatisch verkündete:

»Was ist Baukunst? Doch der kristallene Ausdruck der edelsten Gedanken der Menschen... Da gehen wir durch unsere Straßen und Städte und heulen nicht vor Scham über solche Wüsten der Häßlichkeit! Seien wir uns nur klar: Diese grauen, hohlen, geistlosen Attrappen, in denen wir leben und arbeiten, werden vor der Nachwelt beschämendes Zeugnis für den geistigen Höllensturz unseres Geschlechtes ablegen, das die große einzige Kunst vergaß: Bauen... Gebilde, die Zweck und Notdurft schafft, stillen nicht Sehnsucht... nach Wiedergeburt jener Geisteseinheit, die sich zur Wundertat der gotischen Kathedrale aufschwang... Aber es gibt einen Trost für uns: die Idee, der Aufbau einer glühenden, kühnen, weit vorauseilenden Bauidee, die eine glücklichere Zeit, die kommen muß, erfüllen soll. Künstler, stürzen wir endlich die Mauern um, die unsere verbildende Schulweisheit zwischen den ›Künsten‹ errichtete, um alle wieder Bauende zu werden! Wollen, erdenken, erschaffen wir gemeinsam den neuen Baugedanken. Maler und Bildhauer..., werdet Mitbauende, Mitringende um das letzte Ziel der Kunst: die schöpferische Konzeption der Zukunftskathedrale, die wieder alles in einer Gestalt sein wird, Architektur und Plastik und Malerei.

... Es gibt ja heute noch keinen Architekten, wir alle sind nur Vorbereitende dessen, der einmal wieder den Namen Architekt verdienen wird, der aus Wüsten Gärten bauen und Wunder in den Himmel türmen wird.«[34]

Die Ausstellung, die vorwiegend von Walter Gropius und Max Taut zusammengestellt worden war,[35] wanderte anschließend noch weiter durch Berlin, auch in den Gaststätten und Kneipen rund um den Alexanderplatz wurde für sie geworben. Hier wurden zum ersten Mal Arbeiten Wassili Luckhardts gezeigt, des jüngeren der beiden Brüder. Auch an Ludwig Mies van der Rohe, der mit ihm etwa gleichen Alters war und vordem gleichzeitig mit ihm im Büro von Peter Behrens gearbeitet hatte, wandte sich Gropius

Abb. 56, 57 W. Gropius und Frank Moller: Entwurf für »Wohnberge«.
Ansicht und Schnitt, 1919

während der Vorbereitungszeit mit der Bitte, er möge doch möglichst Material über Arbeiten einsenden, an denen die Zusammenarbeit von Architekt und Künstlern sichtbar werde; Mies hatte ihm daraufhin seine – bereits einige Jahre alten und noch deutlich in der Schinkel-Nachfolge stehenden – Entwürfe, Skizzen und Fotos für das Haus Kröller in Den Haag angeboten.

Auf die »Ausstellung für unbekannte Architekten« folgte im Mai noch die Ausstellung »Neues Bauen«, auf der Gropius sein neues Konzept der Wohnhochhäuser darstellen konnte. Diese Hochhäuser, in denen vorwiegend Familien wohnen würden, sollten als Gemeinschaftsbauten in größerer Zahl in unmittelbarer Nachbarschaft zueinander errichtet werden, doch in größeren Abständen voneinander gruppiert, so daß zwischen ihnen weite Grünflächen angelegt werden könnten und Licht, Luft und Sonne allen Bewohnern gleichermaßen zugute kämen.[36] Nach der Novemberrevolution war von jungen Architekten der Gedanke ins Spiel gebracht worden, daß in Zukunft jede Stadt über ein »Haus des Volkes« verfügen müsse, das als der geistige und kulturelle Mittelpunkt der Gemeinde dienen sollte. Daraus hatte sich der Gedanke entwickelt, daß die Stadtgestalt selbst auch die Idee der Stadt verkörpern müsse und daß eine Anzahl von Hochhäusern, vornehmlich als Bürogebäude gedacht, in entsprechender Anordnung im Rahmen des Stadtganzen diese Idee vorbildhaft zum Ausdruck bringen werde.

Erich Mendelsohn war in der Tat unbekannt gewesen, bis er mit seinen Entwürfen auf der »Ausstellung für unbekannte Architekten« hervortrat; bald darauf erhielt er den Auftrag für den Einsteinturm auf dem Telegrafenberg in Potsdam-Babelsberg, das erste Projekt, das er ausführen konnte. Mendelsohn gehörte der Novembergruppe, wo er im tonangebenden Führungskreis mitarbeitete, wie dem Arbeitskreis für Kunst als Mitglied an. Er war maßgeblich daran beteiligt, daß diese beiden Organisationen sich im November 1919 zusammenschlossen mit dem ausgesprochenen Ziel, Künstler und Architekten zu einer noch engeren Zusammenarbeit miteinander zu verbinden. Dies war letztlich eine Konsequenz der Architekturausstellungen, denn in deren Folge hatte sich immer deutlicher gezeigt, daß die zwei Organisationen allzu oft Zeit und Energie verschwendeten, indem sie auf den gleichen Gebieten nebeneinanderher arbeiteten. Der Zusammenschluß hatte mehr als ein Jahrzehnt Bestand, doch es gab vielfach interne Reibereien und Auseinandersetzungen, so daß sich die beiden Gruppen im späteren Frühjahr 1931 wieder trennten.[37] Der vielleicht bedeutsamste Hinderungsgrund für ein wirkliches Zusammengehen von Künstlern und Architekten war das Fehlen jeglicher Vorbilder, es gab einfach keine Erfahrungen einer echten Zusammenarbeit. Dazu kam überdies der häufige Ortswechsel vieler Mitglieder der beiden Gruppen; er bedeutete eine Erschwernis für die Diskussion, die damit niemals recht zum Ende kam.

WEIMAR UND DAS BAUHAUS

In der zweiten Dezemberwoche des Jahres 1918 war Walter Gropius nach Berlin zurückgekehrt und ›brauste fieberhaft durch die Stadt, um irgendeine Tätigkeit zu finden‹, wie er am Tag vor Heiligabend an Karl Ernst Osthaus schrieb. Er streckte dabei natürlich seine Fühler auch wieder nach Weimar aus, nachdem fast drei Jahre vergangen waren, seit er dort seine Vorschläge für einen neuartigen Architektur- und Kunstunterricht eingereicht hatte. Der Großherzog hatte abgedankt, und nach den Wirren des Umbruchs galt es zunächst zu erkunden, wer nunmehr für die Angelegenheiten der beiden Weimarer Kunstschulen zuständig sei. Immerhin konnte er der Mutter, kaum daß er nach Berlin heimgekehrt war, doch hoffnungsvoll schreiben: *»Die Weimaraner Sache schwebt noch immer. Wenn das etwas würde, wäre es mir am liebsten... Außerdem versuche ich auch, in die vielen geplanten Siedlungsbauten Einlaß zu finden.«*[38]

Welche weitergehenden Hoffnungen sich für ihn damit verbanden, macht eine Andeutung in seinem Brief an Karl Ernst Osthaus deutlich, den er am Tag vor dem Heiligabend 1918 schrieb: *»Ich bin dabei, etwas ganz anderes ins Werk zu setzen, was mir schon lange Jahre im Kopfe spukt – eine Bauhütte! mit einigen wesensverwandten Künstlern... Ich bitte Dich, darüber Schweigen zu bewahren, bis ich einmal mündlich mit Dir darüber gesprochen habe, sonst geht diese Idee, die zarte Diskretion verlangt, im wirtschaftlichen Trubel zu Grunde, ehe sie lebensfähig ist.«*[39]

Anfang Januar 1919 erfuhr er dann aus Weimar, daß der Schriftsteller Ernst Hardt, den er 1914 auf der Kölner Werkbund-Austellung kennengelernt hatte, zum Direktor des dortigen Theaters berufen worden war. Walter Gropius ließ die günstige Gelegenheit nicht ungenutzt verstreichen und sandte Hardt umgehend seine Glückwünsche, die er mit einer Anfrage verband.

»Van de Velde hatte mich vor Jahr und Tag als seinen Nachfolger für Weimar vorgeschlagen. Ich hatte meine Ideen schriftlich niedergelegt und nach Besuchen im dortigen Ministerium und beim Großherzog war meine Angelegenheit so ziemlich spruchreif geworden. Da der Großherzog der Geldgeber war, ist die Angelegenheit vorläufig in der Luft, andererseits ist aber durch seinen Weggang mein Hauptzweifel, dort ersprießliche Arbeit leisten zu können, aus der Welt geschafft... Es ist mir nicht klar, wer nun eigentlich in Weimar befiehlt und die leeren Stellen dort besetzt.

... Ich wäre Ihnen aufrichtig dankbar, wenn Sie mir über die augenblicklichen Verhältnisse in Weimar Aufschluß gäben und sagen wollten, ob noch eine Rettung denkbar ist, und wo man Hebel ansetzen müßte... Leider bin ich durch vierjährigen Kriegsdienst zur Untätigkeit verurteilt gewesen und sank naturgemäß ins Tal der Vergessenheit.« Er höre aus Weimar, fügt er hinzu, von *»den dortigen Strömungen, die schlimmer als je einen Klüngel*

ortseingesessener unbedeutender Künstler an die Oberfläche kommen lassen... Die jetzige Tendenz ohne Gesamtplan, die einzelnen Künstlerstellen zu besetzen und den Direktorposten bis zuletzt offen zu lassen, ist natürlich irrsinnig... Die bisherige Organisation, Mackensen neben Van de Velde, war eine traurige Verbindung, deren Geist mit allen Mitteln verhindert werden sollte.

... Ich bin auch völlig im Unklaren darüber, wie sich die dortigen Künstler zu meinen Werken stellen, z. B. Engelmann und Klemm, von deren Urteil gewiß vieles abhängt.« Und in einer knappen Skizze umreißt er schließlich das eigene Konzept für die neue Schule und verweist dabei auf das Vorbild der Bauhütte: »*Eine ersprießliche Einheit und Arbeitsgemeinschaft zu gleichem Ziel – der allumfassenden Baukunst, der ja doch ursprünglich alle ›Künste‹ angehören – wäre ja nur möglich, wenn ein weitsichtiger Architekt zuerst berufen wird und seinerseits dann die Vorschläge zur Besetzung der anderen Stellen kompromißlos und sachlich verfolgt. Eine solche Gemeinschaft, bei der mir das Vorbild der mittelalterlichen Bauhütten schon seit langem vorschwebt, könnte ein Zentrum bildnerischer Tätigkeit werden.*«[40]

Ernst Hardt ließ sich nicht lange bitten, er tat sich seinerseits in Weimar um, und schon zwei Wochen später hielt Walter Gropius seine Antwort in der Hand: »*Kunstschule und Kunstgewerbeschule sind hier noch in der Schwebe, wenn auch finanziell einigermaßen gesichert. Ich würde es unendlich begrüßen, wenn Sie herkämen. Ich glaube, daß Engelmann und Klemm dem Gedanken sehr freundlich gegenüberstehen. Ob Engelmann immer ehrlich ist, weiß ich nicht.*

Ich würde Ihnen raten, sich unter Bezugnahme auf Ihre früheren Verhandlungen einmal mit dem Oberhofmarschall Exz. von Fritsch in Verbindung zu setzen, der die Verwaltung der Kunstinstitute noch in Händen hat. Ich habe bereits mit ihm über Sie gesprochen und ihm gesagt, man müsse Alles tun, um Sie nach Weimar zu rufen. Jedenfalls ist dies der beste Weg, Verhandlungen wieder anzuknüpfen.«[41]

Freiherr von Fritsch leitete unter der Republikanischen provisorischen Regierung die Geschäfte des Hofmarschallamtes, das bis zu einer Regelung zwischen dem Staat und dem Großherzoglichen Haus weiterhin für die beiden Schulen, die Hochschule für bildende Kunst und die aufgelöste Kunstgewerbeschule, zuständig war und diese finanzierte. So konnte Walter Gropius an die während des Krieges geführten Verhandlungen anknüpfen, als er sich am 31. Januar 1919, unmittelbar nach Erhalt des Briefes von Ernst Hardt, an den Oberhofmarschall wandte: »*Noch unter der alten Regierung hat seit Jahren das Ministerium in Weimar mit mir Verhandlungen angeknüpft für eine eventuelle Übersiedlung meinerseits nach Weimar als Nachfolger Professor van de Veldes... Darf ich daher heute die Bitte aussprechen, mir mitteilen zu wollen, ob in absehbarer Zeit an die Besetzung des freien Direktorpostens geschritten wird?... Ich habe mich in die Idee der*

Neugestaltung eines künstlerischen Lebens in Weimar seit langem vertieft und habe ganz bestimmte Pläne dafür, die ich zum Teil schon vor längerer Zeit dem Ministerium in Broschüre eingereicht habe. Ich bin auch augenblicklich hier in Berlin tätig, in Wort und Schrift für die Idee zu wirken, daß die einzelnen ›Künste‹ aus ihrer isolierten Vereinsamung erlöst und wieder in innigere Berührung gebracht werden müssen unter den Flügeln einer großen Baukunst.«[42] Die Antwort kam postwendend, er wurde zu einem Gespräch nach Weimar eingeladen.

Die Zeit des Umbruchs in Politik und Gesellschaft hatte es mit sich gebracht, daß in diesen ersten Monaten nach Kriegsende nicht nur neue Vereinigungen, Gruppen und Grüppchen wie Pilze aus dem Boden schossen, sondern daß auch überall im Lande neue Propheten aufstanden, Verkünder von Heilslehren, die für alles und jedes das rechte Mittel wußten und anpriesen. So wurden etwa Schulen zur Ausbildung der aus dem Kriegsdienst entlassenen Soldaten eingerichtet, die ohne staatliche Anerkennung und Aufsicht, ohne geregelte Lehrpläne und sinnvolle Ausbildungsziele arbeiteten und das Ihre zu Unruhe, Verwirrung und schließlichem Aufruhr im Bildungswesen beitrugen. Walter Gropius sah die Gefahr, daß im Strudel solcher Schulen von Heilslehrern und Erziehungsaposteln auch sein Konzept einer neuen Schule in die falsche Rubrik eingeordnet werden könnte, und achtete mit Sorgfalt darauf, daß dieses Konzept in seinen Grundlagen, Methoden und Zielen stets klar erkennbar blieb, nicht mit zufällig Ähnlichem vermischt oder verwechselt wurde. Darin konnte er sich auf die richtungweisenden Leitgedanken des Deutschen Werkbunds stützen, die an seiner Schule Anwendung finden sollten.

Andererseits bereitete die Aufbruchstimmung dieser Nachkriegszeit einen wesentlich günstigeren Nährboden für die Verwirklichung der Ausbildungs- und Erziehungsideale, die Walter Gropius im Sinne hatte. Er hatte sofort erfaßt, wie mit der Revolution hier neue, vordem ungeahnte Wege eröffnet waren, und so, wie er in Berlin seine Fähigkeit zu geistiger Führung und sein Organisationstalent in den Künstlergruppen erwiesen hatte, nutzte er nun auch in Weimar die Gunst der Stunde und erweiterte kühn Zug um Zug sein anfängliches Grundkonzept. Stolz konnte er der Mutter von den Erfolgen seines zweiten Auftretens in Weimar Anfang Februar 1919 berichten: »*Ich fuhr lustlos hin, aber meine radikalen Pläne fanden bei den Künstlern und Schülern der Hochschule solchen Beifall, daß ich nun fast hoffe, die Sache verwirkliche sich. Man hat mir nun auch die Leitung der Hochschule für Kunst angeboten. Ich habe hohe Bedingungen gestellt, vor allem aber Bewilligung meines Programms, das starke Neuerungen enthält. Es ist ein Interregnum in der Regierung dort, bis ›Groß-Thüringen‹ gebildet wird, und vielleicht ist bei diesem Provisorium ein Erfolg möglich, da ich Lehrer und Schüler geschlossen hinter mir habe. Dann könnte etwas feines daraus werden.*«[43]

Sein neuer Plan, der weit umfassender war als die Vorschläge, die er im Januar 1916 dem Staatsministerium in Weimar eingereicht hatte, sah die Zusammenlegung der Kunstgewerbeschule mit der Hochschule für bildende Kunst vor; die Kunstgewerbeschule war allerdings schon 1915 durch den Großherzog aufgelöst worden und bestand allenfalls noch als Rahmeneinrichtung, und der bis dahin für Gropius in Frage kommende Posten war allein der des Direktors der Hochschule für bildende Kunst.[44] Für seine Verhandlungen in Weimar hatte er sich nun eine besondere Strategie zurechtgelegt, die er der Mutter andeutete: »*Weimar verdichtet sich mehr und mehr. Ich könnte jeden Tag den Vertrag unterzeichnen, aber ich habe noch eine Reihe von Forderungen gestellt, deren endgültige Beantwortung ich abwarte... man muß sich irgendein Glaubenslicht aufpflanzen, dem man in dieser Finsternis durch dick und dünn folgt, denn sonst müßte man sich eine Kugel vor den Kopf schießen.*«[45]

Mit der Forderung nach Zusammenlegung der beiden Schulen hatte Gropius einen völlig neuen Gedanken ins Spiel gebracht, der in Weimar natürlich überraschte und erst längerer Erörterung bedurfte. Schließlich aber war man zur Zustimmung bereit, und so konnte er bei einem weiteren Besuch in Weimar am 28. Februar seinen »Kostenvoranschlag für die Verschmelzung und Neueinrichtung der ehemaligen Großherzoglichen Hochschule für bildende Kunst mit der ehemaligen Großherzoglichen Kunstgewerbeschule in Weimar für das Jahr 1919/20« einreichen, der die Erweiterung des Programms gegenüber den ursprünglichen Vorschlägen ebenso berücksichtigte wie die durch die finanzielle Notlage der Nachkriegszeit bedingte Beschränkung.[46] Gleich nach der Rückkehr von diesem Besuch unterrichtete er Ernst Hardt vom Stand der Dinge: »*am Freitag war ich in Weimar mit der bestimmten Absicht, Sie aufzusuchen, aber die neu entstandenen Eisenbahnschwierigkeiten machten mir einen Strich durch die Rechnung... Es ist nun alles soweit geklärt, daß ich meinerseits jeden Tag Vertrag abschließen kann; nur habe ich erst eine Sicherung der argen Finanzlage gefordert und darauf steht noch Antwort aus. Wenn die prov. Regierung mir Aufnahme ausreichender Mittel in das Budget zusichert, hoffe ich allerdings aus den vielen günstigen Umständen etwas erfreuliches zustande bringen zu können und würde trotz des Jammerbilds der Außenwelt mit Lust an die Verwirklichung meiner Gedanken schreiten.*«[47]

Zwei Wochen später, am 16. März, gab das Hofmarschallamt zu verstehen, daß es dem neuen Konzept seine Zustimmung erteilen werde. Am 20. März richtete die Hochschule für bildende Kunst »im Namen des Lehrerkollegiums« den Antrag an die Republikanische provisorische Regierung in Weimar: »*Die Hochschule bittet entsprechend der bereits mündlich gegebenen Zusicherung die Neubenennung der vereinigten Hochschule und Kunstgewerbeschule nach dem Antrag des Herrn Architekt Gropius folgendermaßen zu genehmigen:*

Staatliches Bauhaus in Weimar
(Vereinigte ehem. Großh. Hochschule für bildende Kunst und ehem. Großh. Kunstgewerbeschule).«[48]

Es war Walter Gropius gelungen, die anfänglich widerstrebenden Professoren der Hochschule von der Notwendigkeit der Verschmelzung mit der Kunstgewerbeschule und von der Berechtigung des Namens der neuen Institution zu überzeugen. Am 25. März erklärte die Regierung ihre Zustimmung, und daraufhin mußte das Hofmarschallamt, wenn auch ungern, am 12. April die Neuregelung bestätigen.

Und Walter Gropius ging rasch ans Werk. Das Gebäude der Kunstgewerbeschule hatte seit 1915 als Reservelazarett gedient und war inzwischen vom Militär wieder geräumt worden; es stand leer und bot sich mit seinen großen weiten Sälen zur Einrichtung von Werkstätten an.[49] Gropius beantragte sofort die Freigabe des Gebäudes für diesen Zweck, und die Genehmigung wurde erteilt. Hätte er nicht so prompt zugegriffen und sich mit seinem Antrag so beeilt, es wäre ihm vielleicht in diesem wie in anderen Fällen ergangen. So schlug er am 2. Mai 1919 vor, daß das nicht mehr genutzte Areal der Reitschule an der Ilm dem Bauhaus zugewiesen werde; dieser Vorschlag verfiel ebenso der Ablehnung wie sein Antrag vom Dezember 1919, daß dem Bauhaus das Römische Haus als Meisteratelier zur Verfügung gestellt werde.

Seine Strategie der einzelnen kleinen, aber Zug um Zug weiter ausgreifenden Schritte hatte sich offensichtlich bewährt. Am 31. März konnte er der Mutter befriedigt die gute Nachricht senden: *»Meine Weimarsache ist nun perfekt. Ich habe durch mein Zögern erstaunlich viel durchgesetzt. Immer wenn sie Ausflüchte machten fuhr ich wieder weg und sie holten mich bald wieder hin. Ich habe nun die Leitung von v. d. Veldes Kunstgewerbeschule und der Akademie der bildenden Künste und will nach Angliederung einer neuen Architekturabteilung ein neues Einheitsinstitut unter dem Titel »Staatliches Bauhaus in Weimar« daraus machen. Ich habe 10 000,– M, freie Ateliers und sogar Zusicherung von Staatsaufträgen, auf die es mir besonders ankam. Beginn am 1. April... Weimar ganz überfüllt; evt. miete ich v. d. Veldes Villa... In Weimar hat man mir sofort den Professortitel angeboten. Ich habe ihn abgelehnt, was Du vielleicht zunächst nicht verstehen wirst... Ich weiß was ich will und tue, und ich habe mir vorgenommen, mich in Zukunft von diesen äußerlichen Dingen, die ich für nicht mehr zeitgemäß halte, freizuhalten.«*[50]

Einen Tag, nachdem er diesen Brief geschrieben hatte, am 1. April 1919, schloß er mit dem Hofmarschallamt den Vertrag, mit dem er als ›Direktor der Hochschule für bildende Kunst‹ und daneben als ›Direktor der ehemaligen Großherzoglichen Kunstgewerbeschule‹ angestellt wurde; der Freiherr von Fritsch hatte ihm gegenüber die Benennung als »Staatliches Bauhaus in Weimar«, die das Hofmarschallamt erst am 11. April nach der Bestätigung durch die Regierung anerkennen mußte, noch »als unerwünscht bezeichnet«.[51]

Knapp zwei Wochen nach dem Vertragsabschluß, am Sonntag, dem 13. April, versammelte Ernst Hardt in seinem Haus eine Reihe von Künstlern, Musikern, Schauspielern, Politikern und Behördenvertretern, um sie im privaten Kreis mit Walter Gropius bekanntzumachen. Es war offensichtlich eine höchst anregende Begegnung mit Persönlichkeiten der kleinen Hauptstadt im Herzen Thüringens, die der Berliner Architekt hier erlebte. Am darauffolgenden Montag sandte er, wieder nach Berlin zurückgekehrt, dem Gastgeber einen geradezu überschwenglichen Brief, in dem er von den Zielen sprach, die er sich gesteckt hatte: »*Ich danke Ihnen für den gestrigen Nachmittag in Ihrem Hause. Ich suche mit wahrem Menschenhunger den Geist, wo ich ihn finden kann. Wer jahrelang draußen in dem öden Feldzuge gewesen ist, empfindet das – glaube ich – noch viel stärker als die Heimgebliebenen.*

Ich komme mit Ungestüm nach Weimar mit dem festen Vorsatz, aus meiner Sache ein Ganzes zu machen, oder, wenn das nicht gelingt, wieder schnell zu verschwinden. Diese ungeheuer interessante, ideengeschwängerte Zeit ist reif dafür zu etwas positiv Neuem zusammengehämmert zu werden; ich spüre das auf Schritt und Tritt. Wir Gleichgesinnten müssen unter einander wirklich wollen und uns nichts Kleines vornehmen, es muß ein geistiger Zusammenschluß all den materiellen Widrigkeiten zum Trotz gelingen; die Dinge werden in der Welt ja nur durch den Anstoß von Wollenden. Meine Idee von Weimar ist keine kleine... Ich glaube bestimmt, daß Weimar gerade um seiner Weltbekanntheit willen, der geeignetste Boden ist, um dort den Grundstein einer Republik der Geister zu legen. Schaffen wir doch zunächst eine Idee, die wir mit allen Mitteln in der Öffentlichkeit propagieren, so wird die Ausführung nach und nach folgen... Ich bin entschlossen, in meinem Kunstinstitut mit Hilfe aller Meister und Studierenden zunächst auf dem Papier große Pläne... aufzustellen und zu propagieren.

Das Wichtigste für Alle bleibt aber selbstverständlich, die Heranziehung starker lebendiger Persönlichkeiten. Wir dürfen nicht mit dem Mittelmäßigen beginnen, sondern wir haben die Pflicht, starke, in der Welt bekannte Persönlichkeiten, wo sich nur Gelegenheit bietet, heranzuziehen, auch wenn wir sie innerlich noch nicht verstehen.

Von ganzem Herzen möchte ich Sie bitten, die Frage des Musikers für Weimar im Hinblick auf diese Gedanken doch sorgfältig zu erwägen. Es ist von weittragender Bedeutung für alles, was dort kommt.

Diese Fragen dürfen nicht auf gesellschaftlicher und freundschaftlicher Grundlage gelöst werden. Es sind allgemeine Fragen von geradezu kultureller Bedeutung.

Wenn ein Schönberg oder ein Pfitzner nach Weimar kommt, so weiß das

die ganze Welt, und eine solche Persönlichkeit zieht bedeutende Männer aus allen Ländern für vorübergehend oder dauernd nach seinem Wohnsitz.
Ich beschwöre und bitte Sie inständig, holen Sie den Stärksten und nicht einen In-der-Mitte-Stehenden.
In allem, was ich tun will, rechne ich besonders auf Sie... Sein wir uns gegenseitig Helfer und verlangen wir einfach das scheinbar Unmögliche, so bin ich überzeugt, daß es gelingt.«[52]

Er kam »mit Ungestüm« nach Weimar, dieser Walter Gropius, und er wollte sich »nichts Kleines vornehmen«, doch zuvörderst galt es, auf dem Boden der Tatsachen zu bleiben – es waren noch viele kleine und auch große Dinge zu tun, bis das Bauhaus seine Pforten öffnen und die ersten Schüler aufnehmen konnte. Vorrangige Aufgabe war die Gewinnung geeigneter Lehrkräfte. Einige Professoren der bisherigen Hochschule für bildende Kunst standen zur Verfügung, neben Richard Engelmann und Walther Klemm noch die Maler Max Thedy und Otto Fröhlich; Thedy hatte seit Fritz Mackensens Weggang stellvertretend die Hochschule geleitet. Mit ihnen hatte sich Gropius im März 1919 verständigt, während er noch mit dem Hofmarschallamt verhandelte; er wünschte sie als Lehrer am Bauhaus, falls es wirklich zum Vertragsabschluß käme. Daß diese angesehenen und bewährten Lehrkräfte an der neuen Schule mitwirken sollten, hatte den Behörden und allen Interessierten in Weimar eine gewisse Zuversicht gegeben, daß hier eine wirklich solide Institution geplant war, und hatte damit zur endlichen Billigung der Pläne von Walter Gropius beigetragen. Der Mitarbeit dieser erfahrenen Fachleute bei der Herrichtung der Gebäude, bei der Einrichtung der Räume und den sonstigen vorbereitenden Maßnahmen war es zu verdanken, daß das Bauhaus noch im April 1919 den Lehrbetrieb aufnehmen konnte.

Und noch im April traf auch Lyonel Feininger zu Gesprächen in Weimar ein, Walter Gropius hatte ihn eingeladen, als Lehrer an das Bauhaus zu kommen. Feininger, damals achtundvierzig und ein bereits anerkannter Künstler, der schon ein beachtliches Œuvre vorzuweisen hatte, war kein Neuling in der Stadt, er hatte vordem hier zu verschiedenen Zeiten zwischen 1906 und 1914 gelebt und gearbeitet. Er und Gropius hatten sich erst im Winter 1918/19 in Berlin bei einem Treffen der Novembergruppe kennengelernt, doch sie verstanden sich gut, zumal ein jeder große Stücke auf den anderen hielt. Feininger war zugesagt worden, daß es ihm völlig freistehen werde, auf welchem Arbeitsgebiet und in welcher Weise er zum Unterricht beitrüge, und er hatte die Einladung mit großer Freude angenommen; am 18. Mai nahm er endgültig Quartier in Weimar. Er stand danach im Lehrbetrieb des Bauhauses stets etwas abseits; im Gegensatz zu den übrigen Meistern hatte er kein festes Aufgabengebiet, als Lehrer angestellt, war er doch eher eine Art Gastprofessor. Er neigte auch seinem Wesen nach mehr zum Einzelgängertum und mochte sich im Elfenbeinturm wohler fühlen als im Alltagsbetrieb der Schule, doch er stand allezeit loyal zu Walter Gropius, der ihm seinerseits den größten Respekt entgegenbrachte.

Feininger erfaßte aber auch klarer als mancher andere die großen Ziele, die sich das Bauhaus gesteckt hatte, er unterstützte Gropius bei den letzten Vorbereitungen für die Eröffnung der Schule und ging ihm bei der Arbeit an dem »Programm des Staatlichen Bauhauses in Weimar« zur Hand, das zur Eröffnung vorlag.[53] Walter Gropius hatte dem eigentlichen Programm ein Manifest vorangestellt, und Lyonel Feininger hatte als Titelholzschnitt seine »Kathedrale« beigesteuert, die in ihrer Art ebenso wie das Manifest den Gedanken an das einstige Zusammenwirken aller Künste in der Bauhütte heraufbeschwört. Die Forderungen des Manifests waren klar:

»Das Endziel aller bildnerischen Tätigkeit ist der Bau!... Architekten, Maler und Bildhauer müssen die vielgliedrige Gestalt des Baues in seiner Gesamtheit und in seinen Teilen wieder kennen und begreifen lernen, dann werden sich von selbst ihre Werke wieder mit architektonischem Geiste füllen...

Die alten Kunstschulen vermochten diese Einheit nicht zu erzeugen, wie sollten sie auch, da Kunst nicht lehrbar ist. Sie müssen wieder in der Werkstatt aufgehen...

Architekten, Bildhauer, Maler, wir alle müssen zum Handwerk zurück! Denn es gibt keine ›Kunst von Beruf‹... Der Künstler ist eine Steigerung des Handwerkers. Gnade des Himmels läßt in seltenen Lichtmomenten, die jenseits seines Wollens stehen, unbewußt Kunst aus dem Werk seiner Hand erblühen, die Grundlage des Werkmäßigen aber ist unerläßlich für jeden Künstler. Dort ist der Urquell des schöpferischen Gestaltens.

Bilden wir also eine neue Zunft der Handwerker..., erschaffen wir gemeinsam den neuen Bau der Zukunft, der alles in einer Gestalt sein wird: Architektur und Plastik und Malerei, der aus Millionen Händen der Handwerker einst gen Himmel steigen wird als kristallenes Sinnbild eines neuen kommenden Glaubens.«

Das Programm selbst stellt noch einmal im Umriß die »Ziele des Bauhauses« und seine »Grundsätze« heraus.

»Das Bauhaus erstrebt die Sammlung allen künstlerischen Schaffens zur Einheit, die Wiedervereinigung aller werkkünstlerischen Disziplinen – Bildhauerei, Malerei, Kunstgewerbe und Handwerk – zu einer neuen Baukunst als deren unablösliche Bestandteile. Das letzte, wenn auch ferne Ziel des Bauhauses ist das Einheitskunstwerk – der große Bau –, in dem es keine Grenze gibt zwischen monumentaler und dekorativer Kunst.«

Diesen Zielen entspricht das Postulat der Grundsätze.

»Architekten, Maler, Bildhauer sind Handwerker im Ursinn des Wortes, deshalb wird als unerläßliche Grundlage für alles bildnerische Schaffen

die gründliche handwerkliche Ausbildung aller Studierenden in Werkstätten und auf Probier- und Werkplätzen gefordert. Die eigenen Werkstätten sollen allmählich ausgebaut, mit fremden Werkstätten Lehrverträge abgeschlossen werden.

Die Schule ist die Dienerin der Werkstatt, sie wird eines Tages in ihr aufgehen. Deshalb nicht Lehrer und Schüler im Bauhaus, sondern *Meister, Gesellen und Lehrlinge.*«

Meister, Gesellen, Lehrlinge, das sind gewiß Bezeichnungen, die der Werkstatt angemessen sind, aber vorgesehen sind in den Grundsätzen auch »*Zunftgemäße Meister- und Gesellenproben vor dem Meisterrat des Bauhauses oder vor fremden Meistern.*«

Die Zünfte waren schon lange erloschen, hier wird abermals, wie schon in der Forderung des Manifests nach Bildung einer »neuen Zunft der Handwerker«, auch der Gedanke an das ältere Vorbild der Bauhütte deutlich.

Und da gibt es noch einen eindrucksvollen Programmpunkt in den Grundsätzen des Bauhauses: »*Pflege freundschaftlichen Verkehrs zwischen Meistern und Studierenden außerhalb der Arbeit; dabei Theater, Vorträge, Dichtkunst, Musik, Kostümfeste. Aufbau eines heiteren Zeremoniells bei diesen Zusammenkünften.*« Und hier an diesem programmatischen Vorsatz, der zugleich ein schönes Zeugnis für die Wesensart des Walter Gropius darstellt, wird die Verknüpfung mit dem älteren Vorbild besonders deutlich. Es ist ein Gedanke, der schon lange in ihm schlummerte und nicht erst erwachte, als er seine neue Schule ins Leben rufen konnte. Am 23. Dezember 1918, fünf Wochen nach seiner Entlassung aus dem Kriegsdienst und vier Monate vor der Eröffnung seines Bauhauses, hatte er an Karl Ernst Osthaus geschrieben, daß er etwas schaffen wolle, »*was mir schon lange Jahre im Kopfe spukt – eine Bauhütte! mit einigen wesensverwandten Künstlern. Keinerlei Politik nach außen, nur gegenseitige Befruchtung in regelmäßigen Zusammenkünften, Versuch eines eigenen Zeremoniells.*«[54] Was an Vorstellungen von seiner neuen Schule in langen Jahren in ihm gereift war, spätestens seit er 1915 die ersten Anfragen aus Weimar erhielt und im Januar 1916 seine Vorschläge einreichte, das konnte er nun ins Werk setzen.

Die Veröffentlichung des Programms – am 22. April 1919 konnte Walter Gropius der Mutter stolz verkünden: »*Mein Handwerker-Manifest steht heute im ›Vorwärts‹*«[55] – fand spontanen Widerhall, und Aufnahme suchende Schüler bewarben sich sofort in solcher Zahl, daß Gropius beschloß, mit dem Beginn des eigentlichen Lehrbetriebs nicht länger zu warten. Bei der Abreise von Berlin verabschiedete er sich kurz brieflich von der Mutter: »*Morgen Montag bin ich wieder in Weimar, dort im Hotel Elefant zu erreichen. Das Semester beginnt und ich werde meine ersten Schritte tun.*«[56] In der Rückerinnerung sagte er später zu diesen Tagen: »*Der Erfolg des Manifests spricht für sich selbst; junge Menschen kamen aus Deutschland und aus dem Ausland, nicht um ›korrekte‹ Lampen zu entwerfen, sondern um an einer Gemeinschaft teilzuhaben, die einen neuen Menschen in einer neuen Umwelt erschaffen und die schöpferische Spontaneität in einem jeden freisetzen wollte.«*[57]

Der Arbeitsbeginn am Bauhaus vollzog sich ganz zwanglos, es gab keine Einweihungsfeier oder Eröffnungsveranstaltung. Die Schüler bewarben sich, man lud sie zu einem Gespräch, und danach wurden sie einer bestimmten Werkstatt zugewiesen und im übrigen auf solche Klassen verteilt, die sie aufnehmen konnten. Während der ersten zwei Jahre erweiterte das Bauhaus, da neue Lehrkräfte hinzukamen und neue Räumlichkeiten verfügbar wurden, die Zahl seiner Werkstätten. Improvisation gab oft den Ton an – und Enthusiasmus. Von Anfang an hatte Walter Gropius seine Hoffnung darauf gesetzt, daß es möglich sein werde, private Aufträge für die Werkstätten des Bauhauses zu erlangen und durch die daraus erzielten Einnahmen finanziell etwas weniger abhängig von den Zuwendungen des Staates zu werden. Wie sehr ihm daran gelegen war, zeigt die in seinem Kostenvoranschlag vom 28. Februar 1919, zwei Monate vor Eröffnung des Bauhauses, vorgebrachte Klage, *»daß die im Frieden vorhandenen gewesenen verdienenden Werkstätten der Kunstgewerbeschule aufgelöst wurden und an ein Verdienen der Schule vor der Hand nicht zu denken ist.«*[58] So war er unablässig bemüht, Aufträge von der Industrie hereinzuholen oder auch interessierte Kreise zu Spenden für das Bauhaus zu ermuntern. Er führte die Geschäfte des Bauhauses und hatte die Verwaltungsarbeit zu erledigen, er besuchte die Veranstaltungen der Berufsverbände, auf denen er nach weiteren Lehrern Ausschau hielt und um Unterstützung für das Bauhaus warb. Es waren hektische Wochen und Monate für Walter Gropius, doch es schien, als ob ihm dabei ständig neue Kräfte zuwüchsen. Mit Feininger war er zu einer Ausstellung nach Berlin gereist, von der sie am 18. Mai 1919 gemeinsam nach Weimar zurückfuhren – es war der sechsunddreißigste Geburtstag von Walter Gropius, und er war in strahlender Laune, vor Freude geradezu überschäumend, voller Optimismus. Im Gegensatz zu ihm gab sich der zwölf Jahre ältere Feininger, von Natur aus eher zurückhaltend in seinem Wesen, ziemlich zugeknöpft, er konnte wohl nicht so recht aus sich herausgehen, ließ aber doch durchblicken, daß er die Hoffnung nicht ganz begraben habe; es war ein Tag, eine Bahnreise und ein Erlebnis, die er nie vergessen sollte.[59]

Walter Gropius hatte in der Tat Anlaß, der Zukunft mit Optimismus entgegenzusehen. Gleich nach Aufnahme der Arbeit am Bauhaus, und nachdem er seine ›ersten Schritte getan‹ hatte, konnte er der Mutter stolz und befriedigt berichten: *»Ich habe hier mein Amt angetreten und in zwei Tagen* alles *durchgesetzt, was ich wollte: Berufung von 4 radikalen Künstlern an die Hochschule und Bewilligung meines radikalen Programms durch die Regierung. So kann nun wirklich etwas werden, wenn die Zeiten nicht zu toll* *werden und ich glaube, daß auch ein weiterer politischer Wechsel nach links an* meinem *Institut nicht vorbeigehen wird.«*[60]

Walter Gropius war mit voller Absicht darauf bedacht, daß sich innerhalb des Bauhauses keinerlei politische Aktivitäten entfalteten. Er war der Überzeugung, daß das Bauhaus aufgrund seiner einzigartigen Besonderheit, seiner auf das Wohl des Ganzen gerichteten Ziele und seines politisch, gesellschaftlich wie wirtschaftlich neutralen Status jeder Art politischer Stürme trotzen könne. Er hat diesen Standpunkt später einmal so begründet: *»Mein Bemühen..., die Politik fernzuhalten..., war einfach eine Verteidigungsmaßnahme, weil ich wußte, daß es in dem Moment, in dem wir offiziell politisch Stellung genommen hätten, zu Ende gewesen wäre..., weil, wie es unseligerweise in Deutschland geschieht, das Bauhaus zum Streitobjekt zwischen den politischen Parteien wurde.«*[61]

Ebenfalls im April war auch Gerhard Marcks, der Einladung von Walter Gropius folgend, in Weimar eingetroffen; die beiden kannten sich seit ihrer Kindheit. Marcks mußte sich zunächst einmal nach einer Töpferei und einem geeigneten Standort für die Keramik-Werkstatt umsehen, als deren künstlerischer Leiter er zum Bauhaus gekommen war – ausgehend von Gropius' Forderung nach ›Verbindung des Handwerks mit der Kunst‹. Die Anfangsschwierigkeiten waren groß, passende Räumlichkeiten waren kaum zu finden, Geld stand kaum zur Verfügung, und der hoffnungsvoll angesprochene Ofenfabrikant Schmidt in Weimar, der über die benötigten Brennöfen verfügte, winkte uninteressiert und gar nicht hilfsbereit ab. Ebenso wenig waren die Töpfer von Bürgel zur Zusammenarbeit bereit, auch Gropius' Hinweis auf die Vorteile, die sie aus der Entsendung eines Formmeisters und tüchtiger Lehrlinge zögen, vermochte sie nicht zu überzeugen. Im Sommer 1920 gelang es endlich, sich mit Max Krehan zu einigen, einem erfahrenen Handwerksmeister in dem alten Töpferstädtchen Dornburg an der Saale. Marcks übernahm als Formmeister die künstlerische, Krehan die technische Leitung. Von Weimar nach Dornburg hatte man etwa fünfunddreißig Kilometer zu fahren, und das bedeutete eine gewisse Abgeschiedenheit der »Dornburger« von den übrigen »Bauhäuslern« – ein Umstand, der Gerhard Marcks gerade recht war. Die Keramik-Werkstatt legte betonten Wert auf die handwerkliche Ausbildung und Produktion und war in diesem Sinne gegen eine Industrialisierung der Töpferei gerichtet. Die Dornburger Meister teilten nicht unbedingt die Ansichten des Weimarer Bauhauses, und das gleiche galt entsprechend für die Studierenden wie etwa Otto Lindig oder Theodor Bogler. Walter Gropius bemerkte später dazu: *»Die Dornburger Werkstatt war zuerst nicht geneigt, Modellstücke für die Industrie herzustellen. Aber ich habe Theodor Bogler dazu gebracht, einige Versuche zu machen, z. B. habe ich die Teekanne vorgeschlagen, ... die durch unterschiedliche Kombinationen der gleichen Teile verschiedene Endformen ergab.«*[62]

Im Sommer 1919 lud Gropius Johannes Itten ein, an das Bauhaus zu kommen. Itten, den er im März des Jahres in Almas Haus in Wien kennengelernt hatte, war als Maler noch kaum hervorgetreten und als Lehrer allenfalls in Wien bekannt. Itten kam daraufhin zu Besuch nach Weimar und vereinbarte mit Gropius, daß er mit Beginn des Herbstsemesters als Meister den Unterricht aufnehmen werde. Er war mit der Einführung und Erprobung eines Anfängerstudiums beauftragt, das die neu eintretenden Lehrlinge von allen vorgefaßten Meinungen befreien sollte, um sie so zunächst mit der Beschaffenheit, den Eigenschaften und Möglichkeiten der Materialien vertraut zu machen und zu einigen grundlegenden Prinzipien der Gestaltung hinzuführen. Der Wert dieses Anfängerstudiums war in der Aufbauphase schwer zu erfassen, er sollte sich erst in der Arbeit der anschließenden, stärker produktbezogenen Kurse erweisen. Das Anfängerstudium, der »Vorkurs«, wurde im Frühjahr 1920 obligatorisch, und Ittens erste Schüler zogen – unter Protest, denn sie waren ja Künstler oder wollten es werden – als Lehrlinge in die Werkstätten ein, um das theoretische Konzept des Vorkurses mit der Erlernung eines Handwerks in die Praxis umzusetzen. Welch hohen Wert der Vorkurs besaß, zeigte sich sofort, denn die neue Grundausbildung führte unmittelbar zu einer verbesserten Gestaltung der Arbeiten, die aus den Werkstätten hervorgingen. Ein zusätzlicher Gewinn war die engere Beziehung zwischen Lehrenden und Lernenden, die sich hier im Vorkurs herausbildete und sonst in dieser Form nur in einigen der Werkstätten entstehen konnte. Daß diese Atmosphäre des gemeinsamen Lebens und Arbeitens, die den Vorkurs bestimmte, sich überall im Bauhaus ausbreite, war ein besonderer Wunsch von Walter Gropius. Er suchte Meister, Gesellen und Lehrlinge außerhalb des jeweiligen Werkstättenbereichs zusammenzubringen zu Veranstaltungen, die das Gemeinschaftsgefühl fördern sollten. Jedermann war eingeladen, das Seine dazu beizutragen, damit sich allmählich eine eigene Bauhaus-Identität, ein wahrer Bauhaus-Geist bilde. So veranstaltete Gropius schon im Sommer 1919 einen Schülerwettbewerb um den Entwurf eines Signets für das Bauhaus, das fortan alles kennzeichnen sollte, was an Geschriebenem oder Gedrucktem an die Öffentlichkeit ging.[63] Nicht zuletzt gehörte auch die gemeinsame Freizeit, das gesellige Beisammensein zur Erweckung eines Korpsgeistes, und daß Gelegenheit dazu geboten war, gehörte zu den Pflichten des Bauhauses.

Die mögliche Verwirklichung des Programms und der Ziele des Bauhauses zeichnete sich allmählich mit größerer Deutlichkeit ab, während das Bauhaus praktische Erfahrung sammelte und Gropius sich in Diskussionen mit den staatlichen und städtischen Behörden wie mit den Handwerks- und Gewerbeverbänden auseinandersetzte. Das Bauhaus als staatliche Institution wollte und durfte nicht in der Produktion mit Handwerk und Industrie konkurrieren, es mußte als eine Forschungs- und Entwicklungseinrichtung, eine Art technisch-künstlerisches Laboratorium fungieren. Gropius hoffte die Handwerker im Bauhaus davon zu überzeugen, daß ihre Zukunft nicht weiterhin in der Produktion nach von Künstlern zu Papier gebrachten Entwürfen läge, sondern vielmehr in der Ausbildung der ihnen anvertrauten jungen Menschen, so daß diese selbst Produkte entwerfen, gestalten und fertigen könnten, die der Industrie anzubieten und zur Serienfertigung unter Lizenz zu überlassen wären.[64] Das war natürlich ein Programm, das sich nur in einem langsamen, geduldigen Erziehungs- und Lernprozeß verwirklichen ließ – mit einem plötzlichen Herumwerfen des Ruders, einer jähen Umkehrung aller Arbeitsweisen und Vorstellungen der Handwerker, besonders ihrer Verbände und Institutionen, war hier nichts zu machen. Gropius sah die handwerkliche Ausbildung niemals als den Endzweck an, sondern nur als einen ersten Schritt, bei dem sich der Lernende mit den Werkzeugen und Materialien vertraut machte und so zu Kenntnis und Verständnis von Maschinen und maschineller, industrieller Produktion gelangte.

Im Lauf der Jahre wuchs die Zahl der Werkstätten des Bauhauses. Es gab die Tischlerei, die Metallwerkstatt für Arbeiten in Metall und Edelmetall, die Keramikwerkstatt, die Wandmalerei für alle künstlerischen und handwerklichen Arbeiten bis hin zu Innenraumgestaltung und Tapetenentwurf, die Bildhauerei, die Glaserei, die Textilwerkstatt (Weberei), die Bühne, die Fotografie, die Druckerei. In den Anfangsjahren stand auch eine Buchbinderei zur Verfügung, von der sich das Bauhaus jedoch 1922 wieder trennte. Mit dieser Trennung von der Buchbinderei Otto Dorfner, einem Privatbetrieb, hatte es seine besondere Bewandtnis, wie Gropius im Rückblick erkennen ließ, als er meinte, daß dieses Handwerk ohnehin nicht im Programm vorgesehen war, und gleichzeitig seine Haltung zu Lehrern zu verstehen gab, die nicht voll und ganz in der Sache des Bauhauses aufgingen: »*Ich habe die Buchbinderei nicht als zum Bereich der Bauhaus-Ausbildung gehörend angesehen, und nebenbei, der sehr konservative Dorfner stand in passiver Opposition zum Bauhaus.*«[65]

Für Typographie und Druckgraphik gab es zwar keine besonderen Kurse, doch Gropius konnte sich später daran erinnern, daß überall im Bauhaus ein betontes Interesse an Schriftentwurf und graphischer Gestaltung vorhanden war, das er vornehmlich auf die Bemühungen von Moholy-Nagy, Bayer und Albers zurückführte; besonders intensiv setzte sich Herbert Bayer mit Schrifttypen und Schriftentwurf auseinander. Seinen Ausgang habe dieses Interesse, stellte Gropius fest, von der ersten Bauhaus-Ausstellung 1923 in Weimar genommen.[66]

Die Lehre im Bauhaus legte Gewicht auf die praktischen wie auf die technischen Aspekte eines Produkts, die es annehmbar machten sowohl als funktionsgerechte Lösung wie als Ausdruck eines Formwillens, der frisch und unvoreingenommen die neuen Materialien, Fertigungsverfahren und Verwendungszwecke des Maschinenzeitalters in die Gestaltung miteinbezog. Im Grunde schuf das Bauhaus mit seiner Arbeit die Möglichkeit, daß jedermann sich dank meisterlichen Entwurfs und industrieller Fertigung mit Gegenständen von schöner Form und zeitlosem Wert einrichten konnte. Das Bauhaus unterschied sich in der Tat von anderen vergleichbaren Schulen darin, daß sein Programm nicht mit der Reinzeichnung auf dem Reißbrett endete, sondern daß der Entwurf über das ausgeführte Modell in der Werkstatt seinen Weg in die Produktionsstätten der Industrie und damit schließlich zum Verbraucher fand.

So sehr sich Walter Gropius auch umschauen mochte, er fand nicht einen einzigen Lehrer für das Bauhaus, der fähig gewesen wäre, sowohl im künstlerischen als auch im technischen Bereich seines Faches zu unterrichten. So übertrug er die technische Leitung der Werkstätten den besten Fachleuten, die er finden konnte, und stellte an die Spitze der Werkstätten Künstler, die mit diesen Fachleuten Hand in Hand zusammenarbeiten sollten; naturgemäß setzte der Techniker die Gewichte anders als der Künstler, doch der Unterricht vollzog sich stets im Rahmen der Gesamtausbildung in den Werkstätten. So war es wohl in der Rolle des Technikers, in Ergänzung zu Walter Gropius als dem Künstler, daß Adolf Meyer später im Jahr 1919 mit einem Lehrauftrag an das Bauhaus kam; als erfahrener Mann der Praxis konnte er über technische Fragen wie Baukonstruktion und Statik unterrichten und gelegentlich Vorlesungen, schließlich auch über Architektur, halten. Eine eigene Architektur-Abteilung, die zunächst nicht vorhanden war, konnte Gropius erst 1927 am Dessauer Bauhaus eröffnen. Seit 1923 beschäftigten sich auf Wunsch der Studenten auch Breuer, Muche und Schmidt mit Fragen der Architektur, abgesehen von Gastvorlesungen in diesem Fach. Die Dualität von künstlerischer und technisch-handwerklicher Leitung in den Werkstätten fand letztlich ihr Ende, nachdem aus den Lehrlingen und Gesellen Jungmeister und schließlich Meister geworden waren, denn der Bauhäusler verband eben in seiner Person die Fähigkeiten des schaffenden Künstlers mit denen des ausgebildeten Handwerkers.

Jeder, der als Lehrling in das Bauhaus eintrat, hatte sich einer Werkstatt-Ausbildung zu unterziehen; es gab nur einige wenige Ausnahmen von dieser Regel in Fällen, in denen Schüler sich als besonders begabt in Malerei und Zeichnung oder in der Bildhauerei erwiesen – diese durften sich von Anfang an einem Meister ihrer Wahl anvertrauen. Nach dreijähriger Lehre in der Werkstatt folgte die Gesellenprüfung, und hatte der Schüler diese bestanden, konnte er das Architekturstudium beginnen, das für Gropius im Mittelpunkt seines Konzepts der Bauhaus-Lehre stand. Gelegentlich ergaben sich Konflikte zwischen Lehrern und Schülern, in die Gropius schlichtend eingreifen mußte mit dem Hinweis auf die Ziele des Bauhauses und die notwendige Zusammenarbeit aller Lehrenden und Lernenden zur Errei-

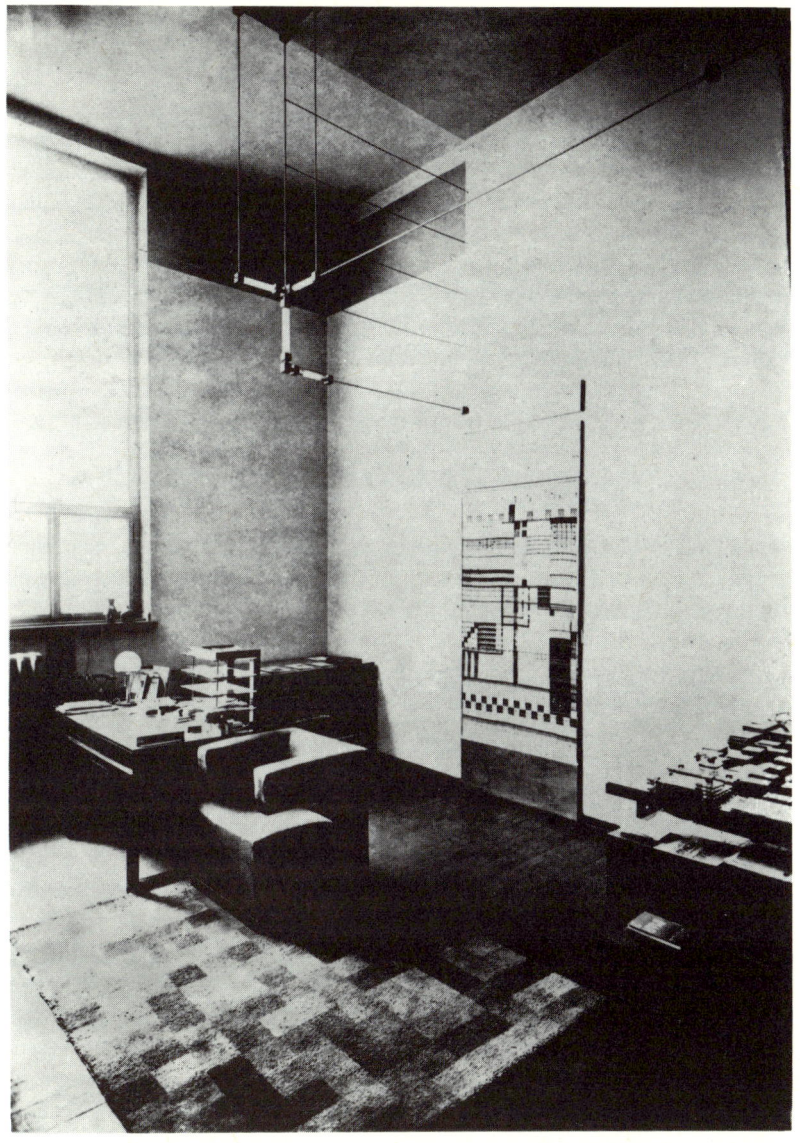

Abb. 58 Direktorzimmer im Weimarer Bauhaus, 1920

chung dieser Ziele *(Abb. 58)*. Was neu war am Ausbildungsplan des Bauhauses, wie ihn Gropius konzipiert hatte, war schlicht die zwiefache Prüfung des Lehrlings nach dem Grundstudium: Hatte er die Gesellenprüfung erfolgreich abgelegt, so mußte er sich einer weiteren Prüfung vor dem

Meisterrat unterziehen, in der er seine Begabung und Fähigkeiten im Entwerfen unter Beweis zu stellen hatte, und erst nach der Bewährung auch in dieser Prüfung wurde er als Lehrling freigesprochen und konnte den Gesellenbrief des Bauhauses in Empfang nehmen.[67] Damit waren nicht nur alle Anforderungen an Ausbildung und Lehre erfüllt, die vorgeschrieben und gesetzlich festgelegt waren, sondern darüber hinaus auch die zusätzlichen Anforderungen der Bauhaus-Ausbildung, die bestimmte Fertigkeiten im Entwerfen vorschrieb.[68] Sollte der Inhaber des Bauhaus-Gesellenbriefs später im Leben erkennen müssen, daß seine künstlerische Begabung doch nicht ausreichend sei oder daß sie ihm keine ausreichende Grundlage für den Lebensunterhalt böte, so konnte er sich allezeit noch um Arbeit im erlernten Beruf bemühen – ein Beitrag zur Sicherung der persönlichen Existenz, den das Bauhaus in seinen Ausbildungsplan mit einbezogen hatte.

Weimar, Berlin und die Familie

Seine Familie hatte Walter Gropius seit jenem kurzen Abstecher nach Wien im März 1919 nicht mehr gesehen, zu sehr war er in die Betriebsamkeit dieser so hektischen wie fruchtbringenden ersten Monate des Bauhauses verstrickt. Ein Besuch Almas, die wohl nicht ernsthaft an eine Übersiedlung dachte, war mehrmals geplant und immer wieder verschoben worden – Gründe gab es genug: die Ungewißheiten dieser Zeit nach dem Zusammenbruch, die Unsicherheit allerorten, der Spartakistenaufstand in Passau, die Sperrung der Durchfahrt durch Böhmen und die Zernierung von München während der Räteherrschaft, die Schwierigkeit der Beschaffung eines neuen Reisepasses, der Verlust der Einkünfte aus Gustav Mahlers Honoraren in Amerika seit der Beschlagnahme von Feindvermögen durch die Vereinigten Staaten. Der Mutter klagt Walter Gropius in den Briefen dieses ersten Halbjahrs ständig sein Leid.

»*Alma wollte jetzt sobald wie möglich zu mir kommen, rüstet schon die Reise, und nun steht der Generalstreik im Lande vor der Tür, von dessen Ausgang wir nichts wissen. Die Bahnen werden möglicherweise lange nicht gehen... Die äußeren Umstände sind ja kaum mehr zu überwinden, wie soll man Koffer oder gar Möbel von Wien herbekommen, und wie soll ich meine Sachen nach Weimar schaffen, wenn es zur Annahme des Angebots an mich kommt? Das ist alles jetzt fast nicht mehr lösbar, denn die Weltrevolution steht vor der Tür und es wird böse Zeiten geben. Wenn ich mit Alma und den Kindern wohlbehalten in Weimar säße, würde ich auf die Knie fallen und sonst nichts mehr wünschen.*« (Anfang März 1919)

»*Alma erwarte ich in allernächster Zeit. Die Paßerledigung ist unglaublich schwierig, nun aber endlich geklärt, nachdem meine Papiere durch einen Kurier nach Wien befördert wurden.*« (31. März 1919)

»Alma schreibt, daß sie nun über Böhmen abfahren will. Ich werde bis zur Grenze entgegenfahren. Aber ob bis dahin die Bahnen noch fahren, und wird der 1. Mai noch neue Überraschungen bringen?« (Anfang April 1919)
»Alma ist noch nicht hier. Jede Verständigungsmöglichkeit, auch telegraphisch, ist durch die Münchner Zustände abgerissen. Das Herz schlägt mir in Sorge, ob, wann und wie wir noch einmal zusammenkommen sollen.« (Mitte April 1919)
»ich... denke daran, zu Ostern nach Wien zu fahren, wenn es Alma nicht gelingt, herzukommen. Böhmen u. München sind versperrt, man wird also schwierige Umwege wählen müssen.« (Mitte April 1919)
»Passau ist nun auch in Händen der Spartakisten, so daß Alma wieder nicht die Ausreisegenehmigung bekam. Ich bin verzweifelt. Vielleicht versuche ich, durch Böhmen hinzufahren. Wir sollen nicht zur Ruhe kommen.« (22. April 1919)

Endlich trafen in der zweiten Woche des Mai 1919 Alma und Manon, genannt Mutzi, in Deutschland ein, und hinter ihnen lag eine langwierige und umständliche Reise von Wien nach Berlin durch Böhmen, das nun zum durchaus nicht freundlich gesonnenen Mehrvölkerstaat der Tschechoslowakei geworden war. Am 15. Mai, während Alma und Mutzi noch in Deutschland weilten – sie kamen von Berlin aus auch mit nach Weimar –, starb der kleine Martin Johannes an der angeborenen Schädigung des Gehirns in der Wiener Klinik, der ihn Alma im Februar hatte übergeben müssen. Sein Tod bedeutete den Abschluß eines tragischen Zwischenspiels in den Beziehungen zwischen Alma und Franz Werfel.

Der Tod des Kindes erlegte Alma und Walter Gropius eigentlich die herkömmliche Trauerzeit auf, doch diese fiel recht kurz aus, denn man hatte natürlich in Weimar für den Direktor des Bauhauses und seine endlich in der Stadt eingetroffene Gattin eine Reihe gesellschaftlicher Veranstaltungen arrangiert und erwartete ihr Erscheinen. So gaben etwa Professor Walther Klemm, vordem schon Lehrer an der Hochschule für bildende Kunst und jetzt für das Bauhaus tätig, und Frau am Donnerstag, den 29. Mai 1919, einen Tee für die beiden, von dem Lyonel Feininger seiner Frau einen lebhaften Bericht nach Berlin schickte: *»Gestern war Tee bei Klemm's. Es waren fünfzehn oder mehr Menschen da, alles Weimarer Geistigkeit. Reitz, der mir sehr gut gefällt, Dirigent an der Oper, und seine junge Frau, sehr sympathisch. Und verschiedene Schauspielerinnen und Sängerinnen, Schriftsteller, etc., etc. Und dann! Unser Herr Direktor mit Gattin. – Weißt Du, darüber möchte ich jetzt nicht schreiben – aber ich denke mir vielerlei bei dem Thema Gropius. Wir stehen hier zwei vollkommen freien, aufrichtigen Menschen von ungewöhnlicher Großzügigkeit gegenüber, die Hemmungen nicht anerkennen und die hierzulande eine solche Seltenheit sind, daß sie notwendig störend und ungewohnt wirken... Mag er nun schöpferisch sein* oder nicht – eine Persönlichkeit ist er wie kaum ein zweiter hier – und ›sie‹ ist auch Klasse für sich.«[69]

Alma hatte, wie es scheint, bei den Gästen der Klemms einen stärkeren Eindruck hinterlassen als ihr Mann und die anderen Lehrer des Bauhauses. Weniger beeindruckt waren allerdings viele der Schüler, die in ihr eher eine entrückte Person sahen, bar jeden Verständnisses für ihren Eifer, ihre Armut, für die Revolution und die radikale Lebensart – und, schlimmer noch, bar auch jeder Anteilnahme und jeglichen Interesses an alledem. Alma Gropius war in der Tat am Umgang mit den Bauhäuslern wenig interessiert, es sei denn, es handelte sich um Mitarbeiter wie etwa Paul und Lily Klee, in denen sie verwandte Geister fand, die sich wie sie für die Musik begeisterten und Gustav Mahler verehrten. Ganz Dame von Welt, fühlte sie sich von der Schülerschaft abgestoßen.

Die Schülerschaft des Bauhauses in dieser Anfangszeit erschien als ein buntgewürfelter Haufen. Einige Schüler waren noch sehr jung, gerade erst siebzehn, und reichlich grün hinter den Ohren. Etwa ein Viertel aller Schüler waren Mädchen. Den Hauptteil der Schülerschaft stellte die Kriegsgeneration, es waren die entlassenen Soldaten, die häufig noch immer das verschlissene Feldgrau trugen. Einige der Schüler kamen aus der Jugendbewegung und traten in entsprechender Kluft auf, andere gaben sich als Künstler im passenden Aufzug, mit wildem Bart und wehender Tolle. Fast alle Schüler waren bettelarm, und alle hatte sie die Anziehungskraft der neu gegründeten Schule angelockt – das Bauhaus schien ihnen eher eine zeitgemäße Ausbildung zu bieten als die herkömmlichen Akademien und Zeichenschulen. Die Zahl der Schüler war in kurzer Zeit auf hundertfünfzig angestiegen, und damit war das zahlenmäßige Verhältnis zwischen Lehrern und Schülern, das sich Gropius zum Ziel gesetzt hatte, bereits empfindlich gestört.

Dann aber gab es auch im Bauhaus selbst eine Auseinandersetzung um die herkömmliche Kunstausbildung und Kunstauffassung, es kam zu einem Zusammenstoß mit Max Thedy, der doch vordem noch als stellvertretender Direktor der Hochschule für bildende Kunst die einstimmige Entschließung der Lehrerschaft zugunsten von Walter Gropius als dem zukünftigen Direktor der neu zu bildenden Schule gegenüber den Behörden vertreten hatte. Im Juni 1919 veranstaltete das Bauhaus die erste Ausstellung von Schülerarbeiten, und Gropius übte dabei scharfe Kritik an bestimmten Arbeiten in der traditionellen Manier. Lyonel Feininger berichtete seiner Frau davon: »*Am schlimmsten erging es der Thedy-Klasse, die ganz ausnahmslos trockene brave Akademie darstellte. Nie und nimmer kann ein Schüler aus solcher Klasse sich mehr befreien, oder er müßte von Thedy selber an die Luft gesetzt werden – ein Schritt, zu dem sich dieser gutherzige weiche Philister niemals entschließen könnte... Mich kostete es einen*

Kampf, ihm auch meine Stimme zu versagen – aber dafür bin gerade ich da, um gegen die Kunststerilität anzukämpfen. Gott gebe nur, daß es mir nicht einmal ähnlich wie Thedyn gehen möchte...«[70]

Die Folge waren in diesen letzten Junitagen tumultartige Szenen im Bauhaus, es hagelte Proteste von verschiedenen Seiten, einige Schüler meldeten sich kurzerhand ab, andere probten den Aufstand und verlangten die Absetzung von Walter Gropius.

So war die Situation des Bauhauses in Weimar von Anfang an schwierig. Viele Weimaraner, konservative Kreise und auch Vertreter der Handwerksverbände, trauerten den alten Institutionen nach, der Hochschule für bildende Kunst und der Kunstgewerbeschule, und zu ihnen stießen die Verfechter der Anti-Bauhaus-Kampagne der Völkischen Partei, die sich in sogenannten Bürgerkomitees zusammenfanden. Im Dezember 1919 stand das Bauhaus bereits unter schwerem Beschuß. Gropius hatte die Weimarer Verhältnisse völlig richtig eingeschätzt, als er jegliche politische Tätigkeit innerhalb des Bauhauses untersagte; nur außerhalb seiner Mauern konnten sich Schüler und Lehrer politisch engagieren. Politik mußte draußen vor der Tür bleiben, sollte das Bauhaus nicht in seiner Existenz gefährdet werden – es war ein zu heißes Eisen.

Die Bürger von Weimar, die auf Sauberkeit und Ordnung hielten, hatten gewiß nicht gerade den besten Eindruck von den Schülern des Bauhauses, die sich oft recht bohemienhaft in Benehmen und Kleidung gaben; obendrein waren unter ihnen einige Juden, einige Ungarn und etliche, die nicht aus dem Reichsgebiet stammten, während die Thüringer unter ihnen in der Minderzahl blieben. Anfänglich gaben sich die Schüler auch wenig Mühe, zu einem besseren Verhältnis mit den Bürgern zu gelangen, doch Walter Gropius sann alsbald auf Abhilfe – er veranstaltete Zusammenkünfte mit verschiedenen Gruppen der Bürgerschaft und schärfte dabei jedesmal den Schülern rechtzeitig ein, daß sie sich möglichst einzeln im Raum verteilen sollten, damit gar nicht erst der Eindruck einer verschworenen Clique entstehen könnte.[71]

Weimar war und blieb, ungeachtet seines Ranges in der deutschen Geistesgeschichte und seines Anspruchs als eine Stätte wahrer Humanität, eine Kleinstadt mitten in Deutschland, und das bedeutete, daß man dort eher reaktionär als revolutionär, eher konservativ als progressiv war. Die Angriffe auf das Bauhaus kamen denn auch alle aus der gleichen Richtung – sie galten seinem Abweichen von der Tradition, seiner Besonderheit, daß es anders sein wollte als alle Kunstschulen. Die nicht sonderlich freundliche, kühle bis feindselige Haltung der Weimarer Bürgerschaft hätte vielleicht dazu führen können, daß sich Schüler und Lehrer schließlich versucht fühlten, hinter den Mauern des Bauhauses Zuflucht zu suchen und sich dort als künstlerische Elite im Elfenbeinturm abzukapseln, doch weder Gropius noch seine Mitstreiter dachten daran, sich in die Abgeschiedenheit von der Welt, in die Isolation drängen zu lassen, sie widersetzten sich den Angriffen auf das Bauhaus und beschäftigten sich weiterhin mit allem, was außerhalb seiner Mauern vorging.

Das neue Milieu, Weimar und das Bauhaus – dies alles mußte seine Auswirkung auf das Verhältnis zwischen Alma und Walter Gropius haben. Was sie fast ein Jahrzehnt zuvor zueinander hingezogen und miteinander verbunden hatte, gehörte der Vergangenheit an, und was sie jetzt einander zu bieten hatten, genügte wohl nicht mehr. Er empfand ein Sendungsbewußtsein, das sie unberührt ließ, er tat eine Arbeit, die ihr fremd erschien. Sie hatte kein wirkliches Interesse an Architektur oder an den gesellschaftlichen und künstlerischen Zielen, die er verfolgte, dafür fühlte sie ihrerseits um so deutlicher, daß die Musik, der sie sich vornehmlich widmete, ihm nicht viel geben konnte. Unter anderen Umständen wäre nicht nur ihre Tochter Manon ein starkes Bindeglied gewesen, sondern auch manche gemeinsame Interessen könnten sich als stark genug erwiesen haben, die Brücke zwischen ihnen nicht einstürzen zu lassen. Ein verbindendes Element war etwa die Kunst; Almas Vater, ihr Stiefvater und ihre Liebhaber, der Architekt, der Maler und der Dichter, waren Künstler, und Walter Gropius war von Künstlern umgeben. Sie teilten auch das Interesse an der Literatur, der klassischen wie der avantgardistischen; er frönte schon seit langem einem wahren Lesehunger, während sie inzwischen entdeckt hatte, daß Dichter und Schriftsteller sich als vielbeachtete, geistreiche und witzige Persönlichkeiten in ihrem Salon recht gut machten. Doch wie die Dinge lagen, war dies eben nicht genug. In Wahrheit war, als Almas Aufenthalt in Weimar Mitte Juni 1919 zu Ende ging, ihre Ehe bereits in die Brüche gegangen oder doch wenigstens so brüchig geworden, daß sie nicht lange mehr halten konnte.

Alma und Mutzi reisten aus Weimar ab, angeblich, um sich zu einer sechswöchigen Kur nach Franzensbad zu begeben, in Wirklichkeit aber, um nach Wien zurückzukehren, wo Franz Werfel auf die Geliebte wartete – aber davon wußte Walter Gropius nichts. Es ist merkwürdig, daß weder Alma noch Walter Gropius sich zu diesem Zeitpunkt das Scheitern ihrer Ehe eingestehen wollten, daß vielleicht sogar keiner der beiden dies vor sich selbst zugeben mochte. Er beklagte der Mutter gegenüber die »große Leere«, die ihn nun nach Almas und Manons Abreise umgebe. Für Almas melancholische Anwandlungen und ihre zeitweilig etwas wirre geistige Verfassung machte er die Entbehrungen, das Elend und die tumultuarischen Umwälzungen des vergangenen Winters zusammen mit der Krankheit und dem schließlichen Tod des kleinen Martin Johannes verantwortlich. *»Ich bin in Sorge um sie, wie sie da herauskommen wird. Trotzdem waren diese Wochen wunderschön und ich habe sie so intensiv ausgekostet,*

daß ich Euch alle vernachlässigte und in tiefen Briefschulden gegen Euch sitze... Wir haben hier noch keine Wohnung, aber heute ist mir etwas angeboten, was möglich sein könnte.
... Am 15. Juli ist Semesterschluß, dann will ich mich erst allein irgendwo gründlich erholen, denn ich habs recht nötig, und dann mit Almachi und der Mutzi, die mir wahnsinnig fehlt, wieder zusammenkommen. Ich denke, zum 1. Okt. werden wir dann auch endlich eine mögliche Wohnung haben.«[72] Kurz vor Semesterschluß schrieb er der Mutter noch einmal. Er sei »äußerst abgespannt«, Kollegen am Bauhaus und andere Freunde hätten ihm eindringlich geraten, sich einer Kur zu unterziehen – *»ich würde gesund, nur müsse ich mir absolute Ruhe gönnen. Ich werde nun nicht fackeln, sondern nach Kissingen fahren, obwohl ichs kaum bezahlen kann, aber ich habe das Gefühl, es gibt nur ein wichtiges für die nächste Zeit: Kraftreserven sammeln! Das Geld wird doch fortgenommen.«*[73]

Den wahren Zustand seiner Ehe suchte Walter Gropius noch immer vor der Mutter zu verbergen, aber ganz offensichtlich hatte sie zu diesem Zeitpunkt bereits eingesehen, daß die Pläne ihres Sohnes verlorene Liebesmüh waren, daß nicht allein die Absicht, sich mit Frau und Kindern in Weimar einzurichten, daß vielmehr die Ehe selbst scheitern würde. Zumindest waren ihre Briefe, die sie ihm im Lauf des Sommers 1919 schrieb, in diesem Sinne gehalten. Ihre Worte, ihre Ermahnungen zur Einsicht waren gewiß nicht spurlos an ihm vorübergegangen, und ebenso gewiß hatte er selbst schon längst über seine Ehe nachgedacht – die Erfahrungen bei Almas Besuch in Weimar mögen das Ihre dazu beigetragen haben, daß er sich nun plötzlich zu einem Entschluß durchrang. Vier Wochen nach Almas Abreise, am 12. Juli, sandte er ihr einen Brief nach Wien. Die Mutter erfuhr von seinem Entschluß zunächst kein Sterbenswörtchen. In dem Brief bat er die »Geliebte«, wie er sie anredete, daß sie in die Scheidung einwillige, und er fügte auch gleich die unterschriftsreifen Unterlagen für Anwalt und Gericht bei. Den entscheidenden Anstoß zu seinem Entschluß hatte offenbar ein Brief von Anna Moll, Almas Mutter, gegeben, die er angesichts seiner Situation gebeten hatte, ihm schonungslos die Wahrheit über Alma zu schreiben. *»ich halte die Todesnachricht unserer ›Ehe‹ in der Hand. Mami hat mir endlich geschrieben. Sie spricht, wie schwer es ihr wird, mir zu antworten, und sagt: ›Du bist ein junger Mensch, der nicht allein die Freundin, sondern auch das Weib braucht, und das kann Alma Dir in ihrer Gemütsverfassung nicht sein.‹ Zu ihr hast Du rückhaltlos gesprochen und ich sehe nun durch die Schleier, mit denen Du Dich vor mir verhüllst. Ich sollte längst die hohle Form zerbrechen, die uns umschließt, da sie Lüge ist, und ließ nur davon ab, da Du mich fühlen ließest, Du könntest irgendwo noch nicht von mir los. Aus Rücksicht gegen mich selbst, Almachi, soll dieses äußerliche Band nicht länger bleiben und Du solltest nun auch um meinetwillen nicht darauf beharren, mich nicht durch Versprechen, die Du nicht einzulösen* *vermagst, in eine unerträgliche Rolle drängen. Ich habe bis zum äußersten an Dir festgehalten, nun hat unsere Ehe* keinen Sinn *mehr, sie ist nicht mehr das heilige Sakrament.* Die herrlichen Worte des Versprechens – und keine Erfüllung. *Leicht wiegen sie mir heut – einst so schwer. Du kennst nicht die Tragfähigkeit der Worte, und nun mühst Du Dich grenzenlos, schwer leidend, um eine scheinbare Erfüllung. Laß ab, Du* kannst es nicht. *Unter Deinen königlichen Eigenschaften fehlt Dir Zielsicherheit, jene* kontinuierliche *Kraft der ewigen Illusion, die das ewige* Vertrauen *erzeugt. Wie* tief *habe ich geglaubt!* Jetzt erst habe ich Dich verloren. *Seit Du bei mir warst, kann ich meine Lichtgestalt nicht mehr sehen. Deine weiße Magie, die aus ungeheuerster Subjektivität heraus jede eigne Handlung zur menschlichen Rechtsnorm erheben will, zu einer gefährlichen Philosophie der gegenseitigen Aufhebung, verlor nun ihren Zauber vor meinem innersten Kern, der im Leid fest geworden ist. Ich glaube nicht mehr an eine Wortewelt. Ich lebe in einer neueren Welt, wo jedes Wort, jeder Gedanke erst dann groß und wahr wird, wenn er vollbracht worden ist. Deine Worte waren mir die absolute Wahrheit – und* nun fürchte ich sie als Seelenverführung. *Dein herrliches Wesen ist vom jüdischen Geist zersetzt worden. Einmal wirst Du zu Deinem arischen Ursprung zurückgehen, und dann wirst Du mich verstehen und in der Erinnerung suchen. Heute bin ich Dir fremd, weil Du vom anderen Pol der Welt wurdest angezogen. Meine Ideen, meine Freunde, meine Stellung zur neuesten Kunst, meine geistigen Leiden im Kriege, die mich im* Endergebnis förderten, *kurz das ganze ungeheuere Erleben der Welt, wie es* mich in diesen letzten Jahren durchschüttelt hat, *blieb Dir aus diesem Grunde fremd. Wir stehen auf anderen Ufern. Sicher aber stehe ich durch in einer sehr neuen Welt. Seit ich zerschlagen zurückkam, durch Katastrophen zu neuer Erkenntnis gelangt, habe ich ungeheures gesehen, gefühlt, gedacht. Ich merke es am* Echo *anderer Menschen. Und ich beginne neu zu bauen. Ich brauche die Frau, die alles mit mir teilt, die mir vielleicht einmal den Sohn gebiert, dem ich meine Möglichkeiten und meinen Aufwärtsdrang vererben kann. Und alles dieses willst Du,* kannst *Du mir nicht schenken. Ich aber kann mich nur* ungeteilt verschenken, *wenn Du Dich mir ganz hingeben kannst. Was Du willst, ist ein furchtbarer Kompromiß, auf dem kein Segen ruhen kann. Unser Band ist abgelaufen und es bleibt nur der bittere Weg der SCHEIDUNG – denn Gott läßt sich nicht spotten. Wie liebte ich Dich, oh mein Gott, und was habe ich gelitten. Mein Durst und mein Rasen und mein Sehnen blieb ungestillt; mich verlangt nach der Quelle selbst, und Träume soll ich für Wahrheit tauschen?! Du warst mir Wunder und Kraft und Sieg, warst mir Mutter, Schwester und Geliebte, mein Kosmos – und gab es denn etwas, was ich Dir nicht gegeben hätte?? ... Du furchtbarer Erdgeist, Du Rächerin. Du hast den Schatz in meinem Innern,* der Wahrheit ist, *nicht gefunden, und ich verstand es nicht,* ihn Dir zu geben, *und leide nun Strafe darum, und unser süßes Kind ist der Schicksalsträger unserer Zerrissenheit in perpetuo!*

Jetzt in diesem Augenblick – ein Fingerzeig, Dein Telegramm: ›Gott leite Deine Hand, wenn Du mir wieder schreibst!‹ Ja Gott, Gott, bist Du bei mir. Wann kommt Frieden nach langer Qual? Ich sehe noch viele Tränen – um uns, um unser Kind, das ich nicht lassen kann, das Du nicht lassen kannst, dieser unteilbare Kristall aus uns beiden, dessen Schicksal so dunkel ist. Was willst Du tun, daß sie mein Kind bleibt und nicht nur das Deine?? Das ferne Land und die böse Zeit, wie willst Du das überbrücken, denn ich werde für sie kämpfen und will auch in ihrer Seele einwohnen, ich kann sie nicht Dir allein lassen.

Geliebte Alma, nicht Dein Wunsch zur Scheidung hat mich zu diesen entscheidenden Worten gedrängt – Mamis Brief und die lange Kette von Tatsachen, die gegen die Worte zeugen. Du hast mich nicht lieb und brauchst mich nicht und zermarterst Dir nun Dein Herz aus Güte um mich. Ich aber liebe Dich und habe Deine Seele in mich eingetrunken und gab mich Dir ganz, und Du bietest mir einen Teil von Dir, und darum muß ich mich umwenden und wieder suchend weiterirren.«[74]

Daß Alma in der Tat vier Wochen zuvor aus Weimar nach Wien zurückgefahren war, ohne sich ernsthaft Gedanken über die Zukunft ihrer Ehe gemacht zu haben, zeigte ihr Verhalten angesichts seiner Forderung nach Scheidung zur Genüge. Sie war offensichtlich völlig überrascht und reagierte zunächst einmal ratlos. Vom Bauhaus, von Weimar, vom Leben dort hatte sie sich wohl noch keine rechte Vorstellung gemacht, vielleicht hatte sie sich auch einer solchen Mühe gar nicht erst unterziehen wollen, da sie ohnehin nicht daran dachte, auf das gewohnte Leben im weltstädtischen Wien zu verzichten. Es war eine Tatsache, daß sie mit einem anderen Mann zusammenlebte und daß ihr Glück auf der Fortdauer dieses Verhältnisses beruhte – dies hätte ihr eigentlich die Entscheidung erleichtern müssen. Doch während Walter Gropius mit jedem weiteren Brief, den er an Alma richtete, wieder und wieder deutlich machte, daß sein Entschluß feststand und er nicht das geringste Verlangen nach einer Fortsetzung oder Erneuerung der Ehe mehr verspürte, ließen Almas Briefe an ihn nur Verwirrung und Hilflosigkeit erkennen, sie gab sich einmal bissig und streitsüchtig, ein andermal wieder liebevoll und versöhnlich. Ihre erste Reaktion auf seine Forderung nach der Scheidung war ein erstaunliches Angebot gewesen – sie wäre bereit, jeweils die eine Hälfte des Jahres mit ihm und die andere Hälfte mit Franz Werfel zu verbringen. Walter Gropius wies das seltsame Ansinnen, das ihn nur in seiner Entschlossenheit bestärkte, sofort weit von sich. »*Dein unheilschwerer Brief ist da. Ja ich gebe Dich los und frei, denn unsere Ehe hat das Rückgrat gebrochen mitten in zwei Teile. Und unsere Willensintensität setzte zu gleicher Zeit auf das gleiche Ziel ein. Aber wie – glaubst Du wirklich Almachi, durch diesen äußerlichen Akt könne eine innere Änderung von solcher Tragweite eintreten, daß wir nun ›ein Leben voll Liebe und*

Schönheit miteinander leben‹ *könnten. Weh tun mir diese Worte in ihrer bitteren Unmöglichkeit. Ringe Dir nichts ab, tue es mir nicht an, mein geliebter Mensch, mir ein* Halbes *zu bieten! Ich sehne mich unaussprechlich nach der Gefährtin, die mich und mein Werk liebt, die das Leben, das sich aus tausend lieben und bösen Tageseinzelheiten des* Gegenwärtigseins, *nicht aus Briefen – aufbaut, mit mir teilt...*

Je mehr Trümmer ich sehe, desto mehr ergreift mich Baulust. Aber während dessen zerreißt sich mein ganzer Mensch an unserem Schicksal, treibt mich in Zynismus und Leichtfertigkeit zurück...

Ich bitte Dich nocheinmal, schicke mir den Zettel, der mich zur Lösung ermächtigt. Ein Jahr lang wartete ich, ich kann nicht mehr warten, denn der einzige Grund, der mich den Zustand der Schmach solange ertragen ließ, war die von Dir genährte Überzeugung, Deinem Schwanken ein Halt sein zu können, mich —— das KIND! *Das ist das Schwerste, das unlösbare furchtbar drohende* Problem. *Ich liebe sie und vermisse sie unausgesetzt, ich gebe mein Recht auf sie nie aus der Hand. Und auch sie hat ein Recht auf ihren Vater, der ihr bisher fortdauernd ferngehalten wurde. Welche Sicherheiten gibst Du mir, daß ich sie regelmäßig und längere Zeit sehen kann...?*

...wir müssen jetzt zur Klarheit kommen. Die Krankheit unserer Ehe verlangt nach Operation, wir dürfen nicht davor zurückscheuen. Unsere Ehe war niemals eine Ehe. Die Frau fehlte in ihr. Eine kurze Zeit warst Du mir herrliche Geliebte und dann gingst Du fort, ohne die Krankheit meiner Kriegsverdorrung mit Liebe und Milde und Vertrauen überdauern zu können · das aber wäre eine Ehe gewesen. Das ist keine Anklage gegen Dich. Ich bin ohne Schärfe gegen Dich. Was Deine Wärme, Deine Großzügigkeit, Dein Verstand mich bereichert haben, bleibt ja unvergessen, ich trage ein urschönes *Erlebnis in mir beschlossen und unverlierbar mit mir herum. Ich* danke *Dir meine Alma.«*

Noch bevor er den Brief aufgeben konnte, erhielt er ein Telegramm von Alma, das ihm einen weiteren Brief von ihr ankündigte. Er bestätigte in einem Nachsatz den Erhalt des Telegramms – und setzte dann noch hinzu: »*Ich selbst fühle mich an allem schuld, denn wer eine Stelle unausgefüllt läßt, muß es dulden, daß andere in sie eintreten.*«[75]

So überraschend schon Almas Vorschlag zu einer jeweils halbjährigen Aufteilung ihres Familienlebens für Walter Gropius gewesen war, es erwartete ihn noch eine weitere Überraschung – im August schrieb ihm plötzlich Franz Werfel. Was Werfel dazu bewogen hatte, war nicht recht erfindlich, literarische Ambitionen jedenfalls waren es nicht gewesen, und seine einleitende Begründung konnte den Empfänger nur befremden: »*Daß ich Dir heute nach einer so langen Zeit der Trennung schreibe, hat seinen Grund darin, daß in den letzten vierzehn Tagen Dein Bild mir besonders nahe vor Aug und Herz stand. Ich habe diese Zeit in Breitenstein verbracht und sah Alma täglich einige Stunden. Sie hatte zwar ununterbrochen das Haus voll*

Gästen, ... – in jeder einsamen Minute doch sprach sie von Dir und dem schweren Konflikt, der sie peinigt. Ihr großes Herz, voll der tiefsten Verantwortung, ist keine Minute frei von Depression. Und noch mehr als im Winter lädt sie sich Legionen von Menschen auf den Hals ... – ich aber fühle, daß dies nur aus innerer Gehetztheit und Unruhe geschieht ...
Sie ist so nervös und zerrissen, daß ihr Zustand mich im tiefsten beunruhigt. Durch welche Schrecken ist dieser herrliche, nur zum Göttlichen geborene Mensch in so kurzer Zeit gegangen!!«

»Tausendmal in all diesen Monaten« habe er schreiben wollen, fährt er dann fort, doch es sei »alles noch zu nahe« und »einfach *unschreibbar*« gewesen. Nun aber sei »der Tag gekommen«, und er schreibe »aus keinem anderen Grunde«, als Walter Gropius seiner unverbrüchlichen Freundschaft zu versichern: »*Du bist und warst mir, von dem ersten Tag an, innig und wert. Ich kenne keinen Mann, dessen Freund sein zu dürfen mir solch ein natürliches Glück wäre, als Du es bist. Doppelt stark ist mein Gefühl, weil durch den Zusammenstoß unserer unabwendbaren Schicksale Wunden geschlagen wurden.*«

Und er versichert ihm, daß er schon als Freund empfunden habe, als er ihn »an jenem Abend ... beschwor, nicht wieder ins Feld zurückzugehen«; schon damals erkennend, daß es zwecklos sei, die sinnliche Anziehung, die zwischen Alma und ihm bestand, nach der Abreise des Ehemannes weiter zu bekämpfen. Er beglückwünscht Gropius, daß er nun verwirklicht habe, was ihm einst »in Wien noch ein ferner Sehnsuchtstraum war«, daß er »einen der wichtigsten Kampfposten erobert« habe und »die Besten« unter seine »Führung getreten« seien. Ihn »in Weimar wiedersehen zu können war mit einer der Gründe«, warum er seine bevorstehende Vortragsreise antrete.[76] Von »jenem Abend« in Wien ausgerechnet mußte Werfel schreiben – für Gropius war es das Ende seines denkwürdigen Weihnachtsurlaubs 1917 gewesen, der Abend des Tages, an dem er morgens den Zug versäumt hatte und unerwartet mit der Familie noch einmal am Mittagessen teilnahm, von dem Alma in ihren Erinnerungen berichtet: »... dieses Mahl, dessen hoffnungslose Trauer in seiner Tiefe niemand von den Anwesenden, außer Walter Gropius und mir, ganz verstand ... Nichts als Franz Werfel liegt mir im Sinn ...«[77]

So sehr Walter Gropius über Werfels Klagelied überrascht war, was Alma anbetraf, so wenig war er von dessen anbiedernden Worten erbaut, mit dem er ihm die Freundschaft anbot. Er beantwortete den Brief nicht, sondern legte ihn lediglich bei seinen Unterlagen ab. Es war Alma, deren launische Art und herabsetzende Worte ihm am meisten das Herz beschwerten und die Gedanken lähmten. Er führte kein geregeltes Leben, und von Familienleben konnte schon gar nicht die Rede sein – doch Alma suchte nun beharrlich, sich selbst wieder ins Spiel zu bringen, wieder zu einem Teil seines Lebens zu machen. Sie lockte mit dem Gedanken an seine Tochter und berichtete liebevoll, wie Mutzi weiter herangewachsen sei: »*Sie ist so süß. Sie wird von Tag zu Tag schöner und größer. Ihr Haar wächst ins Endlose. Sie macht schon weite Spaziergänge – redet gesetzt und außerordentlich grammatikalisch. Ich freue mich, wenn Du sie wieder sehen wirst. – Wann aber wirst Du sie sehen wollen! Wirst Du mir denn gar nicht mehr verzeihen?*« Dann beklagte sie sich, daß er sich ihr, Alma, gegenüber so gleichgültig verhalte, sie wolle doch teilnehmen an seinem Leben und wäre auch ungeachtet aller Schwierigkeiten der Reise bereit, nach Weimar zu kommen. Anschließend warnte sie ihn, in eine andere Tonart verfallend, vor Johannes Itten. »*Itten wird wohl bald bei Dir sein – gerathe nicht unter seinen Einfluß. Dies wünscht er sehr und es gelingt ihm, wenn er will.*« Sie hatte Gropius schon zuvor Rat und Hilfe im Umgang mit Itten angeboten, und da er nicht darauf eingegangen war, neckte sie ihn nun: »*Du bist gewiß einer der weiß, was er thut (jedenfalls meistens)...*«, um ihn am Ende anzuflehen, er möge doch nicht »*weiter in diesem schrecklichen Schweigen verharren, das mir eine Qual ist.*«[78]

Almas Briefe an Walter Gropius aus dieser Zeit gehen an dem wahren Stand ihres Verhältnisses zu ihm ebenso vorbei wie an seiner Forderung nach Scheidung. Seine Briefe an sie aus der gleichen Zeit kreisen um das Thema der Scheidung und der geregelten Besuche seiner Tochter und zeugen ansonsten nur noch von Gleichgültigkeit. Seine Briefe an die Mutter handeln im Gegensatz dazu von seinem Alltag und von seiner Arbeit, vom Bauhaus, von seinem privaten Atelier, von Berufsverbänden – von Alma und Manon ist in ihnen selten einmal die Rede. Für Walter Gropius war die Ehe mit Alma ein endgültig abgeschlossenes Kapitel. Diese Ehe war zerbrochen an Almas Untreue, an ihrem Mangel an Verständnis und Unterstützung für ihn und für sein Wagnis in Weimar, zerbrochen ganz am Ende schließlich, wie es sich erweisen sollte, an dem Verhältnis zwischen Walter Gropius und Lily Hildebrandt, das sich zu eben dieser Zeit, im Herbst 1919, anzuspinnen begann.

Lily Hildebrandt

Während der Kriegsjahre hatte sich Walter Gropius von dem wehmütigen und doch tröstlichen Gedanken an die Heimkehr aus dem Felde und die Wiedervereinigung mit Alma und Manon tragen lassen. Nun aber war der Krieg zu Ende, und er fühlte sich im Stich gelassen, er stand ganz allein da – das gelegentliche Beisammensein mit Frau und Kind in Weimar brachte da nur einen vorübergehenden Moment der Befreiung aus dieser inneren Einsamkeit. Er hatte das Bauhaus zu führen und sein Lehrprogramm zu gestalten, er hatte seine Arbeit als Architekt wieder aufzunehmen und für sein Büro wieder Aufträge zu suchen, er beteiligte sich am politischen

Geschehen dieser Tage, er war als Wortführer oder als Teilnehmer bei den nicht endenwollenden Veranstaltungen und Zusammenkünften dabei, in denen sich das neu belebte Interesse dieser wie vom Taumel der Erlösung befallenen Zeit nach dem Kriege an Kunst und Architektur artikulierte, aber das alles vermochte ihn nicht völlig auszufüllen, war für ihn nicht das ganze Leben.

Doch er war ein Mann, der im Rampenlicht der Öffentlichkeit stand, ein Mann, der sich als Offizier im Felde hervorgetan hatte, ein Mann von aristokratischer Haltung, unbestechlichem Blick und verhaltener Disziplin, aus dem es aber dann auch herausbrach, der dann wahrhaft vom Leder ziehen konnte, wenn es um sein Bauhaus ging – ein Mann, der nicht nur gestandene Berufskollegen auf seine Seite zu ziehen vermochte, sondern zuweilen seine Wirkung auch auf Frauen nicht verfehlte.

Lily Hildebrandt und Walter Gropius hatten sich in der aufgewühlten und aufwühlenden Zeit nach der Revolution, in der begeisterten Stimmung eines Aufbruchs zu neuen Ufern in Kunst und Architektur kennengelernt. Sie war jung, schön, lebensfroh – und verheiratet, wie einst Alma Mahler, als sie dem jungen unbekannten Architekten zum ersten Mal begegnet war. Die Einunddreißigjährige, Schülerin des Malers Adolf Hölzel in Stuttgart, war die Frau des Kunsthistorikers Hans Hildebrandt *(Abb. 59)*. Was Lily Hildebrandt und Walter Gropius anfänglich zusammengebracht hatte, war das gemeinsame Interesse an der Kunst, an einem neuen, von alten Fesseln befreiten und nach neuen Ausdrucksformen suchenden Leben. Die äußeren Umstände allerdings waren einer engeren Verbindung zwischen ihnen eigentlich recht wenig günstig, denn sie lebte in Stuttgart und er in Weimar, und so blieb denn auch diese Verbindung zu einem guten Teil der Vorstellung, dem Gedankenaustausch, dem Briefwechsel vorbehalten. Vier Jahre lang sollte die Verbindung halten, und mehrere hundert Briefe und Telegramme gingen zwischen ihnen hin und her, von den Telefongesprächen ganz zu schweigen.[79]

Gropius sprach in seinen ersten Briefen an Lily viel von seinen Mühen, seinen Kümmernissen und seinen Erfolgen mit dem Bauhaus, doch wenig von seiner Liebe zu ihr. Ein Brief, den er im September 1919 an Lily schrieb, vielleicht noch, bevor sie sich wirklich in Leidenschaft zueinanderfanden, scheint zu den frühesten Zeugnissen ihres Briefwechsels überhaupt zu gehören. Darin spricht Gropius von seinen täglichen Sorgen und von seinen Wünschen: »*Frau und Kind kommen nächste Woche zu mir. Der Kleinen wurden die Mandeln wegoperiert nach drei abscheulichen Anginen. Ich sehne mich recht nach dem kleinen Fratz. – Mein Leben hat ein rasendes Tempo, die Erlebnisse lösen sich ab, viele wichtige Menschen suchen mich auf. Ich bin eigentlich recht glücklich in meiner Arbeit. Nur Geld fehlt, um die entsetzliche Existenzdürftigkeit der Schüler zu mildern. Überall versuche ich Geld zu* kriegen, aber ich habe dafür wenig Talent. Kannst Du nicht für mich Kapitalisten suchen helfen. Ich umarme Dich, mein Liebes. Dein Wanderstern berührt Dich.«[80] Während Walter Gropius in diesen Herbsttagen weiterhin das Bauhaus durch alle Fährnisse dieser schwierigen Aufbauphase zu steuern hatte, entflammte die Liebe zwischen ihm und Lily Hildebrandt rasch und leidenschaftlich. Im Gegensatz zu seinen Briefen an Alma aus der Zeit ihres heimlichen Verhältnisses lassen aber seine Briefe an Lily keinerlei Zurückhaltung mehr erkennen – er gibt sich frei und ungehemmt, als er ihr am 14. Oktober schreibt: *»Dein Sonntagsbrief heut' Morgen hat mich* wild *gemacht, meine Sinne brausen über. Ich muß an mich halten, daß ich nicht plötzlich zu Dir tose und Dich in meine Arme schließe. Es ist ein solches* Glück *für mich, wenn Du so offen mich in Dich hineinschauen läßt, wenn ich Dich so empfangsbereit erblicke, wenn ich Deine süßen Ratlosigkeiten erkenne, Deine süßen Sinne zu mir hinschwingen, Du liebenswertes Weib, Du! Du wirst Dich* nicht *übersehen, Liline, Du bist so ein starker Kerl, und wir beide werden diese kleine Spanne ertragen und uns gegenseitig in Gedanken darüber hinwegtrösten – und dann... wollen wir ineinanderstürzen.*

Also höre, ich werde schon am 21. *aus Berlin* direkt *nach Frankfurt fahren und bestelle heute dort Zimmer für uns. Bist Du so zufrieden, mein Schatz? Am 17. fahre ich von hier nach Berlin, dorthin schreibe nach meiner Wohnung* W 10 Kaiserin Augustastr. 68 *täglich ein paar liebe, heiße, berückende Worte und so will ich es auch tun. Sobald ich unser Hotel weiß, gebe ich Dir Becheid. Darf ich im Notfall telegrafieren? Du mußt mich in Fr. vom Zuge abholen! Wirst Du das tun??*

Du, Du! bist mir doch nicht mit Wichert fortgeflogen, ungetreuer Meteor?? Aber ich glaube meine Anziehungskraft reißt Dich zurück, wenn Du abschweben willst, meine Lily, eben weil meine Bänder, die Dich halten, elastisch sind und ich ohne Bürgerlichkeit Deine Wandlungen verstehe und sie in Dir ausleben lassen werde. – Über Deinen Mann müssen wir reden, wie gerne möchte ich da helfen und ihm ein Freund sein dürfen!

Liebling, meine ganze Wärme soll Dich schmeichelnd umgeben. Meine Hände suchen die süße nackte Haut, die entzückenden, jungen Glieder, die sich nach mir gleichklingend sehnen!? ja? tun sie es? Sag es mir immerfort. Der Lavendelduft war schön, aber ich will Deinen *Duft atmen! Lege eine Blume zwischen Deine holden Schenkel, wenn Du heiß von Gedanken bist, und* schick *sie mir so im Brief. Ich bitte Dich! – Und Dein Bild??«*[81] Am folgenden Tag schrieb er erneut, er beklagte sich, daß der tägliche Brief von ihr nicht angekommen sei: *»So muß ich weiter von dem gestrigen, mich so erregenden zehren.*

Lieb, Frankfurter Hof und Carlton Hotel haben beide telegrafiert, daß sie die bestellten Zimmer belegen, wüßte, welches Dir lieber ist, ich bin in F. wenig bekannt! Am 21.!!!!!! also!?

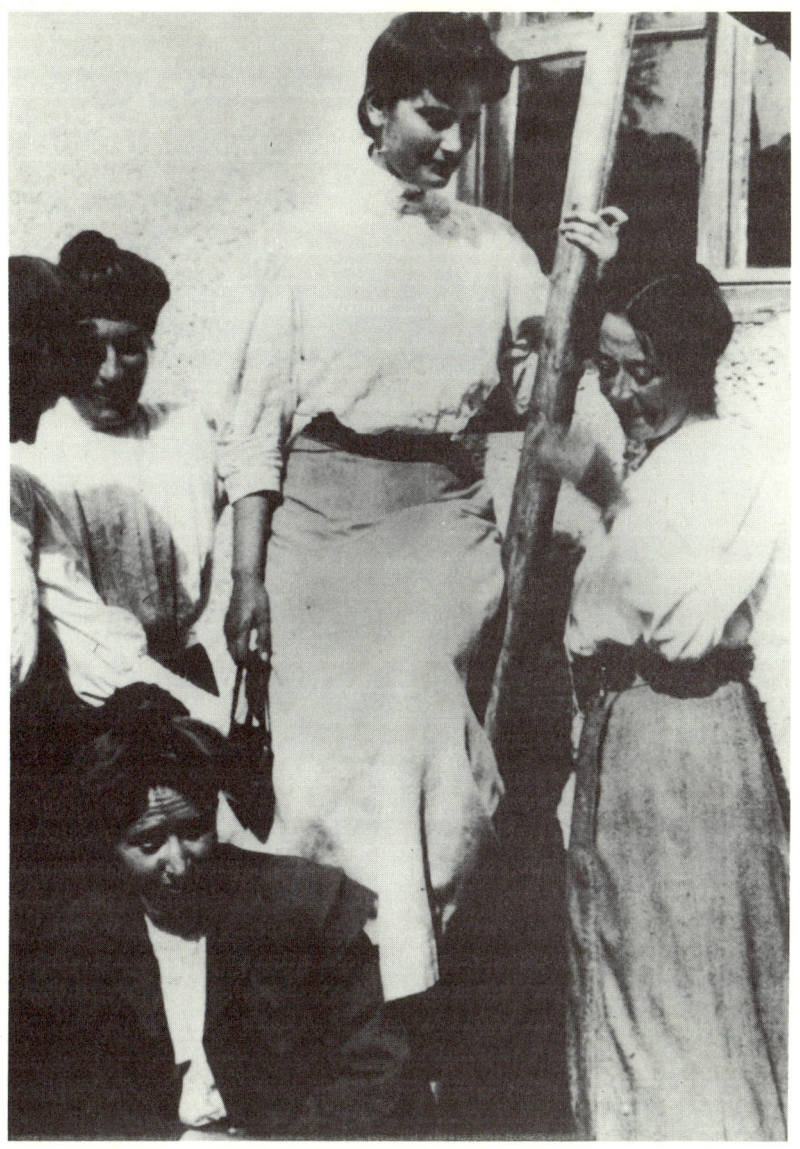

Abb. 59 Lily Hildebrandt (Mitte) und Schülerinnen des Malers A. Hölzel in Dachau, etwa 1919

Als meine Schwester willst Du passieren? Ich habe recht gelacht! das glaubt Deinem Näschen niemand, daß es aus einer Familie mit meiner Nasenabscheulichkeit ist!

Heute Nietzsche-Feier (75. Geburtstag) bei der Förster-Nietzsche. – *In der Nacht wurde ich durch ein Ständchen meiner Studierenden geweckt, sie holten mich mit Musik und Halloh in ihre Kantine. Es ist sehr gespannte, heiter-lebendige Stimmung im Bauhaus.*
 Du ich will Dich endlich fühlen! Heut nacht war ich sehr zärtlich mit dir, Du glaubst nicht, was meine Phantasie alles ersann; aber ich will nicht mehr reden – – – –. Denke Dir was Du willst, es ist alles wahr, schrankenlose Sympathie!«[82] Ihrer beider hochgespannte Erwartungen dürften durch die gemeinsam verbrachten Tage in Frankfurt am Main vollauf erfüllt worden sein, denn etwa acht, zehn Tage nach dem Zusammensein schreibt Walter Gropius, noch ganz im Bann des Erlebnisses: »*Unser Bund ist nicht auf Ruhe und Verweilen gestellt, nur auf Bewegung – Begegnen: Die beiden Meteore küßten sich im Weltraum! aber wir werden uns wieder begegnen, gelt, mein lieber, süßer Schatz?*
 Ich umarme Dich zärtlich und denke froh an unser Carlton-Glück zurück. Schreibe mir – alles was Du erlebst.«[83] Und zwei, drei Wochen nach den Frankfurter Tagen versichert ein gelöster, heiterer und offensichtlich mit seinen Erfolgen auf dem gesellschaftlichen Parkett wie in der Liebe recht zufriedener Walter Gropius die Geliebte im fernen Stuttgart seiner Treue: »*Deine lieben Zärtlichkeiten sog ich froh in mich. Nein, mein Herz, ich bin in keine andere Frau verliebt, habe keine geküßt, auch bei dem großen Fest neulich nicht. Aber es scheint, daß ich in einem Alter u. einer Geistesverfassung bin, die Frauen anzieht, denn viele machen mir Avancen. Das darf Dich aber nicht anfechten, im Gegenteil. Nach der süßen Frankfurter Sättigung bin ich in meiner erotikfreien Epoche und gehe ganz in meiner geistigen Arbeit auf. – Morgen habe ich die Spitzen des Geistes in Weimar zu einem Monstre-Bauhaustee bei mir. Montag und Dienstag bin ich in Berlin / Sitzung Arbeitsrat f. Kunst.«*[84]
 Einzig eine so wichtige Angelegenheit wie die bevorstehende Zusammenkunft des Arbeitsrats für Kunst, auf der über die geplante Verschmelzung mit der Novembergruppe beraten werden sollte, konnte Walter Gropius zu jener Zeit nach Berlin locken. Er brachte einige Tage in der Stadt zu, wo in diesem November 1919 die beiden Künstlergruppen ihre Vereinigung beschlossen, und berichtete Lily nach der Rückkehr von seinen Erlebnissen – es ist, im kleinen Ausschnitt, ein Bild der Zeit: »*diese Fahrt war schrecklich. 17 Personen in einem Abteil, vollkommene Dunkelheit, zerbrochene Scheiben, 12 Stunden bis Berlin; die Menschen weinten vor Kälte. Ich kam auch ganz zermartert an, lag einen Tag zu Bett. Die Rückfahrt ebenso furchtbar ... Nun habe ich durch die Berliner Verzögerung hier so rasend zu tun im Augenblick, daß ich vorläufig unmöglich fahren kann. Du mußt das verstehen und verzeihen, mein Schatz. Aber ich bin ganz erschüttert durch die Flut lieber Briefe.«*[85]
 Der Briefwechsel mit Lily Hildebrandt war natürlich nur ein kleiner, ganz

persönlicher und verschwiegener Teil der gesamten Korrespondenz, die
Walter Gropius führte. Er stand im Meinungsaustausch mit Berufsverbänden, mit Kollegen und mit Auftraggebern, und selbstverständlich brachten
ihm die Angelegenheiten des Bauhauses eine Menge Schreibarbeiten ein,
ob dies nun Schüler oder Lehrer, Produzenten oder Förderer, Politiker oder
Bürger der Stadt Weimar betraf. Zur Prominenz der Stadt gehörte beispielsweise auch Elisabeth Förster, die Schwester Friedrich Nietzsches, der 1900
in Weimar verstorben war. Die damals Dreiundsiebzigjährige konnte eine
durchaus irritierende Person sein, und so ergab es sich bei zwei
Nachmittagstees, gepflegten Zusammenkünften für die gehobenen Schichten, die sie im Juli 1919 arrangiert hatte, daß gewisse Meinungsunterschiede
zwischen ihr und Walter Gropius zu Tage traten. Es ging dabei um Henry
van de Velde. Elisabeth Förster vertrat die Meinung, daß Weimar dem
Flamen, den man so schändlich behandelt und so schmählich von seiner
Schule verjagt hatte, Wiedergutmachung schulde, und daß als erstes ihm das
Bauhaus eine Wohnung und ein Atelier zur Verfügung stellen sollte.
Letzteren Wunsch hatte sie mehrmals in Briefen an Walter Gropius und
andere zum Ausdruck gebracht. An Gropius hatte sie erstmals am 15. Mai
1919 geschrieben und ihm dabei liebenswürdige Komplimente über den
Wandel an der Kunstschule und über seine neue Bildungsstätte gemacht:
»*Alles scheint mir vortrefflich, besonders daß der Accent auf eine wirkliche
Lehre und Arbeit gelegt wird und das dilettantenhafte Beschäftigen mit der
Kunst von der Kunsthochschule fern bleibt.*«[86] Walter Gropius mußte sich
also mit ihrem Ansinnen beschäftigen, und was sie vortrug, sagte ihm gar
nicht zu. Zwar war es van de Velde gewesen, der ihn vier Jahre zuvor als
seinen Nachfolger an der Kunstgewerbeschule vorgeschlagen hatte, und das
wußte er zu schätzen, doch ihrer beider Vorstellungen von Kunst und
Kunsterziehung waren grundverschieden, und das machte van de Velde für
Gropius in Weimar oder gar am Bauhaus unerwünscht. Aber Elisabeth
Förster war eine einflußreiche Persönlichkeit, und so mußte er behutsam
mit ihr umgehen und vorsichtig taktieren. Dies tat er – vielleicht ein wenig zu
behutsam. Anläßlich ihres ersten Tees hatte sie höflich mit ihm über ihre
Pläne und Absichten geplaudert und schrieb ihm danach am 24. Juli,
offenbar ein fait accompli voraussetzend, erfreut von van de Velde: »*Nun ist
mein lieber Freund... angekommen und erzählt mir soeben, daß er sein
Haus verkauft hat... Es wäre nun so köstlich, wenn er gleich die Sachen in
die Räume überführen lassen könnte, die sie so freundlich beabsichtigten in
dem kleinen gelben Haus gegenüber vom Liszt-Haus ihm zuzuweisen. Bei
der Wohnungsnot hier weiß er wirklich mit seinen Sachen nicht wohin. Und
so bin ich auf den Gedanken gekommen Sie zu fragen, ob Sie schon diese
Bestimmung getroffen haben und sie jetzt ausgeführt werden kann... Ich
brauche nicht zu wiederholen, denn das wissen sie von ihm selbst, daß er nicht
an irgendwelche Berufung von Seiten der Kunsthochschule denkt,* denn er

will in jeder Hinsicht vor Allem frei sein. *Aber daß ein freundliches Verhältnis mit der Kunsthochschule bestehe, dafür würde diese liebenswürdige Hergabe ein schönes Dokument sein... in einem gewissen Vorausblick... möchte ich Ihnen... mein volles Vertrauen ausdrücken, daß van de Velde nicht im geringsten in ihre Bestrebungen eingreifen wird. Dagegen können Sie sich darauf verlassen, daß Sie in ihm immer einen guten und treuen Kameraden finden werden und gewissermaßen eine Stütze in den mancherlei Schwierigkeiten, die Ihnen hier bevorstehen.*[87] Es folgte der zweite Tee, bei dem man wieder von dem bewußten Thema sprach, und postwendend erhielt Gropius einen neuerlichen Brief von Frau Förster, die nun recht perplex schrieb. Seinen »lieben Besuch« wisse sie zu schätzen, doch da sie nun erfahren habe, daß das Häuschen nicht zur Verfügung stehe, da »diese Räume... der Kunsthochschule unbedingt nötig wären«, und daß »die Hergabe von dem kleinen Haus mit dem Atelier den Irrtum hervorrufen könnte, daß damit eine Berufung an die Kunsthochschule verbunden wäre«, müßten sich wohl einige Mißverständnisse eingeschlichen haben: *»Wie der Irrtum entstanden ist, daß Sie das kleine Haus van de Velde zur Verfügung stellen wollten, weiß ich nun freilich nicht, es ist mir in diesem Frühjahr von den verschiedensten Seiten als fait accompli mitgeteilt worden... Wir müssen nun versuchen, anderswo Räumlichkeiten für van de Velde zu finden, was ja allerdings sehr schwierig ist. Indessen ist mir heute schon wieder etwas eingefallen.*«[88] Jahrzehnte später vermerkte Gropius dazu nur lakonisch, er habe sich einfach auf den tatsächlichen Mangel an Wohnungen wie an Atelierraum berufen können und auf die gegebene Situation – »*obwohl van de Veldes Freunde ihn wieder in Weimar haben wollten, gab keiner einen Pfennig für ihn oder bot ihm Unterkunft an...*«[89] Gropius empfand Abneigung gegen Elisabeth Förster und lehnte ihre Interpretation von Nietzsches Werk energisch ab. Nie habe er, meinte er dazu später, mit Nietzsches Philosophie in jedem Punkt übereingestimmt, und schon gar nicht mit den Ansichten, wie Nietzsche sie nach Behauptung seiner Schwester verkündet habe.

Erste Angriffe auf das Bauhaus

Die damalige Zeit mit ihren gewaltsamen Auseinandersetzungen, mit ihren divergierenden Tendenzen und widersprüchlichen Strömungen, die auch das kleine Weimar nicht unberührt ließen, mochte in der Tat der Philosophie Nietzsches näher sein als der Lebensweisheit Goethes. Was sich in dem bewegten Vierteljahr von Dezember 1919 bis Februar 1920 zutrug, berichtete Walter Gropius in seinen Briefen an die Mutter und an Lily Hildebrandt. In den Briefen an die Geliebte vermischen sich glühende Liebesvisionen mit Reportagen über das Kampfgeschehen rund um das Bauhaus. *»Ich hatte heute Morgen große Sehnsucht nach Dir, war so zärtlichkeitsdurstig wie seit* *langem nicht. Möchte Dich ganz mit dem Schwert der Liebe durchbohren, bis es ganz eintaucht, umsaugt ist von Deinem süßen Fleisch, das mich lieb hat, und so wollen wir Stunden verharren, nicht wissend, wo das Ich aufhört und das Du beginnt.*

Gestern hast Du gefehlt in der großen Bauhausschlacht. Die Stadt hat mir den Fehdehandschuh hingeworfen. Gestern große Versammlung der ›Freien Vereinigung für städtische Interessen‹, Thema: ›Die neue Kunst in Weimar‹. Nach der Aufmachung und den Namen der Referenten wußte ich, daß es ein Sturmblasen gegen mich und das Bauhaus werden sollte. Und richtig so kam es. Die Sprecher, borniertste Dilettanten der Stadt, vergallopierten sich maßlos in allerdümmsten, wütenden, unsachlichen Angriffen. Der Saal war gesteckt voll, natürlich auch das ganze Bauhaus anwesend. Ich ließ erst alle ausreden und sprach dann selbst in scharfen und witzelnden Worten, die den Referenten so ungeheuerlich zusetzten, daß ein donnernder endloser Applaus die ganze Situation glatt zu meinen Gunsten herüberführte. Es war beste *Reklame fürs Bauhaus und die Solidarität meiner Schüler für mich hat in der Stadt Eindruck gemacht.«*[90]

Walter Gropius war überzeugt, daß die persönlichen Verunglimpfungen und die gegen das Bauhaus gerichteten Hetztiraden und Presseattacken auf Bestrebungen einer »Clique alteingesessener Ignoranten-›Künstler‹« zurückzuführen seien, die ihn davonjagen wollten. So erklärte er Lily gegenüber die Vorgänge, doch er erkannte zugleich auch die größeren Zusammenhänge – »*Aber hinter diesem Weimaraner Sturm im Wasserglas steht natürlich größeres.*

Es ist der Beginn der Europäischen Geistesrevolution, die kommen muß. *Die Auseinandersetzung zwischen der alten Weltanschauung, die auf der klassischen Bildung fußt, und einer völlig neuen, gotischen, die im Expressionismus ihre ersten Sinnbilder findet. Hier in Weimar, dem Bollwerk des Klassischen, bricht nicht aus Zufall dieser Kampf am ersten und schärfsten aus. Meine Kräfte wachsen in diesem Kampf, ich gehe hart und kompromißlos weiter, aber es wird viel Nervensubstanz kosten. Diese Woche war schwer, ich mußte meine ganze Manneskraft und Ruhe aufbieten, um den Ansturm der heulenden Meute aufzuhalten. In einer 4-stündigen Staatsratssitzung stellte sich dann schließlich die Regierung geschlossen auf meine Seite. Aber es ist noch nicht zu Ende, die Gegenseite wird noch weiterbrüllen.«*[91]

Es scheint erstaunlich, daß Gropius inmitten dieses Trubels der Anfeindungen und Auseinandersetzungen, unter all den Verpflichtungen, die ihm Lehrbetrieb und Verwaltung des Bauhauses, die Bemühungen um Auftraggeber und Spender, die Veranstaltungen der Künstlergruppen und die gelegentlichen Vortragsreisen auferlegten, dennoch Zeit fand, den Briefwechsel mit der Mutter, mit Alma und mit Lily fortzuführen. Dabei kam ihm wohl die Gewohnheit zu Hilfe, daß er fast immer, bevor er etwas endgültig zu Papier brachte, das Ganze zunächst im Konzept entwarf und überarbeitete; dies galt für seine Vortragsmanuskripte und Veröffentlichungen ebenso wie für seine Briefe. Auf diese Weise konnte er stets wieder auf das gleiche Konzept zurückgreifen – so erscheinen seine Äußerungen über die feindselige Pressekampagne, den Konservatismus von Weimar und die »intellektuelle Revolution« zuerst in jenem Brief vom 19. Dezember an Lily, zehn Tage später in einem Brief an die Mutter und wieder eine Woche später in einem Brief an Alma. In dem Brief an die Mutter, den er nach den Weihnachtsfeiertagen schrieb, findet sich die Schilderung der Vorgänge in Weimar mit fast den gleichen Stichworten: *»Ich stehe mitten in einem Kampf um die Bauhaus-Idee... die Idee steht auf dem Spiel... Ich bin stolz auf diesen Kampf... Ich bin entschlossen, meinen Weg kompromißlos weiterzugehen...«* Und dann berichtete er noch kurz von seinem Alltag um diese Weihnachtszeit: *»Ich bin ein sehr primitiver Mensch geworden und nehme meine schlichten Mahlzeiten in der Kantine zusammen mit den Schülern zu mir. Weihnachten mit ihnen war schön; sie verwöhnten mich, machten mir zahllose Geschenke, und ich wurde 5-10mal täglich eingeladen. Das Tempo, in dem ich lebe, ist das gleiche wie vor dem Kriege, doch weniger Geschäftigkeit und mehr innere Intensität...«*[92*]

Innerhalb von vierzehn Tagen, nachdem die Gegner des Bauhauses am 30. Dezember 1919 mit einer Eingabe an das Staatsministerium in Weimar schwerstes Geschütz aufgefahren hatten, vermochte Walter Gropius alte und neue Freunde gegen seine Widersacher zu mobilisieren. Unterstützung fand er nicht allein seitens des Arbeitsrats für Kunst und der Novembergruppe, auch andere Vereinigungen wie etwa die Musik-Gesellschaft und der Deutsche Werkbund bezogen Stellung. Obendrein warb Gropius auch andernorts, so etwa mit einem Vortrag an der Friedrich-Wilhelms-Universität in Berlin, um die Durchsetzung neuzeitlicher Erziehungsmethoden und Bildungsziele an den deutschen Hochschulen.[93] So setzte er sich nicht lediglich zur Wehr, er ging vielmehr unverdrossen zum Gegenangriff über. Als Antwort auf jene Eingabe einer »Reihe besonders dem Künstlerstande angehörige Personen« – so die summarische Einstufung der Unterzeichner durch das Staatsministerium – vom 30. Dezember 1919 beantragte er Anfang Januar 1920 eine amtliche Untersuchung der Anwürfe durch die zuständigen Regierungsbehörden. Im Resultat stellte der am 1. Mai 1920 vorgelegte Untersuchungsbericht des Kultusministeriums denn auch de facto eine Zurückweisung der böswilligen Behauptungen, Unterstellungen und Verdrehungen dar.[94] Zunächst gingen aber die Wogen noch hoch, und natürlich nahm auch die Berliner Presse von dem Streit in Weimar Notiz, und Walter Gropius mußte sich in der dritten Januarwoche 1920 beeilen, der besorgt nachfragenden Mutter die Situation zu erklären: *»Nun beunruhige Du Dich um Gottes willen nicht, ich selbst tue es nicht und bin froh, das alles so reinlich zur Klärung drängt. Die Regierung habe* ich *aufgefordert, eine*

Untersuchung anzustellen, um die unberechtigten Lügen meiner neidischen Gegner zu entkräften. Ich habe das Resultat nicht zu scheuen. Dieser Kampf ist zwar sehr anstrengend und ich bin wie ein Deichhauptmann bei der Sturmflut, der überall die Löcher zustopfen muß, damit der Damm nicht bricht, aber ich habe die Zuversicht, daß ich Herr der Elemente bleiben werde. Die Regierung hält zu mir. Mein Muttchen, Du sollst froh sein, daß ich nicht hinter dem Ofen schlafe, sondern in den vordersten Reihen stehe und für Wahrheit und Gesinnung kämpfe. Ich bin nun mal kein Duckmäuser und mit der Aufgabe wächst meine Kraft... Übrigens habe ich von Anfang an vorausgesehen, daß in diesem rückständigen Bierdorf Weimar alles nicht so glatt gehen würde.«[95] Und am 1. Februar setzte er auch Lily Hildebrandt von den Vorgängen in Kenntnis: »*Dein Brief kam erst gestern und ich konnte nicht gleich schreiben, da ich in einem* furchtbaren *Strudel von Gefahren bin. Die Meute hetzt mit den gemeinsten Mitteln gegen mich. Ich habe nun die Regierung zur Untersuchung und öffentlichen Stellungnahme aufgefordert, das wird hoffentlich die bösen Lügner zur Ruhe bringen. Aber dieses Land ist unmöglich und wert unterzugehen.*« Und daß die Umtriebe in Weimar, dieser Wirbel um das Bauhaus, nicht ohne Auswirkungen auf sein persönliches Leben und somit nicht zuletzt auf sein Verhältnis zu Lily Hildebrandt blieben – auch das macht dieser Brief deutlich: »*Ich kann deshalb jetzt nicht fort, aber bitte komm Du zu mir, mein Schatz. Vielleicht fahre ich auch mit nach Berlin, aber es ist ganz ungewiß und ich muß es offen lassen. Komme sobald Du kannst, denn es ist möglich, daß meine Frau mit dem Kind Mitte des Monats aus Wien kommt... Ich umarme Dich, mein lieber süßer Schatz: Komm bald zu mir, damit ich wieder fühle, wie es tut, ein heißes, liebendes Herz an dem eignen schlagen zu spüren.*«[96]

Alma, Lily, Maria – Frauen um Walter Gropius

Noch immer war die Situation seiner Ehe in der Schwebe, und wenn Walter Gropius in diesen Wintermonaten oft von Sorge und Unrast erfüllt war, so trug neben allen äußeren Umständen nicht zuletzt die angespannte Auseinandersetzung mit Alma – im Briefwechsel und bei ihren gelegentlichen Besuchen in Weimar – einen wesentlichen Teil dazu bei. Sein Beharren auf der Scheidung und seine ansonsten ihr gegenüber zur Schau getragene Gleichgültigkeit schien sie nur in dem Verlangen zu bestärken, ihn wieder an ihre Seite zu ziehen. Mit einschmeichelnden Worten schrieb sie ihm, ihrem »geliebten Walter«, im November 1919 von ihrem »einzigen Wunsch«, wieder mit ihm vereint zu sein: »*seit dem Herbst, als Du das Höchste, das Herrlichste, das Göttlichste gethan hast, was ein Mensch thun kann – ringe ich mich ab, um ganz wieder zu Dir zu kommen... nie habe ich an das, was Du wirkliche Scheidung nennst, gedacht, – ich komme als*

Geschenk zu Dir und wer weiß, was für eine wunderbare Form wir herauskrystallisiren könnten.«[97]

Almas Briefe reichten in der Stimmungslage von Beschuldigungen bis zum Selbstmitleid. Angesichts des bewegten Verlaufs ihres Lebens ist ihre Reaktion zum Teil verständlich. Der vorzeitige Tod des Vaters, die frühe Ehe mit einem viel älteren Mann, impulsiv begonnene Liebschaften, Geburt und Schicksal der Kinder, die Trennung vom Ehemann durch den Krieg, die Einsamkeit und Entfremdung, schließlich auch der jähe Umbruch in der gesamten Gesellschaft – mit all dem waren große Sorgen verbunden, die doch die Freuden zuweilen in den Hintergrund drängen konnten. So schrieb sie Anfang Dezember einen Brief, in dem sie von Reue sprach und um Mitgefühl warb: »*Liebe mich – ich verdiene es* trotz alledem!

Ich bin die Schuldige.

Verführt durch meine jahrelange innere Einsamkeit habe ich meine Natur nicht verstanden – die ewig Musik will und Musik sucht. Ich war die Ältere – die Erfahrenere – ich hätte wissen müssen, daß ich nach einer Richtung hin verbogen bin und zu alt, mich um neuabzubiegen. –... Die Un-Musik auf Deinem Wege – niemals ein Ton während des Monats, den ich bei Dir war, ... hat mich tief entmutigt. Aber ich bin die Schuldige, denn ich hätte wissen müssen, *daß ich ohne diese immanente Musik nicht leben kann. Die bildende Kunst kommt in zweiter Linie und das Neueste in derselben, das Dich berührt, für mich in gar keiner Linie. –... Lasse mir die Möglichkeit zu Dir zu kommen – wenn ich mich nach Dir sehne... Werfel kommt, wohnt unten in Breitenstein – arbeitet – wir sind streng getrennt durch ein Gelöbnis – er will im Herbst für längere Zeit zu Dir kommen – wenn Du es willst.«*[98]

Keine Schauspielerin vermochte wohl dramatische Wandlungen rascher zu vollziehen als Alma in der Rolle der verlassenen Frau. In ihren Briefen widerspiegelt sich der ständige Umschwung der Stimmungen und Gefühle. Mitte Dezember schrieb sie wieder aus Wien, und nun klang es nicht mehr nach Entmutigung, Selbstmitleid, Anklage und Drohung wie jeweils in Briefen zuvor: »*Was weißt* Du *von mir!!!*

Es ist gut so! –

Knall' weiter Menschen nieder – skrupellos – mein Weg ist ein andrer – Deine männlich schöne Härte ist Mauer um Dich.

Ich werde Dich das, was Dich an mir doch noch ein bissel interessirt, nicht wissen *lassen –*

Nichts sollst Du von mir wissen – von mir und von anderen!«[99]

Mehr als einen Monat später erst, im Februar, fand Walter Gropius Zeit und fühlte er sich auch in der Lage, Alma zu antworten. Er flehte sie an: »Warum müssen wir einander nur noch quälen, weh tun?« Er beklagte sich über Almas Mangel an Mitgefühl und zahlte ihre Klagen über das Ausbleiben einer Antwort auf ihre Briefe in gleicher Münze heim, indem er ihr vorwarf, daß sie doch ausschließlich nur von Geld schreibe, und das sei ein

Problem, das er zu lösen suche. Vor allem betonte er: »*Ich hatte trotz allem nicht aufgehört, Dich zu lieben. Aber die Trennung – in diesem Zusammenhang – ich verstand Dich wol – war mir* unfaßbar! *Denn es geht nicht um uns, sondern vor allem* um das Kind! Ich habe eine ungeheure, beständig wachsende Angst um mein Kind.« Alma hatte immer wieder zugesagt, daß sie bald erneut mit Manon nach Weimar kommen werde, zuletzt hatte sie für den Januar des neuen Jahres ihren Besuch fest versprochen, und Walter Gropius hatte im Vertrauen auf die Zusage bereits eine Wohnung für sie und das Kind gemietet; doch Alma kam nicht. So fuhr er tief enttäuscht fort: »*Ich wartete auf einen Schritt von* Dir *und schloß nichts unwiderruflich ab... Als Du im Juni vorigen Jahres wegfuhrst, versprachst Du bestimmt, daß wir uns in 6 Wochen sehen würden. Im Sommer kam dann statt dessen Dein beschämender Brief mit dem Antrag eines halben Zusammenlebens, den ich schweren Herzens von mir wies, dann wolltest Du im Herbst kommen, kamst aber nicht, und nun sagtest Du Dich endlich bestimmt im Januar an... Was veranlaßt Dich nun, so an mich zu schreiben, nachdem Du ein Wiedersehn mit Dir und mit meinem Kind mit immer neuen Ausflüchten dilatorisch hinausschobst? Was hat das Unglück aus Dir gemacht, daß Du so haßerfüllt, so rechtlos gegen mich handelst. Weil ich nichts Halbes wollte?... Du selbst hast es mir unmöglich gemacht, meine Empfindungen zu äußern, ich konnte nur stumm bleiben und wartete, wann Deine Weisheit und Gerechtigkeit die Qual um das Kind enden würde, bis – ich erkennen mußte, daß diese Gerechtigkeit, die auf dem Herzen und nicht auf dem Bürgergesetz aufgebaut ist, nicht in Dir ist... Ich weiß über die Ferne weg nicht mehr, wie es in Dir aussieht, was der Grund Deines Nicht-handelns ist, ob Liebe zum andern, oder Haß gegen mich, oder im Unglück verlorene Entschlußkraft, oder noch etwas was ich nicht aussprechen kann!?*« Und ohne spürbaren Wechsel im Tonfall schloß er mit einer Schilderung seines Kampfes wider die Kritikaster und Verleumder: »*Ich habe rücksichtslos die Schiffe hinter mir verbrannt und entschlossen die Konsequenzen der neuen Zeit gezogen, mich innen und außen auf sie eingestellt... Ich kämpfe gegen eine Welt voll Spießern, aber hinter mir steht eine Phalanx.*«[100]

Walter Gropius wiegte sich noch immer in dem Glauben, daß es ihm gelungen sei, die wahre Situation seiner Ehe vor der Mutter zu verbergen; in seinem Brief vom 19. Januar 1920 hatte er ihr mitgeteilt,[101] daß er eine Wohnung für sich und die Familie gefunden habe. Alma wollte endlich im Februar mit Manon nach Weimar kommen, Anfang März traf sie dann wirklich in der Stadt ein. Mutter und Kind mußten zunächst Zimmer im Hotel »Zum Elephanten« am Marktplatz beziehen, da in der Wohnung noch die Handwerker zu Gange waren – soweit sie zur Arbeit erschienen, denn es waren die Tage des Kapp-Putsches und des Generalstreiks, der am 13. März ausgerufen wurde. »Am 20. März sind wir in die neue, noch vollkommen unfertige Wohnung von Walter Gropius übersiedelt«, berichtete Alma später in ihren Erinnerungen, und vom Zustand ihrer Ehe notierte sie dazu: »Mit Walter Gropius gibt es nun eine harmonische Freundschaft. Gott sei Dank reden wir schon ruhig über alles...«[102] Die Wahrheit über das Verhältnis zwischen Walter und Alma Gropius ließ sich jedoch bald nicht länger vor Manon Gropius verheimlichen, denn Anfang April 1920 trafen Alma und Franz Werfel in Berlin ein, sie verbrachten gemeinsam ihre Zeit in Cafés und im Theater, waren gemeinsam bei Max Reinhardt eingeladen. Nun ließ sich Manon Gropius nicht länger von den schönfärberischen Berichten ihres Sohnes hinters Licht führen, sie schrieb Alma einen zornigen Brief und bezichtigte sie der Untreue. Alma suchte sich in ihrer Antwort zu verteidigen, schuld sei die lange Trennung während der Kriegsjahre: »*die unsägliche Trennung hat mich immer mehr und mehr erkaltet. – Glaube es mir – auch Er war mein Alles – sonst hätte ich ihn ja nie geheiratet und wir alle glaubten – nun ist bald Friede – und wir sind beisammen! – Und ich war fast 4 Jahre allein! Allein – nur unterbrochen von kurzen abenteuerlichen Besuchen – alle 6 Monate – meines Mannes – den der Krieg immer mehr veränderte. –... Wenn aber das Gefühl der grenzenlosen Verlorenheit in den anderen aufhört – so hat die Ehe aufgehört – eine Ehe zu sein. Dies ist Gottesgesetz – Walter ist jung und wunderbar – sein Leben liegt aufgerollt und hell vor ihm.*

Wir werden uns nie verlieren. Unsere Liebe muß neue Formen bekommen. Sein Leid ist mein Leid. Glaube mir!«[103]

Erst nun, da das Wissen um das Scheitern seiner Ehe längst kein Geheimnis mehr war und obendrein von Alma auch noch unverhohlen unters Volk gebracht wurde, war Walter Gropius bereit, auch der Mutter die Wahrheit einzugestehen. Er war verwirrt, fühlte sich hilflos dem Schmerz um Alma und Manon ausgeliefert, um die treulose Frau, die er noch immer liebte, und um das heranwachsende Kind, an dem er mit ganzer Seele hing und das ihm vorenthalten werden sollte. Diese Verwirrung widerspiegelt sich in seinen Briefen. In einem langen und bitteren Brief an die Mutter, in dem er sich eher wie ein unerfahrener Heranwachsender nach der ersten Enttäuschung in der Liebe denn wie ein erfahrener Siebenunddreißigjähriger an einem Wendepunkt in seinem Leben gibt, bat er sie um Beistand und Verständnis: »*Almschi zerfleischt mich und hat mir auch nicht die Zeit gelassen, mich hier zu erholen. Ich komme nicht wieder auf und ich sehe deutlich, wo ich hintreibe, denn ich kann ohne sie nicht leben. Ich stürze mich in tausend Dinge, um zu vergessen, und verliere nicht den bitteren Geschmack im Munde...*

Mein Kind, das ich liebe, wird groß, und ich kenne sie nicht – entrechtet.

Sie stellt aus eigner Machtvollkommenheit das Recht der Welt auf den Kopf, und das muß sich einmal furchtbar an ihr rächen...

Sie tut nun so, als ob ich die Scheidung will. Ich lasse sie auch dabei, wenn

dies ihrem krankhaften Stolz eine Stütze giebt. Seit sie sich entschlossen hat, nicht zu mir zu kommen, und mich mit meinem Kind für dauernd verläßt, trage ich das Zeichen der Schändung für immer in mir und kann niemandem mehr frei in die Augen schauen.
Ich bin an Jahren noch jung, aber ich bin aus den furchtbaren Kriegs- und Friedenskämpfen als Krüppel hervorgegangen, ich kann mich nicht wieder erholen.«[104]

Das war die eine Seite des Walter Gropius in diesem späten Frühjahr 1920, das Ringen mit Alma um die Auflösung ihrer Ehe und die bange Sorge um die kleine Manon – doch das war die Seite, die er wohl vor seiner Umgebung verbarg, um sich ihr von einer anderen Seite zu zeigen, als der Erfolgsgewohnte, Siegessichere. Gewiß war er in leidenschaftlicher Liebe mit Lily Hildebrandt verbunden, aber sie lebte nun einmal in Stuttgart und er in Weimar, über ihrer Liebe waltete mehr die Trennung durch Zeit und Raum denn das zärtliche Beisammensein; wenn er sich in jenem Brief vom November 1919 ihr gegenüber damit gebrüstet hatte, daß er anziehend auf die Frauen wirke,[105] so war das beileibe keine pure Prahlerei gewesen. Er war ein Mann von angenehmer Erscheinung, eine eindrucksvolle Persönlichkeit, ein hochbegabter Mensch – und da waren die jungen Frauen, die Zwanzig- bis Dreißigjährigen, die der Krieg ihrer Männer beraubt hatte, ihrer Ehegatten, ihrer Verlobten, ihrer wirklichen oder ihrer erhofften Geliebten. Ungeachtet aller Geschäftigkeit um ihn herum, oder vielleicht gerade um derentwillen, kam sich Walter Gropius zuweilen recht verlassen vor, er suchte Ablenkung und Zerstreuung – es ist wohl kein Wunder, daß er da auch der Herausforderung durch das andere Gechlecht nicht immer aus dem Wege gehen mochte. So etwa könnte seine Gemütsverfassung in dem Augenblick gewesen sein, da er Maria Benemann begegnete. Im März 1920 hatte er die junge, attraktive Witwe kennengelernt, sie hatten sich zueinander hingezogen gefühlt, und in 3, 4 Wochen war daraus rasch eine Freundschaft erwachsen. Offensichtlich von seinen starken Gefühlen getragen ist das hymnische Lied auf seine »Maria«, das er ihr am 19. April 1920 sandte – ein wahrhafter Panegyrikos, in dem allerdings seine Briefe an Lily Hildebrandt in Tonfall und Stimmungslage wiederklingen:[106]
»*MARIA* . . .
Ich bin ein Wanderstern in diesem Weltraum, ich kenne nicht Anker nicht Ketten, ich gehe ins Gebüsch, wenn ich leide, und komme nur zu den anderen, wenn ich erfüllt und gebend bin, ich binde mich nirgendwo und an niemand. Ich lockere auf, wohin ich gehe, und schaffe Leben *damit; ich bin ein* Stachel *und darum ein starkes und gefährliches Werkzeug!!! Ich liebe die Liebe ohne Gegenstand, die hohe, ewige Intensität –.*
Du wolltest mich und ich gab mich Dir und es war schön und rein, zwei Sterne vereinigten ihren Flammenbrand, aber:

Nicht drohen!
Nichts fordern!
Nichts erwarten!
denn alles ist Geschenk, was sich Menschen einander geben. – Ich weiß nichts, ich verspreche nichts, ich trinke Deine Wärme dankbar in mich und eines Tages fährt das Schwert wieder aus mir heraus. Jetzt sitze ich in 1000fachem Leid in der Asche, bin unruhig und zerrissen und brauche Stille und Einsamkeit. – Liebe! Dichte! freue Dich an Deinen neuen Flammenbränden. Ich nehme Dich innig in die Arme. Deine Sternschnuppe.«[107] Walter Gropius scheint dabei doch mehr auf Distanz gehalten zu haben als Maria. Er liebte es zwar, wenn sie an den neu eingeführten »Bauhaus-Abenden« teilnahm, bei denen jedermann als Gast willkommen war, aber er befürchtete wohl, daß sie durch einen zu vertrauten Umgang mit ihm ihrer beider Beziehung allzu offenkundig herausstellen könnte. So schrieb er ihr: »*Ich möchte nicht, daß die Leute etwas über meine intimen Beziehungen zu anderen erfahren, denn das ist meine ganz private Angelegenheit. Darum erscheine ich Dir gegenüber in der Öffentlichkeit gleichgültig. Versteh das, bitte, und glaube nicht, daß es gegen Dich geht...«*[108*]

DAS BAUHAUS – FORTSCHRITTE UND SCHWIERIGKEITEN

Es war schon ein außerordentlich bewegtes Leben, das Walter Gropius in dieser Zeit führte. Da war der Konflikt mit Alma und die Auseinandersetzung um das Kind, da waren die Liebschaften mit Lily Hildebrandt und Maria Benemann, da galt es, das eigene Architekturbüro fortzuführen und Aufträge zu gewinnen und daneben die Pflichten wahrzunehmen, die sich aus der Mitarbeit in den Architekten- und Künstlergruppen ergaben, und da war nicht zuletzt das Bauhaus, dessen Geschäfte zu führen und an dem Vorlesungen zu halten waren, das aber auch im Kreuzfeuer öffentlicher Kritik stand und gegen polemische Angriffe verteidigt werden mußte. Zwar wurde schließlich ein Geschäftsführer für das Bauhaus angestellt, doch die Aufgaben, die Verwaltung und Betrieb der Schule stellten, wuchsen ständig, und Gropius hatte ein gut Teil der Last daran zu tragen. Weiterhin ging es darum, neue Lehrer für das Bauhaus zu suchen und zu gewinnen.

Im späten Frühjahr 1920 kam Georg Muche an das Bauhaus; Johannes Itten hatte den fünfundzwanzigjährigen Maler empfohlen. Muche unterstützte Itten im Vorkurs, der in diesem Jahr für alle Schüler obligatorisch wurde, und entwickelte einen ergänzenden Studienkurs. Im Frühsommer 1920 kamen Oskar Schlemmer und Paul Klee hinzu. Der einunddreißigjährige Schlemmer, den ebenfalls Itten vorgeschlagen hatte, hatte sich bereits als Bühnenbildner wie als Maler hervorgetan; von seiner besonderen Begabung zeugte etwa die Wandgestaltung im Treppenhaus des Werkstatt-

Trakts, die er 1923 ausführte. Klee, vierzig Jahre alt, war von Adolf Behne empfohlen worden; in seinen Gedanken und Vorstellungen stand er Gropius unmittelbar nahe, dem er auch, wenigstens in dieser ersten Zeit, bedingungslos folgte. Die drei neu eingetretenen Meister gesellten sich zu Lyonel Feininger, Gerhard Marcks, Adolf Meyer und Johannes Itten, so daß das Bauhaus 1920 über sieben Lehrer verfügte, die sämtlich durch Walter Gropius berufen waren. Von den Professoren der einstigen Hochschule für bildende Kunst, die Gropius an das Bauhaus übernommen hatte, war Paul Fröhlich bereits 1919 ausgeschieden, Max Thedy schied im Sommer 1920 aus, während Walther Klemm und Richard Engelmann noch bis zum Frühjahr 1921 dem Lehrkörper angehörten. Mit den Neuberufungen war nun zwar die Zahl der Meister am Bauhaus angestiegen, doch weder hatte die Zahl der Handwerker und Techniker in den Werkstätten mit dieser Entwicklung Schritt gehalten noch hatten die Arbeitsmöglichkeiten in den Werkstätten und deren Ausstattung entsprechend verbessert werden können, um den Bedürfnissen der rund zweihundert eingeschriebenen Lehrlinge gerecht zu werden.

Bei alledem fügte es sich glücklich, daß der Lehrbetrieb zu dieser Zeit bereits rasche Fortschritte machte und daß das Bauhaus insgesamt zu einer deutlicheren Bestimmung seiner Arbeitsweise und seiner Zielsetzung fand. Somit bildete sich ein wirkliches Zusammengehörigkeitsgefühl unter den Schülern und ein gesundes Arbeitsklima unter den Lehrern aus – als eine ›innere Stärke‹, die unentbehrliche Grundlage nicht nur für ein gedeihliches Wirken der neuen Schule, sondern unmittelbar auch für deren Fortbestand, denn hätte es nicht, sozusagen, Ruhe an der inneren Front gegeben, Walter Gropius hätte schwerlich die Kämpfe mit dem äußeren Feind bestehen können. Die Auseinandersetzungen um das Bauhaus waren noch lange nicht abgeschlossen. So berichtete Gropius im Frühsommer 1920 in einem Brief an Lily Hildebrandt: *»Manches hat sich hier viel gebessert, weil ich es trotz meiner Kraft-Baisse fertig brachte, darüber zu stehen und es ist nun wieder vorläufig Eintracht auf der ganzen Linie. Meinem energischen Vorgehen ist es auch gelungen, in den letzten Tagen die notwendigen Mittel für mein Budget herauszuholen von der Regierung, ohne daß die noch ausstehende Entscheidung des Landtages abgewartet werden muß. Ich habe nun also fürs nächste freiere Bahn.«*[109]

Walter Gropius hatte in der Tat harte Kämpfe auszufechten, und nicht zuletzt mußte er immer wieder ums liebe Geld ringen. So war es ein Glücksfall, daß Max Greil, der Kultusminister, dem Bauhaus mit Verständnis und Sympathie gegenüberstand und Walter Gropius Gelegenheit gab, sein Bauhaus gegen die Angriffe der Rechten vor dem Thüringischen Landtag zu verteidigen und seinen Budgetantrag zu begründen. In der Argumentation der Widersacher war unter anderem die Behauptung vorgebracht worden, daß es sich beim Konzept des Bauhauses um nichts weiter als einen netten Einfall, eine originelle Idee handele. Am 9. Juli 1920 konnte nun Walter Gropius auf der 83. Sitzung des Landtags als delegierter Sachverständiger Rechenschaft ablegen. Er trat vor die Volksvertreter, um »*nachzuweisen, daß es sich nicht um ein Experiment, nicht, wie es weiter hieß, um eine ›originelle Idee‹ handelt, die von einem einzelnen Kopf ausgeht. Auf Grund einwandfreier Tatsachen werde ich hier klipp und klar beweisen, daß im Bauhaus etwas vollzogen ist, was in lückenloser und logischer Entwicklung im ganzen Lande geschehen muß und bereits geschieht, und ich werde auch beweisen, daß das Bauhaus eine Weiterentwicklung und kein Abreißen der Tradition bedeutet.*«

Er trug eindringlich und eindrucksvoll seine Beweise vor und mußte damit wohl die Abgeordneten überzeugen. Anschließend legte er die Gründe für die geforderte Budgetzuweisung dar, und seine Ausführungen machen nicht nur die wirtschaftliche Situation des Bauhauses, sondern die ganze finanzielle Misere der Zeit deutlich: »*Die dem Landtage jetzt vorliegenden Zahlen sind mit Ausnahme der Teuerungszulagen vor einem Jahre aufgestellt worden. Wir haben ein Jahr warten müssen, wir hatten kein Geld, um Werkstätten einzurichten, Rohstoffe und Geräte anzuschaffen. Heute können wir aber für dasselbe Geld, wie Sie ja selbst wissen, höchstens noch ein Viertel oder ein Fünftel dessen anschaffen, was vor einem Jahr noch möglich gewesen wäre... Ich möchte nur anführen, wie sich heute zum Beispiel die Kosten für eine einfache Maschine stellen. Wir wollten uns eine zweite Kupferdruckpresse, die vor dem Kriege annähernd 400 Mark kostete, anschaffen, sie ist uns jetzt mit 34 000 bis 38 000 Mark angeboten worden. Sie sehen die ungeheuren Schwierigkeiten, heute Werkstätten einzurichten.*«[110]

Gropius hatte überdies die ständige Opposition von Politikern zu bedenken, die sich zu erinnern glaubten, daß er nicht als Leiter einer Schule für Architektur und industrielle Formgebung berufen worden sei, sondern eher als Leiter einer Schule, an der in neuzeitlicher Form die handwerklichen Künste gelehrt werden sollten. Die in dieser Schule hergestellten hochwertigen Produktionsmuster sollten der Förderung des von der industriellen Massenproduktion bedrohten Handwerks dienen und ihm neues Ansehen verschaffen. Zu diesem Punkt erklärte Gropius Jahrzehnte später kurz und bündig, »*die Angriffe seitens der ortsansässigen Handwerksbetriebe waren ganz und gar politisch[er Natur], denn da das Bauhaus nur neue Modellentwürfe verkaufte, gab es keine Konkurrenz zu ihnen.*«[111]

Die Zustimmung des Landtags zur Eröffnung des Bauhauses hatte seinerzeit in den chaotischen Monaten nach der Revolution auf einem Kompromiß zwischen den Sozialdemokraten und den anderen demokratischen Parteien beruht. Walter Gropius hatte man anfänglich ungeachtet seiner Herkunft und seiner persönlichen Einstellung dem linken Lager zugeordnet. Die Regierung in Weimar wurde weiterhin von den Sozialdemokraten geführt, für die Walter Gropius eintrat, wenn auch nicht ohne

Vorbehalte. Gerade dieses Eintreten für die Regierung und die regierende Partei aber machte ihn und sein Bauhaus in den Augen der Konservativen doppelt verdächtig, während umgekehrt die Tatsache, daß er nicht unbedingt und immer für die Sache der führenden Partei eintrat, allmählich dämpfend auf den Eifer seiner Verbündeten im Landtag einwirkte. Alles in allem, es war eine wahrhaft schwere Zeit für Walter Gropius.

Das Ringen um die Scheidung – und Schwankungen der Liebe

Standen zeitweilig auch die Sorgen um das Bauhaus, seine innere Entwicklung und seine äußere Situation für Walter Gropius im Vordergrund, so verdrängten sie doch niemals ganz die Sorgen um Alma und das Kind oder die Gedanken an Lily Hildebrandt. Die Korrespondenz mit ihnen wuchs im Laufe des Jahres 1920 um buchstäblich Hunderte von Briefen an. Der Briefaustausch mit Lily Hildebrandt bot ihm Gelegenheit, wenigstens vorübergehend einmal unter all den Auseinandersetzungen innezuhalten, die Gedanken zu sammeln, sich, wenn es sein mußte, auch einmal gehen zu lassen. Dem für Februar angekündigten und im März endlich erfolgten Besuch Almas und Manons in Weimar hatte er mit Spannung entgegengefiebert, so sehr er sich nach einem Wiedersehen mit seinem Kind sehnte, so wenig verlangte ihn wohl nach einem Beisammensein mit der abtrünnig gewordenen Frau. Nun stand im Mai ein weiterer Besuch bevor, dem er, von schmerzlichen Gedanken bewegt, entgegensah, als er an Lily schrieb: *»Was tust Du, was arbeitest Du, wie lebst Du mit Deinem Mann und Deinem Kind? Ich erwarte meine Frau jeden Augenblick aus Amsterdam zurück, wo sie fabelhaft gefeiert worden ist; dann wird sie wieder in den Nebel gehen mit meinem Kinde und ist fort. Es ist seltsam, seit ich ihre Liebe nicht mehr besitze, bin ich in ein anderes Stadium hinaufgerutscht. Meine Liebe zerfließt in die Breite, viele Menschen spüren sie und schweben nun um meinen Pol, nur ich selbst aber finde nicht das Glück der Ausschließlichkeit für mich selbst, aus mir selbst. Ich muß einsam sein und bleiben – wie lange?«*[112]

Alma reiste am 7. Mai mit den Töchtern Anna und Manon von Wien aus zum Gustav-Mahler-Fest nach Amsterdam; Franz Werfel hatte die drei zur Bahn gebracht, und auf dem deutschen Grenzbahnhof erwartete sie Walter Gropius am Zug, um sein Töchterchen in Empfang zu nehmen und mit ihm nach Weimar zurückzukehren. Die Mahler-Tage in Amsterdam, die Willem Mengelberg anläßlich seines fünfundzwanzigjährigen Dirigentenjubiläums veranstaltet hatte, wurden zur triumphalen Feier für den verstorbenen Komponisten – und ein strahlender Abglanz fiel auch auf seine Witwe.[113] Es war eine wie verjüngt wirkende Alma, die auf der Rückreise von Amsterdam in Weimar einkehrte, eine ihrer eigenen Bedeutung und Unabhängigkeit völlig gewisse Frau, die irgendwelchen Erörterungen zur Klärung der

Situation mit dem angetrauten Ehemann gänzlich unzugänglich war. Alma reiste wieder mit Manon nach Wien zurück, und Walter Gropius suchte abermals seine Zuflucht in gelegentlich erratischen Klagebriefen an Lily, in denen sich der Aufruhr der Gefühle niederschlug, die der Besuch von Frau und Kind verursacht hatte: »*ich bin wieder allein, tief deprimiert u. unzufrieden mit mir selbst; bin augenblicklich nur ein halber Mensch... Glaube nicht Lilychen, daß* Du *mit unserer Trennung irgendwie zusammenhängst, sie weiß von Dir, aber die Dinge liegen so, daß sie das nicht tangiert... Ich hätte Dich gerne wieder einmal in den Armen, um Lethe und Vergessenheit zu trinken, Erdenschwere abzustreifen, zu schweben, zu fliegen, Sonne zu atmen, ich sitze tief unten im Schatten... Verstehe die Erdbeben, die durch meine Seele gehen und sei gut und zart mit mir – wie Du es ja auch immer warst. Was ist mit Deinem Mann? Ist er ferner von Dir geraten, da er so oft fort ist? Laß mich das wissen, sage mir alles, schmiege Dich in mich ein und küsse mich. Ich küsse Deine Heiligtümer.*«[114]

Nicht immer freilich bewegte sich das Verhältnis zwischen ihm und Lily auf ekstatischen Höhen, die Briefe sprechen seit etwa der Jahresmitte zuweilen von schmerzhaften Mißverständnissen, wie sie die räumliche Trennung und der fehlende unmittelbare Kontakt mit sich brachten. »*Ich habe Dich gerade so lieb wie bisher und denke froh zu Dir hin... Gerade heute morgen hatte ich im Aufwachen recht lieb Deiner gedacht und mir in einem Aufwallen der Sinne vorgestellt, wie ich Deine süße, heilige Purpurblume heut Abend küssen werde, bis Dir alle Sinne vergehen, da fand ich Dein ungeduldiges Telegramm.*

Ich bin vielleicht ein sehr schwieriger Mensch, schwer zu begreifen und sehr konzessionslos, aber dafür auch ganz ohne falsche Sentimentalität. Habe mich trotzdem lieb und komm bald und ohne Argwohn...«[115]

Er warb um Lilys Verständnis, sie müsse ihn so nehmen, wie er sei, er sei völlig aufrichtig zu ihr. Seine geistige und seelische Verfassung ließ ihn im Augenblick vor einem Zusammentreffen mit ihr zurückscheuen, darum suchte er das Wiedersehen noch hinauszuschieben und bat sie um Einsicht: »*müssen sich Menschen immer zerquälen, martern, ihre Seelen im Kreise hetzen?... Ich wollte Dir keine Wunden schlagen, aber ich bin jetzt durch vieles Leid, dessen verschiedenen Ursprung Du ahnungsweise kennst, in einem indifferent-abwartenden Zustand. Ich wünsche mir selbst sehnlich wieder neue Positivität herbei, um Dich dann damit zu beschenken, aber man kann sie nicht* erzwingen *und muß auf den Augenblick der Gnade warten... Nie lag* ›Schein‹ *hinter meinen Worten, Lily, ich habe das nicht nötig zu tun. Baue Dir nicht einen falschen Stolz auf aus Ungeduld, weil Du im Augenblick nicht etwas erzwingen konntest, was Du Dir ersehntest. Zerbrich nicht etwas, was noch besteht! In Liebesdingen ist* alles *Geschenk, man kann nichts fordern und verlangen ———! Ich werde Dich um eine Zusammenkunft bitten, sobald ich physisch und geistig wieder erfüllt und gebend bin, bis dahin sei lieb und warm mit mir und nicht gekränkt und versuche bitte, meine komplizierte, aber unbeirrt vorwärtsgehende Natur zu verstehen.«*[116]

Walter Gropius stand mit vier Frauen gleichzeitig im Briefwechsel, mit Lily, mit Maria, mit Alma und mit seiner Mutter, aber zwei dieser Frauen tauschten, ohne daß er davon erfuhr, auch untereinander Briefe aus. Alma hatte nämlich, während doch die Gelegenheit zu einer Aussöhnung längst vergangen war, die Korrespondenz mit der Schwiegermutter nicht eingestellt. Zu deren bevorstehendem Geburtstag – Manon Gropius wurde am 22. Juli 1920 fünfundsechzig Jahre alt – schrieb sie ihr: »*ich will Dir bei dieser Gelegenheit sagen, daß ich mit großer Freude an die Zeit denke, in der Du hier bei uns warst, und es mir traurig und weh zu Mute ist, daß Du mein Leben aus dem Deinen gestrichen hast. –*
... Was ich Euch getan habe – tun mußte, getrieben durch eine unerbittliche Not – lösche es aus. Ich lebe für dieses Kind, das Dein Enkel ist.« Und sie suchte sich einen Weg zum Herzen zu bahnen, indem sie von dem Kind berichtete: »*Mutzi wächst heran und ist ein süßer, gescheiter Kerl – ... Ich erziehe sie in der Liebe zu ihrem Vater, der ihr täglicher – stündlicher Gedanke ist. – Laß Dich umarmen! Wenn Du es vermagst, so schreibe mir ein paar gute Worte.*«[117] Almas Brief könnte wohl eine bittere und scharfe Zurückweisung hervorgerufen haben, doch Manon Gropius wollte schließlich nicht alle Brücken abbrechen, schon allein um der Enkelin willen nicht, die ihren Namen trug. So erhielt Alma eine zwar steife, doch die Dinge in der Schwebe lassende Antwort. Manon Gropius schob alle Schuld auf Alma, betonte aber zugleich, daß dies nicht in Haß und Verbitterung geschehe: »*Laß Dir sagen, daß auch ich gern und herzlich der Zeit gedenke, die ich bei Dir verleben durfte. Aber ich mußte doch leise lächeln, daß Du meinst, ich hätte Dein Leben aus dem meinen gestrichen. Das tatest Du doch allein, liebe Alma, durch Dein Handeln trennten sich unsere Wege, eben nicht nur die äußeren, sondern auch die inneren des Herzens und der Seele. Das soll kein Vorwurf sein... Aber über die Kluft, die uns trennt, vermag ich nicht hinwegzuschreiten.*« Und zum Schluß trug sie eine große Bitte vor: »*Willst Du mir Liebes erweisen, liebe Alma, wie Dein herzlicher Brief mich fast hoffen läßt, so schicke mir das Kind einmal her. Ich weiß, daß diese Bitte Dir eine Zumuthung dünkt – aber ist sie nicht ganz verständlich? Wie Du selbst sagst, sie ist mein Enkelkind und steht meinem Herzen nahe. Ich würde sie herzlich lieben und mich freuen, in ihr die Züge der Mutter wieder zu finden, die ich an dieser bewundert und geliebt habe.*«[118]

Walter Gropius und Lily Hildebrandt waren lange auf den Postweg angewiesen gewesen, um Verbindung miteinander zu halten, aber die Briefflut, die sich da ergossen hatte, ebbte während des Sommers merklich ab – die Zeit der Schulferien bot des öfteren Gelegenheit zu einem traulichen tête-à-tête. Doch kaum waren im Herbst die Ferien zu Ende, kaum hatte am Bauhaus der Unterricht wieder begonnen, da setzte der Ansturm der Briefe erneut ein. Im Oktober konnte Walter Gropius die Geliebte von der vollzogenen Scheidung von Alma unterrichten, nun sei er endlich, fügte er bei dieser wie bei mancher nachfolgenden Gelegenheit hinzu, »freien Geistes«, und abermals kehrte auch – nun wohl mit neuer Berechtigung – die Gleichsetzung der eigenen Person mit einer »Sternschnuppe« wieder. Die Art, in der er sich damit selbst darstellte, und der Zusammenhang, in den er diese Selbstdarstellung einbettete, läßt sein Verlangen nach Bestätigung der eigenen Unabhängigkeit und vielleicht auch nach einer erkenntnismäßigen Begründung seiner unvorhersehbaren Gemütsschwankungen und Stimmungsumschwünge deutlich werden. Für eine Frau allerdings, die von ihrer Beziehung zu einem Mann doch wenigstens ein Mindestmaß an Beständigkeit erwartet, dürfte das kaum ein Trost gewesen sein. *»Ich habe wieder so eine große Schleife durch den Weltraum gemacht und mich einige Äonen weiter hinaufgeschraubt. So hazardiere ich mein Leben ab, das* immer *auf einer Karte steht und also zwischen Dynamit vergeht. Ich bin schon 10mal explodiert inzwischen, aber immer sind die Seelenfetzen noch recht lebendig, ja sie wachsen eigentlich an Kraft.*

Inzwischen schied ich mich von meiner Frau in voller Liebe. Sie war vor kurzem bei mir mit unserem Kind, das ich sehr *vermisse. Nun bin ich mehr denn je Nomadenstern am Firmament und stehe uferlos im anderen Geschlecht. – Das Bauhaus schält sich eine Haut nach der anderen ab, tolle Krisen, stärkste Lebendigkeit, es ist mir gerade recht so. Aber atemlose Anspannung. Itten jetzt Feuer u. Flamme, Muche neu gewählt, Reaktion bröckelt mehr und mehr ab.«*[119]

Die Scheidung war endlich, am 11. Oktober 1920, ausgesprochen worden, doch die fast beiläufig wirkende Erwähnung der vollzogenen Trennung in dem Brief an Lily Hildebrandt läßt – wäre ihr nicht der dramatische Zustandsbericht vorangestellt – kaum erkennen, welche Last in Wahrheit damit von Walter Gropius genommen war. Es hatte monatelanger Verhandlungen mit Rechtsanwälten in Berlin und Wien bedurft, alle möglichen rechtlichen Schritte waren erwogen, geprüft, gebilligt oder verworfen worden. Um das Verfahren unter Beachtung der gesetzlichen Bestimmungen zu beschleunigen, hatte Walter Gropius dem Vorschlag zugestimmt, daß Alma als Klägerin gegen ihn auftreten und er die Schuld auf sich nehmen werde. Zur Begründung der Klage wurde ein ehelicher Fehltritt regelrecht konstruiert – eine Szene in einem Hotelzimmer mit Privatdetektiven, Augenzeugen und in flagranti ertapptem Paar, anschließender Zeugenvernehmung und den entsprechenden eidesstattlichen Versicherungen. Man kennt solche Szenen aus billigen Theaterstücken oder komischen Filmen, es war ein bizarres Manöver, um so bizarrer, als Almas eheliche

Untreue gemeinhin bekannt war. Alma ihrerseits geht in ihren Erinnerungen über die Scheidung und die vorangegangenen Verhandlungen ebenso rasch hinweg wie Walter Gropius in seinem Brief an Lily Hildebrandt. Unter dem Juni 1920 vermerkt sie lakonisch: »*Meine Scheidung ist auf Oktober verschoben... ja, der Mensch soll halt nicht heiraten!*« Und von der Scheidung selbst ist danach nicht mehr die Rede, es folgt nur noch die Eintragung: »*Oktober – Weimar – Wieder bin ich hier. Walter Gropius schrieb, er brauche mich. Vielleicht braucht er mich wirklich...*«[120]

Damit war Walter Gropius aus Alma Mahler-Werfels Leben getreten; wenn in ihren Erinnerungen weiterhin der Name Gropius immer wieder erscheint, so ist es stets Manon Gropius, die Tochter, von der berichtet wird.

Die Lösung von Alma bedeutete eine Erlösung für Walter Gropius, er fand wieder zu sich selbst zurück, er gewann seine alte Spannkraft wieder und konnte nun freier und unbelasteter ans Werk gehen. Und dann waren da noch die Briefe von Lily Hildebrandt, die ihn zuweilen die drängenden Sorgen des Alltags vergessen ließen, ihn in Erinnerung an die Wärme und Zuneigung ihrer Begegnungen versetzten, auf die er liebevoll in seinen Antworten einging: »*Ich verstehe Dich vollkommen... Eine Furcht, und Dein Widerstreit und Dein Verlangen – alles liegt vor mir ausgebreitet. Meine Liebe hat ein paar Schleier von Dir abgerissen und Deine Seele steht in ruhiger Nacktheit vor meinen entzückten Geistesaugen... Es ist ein Ton in Deinen Worten, der mich tief rührt und geradeaus ans Herz faßt. Dein Wunsch und wieder Furcht vor dem Wunsch – wie ich das verstehe!... Wenn ich die Überzeugung gewänne, daß es Dich für Deine eigene Ruhe glücklicher macht, wäre ich imstande, Dich vor unserer Leidenschaft zu schützen, so tief mich auch nach Deinen Wundern verlangt, ach sehr tief.*«[121]

Briefe und Telegramme konnten freilich das unmittelbare persönliche Gespräch nicht immer ersetzen, und so versuchte es Lily Hildebrandt gelegentlich mit einem Anruf in Weimar. Leider war seit dem Kriege auf die Telefonverbindungen nicht unbedingt Verlaß, und es geschah nicht selten, daß die Leitung unversehens zusammenbrach: »*Ich war ganz traurig, als Du plötzlich am Telephon verschwandest in dem Augenblick, wo ich nach all den technischen Auseinandersetzungen Dir etwas liebes sagen wollte. So gingen wir beide unruhig und unbefriedigt vom Telephon; und doch freute ich mich so, Deine Stimme zu hören und zu erkennen, mein liebes. Inzwischen sind hoffentlich endlich meine Nachrichten – Depeschen und Briefe an Dich gelangt. Ich bin unglücklich, daß Du umsonst Dich gekränkt hast um meinetwillen, weil Du so ein rabiates Frauenzimmer bist und das ungeduldigste, was es gibt.*« Abermals setzte er warnend hinzu, sie dürfe nicht zuviel von ihm erwarten, wenn er sich nicht in Stimmung befinde: »*Das mußt Du verstehen, wenn Du einen Künstler liebst.*«[122]

Gegen Jahresende ergab sich dann unerwartet eine Situation, die das unter der Trennung leidende Paar noch weiter seelisch belastete – Lily verspürte in Abständen deutliche Anzeichen eines Frauenleidens. Fortan ist im Briefwechsel des öfteren von ihrem Gesundheitszustand die Rede. Walter Gropius redete ihr gut zu und drängte sie, einen Arzt aufzusuchen: »*Ich sorge mich um Dein Kranksein! Verschleppe da nichts und geh sofort in eine Klinik. Mit diesen Organen ist nicht zu spaßen, Kraft, Wohlbefinden und Freude hängt an ihnen.*«[123] Doch seine Briefe lassen ebenso erkennen, daß ihn der eigene Alltag in Weimar ungleich mehr beschäftigte als die Sorge um die Geliebte im fernen Stuttgart. So schilderte er ihr sein Leben: »*Es ist ein buntes Leben, ich wollte nur, daß ich mehr Kraft nach diesem Winter erübrigt hätte, um es zu leben. Am meisten zehrt an mir die Sehnsucht nach meinem Kind. Aber ich muß mich nun wol daran gewöhnen so als Sternschnuppe durch den Weltraum zu fahren und fange an, auch wirklich danach zu leben, ganz abenteuerlich und von der Hand in den Mund, nirgends mehr Anker werfend und immer mich losreißend, wo etwas fest werden will; das ist offenbar meine Schicksalsbestimmung. Ich leide unermeßlich und finde doch das Leben so herrlich schön, deshalb fetze ich es herunter und schone mich nicht und verschenke mich. Jetzt bin ich ein Opfertier und sehe mein Blut laufen...*«[124]

Streitereien im Bauhaus

Des Streits um das Bauhaus war zu der Zeit noch immer kein Ende, und auch die Briefe an Lily Hildebrandt wissen in lebhaften Schilderungen davon zu berichten. Die Auseinandersetzungen, die im Winter 1919 aufgeflammt waren, hatten sich bis zum Frühsommer 1920 im wesentlichen gelegt, aber untergründig schwelte der Streit im Bauhaus selbst weiter. Waren seinerzeit die Angriffe von außen an die Schule herangetragen worden und hatten die treibenden Kräfte damals interne Reibereien nur mehr oder minder als Vorwand benutzt, so ging es nun im Winter 1920 um handfeste Auseinandersetzungen innerhalb der Schülerschaft, die auch die Lehrer nicht unberührt ließen. Unter den Schülern bildeten sich Fraktionen, man trat für eine bestimmte Sache ein, verschrieb sich bestimmten Zielen, brachte pädagogische und politische Methoden durcheinander. Einige Schüler taten sich, nicht ohne daß Weimaraner Parteipolitiker im Hintergrund die Drähte gezogen hätten, mit offener Kritik am Programm des Bauhauses hervor, insbesondere solche Schüler, die mit der Vergabe von Stipendien und der Zuweisung von Unterkünften unzufrieden waren und meinten, daß gewisse nichtdeutsche Elemente bevorzugt würden. Zu diesem letzteren Streitpunkt hatte allerdings das Kultusministerium in seinem Untersuchungsbericht vom 1. Mai 1920 bereits eindeutig Stellung bezogen: »*Was die Behauptung anlangt, fremdstämmige Elemente, nament-*

lich Juden, machten sich über Gebühr breit und suchten das Bauhaus nach ihren Ideen zu leiten und zu beherrschen, so ist es schon auffällig, daß zwei ältere [von der vormaligen Hochschule für bildende Kunst übernommene] Meisterschüler... entschieden erklären, daß sie derartige Wahrnehmungen nie gemacht hätten... Es wäre doch auch sonderbar, wenn 17 Juden – alle übrigen Schüler sind arischen Stammes – 200 andere Schüler zu tyrannisieren vermochten.«[125]

Im Dezember 1920 entschloß sich Walter Gropius zu einem drastischen Schritt, er nahm eine bestimmte Schülerclique aufs Korn und stempelte sie zu Sündenböcken – vierzehn Schüler Ittens, die ihrem Meister von seiner Kunstschule in Wien an das Bauhaus in Weimar gefolgt waren und hier den Kern seines Vorkurses bildeten.[126] Diese jungen Wiener Studenten waren begabte und begeisterte Künstler, doch wollten sie sich nicht bereitwillig den Zielen der Rückführung zum Handwerk und der Wiederzusammenführung der Künste verschreiben, wie sie Gropius mit seinem Bauhaus anstrebte. Eher als sie waren da schon andere Schüler bereit, den Weg zu gehen, den Gropius gewiesen hatte – die Schüler, die schon selbst ein festes Ziel vor Augen hatten, die einmal Architekten, Raumgestalter, Graphiker, Industriedesigner werden wollten, sowie alle, die von Kunstschulen der traditionellen Art zum Bauhaus übergewechselt waren. Dies waren für Gropius die wirklichen Bauhaus-Studierenden, wie er seine Schüler gern nannte, um damit den inneren Zusammenhalt aller Lernenden und Lehrenden am Bauhaus – von dem er zuweilen als dem »Bienenstock« sprach – auch in der Wortwahl zum Ausdruck zu bringen. Unglücklicherweise stellten sich die Ittenschüler nicht nur insofern als eine geschlossene Gruppe dar, als sie allein auf die Lehrmethoden ihres Meisters eingeschworen waren, sondern sie traten auch als solche auf, wenn es um ihre eigenen Veranstaltungen oder um ihre Forderungen an das Bauhaus oder um ihre Streitigkeiten mit Mitschülern ging. Vom Aufruhr und den Umtrieben am Bauhaus berichtete Gropius an Lily Hildebrandt: »*Das Bauhaus kracht hier in allen Fugen, die Menschen zerfleischen sich und mich, aus Liebe, aus Dummheit, aus Haß. Ich werde noch zum Salomo über den kämpfenden Parteien. Kaum war mit Müh und Not die Angelegenheit Itten erledigt, er wollte bleiben, nachdem ich ihm vorgehalten, daß seine Demissioniererei mir nicht imponiere und zu bequem sei, da bricht ein neuer Skandal los, Ittenschüler kontra Germanen, der außerordentlich heftig wurde. Die Sache ist die: Die geistvoll-jüdische Gruppe Singer–Adler ist zu üppig geworden und hat leider auch Itten ernstlich beeinflußt. Mit diesem Hebel wollen sie das ganze Bauhaus in die Hand bekommen. Da lehnten sich die Arier begreiflicher Weise auf. Ich muß nun schlichten. Beide Gruppen reißen an mir und wollen, daß ich Partei ergreife, ich aber bewahre meine Leidenschaft, wol wissend, daß für mich nur eines ziemt: über dem Bestand des Ganzen zu wachen. Aber man wird dabei zerrissen. Nun ebbt die Sintflut ab und es scheint, daß es meiner maßlosen Kraftanstrengung gelungen ist, die Kämpfer einschl. Itten fürs erste klein zu kriegen. Es ist mir klar, daß Leute wie Singer–Adler nicht ans Bauhaus gehören und mit der Zeit fort müssen, wenn Ruhe eintreten soll. Sie spüren beide, daß sie Fiasko gemacht haben, und sind beide recht betreten. Der Kampf brach gelegentlich einer Vorlesung der E. Lasker-Schüler, die ich nie kennen lernte, aus.«*[127]

Lily hier – Alma dort

Der interne Streit im Bauhaus war es allerdings nicht allein, der Walter Gropius in dieser Zeit um die Jahreswende 1920/1921 belastete, auch die Trennung von Alma hatte ihm wohl noch nicht die erhoffte Befreiung gebracht, die er im ersten Aufatmen nach geschlagener Schlacht verspürt haben mochte – noch immer sprach er ab und an von ihr als seiner Frau. Bei Lily Hildebrandt schüttete er sein Herz aus: »*Ich bin nun total fertig mit meinen Kraftreserven, die schweren Konflikte, die unlösbaren, mit meiner Frau, und nun die ewigen Stöße gegen mein begonnenes Werk! Ich sitze wie Hiob in der Arche.*«[128] Dies brachte ihm keinen wohlwollenden Zuspruch von Lily ein, sie war pikiert, daß er Alma weiterhin und wie selbstverständlich als seine Frau bezeichnete, und obendrein beschwerte sie sich, daß er so selten schriebe. Lily hatte ihm zwar mit beleidigtem Unterton, aber dennoch pünktlich geantwortet, nur erreichte ihr Brief Walter Gropius erst mit einiger Verspätung, da er inzwischen in Passau gewesen war, um dort an der Eisenbahn-Grenzstation seine Tochter Manon in Empfang zu nehmen und ein Weilchen mit ihr zusammenzusein. Nunmehr fühlte sich Lily zwiefach gekränkt – nicht genug damit, daß sie sich nur so selten sehen konnten, jetzt mußte sie auch noch ewig auf Post von ihm warten, sie bezichtigte ihn wegen seiner wachsenden Zurückhaltung ihr gegenüber der »Tyrannei«. Walter Gropius widersprach, so dürfe sie das nicht sehen, auch er wünsche sich, bei ihr zu sein, aber zugleich unterzeichnete er doch auch wieder als »Dein dahinziehender Stern«: »*ich kann mich nicht Wochen vorher festlegen, aber plötzlich, wenn der Wunsch dazu in mir ausbricht, werden wir Mittel u. Wege finden. Verstehe das recht! Ich bin jetzt zu gewaltig zerrissen, mitten in der Brandung umhergeworfen, und finde noch keine Ruhe. Es ist jetzt nicht gut mit mir umgehen und ich rechne es Dir hoch an, daß Du trotzdem unentwegt so lieb mit mir bist. Nimm meine Zurückhaltung nicht als ›Tyrannei‹, ich kann aber nichts halbes tun und Du verdienst eine ganze ausschließliche Liebe, mein Lilyherz.*«[129] Und bald danach wies er auch ihre Forderung zurück, daß er doch ausführlicher schreiben solle: »*Bitte verlange nicht von mir Berichte, das liegt mir nicht, ich schreibe, wenn ich gestaltend schreiben kann, und davon hast Du viel mehr. Wenn etwas vorbei ist, so bin ich schon längst woanders, immer vorwärts galoppierend.*«[130]

Inzwischen war das Jahr 1921 angebrochen, und dies war für eine kurze Weile der letzte Brief gewesen, den Lily aus Weimar erhielt. Walter Gropius hatte sich, erschöpft, ausgebrannt und erholungsbedürftig, zum ersten Mal seit langen Jahren wieder zur Kur begeben, wie in guten alten Zeiten, diesmal nach Badgastein im Salzburger Land. Von Lily Hildebrandt war ein Brief mit ironischen Notizen angekommen, in denen sie sich über Gropius' Versuche lustig machte, ihrem Mann Arbeit als Schriftsteller, Berater und Kunstexperte zu verschaffen. Diese Anstrengungen waren unter den Kollegen Hans Hildebrandts nicht unbemerkt geblieben und hatten zu allerhand Klatsch geführt. Walter Gropius hatte seinerseits helfend einzugreifen versucht und schrieb nun – in wesentlich ruhigerem Ton als noch eben, da er mitten im Geschehen um das Bauhaus stand – tröstend an Lily: »*Gerade weil ich nach seinem schmutzig-perfiden Gesicht* wußte, *daß Pazaurek sofort eine Schmiergeschichte unternehmen würde, schrieb ich sofort nach meiner Ankunft hier einen ausführlichen Brief an Dich an die von Dir angegebene Adresse, worin ich das Zusammentreffen mit P. erwähnte und Dir meine Schritte, die ich in Kiel für Deinen Mann unternahm, auseinandersetzte... Aber Du solltest nicht immer gleich das Vertrauen hinwerfen und auf einen Leim kriechen, den Dir so ein alter Esel wie P. hinhält, Lilychen, denn das lähmt Dich und mich. Es tut mir so leid, daß Du Dich nun wieder ganz nutzlos abgekränkt hast, während ich* nur *den Wunsch hatte, Dir schneller über den Berg zu helfen und lieb mit Dir zu sein.*

Hier ist es herrlich, eine göttliche Natur, nur den Schlaf kann ich noch nicht finden. Ich lebe maßlos brav wie ein Mönch ohne Flirt, ohne Alkohol und Nikotin.«[131]

Sein Brief hatte Lily wohl recht betroffen gemacht, sie sandte ihm eine Erklärung zu ihrem vorangegangenen Brief und bat ihn um Verzeihung, woraufhin er ihr prompt einige beruhigende und besänftigende Worte zurückschrieb – mit dem Erfolg, daß sie sich erneut aufregte, da er ihr gleichzeitig ankündigte, daß er auf der Rückreise von Badgastein einen Umweg machen und die Gelegenheit zu einem Besuch in Wien nutzen werde. Eine Notiz über Schlafmittel in dem folgenden Brief Lilys, in dem sie sich über den Besuch bei ›seiner Frau‹ ausließ, und sein Hinweis auf die Schlafstörungen, die ihn in Badgastein heimsuchten, sind Indizien für die unruhigen, zeitweise schlaflosen Nächte, unter denen er seit der Kriegszeit litt und die ihn bis ans Lebensende verfolgten. Immerhin hatte ihm der Kuraufenthalt gutgetan, er erging sich ausführlicher über seine Erlebnisse und vergaß dabei auch ein kürzeres Wort über Lilys Gesundheitszustand nicht: »*Bleib doch um Gotteswillen so lange von Hause fort, bis Du wieder auf der Höhe bist, Lilychen, ich möchte Dir* so gerne *helfen und werde es so intensiv* wünschen, *daß es in Erfüllung gehen muß... Meine Zeit ist morgen hier um, ich fahre nun noch für 8 Tage zu Frau und Kind und bin am 10. ca. wieder in Weimar. Ich gehe hier ungern fort, da die Natur gottgleich ist. Eine*

Hochtour auf den Ankogl 3300 m hoch wird mir unvergeßlich bleiben, ich stand über der Welt mit dem Scheitel an die Wolken stoßend und eine unermeßliche Imposanz weißer und schwarzer Berge um mich her; seitdem gehts mir besser und ich hoffe, daß die Erholung nachkommen wird.«[132]

Als er von seinem Besuch in Wien nach Weimar zurückkehrte, erwartete ihn dort schon wieder ein Brief von Lily – erbost klagte sie ihn an, daß er das geplante Zusammensein in München hinauszuschieben suche. Aufs neue mußte er sie beruhigen, aufs neue mußte er sein Schweigen erklären, doch er vermied auch einige deutliche Worte der Ermahnung nicht: »*ich komme aus Böhmen zurück, wo ich 8 Tage auf Vortragsreise war – und finde Deinen ausfallenden Brief, den ich ungerechtfertigt und deplaciert empfinde. Schon am Telephon wurde ich neulich immer schweigsamer, weil Du mich garnicht anhörtest und ich nicht streiten mag, anstatt lieb miteinander zu sein. Wenn Du zwei Tage mein Leben beobachtetest, würdest Du begreifen, daß ich oft nicht den nötigen Atem für meine persönlichen Dinge erübrigen kann. Ich hatte Dir ja zugesagt am Telephon, daß ich nach München kommen würde, und auf der Reise war ich zu sehr beschäftigt, um schreiben zu können. Also ich hoffe, Du beendest nun Deine temperamentvolle Wut, ich bleibe bis 20. Mai ca., wenn es Dir recht ist. Es wäre lieb, wenn Du für mich mit Quartier besorgtest, und wir schlachten dann gemeinsam die Gewerbesau, nicht wahr?*«[133]

Lily war, wie ihre Antwort zeigte, durchaus nicht besänftigt, sie fühlte sich gekränkt und nahm es ihm weiterhin übel, daß er sie zu lange auf Post von ihm warten ließ. Für dieses eine Mal allerdings konnte Walter Gropius den Vorwurf weit von sich weisen, nicht seine Bummelei, sondern die der Post sei schuld: »Mein liebes Lilykind«, schrieb er ihr, sie solle doch nicht ständig als sein »ungläubiger Thomas« an ihm zweifeln, er unterbreite mit dem beigefügten Umschlag ihres letzten Briefes, auf dem die verspätete Zustellung vermerkt sei, den Beweis seiner Schuldlosigkeit. Unverhohlen aber gestand er in diesem wie in anderen Briefen aus dem späten Frühjahr 1921 der Geliebten den Wandel seiner Gefühle ein: »*Ich habe selbst den Wunsch ebenso intensiv für Dich fühlen zu können wie vor einem Jahre und ringe darum, aber man kann das nicht erzwingen, daß Flammen aus einem schlagen, aber ich weiß, daß es jeden Moment* wieder so sein kann – *plötzlich.*«[134] Lilys Antwort folgte auf dem Fuß, sie war zutiefst verletzt. Was sie schon erahnt, schon aus den Zeichen einer schwindenden Rücksichtnahme auf sie und ihre Wünsche herausgelesen hatte, das hatte er nun unumwunden zugegeben – sie fühlte sich zurückgestoßen und beleidigt. Jetzt war es an Walter Gropius, sich mit seiner Erwiderung zu beeilen, sich reumütig für sein Verhalten zu entschuldigen und um Verständnis zu bitten; dies alles rühre nur her von seiner inneren Zerrissenheit, seiner tiefen Niedergeschlagenheit, seinem Zustand der äußersten Erschöpfung, körperlich wie geistig. Inzwischen hatte ihn Lily überdies noch angerufen, um wenigstens im persönlichen Gespräch für Augenblicke die räumliche Trennung zu überwinden, doch wieder einmal war die Verbindung unversehens unterbrochen worden: »*eben Dein langer Brief, der mich trotz seiner Klagen gegen mich wieder beruhigt. Du wirst inzwischen meinen Brief haben, der dieselbe unbefriedigte Stimmung fast mit denselben Worten wie [der Deinige] enthält. Ich empfand den Abriß der Stimmen am Telephon als schrillen Mißklang und haßte dieses Erzeugnis der Technik in diesem Augenblick. Auch mußte ich erst meinen Sekretär hinausbefördern, der im Zimmer war und mich natürlich sehr störte. Nun, meine Lily, ist hoffentlich* alles *wieder gut, gelt? . . .*

Lilykind, hab mich weiter so lieb wie ich Dich! Gestern las ich: ›*Liebe, was ist das? Man kann sie nicht empfangen, nur geben.*‹ – *was ich ganz unterschreibe.*«[135]

Formfindung am Bauhaus und Abspaltung der alten Kunsthochschule

Walter Gropius hatte zwar Lily Hildebrandt ermahnt, daß sie keine Berichte von ihm fordern solle, aber dies war wohl mehr auf Einblicke in seine innere Verfassung als auf Einblicke in sein äußeres Leben gemünzt gewesen. Nach wie vor erfuhr sie aus seinen Briefen, was sich am Bauhaus tat, und so erzählte er ihr von seinen Bemühungen um ein besseres Verständnis der Öffentlichkeit für Eigenart und Ziele des Bauhauses. Diesem Zweck dienten unter anderem die nachmittäglichen Veranstaltungen, die er eingeführt hatte, eine Reihe von Vorträgen, Lesungen und Konzerten, zu denen sich nicht nur Vertreter der staatlichen und städtischen Behörden, sondern in zunehmendem Maße auch breitere Kreise des Bürgertums einfanden; ab und an stellte das Bauhaus Ausstellungen zusammen, die einen Überblick über die laufende Arbeit vermittelten, und den Besuchern wurde die Möglichkeit gegeben, dem Unterricht in den Klassen und Werkstätten beizuwohnen. Eine solche nachmittägliche Veranstaltung, einen Tee, beschrieb Walter Gropius: »*Der Monstre-Thee war fabelhaft, ich habe Dir aber darüber* geschrieben, *daß auch die beiden Staatsminister da waren, daß ich wieder die Tänzerinnen, die mir so gut gefallen hatten, dafür kommen ließ und daß der Thee bis in die Nacht um 12 dauerte. Höchst vergnügte Stimmung. Die Schreier in Weimar lauschen schon auf u. versuchen, sich lieb Kind zu machen, um auch eingeladen zu werden. Das sind vielleicht die einzigen Mittel, um bei den Blödianen die gute Sache durchzudrücken.*«[136]

Nicht alle aber, denen das Bauhaus ein Dorn im Auge war, wollten wirklich die lieben Kinder sein. Ohne daß Walter Gropius etwas davon erfuhr, bereiteten in diesem Frühjahr 1921 Gegner des Bauhauses in Regierungskreisen Schritte vor, die auf eine Wiederherauslösung der alten

Kunsthochschule aus der neuen Schule abzielten. Während sich dies hinter seinem Rücken abspielte, hatte Gropius seinerseits zur gleichen Zeit auf eine endgültige Trennung von den Mitgliedern der alten Hochschule hingewirkt; er empfand diese Gruppe »als einen Flügel« im Bauhaus, wie er später erklärte, und suchte jene Lehrkräfte loszuwerden, die den neuen Zielen weniger aufgeschlossen, vielleicht sogar feindselig gegenüberstanden. Am 4. April 1921 war dann die Trennung wirklich vollzogen, gleichsam eine Sezession in umgekehrter Richtung – die eher konservative Hochschule für bildende Kunst wurde wiedereröffnet und bezog Räume in dem vormaligen Hochschulgebäude, das bislang dem Bauhaus seit seiner zwei Jahre zuvor erfolgten Eröffnung allein zur Verfügung gestanden hatte. Fortan bestanden zwei getrennte Kunstschulen unter einem Dach, eine Situation, die von Anfang an zu Reibereien führen mußte; die einstigen Professoren Thedy, Klemm und Engelmann kehrten an die Hochschule zurück.

Für Walter Gropius ergab sich mit dem Auszug der alten Hochschulprofessoren die Möglichkeit, Stellen im Lehrkörper neu zu besetzen und hierfür Künstler zu berufen, von denen er eher die Erfüllung dessen erwarten konnte, was er sich für sein Bauhaus versprach.[137] Unter den ersten neuen Lehrern, die Gropius gewinnen konnte, war Lothar Schreyer; mit dieser Berufung folgte Gropius abermals einem Vorschlag Johannes Ittens. Der fünfunddreißigjährige Schreyer ging, noch getragen vom Erfolg seines ein Jahr zuvor in Hamburg erschienenen expressionistischen Bühnenstücks, der »Kreuzigung«, voller Optimismus ans Werk und begründete die Bühnenwerkstatt des Bauhauses, die er zwei Jahre lang bis zu seinem Weggang in Weimar leitete. Im Sommer 1921 folgte Gertrud Grunow dem Ruf ans Bauhaus; die Einundfünfzigjährige, auch sie von Itten empfohlen, war die erste Frau unter den Lehrern. Sie übernahm eine Art Lehrauftrag und stellte die psychologische Situation des Individuums – ungewöhnlich zu einer Zeit, da man darauf noch kaum etwas gab – in den Mittelpunkt ihres Wirkens, suchte vor allem den Bauhaus-Studierenden zur Erkenntnis ihrer eigenen Fähigkeiten und Begabung zu verhelfen.

Walter Gropius hatte, solange weder im handwerklich-technischen noch im künstlerischen Bereich alle Lehrstellen besetzt waren, neben der Wahrnehmung der administrativen Aufgaben als Leiter des Bauhauses auch noch ein gerüttelt Maß an erzieherischer Arbeit in der Formulierung eines umfassenden Ausbildungsprogramms und seiner Zielsetzung zu leisten. Hieraus waren die »Satzungen des Staatlichen Bauhauses zu Weimar« hervorgegangen, die er selbst zusammengestellt und danach auf Versammlungen aller Lehrkräfte wie in Sitzungen des Meisterrats mit allen Verantwortlichen beraten hatte; im Januar 1921 waren sie »mit Genehmigung der Gebietsregierung, Kultusabteilung« vorgelegt worden.[138]

Diese Satzungen, die bis auf unwesentliche Änderungen bis zum Ende der Weimarer Zeit des Bauhauses im Jahr 1925 Bestand hatten, legten nunmehr endgültig fest: »*Mitglieder des Bauhauses sind Meister, Jungmeister, Gesellen und Lehrlinge. Lehrlinge, die die Gesellenprüfung bestehen, werden Gesellen; Gesellen, die die Meisterprüfung bestehen, werden Jungmeister. Meister werden berufen.*« Hinsichtlich der Ausbildung wurde ein »Lehrgrundsatz« festgeschrieben: »*Jeder Lehrling und Geselle lernt gleichzeitig bei zwei Meistern, je einem Meister des Handwerks und einem Meister der Formlehre. Beide stehen in enger Lehrverbindung...*« Zu den Meistern erklärten die Satzungen: »*Die Meister werden berufen und leiten nach freiem Ermessen die Einzelausbildung der Lehrlinge und Gesellen...*

Für die Formlehre werden freie Meister, Architekten, Bildhauer, Maler berufen.

Für die Handwerkslehre werden Handwerksmeister berufen, denen die Leitung der einzelnen Werkstätten obliegt.

Gegebenenfalls können für die Formlehre Hilfsmeister, für die Handwerkslehre Hilfsarbeiter eingestellt werden.

Vorträge und Vorlesungen werden teilweise von auswärtigen Lehrern gehalten.«

Als »Organe der Verwaltung« beschrieben die Satzungen den »Leiter«, den »Syndikus« als Geschäftsführer und den »Meisterrat«. Der Meisterrat, das beschlußfassende Gremium in allen Angelegenheiten des Bauhauses, wurde vom Leiter und von den Formmeistern gebildet: »*Der Meisterrat besteht aus dem Leiter und den ›Meistern mit Sitz und Stimme‹, die vom Meisterrat gewählt werden.*« Darüber hinaus konnte der Meisterrat auch in erweiterter Zusammensetzung unter Hinzuziehung der Handwerksmeister und der Schülervertreter zu Beratungen einberufen werden: »*Nicht dem Meisterrat angehörende Lehrkräfte und die Vertretung der Schülerschaft können in allen Fällen beratend hinzugezogen werden...*« Schließlich war auch den Studierenden zwar kein Mitspracherecht, aber doch ein Vorschlagsrecht eingeräumt: »*Die Lernenden wählen aus ihrer Mitte eine oder mehrere Personen zu ihrer Vertretung...*

Die Vertretung der Lernenden macht in allen wichtigen Fragen, z. B. Neuberufung von Meistern, endgültiger Aufnahme von Lehrlingen usw. der Leitung Vorschläge. Entscheidungen liegen beim Meisterrat.«

Walter Gropius war es bei der Erarbeitung dieser Satzungen nicht zuletzt um eine ausgewogene Aufteilung der Lehrtätigkeit wie der Verwaltungsaufgaben zwischen den Lehrkräften und ihm selbst als dem Leiter des Bauhauses gegangen. 1921 hatte er zunehmend – und diese Tendenz setzte sich im folgenden Jahr fort – Aufgaben der Öffentlichkeitsarbeit für das Bauhaus wahrnehmen müssen, er hatte mit Behörden, mit Handel, Handwerk und Industrie zu verhandeln und um ein breiteres Interesse in den maßgeblichen Kreisen zu werben; dies aber war natürlich auf Kosten seiner Lehrtätigkeit gegangen. Seit der Eröffnung des Bauhauses hatte er überall in Deutschland wie auch im benachbarten Ausland mehr als hundert Reden und Vorträge gehalten, im Vordergrund standen dabei seine Bemühungen um Spendenbeiträge für das Bauhaus, um Aufträge für die Werkstattarbeit der Studierenden und um die Vertiefung des Verständnisses für die Ziele des Bauhauses bei den zuständigen Behörden und Gremien. Die Geldnöte, in denen sich das Bauhaus von Anfang an befunden hatte, wuchsen mit der rapide fortschreitenden Inflation ins Uferlose. Von der Hand in den Mund lebe er augenblicklich, hatte er einmal an Lily Hildebrandt geschrieben – praktisch von der Hand in den Mund aber finanzierte er auch seine Schule.

Dennoch war sein Anteil an Leben und Lehre im Bauhaus nicht gering. »Das Lehrjahr läuft von April bis April«, hatten die Satzungen festgelegt, und für gewöhnlich hielt Gropius die Ansprache zum Wiederbeginn des Lehrbetriebs sowie zwei oder drei größere Vorlesungen vor den versammelten Bauhäuslern während des laufenden Schuljahrs; diese Vorlesungen befaßten sich im allgemeinen mit grundsätzlichen Fragen der Lehre und Zielsetzung im Rahmen der Bauhaus-Arbeit. Er beteiligte sich an der Beurteilung von Schülerarbeiten und hielt einen Kursus in Architektur-Geometrie ab. Daneben ergab sich vielfach die Gelegenheit zu Arbeitsgesprächen am Reißbrett oder an der Werkbank, häufig nutzte er auch das Beisammensein in der Kantine zu anregenden Gesprächen oder zwanglosen Aussprachen. Da die von der Schülerschaft gewählte Vertretung, der »Studierendenrat«, über keinerlei Mittel verfügte, also auch von sich aus keine Veranstaltungen arrangieren konnte, lud Gropius die Lehrlinge und Gesellen in kleineren Gruppen zu persönlicher Begegnung und geselligem Gespräch in seine Wohnung ein.[139] Die eigene Wohnung war ebenfalls der Veranstaltungsort für die Reihe seiner Literaturabende für die Studierenden, die er gegen Ende des Jahres 1920 eingeführt hatte. Vom ersten dieser Abende hatte er damals Lily Hildebrandt berichtet: »*Auch mir geht es körperlich nicht sonderlich gut, ich bin aber innerlich so hell und zufrieden, die Berührung mit dieser gärenden Jugend tut mir gut; ich baue auf. Gestern hatte ich einen Leseabend gemacht: Scheerbart, Marc, Else Lasker Schüler, Tschuangtse, Whitman. Das wird jetzt jede Woche stattfinden.*«[140]

Mit dieser ersten Zusammenkunft war ein Anfang gemacht, und es folgten noch viele weitere Abende, an denen sich die Schüler bei Walter Gropius einfanden, um gemeinsam aus der neueren wie älteren Poesie und Prosa zu lesen; die Teilnahme war natürlich freiwillig, doch die meisten von ihnen hungerten in jener Zeit nach solchen Gelegenheiten. Gropius selbst genoß, wie er Lily Hildebrandt schrieb, diese Abende ebenso sehr wie seine Studierenden: »*Es macht viel Freude, mit all den jungen Menschen zu leben.*«[141]

Nicht immer freilich bedeutete der Umgang mit den Studierenden soviel

Freude und inneren Gewinn für den Leiter des Bauhauses. Gropius hatte allerdings auch, wie er später erläuterte, ein probates Mittel zur Hand, wenn der eine oder andere Schüler einmal gar zu keß, zu vorlaut, zu aggressiv wurde – er »*übertrug ihm eine verantwortliche Position, um ihn sich erst einmal abkühlen zu lassen*«. Ganz allgemein suchte Gropius »*die festgefahrenen Geleise zu meiden, die Dinge sich entwickeln zu lassen und sie dann aufzugreifen und sinnvoll anzuwenden, wenn sie ans Licht kamen, so wie im Laboratorium*«. Er wartete mit voller Absicht ab, wie der Studierende von sich aus mit seiner Arbeit zurechtkam, ohne daß sich jemand einmischte, er ließ ihn auch ruhig auf Umwegen zum Ziel kommen. Die Lehre am Bauhaus, ihre Wege und Ziele sollten nicht von vornherein festgelegt sein, es ging allein darum, den Wegeverlauf und die Zielrichtung zunächst allgemein abzustecken und dann Schritt um Schritt, aus der Erfahrung lernend, der Ausbildung und dem Endzweck festere Form zu geben. Die Einstellung des Studierenden zur vorgetragenen Lehre und zur zugewiesenen Arbeit sollte sich durch Einsicht und tieferes Verständnis weiterentwickeln und entfalten, nicht durch von außen aufgezwungene Lehrmeinungen und Ausbildungsvorschriften. Gropius dachte nicht daran, das Experiment auszuschließen, ganz im Gegenteil trat er stets dafür ein, ihm freien Lauf zu lassen, soweit es anging. Der Unterschied zwischen romantisierenden Richtungen und konstruktivistischem Denken war damals noch längst nicht so deutlich zu Tage getreten, wie das ein, zwei Generationen später der Fall war. Zum Verständnis der Dinge und zur Klärung der Begriffe, davon war Walter Gropius überzeugt, führte der Weg nur über die ständig sich vertiefende Einsicht der Studierenden. Nicht alle freilich teilten seinen Standpunkt und wußten seine Einstellung recht zu würdigen. So erinnerte sich Hans Bellmann, Bauhäusler der frühen Jahre, später an diese Zeit: »*Gropius überließ es den Studierenden, sich selbst zurechtzufinden, mit dem Ergebnis, daß die Studierenden aus ihren Fehlern lernten – aber es war ein heilloses Durcheinander. Das gleiche gilt für die sozialen Zielsetzungen des Bauhaus-Programms.*«[142]

So stützte sich die Erfüllung des Programms zunächst weitgehend auf das Experiment, und die Ausbildung legte, zumindest zu diesem Zeitpunkt, stärkeren Nachdruck auf die theoretische Fortbildung als auf die praktische Unterweisung. Eine eigene Architektur-Abteilung besaß das Bauhaus damals noch nicht, während dies doch nach der Verheißung des Gropiusschen Manifests, mit dem das Bauhaus im April 1919 aus der Taufe gehoben worden war, den Studierenden als selbstverständliche Voraussetzung gegolten hatte. War schon für die Architektur als solche wenig Raum in der Ausbildung am Weimarer Bauhaus, so enthielt man sich vollends – und unter den damaligen politischen Verhältnissen war dies wohl eine kluge Entscheidung gewesen – jeder Beschäftigung mit Fragen der Stadtplanung und des Städtebaus oder gar mit Fragen der Planung für größere städtische Bereiche und für Ballungsräume.

Mit einem bestimmten Gebiet des Bauwesens jedoch sollten sich Lehrende und Lernende am Bauhaus bald in ständig zunehmendem Maße befassen: mit Fragen der Standardisierung im Wohnungsbau, der Anwendung vorgefertigter Teile und der Wohnraumbeschaffung durch großräumigen Siedlungsbau. Walter Gropius hatte in der Tat von jeher mit dem Gedanken gespielt, eine eigene Abteilung für das »Bauen« einzurichten, zu deren Aufgaben die Entwurfslehre, die Erprobung von Konzepten im Modellversuch und in der experimentellen Ausführung sowie die Unterrichtung im Ingenieurwesen für das Baugewerbe gehören sollten. Eine solche Abteilung aber konnte sinnvollerweise erst geschaffen werden, nachdem eine genügende Anzahl von Studierenden zuvor die Grundausbildung in den Ateliers und Werkstätten durchlaufen hatte, um sich dann hier fortzubilden. Gropius war allezeit gegen eine Überbetonung der Architekturlehre in den ersten Jahren der Ausbildung eingestellt, denn nach seiner Überzeugung war der Studierende erst reif für die Architektur, wenn er die handwerklichen und künstlerischen Grundlagen beherrschte. Die Architektur war für Walter Gropius der Gipfel in der Ausbildung des werdenden Künstlers, und als Konsequenz dieser Auffassung blieb das Bauhaus ohne eigene Architektur-Abteilung, solange es in Weimar bestand.

Das eigene Architekturbüro in Weimar

Nach der Heimkehr aus dem Felde und der Entlassung aus dem aktiven Dienst hatte Walter Gropius zunächst dort wieder angeknüpft, wo er bei Kriegsausbruch die Fäden hatte aus der Hand geben müssen, er suchte als erstes Aufträge für sein Architekturbüro zu gewinnen. Nach der Übersiedlung an seine neue Wirkungsstätte verlegte er dann 1919 das Büro nach Weimar; mit behördlicher Genehmigung konnte er sein privates Atelier in Räumen im Bauhaus-Gebäude einrichten. Adolf Meyer, der zugleich nebenamtlich als Lehrer am Bauhaus wirkte, trat im Herbst 1919 wieder in das Gropiussche Büro ein; ihm stand Carl Fieger zur Seite, ein Absolvent der Kunstgewerbeschule in Mainz, der als Chefzeichner und Zeichner für die Bauausführung arbeitete. Gegen Ende der Weimarer Zeit des Bauhauses verfügte das Büro über zehn bis zwölf Mitarbeiter, von denen rund zwei Drittel Bauhäusler, zumeist Lehrlinge, waren.[143] Am Bauhaus selbst führte erst in den späteren Weimarer Jahren Herbert Bayer mit Unterstützung Adolf Meyers einen informellen Arbeitskreis für Architektur zusammen, bis schließlich Georg Muche 1924 eine Arbeitsgemeinschaft für Architekturstudien bildete; Walter Gropius war an dieser Entwicklung stets interessiert und förderte sie nach Kräften.

Abb. 60 W. Gropius und A. Meyer: Eine Villa
als »Blockhaus«, Haus Sommerfeld
in Berlin-Dahlem, 1920–21

Der erste Bauauftrag, den Gropius nach dem Krieg ausführen konnte, war ein ungewöhnliches Projekt – es ging um die Errichtung eines Blockhauses, einer Villa ganz aus Holz *(Abb. 60)*. Bauherr war der Berliner Holzgroßhändler Adolf Sommerfeld, den Gropius 1920 kennengelernt hatte. Sommerfeld hatte bei der Ausschlachtung eines der Kriegsschiffe, die unter dem Versailler Vertrag abgewrackt und verschrottet werden mußten, die gesamte hölzerne Ausstattung erworben, von den Decksbalken und -planken bis hin zur Wandverkleidung in Teakholz; aus diesem Material sollte auf einem Gartengrundstück in Berlin-Dahlem eine zweigeschossige Villa entstehen. Der Entwurf war bald zu Papier gebracht, und noch 1921 konnte das Haus vollendet werden[144] – ein Sonderfall in diesen bitteren Jahren nach dem Krieg, da an Bauen sonst kaum zu denken war. Als Leiter der Tischler-Werkstatt des Bauhauses hatte Gropius seine Studierenden an der Innenausstattung der Villa beteiligen können, wobei er ihnen weitgehend freie Hand in Entwurf und Gestaltung ließ. Es war das erste Mal, daß Joost Schmidt, der später in Dessau die Leitung der Bildhauerei übernahm, und andere Schüler in den Werkstätten sich unmittelbar in der praktischen Arbeit bewähren, daß sie tatsächlich Holzreliefs, Glasmalereien, Metallverkleidungen oder Beleuchtungskörper schaffen durften. Wenn Gropius sich nicht weiter eingemischt hatte, um seinen Studierenden nicht die Freude an der Mitarbeit zu nehmen, so wurde er dafür mit einem Maß an Begeisterung seitens der Bauhäusler belohnt, das zumindest dem Wohlgefallen in nichts nachstand, mit dem Adolf Sommerfeld sein neues Haus betrachtete – die unmittelbare Folge war, daß der Bauherr Walter Gropius sofort mit einem neuen Auftrag bedachte, nämlich mit dem Entwurf zu einer Anzahl von Reihenhäusern in Holzkonstruktion, die anschließend von der Firma Sommerfeld in Berlin errichtet wurden *(Abb. 61)*. Dieser Anschlußauftrag wiederum hatte Gropius auf den Gedanken gebracht, für die ungeachtet des allgemeinen wirtschaftlichen Niedergangs anscheinend kräftig expandierende Firma einen großen Bauhof mit einem ausgedehnten, ganz in Holz auszuführenden Verwaltungstrakt zu entwerfen, der sich mit seinen zwei-, drei- und viergeschossigen Bauten an das Vorbild des Sommerfeldschen Hauses anlehnte. Der Plan zu einem Bauhof wurde aber von Adolf Sommerfeld verworfen, der statt dessen ein noch viel ehrgeizigeres Projekt entwickelte: die Errichtung eines großen Geschäftshauses, das nicht nur seine eigene Firma, sondern darüber hinaus als Pächter oder Mieter auch andere Firmen aufnehmen sollte, indem etwa Banken oder Ladengeschäfte in den unteren, Bürofluchten in den oberen Geschossen eingerichtet werden konnten. Nach den Entwurfsskizzen *(Abb. 62)*, die Walter Gropius vorlegte, sollte dieses Geschäftshaus, durchgehend bis zu sechs oder sieben Stockwerken aufsteigend, die Länge eines ganzen Häuserblocks einnehmen – es hätte sein erster großer Stahlbetonskelettbau werden können, wäre es

Abb. 61 W. Gropius und A. Meyer: Reihenhäuser in Holzkonstruktion für die Firma Sommerfeld, 1921

Abb. 62 W. Gropius und A. Meyer: Bauhof, Warenhaus und Bürotrakte. Entwurf für A. Sommerfeld

zur Ausführung gekommen. Mittlerweile aber hatte die Inflation solche Ausmaße angenommen, daß man die Baukosten nur noch mit astronomischen Summen hätte beziffern können; Adolf Sommerfeld mußte auf sein großes Projekt verzichten, Walter Gropius seine Entwürfe zu den Akten legen.

Die turbulente Zeit nach dem Krieg und der Revolution hatte Weimar in besonderem Maße in das nationale Geschehen einbezogen, als dort 1919 die Nationalversammlung zusammentrat, und sie warf im darauffolgenden Frühjahr ihre Schatten erneut über die Stadt, als der Kapp-Putsch in Berlin von den Gewerkschaften mit dem Aufruf zum Generalstreik beantwortet wurde. Gerade in diesen Märztagen des Jahres 1920 war Alma mit Manon zu Walter Gropius nach Weimar gekommen, und in ihren Erinnerungen hielt sie ihre Eindrücke von den Ereignissen fest. Am 13. März, als der Sturm losbrach, wohnte sie mit Manon noch im Hotel: *»Vor mir der Marktplatz, Dämmerung, ungeheure Erregung. Die jungen Pickelhaubenmänner der Kapp-Partei werden von den Arbeitern angespuckt. Sie rühren sich nicht.... Unterdessen ist es Abend geworden. Kein Licht brennt. Die Masse im Finstern ist noch unheimlicher als am Tage. Da und dort flammt ein Zündhölzchen auf, für eine Zigarette. Wir schließen die Läden und hängen Kleider vor die Ritzen, denn die Arbeiter haben verboten, ein Licht brennen zu haben.«* Eine Woche danach, am 20. März, waren Alma und Manon dann in die neue Wohnung umgezogen, die Unruhen standen vor ihrem Ende: *»Der Generalstreik ist nicht mehr gar so streng... Heute war das Leichenbegängnis der im Kampf gefallenen Arbeiter. Der Zug zog vor meinem Fenster vorbei. Eine unendliche Reihe von Emblemen mit Aufschriften: Es lebe Rosa Luxemburg! Es lebe Liebknecht! – Das Bauhaus war vollständig vertreten,* *und Walter Gropius, der einige Minister im Zuge gehen sah, bedauerte es, daß er sich von mir hatte bereden lassen, da nicht mitzutun. Ich aber wollte nur, daß er nicht politisiere.*«[145]

Im Zusammenhang mit diesen Ereignissen stand der erste offizielle Auftrag, der im Frühjahr 1921 an das Büro Gropius erging: Auf dem Friedhof in Weimar sollte ein Denkmal der Märzgefallenen zur Erinnerung an die ein Jahr zuvor ums Leben gekommenen Arbeiter errichtet werden. Gropius konnte alsbald seinen Entwurf vorlegen, der von den Behörden genehmigt wurde. Das Denkmal, das an hervorgehobener Stelle neben dem langen Hauptweg des Alten Friedhofs entstand, ist in der Fachliteratur zuweilen als Flamme oder als Blitzstrahl bezeichnet worden.[146] Es steht, von Bäumen und Büschen umgeben, wie in einer kleinen Lichtung und erschließt sich dem Betrachter erst ganz, wenn er unmittelbar an dieser Lichtung angelangt ist. Die drei Meter hohe Betonskulptur *(Abb. 63, 64, 65)* steigt aus einem breit auf dem Boden lastenden Gefüge schwerer, wie Schuppen oder Eisschollen übereinandergeschobener Platten zu einem schräg aufwärts zeigenden, in der Mitte einmal umbrechenden und seitlich wieder ansetzenden spitzen Keil empor. Walter Gropius hat später dazu erklärt, wenn sein Denkmal häufig als »der Blitz« bezeichnet worden sei, so stehe das im Widerspruch zur Wirklichkeit – die Bewegungsrichtung seiner Skulptur führe, im Gegensatz zum Blitzstrahl, vom Boden aus himmelwärts, und die Gestalt des Werks gelte nicht der Versinnbildlichung einer Naturerscheinung, sondern dem Ausdruck menschlichen Hoffens und Strebens. Als nach dem Zweiten Weltkrieg von interessierter Seite die Behauptung vorgetragen wurde, Gropius habe mit diesem Weimarer Denkmal die sozialistische Bewegung ehren wollen, wies er 1948 eine solche Ausdeutung kategorisch zurück: »*Das betonehrenmal, das ich in Weimar entwarf, wurde nicht für werkleute entworfen, sondern für ganz unterschiedliche leute aus unterschiedlichen kreisen der bevölkerung, die im aufruhr des kapputschs fielen. es wurde von einem staatsrat im weimarer ministerium in auftrag gegeben, der sozialdemokrat war.*«[147]

Waren diese ersten Nachkriegsjahre und die Inflationszeit auch dem Wohnhaus- und Siedlungsbau noch recht wenig günstig, so nahm Walter Gropius doch die Gelegenheit wahr, sich zumindest theoretisch wieder mit diesem Thema zu beschäftigen, das ihn bewegte, seit er 1910, mehr als ein Jahrzehnt zuvor, der AEG sein »Programm zur Gründung einer Allgemeinen Hausbaugesellschaft« überreicht hatte. Zwar war seinen Vorschlägen damals kein Interesse seitens der Rathenaus oder der AEG zuteil geworden, aber seine Vorstellungen von einer »Industrialisierung« im Wohnhaus- und Siedlungsbau hatten ihn nicht ruhen lassen. So fand er anschließend eine Möglichkeit, diese Vorstellungen sozusagen im Sandkastenspiel zu erproben; davon hatte er Karl Ernst Osthaus im Oktober 1911, anderthalb

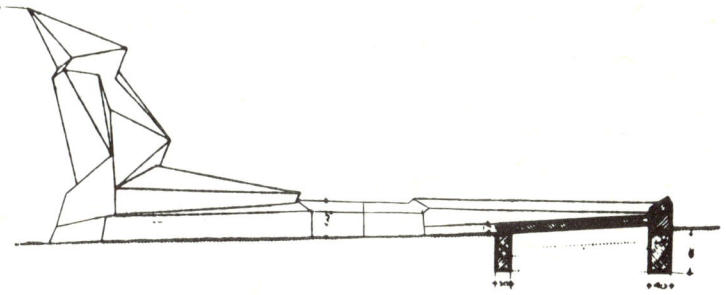

Abb. 63, 64, 65 W. Gropius: Denkmal für die März-Gefallenen. Weimar, Friedhof, 1921. Das ausgeführte Denkmal (Beton), Entwurf und Konstruktionszeichnung

Jahre nach der Einreichung seines AEG-Programms, berichtet: »*Ich habe die Absicht, mit allen möglichen Mitteln meine Ideen von der Industrialisierung von Kleinhäusern durchzusetzen... Die Neuerung liegt namentlich in der Industrialisierung der Zeichnung: ich habe einen Anker-Steinbaukasten von einzelnen Bauteilen, aus dem ich je nach lokalen und individuellen Bedürfnissen mit Hilfe* bestehender *Ausführungsfirmen Häuser zusammensetzen kann. Von diesem System braucht aber niemand etwas zu wissen. Ich kann stillschweigend für mich am akuten Fall meine Prinzipien durchsetzen und, wenn sie sich bewährt haben (es sind ja eigentlich nur letzte Konsequenzen schon vorhandener Gepflogenheiten im Bauwesen), auch von der Art der Entstehung reden. Der* akute Fall *ist aber natürlich Lebensfrage. Ich muß die Möglichkeit finden, eine Reihe von Kleinhäusern für einen vorliegenden Fall zunächst im Projekt festzulegen, sei es für Industrie oder Gartenstadt... Meine Vorarbeiten in den Skizzen liegen vor. Diese erste Verwirklichung der Idee ist für mich so wichtig, daß ich auf Verdienst unter Umständen zunächst verzichten würde....*«[148]

Der »akute Fall«, in dem sich seine »Prinzipien« hätten bewähren können, wollte sich freilich damals nicht einstellen, auch Osthaus konnte nicht helfen, und anschließend hatten der Krieg und seine Folgen für Jahre die Bautätigkeit überhaupt zum Erliegen gebracht. Nun aber, in den frühen zwanziger Jahren, griff Gropius das Konzept wieder auf, und in Zusammenarbeit mit Adolf Meyer entwickelte er ein Programm zum Bau von Serienhäusern, die unter weitestgehender Verwendung industriell gefertigter Teile errichtet werden konnten – seinen »Baukasten im Großen« von 1923. Grundlage des Baukasten-Systems bildeten sechs kubische Raumeinheiten von unterschiedlichen Abmessungen in Länge, Breite und Höhe; Voraussetzungen waren die strenge Rechtwinkligkeit und das flache Dach. In knappster Form faßte Gropius die Leitgedanken dieses »Baukastens im Großen« zusammen: »*Variabilität desselben Grundtyps durch wechselweisen An- und Aufbau sich wiederholender Raumzellen. Grundgedanke: Vereinigung größtmöglicher Typisierung mit größtmöglicher Variabilität.*«[149]

Die sechs verschiedenen Grund-Raumeinheiten ließen sich in unterschiedlicher Weise kombinieren, so daß daraus Häuser je nach den individuellen Wünschen und Bedürfnissen der Bewohner zusammengesetzt werden konnten. Mit Abbildungen belegten Gropius und Meyer in ihrer Veröffentlichung die unterschiedlichen Gestaltungsmöglichkeiten solcher Häuser, die doch in der Reihung als Serienhäuser dank der Verwendung der immer wiederkehrenden Grundkomponenten sämtlich miteinander in Beziehung stehen, sich gleichsam alle als Glieder ein und derselben Familie erweisen würden – »unity in diversity« hat Gropius das später genannt, Einheitlichkeit in der Vielfältigkeit. Somit verfolgte das Baukasten-System für den Wohnungsbau einen doppelten Zweck: Kostensenkung durch Standardisierung und industrielle Fertigung der Komponenten, und zugleich Flexibilität dank der unterschiedlichen Kombinationsmöglichkeiten dieser Komponenten.

Das System des »Baukastens im Großen« blieb zwar nur ein programmatischer Entwurf, mehr als die winzigen Demonstrationsmodelle in Gips wurden danach nicht gebaut, doch seine Grundzüge – rationelle Fertigung, standardisierte Komponenten, variable Kompositionsmöglichkeiten – wirkten weiter, sie finden sich nicht nur im späteren Werk von Walter Gropius wieder, sie übten ganz offensichtlich auch ihren Einfluß auf Lehrer und Schüler des Bauhauses aus. Das Haus Otte in Berlin-Zehlendorf, das nach dem Entwurf von Gropius und Meyer 1921–1922 entstand, weist in seinen schlichten Formen eine deutliche Verwandtschaft mit den Serienhäusern des Baukasten-Systems auf. Im gleichen Zusammenhang stehen Entwürfe zu Wohnhäusern, die 1922 am Bauhaus für die geplante Bauhaus-Siedlung ausgearbeitet wurden, so die Entwürfe der damaligen Schüler Fred Forbat und Farkas Molnár.[150] Für die Häuser dieser Siedlung, die in Weimar in der Straße Am Horn entstehen sollte, die aber infolge der Inflation und der anschließenden Übersiedlung des Bauhauses nach Dessau nie zustande kam, waren analog zum Gropiusschen Baukasten-System klare kubische Formen und die Verwendung unterschiedlicher Raumzellen vorgesehen, die in Teilen industriell gefertigt werden konnten.

Ein weiteres Projekt des Büros Gropius und Meyer aus dem Jahre 1921 war der Wettbewerbsentwurf zu einer Werkssiedlung für die Schuhfabrik Heß in Erfurt. Walter Gropius erinnerte sich noch in späteren Jahren des Firmeneigentümers als eines außerordentlich gebildeten und in ungewöhnlichem Maße an der Kunst interessierten Mannes, der Arbeiten Kandinskys, Klees und anderer zeitgenössischer Maler für seine Sammlung erwarb und aufgeschlossen war für die Fragen moderner Formgebung. Gropius sah in seinem Entwurf etwa fünfzig Siedlungshäuser vor, teils als Reihenhäuser, teils als freistehende Doppelhäuser angelegt und sämtlich mit eigenem kleinen Garten ausgestattet. Für die Bauausführung hatte er standardisierte Fertigteile vorgesehen, wobei der Zusammenbau der Komponenten bestimmte Variationsmöglichkeiten erlaubt hätte. Sein Entwurf wurde nur mit dem zweiten Preis bedacht, der Auftrag erging an Otto Haesler, den Gewinner des Wettbewerbs.[151]

Ein weiterer unausgeführt gebliebener Entwurf aus diesen Jahren der Inflation war das Projekt eines städtischen Wohnhauses für die Familie Kallenbach; dem geplanten Umfang nach war es das größte Wohnhaus, mit dessen Entwurf Walter Gropius bis dahin betraut worden war. Auch dieser Entwurf *(Abb. 66)* wanderte vom Reißbrett in die Schublade, denn die Inflation hatte die Baukosten mittlerweile so in die Höhe schnellen lassen, daß an eine Ausführung nicht mehr zu denken war.

Zu den Organisationen, die sich in der Zeit des Umbruchs nach dem Kriege gebildet hatten, um das politische, gesellschaftliche und kulturelle Leben in neue Bahnen zu lenken, gehörte die Gesellschaft für das Neue Theater. Die Ziele dieser Gesellschaft hatte Hans Brandenburg 1919 in einer Broschüre zusammengefaßt, in der die Erneuerung des Schauspiels, des Balletts und der anderen darstellenden Künste ebenso gefordert wurde wie eine Gestaltung der Bühne und des Theaterbaus schlechthin, die dem »Neuen Deutschland« angemessen sei.[152] Im Vorstand der Gesellschaft waren Architekten, Künstler, Dramatiker, Dichter, Erzähler, Choreographen, Bühnenbildner, Regisseure, Schauspieler und Förderer der Kunst vertreten; zu den prominentesten Mitgliedern zählten Peter Behrens, Thomas Mann, Hermann Obrist, Hermann Muthesius, Karl Ernst Osthaus, Richard Riemerschmid und Bruno Taut. Im Zuge der Bemühungen dieser Gesellschaft wurde auch Walter Gropius ein, wiewohl vergleichsweise bescheidener, Auftrag zuteil: Ernst Hardt, der Direktor des Deutschen Nationaltheaters in Weimar, der Gropius schon Anfang 1919 bis zur Gründung des Bauhauses die Wege geebnet hatte, teilte ihm am 19. Juni 1921 mit, daß man ihn zum Architekten für das Stadttheater in Jena erwählt habe. Der Auftrag war in der Tat von der Not der Zeit geprägt, denn vorgesehen war lediglich, wollte man überhaupt ein Stadttheater schaffen, der Umbau eines etwa vierzig Jahre alten Theater- und Konzertsaals, und selbst hierbei ging es zunächst nur um die Neugestaltung des Inneren. Für diese Neugestaltung standen insgesamt 200000 Mark zur Verfügung – ein viel zu geringer Betrag, als daß man beim Umbau allen Zielen der Gesellschaft für das Neue Theater hätte Rechnung tragen können. Drei Tage nach Erteilung des Auftrags konnte Gropius Ernst Hardt berichten, er sei bereits mit den Plänen beschäftigt und werde sich an die vom Stadtbauamt festgesetzten Termine halten, zugleich aber wies er nachdrücklich darauf hin, daß mit der Begrenzung der Bausumme auch dem Umbau enge Grenzen gesteckt seien.[153]

Selbst diesen wahrhaftig nicht überwältigenden Auftrag aber konnte Walter Gropius nicht ausführen, ohne daß sich wiederholt Konfliktsituationen ergaben. So wiesen Jenaer Architekten auf die bestehenden vertraglichen Bestimmungen hin, wonach im Falle einer Erhöhung der ursprünglich vorgesehenen Bausumme sich auch das Honorar des beauftragten Architekten entsprechend erhöhen müsse; es wäre also zu befürchten, daß der nicht ortsansässige Gropius in einem solchen Falle einen über Gebühr hohen Verdienst einstreichen könne. Die gleichen Architekten suchten obendrein noch den Auftrag selbst einzuengen, Gropius solle sich auf die reinen Baumaßnahmen beschränken und die Raumgestaltung – obwohl diese ausdrücklich Teil seines Auftrags war – anderen überlassen; auch hier stand wieder die Absicht dahinter, sein Honorar zu schmälern. Gropius wußte sich zur Wehr zu setzen. Im September 1921 versicherte er dem Stadtbaudi-

Abb. 66 W. Gropius und A. Meyer: Projekt eines städtischen Wohnhauses für die Familie Kallenbach, 1921

rektor in einer schriftlichen Stellungnahme, daß er seinerseits in keinem Falle, wie auch immer die Umstände gelagert sein würden, irgendwelche zusätzlichen Honorarforderungen erheben werde. Die gesamten Arbeiten müßten »aus künstlerischer Sicht« in einer Hand bleiben. Ihm als dem federführenden Architekten stünden seine Mitarbeiter am Bauhaus zur Seite: »Alle Maler und Bildhauer, deren Kräfte mir hier zur Verfügung stehen, sind in die Aufgabe mit einbezogen.« Er selbst sei bereit, bei den Jenaer Zeiss-Werken vorstellig zu werden und um einen Beitrag von 50 000 Mark zu den Baukosten zu bitten.[154]

Von diesem Brief an den Jenaer Stadtbaudirektor setzte Gropius am folgenden Tag auch Ernst Hardt in Kenntnis, um gleichzeitig seine Sache einen Schritt weiter voranzutreiben – er komme zunehmend zu der Überzeugung, fügte er absichtsvoll an, daß der Umbau nicht in einzelnen Abschnitten erfolgen dürfe, sondern daß er sofort und in einem Zuge als eine durchgreifende Gesamtmaßnahme durchgeführt werden müsse.[155] Ernst Hardt machte sich diesen Gedanken bereitwilligst zu eigen, die zuständigen Behörden ließen sich bald dafür gewinnen, und der Auftrag wurde auf die völlige Neugestaltung des Theaters unter Einbeziehung der verwendbaren Substanz des Altbaus erweitert; die Stadt Jena und die Zeiss-Werke stellten gemeinsam die erforderlichen Gelder zur Verfügung. Gropius und Meyer hatten nur auf diese Entscheidung gewartet, sämtliche Pläne für den Umbau waren fertiggestellt, die Arbeiten gingen zügig voran, und im Jahre 1922 konnte Jena sein neues Stadttheater *(Abb. 67)* übernehmen.

Der Entwurf des Jenaer Stadttheaters war seiner Zeit weit voraus. Selbst wenn Gropius durch die Einbeziehung des Altbaus in bestimmtem Maße die Hände gebunden waren, hatte er es doch verstanden, ein neues Theatergebäude wie aus einem Guß zu schaffen. Sogar die Jenaer Architekten, die vordem so eifersüchtig auf die Wahrung ihrer Vorrechte gepocht hatten, konnten dem vollendeten Werk ihren Beifall nicht versagen. Ein Vorgriff auf das Konzept des Totaltheaters, das Walter Gropius ein Jahrzehnt später vorlegte, war dieser frühe Theaterbau allerdings nicht; die Neugestaltung eines bestehenden Altbaus unterliegt anderen Bedingungen als der nicht durch solche Voraussetzungen eingeengte Entwurf.

Schon früh hatte man im Bauhaus an die Einrichtung einer eigenen Bauhaus-Siedlung gedacht, die Werkstätten, Wohnhäuser sowie Obst- und Gemüsegärten zur Selbstversorgung für Lehrer und Schüler umfassen sollte. Bereits 1920 hatte der Staat für diese Zwecke einen rund achthundert Meter vom Bauhaus entfernten, oberhalb des Parks mit Goethes Gartenhaus gelegenen Geländestreifen zwischen der Straße Am Horn und der Bessel-Straße bereitgestellt. Eine solche gemeinnützige Siedlung hätte in der Tat der reale »Grundstein einer Republik der Geister« sein können, von der Walter Gropius im April 1919, in den Gründungstagen des Bauhauses, schwärmerisch geträumt hatte: »*Ich glaube bestimmt, daß Weimar gerade um seiner Weltbekanntheit willen, der geeignetste Boden ist, um dort den Grundstein einer Republik der Geister zu legen. Schaffen wir doch zunächst eine Idee, die wir mit allen Mitteln in der Öffentlichkeit propagieren, so wird die Ausführung nach und nach folgen. Ich stelle mir vor, daß in Weimar eine große Siedlung sich um den Belvedereberg bilden soll, mit einem Zentrum von Volksbauten, Theatern, Musikhaus und als letztem Ziel einem Kultbau, und daß jährlich im Sommer große Volksfestspiele dort stattfinden, bei denen das Beste geboten werden soll, was die neue Zeit an Theater, Musik und bildender Kunst zu geben weiß.*

Ich bin entschlossen, in meinem Kunstinstitut mit Hilfe aller Meister und Studierenden zunächst auf dem Papier große Pläne dieser Art aufzustellen und zu propagieren.«[156] Das war natürlich eine Vision, eine utopische Vorstellung gewesen, von der Walter Gropius da gesprochen hatte – eine Vorstellung, wie sie in jenen ersten Wochen und Monaten nach dem Krieg der Freundeskreis im Berliner Arbeitsrat für Kunst und in der »gläsernen Kette« entwickelt und diskutiert, wie sie Bruno Taut in seinem »Architekturprogramm« gegen Ende des Jahres 1918 aufgezeichnet hatte: »*Beginn großer Volkshausbauten, nicht innerhalb der Städte, sondern auf freiem Land im Anschluß an Siedlungen, Gruppen von Bauten für Theater, Musik mit Unterkunftshäusern und dergleichen, gipfelnd im Kultusbau. Vorsehen einer langen Bauzeit, deshalb Anfang nach großartigem Plan mit geringen Mitteln... Diese Bauten sollen der erste Versuch der Einigung zwischen den Volkskräften und den Künstlern, der Anbahnung einer Kultur sein.*«[157]

Die Übereinstimmung zwischen den Tautschen und den Gropiusschen Vorstellungen ist eindeutig, ebenso eindeutig ist aber auch der Unterschied. Gropius hat ein festes Ziel vor Augen, er sieht sein Kulturzentrum nicht irgendwo auf dem flachen Lande neben einer beliebigen anonymen Siedlung entstehen, sondern in der Nachbarschaft der alten Stadt Weimar, von deren Ruf und Ansehen das neue Gemeinwesen seiner Siedlung zehren würde – und er rückt die Kulturbauten eben nicht als besonderen Komplex neben irgendeine bestehende Siedlung, sondern er sieht diese organisch als Zentrum aus der neuen Siedlung herauswachsen. Mehr als eine Vision freilich waren diese Vorstellungen nicht gewesen, die rauhe Wirklichkeit, mit der sich Walter Gropius auseinandersetzen mußte, hatte derartige Gedankenspiele bald vertrieben. Geblieben aber war der Gedanke an die Siedlung, die Bauhaus-Siedlung.

Im Frühjahr 1922 führten Hinweise aus Behördenkreisen Walter Gropius zu der Annahme, daß der Staat nunmehr bereit wäre, die für die Errichtung der Siedlung benötigten Gelder zur Verfügung zu stellen; am 13. April wurde daraufhin die Bauhaus-Siedlungsgenossenschaft als e. G. m. b. H. gegründet. Gropius begann sofort mit der Planungsarbeit, unterstützt von den beiden Schülern Farkas Molnár und Fred Forbát. Innerhalb der nächsten Wochen und Monate fertigten sie die Unterlagen für die Ausfüh-

Abb. 67 W. Gropius und A. Meyer: Umbau des Stadttheaters in Jena. 1921–22

rung der Siedlung an, von der perspektivischen Skizze der Gesamtanlage über einen bereits sehr präzis detaillierten Bebauungsplan *(Abb. 68)* – der im Mai fertiggestellt war – bis hin zu Skizzen und Entwürfen verschiedener Typen von Wohnhäusern. Gedacht war an die Errichtung individueller Einfamilienwohnhäuser; mit dem Konzept der gigantischen »Wohnberge«, das ebenso wie der erste Gedanke an die Schaffung einer Siedlung aus dem Jahre 1919 stammte, hatten diese Häuser also nichts zu tun, wohl aber standen sie, wie bereits erwähnt, in bestimmtem Zusammenhang mit dem Gropiusschen Siedlungsbauschema des »Baukastens im Großen«. Als Teil des für die Siedlung bereitgestellten Geländes Am Horn wurde 1923 ein Grundstück durch die Genossenschaft vom Staat erworben, auf dem das Versuchshaus zur Bauhaus-Ausstellung entstand. An dieses Gelände schloß sich ein Stück Land an, das vom Kammergut Oberweimar an das Bauhaus verpachtet worden war und von diesem als Obst- und Gemüsegarten für die Kantine genutzt wurde.

Mit der Pacht für dieses Stück Land hatte es seine besondere Bewandtnis: Gropius selbst wußte nämlich die erforderliche Summe im Spätherbst 1921 aus eigener Tasche aufzubringen, indem er einige Familienerbstücke an Adolf Sommerfeld verkaufte. Die kostbaren Antiquitäten, Tafelsilber und andere Gebrauchsgegenstände, stammten aus dem Besitz Napoleons I.; nach der Schlacht von Waterloo, in der Blücher und Wellington am 18. Juni 1815 Napoleon vernichtend schlugen, hatte sie Carl Gropius, einer der Vorfahren und preußischer Soldat, irgendwo entdeckt und mit nach Hause gebracht. In einem Brief an Sommerfeld vom Oktober 1921 wies Walter Gropius ausdrücklich darauf hin, daß er das Geld aus dem Verkauf für den »Wirtschaftsgarten« Am Horn verwenden wolle.[158]

Der Plan für die Bauhaus-Siedlung, wie ihn Walter Gropius schließlich auf dem Papier festgelegt hatte, sah Wohnhäuser für die Meister, Reihenhäuser für die jüngeren Lehrkräfte und die Studierenden mit Familie sowie Gemeinschaftshäuser für die Internatsschüler vor. Die Ausführung der Bauten, der Innenausbau und die gesamte Inneneinrichtung sollten so weit als irgend möglich durch die Mitarbeiter und Schüler des Bauhauses geleistet, die benötigten Installationen und Einrichtungsgegenstände von ihnen selbst gestaltet und geschaffen werden; das hätte freilich ein solches Maß nicht nur an Begabung, Kenntnissen und Fähigkeiten bei allen Mitwirkenden, sondern auch an übergreifender Zusammenarbeit in den verschiedenen Fachrichtungen vorausgesetzt, daß dem großen Siedlungsprojekt von Anfang an utopische Züge anhafteten. Am Ende kam die Bauhaus-Siedlung nicht über das Planungs- und Entwurfsstadium hinaus, die vordem von staatlicher Seite gemachten Zusagen zur Finanzierung des Projekts blieben unerfüllt.

Im Jahre 1922 erging dann tatsächlich noch ein Auftrag an das Bauhaus,

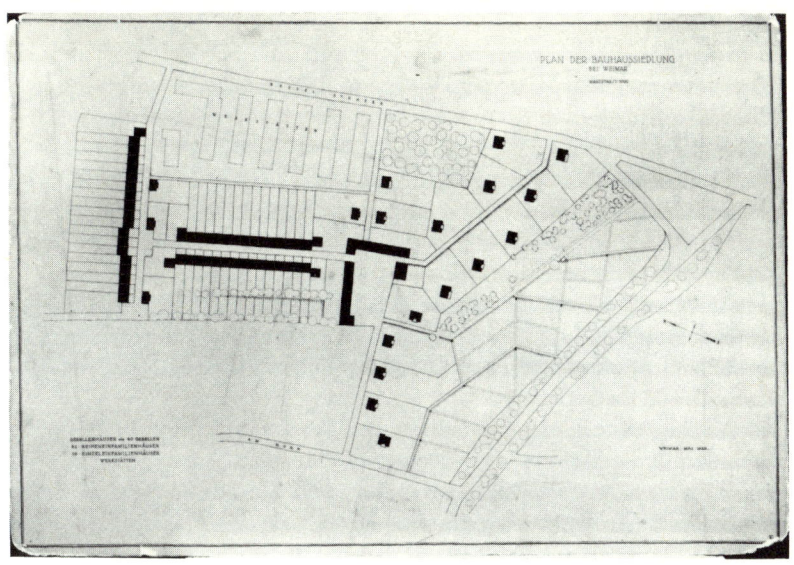

Abb. 68 W. Gropius u. a.: Plan der Bauhaussiedlung bei Weimar, 1922

der in gewissem Sinne wohl als Entschädigung für Gropius, Forbat, Molnár und die anderen Studierenden zu verstehen war, die an den Plänen für die Siedlung mitgearbeitet hatten. Die Stadt Weimar schloß mit der Wandmalerei-Werkstatt einen Vertrag über die Ausmalung der Räume im Rathaus unter der Leitung von Oskar Schlemmer. Doch selbst dieser Auftrag sollte nicht zur Ausführung kommen; wie sich Paul Klopfer Jahrzehnte später erinnerte, war es im Verhältnis zwischen dem Bauhaus und den städtischen Behörden zu solchen Spannungen gekommen, daß der Vertrag schließlich für null und nichtig erklärt wurde. Schließlich durfte die Werkstatt doch noch Räume in einem kleineren Gebäude ausmalen und lieferte eine Arbeit, die allgemein mit Zufriedenheit aufgenommen wurde.

1922 war endlich auch das Entstehungsjahr eines der bedeutsamsten Entwürfe, die Walter Gropius zusammen mit Adolf Meyer schuf, des Entwurfs zu einem Verwaltungsgebäude für die »Chicago Tribune«.[159] Im Juni des Jahres hatte die Zeitung anläßlich ihres fünfundsiebzigjährigen Bestehens einen internationalen Wettbewerb ausgeschrieben, der in seinen Bedingungen nur allgemein forderte, daß der Entwurf zur Bereicherung der Schönheit der Stadt beitragen, daß er der Stadt das schönste Bürogebäude der Welt sichern sollte – ein Verlagshaus, das den Mitarbeitern zur Inspiration und kommenden Generationen von Zeitungsverlegern als Vorbild dienen würde. Walter Gropius hat später erklärt, von welchen Vorstellungen er sich bei seinem Entwurf *(Abb. 69)* leiten ließ: »*Als ich 1922 das*

Hochhaus für die Chicago Tribune entwarf, wollte ich ein Gebäude hinstellen, das sich auf gar keinen Fall irgendwelcher historischen Stile bedienen, sondern die neue Zeit mit neuen Mitteln ausdrücken würde, in diesem Falle mit einem Stahlbetonskelett, das klar die Funktionen des Gebäudes ausdrükken sollte.«[160]

Der Entwurf von Gropius und Meyer gemahnte zwar an das frühere Werk von Louis Sullivan und an weitere Bauten anderer Architekten im »Loop«, in der ›Schleife‹, dem Geschäftszentrum von Chicago, doch er war seiner Zeit zu weit voraus, als daß er vor dem Preisgericht hätte bestehen können. Zu sehr war der mittlere Westen der Vereinigten Staaten noch in dem alten Glauben verwurzelt, daß nur in der Bewahrung und Weitergabe des kulturellen Erbes das Heil zu suchen sei, daß nur darin sich der Zustand des Zugehörigen, Angemessenen und Zeitgemäßen ausdrücken lasse. Walter Gropius hatte überdies seinen Entwurf nicht nur gegen die traditionelle Schule der Beaux-Arts zu verteidigen, sonden auch gegen andere Richtungen, insbesondere gegen die Verfechter des Stijl. Seine vor dem Krieg entstandenen Bauten, das Faguswerk und die ›Musterfabrik‹ auf der Kölner Werkbund-Ausstellung, belegen hinreichend, daß sich der eigene Charakter seiner Architektur bereits ausgebildet hatte, bevor de Stijl in den Niederlanden seine ersten Grundsätze zu formulieren begann.

Unter den Wettbewerbsentwürfen fanden sich kaum Beiträge, an denen sich die kommende Entwicklung der Architektur hätte ablesen lassen; Ausnahmen bildeten nur, außer dem Entwurf von Gropius und Meyer, die Einsendungen Max Tauts und einiger niederländischer Architekten.[161] Das Preisgericht votierte, offenbar gänzlich unbeeindruckt von den Leistungen der auf dem Wirken eines Louis Sullivan und eines Frank Lloyd Wright aufbauenden »Schule von Chicago«, für den Eklektizismus. Der traditionelle gotische Turmbau, den Raymond M. Hood und John Mead Howells entworfen hatten, fand mehr Anklang als der gleichartige, doch auf alle aufgesetzten Zierformen verzichtende Entwurf, den Eliel Saarinen vorlegte – mochte letzterem auch in Louis Sullivans Vorwort zu dem Band, mit dem die Zeitung sämtliche Wettbewerbsentwürfe veröffentlichte,[162] ein wahrer Lobgesang gewidmet sein.

Lily und Hans Hildebrandt –
Der »Kreis der Freunde des Bauhauses«

In dieser Zeit angespannter Arbeit für das Bauhaus wie für das eigene Architekturbüro mußte Walter Gropius doch nicht auf das gelegentliche Beisammensein mit Lily Hildebrandt verzichten; sie wußte dann und wann plausible Gründe zu finden, um des öfteren zu Besuch nach Weimar zu kommen. Dabei ging es nicht immer ganz ohne Schwierigkeiten ab, wie in

Abb. 69 W. Gropius und A. Meyer: Wettbewerbs-Entwurf zu einem
Verwaltungsgebäude für die »Chicago Tribune«, 1922

den hochsommerlichen Tagen des Jahres 1921, als Lily wieder einmal in Weimar weilte. Die beiden Liebenden hatten glückliche Tage miteinander verlebt, die nur allzu schnell vergingen, und so verlängerte Lily schließlich ihren Aufenthalt noch bis zu dem Zeitpunkt, da Walter Gropius zu einer geschäftlichen Besprechung nach Berlin reisen mußte. Unglücklicherweise stellte sich, kurz bevor sie sich trennten, Lilys Leiden wieder ein. Walter Gropius setzte daraufhin, aufs äußerste beunruhigt, vor seiner Abreise alle Hebel in Bewegung, um Vorsorge für Eventualitäten jeder Art zu treffen. Er ließ sich von Itten und anderen Freunden versprechen, daß sie sich um Lily kümmern würden, er sandte Hans Hildebrandt einen Bericht über die unversehens eingetretene Situation, und er schrieb Lily noch zum Abschied einige Zeilen, in denen er von seiner Liebe und Anteilnahme sprach – und von seiner Angst, sie könnte »in Depressionsaugenblicken Dummheiten begehen«.[163] Offenbar blieb aber dieser Zwischenfall letztlich ohne nachhaltige Folgen.

Zwischen den Zeiten, da Lily Hildebrandt und Walter Gropius beisammensein konnten, waren sie wieder auf den Austausch von Briefen angewiesen. Im Herbst 1921 war Walter Gropius bei der Mutter in Timmendorfer Strand zu Besuch gewesen und schrieb auf der Rückfahrt nach Weimar einen Brief an Lily, in dem er von der bevorstehenden Gelegenheit zu einem Wiedersehen berichtete. Er nähme am 18. Oktober an einer Tagung in Würzburg teil und wäre glücklich, wenn sie sich dort, auf halbem Wege zwischen Weimar und Stuttgart, treffen könnten: »*Drahte mir, wann und wo wir uns sehen wollen und ob es Dir besser* vor *oder* nach *der Sitzung in W. paßt?! Noch kann ich alles einrichten, wie Du es wünschst. – Ich zittere fast davor, Dich wiederzusehen, ich ahne Dich und Deine schimmernde Frauenreife mehr als Du es weißt... Dein Planet.*« So gefesselt war er offenbar von dem Gedanken an das bevorstehende Wiedersehen, daß er erst im Nachsatz eilig hinzufügte, was er noch sagen wollte – und er legte zur Ermahnung an eine alte und noch immer unerfüllte Bitte eine Porträtaufnahme bei: »*Wie geht es Deinem kleinen Sohn? – Schreibe mir nicht nur als Antwort auf meine Briefe, sondern – bitte – aus der Spontaneität heraus – und – spare nicht mit lieben Worten – sie kehren zu Dir* zurück!

Ich habe nichts als dieses häßliche Bild (Abb. 70) *mit dem fremden Stechblick, zerreiß es, wenn es Dir die liebere Erinnerung stört, und sende mir nun endlich und rasch Dein versprochenes Konterfei! – Der Zug wackelt maßlos, kannst Du überhaupt lesen!?*«[164]

Die Briefe an Lily Hildebrandt schienen einem gewissen Schema zu folgen. Niemals vergaß Walter Gropius, ihr für ihre Bemühungen um seine eigenen Angelegenheiten oder die des Bauhauses zu danken. Für jeden Brief suchte er eine neue, liebevolle Anredeformel und einen ebensolchen Abschluß zu finden, wobei in den Grußworten häufig der Hinweis wiederkehrt, daß er ein Mensch von freiem Geist und freien Sinnen sei.[165] Er

Abb. 70 W. Gropius, an Lily Hildebrandt gesandtes Porträtfoto 1921

schrieb kaum einmal einen Brief, in dem ausschließlich von ihrer Liebe die Rede gewesen wäre; vielfach wurden die Beteuerungen seiner Liebe oder die Erörterungen eines bevorstehenden Zusammenseins unvermittelt durch nüchterne Berichte vom täglichen Geschehen oder fachliche Anmerkungen zu seiner Arbeit als Architekt unterbrochen. Nicht wenige Briefe erwecken auch den Eindruck, als sei er bewußt zwischendrein einmal aus der Rolle des sehnsuchtsvollen Liebhabers in die des besorgten Freundes geschlüpft, indem er Lily daran erinnerte, daß sie einen Mann habe, den er sehr schätzte und dem er gern behilflich wäre. Schon in den ersten Wochen und Monaten ihrer Liebesbeziehung hatte er oft, und meist mit besorgtem Unterton, von dem getreuen Ehemann gesprochen, dem Kunstwissenschaftler, der da geduldig in Stuttgart ausharrte, wenn seine Frau wieder einmal auf Reisen ging: »über Deinen Mann müssen wir reden. Wie gerne möchte ich da helfen und ihm ein Freund sein dürfen.«[166]

Was Walter Gropius wirklich von Hans Hildebrandt hielt, was er für ihn empfand, wie er ihn einschätzte, läßt sich kaum recht erkennen, jedenfalls scheint der Mann der Geliebten immer wieder seine Gedanken und wohl auch sein Gewissen beschäftigt zu haben. Vielleicht sah sich Gropius in der Rolle des Mannes von Welt gegenüber dem nicht gerade erfolgreichen Fachwissenschaftler, der da so ergeben die Situation hinnahm. Vielleicht hatte sich Hildebrandt aus einem Gefühl der Ohnmacht gegenüber Lily, dem stärkeren Partner, mit seiner Lage abgefunden, vielleicht hatte er gar aus Liebe zu Lily auf einen Kampf verzichtet, in dem er sie schließlich hätte für immer verlieren können. Daß er völlig ahnungslos gewesen sein sollte, daß ihm gänzlich entgangen sein könnte, was seine Frau auf ihren Besuchsreisen nach Weimar, Frankfurt, München, Würzburg trieb, ist schwerlich anzunehmen. Wie dem auch sei, Lily blieb bis an sein Lebensende seine Frau. Es scheint, als hätten die drei Beteiligten letztlich zu einem modus vivendi gefunden, indem sich die beiden Männer nach Kräften gegenseitig behilflich waren, woraus sich am Ende gar eine wechselseitige Wertschätzung ergab.

Hans Hildebrandt konnte beispielsweise im Frühjahr 1922 behilflich sein, als Walter Gropius abermals ein Familienerbstück – diesmal ein Dürer-Blatt – verkaufen wollte, um den Erlös den Bauhaus-Schülern zukommen zu lassen, die in besonderem Maß von der Inflation betroffen waren.[167] Umgekehrt suchte Walter Gropius dem Kunsthistoriker Arbeitsmöglichkeiten zu vermitteln, indem er ihn etwa mit in Frage kommenden Persönlichkeiten aus dem eigenen großen Bekanntenkreis zusammenbrachte. Eine solche Persönlichkeit war Dr. Rauth, ein wohlhabender Mann, der ursprünglich einmal Gropius mit dem Bau eines herrschaftlichen Hauses beauftragt hatte und nun, auf die Empfehlung seines Architekten hin, Hans Hildebrandt mit der Herausgabe einer Reihe von Museums- und Kunstsammlungsführern betraute. Von diesem Auftraggeber und dem geplanten

Haus ist im Briefwechsel zwischen Walter Gropius und Lily Hildebrandt des öfteren die Rede. So hatte sich Lily im April 1922 nach den Baukosten erkundigt und erhielt postwendend Antwort, stand doch zu dieser Zeit die nächste Tagung des Deutschen Werkbunds in München vor der Tür – und damit die unverdächtige Gelegenheit zu einem Wiedersehen: »*Wenn ich zur W. B. Tagung fahre, komme ich von München aus zu Dir, das ist auch* viel besser *und* angenehmer, *als wenn wir in dem Tohuwabohu von gemeinsamen Bekannten in M. herumschwimmen und uns von denen die Stimmung verderben lassen!*

Der Preis, den ich Dir angab, umfaßt das schlüsselfertige Haus ohne Grundstück. Ob Stein oder Holz, bleibt sich heute fast *gleich. Man kann sich die Kosten ungefähr selbst berechnen, wenn man den Kubikinhalt der geplanten Häuser errechnet und pro cbm. durchschnittlich 200–210 M ansetzt!*

... Ich bin voraussichtlich am 13. in München abfahrbereit.« Abschließend informierte Gropius Lily noch mit einem bei ihm ungewöhnlichen Anflug von Zynismus über den Tod eines Kontrahenten: »*Hier gehen jetzt die Dinge leidlich. Vorgestern ist Exzellenz Rothe, der Direktor der Gegenakademie, plötzlich gestorben. Merkwürdige Fügung, nicht wahr? Ich umarme und grüße Dich innig. Auf Wiedersehen.*«[168]

Im Sommer 1922 konnte Walter Gropius in Berlin und Weimar eine Ausstellung seiner Bauten und Entwürfe zeigen, auf der auch die Skizzen, Pläne und Entwürfe zur Bauhaus-Siedlung zu sehen waren. Bei der Vorbereitung dieser Ausstellung war ihm Lily Hildebrandt zur Hand gegangen, und sie betätigte sich zuletzt auch noch beim Hängen der Bilder. Gropius äußerte daraufhin in einem Brief seine Sorge, daß die Hetze und Aufregung, wie sie die Vorbereitung einer Ausstellung jedesmal mit sich bringe, ihr in ihrem ohnedies angegriffenen Gesundheitszustand doch nur schaden könne. Er selber, setzte er hinzu, sei im Moment auch nicht ganz gesund, er habe die Grippe, und darum fühle er um so mehr mit ihr – bis er plötzlich im Ton umbrach und ihr mit deutlichen Worten klarmachte, daß sie nicht ihm die Schuld an ihrer Krankheit in die Schuhe schieben dürfe; es war dies bereits das dritte Mal, daß in ihrem Briefwechsel von einer derartigen Schuldzuweisung die Rede ist. »*Ich las eben noch einmal Deinen letzten Brief, worin Du über Deine Krankheit schreibst, und ich studiere mir den Kopf wund, wie man den Feind treffen könnte, der Dich zerstören will. Du schreibst alles darüber mit einem leisen Ton des Vorwurfs gegen mich, was mich ganz traurig stimmt, denn das alles liegt ja außerhalb unserer Kraft. Ich kann mich auch nicht umschaffen, ich will überall das beste tun und ich leide tief, wenn ich Dich mit mir leiden sehe, was ja ganz* unnötig *ist, alles ist nur in Deiner Vorstellung.*«[169]

Lily Hildebrandt freilich ließ nicht nach in ihrem Bemühen, Walter

Gropius zu helfen; ihr Eifer steigerte sich eher noch. So warb sie mit Erfolg um neue Mitglieder für den »Kreis der Freunde des Bauhauses«. Die Anfänge dieses Freundeskreises gingen auf die Werbekampagne zurück, mit der Walter Gropius nach der Eröffnung des Bauhauses 1919 Geldspenden für die neue Schule zu sammeln gesucht hatte; viele der Angesprochenen fanden sich bereit, dem Bauhaus nicht nur finanziell zu helfen, sondern sich auch in der Öffentlichkeit für dessen Arbeit und Ziele einzusetzen. In späteren Jahren veranstaltete der Freundeskreis eigene Vortrags- und Musikabende, mit denen er ein breiteres Publikum ansprechen und für das Bauhaus werben konnte.[170] Lily Hildebrandt gewann aber nicht nur neue Mitglieder für den »Kreis der Freunde«, sie war auch ständig auf der Suche nach Aufsätzen oder größeren Arbeiten, mit deren Veröffentlichung sich das Bauhaus hätte hervortun können. Walter Gropius wußte diese Art der Unterstützung seines Bauhauses zu würdigen: *»Also Behrens hast Du nun auch zur Strecke gebracht, Du Architektenmörderin! Jetzt hast Du ja bald alle auf der Schnur! – Der Artikel Deines Mannes ist noch nicht erschienen in der [Tageszeitung] Deutschland, ich würde mich sehr freuen, wenn er genommen wird, aber die Presse ist hier* sehr blöd und bewußt bauhausfeindlich. *Vor der Budgetberatung, die Ende des Monats beginnt, muß in der großen Presse entschieden etwas geschehen; ich habe gestern an [den Zeitungsverlag] in Düssel[dorf] direkt geschrieben und einige sachliche Angaben gemacht...*

Ich bin etwas Weimarmüde nach einjähriger ununterbrochener Bauhausarbeit und freue mich auf den Urlaub, hoffe Ende des Monats fortzukommen.

Ich umarme Dich und küsse dich. Werde schnell gesund und schön und blühend, hörst Du, dann ist die ganze Welt verliebt in Dich.«[171]

Die Beziehungen zwischen Walter Gropius und Lily Hildebrandt hatten sich im Laufe der Zeit gewandelt, das glühende, sinnliche Verlangen der ersten Monate äußerte sich allmählich nicht mehr so stark und machte, zumindest was ihn anbetraf, zunehmend einem kühleren, distanzierteren Verhältnis Platz; das wird aus dem Briefwechsel deutlich. Nun hatte er sich ihr gegenüber allerdings schon von Anfang an zuweilen in einer bestimmten Rolle dargestellt, die ihn wie prädestiniert dafür erscheinen ließ, daß er sich vom feurigen Liebhaber zum intimen Freund wandeln werde, nämlich in der Rolle des Katalysators. Er sei ein »Medium«, hatte er Lily schon sehr früh einmal geschrieben, geeignet, »Intensität in anderen zu erwecken«. Das war um die Mitte November 1919 gewesen, kaum vierzehn Tage nach jenen erregenden Tagen des Beisammenseins in Frankfurt am Main, die ihn bereits in der Vorerwartung mit den wildesten Träumen erfüllt hatten. Und was er Lily in diesem Brief ferner dazu erklärt hatte, mochte im Nachhinein wie eine Vorbereitung auf die spätere Entwicklung wirken: Lily müsse nicht befürchten, daß sie ihn verlieren könne, *»wenn Du Dich nur weiter an eine starke Intensität hältst, die nicht notwendig auf mich gerichtet sein muß...*

Bist Du... etwas beruhigter, gemüt- und leibgestillter als vordem? Ich hoffe es, mein Herz, denn ich habe nun erst recht erkannt, wie tief Du mit Deinem Mann verbunden bist, und ich könnte mir fast vorstellen, daß unsere Liebe für Dich *ein Durchgangsstadium zu einer noch festeren Hinneigung zu Deinem Mann werden könnte.«*[172]

Mehr als ein Jahr danach, im Dezember 1920, war Hans Hildebrandt zum ersten Mal zu Besuch nach Weimar gekommen, und Walter Gropius hatte für Lily seine Empfindungen bei dieser Begegnung mit ihrem Mann aufgezeichnet: »*Es ist mir garnicht schwer gefallen, mit ihm zusammen zu sein. Er war so unaggressiv, ohne Feindschaft und verletzlich, ich fühle mich ihm verpflichtet und habe es ihn auch fühlen lassen. Ich hatte mich etwas vor dieser Begegnung gefürchtet, aber als ich ihm in die Augen sah, war diese Angst vorbei. Von Dir sprachen wir nicht ein Wort, was Du verstehen wirst.*«[173]

Und wenige Tage später, nachdem er zunächst vergeblich auf eine Antwort von Lily Hildebrandt gehofft hatte, konnte er damals nachtragen: »*Ich wartete auf* Deine *Nachricht, denn auf meinen 10 Seiten langen mit Bleistift geschriebenen Brief, in dem ich über den ersten Besuch Deines Mannes und über die Bauhausaffären (Redslob etc.) schrieb, erfuhr ich nichts von Dir. Schreibe mir bitte, ob Du ihn erhieltst, denn er war wichtig in mancher Beziehung. – . . .*

Dein Mann war wieder sehr *lieb mit mir, sei gut mit ihm, ziehe ihn an Dich, gieb acht, daß Du ihn nicht verlierst, er macht einen freien, unbürgerlichen Eindruck, ich habe ihn gern.*«[174]

Damit hatte Walter Gropius schon im ersten Jahr ihrer Liebesbeziehung Lily eine Richtung gewiesen, in die sie ihre Gefühle lenken sollte – wohl nicht ganz ohne Gedanken an seine eigene Entlastung. Nun, im Herbst 1922, fast zwei Jahre nach jenem ersten Besuch Hans Hildebrandts in Weimar, griff er dieses Thema wieder auf und transponierte es dabei auf einen noch erhabeneren, tatsächlich aber ganz konkreten Punkt – die Liebesbeziehung zwischen ihm und der verheirateten Frau als Bewährungsprobe für deren Ehe:

»*Du hast mit Deiner Ehewahl unendliches Glück gehabt und wenn sie diese Belastungsprobe erträgt, so hat sie sich stark erwiesen. Und davor beuge ich mich, da ich ein Mensch bin, der Ehrfurcht kennt. – Wir beiden brauchen keine Pläne zu machen, auch alles Zukünftige hängt von der Empfindung ab und was wissen wir denn davon? alles kommt so wie es muß, aus unserem Innern heraus. Einstweilen haben wir uns recht lieb und daran wollen wir uns intensivest freuen und einander durch Wärme und Liebheit helfen. Dein Brief und die Blume und das Telegramm waren mir liebste Beruhigungen, die unwillkürlich die Züge zum freudigen Lächeln umformen. Umesmann brachte mir Deinen Gruß und ich habe ihn geheimnisvoll mit einer unsichtbaren Aureole von mir umgeben, die er unbewußt zu Dir hintragen wird. –*

Schreibe mir über ›Euch‹ und Deine Rückkehr – ich folge all dem mit tiefem Verständnis... Mein Liebling. Dein glitzernder Stern.«[175]

Mit der Postzustellung haperte es offenbar noch immer, denn wenige Tage später schrieb er erneut an Lily, versicherte sie seiner Zuneigung und beschwor die Beständigkeit seiner Empfindungen, berichtete von sich, seinem Gemütszustand und den Geschehnissen in seiner Umgebung, um sich zuguterletzt doch noch für Nachricht von ihr zu bedanken: »*endlich zwei Briefe von Dir, die Post sei verflucht mit ihrer Bummelei.*«[176]

Mit Lilys Gesundheit stand es offenbar wirklich nicht zum besten, doch wenn ihre Klagen über Unwohlsein und Schmerzen in ihren Briefen häufig einen breiten Raum einnehmen, so wirken sie manchmal eher wie ein Werben um Mitleid und ein Flehen um ein neuerliches Wiedersehen, in Frankfurt oder Stuttgart, in Berlin oder andernorts. Walter Gropius ging tröstend auf ihre Klagen ein, seine »liebste Lily« müsse sich mit »reiner Willensanstrengung« selbst helfen, mit dem »Verlangen, gesund zu sein«. Für gewöhnlich fuhr er in seinen Briefen dann fort mit Berichten vom Hin und Her in Weimar und am Bauhaus, von den Umtrieben gewisser Kreise in der Politik und gewisser Leute an der Schule, gelegentlich flocht er auch Hinweise auf seinen eigenen Zustand ein, er sei erschöpft, ermattet, fühle sich aufgerieben. Doch seine Briefe lassen deutlich erkennen, daß er jetzt ebenso oft von seinem Verlangen nach einem Wiedersehen schrieb, wie er ein bereits ins Auge gefaßtes Treffen hinauszuschieben suchte. Sie kamen weiterhin hier und dort zusammen, aber das überwältigende Glück der früheren Begegnungen schien sich wohl nicht mehr so recht einstellen zu wollen. Nach einem solchen Besuch bei Lily Hildebrandt im Oktober 1922 schrieb ihr Walter Gropius: »*Es war so lieb mit Dir in St., nur schade, daß wir das Pech hatten, daß Du nicht wol warst. Wenn wir uns wiedersehen, will ich Dich ganz umarmen.*«[177] Da war es vielleicht nur ein geringer Trost für Lily, wenn er wenig später in einem weiteren Brief hastig noch dazusetzte: »*Ich werde alles tun, um es möglich zu machen, Dich um die Weihnachtszeit in Berlin zu sehen. Ich werde natürlich alles mögliche tun...*«[178]

Es waren unruhige Zeiten im Lande, und es waren unruhige Zeiten im Leben der beiden Liebenden, die nur kurz einmal Augenblicke der Entspannung, der Gelöstheit, der Zufriedenheit finden mochten. Im gleichen Monat Oktober 1922 war Lily Hildebrandt zur Erholung in die Schweiz gefahren, und ein Brief, den Walter Gropius ihr dorthin nachsandte, sprach deutlich aus, daß ihre Liebe – zumindest aus seiner Sicht – einen bestimmten Grad der Reife erreicht hatte: »*Es beginnt zwischen uns über unser Liebeszweisein hinaus ein fester Freundschaftsboden zu wachsen, dem die Leidenschaften nichts mehr anhaben können und der deshalb einen ewigen Wert besitzt.*«[179]

Das Bauhaus – Lehre und Lehrer

Das Leben und die Arbeit innerhalb des Bauhauses blieb von Spannungen nicht frei; die Lösung solcher Spannungen suchte Walter Gropius stets durch die offene Aussprache zu erreichen. Ein besonders gravierendes Problem waren die Meinungsunterschiede zwischen Gropius und Itten, die gegen Ende des Jahres 1921 zu unverhüllten Auseinandersetzungen führten.

Johannes Itten hatte sich viel mit orientalischer Philosophie beschäftigt und fühlte sich vor allem zum Mazdaznan hingezogen, der das Heil in den Verkündigungen des Zoroaster suchte und eine Heilslehre für die Neuzeit darauf aufbaute. Folgerichtig hatte nun Itten, der sich selbst an diese Lehre hielt, seinen Studierenden eine entsprechende Lebensweise verordnet, mit Atemübungen und Eurhythmie, mit Diätkost und Knoblauch, mit selbstentworfener mönchischer Tracht zu kahlgeschorenen Köpfen und reichlicher Anwendung von Pudern und Ölen, mit Gedankenaustausch und innerlicher Versenkung. Dies alles sollte ihnen helfen, mit geistiger und körperlicher Freiheit und der erforderlichen Disziplin am Werk zu sein. Die geringste Mühe dürfte Itten bei den Studierenden wohl mit den Diätvorschriften gehabt haben, waren sie doch angesichts ihrer Armut schmale Kost und ein spartanisches Leben gewohnt. Als Lehrer war Itten außerordentlich erfolgreich, und Gropius hatte auch nicht das geringste an seinen Lehrmethoden auszusetzen – wogegen er sich wandte, das waren die mazdaistischen Neigungen Ittens, die eine kultische Aura in seiner Umgebung heraufbeschworen. Gropius sah darin eine Gefahr für das Bauhaus.

Gegen Ende des Jahres 1921 bereits gab es häufig unerfreuliche Auseinandersetzungen im Meisterrat. Zu dieser Zeit vesuchte sich Paul Klee erstmals in der Rolle des Friedensstifters. Bislang hatte er eher über den Dingen gestanden, sich lieber einer Parteinahme enthalten, wenn es Differenzen gab, aber gerade dies hatte ihm zu Ansehen verholfen, er galt im Bauhaus als unangefochtene Autorität. In kritischen Augenblicken meldete er sich nun zu Wort und war bereit, Stellung zu beziehen. So äußerte er im Dezember 1921 in einer Aufzeichnung *(Abb. 71)* knapp und präzis seine Meinung: *»Ich begrüße es, daß an unserem Bauhaus so verschieden gerichtete Kräfte zusammenwirken. Ich bejahe auch den Kampf dieser Kräfte gegeneinander, wenn die Auswirkung in der* Leistung *sich äußert.*

Auf Hemmungen zu stoßen ist eine gute Probe für jede Kraft, wenn die Hemung sachlicher Art bleibt.

Werturteile sind immer subjectiv begrenzt, und irgend ein negatives Urteil über die Leistung des anderen kann keinen für das Ganze bestimmenden Wert haben.

Für das Ganze gibt es nicht Falsches und Richtiges, sondern es lebt und entwickelt sich durch das Spiel der Kräfte, wie auch im Weltganzen gut und böse letzten Endes productiv zusammenwirken.«[180]

Auch Paul Klees Stellungnahme freilich führte nicht zur Beilegung des Streits, und so sann Walter Gropius auf Abhilfe in anderer Weise – nach der Jahreswende bemühte er sich intensiv um die Gewinnung neuer Lehrer in der Absicht, durch die Berufung weiterer Formmeister Ittens bestimmende Rolle in den Metall-, Glasmalerei- und Wandmalerei-Werkstätten ebenso zu beschneiden wie dessen Einfluß auf die Bildhauerei- und die Tischlerei-Werkstätten, die Gropius und Itten gemeinsam leiteten.

In den ersten Wochen des Jahres 1922 bat Walter Gropius Lily Hildebrandt um Mithilfe bei der Suche nach geeigneten Künstlern; gleichzeitig schob er – wieder einmal – ein ins Auge gefaßtes Treffen mit ihr fürs erste weiter hinaus: *»Ich erwarte jeden Augenblick Telegramm aus Hannover, wann meine Schwester fährt. Ich muß in Frankfurt zu ihr stoßen und komme daher nicht über Stuttgart. Über die Rückfahrt kann ich noch nichts sagen, das hängt von den hiesigen Verhältnissen ab, wann man mich braucht.*

Zu der Freskomaler-Frage! Ich suche einen Techniker, der das ganze Gebiet der Dekorationsmalerei beherrscht, das Meisterlehrrecht besitzt und seiner Persönlichkeit nach in der Lage ist, eine Werkstatt verantwortlich zu leiten. (Desgl. für Steinbildhauerei, Tischlerei und Gold- und Silberschmiede).«[181]

Und offenbar konnte ihm Lily Hildebrandt tatsächlich zumindest einen der gesuchten Meister vorschlagen, denn etwa zwei Monate später, als Walter Gropius im Zusammenhang mit dem Besuch der Werkbund-Tagung in München abermals ein Zusammentreffen mit ihr plante, schrieb er ihr außerdem: *»Vielleicht steige ich auch in Ulm aus, um den Silberschmied zu besuchen. Wir brauchen übrigens mehr einen Kupfer- und Silberschmied (Gefäße) als einen Goldschmied.«*[182]

Die Lehre am Bauhaus hatte noch längst nicht feste Formen angenommen, vieles blieb weiterhin dem Experiment überlassen, und Lehrer wie Schüler waren aufgefordert, mögliche Neuerungen vorzuschlagen und die eigene Arbeit wie die der anderen kritisch zu bewerten – Aufgaben, deren man sich mit Eifer und Begeisterung annahm. Ittens Kritik am Bauhaus der ersten Weimarer Jahre bezog sich allerdings nicht auf die fieberhafte Suche nach dem Anderen, dem Fortschrittlichen, Neuen, auf das Experimentieren und die daraus entspringenden Fehler, auf die Unbekümmertheit und das ausgelassene Treiben, sondern, wie er es rückblickend vierzig Jahre nach seinem Ausscheiden aus dem Bauhaus ausdrückte, auf den Mangel an Führung und Leitung: *»Die ersten Weimarer Bauhausjahre werden fälschlich als die romantische Zeit des Bauhauses bezeichnet. Meiner Meinung nach waren es die universalistischen Jahre. Sicher sind damals im Überschwang des fieberhaften Suchens und Praktizierens Fehler gemacht worden. Es fehlte uns*

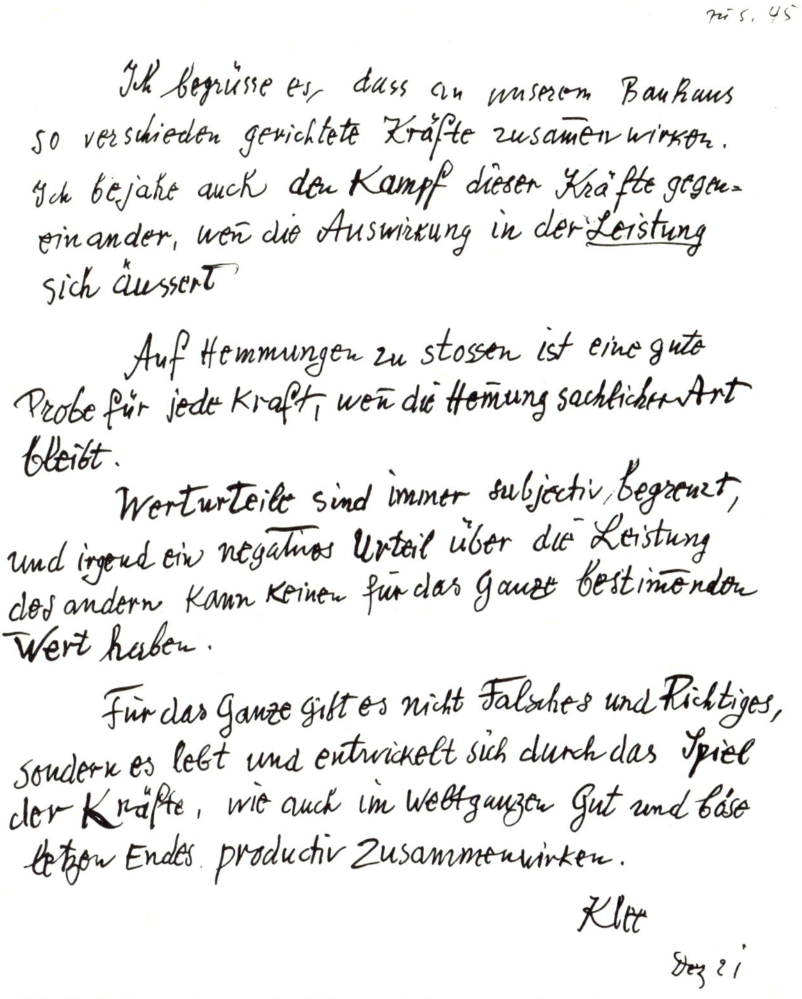

> Ich begrüsse es, dass an unserem Bauhaus so verschieden gerichtete Kräfte zusamen wirken. Ich bejahe auch den Kampf dieser Kräfte gegeneinander, wen die Auswirkung in der Leistung sich äussert.
>
> Auf Hemmungen zu stossen ist eine gute Probe für jede Kraft, wen die Hemung sachlicher Art bleibt.
>
> Werturteile sind immer subjectiv begrenzt, und irgend ein negatives Urteil über die Leistung des andern kann keinen für das Ganze bestimenden Wert haben.
>
> Für das Ganze gibt es nicht Falsches und Richtiges, sondern es lebt und entwickelt sich durch das Spiel der Kräfte, wie auch im Weltganzen Gut und Böse letzten Endes productiv zusammenwirken.
>
> Klee
> Dez 21

Abb. 71 Stellungnahme von Paul Klee zur Beilegung von Streitigkeiten im Meisterrat des Bauhauses, Dezember 1921

allen ein großer Lehrer, der in dem brodelnden Chaos hätte führen können.«[183]

Waren die Spannungen zwischen Itten und Gropius an sich schon stark genug, daß sie in absehbarer Zeit zur Trennung führen mußten, so trat im Laufe des Jahres 1921 ein weiterer Faktor hinzu, der die Kluft zwischen ihnen erweiterte und den Prozeß der Auseinandersetzung beschleunigte – Theo van Doesburg ließ sich in Weimar nieder, der wie Piet Mondrian zu den Mitbegründern der Gruppe des Stijl in den Niederlanden zählte und als einer der lebhaftesten Protagonisten für deren Ziele eintrat. Gropius hatte den hochbegabten Maler aus Utrecht, der Anfang Januar 1921 besuchsweise nach Weimar kam und im April des Jahres dort eine Wohnung bezog, 1920 persönlich kennengelernt.[184]

Daß die Ansichten des Stijl weithin Verbreitung und Annahme gefunden hatten, war nicht zuletzt auf das leichtverständliche und umfassende Konzept dieser Künstlergruppe zurückzuführen: eine universelle Kunsttheorie, die in besonderem Maße auf die Materialien und Konstruktionsweisen der Zeit abgestimmt war, die ein geschlossenes System anbot, die sich der Asymmetrie und der Ausdrucksweise der modernen antiklassischen Richtung verschrieben hatte. Walter Gropius lehnte von jeher die formalistische Festschreibung eines Konzepts ab, wie sie die Stijl-Gruppe praktizierte, die seiner Meinung nach zu einer »gemalten Architektur« fern von der Wirklichkeit tendierte, während er doch nicht zögerte, das Bauhaus mit den Thesen des Stijl vertraut zu machen, die unter ästhetischen Aspekten gewiß einen wertvollen Diskussionsbeitrag darstellten. Es fanden sich einige Schüler, die sich gerade erst am Bauhaus eingeschrieben hatten und sich nun, noch bevor sie recht die Grundsätze der Schule und deren Arbeitsweise erfaßt hatten, durch van Doesburgs Lehrmeinung verlocken ließen, der vom Bauhaus vertretenen Version des Expressionismus und der von Itten eingebrachten Art des Mystizismus abzuschwören; sie schieden im Laufe des Jahres 1921 aus dem Bauhaus aus, und manche von ihnen schlossen sich dem neuen Propheten an.

Walter Gropius war nicht bereit, sich und den Bauhaus-Vorkurs dem Diktat des Stijl oder überhaupt einer bestimmten Stilrichtung zu unterwerfen. Er verfügte jedoch über genügend Toleranz, so daß er sich dem Rat seiner Mitarbeiter ebenso wenig verschloß, wie er dem Widersacher zu keiner Zeit die Anerkennung in den Punkten versagte, in denen er mit ihm übereinstimmen konnte. Ungeachtet ihrer Differenzen blieb er mit van Doesburg in Verbindung; so hatte er letzteren um Lichtbilder von seinen Arbeiten gebeten, die er in einer Vorlesung zeigen wollte, worauf ihm van Doesburg im März 1922 aus Leiden antwortete, daß er in zehn Tagen wieder in Weimar sein und selbst eine Vorlesung halten werde.[185] Gropius jedenfalls sah keinen Weg, die Unterschiede in der geistigen Grundhaltung wie in den pädagogischen Zielen zu überbrücken; er dachte nicht daran, van Doesburg zu Vorlesungen am Bauhaus oder gar zur Mitarbeit als Lehrer einzuladen, doch immerhin lud er ihn zu einem Besuch in sein Haus ein.[186]

Der grundlegende Unterschied zwischen den beiden Männern beruhte wohl auf ihren Auffassungen vom Wesen der Kunst und von der Arbeit des Künstlers. Gropius trat für die Zusammenarbeit der Künstler und für das Entwerfen nach rationalen Gesichtspunkten ein, gleichzeitig jedoch wollte er auch die Ausbildung des individuellen Talents nicht behindert wissen. Gerade an dieser Freiheit der individuellen Entwicklung aber nahm van

Doesburg besonderen Anstoß, da nach seiner Auffassung Individualismus und persönlicher Ausdruck die Kunst korrumpieren mußten. Didaktisch außerordentlich begabt, hätte van Doesburg sich gewiß mit Eifer auf ein Streitgespräch mit den Bauhaus-Meistern und mit Gropius eingelassen, um dem damals am Bauhaus vorherrschenden pädagogischen Konzept die Vorzüge von Stil und Form gegenüberzustellen. Lyonel Feininger erwies sich einmal mehr als ein scharfsichtiger Beobachter, als er Anfang September 1922 seiner Frau von den Vorgängen berichtete. Er wunderte sich über das Verhalten so mancher Bauhäusler, die dem Propagandisten des Stijl nachliefen: »*Weshalb, wieso die freiwillige Unterwerfung unter die Tyrannei van Doesburg's und die vollkommene Widerspenstigkeit gegen alle Maßnahmen oder auch nur Wünsche, die vom Bauhaus aus ergehen?*«

Und er sah die Dinge zweifellos aus derselben Sicht wie Walter Gropius, als er dann fortfuhr: »*Wenn Doesburg Meister am Bauhaus wäre, wäre er dem Ganzen nicht schädlich, sondern eher nützlich, weil er ein Gegenpol zu mancher verstiegenen Romantik, die bei uns spukt, bedeutet. Vermutlich wäre er aber nicht fähig, sich innerhalb seiner Grenzen einzuschränken, sondern würde, so wie Itten seinerzeit, bald das Ganze kommandieren wollen...*«[187]

In einem Punkt jedoch waren Gropius und van Doesburg, mochten ihre Meinungen im übrigen sehr weit auseinandergehen, einander gemeinhin recht nahe, nämlich in ihren Auffassungen von Architektur.[188] In welchem Maße Theo van Doesburg von außen auf das Bauhaus eingewirkt und dort zur Klärung der Ziele beigetragen hat, war damals noch kaum ersichtlich und ist erst in späteren Jahren von der Kunstwissenschaft erkannt worden.[189]

Walter Gropius ist im späteren Leben gelegentlich gefragt worden, warum er nicht noch weitere persönliche Freunde an das Bauhaus verpflichtet habe. Seine Erwiderung war, daß er wohl eine Reihe von Künstlern und Architekten angesprochen habe, sich aber immer wieder mit der Erkenntnis bescheiden mußte, daß diese mehr auf ihre Unabhängigkeit bedacht als an der Übernahme einer Lehrtätigkeit interessiert waren; im Falle der Architekten kam hinzu, daß das Bauhaus damals noch kein eigentliches Architekturstudium anbieten wollte. Zu den Freunden, die Walter Gropius befragte, gehörte Bruno Taut, der sich aber 1921 entschloß, das Amt des Stadtbaurats in Magdeburg zu übernehmen.

Anfang Mai 1922 meldete sich Bruno Taut brieflich bei Walter Gropius; »Maasslieb«, redete er ihn an, und als »Glas« unterzeichnete er – es waren ihre alten Charakternamen aus dem Freundeskreis der »gläsernen Kette«. Taut erbat sich von Gropius einen Bericht über das Bauhaus, den er im Herbstheft seiner Vierteljahresschrift »Frühlicht« neben Beiträgen von Bruno und Max Taut und Arbeiten von Hans Scharoun, August Hablik und vielleicht von Erich Mendelsohn bringen wollte, und er vergaß auch den mahnenden Hinweis nicht, daß er das Manuskript bis Ende August haben müsse: »*schreib einfach und ohne Literatur – was Du eingerichtet, zum Werden gebracht hast. Auch ich gebe nichts preis, was meine spätere Arbeit stören könnte – aber zu sagen, was ist, ist der Anfang der Tat! Und bei Dir erwartet man so etwas, ich werde jedenfalls oft genug nach dem Bauhaus gefragt. Wenn Du nicht Dein eigenes ›Früh- oder anderes Licht‹ setzt, dann wird unser gemeinsames Auftreten umso imposanter... Also tu mir den Gefallen: eine simple Chronik – ich meine, die ans Ende des Heftes kommt.*«[190]

Walter Gropius machte sich ungeachtet der Verpflichtungen, die ihm das Bauhaus und das eigene Architekturbüro auferlegten, rasch ans Werk – was er aufzeichnete, war jedoch keineswegs der verlangte Beitrag über das Bauhaus, sondern ein Aufsatz, der in Inhalt und Tonart an die frühen Tage der »gläsernen Kette« erinnerte:

»*Der freie Volksstaat und die Kunst*

Der alte zerbrochene Staat herrschte mit der Geste des Gewalthabers über die Kunst. Der neue Staat muß ihr dienen, *um sich das große Beiwort ›der freie‹ erst zu erringen. Er muß freie Flugbahn schaffen für den schöpferischen Geist... Wir brauchen eine neue gemeinsame Geistigkeit des ganzen Volkes... Der Staat ist nichts als eine Summe von Einzelexistenzen. Jeder helfe, jeder kehre vor seiner eigenen Türe. Wir stecken tief im Sumpf der alten Sünden. Noch nicht die politische, erst die vollendete* geistige Revolution *kann uns ›frei‹ machen... Neue, geistig noch nicht erschlossene Schichten des Volkes drängen aus der Tiefe empor. Sie sind das Ziel der Hoffnung. Ihre frischeren ungebrochenen Instinkte wurzeln noch in der Natur. An sie wird der kommende Künstler sich wenden, an das urwüchsig heitere Volksgemüt, das sich nicht scheut vor Farbe, Goldglanz und Süßigkeit, vor kindlicher Freude am Schönen.*

... Eine große allumfassende Kunst setzt geistige Einheit ihrer Zeit voraus, sie braucht die innigste Verbindung mit der Umwelt, mit dem lebendigen Menschen*... Das heutige Geschlecht muß von Grund auf neu beginnen, sich selbst verjüngen, erst eine neue Menschlichkeit, eine* allgemeine Lebensform des Volkes erschaffen. Dann wird *die Kunst kommen.*«

War bis dahin von den Künstlern allgemein die Rede, so wird an dieser Stelle das Thema neu gefaßt, und die zweite Hälfte des Aufsatzes gilt nur noch der einen, höchsten Kunst: »*Dann wird das Volk wieder* mitbauen an den großen Kunstwerken seiner Zeit. Die ›Künste‹ werden aus ihrer vereinsamten Abgeschiedenheit in den Schoß der *allumfassenden Baukunst zurückfinden. Denn nur durch inniges Mit- und Ineinanderwirken aller künstlerischen Disziplinen kann eine Zeit jenes vielstimmige Orchester erzeugen, das allein den Namen Kunst verdient. Ars una, species mille... Der berufene Dirigent dieses Orchesters war von Alters her der* Architekt. *Architekt das heißt: Führer der Kunst. Nur er selbst kann sich wieder zu diesem Führer der Kunst erheben, zu ihrem ersten Diener, dem übermenschlichen Wächter und Ordner ihres ungetrennten Gesamtlebens. Der Architekt von gestern war nicht mehr der universale Schöpfermensch und mächtige Meister aller künstlerischen Disziplinen... Der natürliche Zusammenhalt mit seinen Werkbrüdern, den Malern und Bildhauern, ging dem Baumeister verloren, und also begab er sich seiner vornehmen Würde, Meister vom Stuhl im Haus der Kunst zu sein.«*

Mit dem Aufruf zur Erneuerung des Zusammenwirkens aller Künste unter Führung der Architektur, wie sie bereits das Manifest zur Eröffnung des Bauhauses im April 1919 gefordert hatte, schließt der Aufsatz, der sich damit am Ende zwar nicht als ein Bericht über das Bauhaus, aber als ein Schlüssel zum Verständnis des Bauhaus-Gedankens erweist. Der Baumeister muß seine führende Rolle wiedererringen *»durch jene Menschlichkeit, die über der Wirklichkeit des Tages steht, durch glühendes Interesse am gemeinsamen Werk. Wenn die Probleme der Maler und Bildhauer erst seinen Geist wieder so leidenschaftlich berühren wie die eigenen der Baukunst, so müssen sich auch die Werke dieser wieder mit architektonischem Geiste füllen. In den Bauhütten des Mittelalters, in enger persönlicher Fühlung der Künstler aller Grade entstanden die gotischen Dome.«*[191]

Schon allein der Gedanke an das Bauen freilich mußte in diesem Jahr 1922 als eine schiere Utopie erscheinen, da die wirtschaftliche Lage sich mit dem rasant fortschreitenden Währungsverfall zusehends verschlechterte. Die dem Land auferlegten Reparationsleistungen taten ein übriges, Ende 1922 konnten die Zahlungen angesichts der Entwertung der Mark nicht mehr transferiert werden. Die von jeher schon unzureichenden Geldmittel, die dem Bauhaus zur Verfügung standen, waren nahezu aufgebraucht; die runde Million Mark, die Gropius 1919 aus den Spenden von Förderern und Gönnern zusammengebracht hatte, war zu einem kaum noch nennenswerten Betrag zusammengeschmolzen. Gropius mußte sich nicht nur um die augenblickliche Situation des Bauhauses, sondern darüber hinaus um dessen Fortbestand sorgen, und er verdoppelte und verdreifachte seine Anstrengungen, die benötigten Gelder zu beschaffen. Solche Bemühungen, zu Geld für den eigenen Bedarf wie für den des Bauhauses zu kommen, fanden nicht zuletzt in seinen Briefen ihren Niederschlag. Abermals sah er sich gezwungen, Familienerbstücke und Sachwerte aus Familienbesitz zu verkaufen, und wiederum ging ihm Lily Hildebrandt dabei zur Hand. So schrieb er ihr im August, es stünde noch ein kleines Anwesen zur Verfügung, das sich vielleicht zu Geld machen ließe: *»Der Wert beträgt nach dem heutigen Stand etwa 100 Millionen einschließlich Grundstück. Wenn es Dir gelänge, den Napoleonkopf dort an den Schweizer zu verkaufen, so wäre ich sehr erfreut. In Berlin gelang es bis jetzt noch nicht. Ich würde eventuell bis 500 Dollar heruntergehen, aber nur, wenn es wirklich notwendig ist.«*[192]

Dieser August 1922 war unglücklicherweise ein besonders schlimmer Monat, da die Inflation einen jähen Sprung machte und die Mark über Nacht auf die Hälfte ihres Werts vom Vortag abfiel. So schrieb Walter Gropius wenige Tage später rasch noch einmal an Lily Hildebrandt, sie solle »eine Million Mark (oder $ 500)« verlangen – doch da war es bereits zu spät. Lily war es gelungen, das Erbstück innerhalb kürzester Frist an den Mann zu bringen, doch selbst der Transfer des Geldes und die Überweisung bedeuteten noch einen Verlust, da der Verfall der Währung rascher vor sich ging als die Abwicklung der Geldgeschäfte. Endlich konnte Walter Gropius den Eingang des Geldes bestätigen – und bei dieser Gelegenheit wieder einmal ein ins Auge gefaßtes Zusammensein verschieben: »*eben Dein Brief und die 50 000,–; ich danke Dir sehr! Die neuen 500-M-Scheine zeigen unsere ganze deutsche Trostlosigkeit. Gern wäre ich mit Dir zusammen, aber ich muß am Donnerstag bestimmt wieder in Weimar sein, von allen Seiten kommen Telegramme u. Briefe, die mich zurückrufen, denn der katastrophale Marksturz bringt alles in Unordnung. Bitte knöpfe dem Teppichschuldner den Rest des Geldes bald ab, denn in 8 Tagen ist es abermals die Hälfte wert. Nun gehts allmählich allen an den Kragen und der Bürgerkrieg wird nicht lange auf sich warten lassen. So kann ich im Moment keine Pläne machen und stürze mich in ernster Stimmung erneut in meine Arbeit.*«[193]

Zugleich erinnerte er Lily Hildebrandt daran, daß die Uraufführung von Oskar Schlemmers »Triadischem Ballett« bevorstand; es sollte wenige Wochen später, am 30. September 1922, im Stuttgarter Landestheater gezeigt werden. Er meinte, daß sie sich an den Vorbereitungen beteiligen und am Entwurf des Bühnenbilds mitwirken solle: »*Wenn Du Schlemmers Ballett auf die Beine helfen könntest, so würde ich es entschieden tun. Die Sache verdient es.*«[194]

Oskar Schlemmer ließ sich tatsächlich von Lily Hildebrandt helfen, doch die Ärmste mußte sich während der ganzen Zeit dessen rüde Anzüglichkeiten über ihr Verhältnis zu Walter Gropius anhören. Sie reagierte ebenso wie Gropius im allgemeinen recht empfindlich auf den Klatsch und Tratsch über ihre Affäre, von dem sie nicht immer verschont blieben; im Briefwechsel ist häufig von unangenehmen Erfahrungen dieser Art die Rede. Leider hatte Lily Hildebrandt es versäumt, Walter Gropius rechtzeitig von Schlemmers Verhalten zu unterrichten, was diesen nur um so mehr aufbrachte, als er schließlich davon erfuhr: »*Eins ist mir* völlig *unverständlich, daß Du mir nicht* sogleich *mitteilst, was Schlemmer Dir von Wichtigkeit gesagt hat! Ich bin übrigens wenig glücklich mit ihm, habe ihm alles erdenkliche angetan, aber da er dumm ist, versteht er mich nicht und hat sich töricht und unfreundschaftlich gegen mich benommen.*«[195]

Die Premiere in Stuttgart bot die Gelegenheit zu einem, wenn auch kurzen, Wiedersehen; Walter Gropius hatte Lily Hildebrandt mitgeteilt,

daß er zur Aufführung kommen werde: »*Ich habe mich kurz entschlossen –
hoffend daß Du wieder da bist, am Sonnabend zu Schlemmers Premiere
nach Stuttgart zu fahren; ich muß am Sonntag wieder zurück. Werde ich Dich
sehn? Lange schwiegst Du, aber ich hoffe, es ging Dir gut in der Schweiz.
Bekamst Du denn die Bücher?*
*Ich hoffe Dich zu sehn, bin Sonnabend früh dort und steige im Marquard
ab.*«[196]

Oskar Schlemmers »Triadisches Ballett« wurde mit großem Beifall
aufgenommen und brachte dem Bauhaus bedeutenden Gewinn an Ansehen. Auch Hans Hildebrandt nahm den Anlaß wahr, die Werbetrommel für
Oskar Schlemmer und die Bühnen-Werkstatt des Bauhauses zu rühren.
Offenbar auf Hildebrandts Bitte hin sandte ihm Schlemmer wenige Tage
nach der Premiere einen Brief mit einigen grundsätzlichen Erläuterungen zu
seinem Ballett, in dem er unter anderem ausführte: »*Es lagen keine
bestimmten ›intellektuellen‹ Erwägungen zugrunde. Vielmehr ist es eben die
fabulierende, ästhetische Freude gewesen, Gegensätzliches in Form, Farbe,
Bewegung zu mischen und doch zu einem Aufbau mit Sinn und Idee zu
gestalten... Erst war das Kostüm, die Figurine. Dann ward die Musik
gesucht, die jenem am ehesten entsprach. Aus Musik und Figurine entwickelte
sich der Tanz...*
*Mehr wüßte ich für heute nicht zu sagen, als noch dies, daß das Triadische
Ballett in seiner gegenwärtigen Gestalt ein Anfang, eine Etappe ist (für mich)
und daß Ideen für ein rein komisches Ballett, ebenso wie für ein transzendentales, bereitliegen.*«[197]

Am Bauhaus selbst war man sich bewußt, daß man in stärkerem Maße die
Öffentlichkeit auf sich aufmerksam machen mußte, man dachte an weitere
Aufführungen, bereitete Publikationen und Ausstellungsstücke vor. Tatsächlich gelang es auch, ungeachtet des chronischen Geldmangels, der
Inflation und aller äußeren und inneren Schwierigkeiten, im Sommer 1922
eine Ausstellung von 125 Arbeiten zusammenzustellen, die in Weimar und
in Berlin gezeigt wurde. Gropius hat diese Ausstellung zwar später als »nur
etwas für den Hausgebrauch« bezeichnet, aber ihre Bedeutung muß doch
wohl etwas größer gewesen sein, denn die Stücke wurden gegen Ende des
Jahres 1922 – Rabindranath Tagore hatte sich hierfür eingesetzt – nach
Calcutta verschifft und dort auf einer neuen Ausstellung gezeigt – zum
ersten Mal präsentierte sich damit das Bauhaus jenseits der Grenzen
Europas. Die Ausstellung fand große Beachtung, besonders die Arbeiten
der Textil- und der Metall-Werkstatt erweckten das Interesse des indischen
Publikums. Ein Zeitungsbericht, der die Ziele der Künstler am Bauhaus
hervorhob und die Bedeutung der Ausstellung für Indien würdigte, vermerkte dazu: »*die Umwandlung der Formen der Natur im Werk eines
Künstlers ist ein Gemeingut des alten und des neuzeitlichen Indiens wie auch*

Europas – als ein unbewußter und daher unausweichlicher Ausdruck des Lebens und der Seele und des künstlerischen Genius...«[198]

So bedrückend die Schwierigkeiten und Sorgen für Walter Gropius auch waren, es gab doch auch Lichtblicke, und Lily Hildebrandt war oft die erste, die davon erfuhr. So sandte er um die Mitte des Jahres 1922 einen Brief an sein »liebes Lilykind«, in dem er von Erfolgen berichten konnte. Zunächst ließ er sie wissen, daß er den Brief nach Hagen auf den Weg gebracht habe, mit dem er ihren Mann wärmstens für einen zu vergebenden Auftrag empfahl, und teilte ihr einiges zu der Sammlung von Fotos aus dem Bauhaus mit, die er für sie zusammenstellte. Dann aber setzte er glücklich die doppelte Erfolgsmeldung hinzu: »*Nächste Woche eröffne ich meine Architekturausstellung. Es geht flott u. lebendig zu. Ich habe Kandinsky gesichert, aber niemand weiß es, bitte strengste Diskretion.«*[199]

Kandinsky kam im Sommer 1922 an das Bauhaus; mit seiner Berufung war für Walter Gropius die Gewinnung neuer Lehrer abgeschlossen, er sah die Lehrerschaft als vollzählig an.

Gab es also Grund zur Freude am Bauhaus, als Wassily Kandinsky in den Kreis der Meister eintrat, so gab es ein Vierteljahr später schon wieder Grund zum Ärger. Verursacher war diesmal Oskar Schlemmers Bruder Carl, der an der Bühnen-Werkstatt mitarbeitete; er hatte eine Intrige angesponnen, um das Bauhaus in Verruf zu bringen. Walter Gropius berichtete Lily Hildebrandt kurz: »*Ich bin schon wieder tief in surrender Arbeit. Carl Schlemmer hat mir eine ekelhafte Geschichte gemacht, ich will ihn forthaben, er ist roh und dumm.*«[200] Carl Schlemmer hatte sich mit einigen Widersachern des Bauhauses eingelassen; er und seine Mitverschworenen suchten das Vertrauen zu untergraben, das die zuständigen Stellen dem Bauhaus entgegenbrachten, indem sie falsche Behauptungen und böswillige Gerüchte in Umlauf brachten – ein Gespinst von Lügen und Verdrehungen, wie es anderthalb Jahre später, 1924, die Grundlage für die Anschuldigungen in der üblen »Gelben Broschüre« bilden sollte. Wenige Tage später schrieb Walter Gropius erneut an Lily Hildebrandt: »*Mir geht es schlecht. Eine Intrigue von beispielloser Gemeinheit ist gegen mich im Gange. Führer: Carl Schlemmer. Ich habe kurzen Prozeß gemacht und die Sache dem Meisterrat übergeben, damit die Tempelschänder aus dem Hause gejagt werden, ich will endlich reine Luft um mich haben. Du hattest Recht, als Du mich seinerzeit vor C. Schl. warntest. Wenn alles vorbei ist, schreibe ich Dir, es ist schwer und einsam auf dem Tron zu sitzen, glaube mir.«*[201] Etliche Wochen danach konnte er Lily Hildebrandt vom Ausgang der Angelegenheit berichten: »*Das Schlemmerkomplott war ekelhaft. Er scheint auch nach Aussage Oskars pathologisch zu sein, hat seit über einem Jahr allen Klatsch im Bauhaus über mich zusammengetragen. Der Syndikus und ein zweiter Meister waren in das Komplott verwickelt, wir haben alle 3 heraus-*

schmeißen müssen, eine andere Möglichkeit war garnicht vorhanden. Oskar wurde das Ganze natürlich sehr sauer, er ist sehr unklar und neurasthenisch bei solchen Begebenheiten, ich habe ihn aber dennoch gern, obwol er mir auch das Leben nicht sehr leicht macht. Die Akten liegen jetzt bei der Regierung und ich muß nun 3 Stellen neu besetzen (Syndikus, Tischlermstr. und Malermeister).«[202]

Da er Lily Hildebrandt bat, ihm bei der Suche nach Ersatz für die Entlassenen behilflich zu sein, schlug diese ihm sofort Willi Baumeister vor, der einst zusammen mit ihr bei Adolf Hölzel studiert hatte; da Oskar Schlemmer unter den Vorgängen um seinen Bruder Carl sehr gelitten und in seiner Arbeit nachgelassen hatte, könne Baumeister ihm zur Hand gehen oder ihn auch ersetzen. Walter Gropius entschied sich jedoch schließlich dafür, das Oskar Schlemmer am Bauhaus bleiben solle, und erklärte Lily Hildebrandt: »*... Du wirst sehn, daß, wenn Schlemmer eines Tages wieder anfängt zu arbeiten, er B[aumeister] weit zurücklassen wird, der, so viel feine Gesten er auch besitzen mag und charakterlich mir gut gefällt, aus ›zweiter Hand‹ schafft. –*« Zugleich dankte er ihr wiederum für ihre unermüdliche Werbung um Mitglieder für den »Kreis der Freunde des Bauhauses« und für ihre wiederholten Vorschläge von Künstlern, die als Lehrer in Frage kämen: »*Du scheinst ja ganze Phalanxen erlesener Männer umzuschmeißen, so sehr bist Du wieder ›auf der Höhe‹.*«[203]

Als Direktor des Staatlichen Bauhauses stand Walter Gropius de facto im Beamtenverhältnis, und so oblag es ihm auch, die ihm anvertraute Institution – von seiner eigenen Person ganz abgesehen – gegen alle öffentlich vorgetragenen Vorwürfe zu verteidigen; zu diesem Zwecke strengte er entsprechende Zivilklagen an. Nicht zuletzt daraus resultierte die Aufmerksamkeit, die ihm zu dieser Zeit seitens einer wohlwollenden wie einer radikal feindseligen Presse zuteil wurde, zum Entsetzen seiner Mutter und zur Bestürzung der ganzen Familie, denen die Unauffälligkeit als ein Merkmal der gehobenen Schichten galt. Walter Gropius dagegen suchte nicht die Unauffälligkeit, er suchte Anerkennung für seine Schule, Beachtung und Aufträge für sein Architekturbüro – er suchte allerdings auch nicht gerade den Ruf, den ihm die Auseinandersetzungen am und um das Bauhaus als dessen Leiter einbrachten.

Gegen Ende 1922 brach der alte Streit mit Johannes Itten noch einmal auf. Walter Gropius berichtete Lily Hildebrandt darüber: »*Mit Itten liege ich in schwerem Zweikampf; ich will stark bleiben, aber dennoch wünsche ich, daß er bleibt; wir sind beide notwendig. – Die Arbeit ist ungeheuerlich, ich bin zum Packträger meiner Idee geworden, aber dennoch verliere ich nicht meine Freiheit.*«[204] Zu Beginn des Jahres 1923 kam Gropius, der sich schon seit bald einem Jahr mit Zweifeln herumschlug und nun zunehmend den Vorhaltungen der Regierung ausgesetzt war, zu der Einsicht, daß er nicht länger die Verantwortung für Ittens esoterische Philosophie und Lehrpraxis tragen oder sich gar für diese einsetzen konnte. Johannes Itten kündigte und schied Ostern 1923 aus dem Bauhaus aus.

Ittens Abgang gab Anlaß zum Nachdenken. Am Bauhaus besann man sich darauf, daß man in zunehmendem Maße von der Industrie abhängig war und daß bessere Beziehungen zur Umgebung, zu der Stadt und ihren Bürgern wünschenswert wären. So richteten die älteren Bauhaus-Studierenden eine Koordinierungsstelle ein, Bauberatung genannt, die in allen Fragen des Schulbetriebs und des Gemeinschaftslebens Rat und Unterstützung anbot. Man begann auch, sich ganz allgemein etwas konservativer zu geben, was das Benehmen und die Kleidung ebenso wie das Auftreten und die Äußerungen in der Öffentlichkeit anbelangte. Daß sich die Schüler der besonderen Situation des Bauhauses und ihrer Mitverantwortung somit bewußt wurden, war gut, nur kam der Sinneswandel leider zu einem recht späten Zeitpunkt.

Lothar Schreyer, der Leiter der Bühnen-Werkstatt, schied bald nach Ittens Abgang aus. Um Schreyer hatte sich zwar ein eigener kleiner Kreis geschart, bestehend aus einigen der Meister, darunter Lyonel Feininger und Oskar Schlemmers Frau Tut, sowie mehreren Schülern, darunter Else Mögelin und Otto Lindig, doch andere Meister und Schüler standen ihm weniger wohlwollend gegenüber, die Kritik ging bis zur Ablehnung. Lothar Schreyer verließ das Bauhaus nicht aus freien Stücken, er mußte sich schließlich dem anhaltenden Widerstand der Schüler fügen, den er heraufbeschworen hatte, indem er sich den Absichten und Zielen der Schule verschloß – er war mit seiner Arbeit in der Bühnen-Werkstatt zäh und verbissen seinen eigenen expressionistischen Ausdeutungen der Probleme des Theaters nachgegangen.

Georg Muche, der unter Johannes Itten im Vorkurs mitgearbeitet hatte, blieb am Bauhaus; er leitete die Weberei. Josef Albers, der, ausgebildeter Lehrer und Kunstschulabsolvent, 1920 mit zweiunddreißig Jahren als Schüler an das Bauhaus gekommen war, stieg in diesem Jahr 1923 als erster der Studierenden zum Jungmeister auf; die Schule übertrug ihm die Leitung der Glasmalerei-Werkstatt.

Als neuer Meister trat 1923 László Moholy-Nagy in das Bauhaus ein. Walter Gropius hatte den zwölf Jahre jüngeren Maler während des Winters 1921/22 in Berlin kennengelernt; die Bekanntschaft hatte Adolf Behne vermittelt. Behne, mit Gropius schon seit den Tagen im Deutschen Werkbund und im Arbeitsrat für Kunst vertraut, war besonders in der modernen Malerei zu Hause und unterhielt enge Beziehungen zur Bewegung des »Sturm« um Herwarth Walden. Gropius war von einem Gemälde, das er in Moholy-Nagys Atelier sah, ungewöhnlich beeindruckt und ließ sich, wie er später erklärte, »durch dessen gesamtes Werk und seine Persönlichkeit« sehr bald davon überzeugen, daß Moholy-Nagy als Lehrer an das Bauhaus kommen müsse. Gropius, der sich mit Moholy-Nagy zudem auf Anhieb gut verstanden hatte, mußte mit dessen Berufung an das Bauhaus nur warten, bis dort eine Stelle freigeworden war, und dieser Fall war mit Ittens Abgang eingetreten. Vor allem wünschte sich Gropius Moholy-Nagys Unterstützung beim Abbau der mystisch-sektiererischen Verstiegenheiten, die sich unter Ittens Einfluß am Bauhaus ausgebreitet hatten. Adolf Behne, dessen Rat Gropius stets vor der Neuberufung von Lehrern einholte, hatte in einem Gespräch über die Besetzung der von Itten geräumten Stelle Moholy-Nagy nachdrücklich empfohlen.

Der Vorkurs war, als Moholy-Nagy ans Bauhaus kam, längst fester Bestandteil der Ausbildung als die Grundlage für das gesamte Studium an der Schule; es war, von der Anfangszeit abgesehen, ein Ganzjahreskurs. Mit den Veränderungen im Lehrkörper ergab sich für Walter Gropius die Möglichkeit, den Vorkurs aufzuteilen, Josef Albers übernahm das erste, László Moholy-Nagy das zweite Semester.[205]

Moholy-Nagy richtete sein Semester nach seinen eigenen künstlerischen und erzieherischen Überzeugungen aus, er führte Studien in Optik, Mechanik, Projektion und Bewegung ein. Anfänglich hatte er mit großen Schwierigkeiten zu ringen; während er sich mit unermüdlichem Eifer und rastloser Tätigkeit für seine Ziele einsetzte, wurde er von manchen Lehrern und Schülern nicht verstanden oder mißverstanden. Oft genug brachte er sich selbst in einen Gegensatz zu anderen Lehrern, und Walter Gropius hatte zuweilen Mühe, die auseinanderstrebenden Parteien wieder miteinander zu versöhnen; nicht selten mußte er zur Verteidigung Moholy-Nagys antreten. Es war bezeichnend für Moholy-Nagy, daß er alles, was er zu geben hatte, auch anderen zu überlassen bereit war, ganz im Gegensatz zu manchem seiner Kollegen, der mit kleinlicher Eifersucht seinen Eigentumsanspruch wahrte. Moholy-Nagy war in erster Linie Maler, ein bedeutender, schöpferischer Meister seines Fachs, und er war der einzige Konstruktivist, der jemals am Bauhaus gelehrt hat. Seine besondere Begabung lag jedoch in seiner Fähigkeit, das Zusammenwirken aller Künste in der Vielseitigkeit seines eigenen Schaffens leibhaftig zu demonstrieren – seine Arbeit galt der Malerei, der Skulptur, der Fotografie, der Typographie, dem Film und der Bühne.

Josef Albers leistete während der zehn Jahre, die er dem Bauhaus als Lehrer angehörte, einen ebenso bedeutsamen Beitrag wie Moholy-Nagy, doch während letzterer seine Vorstellungen und Erkenntnisse in einer Reihe von Büchern darlegte und damit weithin bekannt wurde, hat Albers nur wenig veröffentlicht und fand wohl darum auch weniger Beachtung. Für den Vorkurs schuf Albers eine solide pädagogische Grundlage und einen systematischen Aufbau der Lehre; es war eine wahrhafte und nötige Neubesinnung nach den recht unverbindlichen, von Expressionismus und Mystizismus getragenen Anfängen unter der Leitung Johannes Ittens.

Walter Gropius hat dazu später einmal, ebenso kurz und bündig wie in seiner Stellungnahme zur Berufung Moholy-Nagys, lakonisch erklärt: »Ich setzte Albers bewußt als Lehrer ein, um damit ein Gegengewicht gegen Itten entstehen zu lassen.«[206]

Die Bauhaus-Ausstellung von 1923

Im Spätherbst 1922 begannen die Lehrer und Schüler des Bauhauses, nachdem die staatlichen und städtischen Stellen immer dringlicher darauf bestanden hatten, mit den Vorbereitungen für eine Ausstellung, die 1923 stattfinden und einen Überblick über die Leistungen der Schule geben sollte. Nicht wenige unter den Lehrern und Schülern meinten, daß die Zeit für eine solche Leistungsschau noch nicht reif sei, daß das Bauhaus das Stadium des Experimentierens noch nicht hinter sich gelassen habe und die experimentell erprobte Arbeitsweise samt ihren Ergebnissen so radikal neuartig seien, daß sie eine möglicherweise wenig verständnisbereite Öffentlichkeit befremden und in der Folge eine weitere Erschütterung der ohnehin unsicheren Existenzgrundlage des Bauhauses nach sich ziehen könnten. Lyonel Feininger gab Anfang Oktober 1922 dieser Meinung Ausdruck, als er an seine Frau schrieb: »*Wir machen eine große, schwere Konzession im Bauhaus, indem wir an die geplante Ausstellung jetzt schon gehen, und im Innersten widerstrebt es uns allen, derartige ›Kunstpolitik‹ zu treiben... So viel aber steht fest – wenn wir nicht ›Taten‹ nach außen hin zeigen und uns die ›Industriellen‹ nicht zu gewinnen vermögen, dann steht es sehr schlecht mit den ferneren Aussichten auf Bestehen des Bauhauses. Es muß auf Verdienst – auf Betrieb, auf Vervielfältigung! gesteuert werden... Nun heißt die Parole ›anfeuern‹!*«[207]

Walter Gropius teilte die Bedenken der anderen, doch er fühlte, wie die Behörden ihm mit ihrem Verlangen nach einem Leistungsbeweis die Daumenschrauben anzogen, und er sah ein, daß es ohne die Ausstellung nicht abgehen würde. So spornte er die Bauhäusler zur Aufbietung aller Kräfte an. Noch nach Jahr und Tag erinnerte sich Walter Gropius dieser Zeit der Ausstellungsvorbereitung – damals hätten sich alle so angestrengt und so eng zusammengearbeitet wie nie zuvor, das gesamte Bauhaus hätte an der Bewältigung der Gemeinschaftsaufgabe mitgewirkt. Aber die Bauhäusler mochten sich noch so abrackern und noch so erfinderisch improvisieren, es fehlte einfach hinten und vorne an Geld für Werkstoffe, Kostüme, Stellwände, Stände, dazu hatte man für Vorträge und Musikdarbietungen zu zahlen und mußte für die Kosten des Transports zwischen Weimar und Jena aufkommen, da in der Nachbarstadt unter anderem Oskar Schlemmers »Triadisches Ballett« aufgeführt und Konzerte gegeben werden sollten. Selbst die Frauen der Meister ließen sich einspannen, sie putzten und polierten, sie schrubbten auf den Knien die Fußböden im Bauhaus, denn für Hauswartsdienste oder Reinigungspersonal war kein Geld vorhanden. Gropius' eigener Beitrag bestand vor allem in der Planung und Überwachung des Aufbaus der Ausstellung sowie in der Beschaffung der nötigen Finanzmittel. Es waren angesichts der ihrem Höhepunkt zutreibenden Inflation astronomische Summen, die er da zusammenbringen mußte; durch Vorträge und Anfragen bei Unternehmern, Klienten, Freunden und der Familie hoffte er Geld zu beschaffen.

Einer der Auftraggeber, an die er sich mit der Bitte um einen Spendenbeitrag wandte, war jener Dr. Rauth, für den er ein stattliches Wohnhaus entworfen hatte und für den Hans Hildebrandt eine Reihe von Kunstführern herausgeben sollte. Doch die Inflation griff unbarmherzig um sich, und Dr. Rauth sah sich nicht mehr in der Lage, den Bau des Hauses zu finanzieren, dessen Entwurf Walter Gropius mittlerweile im Großen und Ganzen fertiggestellt hatte, während Hans Hildebrandt feststellen mußte, daß der für die Kunstführer veranschlagte Betrag angesichts der fortschreitenden Geldentwertung längst nicht mehr zur Deckung der anfallenden Kosten ausreichte. Walter Gropius besprach die Probleme im Briefwechsel mit den Hildebrandts und machte ihnen klar, daß man bei diesem Auftraggeber nicht zimperlich sein dürfe. Hans Hildebrandt, der schon aus eigener Tasche draufgezahlt hatte, brauchte das Geld dringend, um Lilys bevorstehenden Kuraufenthalt in einem Schweizer Sanatorium zu finanzieren. Gropius, der seinerseits unter dem nunmehr gestrichenen Auftrag Auslagen für die geleistete Entwurfsarbeit verbuchte, riet Lily Hildebrandt: *»Es muß doch möglich sein, daß ich Dir um Euret*willen *meine Feststellungen bei R. mitteile, ohne daß Du empfindlich bist. Ich sah nun deutlich, daß Ihr* beide *ihn nicht richtig behandelt habt und mir* liegt daran, *daß dieser Kerl seine Pflicht tut und Euch hilft. Man muß ihn robust anfassen. Schreibe ihm sofort oder besser noch* drahte *ihm, wann Du Deine Kur in Rothenburg beginnen kannst,* er *darf Dich nicht hinziehen. Alle solche Dinge, auch wenn Dein Mann mehr Geld für den Führer verlangen will, muß man ungeniert kurz und kategorisch von ihm verlangen. Zartes Verhalten macht* ihn *unsicher, ja mißtrauisch. Er hat mir eine Stunde lang Details erzählt, die uns ein deutliches Bild gaben. Leider hat mein Instinkt sich* nicht *gerührt, er hat mir mitteilen lassen, daß er wegen der Geldverhältnisse sein Haus jetzt* nicht *bauen lassen will. Ich habe ihn daraufhin sofort um 30 Millionen fürs Bauhaus angepumpt. Also verfahrt kurz und energisch mit ihm ohne zu viel persönlichen Umgang und vergeßt nicht, daß er Euch* verpflichtet ist...
Ich ersticke in Arbeit, wir werden kaum fertig werden. – Und nun Du! Ich hoffe, daß Du Dich findest, Lilychen, und Du dann im Umsehn die Leiter emporsteigen wirst, ja? Ich wünsche es innig. Laß Dich umarmen, so!«[208]
Die Bauhaus-Ausstellung kam allen Widerständen zum Trotz zustande;

sie war von August bis September 1923 zu sehen und stand unter dem Motto »Kunst und Technik – eine neue Einheit«. Die postulierte Einheit auch unter den Mitarbeitern am Bauhaus zu erreichen war nicht leicht gewesen, ungeachtet aller guten Absichten und allen persönlichen Einsatzes. Unter den Künstlern waren noch immer Männer von entschlossen individualistischer Gesinnung anzutreffen, wie an einem unglücklichen Zwischenfall deutlich wurde. Das Bauhaus brachte ein Werbeblatt für die Ausstellung heraus, und zu diesem Werbeblatt hatte Oskar Schlemmer ein Manifest geschrieben und drucken lassen, während Walter Gropius gerade fern von Weimar einige Tage Urlaub machte. In diesem Manifest beschrieb Schlemmer das Bauhaus als den »Sammelpunkt derer, die zukunftsgläubig-himmelstürmend die Kathedrale des Sozialismus bauen wollen«. Gropius stieß, nach Weimar zurückgekehrt, zu seinem Entsetzen auf dieses Manifest und ließ den Teil mit dem Schlemmerschen Text unverzüglich aus dem Werbeblatt entfernen, da er wußte, daß sich diese Äußerung gut und gerne als politische Parteinahme und als eine Verherrlichung des Sozialismus ausdeuten ließ; da machte es keinen Unterschied, daß Schlemmer seine pathetischen Worte nur in einem verschwommen ideologischen Sinn verstanden hatte. Einige vollständige, also auch das Schlemmersche Manifest enthaltende Exemplare gelangten dennoch an die Öffentlichkeit, und das Wort von der »Kathedrale des Sozialismus« wurde von den Widersachern des Bauhauses begierig aufgegriffen, denn damit ließ sich die Schule bequem als einseitig politisierte Institution darstellen.[209]

Die Ausstellung wurde am 15. August 1923 eröffnet, den Auftakt bildete eine »Bauhauswoche«. In den Bauhaus-Gebäuden wurden Arbeiten der Meister und Schüler gezeigt und alle Ausbildungskurse erläutert, an der Straße Am Horn war das Versuchshaus oder ›Musterhaus‹ zu besichtigen, die Meister und natürlich auch Gropius boten Demonstrationsveranstaltungen, Vorträge und Seminare an, Schüler, Meister und Gäste stellten den modernen Tanz und die moderne Musik vor, außerdem konnten die Besucher an Führungen zu den Sehenswürdigkeiten von Weimar teilnehmen. Weiterhin gab es eine Reihe von Konzerten und Bühnenaufführungen im Stadttheater in Jena. Zusätzlich wurden zwei von den Bauhäuslern zusammengestellte Ausstellungen freier Arbeiten gezeigt, im Bauhaus-Hauptgebäude eine internationale Architektur-Ausstellung und im Weimarer Landesmuseum eine Ausstellung moderner Plastik und Malerei.

Die Ausstellung fand überall in interessierten Kreisen größte Beachtung und führte dazu, daß sich die Kunde vom Bauhaus und seinen Bemühungen auch im Ausland weithin verbreitete. Die galoppierende Inflation, die den Menschen in Deutschland und Österreich das Leben so schwer machte und den Bauhäuslern noch bei der Vorbereitung der Ausstellung so ungewöhnliche Lasten aufbürdete, hatte immerhin zur Folge, daß Ausländer in Scharen nach Weimar gelockt wurden, denn der mit harten Devisen zahlende Gast konnte in Deutschland für ein Spottgeld reisen und leben. So sammelte sich Freund und Feind in der kleinen Stadt im Herzen Thüringens, um das Bauhaus aus eigener Anschauung kennenzulernen. Nach Schätzungen der städtischen Behörden kamen allein zur »Bauhauswoche« Tausende von Gästen nach Weimar, während die Ausstellung insgesamt zwischen dem 15. August und dem 30. September im Tagesdurchschnitt mehrere Hundert Besucher anzog, wobei an Sonn- und Feiertagen besonders großer Andrang herrschte.

Zu den Besuchern zählten auch die Komponisten Igor Strawinsky, Ferruccio Busoni und Ernst Křenek, die sich Oskar Schlemmers »Triadisches Ballett« ansahen, zu dem Paul Hindemith eine Begleitmusik geschrieben hatte.[210] In den Konzerten, die im ein Jahr zuvor von Walter Gropius umgebauten Jenaer Stadttheater stattfanden, kamen neue Werke von Busoni, Křenek und Hindemith zur Aufführung, so Křeneks »Toccata und Chaconne« und Hindemiths Vertonung der »Marienlieder« Rainer Maria Rilkes. Busonis »Fünf kurze Stücke zur Pflege des polyphonen Spiels auf dem Pianoforte« erlebten, vorgetragen von Eduard Erdmann, in Jena ihre Erstaufführung. Strawinskys »Geschichte vom Soldaten« wurde in der zweiten Aufführung der deutschen Fassung von Hermann Scherchen dirigiert, der Erzähler war Carl Ebert. »Das Mechanische Kabarett« war ein Abend im Jenaer Stadttheater betitelt, bei dem Kurt Schmidts »Mechanisches Ballett« mit der Musik von Hans Heinz Stuckenschmidt – der damals als Gastlehrer am Bauhaus tätig war – zur Aufführung kam. Die Stadt Weimar erlebte zugleich Tanzabende und andere Festveranstaltungen, und der Ansturm der Gäste wie die Umtriebe des Bauhauses mochten wohl manchen ehrbaren Bürger etwas außer Fassung gebracht haben.

Die Architektur-Ausstellung bot als besonderen Anziehungspunkt eine Übersicht über die Arbeiten Le Corbusiers. Die Zeichnungen, Pläne und Fotografien hatte Le Corbusier selbst zusammengestellt und systematisch geordnet, dazu hatte er Gropius einen Entwurf für das Arrangement und genaue Anweisungen für die Hängung der Bilder geliefert *(Abb. 72).* Die Zeit der Ausstellungsvorbereitung bedeutete für Walter Gropius und den vier Jahre jüngeren Le Corbusier, der sich bereits auf dem Weg zu weltweitem Ansehen befand, den Anfang einer langwährenden Freundschaft. Mehr als vierzig Jahre später berichtete Gropius in einer Lobrede auf den Pariser Architekten davon: *»Durch seinen Esprit Nouveau war ich mit seiner Vorstellungswelt vertraut. Da ich sehr davon angetan war, bat ich ihn, mir Proben seiner Arbeit zu schicken, die auf der Bauhaus-Ausstellung gezeigt werden sollten. Er antwortete begeistert und sandte mir handschriftliche Zusammenfassungen und Skizzen seiner Studien zur Stadtplanung und zum Bauen mit vorgefertigten Teilen, die ich noch besitze, und dazu Fotos der noch recht wenigen Häuser, die er bis dahin gebaut hatte...«*[211]

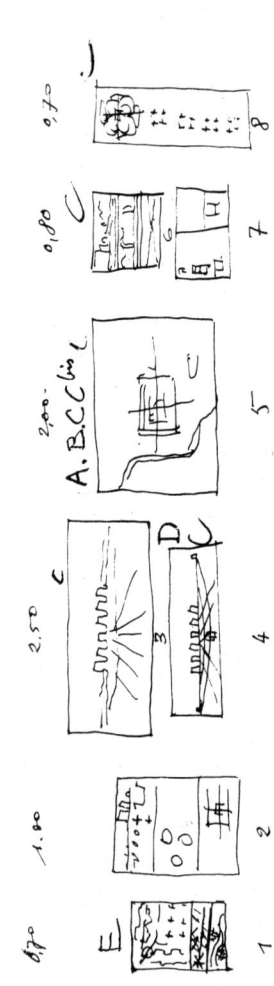

Abb. 72 Le Corbusier: Anweisungen an W. Gropius zur Einrichtung der
Le-Corbusier-Ausstellung im Bauhaus, 1923

Die Vorträge, die Walter Gropius selbst hielt, zogen bereits während der »Bauhauswoche« Künstler und Architekten in großer Zahl an, darunter viele seiner alten Freunde;[212] insgesamt war dabei ein rundes Dutzend europäischer Nationen versammelt. Offensichtlich wirkte das, was diese Besucher hier am Bauhaus sahen und erlebten, außerordentlich anregend und befruchtend auf sie, denn schon am 17. August, am dritten Tag nach Eröffnung der Ausstellung, trafen sie sich in einer spontan einberufenen Zusammenkunft mit Walter Gropius, um den Vorschlag zur Bildung einer internationalen Vereinigung von Künstlern und Architekten zu diskutieren. Dem Vorschlag lag der Gedanke zugrunde, daß eine solche Vereinigung mit Hilfe einer Ausbildung, wie sie das Bauhaus anzubieten hatte, der neuen Kunst und Architektur den Boden bereiten und die nachrückende Generation von Grund auf mit deren Vorstellungen, Methoden und Zielen vertraut machen sollte. Die Zeit für die Gründung einer solchen Vereinigung war aber wohl noch nicht gekommen, jene Diskussion in Weimar führte jedenfalls zu keinem konkreten Ergebnis.[213]

Das Versuchshaus des Bauhauses

Ein besonderer Anziehungspunkt der Bauhaus-Ausstellung war das Musterhaus oder Versuchshaus an der Straße Am Horn, das bald als das »Haus am Horn« bekannt wurde. Der Entwurf zu dem Versuchshaus stammte von Georg Muche, die Ausarbeitung der Pläne und die Bauleitung lag in den Händen Adolf Meyers und des Gropiusschen Architekturbüros.[214] Georg Muche hat später geschildert, wie es dazu kam, daß er, der Maler und junge Meister am Bauhaus, und nicht Walter Gropius, der Architekt und Direktor des Bauhauses, den Entwurf zu diesem Haus liefern konnte. Die Entscheidung fiel auf einer Versammlung der Bauhäusler während der Vorbereitungszeit für die Ausstellung. *»Auch Gropius mußte Opfer bringen. Er baute das Haus nicht, das er, der Gründer und Architekt, zum Sinnbild seiner Idee und als Mittelpunkt der Ausstellung gerne gebaut hätte. Er konnte es nicht bauen, weil es ihm nicht gelungen war, mit den nüchternen Plänen und Beispielen seines Architekturbüros die Jugend des Bauhauses zu überzeugen. Sie verschloß sich seinen Worten... Das hatte einem der Jüngsten der Bauhausmeister Mut gemacht, von einer Sache zu reden, von der er nichts verstand. Er schilderte die Art und Weise, wie das Haus gebaut werden müßte... Er erweckte Sehnsucht nach einer neuen Form des Daseins, und seine Zuhörer begeisterten sich an dem Gedanken, dieses Haus und nur dieses zu bauen und einzurichten... Gropius war es, der mit den Worten verzichtete: ›Ihr Schwung – und sei er auch aus Wahn geboren – ist der Nerv unserer Ausstellung. Ich bin bereit und mache mit.‹ Gropius half, als sei es seine eigene Sache.«*[215]

Walter Gropius gab um des lieben Friedens willen nach, das Versuchshaus wurde, wie die Studierenden es gefordert hatten, nach Georg Muches Entwurf gebaut. Weiterhin blieb aber Gropius für den Standort und das Grundstück verantwortlich, auf dem dieses Haus entstand, war es doch das erste Gebäude, das auf dem für die Bauhaus-Siedlung vorgesehenen Gelände errichtet wurde, die er ein Jahr zuvor projektiert hatte. Und nicht zuletzt hatte er außerdem für die Finanzierung zu sorgen – wahrhaftig keine leichte Aufgabe in diesem Inflationsjahr 1923, wie seine Briefe an Lily Hildebrandt erkennen lassen: »*Denke Dir, ich habe nun schließlich Erfolg gehabt, bin in der letzten Zeit so lange herumgefahren bei der Industrie, daß es meiner Zähigkeit trotz der Wirtschaftslage gelang, das Haus zu sichern. Ich habe für ca. 100 Millionen Werte erobert. Sommerfeld giebt 20 Milli. bar, Spiegelglasindustrie 5 Millionen bar, das andere sind Sachwerte. Das Grundstück habe ich auch vom Staat bekommen und nun gehts los! Ich bin stolz, daß es uns gelungen ist, und Du hast mir sekundiert! Freilich ist damit die ganze Ausstellung noch nicht finanziert. Ich versuche jetzt ein* Garantie-Komité *für die Ausstellung zusammenzubringen. Für die gegebenen Gelder will ich die Eintrittsgelder der Ausstellungsbesucher und evt. das Vorkaufsrecht an unserer Ware (Stoffe – Keramik) verpfänden. Redslob zieht mit. Vielleicht ist Löwenstein dafür leichter zu gewinnen. Das Haus mache ich übrigens mit Muche zusammen, der den Grundriß gemacht hat. Wir arbeiten alle fieberhaft!*«[216]

Die Finanzierung des Versuchshauses wurde schließlich weitgehend von Adolf Sommerfeld übernommen, dem zugleich das Vorkaufsrecht auf das Haus und seine Inneneinrichtung nach Abschluß der Ausstellung zustand; das von verschiedenen Firmen gelieferte Material wurde, zum Selbstkostenpreis berechnet, zunächst auf Kreditbasis zur Verfügung gestellt und nach dem Verkauf des Hauses aus dem Erlös bezahlt. Das Grundstück Am Horn, Teil des vom Staat für die Bauhaus-Siedlung bereitgestellten Geländes, wurde von der Siedlungs-Genossenschaft am 7. März 1923 käuflich erworben. Am 1. April genehmigte der Stadtrat die zur Prüfung vorgelegten Pläne, am 11. April begannen die Bauarbeiten, und am 15. August, pünktlich zur Eröffnung der Ausstellung, war das Versuchshaus fertiggestellt. Das Haus ist wie ein Atrium auf quadratischem Grundriß konzipiert: in der Mitte der große »turmartige« Wohnraum, ringsum alle anderen Räume. Diese sind um ein halbes Geschoß niedriger als der Zentralraum, der von einem hochliegenden Fensterband sein indirektes Licht erhält. Alle übrigen Räume haben je ein Fenster in der Außenwand. Die Inneneinrichtung des Hauses wurde zur Gänze in den Bauhaus-Werkstätten geschaffen, wobei die Meister und Schüler viele Teile speziell für diesen Zweck entworfen und entwickelt hatten.[217] In Zusammenhang mit der Beschaffung des Mobiliars für das Versuchshaus suchte der Schüler Theodor Bogler die verschiedensten Möbelhersteller auf – er war damit der erste Bauhäusler, der auf der

Suche nach der guten Industrieform die Produktionsstätten durchwanderte. Adolf Sommerfeld, in dessen Besitz das Haus samt Grundstück nach Abschluß der Ausstellung übergegangen war, fand zunächst keinen Käufer, obwohl mit der Einführung der Rentenmark am 15. Oktober 1923 der Inflation ein Ende gesetzt wurde; erst am 8. September 1924 ging das Haus Am Horn in andere Hände über.

Dem Versuchshaus wurde – ebenso wie der gesamten Bauhaus-Ausstellung – seitens der Tageszeitungen wie der Fachpresse Deutschlands und des Auslands außerordentliche Beachtung zuteil, die Besprechungen reichten von begeisterter Zustimmung bis zu feindseliger Ablehnung.[218] Zwar war die Reaktion der Besucher im allgemeinen positiv, doch die staatlichen und städtischen Stellen zeigten sich weniger beeindruckt – zu sehr herrschte der Einfluß der Handwerker und Gewerbetreibenden, der alten Kunstschulen und des spießigen Bürgertums vor. Gropius befand später, daß »die Bürger von Weimar in der Vergangenheit und nicht in der Gegenwart lebten«; sie zogen süffisante Vergleiche zwischen dem noblen Gartenhaus Goethes und dem abscheulichen Versuchshaus des Bauhauses, in dem sie ein Monument des Bolschewismus sahen, trug es doch ein flaches Dach. Wenige Wochen nach dem Ende der Bauhaus-Ausstellung ließ sich Walter Gropius in einem Brief an Lily Hildebrandt noch einmal kurz über das Versuchshaus aus. Er setzte sich dabei mit einigen kritischen Anmerkungen Erich Mendelsohns auseinander, die den Hildebrandts zu Ohren gekommen waren: »*Mendelsohn begeht wie viele den Fehler, zu verlangen, daß in drei Jahren etwas fertig ist, was in zehn Jahren kaum erreicht werden kann. Das Wichtigste bleibt eine richtige Steuerung des Tempos und ein sich Zeit lassen, um eine tief greifende Idee durchzusetzen. Die Beziehung von all' und jedem auf den Bau ist durchaus vorhanden, nur noch nicht so sichtbar; denn ich muß ja jeden Einzelnen erst mindestens 3 Jahre schulen und zwar in einem Handwerk, bis er fähig ist, an einer Bauaufgabe mit zu arbeiten. Wir stehen also erst im Beginn solcher Arbeitsversuche ... Sein Einwand, man hätte an Notbauten zeigen können, was wir architektonisch können, ist für mich vollständig verfehlt; denn ich wende mich stark gegen jene Ausstellungsbauten, die Attrappen aus Rabitz und Pappe sind, und will eben gerade eine solide Entwickelung der Baukörper aus brauchbarem Material und wirklichem Handwerk, da es nur auf diesem Weg möglich ist, Technik und Konstruktion weiter zu entwickeln, während Attrappen-Bauten immer wieder nur spekulative formalistische Versuche sein können. Über das Haus am Horn kann man natürlich verschiedener Meinung sein. Es giebt auch sehr gewichtige Stimmen dafür. Daß es nicht von mir gebaut wurde, hatte seine wohlüberlegten Gründe, die aus der inneren Struktur des Bauhauses resultieren und die ein Nichteingeweihter nicht ohne weiteres durchschauen kann.*«[219]

Für die Bauhäusler stellte das Versuchshaus ein gelungenes Experiment dar, eine erfolgreich gelöste Bauaufgabe; daraus erwuchs zugleich ein neuer

Antrieb für die alte Forderung, daß am Bauhaus endlich eine eigene Architekturabteilung eingerichtet werden müsse. Im Verlauf der Ausstellung und danach unternahm man noch einmal ernsthafte Anstrengungen, um eine Finanzierungsgrundlage für die geplante Bauhaus-Siedlung zu schaffen, doch es war vergebliche Liebesmüh; dieses zweite Halbjahr 1923 war die Zeit der ›sich totlaufenden‹ Inflation und der ernüchternden Währungsstabilisierung, nicht die Zeit der Erfüllung großer Projekte. Die Bauhaus-Siedlung in Weimar blieb eine Utopie, ein im Konzept schon vorweisbares, in der Wirklichkeit aber unerreichbares Ideal.

Ise Gropius, geborene Ilse Frank

Die Zeit der Vorbereitung der Bauhaus-Ausstellung brachte für Walter Gropius nicht nur eine Periode hektischer Geschäftigkeit mit sich, sondern sie bescherte ihm auch eine persönliche Begegnung, die für sein weiteres Leben von entscheidender Bedeutung werden sollte – er lernte die Frau kennen, die später seine Gattin wurde. Seine Bemühungen, durch die Honorarerlöse aus Vorträgen zur Deckung der Kosten beizutragen, führten ihn am 28. Mai 1923 auch nach Hannover, wo er auf Einladung Alexander Dorners im Provinzial-Museum über »Die Einheit von Kunst, Technik und Wirtschaft« sprach. Einem Mann wie ihm, der einen solchen Blick für die Schönheit hatte, konnten die beiden jungen Damen schwerlich entgehen, die da in der ersten Reihe unter den Zuhörern saßen – die Schwestern Ilse und Hertha Frank, denen als geschätzten Gästen Dorners Ehrenplätze zuteil geworden waren.[220] Walter Gropius verspürte während des ganzen Vortrags unmittelbar die Gegenwart Ilse Franks und wandte sich, ohne daß die übrige Zuhörerschaft dessen gewahr wurde, mit seinen Ausführungen bewußt an sie. Ilse Frank ihrerseits fühlte sich von seiner Persönlichkeit und dem Ausdruck seiner Augen angezogen, mehr noch aber durch die grundlegende Aussage seines Vortrags, die, wie sie später erklärte, »schlagartig durch die wirren Ansichten dieser Zeit hindurchstieß zur Vision einer neuen Ordnung.«

Walter Gropius blieb es versagt, Ilse Frank nach dem Ende des Vortrags kennenzulernen; er hatte sich selbst den Weg dazu verbaut, nachdem er zuvor Alexander Dorner ausdrücklich darum gebeten hatte, ihm den Rest des Abends gänzlich freizuhalten, da er ruhebedürftig sei. Am folgenden Tag aber ließ er den beiden Schwestern durch seinen Neffen Joachim Burchard eine kurze Nachricht zustellen – ohne persönliche Anrede, da er nicht wußte, ob diejenige, die er kennenzulernen wünschte, nun Ilse oder Hertha war: »*Leider bin ich durch meine eigne Schuld darum gekommen, Ihre Bekanntschaft zu machen; ich hätte mir gewünscht, daß Sie an unserem Abend nach dem Vortrag teilnahmen. – Ich bin von Cöln kommend Mittwoch oder Donnerstag nächster Woche wieder in Hannover, darf ich dann das versäumte irgendwo und -wie nachholen?«*[221]

Ilse Frank, die schon seit der Vorkriegszeit in Hannover lebte, arbeitete damals in einer Buchhandlung, die besonders die Literatur der Avantgarde pflegte; dort hatte Alexander Dorner sie kennengelernt. Die Sechsundzwanzigjährige war die älteste von drei Schwestern, denen einige Jahre zuvor ein vorzeitiger Tod die Eltern genommen hatte. Ein Universitätsstudium war ihr versagt geblieben, doch sie hatte eine weiterführende Schule besucht, die junge Frauen in Theorie und Praxis mit Haushaltführung, Gemüseanbau und Haustierpflege vertraut machte. Sie hatte bei einer Tageszeitung gearbeitet, bevor sie in die Buchhandlung eintrat. Als Buchhändlerin wurde sie mit einigen der tonangebenden Leute im Kulturleben der Stadt wie etwa Kurt Schwitters, der zufällig auch in der Nachbarschaft wohnte, oder eben Alexander Dorner bekannt; zugleich nutzte sie die Gelegenheit zur Weiterbildung durch ausgiebige Lektüre.

Walter Gropius kehrte, wie angekündigt, nach Hannover zurück, er durfte die Bekanntschaft der Schwestern Frank machen und erfuhr endlich, daß es Ilse Frank war, auf die er sein Augenmerk gerichtet hatte. Er dehnte seinen Aufenthalt in der Stadt aus und stürzte sich in eine rasant betriebene Brautwerbung. Ilse Frank fand ihn zwar attraktiv, doch sie zögerte, sich so ohne weiteres mit ihm einzulassen; die Anziehungskraft und das Auftreten des so unversehens in ihr Leben getretenen Mannes aus Weimar verfehlte ihre Wirkung nicht, doch sie schwankte in ihren Gefühlen zwischen der Zuneigung zu Walter Gropius und der Verbundenheit mit ihrem Verlobten, ihrem Vetter Hermann, der als Geschäftsführer in den Frankschen Eisenwerken tätig war, mit dem sie bereits seit geraumer Zeit zusammenlebte und den sie innerhalb der nächsten Monate zu heiraten gedachte. Offensichtlich behielt in diesem Widerstreit der Gefühle schließlich die Zuneigung zu dem neuen Bewerber die Oberhand. Nachdem Walter Gropius abgereist war, erreichten ihn Briefe, Telegramme und Telefonanrufe von ihr, in denen zunächst noch immer ihre Unentschlossenheit, ihr innerer Zwiespalt, ihr Zögern vor dem entscheidenden Schritt zum Ausdruck kam. In seinen Antworten wandte Walter Gropius alle Überredungskunst auf, um sie auf seine Seite zu ziehen. Endlich faßte sich Ilse Frank ein Herz und tat den entscheidenden Schritt – Anfang Juni erhielt Walter Gropius ihre Anfrage: »*Mir ist plötzlich ein Gedanke gekommen, darf ich Sie besuchen? Oder möchten Sie es lieber nicht?*

Ich weiß, Sie haben so viel zu tun jetzt vor der Ausstellung, aber mein Herz hängt an dem Gedanken einmal einen Augenblick bei Ihnen zu sein u. zwar dort wo Sie leben.

Von Donnerstag bis Sonntag bin ich frei, welchen Tag könnten Sie mir geben?

Bitte antworten Sie gleich, auch wenn es ›nein‹ ist.«[222]

Abb. 73 W. Gropius, 1923

Abb. 74 Ise Gropius, geb. Ilse Frank, 1923

Walter Gropius sandte ihr beglückt ein Antworttelegramm und lud sie ein, die ganze ihr zur Verfügung stehende Zeit mit ihm in Weimar zu verbringen. Ilse Frank kam nach Weimar; der liebevolle Empfang durch Walter Gropius, das fröhliche Durcheinander im Bauhaus überwältigten sie, die aufregenden Tage und die noch aufregenderen Nächte ließen die Zeit wie im Flug vergehen. Sie sprachen miteinander über Liebe und Heirat – Walter Gropius war noch immer bedrückt von den Erfahrungen seiner Ehe mit Alma Mahler und scheute zurück vor dem Gedanken an eine übereilte Eheschließung, während Ilse Frank sich nach der Geborgenheit in der Ehe sehnte. Kein Zweifel aber, daß sie sich hingezogen fühlte zu dem fünfzehn Jahre älteren Mann, der schon als bewährter Frontoffizier, als Architekt, als Gründer und Leiter des Bauhauses ein gewisses Ansehen genoß, und auch das Bauhaus selbst und die Stadt Weimar hatten es ihr angetan. Nach ihrer Abreise aus Weimar kehrte sie ins nordhessische Dillenburg zurück, dem Standort der Frankschen Eisenwerke. Dort erreichte sie der stete Strom seiner Briefe, in denen er seine Liebe beteuerte und um sie warb. Sie antwortete ihm freimütig: *»Ich ging heute morgen mit Deinem Brief in den Garten und das Gefühl der Dankbarkeit überwältigte mich so, daß ich nichts tun konnte, wie auf den Rasen niederknien u. die Sonne auf mich herabscheinen lassen, als ob es der warme Strahl Deiner Augen wäre, die auf mich schauten...*

– Du sagtest neulich, es gäbe keinen Fortpflanzungstrieb, aber ich glaube doch daran. Die Heirat ist in diesem Fall das Opfer für die Kommenden u. ich dachte, dieser Gedanke könnte mir Erfüllung in der Ehe bringen. Ich sehe nun, daß dies nicht möglich sein wird, denn ein Rest von unausgenutzten Kräften wird bohren u. nagen, um ans Licht zu kommen. Aber dies muß nun durchgelebt werden, denn ich bin ja nicht allein u. meine Erkenntnis nutzt dem Anderen noch nichts. –

Morgens um 6 Uhr
Ich wache auf, der Brief hat die ganze Nacht mit mir geruht. Die Sonne scheint draußen u. ich bin so müde und traurig, daß ich fast nicht anfangen möchte zu denken.

Was habe ich Dir alles geschrieben! Bitte lies es mit liebevollen Augen. Du mußt mir hierauf antworten, aber dann fürs erste nicht mehr, ich kann es sonst nicht! – Früh genug werde ich doch wieder bei Dir anklopfen. Wirst Du immer antworten?«[223]

Walter Gropius antwortete ihr sofort, und in der Folge ergaben sich Gelegenheiten zu rasch vereinbarten, knappen und glücklichen Stunden des Beisammenseins in Weimar oder in Hannover. Er schien ein Gespür für ihre Empfindungen zu haben und ihre zweifelnden Gedanken bereits vorweg zu erahnen; seine Briefe reichten in Inhalt und Ton von neckischen Anspielungen bis hin zu unumstößlichen Feststellungen – Feststellungen, die sie durchaus nicht alle in Bausch und Bogen hinnehmen konnte. Ihre Erwiderungen kamen jedesmal als ein Wortschwall über ihn, in endlosen Ausführungen machte sie ihrem Herzen Luft, im Innersten bewegt durch diese neue und erregende Erfahrung der Liebe zu einem Mann, die so ganz anders war als die vorgehabte, äußere Sicherheit und innere Geborgenheit versprechende Verbindung mit ihrem Vetter Hermann. Sie ging selbstkritisch mit sich ins Gericht, sie konnte sich der wahren Absichten dieses Walter Gropius nicht sicher sein und wußte ebensowenig, was sie hinsichtlich der vorgesehenen Eheschließung mit dem Vetter unternehmen sollte, sie fühlte sich verantwortlich für Hermann, und ihr Gewissen wollte ihr keine Ruhe lassen.

Es konnte nicht ausbleiben, daß Ilse Frank plötzlich Anzeichen für eine Schwangerschaft bei sich zu entdecken glaubte – es war ein blinder Alarm, wie sich bald herausstellte, doch sie schien auf diese Feststellung eher mit Enttäuschung denn mit Erleichterung zu reagieren, als sie Walter Gropius Anfang Juli davon berichtete: »*Was soll ich tun, ich bin am Ende mit allen Gedanken. Es war so einfach zu denken, als ich nur an mich dachte, aber nun bist Du da, Du allergeliebtester Mensch, u. ich brachte Dir nichts. Aber ich kann die Hoffnung nicht aufgeben, daß ich Dir doch noch einmal nahe komme, wenn Du auch jetzt nichts Gutes über mich denken kannst. Meiner Strafe bin ich ja nicht entgangen u. es kommt jetzt darauf an, daß ich sie nicht nur ertrage. Bitte denke gut an mich, ich könnte es nicht ertragen, aber ich weiß, wie schwer es sein muß für Dich.*

Willst Du mir etwas antworten? Es ist mir so schwer, Deine Gedanken nicht zu wissen.

Du! Lieber! Ich kann ja nicht leben, wenn ich meine Heimat bei Dir verliere!«[224]

Fünf Wochen voller Glückseligkeit und voller Seelenqual lagen zu diesem Zeitpunkt hinter Ilse Frank seit jenem Tag, da sie Walter Gropius zum ersten Mal begegnet war. Sie fühlte Mitleid mit Hermann und konnte sich noch immer nicht recht entschließen, die Verlobung zu lösen und die Hochzeit abzusagen – während doch die Familie nichtsahnend alle Vorbereitungen für eine üppige Hochzeitsfeier traf, die schon zehn, zwölf Tage später im Haus ihrer Tante in München begangen werden sollte. Ob er ihr antworten werde, hatte sie Walter Gropius gefragt, und er antwortete ihr postwendend mit einem leidenschaftlich bewegten Brief, der, wenn auch nicht frei von rhetorischer Ausschmückung, eindringlich und überzeugend auf sie einwirken sollte, sie dazu bringen sollte, daß sie ihre Unentschlossenheit abschüttelte, die Verlobung löste und nach Weimar käme: »*Ich bin nicht ein Mensch, der wartet! Ich stürme durchs Leben, wer nicht mitkommt bleibt am Weg liegen; ich will zeugen mit dem Geist und mit dem Leib, ja auch mit dem Leib und das Leben ist kurz und will ergriffen sein ... ich fühlte in Dir meine Heimat, wie nie zuvor in einem Weibe. Vorbehaltlos gab ich Dir mein inneres und äußeres Besitztum; aber es hat Dich ratlos gemacht, Du begannst es zu zerteilen. Ich aber begreife die Einheit der Welt, sie ist in mein lebendiges Bewußtsein gegangen... So oft wir liebend werden kreist das ganze Leben, Geburt und Tod im Raume unserer Brust... Es war kein Spiel. Wir hatten einen heiligen Bund geschlossen in geweihten Nächten,... aber – Du läßt mich im Unwissen...! und meine Demut wandelt sich in Zorn, wenn mein heiligstes Geschenk mißachtet wird. Starke Naturen haben große Spannungen, ihr Herz ist nie träge, es zerfließt in Liebe und wandelt sich sogleich wieder in Stahl. Du zwangst die Zärtlichkeit meines Herzens zur Schärfe um!... Diese große gnaden-schmerzenreiche Liebe ist Dir noch unbekannt, aber sie steht in Deinem Schicksal...*

Ob Du mich wol begreifst, Geliebte, auch meine Härten und Unerbittlichkeiten? Aber ich stehe an der Schwelle und muß ohne jeden Rückhalt zu Dir reden: Es schlumern in Dir wunderbare Kräfte, sie wollte ich gestalten zum »wesenhaften Wesen« und – bis zum letzten wollte ich um Dich kämpfen, aber – Dein Tun bestimmt noch die Halbheit ungeistiger Regionen, so laß ich ab...

Du stehst in entscheidender Schicksalswende und was Du auch gewählt hast ergreife es und lebe es ganz. Es giebt nur Ausschließlichkeit, alles andere ist schwach. Mach reine Bahn, befreie Dich... Lebe, gedeihe, werde! Nun schweige ich. Leb wol mein Antlitz! Ich glaube an Dich!!«[225]

Ilse Frank konnte sich nicht länger der Wirkung seiner so ungestüm und nachdrücklich vorgebrachten Argumente entziehen, sie gab ihrem Herzen einen Stoß und entschied sich für Walter Gropius; sie fügte sich schließlich auch noch seinem Wunsch und nannte sich fortan Ise. Brieflich berichtete sie ihm von der Lösung ihrer Verlobung mit Hermann: »*Hermann u. ich haben uns getrennt. Ich mußte für Dich entscheiden. Aber nun bin ich so verwirrt vor Schmerz, daß ich auch Dich nicht mehr sehe. Die letzten Tage haben mich so krank u. erschöpft gemacht, daß ich nicht mehr fühlen u. denken kann. Ich wußte nur das eine, daß ich Dir folgen mußte.*

Nun ist es aber zu Ende, ich bin gar kein Mensch mehr. Hermann war mir so lieb u. ich musste ihm so grausam weh tun u. er sagte mir kein Wort des Vorwurfs. Ich kannte ihn ja, aber dieses Maass an Liebe u. Beherrschung hatte ich nicht erwartet... Ich gehe allein nach Ambach u. warte was Du mir sagst.«[226]

Mit diesem Brief hatte sie Walter Gropius, wie sie später sagte, »grünes Licht gegeben«. Und wiederum antwortete er ihr auf der Stelle: »*Ein Sonntag... in mir ist eine große Stille, so ein Knien vor etwas unbegreiflichem, das in mich fiel... Dieser unbeschreibliche Augenblick als heute Dein Brief des morgens kam, der beständige reißende Schmerz, den ich um Dich in mir trug stand plötzlich still, ich begriff nichts und stand in einem großen Dunkel ich weiß nicht wie lange und dann – schoß das Licht von allen Seiten in mich, mein Herz sprang wieder auf...*

Ich arbeite wie ein Dämon, Tag und Nacht, trotzdem die Welt glüht. Mein großes Werk ist nun gerettet durch Dich, *Du beflügelst meine Schritte und diese letzten Wochen werden noch ein gigantischer Arbeitskampf: Aber in dem Augenblick, wo Du rufst, werde ich alles hinwerfen und* sofort *kommen. Und – meine Türen* hier *stehen auf für Dich jede Stunde.«*[227]

Dieser Brief aus Weimar, Mitte Juli 1923 geschrieben, erreichte Ise in Ambach am Starnberger See, wo sie in landschaftlich schöner Umgebung Ruhe und Entspannung zu finden hoffte; die Trennung von Hermann, der doch mit solcher Ergebenheit an ihr hing, belastete ihre Gedanken. Sie berichtete von dort: »*Ich bin so erfüllt von Sonne, Luft und Licht, daß alle Gedanken allmählich zur Ruhe gehen. Das Wasser übt seine alte Wirkung auf mich, es gibt nichts auf der Welt, was mich mehr beruhigte, als dies gleichmäßige Rauschen.*

Die ersten Tage waren schlimm, aber gestern kam Dein Brief u. da löste sich vieles...

In Dillenburg hatte ich ein doppeltes Leben geführt. Am Tage richtete ich eine Wohnung ein mit allen kleinsten Bedürfnissen für ein künftiges Leben, das ich nachts in meinen Träumen gar nicht kannte. Mein schlechtes Aussehen konnte ich auf die Umzugsmühen schieben, aber Hermann ließ sich nicht ganz täuschen. Am Tage vor der Hochzeit kam Dein letzter Brief u. ich weiß heute noch nicht, wie ich den Mut fand, plötzlich zu sprechen. Hermann machte mir alles so leicht, er sprach kein einziges Wort des Vorwurfs, aber ich weiß, daß es die größte Enttäuschung bis jetzt für ihn war. Sein Leben war u. ist ohnedies nicht leicht, u. es war so entsetzlich schwer, ihm dies zu nehmen...

Es ist einsam hier, viel Wald u. der ganze See. Ich liege stundenlang im Boot, lasse mich treiben, u. alles verliert seine Schärfe.«[228] Gegen Ende Juli kehrte sie, einigermaßen erholt und zur Ruhe gekommen, nach Hannover zurück, um sich den Verwandten und den Freunden zu stellen – und um sich aufmuntern oder auch kritisieren zu lassen. Mit Hilfe der Schwestern Ellen und Hertha waren die familiären Angelegenheiten rasch geregelt, so daß Ise Anfang August nach Weimar übersiedeln konnte; um der Schicklichkeit willen wurde sie zunächst von Paul Klee und seiner Gattin als Gast aufgenommen. Fünfzig Jahre danach noch wußte Ise Gropius davon zu berichten, wie Walter Gropius ihr, der Sechsundzwanzigjährigen, damals Mut gemacht, ihr Stärke und Selbstsicherheit eingeflößt und sie damit auf ihre neue Rolle in der Bauhäusler-Gemeinde vorbereitet habe – er sagte: »*Ich bin völlig immun gegen Enttäuschungen, weil ich mich dazu erzogen habe, Menschen und Situationen nicht nach ihrem momentanen Zustand zu beurteilen, sondern danach, was aus ihnen werden könnte.«*[229]

In den Briefen, die Walter Gropius an Lily Hildebrandt schrieb, hatte sich deutlich ein Wandel angezeigt, seit er Ilse Frank zum ersten Mal begegnet war; er sprach nur noch von den Schwierigkeiten im Bauhaus, von der Arbeit seines Architekturbüros und den Vorbereitungen für die Bauhaus-Ausstellung. Er zögerte den Zeitpunkt hinaus, da er der Geliebten in Stuttgart von Ilse Frank berichtete, und suchte vielmehr eifrig die Klippen zu umschiffen. So schrieb er Lily beispielsweise in Beantwortung ihrer Vorwürfe, mit denen sie ihn der Untreue zieh, nach der Rückkehr von einem längeren Beisammensein mit Ilse Frank: »*Ich war übrigens nicht 14 Tage, sondern drei Tage in Hannover, übrige Zeit auf Bauten. Wenn doch die Frauen nicht so eifersüchtig wären!!!*

Aber wir wollen uns wirklich bald treffen, aber bringe mal mit der Hand ein großes Schwungrad zum Stehen!! Du bist ein süßes Frauenzimmer, ich umarme Dich.«[230] In der Folgezeit sprachen seine Briefe tatsächlich von ihrem nächsten Besuch in Weimar. Da ihm nicht daran gelegen war, daß Lily und Ise einander begegneten, waren seine Zeilen mit Hinweisen auf die Familie, auf seinen Stundenplan – und auf die bequeme Unterbringungsmöglichkeit an einem ruhigen, abgelegenen, verschwiegenen Ort gespickt; obendrein ließ sich die Sache noch verzwickter darstellen, da die Hildebrandts überdies eine Anzahl von Studenten mit nach Weimar bringen wollten: »*Die Ausstellung wird aller Voraussicht nach* mit *der Bauhauswoche am 24. Juli eröffnet. Um diese Zeit ist es natürlich mit Quartieren am allerschwierigsten. Ateliers werden sämtlich zu Ausstellungszwecken benutzt, aber ich werde mit Hilfe der Schüler tun, was irgend möglich ist, um die Studenten unterzubringen, denn an ihnen liegt mir, nur brauche ich baldig Angaben über Zahl u. Zeit. Deinen Mann werde ich schon irgendwie unterbringen. Bei mir wird um diese Zeit meine Familie sein, so daß es wol besser ist, wenn* Du *später kommst. Ich schreibe Dir noch die günstigste Zeit, so daß Du* viel *zu sehen bekommst. – Billige und schöne Sommerfrische: in der* Umgebung *von Friedrichroda, ich schreibe noch eine Pension, die ich schon vor 14 Tagen bei Bekannten anmahnte.*«[231]

Die Bauhaus-Woche wurde zu einem alle Erwartungen übertreffenden Erfolg. Den Höhepunkt bildete ein großer Masken- und Kostümball, der am 19. August spät abends begann und erst mit Sonnenaufgang zu Ende ging. Zusammen mit Ise hatte Walter Gropius, begeistert und schließlich erschöpft, das festliche Treiben dieser Nacht mitgemacht. Am folgenden Tag stahlen sie sich, bevor noch die anderen Ballgäste sich nach dem Trubel ausgeschlafen hatten, unauffällig aus der Stadt und brachen zu einer kurzen Erholungsreise nach Verona und Venedig auf. Im Personenzug fuhren sie nach Jena, und während sie dort auf den Schnellzug nach Süden warten mußten, fand Walter Gropius ausreichend Zeit, der Mutter in einem Brief ausführlich von dieser erlebnisreichen Woche zu berichten, die allen Widerständen zum Trotz mit einem solchen Erfolg geendet hatte. Er zählte einige der namhaften Persönlichkeiten auf, die an den Veranstaltungen teilgenommen hatten, er gestand ihr, daß er sich »mit einem schlechten

Gewissen« aus Weimar davongemacht habe, und er teilte ihr mit, daß seine und Ises Hochzeit bevorstünde, doch noch nicht vollzogen sei: »*Die Papiere waren nicht so schnell zu kriegen, wir haben daher noch nicht geheiratet und sind noch inkognito. Du wirst natürlich den Termin rechtzeitig erfahren. Jetzt war auch wirklich keine Zeit dazu. Ich habe in letzter Zeit überhaupt nicht mehr Zeit zum Schlafen gefunden. – Die Ausstellung ist schön geworden, ich war selbst über das schließliche Ergebnis erstaunt.*

. . . Ise schreibt Dir von Italien aus und dankt Dir einstweilen für Deinen sehr lieben Brief. Sag den Freunden von uns, aber ich will erst offiziell sein, wenn wir verheiratet sind.«[232]

Diese Ferienreise mußte gleichzeitig auch als Ersatz für eine Hochzeitsreise herhalten; für einen wirklichen Urlaubsaufenthalt sollten in absehbarer Zeit weder das Geld noch die Zeit reichen.[233] Während die zwei, sozusagen im Vorgriff auf die Eheschließung, in Italien unterwegs waren, mußte die Wohnung von Walter Gropius einer durchgreifenden Erneuerung unterzogen werden.[234] In seiner neuen Position als angehender Ehemann sah er die Dinge in einem anderen Licht. Einrichtungsgegenstände und Gebrauchsgerät, wie sie damals zu kaufen waren, konnten ihn unter ästhetischen Gesichtspunkten keineswegs mehr befriedigen, nichts daran wollte zu Entwicklungsstand und Zukunft der Industriegesellschaft passen. Seine Wohnung war mit Stücken aus Familienbesitz und selbstentworfenen Möbeln eingerichtet, von Arbeiten der Bauhaus-Werkstätten war kaum etwas vorhanden. So gingen Walter Gropius und Ise daran, ihre Wohnung zweckentsprechender und schöner auszustatten.

Knapp zwei Monate nach dem verstohlenen Aufbruch nach Italien, am 16. Oktober 1923, begingen dann Walter und Ise Gropius in Weimar ihre Hochzeit; Trauzeugen waren Wassily Kandinsky und Paul Klee. Weder Walter noch Ise Gropius hatten Wert auf eine kirchliche Trauung gelegt, und so gaben sie sich nur in einer kurzen Zeremonie vor dem Standesbeamten das Jawort; allein die Trauzeugen waren zugegen, von ihren Angehörigen war niemand dabei. Auch sonst wußten nur wenige von der Trauung, und die Bauhäusler waren wohl noch zu überanstrengt und erschöpft nach der großen Ausstellung, als daß sie ihrerseits eine kleine Feier zu Ehren des Hochzeitspaares hätten zustandebringen können.

Eine Reise aber stand den beiden noch bevor, die wohl jedes neuvermählte Paar als eine Hochzeitsreise angesehen hätte – eine Reise nach Paris. Le Corbusier hatte, als er das Material für seine Sonderschau auf der Bauhaus-Ausstellung nach Weimar sandte, Walter Gropius zu einem Gedankenaustausch und zur Besichtigung seiner jüngsten Arbeiten nach Paris eingeladen. Das war für Walter und Ise Gropius Anlaß genug, sich gegen Ende Oktober 1923 auf den Weg in die französische Hauptstadt zu machen. Es war zwar nicht mehr die rechte Jahreszeit für touristische Unternehmungen, doch darauf waren sie ja nicht eigentlich aus – sie fanden in Paris eine bezaubernde Stadt und in Le Corbusier einen höchst unterhaltsamen Gastgeber. Fast vierzig Jahre später erwähnte Walter Gropius diesen Besuch in Paris, zumindest soweit es dessen berufliche Aspekte anbelangte: *»Nach der Bauhaus-Ausstellung in Weimar trafen wir uns zum ersten Mal im Café des Deux Magots in Paris. Er besprach mit mir seine Pläne zu einer ville contemporaine de 3 000 000 (Esprit Nouveau, 1922) und das Konzept der Standardisierung und der Anwendung vorgefertigter Teile im Wohnungsbau, an dem wir beide damals außerordentlich interessiert waren. Ich gab ihm ein Diagramm, das zeigte, wie in den USA während eines bestimmten Zeitabschnitts, in dem sich die Lebenshaltungskosten verdoppelten, die Kosten für das Ford-Automobil halbiert wurden. Ich gab ihm auch Fotos von Silos in Amerika, die ich 1910 als Beispiele eines neuen Industriemonumentalismus gesammelt hatte, die ich im Werkbund-Jahrbuch 1913 veröffentlichte. Das Diagramm ebenso wie die Fotos veröffentlichte er hernach erneut in seinem Vers une Nouvelle Architecture. Er verbrachte den Rest des Tages mit mir, indem wir uns zwei Häuser ansahen, die er gebaut hatte, für Ozenfant, den Maler, und die »Maison la Roche«, deren einzigartige Frische mich sehr begeisterte.«*[235] *(Abb. 75)*

Für Walter Gropius hatte mit der Ehe ein neues Leben begonnen, ein Leben voller Erfüllung, Schönheit und Wärme. War er bis dahin ausschließlich von seinem Mühen um den Aufbau des Bauhauses und um die Fortführung seines Werks als Architekt beherrscht gewesen, so fand er nun Erholung in der Wahrnehmung persönlicher Interessen. Zusammen mit Ise genoß er jetzt die Ferien, sie reisten auch nach Italien und in die Schweiz. Von ihrer Wohnung in der Kaiserin-Augusta-Straße aus unternahmen sie Wandertouren und ließen die schöne Landschaft in der näheren und weiteren Umgebung Weimars auf sich wirken. Die Musik lag ihnen sehr am Herzen, ihre Wohnung war stets davon erfüllt. Zu ihrer beider Unterhaltung hatte Walter Gropius ein Grammophon angeschafft – sie waren damit die ersten Besitzer eines solchen Geräts in der Bauhaus-Gemeinde. Ständig wurden Platten aufgelegt, und von morgens bis in die Nacht hinein riß man sich um die musikalischen Genüsse; Paul Klee konnte gar nicht genug davon hören. Gelegentlich versuchte er sich auch in der Rolle des Solisten, er improvisierte oder begleitete die Aufzeichnung auf der Violine. Ein andermal wieder konnte er nicht ruhig dabeisitzen und zuhören, er sprang auf, griff einfach den nächstbesten Gegenstand, der ihm als Taktstock dienen konnte, und marschierte dann, lebhaft sein Orchester dirigierend, durch die Zimmer.[236]

Gern gingen Walter und Ise Gropius auch ins Konzert, wenn es die Zeit zuließ, und auch eine Reise nach Berlin war ihnen für einen solchen Zweck nicht zu weit. Mit einer Reihe der großen Musiker und Dirigenten war Gropius durch Alma Mahler bekanntgeworden, und weitere Künstler hatte

Abb. 75 Gropius und Le Corbusier im Café des Deux Magots in Paris, 1923 (Zeichnung von Henry Isaacs nach einem alten Foto)

das Bauhaus nach Weimar gelockt. Zu diesen Persönlichkeiten gehörte auch Otto Klemperer, der Walter Gropius bereits am 28. Juli 1923 in einer brieflichen Notiz empfohlen hatte, zu einem Galakonzert seines Orchesters nach Berlin zu kommen. Walter Gropius mußte damals, in den letzten Wochen vor Eröffnung der Ausstellung, schweren Herzens absagen und hatte seinerseits Klemperer für den August als Gastdirigent nach Weimar eingeladen, wobei er nicht versäumte, die bereits für die Konzerte gewonnenen Musiker aufzuzählen. Daraus wurde nichts, doch am 4. November 1925 fragte Klemperer erneut an, ob das Ehepaar Gropius nicht nach Berlin kommen wollte, er gäbe ein Konzert mit Igor Strawinsky, ihrem gemeinsamen Freund, als Solisten. Wiederum mußte sich Gropius den Konzertbesuch versagen, da er zur gleichen Zeit einen Vortrag in Frankfurt am Main zu halten hatte. Anschließend aber konnten Walter und Ise Gropius bei der Generalprobe in Wiesbaden dabeisein, als Klemperer dirigierte und Strawinsky sein Klavierkonzert vortrug; am 12. November 1925 erlebten sie dann auch die Premiere des »Don Giovanni« in Berlin.[237]

Walter Gropius nahm überdies eine alte Gewohnheit wieder auf und lud zu abendlichen Lesestunden in seine Wohnung; zu den Werken der Schriftsteller des Altertums und der neueren Zeit, aus denen er vortrug, gesellten sich nun die Schriften der jüngsten, der avantgardistischen Autoren, die Ise während ihrer Zeit als Buchhändlerin gesammelt hatte und mit denen sie wohlvertraut war.

Gäste stellten sich bei dem Ehepaar von Anfang an in großer Zahl ein, und Ise hatte sich rasch eine gewisse Routine beim gebührenden Empfang und bei der geselligen Unterhaltung zu eigen gemacht – angesichts der kleinen, durchaus noch nicht entsprechend eingerichteten Wohnung keine leichte Aufgabe. Ises Tagebuch verzeichnet die Namen der Gäste, der berühmten und der weniger berühmten, die bei ihnen anklopften und die man, auch wenn sie unerwartet und unangemeldet erschienen, nicht einfach wieder wegschicken konnte: es war ein ständiges Kommen und Gehen. Die Gropiussche Korrespondenz drehte sich zum größeren Teil um Bauhaus-Angelegenheiten, recht umfangreich war aber auch der Briefwechsel mit der Familie und mit den alten Freunden. Oft vermischte sich in den Briefen Geschäftliches mit Privatem, so etwa in einem Brief des niederländischen Architekten Willem Dudok vom 3. November 1923, in dem dieser sein Interesse am Bauhaus bekundete und das Ehepaar Gropius zu einem Besuch nach Hilversum einlud; die Einladung wurde gern angenommen, auch wenn der Besuch erst später erfolgte. Im gleichen Monat meldete sich ein weiterer Architekt aus den Niederlanden, J. J. P. Oud, der im Bauhaus zu Besuch gewesen war *(Abb. 76)* und sich am 29. November für die gewährte Gastfreundschaft bedankte; sein Buch über holländische Architektur sollte 1924 vom Bauhaus veröffentlicht werden.[238] Der französische Maler Fernand Léger, dem Gropius auf Anregung von Le Corbusier die Einladung zu einem Besuch im Bauhaus und den Vorschlag zur Veröffentlichung seines Werks durch das Bauhaus übermittelt hatte, schrieb am 28. März 1924 und nahm die Einladung an. Die gesamte Korrespondenz oblag natürlich Ise, sie hatte auch alle Anordnungen zu treffen, die sich daraus ergaben.

Ise Gropius konnte sich in ihrer lebhaften Art mit den Studierenden am Bauhaus durchaus messen. Mit ihren sechsundzwanzig Jahren war sie so jung wie viele der Assistenten, zugleich war sie durch ihren Mann in die ältere Generation einbezogen, so daß sie als ein Bindeglied zwischen allen Schichten der Bauhaus-Gemeinde wirken konnte. Von Natur aus stand sie auf der Seite der Studierenden, von ihren geistigen Interessen her auf der Seite der Lehrenden. Alma Mahler, Tochter eines Wiener Malers der alten Schule und Mittelpunkt in den Kreisen der Musiker und Schriftsteller, hatte das Bauhaus, seine Eigenart und Arbeitsweise, seinen Alltag und sein Künstlervolk niemals zu begreifen vermocht – Ise Gropius dagegen hatte es da leichter, ihr bereitete das spontane, unorthodoxe Verhalten der Bauhäusler größtes Vergnügen. Hatten sich die Studierenden von Alma Mahler vor den Kopf gestoßen gefühlt, so fühlten sie sich zu Ise Gropius unversehens hingezogen. Konnte Alma Mahler sich darauf berufen, daß durch ihre Mittlerdienste Johannes Itten und mit ihm dann auch Georg Muche und Oskar Schlemmer an das Bauhaus gekommen waren, so brachte Ise Gropius ihre unbefangene Art ein, mit der sie die Studierenden beflügelte, sie dazu brachte, daß sie im Leben am Bauhaus aufgingen, daß sie nicht aufgaben und weitermachten, daß einige von ihnen schließlich selbst Meister am Bauhaus wurden. –

In seinen Briefen an Lily Hildebrandt hatte Walter Gropius seit jenem Tag, da er in Hannover Ilse Frank kennenlernte, wohl nichts mehr von der einstigen Liebesglut verspüren lassen, doch ansonsten spann sich der Briefaustausch zwischen ihnen fort bis zu seinem Tod.[239] Diese Liebesbeziehung hatte Walter Gropius mehr als alles andere geholfen, die schwere Zeit nach dem Zusammenbruch, die Umstellung nach dem Krieg, die Scheidung von Alma und die Trennung von der Tochter Manon durchzustehen. Es war nicht die einzige amouröse Verstrickung in seinem Leben gewesen, bevor er Ise kennenlernte und heiratete. Da war die Affäre mit Maria Benemann, mit der er anbandelte, kaum daß er sich ein paar Monate zuvor auf die Liaison mit Lily Hildebrandt eingelassen hatte; es war, was die Intensität der Gefühle angeht, nur eine kurze Episode gewesen, doch auch in den folgenden ein, zwei Jahren scheinen die Beziehungen zwischen ihnen hin und wieder aufgelebt zu sein.[240] Daneben hatte Walter Gropius eine weitere

Abb. 76 W. Kandinsky, W. Gropius und J. J. P. Oud in Weimar, November 1923

Eroberung mit Frau Fellerer gemacht, einer Künstlerin, die mit einem sehr bekannten Maler in Ascona zusammenlebte. Dabei hatte er das Abenteuer weniger ernst genommen als die Dame, die freilich nie so recht wußte, für welchen Mann und für welche Lebensweise sie sich nun entscheiden sollte. Sie verfolgte Walter Gropius mit ihren Briefen, auch nachdem er längst mit Ise verheiratet war; offenbar hatte sie sich recht verstrickt in ihren Gefühlen. Welche Erklärung Walter Gropius auch immer gegeben haben mag, er überließ für gewöhnlich Ise die Briefe zur Beantwortung. So schrieb er ihr im März 1924 nach Dresden, wo sie sich im Sanatorium aufhielt: »*Dieser traurige Brief von der Fellerer kam heute, sie tut mir furchtbar leid, bitte schreibe ihr ein paar Worte und gieb mir den Brief gleich zurück, aber ein Bild schicke ich nicht, da Du es nicht wünschst.*«[241] Und wenige Wochen später teilte er Ise beiläufig mit: »*Jetzt kriegt noch schnell die Mutter und die Fellerer einen Gruß, und dann einmal husch ins Bett!*«[242] In späteren Jahren trafen sich Walter und Ise Gropius, wenn sie nach Ascona fuhren, gelegentlich mit Frau Fellerer. Und noch eine weitere Verehrerin besaß Walter Gropius, eine Dame der Gesellschaft, die sich, selbstbewußt und erfolgsgewohnt, seiner sicher gewesen war. Die Nachricht von seiner Heirat löste bei ihr einen regelrechten Anfall aus – sie erschien plötzlich in der Kaiserin-Augusta-Straße, stürmte ins Zimmer, überfiel Walter Gropius mit einer Schimpftirade und kanzelte ihn ab, weil er da ein junges Ding zur Frau genommen habe, das doch schwerlich zu ihm als dem Direktor des Bauhauses passe.

Vielleicht drückte Walter Gropius, wenn er weiterhin an Lily Hildebrandt schrieb, ab und zu das Gewissen, während sich doch ihr Verhältnis eindeutig zu einer rein platonischen Freundschaft gewandelt hatte. Er versäumte nie, sich nach ihrer Gesundheit zu erkundigen und nach dem Befinden ihres Mannes, den er stets zu grüßen bat; er wünschte, der teure Professor Hildebrandt möge doch bald »ein würdigeres Gebiet finden, um darin zu arbeiten«. Und nie vergaß er fortan, in seinen Briefen Ise zumindest einmal zu erwähnen: »*meine Frau beschimpft mich schon täglich, daß ich Dir nicht schreibe, und sie hat wirklich recht...*

So, nun bist Du wieder im Bilde, beschimpfe mich nur tüchtig, wenn ich nicht genug schreibe. Deinem Mann danke ich sehr, sehr herzlich für die Hilfe, die er uns zuteil werden ließ... Leb wol Lilychen, viele liebe Grüße von Ise für Dich. Laß bald wieder hören.«[243]

DAS BAUHAUS IM KREUZFEUER DER GEGNER

Die Veränderungen, die sich im persönlichen Leben von Walter Gropius ergaben, seit er mit Ise verheiratet war, zeigten sich alle von höchst angenehmer und heilsamer Art – von ganz anderer Natur waren die

Veränderungen auf der politischen Bühne, die der Herbst des Jahres 1923 mit sich brachte. Es gärte in Sachsen und Thüringen, und auch das sonst so ruhige Weimar blieb von den Vorgängen nicht verschont. Nicht zuletzt das Bauhaus selbst geriet in den Sog der Ereignisse, denn gerade der Erfolg der Ausstellung, die mit dem September zu Ende ging, hatte die Widersacher in Kreisen des Handwerks und Gewerbes, der Kunsthochschulen und des Spießbürgertums nur zu noch größerem Eifer angestachelt. Am 10. Oktober 1923 kam es in Sachsen, dann auch in Thüringen, begleitet von aufruhrähnlichen Erscheinungen, zur Bildung von Koalitionsregierungen aus Kommunisten und Sozialdemokraten, auf die der Reichskanzler Gustav Stresemann mit der Verhängung des Ausnahmezustandes und der Reichsexekution gegen die beiden Länder am 13. Oktober antwortete. Auch in Weimar rückten Truppen der Reichswehr ein. Diese Tage brachten Walter Gropius ein unliebsames Ereignis. Gegner des Bauhauses hatten offenbar die Gunst der Stunde genutzt und Gerüchte in Umlauf gebracht, wonach Gropius und seine Schule an umstürzlerischen Umtrieben beteiligt zu sein schienen. Das Bauhaus wurde einer Durchsuchung unterzogen, doch da sich keinerlei Belastungsmaterial finden ließ, blieb diese ohne Folgen. Walter Gropius selbst erging es schlimmer – er mußte eine Durchsuchung seiner eigenen Wohnung unter entwürdigenden Umständen über sich ergehen lassen. In gerechter Empörung wandte er sich daraufhin mit einem Beschwerdebrief an Generalleutnant Hasse, den Militärbefehlshaber in Thüringen: »*Gestern vormittag um zehn einhalb Uhr wurde ich von einem Reichswehrsoldaten in meinem Amtszimmer nach meiner Privatwohnung gerufen, da Befehl zur Haussuchung dortselbst ergangen sei. Die Haussuchung wurde von einem Offizierstellvertreter und sechs Mann in sensationeller Weise vorgenommen. Dieser Befehl kann nur auf Grund einer böswilligen, unverantwortlichen Denunziation, die nicht überprüft worden ist, ergangen sein...*

...Ich... muß erleben, daß dank der skrupellosen Weise, mit der die Haussuchung wie bei einer gemeingefährlichen Person vorgenommen wird, das Publikum auf mich mit Fingern weist und die mir anvertrauten Studierenden irre werden... Da ich niemals die geringste Veranlassung zu einer solchen Maßnahme gegeben habe, schäme ich mich für mein Land, Ew. Exzellenz, daß ich trotz der Leistungen, die hinter mir liegen, in meinem eigenen Lande scheinbar schutzlos bin, weil sich unsere Armee heute von Unverantwortlichen zu Büttelsdiensten benutzen zu lassen beginnt... Ich fordere eine unverzügliche Untersuchung... Ich behalte mir vor, den Vorgang an den Reichswehrminister und den Reichstag weiter zu leiten...«[244] Generalleutnant Hasse würdigte Walter Gropius zunächst keiner Antwort, so daß sich dieser Ende November 1923 direkt an Generaloberst von Seeckt wandte, den Chef der Heeresleitung in Berlin.[245] Auch dieser Brief blieb unbeantwortet, doch am 6. Dezember ließ sich Generalleutnant

Hasse schließlich zu einer Stellungnahme herab; er führte lediglich noch einmal die Anschuldigungen auf, die erhoben worden seien und von denen er behauptete, daß sie keineswegs aus anonymer Quelle stammten – an eine Entschuldigung dachte er nicht. Der Eindruck, den die Durchsuchungsaktion in der Öffentlichkeit hinterließ, war für das Bauhaus außerordentlich schädlich – da machte es auch keinen Unterschied, daß keinerlei Belastungsmaterial gefunden worden war, das auf subversive Tätigkeiten hätte hinweisen können. Nachträglich folgte noch, etliche Jahre nach den Ereignissen, eine Erläuterung des Generalobersten von Seeckt, wonach unter den Bedingungen des Ausnahmezustands die selbstverständlichen Rechtsgarantien ausgesetzt waren und die normalerweise erforderlichen rechtmäßigen Durchsuchungsbefehle und Beschlagnahmeanordnungen nicht benötigt wurden.[246]

Für Walter und Ise Gropius schien das erste Jahr ihrer Ehe nicht gerade unter einem glücklichen Stern zu stehen – zu allen Schwierigkeiten, die allgemein die Entwicklung in Deutschland mit sich brachte, und zu allen Problemen, die am Bauhaus immer wieder aufbrachen, erfuhr nun auch noch Ise eine Beeinträchtigung ihrer Gesundheit, die ihnen beiden zu schaffen machte. Sie litt bereits geraume Zeit an ernsthaften Magenbeschwerden, die den Arzt zunächst ratlos ließen. Im März 1924 begab sie sich auf Anraten eines Spezialisten in Dresden, den sie konsultiert hatte, in das Dresdner Sanatorium Königspark zur Untersuchung und Beobachtung. Walter Gropius war sofort zu ihr gefahren, doch ein Untersuchungsergebnis war nicht so bald zu erwarten, so daß er fürs erste wieder nach Weimar zurückkehrte.

Die Briefe, die Walter Gropius in der folgenden Zeit nach Dresden schrieb, brachten wenig erfreuliche Nachrichten. Die thüringischen Landtagswahlen im Februar 1924 hatten einen tiefgreifenden politischen Umschwung gebracht, die Sozialdemokraten mußten die Regierungsführung an die bei den Wahlen als »Ordnungsbund« aufgetretenen Rechtsparteien abgeben – und damit war auch ein Wendepunkt im Geschick des Weimarer Bauhauses erreicht. Die Budgetzuweisungen des Staates, schon von jeher ein wunder Punkt, schienen nun überhaupt in Frage gestellt. Die Gegner des Bauhauses, Vertreter des Handwerks und Befürworter des alten Kunstschulbetriebs, nutzten die unentschlossene, widersprüchliche Haltung der staatlichen Stellen und drangen nun auf die Schließung der Schule. Die Gründe, die sie dabei ins Feld führten, waren von unterschiedlicher Art, da war von zunehmender kommunistischer Zersetzung die Rede, von einer Bedrohung der Existenzgrundlagen des privaten Handwerks und Gewerbes, von einer Verschleuderung öffentlicher Mittel, von Unmoral und Sittenverfall unter Lehrern und Schülern, und was man sonst sich noch an Vorwürfen ausdenken mochte. Insbesondere suchten die Gegner auch

Abb. 77 »Baushausanklage«. Zeichnung von Oskar Schlemmer, 1923. Staatsgalerie Stuttgart, Depositum Frau Tut Schlemmer ZT 221.–
Schlemmer ist wohl zu dieser Zeichnung durch Meisterratssitzungen angeregt worden, bei denen oft heftige Diskussionen geführt wurden.
Vielleicht spielte auch eine Auseinandersetzung zwischen Gropius und Schlemmer eine Rolle, doch ist die Szene aus dem aktuellen Kontext ins Allgemeine, Paradigmatische, übertragen.

mit gehässigen Einflüsterungen auf die Studierenden unmittelbar einzuwirken – sie würden doch nur als Statisten mißbraucht und an der Nase herumgeführt, sie würden gar nicht wirklich ausgebildet. In einigen Fällen hatte dieser Hetzfeldzug tatsächlich Erfolg, Walter Gropius mußte feststellen, daß die Studierenden auf einmal Kandinsky und Moholy-Nagy zu bevorzugten Zielscheiben ihrer Kritik machten. Wassily Kandinsky war mit geradezu dogmatischem Eifer darauf aus, die Studierenden zur Annahme seiner eigenen Auffassungen von Kunst zu bekehren; hatte ihm schon das nicht nur Freunde unter den Schülern eingebracht, so kamen jetzt die Hinweise der Verleumder von rechts hinzu – der Mann trägt einen russischen Namen, kommt aus Rußland, hat vordem in Rußland gearbeitet: ganz klarer Fall, ein Kommunist! Und der arme Moholy-Nagy experimentierte zu dieser Zeit gerade mit intuitivem Entwerfen und ließ dabei, ganz im Gegensatz zu Kandinsky, jede Methodik über Bord gehen, was so manchen Schüler verunsicherte, weil dies doch wohl keine rechte Lehre war – nunmehr hatte man die Erklärung, der Mann war eben auch kein Deutscher! Diese turbulenten Tage beschrieb Walter Gropius in seinem Situationsbericht für Ise: »*Kandinsky ist offenbar deshalb unlustig, weil die Schüler sich sehr dumm gegen ihn stellen. Es ist eine innere Krise großer Spannung vorhanden. Heute Abend ist Schülerversammlung, und ich werde die Geister aufeinanderplatzen lassen, damit sich die Luft bereinigt. Habe schon Erfahrung darin... Heute viel Ärger im Bauhaus, die Menschen verdienen Prügel. Einige Schüler haben Moholy in unverschämter Weise brüskiert, alles weil plötzlich der Fimmel da ist, sie brauchten keine Meister.«* Gropius hatte daraufhin eine Reihe von Versammlungen abgehalten, auf denen die Schüler und die Lehrer ihrem Herzen Luft machen *(Abb. 77)* und die Streitigkeiten beilegen konnten, so daß die Krise in wenigen Tagen abgeklungen war – die Wurzeln freilich, aus denen diese Auseinandersetzungen erwuchsen, lagen tiefer und waren damit nicht beseitigt: verständlich, daß Walter Gropius mit einem Stoßseufzer schloß: *»Bauen ist das einzige, und schafft einem einmalige Frohheit, während die anderen Menschen einen nur fortwährend belasten, immer nur nehmen ohne zu geben. Aber mich kann nichts wirklich brechen, solange Du so zu mir stehst, mein süßer Helfer. Sei froh und laß Dich nicht deprimieren, wir besitzen etwas unerhört herrliches in unseren Herzen.«*[247]

Ise ging gleich in zwei Antwortbriefen auf diesen Bericht ein. Sie wollte noch Näheres über die Streitigkeiten zwischen Lehrern und Schülern erfahren, sie lobte die Umsicht und das Geschick, die er im Umgang mit den Bauhäuslern bewiesen hatte, schließlich fragte sie ihn mit Worten, die scherzhaft klingen sollten, doch in Wahrheit eifersüchtige Befürchtungen erkennen ließen: *»Hast Du Nachricht von Alma? Ich wollte, sie schriebe jetzt lieber nicht, bis ich wieder da bin. Und hast Du der Fellerer Dein Bild geschickt? Überhaupt, wer schreibt Dir denn u. wer besucht Dich denn? Wenn sie erst wissen, daß ich in einem Sanatorium bin, dann werden alle wieder mutig.«*[248]

Walter Gropius schrieb oft an Ise, solange sie im Sanatorium Königspark weilte, und er fuhr häufig zu kurzen Besuchen nach Dresden; er sprach ihr Mut zu und zerstreute ihre Befürchtungen. Er berichtete ihr vom Geschehen in Weimar; er verschwieg ihr nicht, daß der politische Druck, dem das Bauhaus ausgesetzt war, ständig zunahm; er erzählte ihr von einem in Aussicht stehenden Auftrag, der ihn aufmunterte; er gab zu, daß er sich einsam und verlassen vorkomme. *»Heut war ein wilder Tag. Morgens fand ich auf dem Schreibtisch Zeitungsartikel aus Jena u. Berlin, worin bereits unverblümt steht, die Regierung wolle meinen Vertrag nicht verlängern und das Bauhaus liquidieren. Ich muß also nun offen zur Offensive übergehen und die Minister sollen schwitzen. Ich habe mich zunächst der Meister versichert, die wahrscheinlich en bloc zu mir stehen und ihr Bleiben von dem meinigen abhängig machen werden. Morgen darüber Entscheidungssitzung in meiner Abwesenheit. Sie wissen alle, daß sie ohne mich nicht weiterkommen. Eine Kommission wird zum Minister gehen und ihn stellen, gibt er keine klare Antwort, so geht die Sache an die große Presse. Wenn es um die Wurst geht, werde ich immer lebendig, ich lasse mich nicht im dunklen erschlagen und die völkischen Herrschaften werden einen zähen Gegner in mir finden! Aber schade um die Zeit und Nervensubstanz.«*[249] Solche Berichte waren wohl schwerlich ein Beitrag zu Ises rascher Genesung, doch sie bestand darauf, daß sie über alles, was das Bauhaus betraf, umfassend und ohne jede Beschönigung unterrichtet würde. Und Walter Gropius hielt mit der Wahrheit nicht hinterm Berg: »*Ich mußte gestern Abend den Brief abbrechen, da ich zum Minister mußte! Er sieht genau aus wie ein längst verstorbener Gerichtsschreiber, dem entspricht auch seine Einstellung. Von der Existenz kultureller Fragen hat er überhaupt wol noch nie etwas gehört und ist ein trockenes Beamtenvieh ohne jede persönliche Meinung. Es wurde eine ziemlich ernste Debatte, als er erklärte, er habe mit den Parteien Fühlung genommen und es bestände keine Neigung, die Verträge des Bauhauses zu verlängern. Ich werde nun in aller Stille handeln und den großen Kampf einleiten. Stahl, Redslob, Parteienbearbeitung. Sage* zu niemand *etwas, denn es darf keine Unruhe ins eigene Lager gebracht werden. Es ist ein Jammer, daß man nun wieder kämpfen muß, anstatt zu arbeiten.*«[250]

Es war in der Tat selten einmal der Fall, daß Walter Gropius in einem Brief nur von ihrer beider persönlichen Angelegenheiten sprach oder Ise einfach einen Liebesbrief schickte – fast stets war auch vom Bauhaus und von der Entwicklung in Weimar die Rede, und wenn es zuweilen auch nur eine kurze Notiz war: »*Behrens und Driesch haben schon telegrafiert, daß sie dem Kuratorium beitreten; ich denke, ein gutes Omen.*«[251] Auch von einem wichtigen Besucher konnte Walter Gropius berichten: »*Sehr wichtig war heute Dr. Grohmann mit dem Engländer Grant, die seit gestern das Bauhaus eingehend besichtigt haben. Gr. ist der erste, der das Bauhaus wirklich in seinem Kern u. seinen Möglichkeiten erfaßt und außerdem ein sympathischer Mensch ist. Erlangen wächst, bald bekommst Du die ersten Pläne. Übrigens Gr. u. Grant haben ziemlich sicher ausländische Gelder für uns zugesichert, mehr und mehr habe ich das Gefühl, daß die öffentliche Basis wächst.*«[252] Eine besondere Ausnahme bildete da der Brief, den er Ise gleich nach ihrer Aufnahme ins Sanatorium geschrieben hatte und in dem er von nichts als von ihrer Liebe und von ihrer Ehe sprach: »*heute – wie angekündigt, kein Sterbenswörtchen von Dir, da bin ich nun halt! Und da ich* hoffe, *daß es Dir ähnlich geht, schreibe ich Dir schnell ein paar Zeilen, trotzdem ich ziemlich tot von der Arbeit dieser Tage bin. – Ich sehne mich übermenschlich nach Dir! Ich bin glücklich, daß ich Dich liebe, daß sich ein großes Reservoir an innigstem Gefühl für Dich in mir angesammelt hat, das nicht versiegen kann. Du entwickelst Dich so schön, ich sehe Dir voll Liebe und Entzücken zu. Vielleicht ist es ganz gut, daß wir zuerst durch Sorgen hindurch mußten... Also bei Dir ist* alles *und in süßester Hülle; und ob ich genügen werde? Jedenfalls eines bringe ich ein in unsere Ehe, den bewußten Willen zur Ausschließlichkeit und Konzentration, aber aus Fülle, nicht aus Konvenienz.*«[253] Und da Ise sich zuletzt über die Spitzen der Dresdner und Leiziger Gesellschaft ausgelassen hatte, und wer von den Verwandten und von den Freunden der Familie ihr im Sanatorium seine Aufwartung machte, ging er auch darauf noch ein – er war keineswegs sonderlich beeindruckt: »*Deine adligen Verehrer! Ich wußte, daß es so käme. Natürlich stürzen sie sich wie die Geier auf dich, weil du im ganzen ein adliges Geschöpf bist, aber leider weiß ich: es ist bei diesen Menschen nichts mehr zu holen. Ungeist und Anmaßung haben sie ergriffen.* Sage *ihnen nur, wir* wüßten, *warum der Adel seinen Ruf in der allgemeinen Ansicht verloren habe, weil er eben nicht mehr sein ›noblesse oblige‹ in* kultureller *Beziehung kennt. Wer unterstützt heute die* lebende *Wissenschaft und Kunst?* Nicht *der Adel, sondern der Jude trat schlauerweise dieses Erbe an, das der Adel vernachlässigte, der allenfalls die vergangenen Kulturgüter, aber kaum diese, verteidigt. Und diese geistige Trägheit ist sein Ruin ... Frage sie, was sie selbst für die Wissenschaft und Kunst getan haben ... Was* ist *die Fahne, die der Adel heute aufsteckt, um die Müden aufzurichten? ... Wie würde ich mit ihnen raufen, wenn sie es wagten, einen Künstler zu beleidigen!*«[254]

In diesem Frühjahr 1924 mußte sich Walter Gropius mit vielen Problemen beschäftigen, die über ihn hereingebrochen waren. Da war die kritische Situation des Bauhauses, da waren die Aufgaben, die das eigene Architekturbüro und die Tätigkeit in Berufsverbänden und anderen Vereinigungen in verschiedenen Städten stellten, da war die Sorge um die Genesung suchende Frau im Sanatorium in Dresden, da war die Sehnsucht nach der geliebten Tochter Manon im fernen Wien, da war die Anteilnahme am Geschick der einstigen Geliebten und nunmehrigen Freundin Lily Hildebrandt in Stuttgart – und da waren die Gewissensbisse, weil die Mutter in Berlin seit langem vergeblich auf einen Besuch des Sohnes wartete. Die Menschen und die Dinge hielten ihn in Atem, er mußte bald hier und bald dort sein, er hatte ständig Briefe zu schreiben, Telegramme zu schicken, Telefongespräche zu führen. Nicht zuletzt war es die Auseinandersetzung mit Alma, die ihn umtrieb – entgegen der bei der Scheidung getroffenen Absprache, wonach Manon zweimal im Jahr zu Besuch zu ihrem Vater kommen sollte, wollte Alma das Kind nicht von ihrer Seite lassen und verlangte stattdessen, daß Walter Gropius eben nach Wien zu kommen habe, wenn er Manon zu sehen wünsche.

Während eines Besuchs bei Ise im Sanatorium hatte Walter Gropius das Thema der Reise nach Wien aufgegriffen, doch stieß er bei ihr sofort auf Widerstand – sie weigerte sich kategorisch, mit ihm zu kommen. Er trug die Einladung zu einem Vortrag in Wien in der Tasche und hatte dabei natürlich an die Möglichkeit eines Wiedersehens mit Mutzi gedacht; Ises ablehnende Haltung veranlaßte ihn, die Einladung schweren Herzens auszuschlagen. Ise suchte ihm ihre instinktive Reaktion zu erklären – sie würde sich da auf schwankendem Boden fühlen, sie wollte ihn und Alma nicht beieinander sehen, es ginge ihr gegen den Strich, daß Alma einmal solchen Einfluß auf ihn gehabt haben sollte und, schrecklicher Gedanke, vielleicht noch haben könnte; es wäre allerdings nicht ihre Absicht, ihn selbst von der Reise nach Wien abzuhalten. Brief um Brief erhielt Walter Gropius in diesem Frühjahr von Ise, und in jedem klang in dieser oder jener Weise eine regelrechte Abscheu vor Alma an, auch wenn Ise widerwillig zugeben mußte, daß Alma vordem eine Rolle im Leben des Mannes gespielt hatte, mit dem sie selbst nun verheiratet war. In keinem dieser Briefe aber hatte Ise auch nur ein Wort über die beiden Kinder verloren; weder war von Manon Gropius die Rede, seiner geliebten Mutzi, noch von Anna Mahler, der jungen Gucki, die mit großer Liebe an Walter Gropius hing. Behutsam, aber entschieden machte er Ise schließlich klar: »*Wenn ich nicht unbedingt den Wunsch hätte, die Mutzi zu sehen, würde ich trotz deines Zuredens hierbleiben, um dich nicht in irgendein Gefühls-Dilemma zu ziehen, aber ich habe sie in die Welt gesetzt und habe doch auch eine Verpflichtung mich um sie zu kümmern. Gegen sie darfst du keine dunklen Gedanken senden, mein Isi, Gedanken haben Kraft, du wirst sie lieben, obwohl sie nicht dein Kind ist, liebe mich in ihr.* –«[255] Ises Gesundheitszustand, meinte er noch, sei Grund genug für sie, auf die Reise nach Wien zu verzichten, doch zugleich ermahnte er sie, daß sie sich »nicht mit falschen Gedanken tragen« solle, wenn er allein führe.

Sein eindringlicher Brief tat seine Wirkung, Ise war bereit, sich die ganze Angelegenheit noch einmal durch den Kopf gehen zu lassen. Ungeachtet ihres Gesundheitszustands, meinte sie, könne sie ihn eigentlich doch nach Wien begleiten: »*. . . Gegen Mutzi habe ich noch* nie *einen kleinsten Gedanken gehabt; sie sieht* dir *so ähnlich!! Wenn ich mich recht besinne, liegt es wohl dran, das ich ein zärtliches Gefühl für sie habe, ohne sie zu kennen.* – . . .«[256] Und in einem weiteren Brief gab sie gleich ganz konkrete Anweisungen: »*Bitte die Adr[esse] v. Frau Hildebr[andt], der Du sicher zu schreiben vergißt! Wenn Du mich mitnehmen kannst nach Wien, so bring eventuell meinen schwarzen Hut mit, wenn Du meinst, ich brauchte ihn. Oder den grauen mit der gelben Feder. Soll ich denn all meine Sachen mit nach Wien schleppen? Es geht evtl. auch anders!*«[257] Bei all ihren Diskussionen hatten sie allerdings eine nicht unbedeutende Kleinigkeit übersehen – Ises Reisepaß war nicht mehr gültig und mußte erneuert werden; nachdem Ise sich endlich zu dem Entschluß durchgerungen hatte, ihn nach Wien zu begleiten, machte ihnen dieser Umstand doch noch einen Strich durch die Rechnung. Angesichts der festgesetzten Termine war die Frist zu knapp, und bedrückt schrieb Walter Gropius nach Dresden: »*Ich bin* verzweifelt *über das Ausbleiben Deines Passes, das ist nun kaum mehr zu machen, und ich kann die Reise nicht aufschieben, denn* gleich *nach dem Vortrag muß ich zurück.*«[258]

Walter Gropius hatte, sobald er Ises Zusage zur gemeinsamen Fahrt nach Wien in Händen hielt, mit den österreichischen Architekten, deren Einladung er vordem ablehnen mußte, unverzüglich alles Nötige für seinen Vortrag festgelegt; so konnte er Ise jetzt nur noch davon überzeugen, daß er im Wort stand und die Sache nicht mehr rückgängig zu machen war. Allein fuhr er nach Wien, wo er endlich Manon einmal wiedersehen konnte – es war ein glückliches, wenn auch nur allzu kurzes Beisammensein, während sich Alma einen guten Teil der Zeit in der Nähe aufhielt. Alma gab sich verbittert; sie fühlte sich durch seine Heirat mit Ise in ihrem Stolz verletzt. Sein Vortrag in Wien war ein Erfolg. Danach konnte er zum Abschied noch einmal mit Manon zusammensein, und sie versprachen sich immer wieder, daß sie sich bald in Weimar wiedersehen wollten. Auf der Rückreise fuhr er über Dresden, um Ise nach Hause zu begleiten und ihr von den Stunden in Wien zu berichten. Wieder in Weimar, schrieb er dann auch an Lily Hildebrandt: »*Neulich war ich übrigens in Wien und erntete im Vortrag großen Erfolg; der oesterreichische Werkbund ist in einer ganz anderen Weise für uns beigesprungen – vor Landtag u. Regierung – als der Dt. Werkbund – der es nur um Gotteswillen tat.*«[259] Und wenig später berichtete er ihr auch wieder von den nicht endenwollenden Angriffen der Gegner des Bauhauses: »*Ich schaue über das alles und amüsiere mich. Die Unentwegtheit meiner Führung im Bauhaus wird schließlich durchschlagen; man beginnt mich zu fürchten.*«[260]

Walter Gropius mochte wohl auf seine Willenskraft und sein Durchsetzungsvermögen vertrauen, in Wahrheit aber hatte er wenig Grund, optimistisch zu sein. Unter den Gegnern des Bauhauses taten sich auch einige frühere Mitarbeiter hervor, die, in ein übles Intrigenspiel verwickelt, 1922 entlassen worden waren und sich demnächst vor Gericht zu verantworten hatten. Was diese Männer damals schon an falschen Anschuldigungen unters Volk gebracht hatten, wurde nun im Frühjahr 1924 wieder aufgegriffen und genüßlich ausgebreitet in einem Pamphlet, das als die »Gelbe Broschüre« bekannt und berüchtigt wurde. Diese Druckschrift, die mit den skurrilsten Behauptungen das Bauhaus und die Bauhäusler der seltsamsten Sünden bezichtigte, fand in Weimar und auch sonst im Lande weite Verbreitung. Worauf die ganze Polemik hinauslief, war leicht zu erkennen und ließ sich in ein paar Schlagworten zusammenfassen: Das Bauhaus sei eine politische Anstalt, das Leben im Bauhaus vollziehe sich im Dunstkreis von Bolschewismus und Spartakistentum, Ausländer würden bevorzugt und mit den bequemsten Unterkünften, den dicksten Stipendien bedacht – kurz, das Bauhaus sei antideutsch (wie durch die angeführten Belege in drei Sprachen nachgewiesen) und bestenfalls nicht mehr als eine abstrakte, mystische, bedeutungslose, von einem kosmischen Geist umwitterte Institution. Die »Gelbe Broschüre« war dem Ansehen des Bauhauses außerordentlich abträglich, da man mancherorts den Vorwürfen Glauben schenkte, bevor überhaupt eine summarische Zurückweisung des Machwerks oder gar eine detaillierte Widerlegung der einzelnen Punkte erfolgen konnte. Kurz nach Erscheinen der »Gelben Broschüre«, Ende April oder Anfang Mai 1924, machte Walter Gropius in einem Brief an Lily Hildebrandt seinem

Herzen Luft, beschrieb die Situation und nannte die Urheber des Machwerks: »*Du kannst Dir ja vorstellen, welch Wirrwarr um mich herrscht, seit die idiotische Reaktion am Ruder ist und alle Schmutzfinken in ihrem Schutz ihren Unflat gegen mich werfen. Es ist eine starke Nervenprobe, aber ich fühle meine innere Position erheblich gestärkt durch die letzten Monate, das ganze Bauhaus, Meister wie Schüler, haben sich vor mich gestellt, und es ist amüsant zu sehen, wie die schwankenden Personen in Weimar, nun wo der Kampf offen tobt, schleunigstens versuchen, sich einer Partei anzuschließen, um nicht zwischen zwei Stühlen zu sitzen. Als die Dreckbroschüre erschien, wurden von den Schülern gedruckte Plakate in der Stadt zu meinen Gunsten angebracht und die Meister ließen eine Erklärung öffentlich los, die diese infame Schweinerei gründlich brandmarkt. Der verantwortlich zeichnende A. Müller ist ein Strohmann, der zugegeben hat, das Heft nicht einmal gelesen zu haben, die Verfasser seien Hans Beyer, J. Zachmann, C. Schlemmer, die drei fristlos Entlassenen also. Der Staat hat sofort mit mir Strafantrag wegen Beleidigung beim Staatsanwalt gestellt;* auch *diese Regierung kann nicht umhin, nur einen gemeinen Racheakt darin zu erblicken und sich schützend vor mich zu stellen. Beyer ist inzwischen als Hochstapler entlarvt worden, da er sich den Doktortitel* gekauft *hat. Der Staat hat ihm bereits den Titel verboten.*«[261] Hans Beyer war als Syndikus am Bauhaus angestellt und wurde noch vor Mitte März 1922 fristlos entlassen. Josef Zachmann arbeitete von 1921 bis zu seiner Entlassung im folgenden Jahr als Werkmeister in der Tischler-Werkstatt. Oskar Schlemmers Bruder Carl, dessen intrigantes Treiben oben bereits geschildert wurde, mußte ebenfalls 1922 gehen, weil er, wie Gropius später bissig bemerkte, »für die Bauhaus-Gemeinde nicht taugte«.

Das letzte Jahr des Bauhauses in Weimar

Vor den ständigen Auseinandersetzungen angesichts der politischen Entwicklung in Weimar, die soviel kostbare Zeit in Anspruch nahmen, gab es kaum ein Entweichen. Nicht eine der politischen Parteien war bereit, sich voll und ganz hinter das Bauhaus zu stellen, man fürchtete, dadurch in den Geruch allzu großer Fortschrittsgläubigkeit zu geraten. Walter Gropius konnte sich in allem, was er unternahm, nur innerhalb enger Grenzen bewegen, da er sich bewußt war, daß er sich auf den guten Rat der Meister oder deren Bereitschaft zur Mitverantwortung schwerlich verlassen konnte; er hielt sie alle für etwas weltfremde und unpraktische Leute. Dennoch gab es Gelegenheiten, da sich die Lehrer am Bauhaus offen und einstimmig zu ihm bekannten. So geschah es etwa im April 1924, als gerüchtweise verlautete, daß der Vertrag für den Direktor des Bauhauses nicht verlängert werden sollte – da stellten sich die Lehrer hinter ihn und beschlossen, im Falle einer solchen Entscheidung ihrerseits zu kündigen. Eine schriftliche Niederlegung dieses Beschlusses wurde durch eine Abordnung der Unterzeichner dem Staatsminister übergeben; zu den Überbringern zählten neben anderen Kandinsky, Klee, Hartwig und Lange. Das geschlossene Auftreten und die kämpferische Haltung der Mitarbeiter des Bauhauses verfehlten ihre Wirkung nicht. Emil Lange allerdings, der allezeit loyale – und allezeit überarbeitete – Syndikus, schied bald darauf aus dem Bauhaus aus; seine Überzeugung, daß es unmöglich sei, für eine Lehranstalt die Gelder zu verwalten und die Bücher zu führen, die gleichzeitig ein Produktionsbetrieb sein wollte, hatten ihn schließlich zur Kündigung geführt.[262] Langes Weggang bedeutete einen schweren Verlust für Walter Gropius, dessen Sorgen sich damit noch vermehrten; im Mai 1924 trat Dr. Wilhelm Necker, der von der Thüringischen Staatsbank kam, das Amt des Syndikus im Bauhaus an.

Unter diesen Umständen bedeutete es schon einen Hoffnungsschimmer, wenn unversehens angekündigt wurde, daß der Staatsminister persönlich das Bauhaus mit seinem Besuch beehren wolle. Einen weiteren Hoffnungsschimmer brachte die Gründung einer neuen Vereinigung, in der sich Verfechter der Freiheit der Künste zusammenschlossen aus der Besorgnis heraus, daß die von der Regierung wie von Handwerk und Gewerbe und bestimmten Kreisen des Bürgertums im Widerstreit um das Bauhaus eingeschlagene Richtung letztlich auch zur Bedrohung anderer Ausbildungsstätten wie etwa der konservativ geprägten Kunsthochschulen führen könne. So mancher Zeitgenosse, der eher gegen das Bauhaus eingestellt war, begann sich jetzt doch angesichts der propagandistischen Exzesse der Bauhaus-Gegner eines Besseren zu besinnen.

Die Dinge schienen also so schlecht nicht zu stehen, und so kam es, daß Walter Gropius, als er am Sonntag, den 18. Mai 1924, seinen Geburtstag beging – es war sein einundvierzigster, und der erste mit Ise an seiner Seite –, zum Mittelpunkt eines rauschendes Festes wurde. Ise berichtete ihrer Schwägerin begeistert von dem Ereignis: *»Walter wurde von den Schülern mit Geschenken überschüttet, dazu eine Mappe von den Meistern, großartig, spontan – strahlend gefeiert... Die ganze Stimmung war so gelöst – wie ich es nie zuvor erlebt hatte... Gropius wurde von den Schülern mit tosenden Hochrufen auf Schultern getragen... Die Feier dauerte noch bis zum darauffolgenden Samstag und Sonntag [24./25. Mai]. Walter sah sich bestätigt.«*[263]* Und auch der Schwiegermutter beschrieb sie, noch etwas ausführlicher und zum Teil mit den gleichen Worten, diese Feier; glücklich teilte sie ihr dabei mit, daß sie sich nun wieder ganz obenauf fühle: *»Ich fühlte mich in den letzten 8 Tagen so wohl, als ob ich nie krank gewesen wäre... [So] habe ich... an Walters Geburtstag bis 4 Uhr morgens getanzt. Walter wurde von Schülern u. Meistern mit Geschenken überschüttet u. so spontan u. strahlend* *gefeiert, wie es bisher noch nie gewesen war. Die Stimmung war so aufgeschlossen u. heiter, wie ich es nie erlebt hatte! Schlemmer dirigierte einen riesigen Chor in der phantastischsten Weise, unglaubliche Wolkenkratzerkarikaturen stiegen bis zur Decke, jede Werkstatt brachte ein eigenes Geschenk u. die Meister stifteten eine Mappe mit Malereien, die sich sämtlich auf denselben Gegenstand (ein Bild aus der Illustr.: Berl[iner]. Straßenlautsprecher u. Publikum) bezogen u. nun von jedem anders variiert wurden.*

Die Kapelle war in ungeheuerlicher Stimmung u. schließlich wurde Walter unter ohrenbetäubenden Hochrufen durch den Saal getragen. In diesem Augenblick erschien zufällig der Staatssekretär aus dem Reichsamt des Inneren Schultz, der sich staunend u. angenehm enttäuscht dies verlästerte Bauhaus ansah. – Es wäre doch ein großer Jammer, diese schöne große Gemeinschaft zerfallen zu sehen; denn verstreut *werden alle diese Menschen hart erdrückt werden.*

Das Fest war Samstag u. am Sonntag haben Walter u. ich den ganzen Nachmittag oben auf der [Bauhaus-]Siedlung im Gras unter den Kiefern gelegen u. unser Leben genossen...

Das schöne Wetter berauscht uns zu allen möglichen Taten... Es wäre so entzückend, 8 Tage nach Timmendorf zu kommen, aber ich halte es durchaus nicht für sicher.«[264]

Das Semester neigte sich dem Ende zu, und an der Situation des Bauhauses hatte sich wenig geändert. Walter Gropius konnte nur ahnen, was sich da hinter der Bühne abspielte in dem Gerangel um seine Person und um seine Schule, ihm kam es eher so vor, als sei eine gewisse Windstille, wenn nicht gar ein Wetterumschwung im politischen Klima eingetreten. Viele Künstler und Architekten, die vordem nichts wissen wollten von der Richtung, die das Bauhaus eingeschlagen hatte, waren inzwischen gewandelten Sinnes und nahmen nunmehr eindeutig für die Schule und ihre Bestrebungen Stellung; offensichtlich lag ihnen das Ringen um neuzeitliche Formen und Ausdrucksweisen doch näher als das Festhalten am Gestrigen und Vorgestrigen. Der »Kreis der Freunde des Bauhauses« sammelte angesichts der verschärften Angriffe auf die Schule die Kräfte, gab sich eine straffere Organisationsform und warb um neue Mitglieder: »*Das Staatliche Bauhaus in Weimar, das nach fünfjährigem Bestehen in seiner Existenz noch immer bedroht ist, bedarf der Teilnahme und tätigen Hilfe aller seiner Freunde.*

... Nach über fünfjähriger Tätigkeit hat seine tatsächliche Leistung den Beweis erbracht, daß durch die Art und Weise der Erziehung und durch die wirtschaftliche Auswertung der Resultate sowohl sein ideelles Ziel als auch die Art seiner Durchführung und Verwirklichung richtig ist. Die bedeutende Resonanz, die seine Bestrebungen im In- und Ausland gefunden hat, zeigt, daß aus seiner Arbeit bereits eine allgemeine geistige Bewegung hervorgeht.

Da aber das Bauhaus vorläufig noch immer Angriffen ausgesetzt ist, die seine ungestörte Auswirkung gefährden, rufen wir zur Bildung eines Freundeskreises auf, der ihm im gegebenen Fall einmütig moralische und praktische Unterstützung gewähren soll.«[265] Zu den Mitgliedern zählten führende Männer aus Kunst und Wissenschaft, Politik und Wirtschaft, die dem Bauhaus in der Tat »moralische und praktische Unterstützung gewähren« konnten. Auch von fernher meldeten sich Befürworter. Theo van Doesburg sandte Anfang Mai aus Paris einen Brief, in dem er noch einmal seine eigene Kritik am Bauhaus zusammenfaßte, vor allem aber energisch protestierte gegen die »schmutzigen Mittel, das Bauhaus als solches zu bekämpfen«, und es als »moralische Pflicht« der Regierung ansah, das Bauhaus weiterzuführen, da es »von großer Bedeutung für die Kunstentwicklung Deutschlands« sei.[266] Dies sei auch Mondrians Standpunkt, hatte van Doesburg betont, und Ende Mai schrieb auch Piet Mondrian selbst einen kurzen Brief: »*Ich lege wert darauf Ihnen mit zu teilen daß die Streitigkeiten gegen das Bauhaus mir ans Herzen gehen und möchte als meine Stellungnahme dem Bauhaus gegenüber erklären das ich völlig zustimme was Herr Th. van Doesburg Ihnen bereits geschrieben hatt.«*[267]

Für die Journalisten war der Streit um das Bauhaus natürlich ein Thema, und die Zeitungen wußten immer wieder Neues und Aufregendes zu melden – und selbstverständlich waren da die schamlosen Unterstellungen und Verdrehungen der Widersacher besonders willkommen, etwa die giftigen Hetzartikel des Ingenieurs Konrad Nonn[268], der natürlich auch die »Gelbe Broschüre« weidlich auszuschlachten suchte. Für Walter Gropius war es eine Genugtuung, daß die Bauhäusler, Meister wie Schüler, und daß seine Freunde zu ihm hielten; viele von ihnen stürzten sich in diesem Sommer 1924 in die Schlacht und bezogen in Briefen und Artikeln Stellung wider die Feinde des Bauhauses.

Im Hochsommer fuhren Walter und Ise Gropius tatsächlich, wie geplant, nach Timmendorfer Strand, wo sie die Mutter erwartete. Auch andere Familienmitglieder fanden sich ein; manche von ihnen hatten Ise bis dahin noch nicht kennengelernt und waren sehr von ihr angetan. Die Familie hatte unerschütterlich die Fahne hochgehalten und für das Bauhaus, für Walter Gropius und sein Architekturbüro geworben, auch wenn dieser seit Kriegsende mit den Wirren um seine gescheiterte erste Ehe und mit seiner merkwürdigen politischen Einstellung ebenso wie das Bauhaus mit dem Aufsehen, das es in der Öffentlichkeit erregte, die konservativen Gemüter in der Verwandtschaft wohl manchmal in eine recht peinliche Lage versetzt haben mochte. Zu diesen konservativen Verwandten gehörten auch die von Klitzings, einflußreiche Leute, die aber doch nicht davor zurückschreckten, den progressiven Architekten mit einem Auftrag zu bedenken – sie wollten sich ein Sommerhaus bauen lassen, in dem sie die Ferien fern vom heimatlichen Gut Zuchow verbringen konnten. Mit Timmendorfer Strand

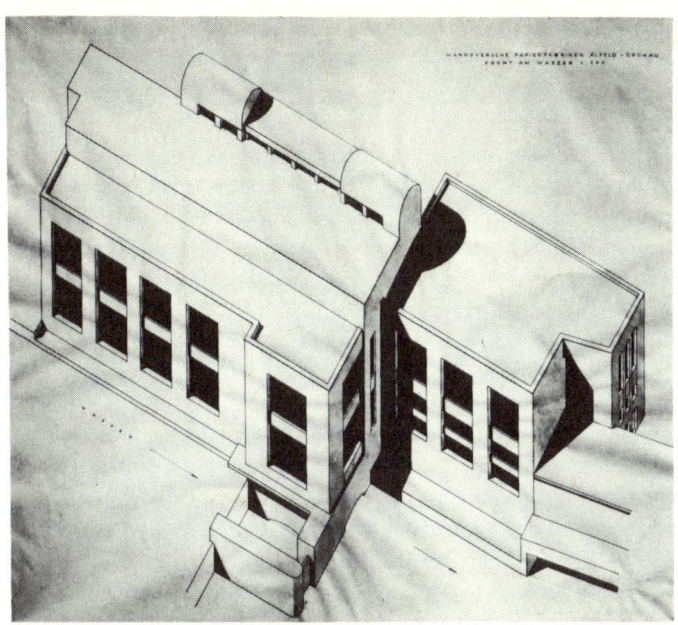

Abb. 78 W. Gropius und A. Meyer: Fabrikationstrakt der Hannoverschen Papierfabriken Alfeld-Gronau (Entwurf), 1923

waren sie vertraut, da sie schon häufig hier als Feriengäste der Familien Gropius und Grisebach geweilt hatten, und dieses Stückchen der Ostseeküste gefiel ihnen besonders gut. Zusammen mit Gropius sahen sich die von Klitzings verschiedene Grundstücke an, die für den Bau des Sommerhauses in Frage kamen, konnten sich aber nicht recht entscheiden. Schließlich arbeitete Walter Gropius mehrere unterschiedliche Entwürfe für ein »Sommerhaus am Meer« aus, die auf eine jeweils unterschiedliche landschaftliche Situation in Strandnähe bezogen waren.[269]

Nach der Rückkehr nach Weimar – sie waren immerhin vierzehn Tage an der Ostsee geblieben – mußte sich Walter Gropius erst einmal um sein Architekturbüro kümmern, dem er ohnehin schon während des laufenden Semesters nicht genügend Aufmerksamkeit widmen konnte und das er unter den politischen Auseinandersetzungen zusätzlich vernachlässigt hatte. Gegen Ende des Jahres 1923, gerade als sich die Schwierigkeiten zu häufen begannen, hatte er von den Hannoverschen Papierfabriken Alfeld-Gronau den Auftrag zum Entwurf eines Erweiterungsbaus für deren bestehende Werksanlagen erhalten, und die Ausarbeitung der Pläne beschäftigte ihn und Adolf Meyer bis zum Beginn des Frühjahrs 1924. Der nach seinem Entwurf entstandene Fabriktrakt *(Abb. 78)* ließ allerdings, im

Gegensatz zu seinem zwölf Jahre zuvor entworfenen Faguswerk, wenig von der Berücksichtigung der Belange der in dem Gebäude arbeitenden Menschen verspüren. Auch für das Faguswerk war 1924 noch ein zusätzliches Gebäude zu entwerfen, Karl Benscheidt brauchte ein Lager- und Gerätehaus. Mit dem Fabrikgebäude von 1911 hatte der Neubau bis auf die Verwendung ähnlicher Ziegel für die Außenmauern wenig zu tun, einfache Linien und geschlossene, nur von wenigen Fenstern durchbrochene Mauern verwiesen auf seine Bestimmung. Ein weiterer Auftrag für Alfeld war die Errichtung eines großen Lagerhauses für den Fabrikanten Kappe; der 1924 begonnene, 1925 fertiggestellte Bau entstand in unmittelbarer Nachbarschaft des Faguswerks, von diesem nur getrennt durch die dazwischen verlaufende Bahnlinie.

Manche Aufträge freilich blieben schon in den Ansätzen stecken, einige kamen nicht über das Entwurfsstadium hinaus, andere führten gerade noch zu einem ersten Konzept, zu ein paar Skizzen und Vorentwürfen. Ein derartiges Projekt, das niemals auch nur bis zur Entwurfsreife gedieh, war die Planung zu einem einzigartigen Neubau, an der Gropius und Meyer im Auftrag des Friedrich-Fröbel-Instituts im thüringischen Bad Liebenstein arbeiteten. Ein Prospekt vom Februar 1925 beschreibt den geplanten Bau, dessen Konzeption auch in Abbildungen erläutert wird, als eine Schulherberge für verarmte und verlassene Kinder.

In Briefen an Ise wie auch an Lily Hildebrandt bezog sich Walter Gropius seit dem Frühjahr 1924 immer wieder einmal auf seinen Entwurf für die Philosophische Akademie in Erlangen. So schrieb er im März an Ise nach Dresden: »*Erlangen-Projekt wird jetzt erst schön, nachdem ich mich zu einer Radikaländerung durchgerungen habe. Neue Konstruktion, kein Sandstein, noch einfachere Gliederung. Aber diese Schufterei. Und doch ist es herrlich, so mitten im Strom zu schwimmen, wenns nur so um einen herumschäumt.*«[270] Rolf Hoffmann, Professor an der Universität Erlangen, hatte 1922 eine Philosophische Akademie ins Leben gerufen, die er auf dem Grundstück Burgberg-Straße 14 in Erlangen, dessen Eigentümer er war, in einer älteren Villa unterbringen konnte. Die Gründung war damals in konservativen Kreisen mit gemischten Gefühlen aufgenommen worden und es waren sogleich auch Beschuldigungen aufgetaucht, wonach es sich um eine Einrichtung zur Förderung kommunistischen Gedankenguts handeln sollte, bis es sich herumgesprochen hatte, welch namhafte Männer aus dem Kultur- und Geistesleben im Vorstand der Akademie versammelt waren.[271] Längst genoß die Philosophische Akademie inzwischen einen guten Ruf.

Rolf Hoffmann war in ungewöhnlichem Maße an zeitgenössischer Kunst und Architektur interessiert; dieses Interesse war in ihm ständig gewachsen, seit er sich als Student in München mit der Malerei des Blauen Reiters, mit den Arbeiten Paul Klees und dem Werk der wenigen Architekten der modernen Richtung vertraut gemacht hatte. So war es nicht überraschend,

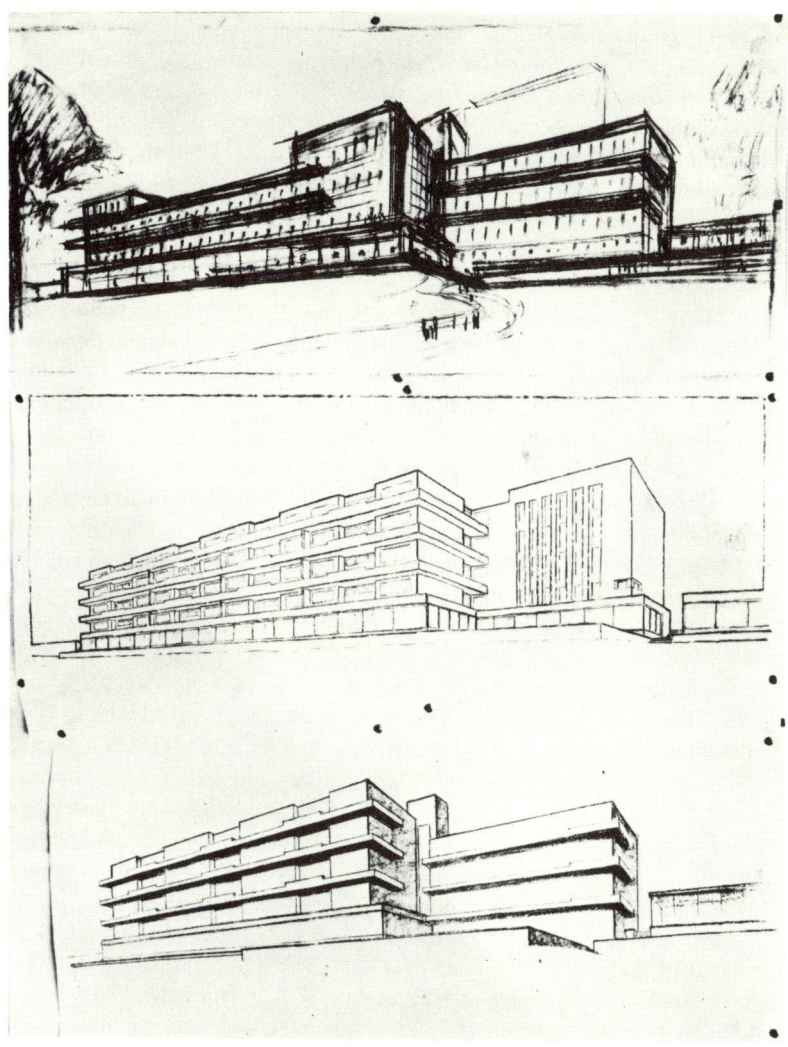

Abb. 79 W. Gropius und A. Meyer: Entwürfe für ein Gebäude der Philosophischen Akademie in Erlangen, 1924–25. Der oberste Entwurf gilt als eigenhändige Zeichnung von Gropius.

daß er sich an Walter Gropius wandte, als er beschloß, mit einem Neubau der Akademie ein deren Idealen entsprechendes Heim zu schaffen. Gropius nahm den Auftrag zum Entwurf bereitwilligst an;[272] rückblickend hat er später dazu erklärt, daß er damals die Projektierung eines fast schon utopischen Objekts und die Ausarbeitung der Pläne als eine günstige

Gelegenheit empfand, sich wenigstens zeitweilig von der Anspannung davonzustehlen, die jene politisch so turbulente Zeit mit sich brachte. Mit dem Neubau der Philosophischen Akademie sollte, so sah es das von Hoffmann und Gropius überarbeitete Programm vor, für Gelehrte aus aller Welt, die ihre Beiträge zu Wissenschaft und Kultur geleistet hatten und an weiterführenden theoretischen Studien interessiert waren, eine Umgebung von stiller Zurückgezogenheit und heiterer Gelassenheit geschaffen werden, ein Ort der geistigen Versenkung und der interdisziplinären Diskussion.

Nachdem der Vorstand die vorgetragenen Absichten gebilligt und dem vorgelegten Programm zugestimmt hatte, ging Walter Gropius an die Arbeit; die Vorstellung eines idealen Akademiegebäudes vor Augen, fertigte er seine Pläne und gestaltete ein kleines Modell *(Abb. 79)*.[273] Der Entwurf wurde auf einer Ausstellung gezeigt, die der Vorstand zusammen mit der Vereinigung der »Freunde der Philosophischen Akademie« veranstaltete, um die Öffentlichkeit auf das Projekt hinzuweisen und zu Spenden aufzurufen, sollte das Ganze doch als ein philanthropisches Unternehmen allein aus dem Spendenaufkommen finanziert werden. Es war dann in der Tat einiges an Geldern auf den Spendenkonten eingegangen, aber eines Tages stellte sich heraus, daß die Konten plötzlich ein Minus aufwiesen; die Spenden waren in ungeklärter Weise abgeflossen. Der Vorstand und Rolf Hoffmann wurden des Mißmanagements beschuldigt. Gegen Ende des Jahres 1924 gab dann der Gründer der Philosophischen Akademie, ein glänzender Gelehrter und zugleich ein etwas unberechenbarer Mensch, das Projekt auf; wie man später erfuhr, hatte er sich mit seiner Familie in die Vereinigten Staaten begeben.[274]

Der Entwurf für die Philosophische Akademie und die anderen Entwürfe entstanden im Gropiusschen Architekturbüro, also in Räumen im Bauhaus-Hauptgebäude; alle Arbeit, die dort geleistet wurde, ging unter den Augen der Studierenden vor sich, sie konnten zusehen, wie die Pläne gezeichnet und die Modelle gefertigt wurden. Kein Wunder, daß unter diesen Umständen eine Reihe weiterer Schüler an einem Vorbereitungskurs, einer Art experimenteller Architektur-Werkstatt, teilzunehmen wünschten. Walter Gropius bot ihnen die Möglichkeit dazu mit seinem eigenen Büro, das er selbst leitete und in dem damals Adolf Meyer und Ernst Neufert als Assistenten arbeiteten. Die Schüler verlangten aber immer dringlicher eine Erweiterung dieses Studiengebiets, und so bildeten dann im Frühjahr 1924 Marcel Breuer und Georg Muche eine Arbeitsgemeinschaft für Architekturstudien, an der sich auch Josef Hartwig beteiligte, der Werkmeister der Bildhauer-Werkstatt. Die Gruppe hatte es sich zur Aufgabe gestellt, Fragen des Entwurfs, der Grundrißgestaltung und der Konstruktion im Wohnungsbau zu untersuchen; Breuer und Muche befaßten sich auch mit der Planung städtischer Wohnhochhäuser.[275] Mit der Ausbildung im Gropiusschen Büro und in der Breuer-Mucheschen Arbeitsgemeinschaft war der Grundstein zu einer Architektur-Abteilung gelegt, die dann später am Bauhaus in Dessau eingerichtet wurde. Im Frühsommer 1924 trat Walter Gropius auch noch einmal in Verhandlungen mit der Regierung ein, um die Überlassung des leerstehenden Reithauses an der Ilm für die Zwecke der praktischen Ausbildung zu erwirken, die er schon 1919, nach der Eröffnung des Bauhauses, vergeblich gefordert hatte. Die Deutsche Volkspartei, aus ideologischen Gründen von jeher gegen das Bauhaus eingestellt, verzögerte zwar mit allen möglichen Einwendungen zunächst den Beschluß, und als das Reithaus schließlich zum Sommersemester 1924 der Schule zur Verfügung gestellt wurde, waren deren Mittel bereits soweit reduziert, daß an eine Einrichtung des alten Gebäudes nicht mehr zu denken war und es nur noch für Zwecke des Vorkurses genutzt werden konnte.

Ise Gropius und das Bauhaus

Ise Gropius hatte sich nach der Hochzeit unverzüglich an die Arbeit für das Bauhaus gemacht, und sie bewährte sich glänzend, indem sie um Unterstützung für die Schule warb – und um Spenden. Von Anfang an hatte sie, ungeachtet ihrer jungen Jahre, ihre neue Rolle angenommen und ihren Beitrag geleistet; sie bemühte sich, zur Aufklärung einer breiteren Öffentlichkeit über Wesen und Ziele der Schule beizutragen und propagandistisch für das Bauhaus zu wirken. Wenn sie gelegentlich Verwandte oder Freunde an anderen Orten aufsuchte, war sie darauf bedacht, daß sie auf dem Wege auch Angelegenheiten des Bauhauses mitbesorgte. Wenn sie oder Walter Gropius auf Reisen unterwegs waren, legten sie beide Wert darauf, durch tägliche Briefe miteinander in Verbindung zu bleiben. So schrieb er ihr im August 1924 von einer Reise, die er zum Abschluß eines Auftrags für das Bauhaus unternommen hatte, und bat sie, Geduld mit ihm zu haben und ihm beizustehen in den »kommenden Tagen«, die mit Angriff und Verteidigung während des Ringens um den Fortbestand des Bauhauses so manches unerfreuliche Ereignis bringen mochten: »*In Wahrheit gestehe ich Dir, daß es für mich nur ein Unglück gäbe – wenn ich Dich auf irgend eine Weise verlöre. Ich brauche Dich!!! und die Freude erstürbe in mir; so aber kann mich nichts an der Wurzel treffen und ich bin innerlich beruhigt, da meine Liebe zu Dir restlose Antwort findet. Ich erwarte von Dir seelische Taten von ganz besonderer Kraft; aber mir genügt es, ihre Möglichkeit zu spüren ... Sei bei mir in diesen Tagen, an die ich nicht sehr freudig gehe.*«[276]

Das Schicksal wollte es anders, Ise konnte ihm während jener konfliktbeladenen Tage nicht zur Seite stehen. Ihre Krankheit war noch nicht vorüber, die vorherige Diagnose hatte sich als irrig erwiesen, und sie mußte sich noch einmal in Behandlung begeben – im Spätsommer ging sie in ein Sanatorium in Opladen, einer damals noch selbständigen Gemeinde bei Leverkusen. Gelegentlich konnte Walter Gropius sie dort besuchen, doch meist blieben sie auf den Briefwechsel angewiesen, und aus seinen Briefen erfuhr Ise fast immer auch das Neueste vom Bauhaus und von den Vorgängen in Weimar.

Im September 1924 ging Ises Aufenthalt im Sanatorium zu Ende, sie war wiederhergestellt und hatte sich erholt. Die letzte Woche dort nutzte sie zu Besuchen bei Freunden in Köln, zugleich rührte sie, wohin sie kam, für das Bauhaus die Werbetrommel. So konnte sie stolz am letzten Sonntag im September nach Weimar berichten: »*Ich revolutioniere ganz Cöln samt dem Oberbürgermeister fürs Bauhaus und nun soll es gar hierher!... Zuerst war ich bei Frau Adenauer... Wir fuhren dann zum Oberbürgermeisteramt und ich muß sagen, daß ich einen sehr sympathischen Eindruck von Adenauer hatte... Ich schilderte ihm erst die politische Lage, dann die Bauhausarbeit, über die er in gar keiner Weise unterrichtet war, die ihn aber sichtlich interessierte. Dann gab ich ihm Deinen Artikel, den er sofort durchlas. Glücklicherweise hatte er gerade mit Schumacher gesprochen, der gesagt hatte, er kenne Dich und habe Deine Arbeiten immer mit dem größten Interesse verfolgt. Also Adenauer war von Deinen Ideen auch sehr angetan und wollte nähere Unterlagen haben...*

Ich war 1½ Stunden bei ihm, was überall größtes Erstaunen erregte und meine Situation entschieden erleichtert... Alle nennen mich hier ›Frau Bauhaus‹!«[277] Der Oberbürgermeister von Köln war Konrad Adenauer, Fritz Schumacher war Oberbaudirektor in Hamburg. Walter Gropius war, das bezeugt die Korrespondenz, zu dieser Zeit bereits zu der Überzeugung gelangt, daß sich das Bauhaus in Weimar nicht halten konnte und sich an einem anderen Ort niederlassen mußte. So gab sich Ise alle Mühe, den zuständigen Männern in der Kölner Stadtverwaltung, und allen voran natürlich dem Oberbürgermeister Adenauer, die Vorstellung recht schmackhaft zu machen, daß Köln vielleicht der geeignetere Platz für das Bauhaus sein könnte und daß Walter Gropius, käme die Schule nach Köln, zugleich für das Amt des Stadtbaumeisters zur Verfügung stünde. Während ihres Werbefeldzugs gewann Ise außerdem neue Mitglieder für den »Kreis der Freunde des Bauhauses«, und obendrein durfte sie hoffen, daß Konrad Adenauer für dessen Kuratorium zu gewinnen sei. Sie sammelte Zusagen zur finanziellen Unterstützung des Bauhauses, Spenden sowie großzügige Kreditgewährung wurden in Aussicht gestellt, und sie konnte einen Auftrag für die Textil-Werkstatt einheimsen. Ise war in der Tat, bedenkt man ihr jugendliches Alter und ihre persönliche Situation – sie war ja noch nicht aus dem Sanatorium entlassen und mußte sich noch jeden Tag in der therapeutischen Klinik melden –, ungewöhnlich erfolgreich, und dabei hatte sie bei ihren Gesprächen kaum etwas vorzuweisen außer ein paar Bauhaus-Drucksachen. Was sie da in Köln vollbracht hatte, berührte Walter Gropius im Innersten, zu seiner Liebe kam nun der Stolz auf sie und zugleich seine Sorge, daß sie sich übernehmen und ihre Gesundheit aufs Spiel setzen könnte. Er schrieb ihr unverzüglich zurück: »*Meine süße Frau Bauhaus, Du bist ein Tausendsassa und kannst Dich vor Stolz blähen. Wir sind alle hier voll tiefem Respekt vor Deinen Leistungen, denn wir wissen wie* zäh *die Menschen im Ausweichen sind. Ich bin tief gerührt von Dir, Du mein guter Stern, und liebe Dich immer mehr...*

Vor allem aber: Ich richte die herzliche Bitte an Frau Lucas, [daß sie] Dich in den Unwols-Tagen ins Bett steckt und wenn ganz Cöln bei Dir fensterlt unter Führung von Adenauer. Und daß sie Dich nicht zu früh aufstehen läßt. Also nun wieder Sachlichkeiten.

Den Bauhaus-Freundeskreis habe ich in letzter Stunde noch auf eine neue großzügige Basis gestellt, wie Du aus beiliegendem ersiehst. Wenn dieses Kuratorium gelingt, auch nur zur Hälfte, dann wird das Bauhaus ungeheuer an Stoßkraft gewinnen und die politische Macht wird keine Gewalt mehr haben... Auf Deinen Eilbrief hin habe ich auch Adenauer zum Beitritt in das Kuratorium aufgefordert... Stadtbaumeister von Cöln, das wäre eine feine Sache!«[278] Dann benannte er ihr einige einflußreiche Freunde. Ise solle sie – zu groß konnte seine Sorge um ihre Gesundheit denn doch nicht sein – gleich aufsuchen und dafür sorgen, daß dem Bauhaus weitere Freunde gewonnen würden. Für Dorothy Thompson, eine Korrespondentin aus den Vereinigten Staaten, bot er weiteres Material an, nachdem Ise die Amerikanerin – ohne zunächst deren Namen zu erwähnen – bereits gedrängt hatte, ihren Zeitungen doch einen Bericht über das Bauhaus zu senden: »*Wer ist die Amerikanerin? Gerne wollen wir ihr Artikel und Photos senden, wohin?*« Überhaupt sei – und unversehens taucht in diesem Zusammenhang der ›kleine Dr. Lehmann‹ aus der gemeinsamen Dienstzeit als Einjährig-Freiwillige bei den Wandsbeker Husaren wieder auf – die Zusammenarbeit mit der Presse wichtig: »*Besuche die Frau meines guten Bekannten Walter Lehmann, Cöln, Steinfeldergasse 11; sie war früher in der Redaktion der Kölnischen Zeitung und tritt dort für uns ein. Erzähle ihr von Deinem Besuch bei Dr. Schmitz und auch von Adenauer, auch von unseren Cölner Absichten, und bitte sie sehr, beiliegenden Aufsatz in die Kölnische Zeitung zu lancieren. Er und sie werden auch sicher in den ›Kreis‹ eintreten. Telefoniere sie vorher an. Der Bruder Lehmann war mein kleiner Leibjude beim Militär, dieser besitzt ein großes Kaufhaus, Frank u. Lehmann, in Cöln. Man muß die Presse gewinnen, wie Du ja richtig auch erkannt hast. Du hast offenbar großes Talent für diplomatische Aktionen...*

Gefährlich ist die ›Rheinisch-Westfälische Zeitung‹, die immer ganz infam gegen uns geschrieben hat und mit Hans Beyer in Verbindung steht. Eine Person scheint dort der Feind zu sein, vielleicht bringst Du heraus, wer das ist. Ich habe die Zeitung jetzt verklagt.« Wegen der Kunstgewerbeschule in Köln, mit deren Reorganisation man erst kurz zuvor Martin Elsässer beauftragt hatte, und die sie für eine ›sehr starke Konkurrenz‹ hielt, brauche sie sich keine Gedanken zu machen, diese könne niemals eine dem Bauhaus gleichwertige Institution darstellen: »*Elsässer – Konkurrenz ja! Man muß das Bauhaus als moderne Akademie hinstellen, die Cöln noch fehlt, während andere Städte [je eine] gleich gute Akademie u. Kunstgewerbeschule besitzen. Konkurrenz hält frisch.*

Du mein süßes, liebes, herrliches Menschenwunder...«[279]

Weimar – die Zuspitzung der Krise

In Weimar hatte inzwischen die Thüringische Rechnungskammer am 9. September 1924 ihren Prüfungsbericht über die Kassen- und Buchführung des Bauhauses abgeschlossen und im Druck vorgelegt. Der Bericht kam zu höchst alarmierenden Feststellungen hinsichtlich der finanziellen Situation. Offenbar war nicht viel Gutes vom Bauhaus zu berichten. Gelobt wurden die Werkstätten: »*Einer Prüfung wurden unterzogen die Werkstätten Weberei, Tischlerei, Metallarbeiten, Druckerei, Wandmalerei. Das Ergebnis der Prüfung war ein gutes... Die Ordnung in den Werkstätten war gut, Maschinen und Werkzeuge wurden pfleglich behandelt, die Vorräte zweckmäßig verwahrt...*« Anerkannt wurde auch die Führung der Bauhausküche; doch hier mischte sich in das Lob bereits sanfter Tadel: »*Sie bietet den Bauhausschülern für 0,30 G. M. ein bürgerliches Mittagessen, für 0,20 G. M. Abendbrot. Da die Speisen reichlich verabfolgt werden, reichen die gezahlten Preise bei weitem nicht aus. Besonders durch die Bemühungen der am Bauhaus lernenden Damen wurden größere Geldbeträge von deren Eltern bzw. Bekannten gespendet und auch Lebensmittel zur Verfügung gestellt. Weiter erhielt die Bauhausküche 600 G. M. aus dem Reichszuschuß für Studierende, 400 G. M. und 30 £ aus der Europäischen Studentenhilfe. Die letzteren wurden in Gestalt von Freitischmarken zu 1120 Mittags- und 1120 Abendmahlzeiten an die bedürftigen Bauhausschüler verteilt...*« Ansonsten jedoch zeichnete der objektive und genaue Bericht ein recht düsteres Bild der Situation, die Kassenführung erschien etwas erratisch, mehr noch die Buchführung, die Kosten für das Haus am Horn konnten nicht ermittelt werden, und bei der Bauhaus-Siedlung stellten die Prüfer fest: »*Die Buchführung... war, wie das Bauhaus sich selbst in einem Schreiben an das Finanzamt Weimar ausdrückt, seitens des damit betraut gewesenen Vorstandsmitglieds etwas unübersichtlich und ist heute nicht mehr zu prüfen...*« Allerdings war nirgendwo von irgendwelchen Verdächtigungen die Rede, allenfalls wurde auf Fehler und Versäumnisse der Betriebsführung hingewiesen, während insgesamt die äußerst prekäre finanzielle Lage des Bauhauses zum Ausdruck kam.[280]

Was immer Walter Gropius auch sonst um die Ohren haben mochte, es konnte ihn nicht der Verantwortung für die Berufung eines kompetenten Geschäftsführers und für das Geschäftsgebaren des Bauhauses entheben. In jüngeren Jahren hatte er noch nicht die Spur jener Geschäftstüchtigkeit an sich, die er später an den Tag legte. Auch in der Anstellung von Mitarbeitern und in der Berufung von Lehrern hatte er gewiß manchmal Fehler gemacht, ebenso wie in der Wahl seiner Freunde. Doch die eigentlichen Gründe für die Schwierigkeiten in der Finanzierung des Bauhauses wie in dessen Verwaltung lagen tiefer, sie entzogen sich seiner Verantwortung. Was die Schwierigkeiten in der Verwaltung anbetrifft, so hatten sich schon die Prüfer der Thüringischen Rechnungskammer davon ein Bild machen können. In ihrem Bericht hielten sie die Aussage des vormaligen Syndikus Emil Lange fest: »*Von Anfang Juli 1923 ab besteht die Buchführung nur noch aus losen Bogen, die nicht immer ausaddiert sind und für eine Reihe von Tagen ganz fehlen. Während dieser buchungslosen Zeit wurden nach Angabe des... Herrn Lange die Tageseinnahmen am gleichen Tage zur Deckung von Ausgaben verwandt, ohne daß die Einnahmen und Ausgaben gebucht wurden. Diese Tage fielen in die Zeit der Bauhausausstellung. Herr Lange begründet das Fehlen der Buchungen damit, daß man in dieser Zeit beim besten Willen nicht dazu gekommen sei, die Beträge zu buchen... Das Fehlen von Buchungen gerade in der Ausstellungszeit ist umso bedauerlicher, als dadurch eine Abrechnung über die Kosten der Bauhausausstellung unmöglich gemacht wird.*«[281] So hatte das Bauhaus, was die Finanzierung angeht, in jenen hektischen Tagen vor und während der Ausstellung praktisch von der Hand in den Mund gelebt – aber gerade das war eben auch ein Hinweis auf die ständige finanzielle Bedrängnis, unter der die Schule litt. Dr. Wilhelm Necker, der neue Syndikus, legte in Wahrheit den Finger auf die Wunden, als er in einer vom 19. Oktober 1924 datierten Darlegung auf den Bericht der Rechnungskammer erwiderte – er verwies auf die besondere Art der Schule und ihrer Arbeit, und er erinnerte auch an die politische Situation: »*in einem Unternehmen, in dem eine neue Richtung und neue Anschauungen auf einem großen Kulturgebiete durchgearbeitet und in die Praxis umgesetzt werden sollen..., kommt hinzu, daß das, was gemacht werden sollte, nicht, wie es in der Industrie üblich ist, mit dem nötigen Kapitalaufwand vorgenommen werden konnte, sondern daß alles sozusagen aus dem Nichts geschaffen werden mußte. Die Versuchsarbeit wurde verteuert durch Herstellung vieler Einzelteile außerhalb des Hauses, da wichtige Maschinen und Werkzeuge, die in einer Versuchswerkstatt noch wichtiger sind als in jeder anderen, fehlten. Außerdem konnten Rohstoffe nur in ganz kleinen, unwirtschaftlichen Mengen gekauft werden. Eingegangene Verdienste mußten vielfach zu Neuanschaffungen verwandt werden, um überhaupt erst einen brauchbaren Produktionsapparat zu schaffen, und gingen als Betriebskapital verloren...*

Außerdem hat die offene Feindschaft gegen das Bauhaus aus politischen

Gründen, aus künstlerischer Unduldsamkeit oder aus Unverständnis natürlich ebenfalls dazu beigetragen, den Wirtschaftsapparat zu schwächen. Mit einem Unternehmen, dessen Weiterbestand nicht gesichert ist, kann ein solides Geschäftsunternehmen keine Bindungen eingehen.
Trotz aller dieser Gründe ist das Bauhaus schon seit längerer Zeit auf dem Wege der wirtschaftlichen Gesundung. Die erste Vorbedingung dafür war, daß die dort hergestellten Produkte einen Markt bekamen. Auf den letzten Messen zeigte es sich, daß die Bauhauserzeugnisse in steigendem Maße verlangt wurden...
Einem lebhaften Absatz steht nichts im Wege als eine zweckmäßige privatwirtschaftliche Organisation des Betriebes und Bereitstellung eines ausreichenden Betriebskapitals...«[282]
Die Verbindung eines aus öffentlichen Mitteln finanzierten Lehrbetriebs mit einem privatwirtschaftlich arbeitenden Produktionsbetrieb – das war die Wurzel der Probleme, und es war vor allem diese Erkenntnis gewesen, die Emil Lange dazu bewogen hatte, den Posten des Syndikus zu räumen.

Natürlich hielt auch das amtliche Prüfungssystem der Thüringischen Rechnungskammer nicht gerade Maßstäbe bereit, die eine wohlwollendere Bewertung der Buchführung des Bauhauses erlaubt hätte. Kamen die Prüfer schon bei der Bewertung der privaten Spenden für die Bauhausküche in Verlegenheit, so hatte ihnen wohl die Finanzierung des Hauses am Horn noch größere Rätsel aufgegeben; hier konnten sie nur feststellen: *»Es besteht zwar ein Konto für das Haus, es konnte daraus aber nicht ermittelt werden, was das Haus dem Bauhaus gekostet hat, weil dieses Konto zugleich das Personenkonto für Herrn A. Sommerfeld in Berlin, den Käufer des Hauses, ist...«*[283] Man erinnere sich des Berichts, den Walter Gropius damals Lily Hildebrandt gegeben hatte: *»Ich habe für ca. 100 Millionen Werte erobert. Sommerfeld giebt 20 Milli. bar, Spiegelglasindustrie 5 Millionen bar, das andere sind Sachwerte. Das Grundstück habe ich auch vom Staat bekommen...«*[284] Die Bauhaus-Ausstellung überhaupt hatte ein übriges getan, die Buchführung, wie Emil Lange den Prüfern offen erklärt hatte, vollends durcheinanderzubringen; auf Drängen des Staates unter größtem Zeitdruck zustandegekommen, hatte sie während der Vorbereitung wie während der Durchführung eine Disposition von Tag zu Tag erfordert und alle Kräfte gebunden. Aber es war ja nicht nur die Kassen- und Buchführung – die Etatmittel hatten von Anfang an nie gereicht. Und hinzu kam der Währungsverfall. Die seit dem verlorenen Kriege beschleunigt fortschreitende Inflation hatte die Mittel in ihrem tatsächlichen Wert ständig weiter beschnitten, bis schließlich zur Zeit der Ausstellung ein Betrag, mit dem man morgens noch ein Brot kaufen konnte, am Abend schon nicht mehr für ein Brötchen reichte. Zwar hatte das Bauhaus in zunehmendem Maße Abnehmer für seine Entwürfe und seine eigenen Erzeugnisse finden können, doch der tatsächliche Finanzbedarf der Schule überstieg bei weitem die Beträge, die aus dem Verkaufserlös und den staatlichen Zuweisungen zusammenkamen. Wilhelm Necker war der fünfte – und letzte – Syndikus des Weimarer Bauhauses; vier Männer hatten sich vor ihm mit den Aufgaben herumgeschlagen, die das Amt stellte, ein jeder von ihnen hatte eine neue Ordnung eingeführt, aber die Probleme der Schule konnte keiner von ihnen lösen. Schließlich gab es eben nur wenige Geschäftsführer vom Format eines Finanzgenies wie Hjalmar Schacht, und von diesen kam keiner je auf den Einfall, sich um den Posten eines Syndikus im Bauhaus zu bewerben.

Im September 1924 legte die Thüringische Rechnungskammer ihren Prüfungsbericht vor, und im gleichen Monat verkündete die Regierung »vorsorglich«, daß sie die im April 1925 auslaufenden Verträge des Direktors und der Meister am Bauhaus möglicherweise nicht verlängern werde. Es fällt schwer, darin nicht mehr als ein zufälliges Zusammentreffen zu sehen. Der Prüfungsbericht allein, selbst wenn er Mißstände in Buchführung und Geschäftsgebaren aufdeckte, konnte der Regierung schwerlich eine ausreichende Handhabe zum Vollzug eines derart drastischen Schritts bieten, ließ sich daraus doch schlimmstenfalls auf Unfähigkeit von Direktion und Geschäftsführung schließen; etwas anderes wäre es gewesen, wenn etwa die Prüfer Verfehlungen ans Licht gebracht hätten, aber davon konnte ja keine Rede sein. Wie auch immer die wahren Zusammenhänge gewesen sein mögen, der Prüfungsbericht könnte das auslösende Moment für eine Entscheidung der Regierung gewesen sein, die schon lange durch die wütenden Angriffe auf das Bauhaus und den wachsenden Druck von rechts vorbereitet worden war. Die Deutsche Volkspartei in Thüringen hatte, nicht zuletzt unter dem Eindruck der Ereignisse vom Spätherbst 1923, starken Zulauf erhalten und war aus den Landtagswahlen vom Februar 1924 als stärkste Partei hervorgegangen; ihr Anführer, Richard Leuthäußer, regierte seit dem 21. Februar als Ministerpräsident das Land. Walter Gropius beschrieb, mehr als vierzig Jahre danach, den Politiker so: »*Er war eine schwächliche Persönlichkeit ohne kulturelle Interessen und suchte das Bauhaus wegen des Drucks von rechts auf die schlaue Tour loszuwerden*«[285] In der damaligen Situation fühlte sich Gropius zwar durchaus nicht wohl, aber er glaubte, noch auf die Verhandlungen im Landtag und die Aussprache im Haushaltsausschuß setzen zu können, die einer endgültigen Entscheidung der Regierung vorangehen mußten.

Gropius war in jenen Tagen, was die politische Erfahrung anbelangt, noch von recht einfältiger Gutgläubigkeit, und zwar in dem Maße, daß er sich am Ende einfach überrumpeln ließ von einer Regierung, die auf dem Geldsäckel saß – von einer rechtsgerichteten, dem Bauhaus wenig wohlgesonnenen Regierung, hinter der die alten Widersacher des Bauhauses vor allem aus den Kreisen von Handel, Handwerk und Gewerbe standen. Als dem Direktor des Bauhauses oblag ihm die Verwaltung der Schule, aber auch deren Vertretung nach außen, nur erwies er sich, was letzteren Punkt anbetraf, in seiner Öffentlichkeitsarbeit als der Aufgabe nicht gewachsen – aber vielleicht hätte hier unter den gegebenen Umständen, muß man der Fairness halber hinzusetzen, auch jeder andere versagt. Wie auch immer, nun war es zu spät, die Meister des Bauhauses und sein Direktor hielten ihre »vorsorglich« ausgesprochene Kündigung in Händen.

Ise Gropius hielt sich in diesen Tagen des September 1924 noch immer in Opladen auf, wo sie weiterhin, wenn sie auch nicht mehr im Sanatorium lag, als ambulant behandelter Patient verbleiben sollte. Ihre Briefe an Walter Gropius und die Briefe, die er ihr aus Weimar schrieb, überschnitten sich ständig; sie konnte ihm von den Erfolgen ihres Werbefeldzugs im Rheinland, er mußte ihr vom Kampf um das Bauhaus berichten. So verheimlichte er ihr auch die jüngste Entwicklung nicht: *»Heute morgen fand ich hier meine Kündigung vor und die aller Meister, auch der Handwerksmeister, wie ich erwartet habe, mit einem Hinweis auf den noch ausstehenden Entscheid des Landtages. Ich gebe die Nachricht gleich an die Presse, damit noch ein Druck auf die Verhandlungen ausgeübt wird. Auf die Arbeit im B. H. wird das natürlich lähmend wirken. Außerdem fand ich einen dicken Bericht der Rechnungskammer mit einem Begleitbrief des Ministeriums in befehlerischem Unteroffizierston. Also ein recht schwarzer Morgen. Wie gut, daß ich schon seit einer Weile mehr die eigene Arbeit betreibe.«*[286]

Das Bauernhaus ins Rheinland?

Je trostloser die Nachrichten aus Weimar wurden, desto mehr setzte sich Ise in Köln für das Bauhaus ein – und desto häufiger sandte sie auch ihre Berichte an Walter Gropius. So konnte sie ihm Ende September stolz davon schreiben, welchen Einfluß sie inzwischen bei Konrad Adenauer gewonnen hatte; man hätte sie vorher gewarnt, daß er ungewöhnlich grob und unangenehm werden könne, wenn ihn eine Sache nicht interessiere – aber sie habe davon nichts verspürt, sondern hätte ihn für sich einnehmen können.[287] Adenauer war nicht nur an dem Vorschlag interessiert, das Bauhaus nach Köln zu holen, er nahm auch persönliches Interesse an Ise Gropius und führte sie bald bei seiner Familie ein. Auch sonst konnte Ise Erfolg auf Erfolg verbuchen. War sie in ihren Gesprächen schon von Anfang an recht geschickt aufgetreten, so wuchs mit zunehmender Erfahrung auch ihre Selbstsicherheit, und die Empfehlungen, mit denen sie hie und da von ihren Gesprächspartnern an andere Persönlichkeiten weitergeleitet wurde, taten ein übriges. Zielbewußt wandte sie sich an Personen, von denen bekannt oder zu hoffen war, daß sie dem Bauhaus wohlwollend gegenüberstanden, um sich von ihnen die Unterstützung der Schule in diesen kritischen Tagen zusagen zu lassen. Sie suchte Männer von Rang und Namen auf, deren Einfluß auf Presse und öffentliche Meinung erwarten ließ, daß sie zur Widerlegung von Gerüchten, zur Korrektur falscher Nachrichten und zur Parteinahme für das Bauhaus beitragen könnten. Unermüdlich stritt sie für die Schule. Am letzten Septembertag konnte sie Walter Gropius von ihrem Gespräch mit dem Herausgeber der einflußreichen »Kölnischen Zeitung« berichten, das diesen bewog, einen weiteren polemischen Artikel des Ingenieurs Nonn gegen das Bauhaus nicht mehr aufzunehmen.[288]

Von Konrad Adenauer vorsorglich beraten und mit seinen Empfehlungen versehen, begab sich Ise nach Düsseldorf, um dort Gespräche mit Publizisten und Industriellen zu führen, oder besser, ihnen ein Licht aufzustecken; sie konnte erstere für ihre Sache gewinnen und letztere davon überzeugen, daß es sich lohne, die Produkte des Bauhauses näher kennenzulernen. Überglücklich schrieb sie Anfang Oktober: *»Von Lucas habe ich eine Empfehlung an das Rheinisch-Westfälische Elektrizitätswerk in Essen und an einen Vetter von ihm, Beigeordneten Seippel... Verbeeck u. Ritters wollten sich auf den Kopf stellen vor Verwunderung, daß ich nach Essen wollte. Der einzige uneitle Mensch, den ich getroffen habe ist Prof. Klotzbach. [Kaesbach?]*
Mein Zug geht! Komme Dienstag nach Hause! Montag muß der Vortrag noch werden! Adio!«[289] Bezeichnend war die Reaktion des Direktors der Düsseldorfer Kunstgewerbeschule, Fischer, der Ise ganz offen erklärte, er würde es begrüßen, wenn das Bauhaus ins Rheinland käme und nach Köln übersiedelte, obwohl ihm klar sei, daß dann seine besten Studenten dorthin abwandern würden. In Essen war Ise ein ähnlicher Erfolg beschieden wie zuvor in Düsseldorf; sie konnte Walter Gropius berichten, daß sie neue Mitglieder für den »Kreis der Freunde des Bauhauses« geworben und einige kritische Gemüter beruhigt, wenn nicht gar für die Schule gewonnen habe. Walter Gropius gestand ihr ein: *»Du bist so sehr gereift, daß ich höchst überrascht bin, wie Du mit Siebenmeilenstiefeln meine längere Lebenszeit aufgeholt hast, um ganz nah bei mir zu sein. Ich habe wirklich das Gefühl, daß Du bereits an dem Punkt angekommen bist, wo Du in allem, was uns beide angeht, ein gleichrangiger Partner geworden bist, der das Recht hat, mich in jedweder Sache zu beraten... Ich gebe zu, meine Tätigkeit wie die des Bauhauses sind ein gutes Exerzierfeld für die menschliche und geistige Entwicklung, und ich sage das, auch wenn es arrogant klingen mag...«*[290*]

Noch Anfang Oktober, zwei Tage vor ihrem Besuch in Düsseldorf, hatte Ise geschrieben[291*], wie sehr sie Alma um ihre Überlegenheit beneide und alles, was sie im Leben erreicht habe. Nun war sie auf dem besten Wege, durch ihre eigenen Leistungen gleichzuziehen – und darauf hatte sie es auch bewußt angelegt – mit der Rivalin im Hintergrund. Doch Walter Gropius war mittlerweile ungeduldig geworden, er wollte nicht länger auf Ise warten müssen und bat sie, erst in einem Brief, dann in einem Telegramm, nach Weimar zurückzukehren. Ise sperrte sich zunächst, wie ihre Antwort zeigte, gegen den Gedanken, ihren rheinischen Feldzug abbrechen zu müssen; ihrer beider Trennung hätten sie noch eine Weile zu ertragen, da sie doch die Dinge nun einmal in Bewegung gesetzt habe und für das Bauhaus unentbehrliche Arbeit leiste. Und auch am darauffolgenden Tag, dem 5. Oktober, schrieb sie erneut einen Brief, der erkennen ließ, wie sie mit sich selbst rang; sie suchte sich einzureden, daß sie recht daran tue, mit ihrer Arbeit fortzufahren – und mit dieser Darstellung wollte sie wohl auch Walter Gropius beeindrucken.[292] Ise machte sich mit diesem Brief, kaum daß sie ihn geschrieben hatte, auf den Weg zum Briefkasten. Es war am frühen Sonntagmorgen, trotz der fortgeschrittenen Jahreszeit war es ungewöhnlich warm, und Ise kam sich auf einmal, so unverdrossen sie sich auch in dem Brief gegeben hatte, den sie in der Hand trug, recht abgerackert und verlassen vor. Sie gab den Brief auf und kehrte danach ziemlich lustlos aus dem Städtchen wieder ins Sanatorium zurück, wo sie bald zur nächsten Runde ihrer therapeutischen Übungen antreten sollte. Hier aber wurde ihr plötzlich klar, was sie zu tun hatte. Sie packte die paar Sachen zusammen, die sie ins Sanatorium mitgenommen hatte, fuhr mit dem Taxi nach Köln, setzte sich in den Schnellzug, der sie nach Jena brachte, um von dort mit dem Bummelzug nach Weimar zurückzukehren.

Walter Gropius war an diesem Sonntag nicht zu Hause, Ise fand die Wohnung verlassen vor. Sie ging zum Bauhaus und überraschte ihn in seinem Büro. Er hatte sich noch einmal den Prüfungsbericht der Rechnungskammer vorgenommen und schrieb gerade einen Brief an Emil Lange, von dem er sich einige Auskünfte erbat, da er die Erwiderung vorbereiten wollte, die er dann mit Wilhelm Necker ausarbeitete und vierzehn Tage später der Rechnungskammer präsentierte.[293] Adolf Meyer war ebenfalls anwesend; er hatte Walter Gropius im Büro aufgesucht, angeblich, um einige Skizzen mit ihm durchzusehen, in Wahrheit aber, weil er dessen innere Unrast verspürte und ihm beistehen wollte. Es war ein glückliches Wiedersehen. Ise war wieder ganz die alte, und für einige wenige Tage schien es, als fühle Walter Gropius die Sorgen weniger schwer, die auf ihm lasteten. Sie nahm buchstäblich die Verantwortung für den »Kreis der Freunde« auf sich, ebenso für einen guten Teil der Öffentlichkeitsarbeit, mit der das Bauhaus Probleme hatte, da nachgerade so manche Zeitung doch lieber die sensationell aufzumachenden Argumente der Widersacher brachte, als sich um objektive Berichterstattung zu bemühen oder sich gar der Verteidigung der umstrittenen Schule zu verschreiben.

Das Ende des Staatlichen Bauhauses in Weimar

Am 9. Oktober 1924, wenige Tage nach Ises Heimkehr, reiste Walter Gropius nach Berlin, wo er auf ausdrückliche Einladung des Ministers für Erziehung einen Vortrag vor dem Institut für Erziehung zu halten hatte. Sein Thema war zwar die fortschrittliche Erziehung in Kunst und Architektur, doch ein guter Teil seiner Ausführungen war polemischer Natur, indem er sich mit der bedrohlichen Situation einer Schule auseinandersetzte, an der tatsächlich nach den von ihm propagierten experimentellen Methoden erzogen und ausgebildet wurde – mit der Situation des Bauhauses. Sein Vortrag wurde mit größtem Beifall aufgenommen und brachte ihm neue Mitstreiter für seine Sache ein.

Doch nicht allein für das Bauhaus, auch für Walter Gropius selbst wurde die Lage immer bedrohlicher, die Arbeit begann überhandzunehmen. Nunmehr mußte er alles, was sich am Bauhaus tat, im Auge behalten, um sämtliche Sicherheitsrisiken zu bedenken und auf jeden Fall die Kontrolle zu bewahren, mußte sich zumindest das letzte Wort vorbehalten, ob es nun um Angelegenheiten der Ausbildung oder Verwaltung, um vertragliche oder finanzielle Dinge, um Fragen der Architektur oder um Probleme der politischen Auseinandersetzung und der allgemeinen Öffentlichkeitsarbeit ging. Auch die Studierenden wurden, während die Wogen in diesem Streit ums Überleben ihrer Schule immer höher schlugen, in den Strudel hineingezogen. Es gab erregte Diskussionen, die Mehrheit stimmte für eine Protestaktion, bis sie schließlich am 17. Oktober in einem Massenaufmarsch zum Thüringischen Landtag zogen und eine Petition für das Bauhaus einreichten.

Je mehr sich das Jahr 1924 seinem Ende zuneigte, desto deutlicher zeigte sich, daß das Bauhaus seitens der städtischen Behörden und der staatlichen Dienststellen kaum noch Unterstützung zu erwarten hatte. Eine Reihe von Industriellen in Erfurt hatte am 6. November eine Eingabe an den Landtag gemacht, in der sie ihr Interesse und ihre Bereitschaft bekundeten, »die Weiterführung und Ausgestaltung dieses Betriebes des Bauhauses mit privaten Mitteln zu ermöglichen«. Gedacht war dabei an die Herauslösung der Produktionsstätten aus dem Lehrbetrieb und die Fortführung des Produktionsbetriebs auf privatwirtschaftlicher Basis, während der Lehrbetrieb wie bisher vom Staat finanziert werden sollte. Ausdrücklich betonten die Erfurter Industriellen, »daß nur wirtschaftliche und kulturelle Gründe für sie in Frage kämen und keine politischen«; das Bauhaus könnte »mit seinem Lehrbetrieb zugleich auch als Modellwerkstätte, gleichsam als ein Laboratorium für die Industrie und das Kunstgewerbe dienen«, dem die herauszulösenden Werkstätten als »produktiver Musterbetrieb... zur Seite gestellt werden« sollten. In der entscheidenden Verhandlung vor dem Haushaltsausschuß des Landtags am 9. Dezember stand unter anderem auch dieser Vorschlag zur Debatte. Hier zeigte sich, daß die Rechtsparteien ganz andere Ziele verfolgten, die eher auf eine Auflösung des Bauhauses hinausliefen. Die Deutschnationale Volkspartei forderte eine Verschmelzung des Bauhauses mit der Kunsthochschule und die Entlassung von Walter Gropius. Letzteres forderte auch die Deutsche Volkspartei, da Gropius »nicht befruchtend auf das Bauhaus gewirkt habe, sondern es einseitig kommunistisch-expressionistisch ausgestaltet habe« – was die Kommunistische Partei wiederum zu dem Protest veranlaßte, »daß das Bauhaus mit Kommunismus gar nichts zu tun habe, es sei eine bürgerliche Institution«. Die Demokratische Partei forderte, daß »nur sachliche und künstlerische Beweggründe« die Diskussion bestimmen sollten und daß Walter Gropius als Sachverständiger vor dem Ausschuß gehört würde – ein Antrag, der von den Deutschnationalen und der D. V. P. im Verein mit den Nationalsozialisten abgelehnt wurde. Der Ausschuß kürzte den von Gropius im Voranschlag geforderten Zuschuß um die Hälfte und nahm schließlich den Antrag der Deutschnationalen an: »*1. Künftig erhält das Staatliche Bauhaus einen festen Staatszuschuß von 50 000 Mark...*

2. Die Regierung wird ermächtigt, die von privater Seite angebahnten Verhandlungen wegen Gründung einer Gesellschaft zwecks Aufrechterhaltung und Ausbau des Produktivbetriebs des Bauhauses weiterzuführen...

3. Die Regierung wird beauftragt, alle Vorkehrungen zu treffen, um eine ordnungsgemäße Geschäftsführung des Bauhauses zu gewährleisten und eine engere organische Verbindung zwischen dem Bauhaus und der Hochschule für bildende Künste anzubahnen mit dem Ziele, in absehbarer Zeit beide Anstalten unter gemeinsamer künstlerischer und geschäftlicher Leitung zu verschmelzen.

... Auf Befragen erklärte die Regierung, sie würde nach dieser Entscheidung für einen Zuschuß von nur 50 000 Gold-Mark mit dem Leiter des Bauhauses über dessen weiteren Umfang verhandeln, aber Gropius nicht nahelegen, zurückzutreten.«[294]

Dem Landtag lag zu dieser Zeit bereits eine Fülle von Eingaben vor, die sich für das Bauhaus aussprachen, und nunmehr hagelte es gegen die neuen Beschlüsse Proteste aus dem ganzen Reich ebenso wie aus dem Ausland – die Regierungsmehrheit setzte sich darüber hinweg. Walter Gropius meinte später dazu, daß Nationalismus und Chauvinismus in Deutschland schon eine anti-internationale Stoßrichtung aufgewiesen hätten, lange bevor Hitler zur Macht kam, und daß die junge deutsche Demokratie noch nicht genügend ausgebildet war, um die Kunst aus dem politischen Streit herauszuhalten. Das Bauhaus in Weimar war von den Rechtsparteien zum Streitobjekt im politischen Kampf gemacht worden, und nachdem die Sozialdemokratische und die Demokratische Partei im neuen Landtag nur mehr die Minderheit stellten, war klar, was die Zukunft bringen würde. Ein kleines Häuflein unter der Weimarer Bürgerschaft setzte sich für das Bauhaus ebenso ein wie verschiedene Gewerkschaften und Architektenverbände, eine stattliche Zahl von Künstlern, Wissenschaftlern, Pädagogen und etliche ausländische oder internationale Vereinigungen, aber das sollte unter den gegebenen Umständen auch nichts mehr fruchten.

In dieser Situation entschlossen sich Gropius und die Meister zur Flucht nach vorn. Nachdem deutlich geworden war, daß das Staatsministerium die schleppende Behandlung der Angelegenheiten des Bauhauses fortzusetzen gedachte und über die Halbierung der Etatmittel hinaus noch weitere einschneidende Maßnahmen befürchtet werden mußten, gaben sie am 26. Dezember 1924 mit einem Offenen Brief die Auflösung des Bauhauses bekannt: »*Leiter und Meister des Staatlichen Bauhauses in Weimar geben der Öffentlichkeit zur Kenntnis, daß sie das aus ihrer Initiative und Überzeugung entstandene Bauhaus mit Ablauf ihrer Verträge vom 1. April 1925 ab für aufgelöst erklären.*

Wir klagen an, daß zugelassen und begünstigt worden ist, daß die sachliche und stets unpolitische Kulturarbeit des Bauhauses durch parteipolitische Machenschaften gestört wird...

Ob das Bauhaus an anderer Stelle seine Arbeit fortsetzen wird, läßt sich zur Zeit noch nicht übersehen.«[295]

Zum letzten Punkt des Offenen Briefes, der Möglichkeit der Neueröffnung des Bauhauses an einem anderen Ort, hat Gropius später erklärt, daß er sich zwar nicht sicher gewesen sei, ob er auf Grund der Rechtslage tatsächlich zur Verlegung des Bauhauses befugt war, daß er aber mit Sicherheit das moralische Recht zu einem solchen Schritt zu besitzen glaubte. Ein Bauhaus-Ball am Wochenende vom 28. auf den 29. März 1925 sah zum letzten Mal die Gemeinde der Bauhäusler in Weimar versammelt.

Das Bauhaus war mit seiner Arbeit und den Erfolgen, die es aufzuweisen hatte, weithin bekanntgeworden, und die vor allem von der Presse hochgespielte Auseinandersetzung der letzten Monate hatte ein übriges getan. Eine Reihe von Städten, darunter Dessau, Darmstadt, Hagen, Mannheim und Frankfurt am Main, zeigten sich bereit, dem Bauhaus eine neue Heimstatt zu bieten. Aus Frankfurt kam auch gleich ein detailliertes Angebot, die Kunstgewerbeschule war willens, das Bauhaus aufzunehmen – das hätte freilich bedeutet, daß Walter Gropius aus dem Bauhaus würde ausscheiden müssen, denn Ernst Wichert, der Direktor, wollte die beiden Schulen integrieren und war nicht geneigt, seinen Posten aufzugeben. Und Walter Gropius würde sich auch in eine solche Entscheidung gefügt haben, hätte er damit das Bauhaus am Leben erhalten können.

Aus Dessau kam das verlockendste Angebot. Bei Bürgermeister Fritz Hesse und dem Gemeinderat schien das Bauhaus mit seinen Anliegen ein offenes Ohr zu finden, sie verschlossen sich auch dem Neuen, Ungewohnten, Zukunftweisenden nicht. Dessau schien dem Bauhaus eine freundlichere Umgebung zu bieten, in der es sich freier entfalten, unbeschwerter seiner Arbeit nachgehen und seine Ziele verwirklichen konnte.

III Dessau: 1925–1928

DER ABSCHIED VON WEIMAR – DAS BAUHAUS ZIEHT NACH DESSAU

Das Bauhaus hatte der Presse, vorab den Tageszeitungen, von Anfang an reichlich Stoff geboten. Umstritten, wie es nun einmal war, bot es sich mit den Wechselfällen seiner Existenz während der Jahre in Weimar jederzeit als lohnendes Objekt für eine kürzere Meldung oder einen längeren Bericht an; das galt für die deutsche wie für die ausländische Presse. Doch in fortschrittlichen Kreisen unter Künstlern und Schriftstellern wie überhaupt unter allen, die als Schaffende oder Verantwortliche am Kulturleben teilhatten, erfreute es sich ebenso der besonderen Beachtung und Wertschätzung wie bei solchen Behörden und Industrieverbänden, die aus Einsicht in die verwickelte Situation von Weimar urteilten und die Leistungen des Bauhauses für die Industrie zu würdigen wußten. Die erste Anfrage aus Dessau, die der Veröffentlichung der Auflösungserklärung des Weimarer Bauhauses vom 26. Dezember 1924 beinahe auf dem Fuße folgte, sollte schließlich für die Schule eine neue Epoche einleiten – und auslösendes Moment für diese Anfrage war eigentlich ein Zeitungsartikel gewesen, der an der rechten Stelle auf verständige Männer traf.

Es war ein Beitrag im »Berliner Tageblatt« gewesen, der zuerst bei einigen Männern in Dessau das Interesse an einer Ansiedlung des Bauhauses in dieser Stadt geweckt hatte. Franz von Hoeßlin, Musikdirektor der Stadt und aus früheren Wiener Tagen mit Alma Mahler bekannt, war auf diesen Beitrag gestoßen. Er trat daraufhin an den Dessauer Bürgermeister Fritz Hesse heran, der seinerseits den Zeitungsbeitrag bereits gesehen hatte, und meinte, es sei ernsthaft zu überlegen, ob man nicht das Bauhaus nach Dessau holen solle, um eine Lücke im kulturellen Leben der Stadt zu schließen; von Hoeßlin war der Überzeugung, daß die Bauhaus-Bühne ein Stück bester Kulturtradition in neuer Gestalt darstelle. Fritz Hesse, ein liberaler, politisch dem fortschrittlichen Flügel zuneigender Mann, wandte sich an den anhaltischen Konservator, den Kunsthistoriker Ludwig Grote, um dessen Meinung in dieser Angelegenheit einzuholen. Es ergab sich, daß Ludwig Grote bereits zu einem früheren Zeitpunkt von Heinrich König angesichts der Umtriebe in Weimar und der Möglichkeit eines Auszugs des Bauhauses aus dieser Stadt auf die zu erwartenden Vorteile hin angesprochen worden war, die eine Verlegung der Schule nach Dessau mit sich bringen könnte. König, der später eine Stellung beim Deutschen Werkbund übernahm und schon länger mit Walter Gropius befreundet war, kannte das Bauhaus in Weimar recht gut – er war Mitglied einer religiösen Vereinigung, die das Christentum mit dem Geist des Bauhauses in Beziehung zu setzen suchte. So wußte nun Grote seinerseits dem Bürgermeister Hesse von der Bedeutung des Bauhauses zu berichten und ihm die Vorteile für seine Stadt aufzuzählen, sollte es ihm gelingen, die Schule nach Dessau zu holen.[1]

Fritz Hesse war sich bewußt, daß die Ansiedlung des Bauhauses in Dessau eine besondere Herausforderung für alle Beteiligten darstellen mußte, lag doch die kulturelle Blütezeit der Stadt mehr als ein Jahrhundert zurück. Seit der Mitte des 18. Jahrhunderts hatten die Fürsten von Anhalt-Dessau – den Anfang machte Herzog Leopold Friedrich Franz, vom Volk »Vater Franz« genannt – das kulturelle Leben ihrer Residenzstadt gefördert, dennoch konnte sich Dessau an intellektuellem Rang in keiner Weise mit Weimar messen. Immerhin durfte Dessau im Zeitalter der Aufklärung Männer wie Johann Bernhard Basedow, den Reformator des Erziehungs- und Unterrichtswesens, und Moses Mendelssohn, den Philosophen und Metaphysiker, für sich in Anspruch nehmen.[2] Im 19. Jahrhundert hatte Dessau sich für Richard Wagner erklärt und Männer wie Iffland, Devrient, Paganini, Liszt zu Gast gehabt. Von alters her war in der Stadt die Oper gepflegt worden, und 1799 entstand in Dessau eines der großartigsten Theatergebäude Deutschlands, dem vielleicht nur noch Berlin und Bayreuth hernach den Rang streitig machen konnten. Die Kunst fand in der weithin bekannten Sammlung der Gemäldegalerie ihren Platz. Dessaus Uferrandgebiete – die Stadt liegt an der Einmündung der Mulde in die Elbe – fand große Bewunderung bei den Bauhäuslern. Die Stadt verfügte über ausgedehnte Parkanlagen, die für ihre Schönheit berühmt waren; dazu gehörte in erster Linie der Wörlitzer Park[3] mit dem klassizistischen Wörlitzer Schloß, das zwischen 1769 und 1773 nach Friedrich Wilhelm von Erdmannsdorffs Entwurf entstand. Das Stadtbild war weitgehend vom Klassizismus geprägt, wenn auch nicht so einheitlich wie im Karlsruhe Weinbrenners oder so monumental wie im Berlin Schinkels.

In der Zeit nach dem ersten Weltkrieg allerdings hing die einstige Residenzstadt Dessau kaum noch ihrer Vergangenheit nach, sie hatte sich mit der Gegenwart auseinanderzusetzen und dachte nicht an die Zukunft. Im 19. Jahrhundert war man in Halle an der Saale, also in der weiteren Nachbarschaft Dessaus, zur industriellen Nutzung der in jener Gegend anstehenden Braunkohle gelangt. Die Industrialisierung machte schließlich auch vor den Toren der Residenzstadt nicht halt, sie hielt mit neuen Erwerbszweigen Einzug und sog die Produktivkräfte an sich, sie wandelte das Gesicht der Stadt und ihrer Umgebung – Dessau wurde zur Industriestadt. Handel und Warenverkehr verstärkten noch den regen Austausch mit Halle und Leipzig, Magdeburg und Berlin, Städten, die sämtlich nur zwei, drei Fahrstunden entfernt waren; somit blieb man in Dessau von jenem Provinzialismus verschont, wie er Weimar kennzeichnete.

Für Bürgermeister Fritz Hesse bedeutete die Ansiedlung des Bauhauses in Dessau eine Möglichkeit, das Ansehen der Stadt zu heben. Allerdings mußte das Bauhaus auch eine neue Verantwortung für den Bürgermeister und die Stadt mit sich bringen, denn anders als in Weimar, wo es die rechtliche Stellung einer staatlichen Institution innehatte, sollte es in Dessau eine städtische Einrichtung werden. Als Fritz Hesse sich Anfang Februar 1925 entschloß, in ernsthafte Verhandlungen mit dem Bauhaus einzutreten, gab es freilich zunächst einigen Wirbel – Walter Gropius war nämlich am ersten Wochenende im Februar zu einer Erholungsreise aufgebrochen, zu der ihm alle geraten hatten, und wurde nicht vor dem ersten Wochenende im März zurückerwartet. Lyonel Feininger berichtete seiner Frau am Mittwoch, den 11. Februar, von den Aufregungen: *»Kandinskys fahren nun erst Freitag vormittag nach Dresden, weil sich inzwischen so vieles aus Dessau ergeben hat, daß er, Kandinsky, unbedingt am Donnerstag mit den Herrn von dort, dem Konservator und dem Oberbürgermeister, zusammentreffen muß, für ganz wichtige Besprechungen. Es scheint ein so ernsthaftes Angebot, und für sofort, zum 1. April... Und guter Gropi, der nicht da ist, und nirgends zu erreichen! Das hat man nicht vorausgesehen, als er unsern Segen mitbekam, für die vierwöchige Erholungsreise...«*[4] Fritz Hesse selbst erzählte vierzig Jahre später von diesen Tagen: *»Grote und ich fuhren am 12. Februar 1925 nach Weimar, um das Bauhaus zu besichtigen und die Möglichkeiten mit Gropius zu besprechen. Bei unserer Ankunft stellten wir fest, daß er in Sizilien war, um dort einen Monat Urlaub zu machen, den zu nehmen ihn die Meister gedrängt hatten. Aber wir trafen Kandinsky und Feininger an. Ich war beeindruckt. Bedauerlicherweise hatten einige Bauhäusler und Meister schon eingewilligt, entweder an der Nachfolgeschule zu bleiben oder anderswohin zu gehen. Klee und Muche dachten an Frankfurt, und Gerhard Marcks an Halle-Giebichenstein.*

Wir wurden von Muche und Moholy-Nagy überall in Weimar herumgeführt, und im Bauhaus selbst wollte uns jeder die Arbeit ihrer Werkstätten und Klassen zeigen. Sie wollten uns ein wunderbares Abendessen geben, aber als ich sah, wie sie ihre letzten Pfennige zusammenlegten, gab ich selber ihnen das nötige Geld...«[5]

Der Besuch der beiden Herren in Weimar war, wie Fritz Hesse sagte, erfolgreich verlaufen, und am Donnerstag darauf, dem 19. Februar, statteten Kandinsky und Muche samt Gattinnen für die Bauhäusler den Gegenbesuch in Dessau ab. Am Tag danach ließ Lyonel Feininger seiner Frau sofort wieder einen Bericht zukommen: *»Heute mittag Besprechung aller Meister, Vortrag von Kandinsky und Muche über Dessau. Dortiger Besuch der*

Herren, mit Frauen, glänzend verlaufen, größte Befriedigung in allen Punkten. Frau Kandinsky und Frau Muche wurden in Dessau abdelegiert, sich in der Stadt umzusehen – anfangs Eindruck nicht sehr schön, aber dann, über's Arbeiterviertel hinaus, ansteigend bis zur völligen Begeisterung. Besser als umgekehrt. Für die Meister soll extra, nach unseren eigenen Wünschen und Plänen, im herrlichen Park gebaut werden, Wohnungen fertigzustellen bis Oktober! . . . Haben heute telegraphiert an Dessau, daß wir grundsätzlich einverstanden sind, ›Brief folgt‹. . . Es hat ausgeweimart, meine Herrn, wir gehen jetzt dessauern!«[6]

In Dessau allerdings regte sich der Widerstand gegen die geplante Ansiedlung der Schule, und Walter Gropius war, als ihn die Kunde erreichte, fürs erste überhaupt nicht erfreut. Fritz Hesse erinnerte sich an dessen Reaktion: *»Gropius hatte inzwischen, wie ich später erfuhr, in der Hoffnung auf eine größere Stadt als Standort aus Sizilien telegraphiert, ›Dessau unmöglich‹.«*[7] Walter Gropius war dort im fernen Sizilien brieflich, telegraphisch und telephonisch von den Vorgängen unterrichtet worden, sobald die Bauhäusler – er hatte mit Ise zunächst in Amalfi Station gemacht *(Abb. 80)* – seiner habhaft werden konnten. Es sollte nicht die einzige Überraschung bleiben, die ihnen während dieser so ersehnten und bitter benötigten Erholungspause beschieden war – eine zweite, von der Ise nach der Rückkehr ihrer Schwiegermutter berichtete, hielt der Zufall für sie beim Abschied von Taormina bereit: *»Ich vergaß ganz, dir schon im vorigen Brief zu erzählen von der Begegnung mit Alma. Ja, denk, es ging alles sehr einfach und selbstverständlich! Walter und ich hatten gerade unsere Koffer gepackt und gingen in den Garten des Hotels um die letzte Stunde noch die herrliche Aussicht zu genießen, da stand Alma plötzlich und gänzlich überraschend vor uns. Sie war ebenso erschrocken wie wir, aber es war eine sehr günstige Lösung so, weil keiner vorher nervös geworden war. Ich war sehr entzückt von ihr, trotzdem sie, wie Walter mir sagte, nicht ganz sie selbst gewesen wäre, vor Aufregung. Leider mußten wir unbedingt abfahren, da wir schon alle Schlafcoupébillets hatten und sonst vielleicht zwei Nächte nicht hätten schlafen können. Sie kam dann später noch mit Werfel, der zuerst nicht mit dabei war, und mit Annie an den Bahnhof, der eine halbe Stunde Autofahrt entfernt liegt. Wir nahmen dies als gutes Zeichen.«*[8]

Als Walter und Ise Gropius am ersten Wochenende im März nach Weimar zurückkehrten, erkannten sie, daß für die Bauhäusler die Würfel schon gefallen waren – sie wollten das Angebot aus Dessau annehmen, schienen Feuer und Flamme dafür. Julia Feininger erhielt vom Montag, den 9. März, einen kurzen Bericht von ihrem Mann, der zeigte, daß Lyonel Feininger selbst und wohl auch Walter Gropius die allgemeine Begeisterung noch nicht so ganz teilen konnten: *»Über Dessau äußerte sich Gropi etwas reserviert – es ist zwar Stimmung dafür und Aussichten auf spätere sehr gute*

Entfaltung – aber einstweilen ist es noch nicht ganz so rosig wie man sich's zuerst vorstellte... Gropi ist heute zu einem Vortrag... hingefahren, und um sich alles selbst anzusehen. Und alles zu besprechen...«[9] Walter Gropius war in der Tat, wie kurz zuvor vereinbart, an diesem Montag nach Dessau gefahren, nur auf seinen Vortrag mußte man dort noch etwas warten; er hatte um dessen Verschiebung auf den 14. März gebeten, da ihm sonst nicht genügend Zeit zur Ausarbeitung seiner Ausführungen zur Verfügung stünde.

Es war nicht das erste Mal, daß Walter Gropius nach Dessau kam. Verschiedentlich hatte er dort schon Unternehmer und Handwerksmeister aufgesucht in der Hoffnung, Aufträge für die Bauhaus-Werkstätten erlangen zu können. Von Junkers und anderen Firmen der metallverarbeitenden Branche hatte man sich Aufträge für die Metall-Werkstatt, von Firmen der Textilbranche für die Weberei-Werkstatt erwartet.

Dessau, wie Weimar bis 1918 Residenzstadt, hatte sich wenig von dem historischen Reiz bewahrt, der die Stadt Goethes, Schillers und Herzog Carl Augusts auszeichnete. Dessau war eine Industriestadt, doch das wiederum konnte dem Bauhaus durchaus zum Vorteil gereichen, hatte die Schule doch die Unterstützung durch Wirtschaft und Industrie bitter nötig. Die finanziellen wie die politischen Probleme, denen sich Walter Gropius mit dem Bauhaus in Dessau gegenübersehen würde, lagen auf der Hand. Nach dem Angebot der Stadt sollte der für Löhne und Gehälter zur Verfügung stehende Etat bei maximal 100 000 Reichsmark jährlich liegen, freilich

Abb. 80 W. Gropius in Amalfi, 1925

sollten dafür auch langfristige Verträge mit den Meistern abgeschlossen werden. Fritz Hesse sagte später zu der entscheidenden Besprechung: »*Am 12. März unterbreitete Gropius seinen Bericht – es war ein vorsichtiger, voller Bedenken wegen des Etats, aber in Ansehung der Begeisterung Grotes und Königs wie meiner eigenen.*«[10]

Am Donnerstag, den 12. März 1925, wurde der Vertragsentwurf dem Gemeinderat in Dessau vorgelegt. Sobald dessen Inhalt in die Öffentlichkeit gedrungen war, formierte sich auch der Widerstand. Architekten, Sprecher der Industrie, Vertreter des Handwerks erhoben Einwände, da man insbesondere eine durch die Aufnahme des Bauhauses notwendig werdende Steuererhöhung fürchtete; die Kostenplanung für die zu errichtenden Bauhaus-Bauten allein schon ließ solche Befürchtungen aufkommen. Für die Deutsche Volkspartei sprach der Abgeordnete Kenner davon, daß die Gründe für die Übersiedlung des Bauhauses nach Dessau finanzieller Natur seien und daß die Stadt ihre Gelder – eine halbe Million Reichsmark – vielmehr für eine neue Stadthalle oder eine Markthalle verwenden solle; wenn überhaupt Geld für kulturelle Zwecke übrig sei, sollte es der Verwendung für ein Theater oder ein Museum vorbehalten bleiben. Unterstützung für diese Polemik der D. V. P. kam vom Unternehmerverband für das Baugewerbe und von einer ad hoc gebildeten Bürgervereinigung, die den Vorwurf erhob, das Bauhaus bringe eine künstlerische Megalomanie hervor und sei mit deutschem Wesen nicht vereinbar.

Am 7. März, als Walter Gropius gerade aus Sizilien zurückgekehrt war, hatte eine Kommission der Dessauer Handwerksverbände das Bauhaus in Weimar besucht, um sich an Ort und Stelle zu informieren. Der Bericht, den Tischlerobermeister Wagner von dieser Besichtigung vorlegte, spricht für sich: »*Nach einem kurzen Vortrage des Herrn Prof. Gropius, dem Leiter der Anstalt, wurden uns in einem Raume des Bauhauses Textilien gezeigt. Diese waren eigenartig... Bei den keramischen Arbeiten habe ich von Kunst oder neuen Ideen nicht viel erblicken können... Die Schreibstühle und Sessel jedoch wiesen im Gegensatz zu den keramischen Gegenständen in der Bauart neue Ideen auf, wenn sie auch nicht gerade einen verlockenden Anreiz auf das kaufende Publikum ausüben werden... In einem Teil der Anstalt wird Weberei betrieben, die am besten aufgezogen zu sein scheint. Die dort gezeigten und angefertigten Sachen machen Anspruch auf Anerkennung, was ich jedoch von der Tischlerei... nicht sagen kann. Die dort angefertigten Küchenmöbelstücke glichen in ihrem äußeren Aussehen glattgehobelten und mit Anstrich versehenen Kisten...*

Zum Schluß wurde in einem Lichtbildervortrag über moderne Bauweise gesprochen. Darüber, ob diese Bauweise praktisch ist und ob die Gebäude von langer Lebensdauer sein werden, möchte ich mir... kein Urteil erlauben... Ich kann mich jedoch des Eindrucks nicht erwehren, daß, wenn ein ganzer Straßenzug oder nur ein Teil von ihm mit solchen Gebäuden bebaut würde, sein Bild nicht gehoben würde, da die meisten dieser Gebäude in ihrem Äußeren auf mich den Eindruck machten, als wenn das nicht Wohnhäuser, sondern Ställe sein sollten...

Ich habe, um mich zu vergewissern, ob ich nicht zu schwarz sehe..., meinen Weg zu... der Handwerkskammer in Weimar genommen... Das Handwerk in Weimar erklärt in seiner Gesamtheit, daß es ein Interesse an dem Bauhause in seiner jetzigen Form nicht habe, da dieses dem Handwerk durchaus nichts nütze...«[11] Fritz Hesse sagte später dazu nur lakonisch: »*Am 7. März untersuchte die Handwerkskommission aus Dessau die Arbeit des Weimarer Bauhauses und befand diese aus Angst vor der Konkurrenz für mangelhaft...*«[12a] Auch die bestehenden Schulen in Dessau, insbesondere die Kunstgewerbeschule der Stadt, machten Einwände geltend, da sie befürchteten, durch das Bauhaus verdrängt zu werden. Aber Fritz Hesse, unermüdlich in der Verfolgung seines Zieles, blieb nicht untätig und suchte seinerseits die Propaganda für das Bauhaus zu mobilisieren. So erinnerte er sich an eine derartige Maßnahme: »*um dem Widerspruch mancher Politiker, Handwerksverbände und Hochschulen Dessaus zu begegnen oder sie gar aus der Welt zu schaffen, stellte ich mich hinter eine Gruppe unparteiischer junger Leute, zu denen auch König, Grote und Gerhard Heine gehörten.*«[12b]

Neu waren die Argumente, die in Dessau gegen das Bauhaus vorgebracht wurden, durchaus nicht, und so sollte auch der Auszug der Schule aus Weimar die Anfeindungen nicht zum Verstummen bringen, denen das Bauhaus seit seinem Bestehen seitens der Verfechter der alten Kunstschultradition wie seitens der Vertreter einer bestimmten politischen Richtung ausgesetzt war. Die üble »Gelbe Broschüre« mit ihren krausen Verdächtigungen hatte in Dessau bereits Verbreitung gefunden und dort in Kreisen der Öffentlichkeit die Gemüter erregt, noch bevor überhaupt von einer Ansiedlung des Bauhauses in der Stadt die Rede gewesen war. Eine giftige und aufputschende Kritik, wie sie etwa jener Berliner Ingenieur Konrad Nonn immer wieder vorbrachte, hinterließ dank des Ansehens mancher ihrer Urheber – Nonn beispielsweise war der Herausgeber des amtlichen »Zentralblatts der Bauverwaltung« – gefährliche Spuren und durfte nicht ohne Erwiderung bleiben. Der in Dessau erscheinende »Anhalter Anzeiger« räumte den Feinden des Bauhauses in seinen Spalten mehr Platz ein als dessen Freunden. Es gab überdies auch noch Angriffe, gegen die sich Walter Gropius nur mit Hilfe des Gerichts zur Wehr setzen konnte; so führte er etwa erfolgreich einen Verleumdungsprozeß gegen einen gewissen Georg Büchlein.[13]

Am Sonnabend, den 14. März, war Walter Gropius wieder in Dessau, um dort vor einer tausendköpfigen Zuhörerschaft seinen Vortrag zu halten – das Thema war »Der Bauhaus-Spuk«. Doch mochte er auch mit seinen überzeugenden Ausführungen und dank seiner eindrucksvollen Persönlichkeit die Zuhörer gewinnen, die in ihrer Haltung schwankenden Mitglieder des Gemeinderats hatte er damit noch lange nicht gewonnen. Es bedurfte erst des Eintretens solcher Männer wie Peter Behrens oder Ludwig Mies van der Rohe und solcher Verbände wie des »Rings« für das Bauhaus, bis sich endlich auch die letzten besorgten Gemüter in Gemeinderat und Stadtverwaltung umstimmen ließen. Am stärksten setzten sich im Gemeinderat die Sozialdemokraten für die Übernahme des Bauhauses ein, mit denen sich Fritz Hesse, selbst ein Vertreter der Demokratischen Partei, ausgezeichnet verstand.

Am 24. März 1925 war es schließlich soweit – nachdem sich schon der Magistrat der Stadt Dessau für die Übernahme des Bauhauses entschieden hatte, stimmte nun auch der Gemeinderat dafür. Abgestimmt wurde über den von Bürgermeister Fritz Hesse vorgelegten Antrag: *»Der Gemeinderat erklärt sich mit der Angliederung des Weimarer Bauhauses an die städtische Kunstgewerbe- und Handwerkerschule unter folgenden Bedingungen einverstanden:*

1. Die wertvollen Bestandteile der Kunstgewerbe- und Handwerkerschule, insbesondere Maschinenbauschule, Bauschule und Handwerkerkurse, müssen erhalten bleiben.

2. Die Gesamtleitung der Kunstgewerbe- und Handwerkerschule und des Bauhauses wird dem Professor Gropius mit der Maßgabe übertragen, daß mit ihm ein höchstens fünfjähriger Vertrag zu schließen ist, der die Rechte der Stadt sicherstellt. Die Zahl der für das Bauhaus sonst zu berufenden Lehrkräfte soll so beschränkt werden, daß hierdurch die vom Magistrat angeforderten 100000 Mark nicht überschritten werden...

3. Angesichts der Notwendigkeit, für die gewerbliche Berufsschule einen Neubau aufzuführen, soll die Frage geprüft werden, ob und inwieweit die Kunstgewerbe- und Handwerkerschule der gewerblichen Berufsschule zur Verfügung gestellt und dafür für das Bauhaus und die jetzigen Abteilungen der Kunstgewerbe- und Handwerkerschule ein Neubau aufgeführt werden kann.« Und nüchtern vermerkt das Protokoll zum Abstimmungsergebnis: *»Die Vorlage wird mit den Stimmen des Magistrats, der Sozialdemokraten und Demokraten gegen die der beiden anderen Fraktionen mit 26 gegen 15 Stimmen angenommen.«*[14] Damit waren de facto die Würfel gefallen, Dessau würde fortan die Heimat des Bauhauses sein. Als den gangbarsten Weg zur Zurückweisung der Kritik wollte man insbesondere einmal aufzeigen, was das Bauhaus alles zu bieten hatte.[15] Es sollte noch größerer Wert auf die Entwicklung von Modellen für die industrielle Fertigung gelegt und in diesem Zusammenhang eine Bauhaus-Gesellschaft errichtet werden; die Bauhaus-G. m. b. H. wurde danach am 7. Oktober 1925 gegründet.[16]

Während der Verhandlungen hatte man in Dessau noch daran gedacht, das Bauhaus der Kunstgewerbe- und Handwerkerschule als zweiten Ausbildungszweig zuzuordnen, doch das war für Walter Gropius unannehmbar gewesen. So wurde schließlich die Kunstgewerbe- und Handwerkerschule als untergeordnete Einrichtung verwaltungsmäßig der Leitung des Bauhauses unterstellt, ohne daß man die beiden Schulen zusammenführen oder im Ausbildungsprogramm miteinander verbinden wollte. Den Namen Bauhaus hatte sich Gropius glücklicherweise durch amtliche Eintragung als Eigentum der Schule gesichert, er wurde nun – freilich nicht ohne Protest aus Weimar – nach Dessau übertragen.

Als Walter Gropius nun zu seinem ersten Gespräch auf Einladung der Stadt nach Dessau kam, hatte er bereits feststellen müssen, daß die Unterrichtsräume in den vorhandenen Schulen für die Kurse des Bauhauses nicht geeignet waren. Daraufhin wurde er vom Magistrat mit dem Entwurf zu einem Neubau für die Schule beauftragt. Ein günstig gelegenes Areal an der Friedrichsallee, der nachmaligen Ebert- und heutigen Thälmannallee, noch innerhalb eines Zwei-Kilometer-Radius um die Stadtmitte gelegen, stand zum Verkauf und wurde unverzüglich vom Magistrat erworben. Hier auf der Ostseite der Friedrichsallee war zu jener Zeit, im Gegensatz zur Westseite mit der großen Anlage des alten Krankenhauses, die Umgebung noch kaum bebaut; es gab keine bestehenden Bauten, nach denen sich die Planung in der Situierung des Bauhaus-Hauptgebäudes hätte richten müssen. Bürgermeister Hesse sah voraus, daß der Widerstand gegen das Bauhaus wohl nicht so bald erlahmen, sondern eher noch anschwellen würde, und drängte darum auf möglichste Beschleunigung bei Entwurf und Ausführung des neuen Bauhauses.

Walter Gropius eröffnete sofort, wie er das schon sechs Jahre zuvor in Weimar getan hatte, sein eigenes Architekturbüro in Dessau, da anders die Arbeit gar nicht zu bewältigen war; er hatte dafür die ausdrückliche Genehmigung des Magistrats eingeholt. Da es ihm noch immer nicht gelungen war, ausreichende Mittel zur Finanzierung einer Architektur-Abteilung am Bauhaus zu beschaffen, nahm er abermals Architekturstudenten als Schüler und Zeichner in sein eigenes Büro auf.[17] Als Entwurfszeichner arbeiteten im Büro seine früheren Schüler Marcel Breuer, Farkas Molnár und Joost Schmidt. Die Schließung des Bauhauses und seines eigenen Büros in Weimar bedeutete für Walter Gropius auch das Ende seiner in langen Jahren gewachsenen und bewährten Verbindung mit Adolf Meyer, der nach Frankfurt am Main ging, wo er eine Stellung im Stadtplanungsamt unter Ernst May angenommen hatte. An die Stelle von Adolf Meyer trat nun Ernst Neufert, der so im Alter von sechsundzwanzig Jahren – in diesem Alter war Gropius seinerzeit Mitarbeiter bei Peter Behrens gewesen – die Leitung des Architekturbüros übernahm. Im Vergleich zum Gropiusschen Büro in Weimar wuchs schließlich das Dessauer Büro zu weit bedeutenderer Größe heran, die Zahl der Mitarbeiter stieg auf rund zwanzig, zeitweilig bis zu vierundzwanzig an.[18]

Die Bauhaus-Bauten

Walter Gropius arbeitete Tag und Nacht, um den Entwurf für das neue Bauhaus fertigzustellen, und zur Jahresmitte 1925 lagen die unter seiner Federführung entstandenen Zeichnungen für die Bauausführung vor. Die Aufträge an die ausführenden Firmen wurden vergeben, doch dann verzögerte sich der Baubeginn, nachdem ein Streik im Baugewerbe dazwischengekommen war, noch bis September 1925. Im April 1926 konnte man bereits Richtfest feiern, und am 4. Dezember 1926 fand in festlichem Rahmen die Einweihungsfeier statt.[19] Innerhalb eines Jahres nach Baubeginn, im Herbst 1926, hatte man schon in den ersten Unterrichtsräumen und Werkstätten die Arbeit aufgenommen.

Das Bauhaus-Gebäude *(Abb. 81)* umfaßte Werkstätten, eine technische Schule, eine Aula mit anschließender Bühne, eine Kantine und verschiedene Ateliers. Ein Brückentrakt, der den Leopoldsdank, eine kleine Nebenstraße, überspannte, verband das Hauptgebäude mit dem Berufsschultrakt, der ursprünglich für die Kunstgewerbe- und Handwerkerschule der Stadt vorgesehen war, die jedoch entgegen der ersten Planung niemals hier einzog. Ostwärts schloß sich an das Hauptgebäude der eingeschossige Zwischentrakt an, der die Aula mit der Bühne und die Kantine – vornehm auch der Speisesaal genannt – beherbergte und zugleich die Verbindung zum Atelierhaus darstellte, einem fünfgeschossigen Annex mit Wohnateliers für etwa achtundzwanzig Studierende. Der durch Trennwände abgeteilte Bühnenraum in der Mitte des Verbindungstrakts ließ sich zur Aula wie auch zur Kantine hin öffnen, so daß der gesamte Innenraum des Trakts samt dem vorgelagerten Vestibül im Bedarfsfall, wie Gropius sagte, »zu einer großen Festebene« zu erschließen war. Das Atelierhaus – in Erinnerung an das Weimarer Atelierhaus auch wie dieses nach einem Maler der Goethezeit »Prellerhaus« genannt – war eine einzigartige Einrichtung, denn vordem hatte keine einzige Hochschule oder Universität in Deutschland über ein eigenes Studentenwohnheim verfügt; die Tatsache, daß hier eine Reihe von Schülern gemeinsam unter einem Dach leben konnten, trug in bedeutendem Maße zu dem Zusammengehörigkeitsgefühl der Bauhäusler bei. Zugleich war das Atelierhaus auch das bis dahin größte Wohnhaus, das Walter Gropius wirklich hatte ausführen können. Es war zwar von Anfang an in der Planung des Bauhauses vorgesehen, sollte ursprünglich jedoch erst zu einem späteren Zeitpunkt errichtet werden, da die von der Stadt zunächst bereitgestellten Mittel nicht ausreichten. Der Kostenvoranschlag hatte für die Ausführung des Komplexes ohne den Berufsschultrakt und ohne das Atelierhaus 680 000 Mark ausgewiesen, am Ende beliefen sich die Baukosten für die gesamte Anlage des Bauhauses auf etwa eine Million Mark. Daß schließlich der ganze Bauhaus-Komplex doch in einem Zug errichtet werden konnte, lag vor allem an der Vorstellung, die sich mit der Schaffung des Atelierhauses verknüpfte – ein schulisches Wohnheim, in dem sich Leben und Lernen miteinander verbanden, war ein neuartiger Gedanke, ein bedeutsamer Schritt vorwärts. So stand denn auch Bürgermeister Hesse nicht allein, der sich aus voller Überzeugung für die sofortige Ausführung des ganzen Komplexes einsetzte, wie ihn Walter Gropius entworfen hatte – dem Beschluß stimmte sogar die rechte Seite im Finanzausschuß zu.

Das Bauhaus-Gebäude, im wesentlichen als Eisenbetonskelett in Verbindung mit Ziegelmauerwerk ausgeführt, wurde im Inneren weitgehend von den Bauhaus-Werkstätten ausgestaltet. Die Farbanstriche wurden von den Studierenden der Wandmalerei-Werkstatt aufgebracht. In der Aula, in der Kantine und im Atelierhaus stammten sämtliche Beleuchtungskörper aus der Metall-Werkstatt, deren Studierende sie entworfen und angefertigt hatten, während das Mobiliar von den Stahlrohrstühlen der Aula bis zu den Bettnischen in den Wohnateliers von Marcel Breuer entworfen und zum Teil in der Tischlerei-Werkstatt angefertigt wurde.

Sämtliche Partien des Bauhaus-Komplexes waren mit Flachdächern gedeckt, das Dach des Atelierhauses war zudem als begehbare Dachterrasse ausgebildet. Das flache Dach, damals in Deutschland noch recht ungewohnt, war in jedem Falle auffällig, zumal in einer Stadt wie Dessau, deren Altbestand an Häusern noch die hohen, im Schmuck der mit Zierformen besetzten Dachgaupen, Dacherker und Giebel prangenden Dächer aufwies. Es galt als umstrittene Dachform, und die Widersacher des Bauhauses

Abb. 81 Das Bauhaus-Gebäude in Dessau

hatten es leicht, dies als eine ›sozialistische Errungenschaft‹ in Verruf zu bringen.[20] Auf diese Weise wurde schon während der Entstehungszeit des Bauhaus-Gebäudes sachliche Diskussion und fachliche Kritik mit weltanschaulicher Haltung verquickt. Einer, der sechs Jahre später die Folgen dieser weltanschaulichen Haltung selbst zu spüren bekommen sollte, als er mit dem Bauhaus aus Dessau vertrieben wurde, hatte seinerseits ebenfalls Kritik vorzubringen, wenn diese auch recht persönlicher Art war. Mies van der Rohe nahm Anstoß an bestimmten baulichen Gegebenheiten, die offenbar keinen seiner beiden Vorgänger im Direktorenamt, weder den entwerfenden Architekten Walter Gropius noch dessen Nachfolger Hannes Meyer, sonderlich gestört hatten. Der einstige Bauhäusler Hermann Klumpp erinnerte sich vierzig Jahre danach an diese Kritik: *»Das Bauhaus in Dessau hatte wirklich überall Weite, aber an einer Stelle hatte Gropius das Maß des Menschen herunterzudrücken versucht. Und dorthin mußte später von Zeit zu Zeit auch Mies verschwinden. In seiner Fülle ein Zeus, konnte er sich dort nicht einmal umdrehen. Und so gestand er uns denn in seinem Seminar, die Wut überkäme ihn jedesmal, und es verlange ihn, gegen die Tür zu treten, gegen die Tür dieser Zelle.«*[21]

Das Bauhaus-Gebäude wurde in der Zeit der nationalsozialistischen Herrschaft durch Veränderungen entstellt und erlitt im Zweiten Weltkrieg beträchtliche Schäden; 1976 wurde es in der Bausubstanz wiederhergestellt.

Schon in ihrer Einladung an das Bauhaus hatte die Stadt Dessau die Errichtung von Häusern für die Meister angeboten, und dieser Punkt war danach in den Vorverhandlungen bereits festgelegt worden. So hatte Walter Gropius im Auftrag der Stadt gleichzeitig mit dem Entwurf für das Bauhaus-Gebäude auch die Meister-Häuser zu entwerfen. Im Zuge der Übersiedlung nach Dessau ging es aber zunächst einmal darum, Quartiere für die nachkommenden Bauhäusler, Meister wie Schüler, zu beschaffen. Ise Gropius wanderte, unterstützt von Herbert Bayer, straßauf und straßab durch die Stadt, sprach vor, wo immer sie hoffen durfte, einen Wohnungsuchenden vorübergehend unterbringen zu können, und sorgte dafür, daß jeder ein Dach über dem Kopf vorfand. Walter und Ise Gropius hatten besonderes Glück, denn Heinrich König stellte ihnen für die Dauer eines Jahres sein Haus zur Verfügung, da er mit seiner Frau in der Ferne weilte.

Die Suche nach dem geeigneten Standort für die Meister-Häuser ließ sich Bürgermeister Fritz Hesse selbst angelegen sein. Was ihn dabei besonders beeindruckte, war die Art, in der sich Ise Gropius zum entscheidenden Zeitpunkt an dem Unternehmen beteiligte. Rund vier Jahrzehnte später schrieb er in seiner Autobiographie von diesen Tagen. Er erinnerte sich ihrer jugendlichen Schönheit, ihrer Klugheit, ihrer raschen Auffassungsgabe und ihres verständnisvollen Eingehens auf die Umwelt: *»was für alle Frauen der Bauhaus-Meister galt, zeigte sich auch im Gespräch mit Frau Gropius: Sie lebte im Werk ihres Mannes...«*[22]

Bei einem Rundgang, auf dem sie die verschiedenen als Bauland für die Meister-Häuser in Frage kommenden Grundstücke innerhalb des engeren Stadtgebiets besichtigten, fand sich Walter Gropius plötzlich vor einem mit Kiefern bestandenen Streifen am Rand einer Allee und sagte spontan, »in einem Kiefernwald zu wohnen war schon immer mein Lieblingswunsch«. Fritz Hesse erklärte sich gern damit einverstanden, daß die Meister-Häuser an dieser Stelle gebaut werden sollten; das Areal, vormals zu einem der herzoglichen Güter gehörig, war von der Stadt erworben worden, und wenn die Rechtstitel zunächst auch noch etwas unklar waren, so ließen sich diese Schwierigkeiten bald aus der Welt schaffen. Dieses Areal an der Burgkühnauer Allee (der nachmaligen Stresemann-, jetzigen Ebertallee), erwies sich in jeder Weise als der ideale Standort für die Meister-Häuser, lag es doch nur wenige hundert Meter vom Bauhaus entfernt und bot mit der Wegstrecke zwischen Wohnung und Schule überdies einen angenehmen Spazierweg an.

Während Walter Gropius die Meister-Häuser entwarf, fand er sich gelegentlich zwischen zwei Polen hin- und hergerissen, denn einerseits ging ihm Ise mit gutem Rat und tätiger Unterstützung zur Hand, andererseits aber lagen ihm die Frauen seiner Meister mit präzis formulierten und energisch vorgebrachten Wünschen in den Ohren. Dabei wurden die unterschiedlichsten Vorstellungen an ihn herangetragen, so etwa wollte Lily Klee eine Kochmaschine und El Muche einen Elektroherd in der Küche haben, Nina Kandinsky forderte einen Kamin für ihr Wohnzimmer und Tut Schlemmer eine Gasheizung. In allen solchen Fällen pflegte Walter Gropius den besorgt auf ihn eindringenden Damen treuherzig zu versichern, daß er daran denken werde, doch ließ er sich in seiner Arbeit dadurch keineswegs beirren;[23] er hatte die richtige Lösung bereits im Kopf und folgte in seinen Entwürfen unbeeindruckt der eigenen Konzeption.

Die Bauarbeiten für die Meister-Häuser *(Abb. 82)* wurden sogleich nach Fertigstellung der Pläne im Sommer 1925 aufgenommen und innerhalb eines Jahres abgeschlossen, im Sommer 1926 waren die Häuser bezugsfertig. Es entstanden drei Doppelhäuser für die sechs Meister Moholy-Nagy und Feininger, Muche und Schlemmer, Kandinsky und Klee, dazu ein freistehendes Haus für Gropius selbst. Die Häuser lagen wahrhaftig im Grünen, sie standen, von der Straße etwas zurückversetzt, unter den hohen Kiefern, umgeben von schlichtem Rasen und durch keinerlei Zäune voneinander oder von der Straße getrennt; lediglich an der östlichen Schmalseite des Areals, an der Ecke Ziebigker Straße – hier stand das Gropiussche Haus –, faßte eine zweieinhalb Meter hohe Betonmauer mit angebauter Garage das Grundstück ein. Mit jeweils etwa zwanzig Metern Abstand war dafür gesorgt, daß jede Familie ihre Privatsphäre gewahrt sah. Jeder Meister verfügte in seinem Haus über ein geräumiges Atelier, nur das Gropiussche Haus war ein reines Wohnhaus. Für die Ausführung hatte sich

Walter Gropius einer modernen und rationellen Bauweise bedient, so bestanden die Fundamente aus Stampfbeton, die Mauern und Wände aus vorgefertigten Bauplatten. Am Innenausbau und an der Einrichtung der Häuser beteiligten sich nach Möglichkeit auch die Bauhaus-Werkstätten, so stammten Entwurf und Ausführung der farblichen Gestaltung der Räume von der Wandmalerei-Werkstatt, die Beleuchtungskörper schuf die Metall-Werkstatt, Teile des Mobiliars kamen aus der Tischler-Werkstatt. Die Häuser wurden den Meistern fertig eingerichtet zur Verfügung gestellt, doch konnte ein jeder damit schalten, wie er es wünschte. So hatten die Feiningers ihre Wohnräume bald umgestaltet und sich mit schönen antiken Möbeln eingerichtet. Walter und Ise Gropius zogen die Bauhaus-Arbeiten vor und ließen sich ansonsten Möbelstücke und Einrichtungsgegenstände lieber nach eigenem Entwurf anfertigen; was Industrie und Handwerk auf diesem Gebiet anzubieten hatten, entsprach kaum einmal ihren Wünschen und Vorstellungen.

Die Meister-Häuser wurden in den dreißiger Jahren teilweise verändert. Das Gropiussche Haus wurde im Zweiten Weltkrieg zerstört und das anschließende Doppelhaus beschädigt, während die beiden übrigen Doppelhäuser verhältnismäßig glimpflich davonkamen.[24]

Die Aufnahme des Unterrichts in Dessau

Während Walter Gropius noch über den Plänen für das Bauhaus-Gebäude und die Meister-Häuser saß, mußte gleichzeitig das kommende Semester vorbereitet werden. Die Zusammenstellung des Ausbildungsprogramms hing nicht zuletzt davon ab, welche Lehrer – ob sie nun aus Weimar nach Dessau mitkamen oder neu berufen werden mußten – schließlich zur Verfügung stehen würden. Von den Weimarer Meistern hatten sich Wassily Kandinsky, Paul Klee, László Moholy-Nagy und Georg Muche für Dessau entschieden. Oskar Schlemmer hatte sich zunächst von Otto Bartning, der nach dem Auszug des Bauhauses die Nachfolgeschule in Weimar übernahm, dazu überreden lassen, weiterhin in Weimar zu lehren; auch die Bauhäusler Ludwig Hirschfeld-Mack, Alfred Arndt, Joost Schmidt, Benita Otte und Wilhelm Wagenfeld waren von Bartning zum weiteren Studium in Weimar bewogen worden. Oskar Schlemmer überlegte es sich dann aber doch anders und tauchte im September 1925 unversehens in Dessau auf, um sich hier wieder zum Dienst zu melden, einen Monat später folgte ihm Joost Schmidt. Auch Lyonel Feininger ließ sich dann in Dessau nieder und bezog die ihm zugedachte Wohnung in den Meister-Häusern; er hatte sich schon im Lauf des Jahres 1925 allmählich vom geregelten Lehrbetrieb zurückgezogen und unterrichtete nun, ohne jede feste Lehrverpflichtung, jene Studierenden, die sich ihm anvertrauten.

Abb. 82 W. Gropius: Meister-Häuser (im Bau), 1925-26

Angesichts des begrenzten Etats von 100 000 Mark jährlich war natürlich an eine großzügige Erweiterung des Stellenplans und entsprechende Neuberufung von Lehrkräften nicht zu denken. Jetzt aber zahlte es sich aus, worauf Walter Gropius mit seinem Konzept der Bauhaus-Lehre von Anbeginn hingearbeitet hatte – die älteren Studierenden waren in ihrer Ausbildung so weit herangereift, daß sie, was Formmeister und Werkmeister sie gelehrt hatten, an die nachrückenden Schüler weitergeben konnten als die idealen Ausbilder, die Walter Gropius vordem vermißt hatte: als die Erzieher, die in einer Person die erlernten Fähigkeiten in Handwerk und Formgebung miteinander vereinten. Josef Albers hatte als erster Studierender 1923 seine Ausbildung abgeschlossen und einen Lehrauftrag übernommen; in Dessau wurde ihm als Meister neben Moholy-Nagy ein Teil des Vorkurses übertragen. Um die Jahresmitte 1924 hatten auch Herbert Bayer, Joost Schmidt, Marcel Breuer, Gunta Stölzl und Hinnerk Scheper das Studium beendet. Diesen Absolventen des Weimarer Bauhauses konnte Walter Gropius nun in Dessau die Leitung einzelner Werkstätten anvertrauen; sie rückten in den Rang von Jungmeistern auf, von Bauhäuslern also, die in sich bereits die Fähigkeit zur Formgebungs- wie zur Handwerkslehre vereinigten. So galt Gunta Stölzl als Jungmeister, auch wenn sie als Assistentin unter Georg Muche arbeitete, der die Weberei-Werkstatt leitete. Farkas Molnár konnte ebenso sein Studium abschließen wie auch Otto Lindig, der in Dornburg unter Gerhard Marcks gelernt hatte. Molnár kam nach Dessau und wurde von Walter Gropius in sein Architekturbüro aufgenommen. Lindig, von Otto Bartning umworben, ging nach Weimar, um dort an der Nachfolgeschule des Bauhauses, der neuen Bauhochschule, zu lehren. Unter dem Zwang zur Sparsamkeit suchte Walter Gropius als Ergänzung zu dem Programm, wie es das Bauhaus mit seinen Lehrern anzubieten hatte, von Zeit zu Zeit namhafte Fachleute zu Gastvorlesungen zu gewinnen; so kam etwa der Nobelpreisträger Wilhelm Ostwald, Chemiker, Philosoph und Farbenforscher, zu Vorträgen an das Bauhaus, und der Leipziger Psychologe Karlfried Graf von Dürckheim las als Gastdozent am Bauhaus über Psychologie.

Gerhard Marcks kam nicht mit nach Dessau, er entschied sich für ein Angebot aus Halle und übernahm 1925 ein Lehramt an der Kunstschule auf Burg Giebichenstein, deren Leiter er danach von 1928 bis 1933 war. Am Bauhaus in Dessau gab es keine Möglichkeit, eine Keramik-Werkstatt einzurichten, in der Stadt standen noch nicht einmal geeignete Brennöfen zur Verfügung; die Aufgabe der Dornburger Werkstatt bedeutete auch das Ende der Keramik-Werkstatt des Bauhauses. Gerhard Marcks hatte zwar Abschied genommen vom Bauhaus, doch sollte die Verbindung zwischen ihm und Walter Gropius nie ganz abreißen. Ein halbes Jahr nach seinem Weggang, im Herbst 1925, schrieb Marcks aus Halle: »*Ich werde immer gern an die Bauhauszeit zurückdenken, was mich betrifft, und ich glaube auch an die Notwendigkeit Eurer Vorsätze. – Wir haben allerhand schwierige Situationen zusammen durchgemacht, und Gottseidank, wir sind immer ehrlich geblieben, auch darin, daß wir schließlich zwei verschiedenen Welten angehören. Du hast mir aber, soweit dieser Rahmen es zuließ, Deine Freundschaft nie versagt, und dafür danke ich Dir! Bewahre mir weiterhin Deine anerkennende Verachtung, ich will's auch so halten.*«[25] Fast vierzig Jahre später äußerte sich Gerhard Marcks in einem Brief an Ise Gropius noch einmal zu seiner Trennung vom Bauhaus und von Walter Gropius, zu der Freundschaft zwischen ihnen und zu ihrem unterschiedlichen Kunstverständnis: »*Für mich war Walter ein Freund mit Hindernissen. Uns verband die Jugendfreundschaft und die »Berliner Rasse«. Künstlerisch konnte ich als Bildhauer und irreparabler Romantiker den Glauben an den Fortschritt nie teilen, der dem Architekten durch die Technik eingegeben wurde. So bin ich ihm schließlich dankbar für die Entfernung aus dem Bauhaus, in das ich nicht mehr hineingehörte.*«[26]

Der Lehrbetrieb am Dessauer Bauhaus wurde am 14. Oktober 1925 aufgenommen. Unterrichtet wurde in provisorisch zurechtgemachten Räumen im Gebäude einer alten Textilfabrik in der Mauerstraße 36. In der nahegelegenen Rennstraße waren in einem alten Fabrikgebäude, das vordem eine Seilerei beherbergt hatte und noch nicht einmal über eine Heizungsanlage verfügte, die Werkstätten und die Ateliers sowie die kleine Kunstausstellung untergebracht. Zu den Weimarer Bauhaus-Studierenden, die der Schule nach Dessau gefolgt waren, hatten sich Schüler, die aus der Dessauer Kunstgewerbe- und Handwerkerschule an das Bauhaus überwechselten, sowie eine Reihe von Studienanfängern gesellt, darunter auch einige aus Polen, Rußland, Litauen und anderen Nachbarländern im Osten.[27]

In Weimar hatten die Bauhaus-Studierenden eine einmalige Aufnahmegebühr und anfänglich auch ein jährliches Lehrgeld zu zahlen,[28] das im Laufe der Zeit entfallen sollte. In Dessau verlangte das Bauhaus ebenfalls eine Aufnahmegebühr, dazu ein unterschiedlich gestaffeltes Lehrgeld,[29] doch hatte Walter Gropius den Magistrat zu der Zusage bewegen können, daß bedürftige Studierende finanziell unterstützt würden, sobald sie einmal die Zulassungsprüfung durch den Meisterrat bestanden hatten. Im Gegensatz zu den Jahren im Weimarer Bauhaus konnte aber nun in Dessau das Sekretariat vermerken, daß viele der neu zugelassenen Schüler nicht nur die Zustimmung der Eltern zur Aufnahme des Studiums am Bauhaus vorlegen konnten, sondern auch über genügend Geld verfügten.

Walter Gropius nahm die Gelegenheit des Neubeginns in Dessau wahr und umriß noch einmal die Ziele der Arbeit des Bauhauses. Der erste, im November 1925 herausgegebene Lehrplan stellte kurz und bündig den »Zweck« der Lehre dar: »*1. durchbildung bildnerisch begabter Menschen in handwerklicher, technischer und formaler beziehung mit dem ziel gemeinsamer arbeit am bau.*

2. praktische Versuchsarbeit für hausbau und hauseinrichtung. entwicklung von standardmodellen für industrie und handwerk.«[30] In einem Aufsatz vom März 1926 beschrieb Gropius dann die »Grundsätze der Bauhausproduktion«, und in seinen Ausführungen wird zugleich der Wandel deutlich, der sich schon am Weimarer Bauhaus seit den Anfängen mit ihren euphorisch überhöhten Forderungen und Erwartungen vollzogen hatte:

»*In der Überzeugung, daß Haus- und Wohngerät untereinander in sinnvoller Beziehung stehen müssen, sucht das Bauhaus durch systematische Versuchsarbeit in Theorie und Praxis – auf formalem, technischem und wirtschaftlichem Gebiete – die Gestalt jedes Gegenstandes aus seinen natürlichen Funktionen und Bedingtheiten heraus zu finden...*

Nur durch dauernde Berührung mit der fortschreitenden Technik, mit der Erfindung neuer Materialien und neuer Konstruktionen gewinnt das gestaltende Individuum die Fähigkeit, die Gegenstände in lebendige Beziehung zur Überlieferung zu bringen und daraus die neue Werkgesinnung zu entwickeln...

Die Schaffung von Typen für die nützlichen Gegenstände des täglichen Gebrauchs ist eine soziale Notwendigkeit...

Die Bauhauswerkstätten sind im wesentlichen Laboratorien, in denen vervielfältigungsreife, für die heutige Zeit typische Geräte sorgfältig im Modell entwickelt und dauernd verbessert werden.

> *Das Bauhaus will in diesen Laboratorien einen neuen, bisher nicht vorhandenen Typ von Mitarbeitern für Industrie und Handwerk heranbilden, der Technik und Form in gleichem Maße beherrscht.*
> *... Spekulative Versuche in Laboratoriumswerkstätten werden für die produktive Durchführungsarbeit der Fabriken Modelle – Typen – schaffen.*
> *Die in den Bauhauswerkstätten endgültig durchgearbeiteten Modelle werden in fremden Betrieben vervielfältigt, mit denen die Werkstätten in Arbeitsverbindung stehen.*
> *Die Bauhausproduktion bedeutet also keine Konkurrenz für Industrie und Handwerk...*
> *... Das Bauhaus kämpft gegen Ersatz, minderwertige Arbeit und kunstgewerblichen Dilettantismus für eine neue Qualitätsarbeit.«*[31]

Die Erschaffung von Vorbildern, Mustern, Typen für die industrielle Serienfertigung, das war von Anfang an das Ziel der Werkstätten-Produktion des Bauhauses gewesen. Die Beschreibung der Arbeitsweise aber als Laboratoriumsarbeit, das bedeutete eine neue Definition der Entwurfsarbeit des Bauhauses, sehr viel nüchterner als vordem, aber auch sehr viel konkreter; darin schlug sich die Erfahrung der Weimarer Jahre nieder. Und nicht zu übersehen ist schließlich die Hervorkehrung der Tatsache, daß das Bauhaus keine Konkurrenz für Handwerk und Industrie darstelle, waren es doch gerade Befürchtungen dieser Art gewesen, die wesentlich zu den Anfeindungen gegen das Bauhaus in Weimar beigetragen hatte.

So, wie Walter Gropius hier der Öffentlichkeit die »Grundsätze« des Produktivbetriebs der Bauhaus-Werkstätten und bestimmte Wesensmerkmale der Bauhaus-Ausbildung vortrug und beschrieb, so stellte er sich auch der Diskussion mit den Studierenden. Immer wieder wandte er sich in zwanglos anberaumten Vorträgen an die Schüler wie an die Lehrer, um über seine eigenen Vorstellungen zu sprechen oder über praktische Probleme der Bauhausarbeit, und um auf endlose Fragen Rede und Antwort zu stehen. Doch bei alledem legte er Wert darauf, daß die Distanz zwischen ihm und den Studierenden – bis auf wenige Ausnahmefälle – stets gewahrt blieb; er sah seine Aufgabe vor allem in der Führung des Bauhauses und in der Pflege der Verbindungen zur Industrie im Interesse der Schule.

Bei den Zusammenkünften des Meisterrats waren für gewöhnlich ein oder zwei Vertreter der Schülerschaft anwesend, und wenn diese sich zu Wort meldeten, hörten Gropius und die Meister aufmerksam zu.[32] Was die Studierenden vorbrachten, war freilich nur als Anregung zu verstehen, als Beitrag zum Meinungsaustausch; es war nicht daran gedacht, daß sie etwa Ratschläge geben, Forderungen erheben oder gar Ultimaten stellen sollten. Ebenso wenig war daran gedacht, die Studierenden direkt an Entscheidungen zu beteiligen, die das Bauhaus betrafen; Walter Gropius war noch nicht einmal bereit, den Meistern ein Stimmrecht bei den Entscheidungen

Abb. 83 Meister und Studenten an der Elbe in der Nähe von Dessau
(fünfter von rechts W. Gropius)

einzuräumen. Er hörte sich an, was im Meisterrat vorgebracht wurde, um sich danach, wenn Entscheidungen anstanden, in sein Büro zurückzuziehen und die Diskussion wie seine eigenen Vorstellungen zu überdenken, bis er zur Klarheit gekommen war und entsprechend handeln konnte. Der Meisterrat war das beratende Organ im Bauhaus, die Entscheidungen traf der Direktor.[33]

Zu den Anregungen, die dem Meisterrat von den Studierenden und von jüngeren Lehrern vorgetragen wurden, gehörten auch Vorschläge, wie man die Bürger der Stadt für ein besseres Verständnis der Schule gewinnen, wie man ihnen Einblick in das Leben am Bauhaus verschaffen könne. Man hoffte damit jener Entfremdung zwischen der Stadt und ihrer Schule aus dem Weg zu gehen, die in Weimar von Anfang an zu spüren war und dort fast in Feindseligkeit und Haß umzuschlagen drohte. Zudem wollte man auch im Bauhaus ein gewisses Gefühl der Überlegenheit gar nicht erst aufkommen lassen, das sich an einigen Schulen Dessaus breitgemacht und zu Unmut in der Bevölkerung geführt hatte. Vor allem aber waren es eben die Erfahrungen der Weimarer Jahre, die dazu beitrugen, daß sich das Leben am Bauhaus veränderte. Bei einem Fest, das die Bauhäusler im Frühjahr 1924 in Weimar begingen, mußte ein Berliner Beobachter feststellen: *»Die Bauhausgemeinde – Meister, Gesellen und Lehrlinge – bildet eine kleine, abgeschlossene Insel im Meer des Weimarer Spießbürgertums. Vier Jahre ernster Arbeit haben es nicht vermocht, die Bauhäusler an Weimar und die Weimaraner an das Bauhaus zu gewöhnen... Man hört halb belustigt und halb beschämt zu, wie Kandinsky... von den Versuchen berichtet, die eine hochherzige uradelige Dame gemacht hat, um die gebildete Jugend Weimars und die Bauhaus-Schüler einander näher zu bringen. Sie lud beide in ihr Haus, aber die gebildete Jugend hütete sich ängstlich vor jeder Berührung mit den Bauhäuslern, und diese waren zu stolz, um angesichts* *solcher Ablehnung nicht noch verschlossener zu werden.*«[34] Eine derartige Situation sollte in Dessau nicht wiederkehren. Fortan luden die Bauhäusler, wenn sie sich zu fröhlichem Treiben versammelten, auch die Jugend der Stadt ein – in gemeinsamer Runde feierte man so das Weiße, das Metallische, das Karierte, Gepunktete und Gestreifte Fest, das Masken-, das Laternen- und das Musikfest. Höhepunkte waren die Faschingsfeste; so feierte man am Sonnabend, den 20. März 1926, zum Fasching das Weiße Fest unter dem Motto »gedippelt, gewerfelt und gestreift«. Zuweilen zogen die Bauhaus-Schüler überdies hinaus auf die Dörfer der Umgebung, um dort mit Musik- und Theaterdarbietungen aufzuwarten und sich zu vergnügen. Bei schönem Wetter unternahm man fast jede Woche Ausflugsfahrten auf der Elbe *(Abb. 83)*. Im Vergleich dazu hatte die Bauhaus-Gemeinde, Meister wie Schüler gleichermaßen, während der Weimarer Jahre eher wie im Kloster gelebt.[35] Unternehmungslustig knüpften die Schüler jetzt auch auf eigene Faust Kontakte, um den Radius ihres Wirkungskreises zu erweitern. So erinnerte sich Richard Paulick noch nach Jahrzehnten daran, wie die Bauhaus-Studierenden sich mit Schülern der Hellerauer Tanzschule zusammengetan hatten, um ihre eigenen Festaufführungen zu inszenieren; die berühmte Tanzschule in der von Richard Riemerschmid angelegten Gartenstadt bei Dresden war 1911 von dem Schweizer Eurythmie-Lehrer Emile Jaques-Dalcroze gegründet worden.[36]

Sorgen um Ise Gropius

Freude und Genugtuung über den Neuanfang des Bauhauses und die Erfolge des eigenen Architekturbüros wären für Walter und Ise Gropius wohl größer gewesen, hätte nicht eine bedrückende Sorge über ihrem Leben gelegen – die Sorge um Ises Gesundheit. Nachdem Ise zwischen März und Oktober 1924 im Sanatorium gewesen war, um sich wegen ihres Magenleidens behandeln zu lassen, schienen die Beschwerden zunächst behoben, doch nun, im August 1925, flammten die Schmerzen plötzlich wieder auf. Sie mußte sich abermals ins Sanatorium begeben. Dort aber rätselten die Ärzte offenbar zunächst einmal an ihrer Krankheit herum und schienen zu keiner schlüssigen Diagnose zu kommen, bis Ise schließlich die Geduld verlor und auf einem operativen Eingriff bestand, um der Ursache ihrer Beschwerden auf die Spur zu kommen – das Ergebnis war, daß sie sich unverzüglich einer Blinddarm-Operation zu unterziehen hatte. Die Operation wurde noch im August vorgenommen und schien auch den gewünschten Erfolg zu haben, denn Ise fühlte sich bald wieder besser und konnte sich für geheilt halten, doch der Eingriff sollte Folgen haben, die sich erst nachträglich herausstellten und Ise für ihr ganzes Leben belasteten. Fast fünfzig Jahre danach beklagte sie diese Folgen: »*Bei der Behandlung, und infolge der Unfähigkeit eines Arztes, verlor ich mein Baby in einem frühen Stadium und wurde niemals wieder schwanger, zu unserem tiefsten Bedauern.«*[37]

Solange Ise noch zur Nachbehandlung im Sanatorium bleiben mußte, waren sie und Walter Gropius wieder einmal auf den Briefwechsel angewiesen. An einem Tag im September gingen gleich zwei Briefe aus Dessau an Ise ab. Der erste davon begann als ein Liebesbrief, Walter Gropius hatte ihr eine Ausgabe von Hölderlins »Hyperion« mitgesandt und schrieb dazu: »*Ja, Hölderlin muß Dir ganz nahe sein, ich schlage mich selbst vor den Kopf, warum ich Dir ihn nicht längst präsentiert habe, er hat die selbe Seelensubstanz wie Du.*« Danach aber kam die Rede auf das Bauhaus, und hier sprach Walter Gropius wie in einer Vorahnung von Konflikten mit den Meistern, die in Wirklichkeit erst einige Monate später aufbrechen sollten: »*Gestern Abend bei Kandinskys, beide dick und braun, sehr erholt, aber ich sehe leider, daß er u. Klee das Bauhaus mehr u. mehr nur als Sinekure benutzen, schade, wieder mal eine Enttäuschung... Heute Messe Leipzig, morgen große Sitzung mit allen Meistern – Neuorganisation. Augenblicklich Vergabe des Bauhausneubau, aber Streik noch immer nicht beendet.*«[38] Im zweiten dieser Briefe beschrieb Walter Gropius, wie er sich zur Zeit ihrer Operation in ihre Lage versetzt, wie er mit ihr gefühlt habe und wie er selbst nun auch aus dieser Lage erlöst sei, so daß er von sich sagen konnte, »mein Magen funktioniert wieder«. Was hingegen nicht so recht funktionieren wollte, das waren die Bauarbeiten für die neue Schule: »*Das Bauen hat hier noch nicht angefangen, aber ich erwarte bestimmt in diesen Tagen endlich Klärung. Die Anhalter müssen noch ihre Reservatrechtchen verfolgen.*« Und es schließt sich noch ein Stoßseufzer an: »*Ach überhaupt alle halben Dinge müßte man steinigen, wir müssen ganz sein, dann erzwingen sich die Dinge unter dem Druck unserer Entschiedenheit von selbst und man hat eben die Pflicht solange zu warten, bis die Kraft angestaut ist, um etwas ganz leben zu können.*«[39] Die Sorge um Ises Gesundheit war zwar von Walter Gropius genommen, doch allzuviel lastete noch auf ihm an Verantwortung und an Arbeit.

Arbeitsalltag – die Suche nach Aufträgen

Um die Aufnahme der Arbeiten am Neubau der Schule, um den Fortgang der Arbeiten an den Meister-Häusern, um die Vorbereitungen für das nächste Schuljahr hatte sich Walter Gropius zu kümmern, und daneben hatte er ständig alle Anstrengungen zu unternehmen, um Aufträge für die Bauhaus-Werkstätten wie für das eigene Büro zu beschaffen.

Schon seit seinem Eintritt ins Berufsleben war es sein Grundsatz gewesen, Umwege tunlichst zu vermeiden und nicht erst klein anzufangen, sondern lieber gleich zu dem Mann an der Spitze zu gehen, wenn es galt, etwas zu erreichen. So wandte er sich gegen Ende des Jahres 1925 an Oskar von Miller, um diesem seine Vorstellungen zur Förderung des Siedlungsbaus vorzutragen. Der Siebzigjährige, Gründer des Deutschen Museums in München, war ein einflußreicher Mann und stand mit dem Institut für Verkehrsplanung in Städtebau und Landesplanung in Verbindung. Mit seinem Brief übersandte Walter Gropius seine in einer kurzen Studie zusammengefaßten Vorschläge zur Schaffung einer »Wohnhausfabrik«.[40] In dieser Studie umriß er ein System von industriell zu fertigenden Teilen für den Siedlungshausbau samt serienmäßig zu fertigenden Elementen für den Innenausbau und den Plan zu einer eigens für diese Fertigung zu erstellenden Fabrik, die kalkulierten Kosten für das Projekt bis hin zu Landerwerb und Erschließung, sowie die Möglichkeiten der Finanzierung. Nach seiner Schätzung würde man mit diesem Programm im Jahresdurchschnitt 1000 bis 1200 Hauseinheiten zu Preisen erstellen, die um 18 bis 20 Prozent unter den zum Zeitpunkt üblichen Baukosten lägen. So beschäftigte sich Walter Gropius weiterhin intensiv mit Fragen des Wohnungs- und Siedlungsbaus, denen er sich schon 1910 mit seiner Denkschrift für die AEG zugewandt und die er Anfang der zwanziger Jahre mit seinem Schema des »Baukastens im Großen« wieder aufgegriffen hatte – waren diese Fragen inzwischen doch angesichts der seit den ersten Nachkriegsjahren sich immer weiter ausbreitenden Wohnungsnot in den Industriestandorten und Ballungsgebieten zu ganz neuer Aktualität gelangt. Getreu seinem Rezept, in besonderen Fällen gleich zu dem Mann an der Spitze zu gehen, schrieb Walter Gropius im Frühjahr 1926 denn auch an den Reichskanzler, um ihm nachdrücklich zu versichern: *»Das Bauhaus ist weit über Deutschland hinaus bekannt geworden. Sollte es Gelegenheit dazu erhalten, so würde es zur weiteren Entwicklung des Wohnungsbauprogramms unseres Landes beitragen können.«*[41*]

Daneben war Walter Gropius unablässig bemüht, in Zeitungs- und Zeitschriftenbeiträgen wie mit Vorträgen für das Bauhaus zu werben, Verständnis für seine Arbeit und seine Ziele zu wecken und, nicht zuletzt, Aufträge für die Werkstättenproduktion zu erlangen. So absolvierte er einmal innerhalb von kaum mehr als drei Monaten ein Vortragsprogramm, das ihn in rund fünfzehn Städte und durch drei Länder führte;[42] seine Ausführungen standen dabei, wie Zeitungsnotizen der Zeit vermerkten, unter Themen wie »Die Stadt der Zukunft«, »Leben in der Zukunft« oder »Stadt im Kasten«.

Im März 1926 hielt Gropius in Berlin einen Vortrag über »Das Haus in acht Tagen«. Das Thema bezog sich auf die in dem Vortrag erläuterte Feststellung, daß man in den Vereinigten Staaten einfach zu einem Katalog greifen, sich ein Haus aussuchen und dieses bestellen könne, um es binnen acht Tagen komplett frei Baustelle geliefert zu bekommen. Die Hauseinheiten, betonte Gropius dabei, entstammten zwar der Serienfertigung, doch da die verschiedenen Bauteile wie Wände, Dächer, Veranden oder Balkone versetz- und teilweise auch austauschbar waren und somit in unterschiedlicher Weise montiert werden konnten, brauchten solche Häuser durchaus nicht wie ein Ei dem anderen zu gleichen.[43] So sei zwar der Typ des Hauses gleichbleibend, nicht aber der Stil. Natürlich seien diese amerikanischen Serienhäuser Holzhäuser und das Holzhaus sei in Deutschland seit den Tagen des Mittelalters, da sich die Häuser der Bürger auf engstem Raum im Ring der Stadtmauern zusammendrängten, aus Gründen der Feuersicherheit zumindest im städtischen Wohnbereich nicht annehmbar, doch lasse sich das Vorbild der Serienfertigung bei Verwendung der entsprechenden Materialien durchaus auf deutsche Verhältnisse übertragen. Bei anderen Gelegenheiten forderte Gropius eine ›Säuberungsaktion‹ im Wohnungsbauwesen oder die Erforschung und Erprobung moderner Fertigungsmethoden oder die Errichtung von Versuchshäusern zur Erlangung von Prototypen, er erhob die kubische Form auf den Schild, da es die einzige echte und wahre Grundform des Hauses sei, und stritt grundsätzlich für den Bau »billiger, besserer und schönerer Wohnungen«.[44] Wert sei aber, meinte er, eher auf die serienmäßige Fertigung genormter Teile denn ganzer Einheiten zu legen, da sich mit den Normteilen eher eine Baugestaltung nach den jeweils individuellen Wünschen und Bedürfnissen erreichen ließe – ein Thema, zu dem er sich am 4. Juni 1926 auch vor der Deutschen Wohnungsfürsorge-Aktiengesellschaft äußerte.

Die Bauhaus-Bücher

Das Bauhaus war zwar schon bald nach seiner Gründung mit Druckschriften und graphischen Erzeugnissen aus seiner Druckerei-Werkstatt an die Öffentlichkeit getreten, doch darüber hinaus dachte man auch an die Herausgabe einer eigenen Buchreihe. Diese »Bauhausbücher«, so hoffte man, würden wie eine Art Wanderausstellung, jedermann zugänglich, draußen im Lande für die Schule, ihre Arbeit, ihre Ziele werben, sie sollten ein breiteres Publikum aber nicht nur mit dem Wirken des Bauhauses, sondern auch mit dem Werk anderer moderner Künstler und Architekten vertraut machen. Im Spätherbst 1923, nach der Bauhaus-Ausstellung in Weimar, hatten sich Walter Gropius und László Moholy-Nagy mit dem Münchner Verleger Franz May zusammengetan, um die Herausgabe der ersten Bände vorzubereiten, die, wie sie optimistisch meinten, bereits 1924 erscheinen könnten. Der Zeitpunkt freilich war dem Unternehmen alles andere als günstig – zu den vielen Inflationsopfern in Deutschland und Österreich sollte auch der Verleger Franz May zählen; er mußte aufgeben, bevor noch das erste Exemplar der geplanten Bauhausbücher veröffentlicht wurde.

Dabei waren die Vorarbeiten dank des Einsatzes der beiden Herausgeber Gropius und Moholy-Nagy, die gemeinsam als Schriftleiter zeichneten, bereits weit gediehen. Moholy-Nagy hatte für die ersten der geplanten Bauhausbücher schon Schrift und Satzbild festgelegt und die Einbände wie die Schutzumschläge entworfen. Gropius hatte sich mit Hunderten von Briefen um Textbeiträge und Abbildungsvorlagen bemüht und weiter Autoren für spätere Bände zu gewinnen gesucht. Satz und Druck der ersten Bauhausbücher hätten wohl tatsächlich noch 1924 beginnen können, wäre nicht der Verlag des Franz May von einem damals in Deutschland weitverbreiteten Schicksal ereilt worden.

In der Auswahl der Autoren, der schreibenden oder der zu behandelnden Künstler und Architekten war Walter Gropius durchaus nicht auf eine bestimmte Linie festgelegt. Als erstes der Bauhausbücher, so war es von Anfang an geplant, sollte seine eigene Studie über »Internationale Architektur« erscheinen, eine »Auswahl der besten neuzeitlichen Architektur-Werke«. Wie breit er diese Auswahl, wie objektiv und umfassend er diese Studie angelegt hatte, macht am Beispiel eine Anfrage an Tony Garnier in Lyon vom 18. Juni 1924 deutlich, die in ihrem Endergebnis zugleich die Schwierigkeiten des Herausgebers einer solchen aktuellen Studie aufzeigt. Gropius hatte sich an Garnier gewandt, den berühmtesten zeitgenössischen Vertreter der klassischen Richtung der Ecole-des-Beaux-Arts, um von diesem Abbildungsvorlagen für den geplanten Band zu erbitten; er wünschte sich Illustrationen zum Werk des Architekten und insbesondere zu dessen »Cité industrielle«, die er sehr bewundere. Garnier antwortete ihm drei Wochen später: »*Ich habe kürzlich meine Schriften und die Photographien meiner Arbeiten an Herrn Dr. Adolf Behne... gesandt und habe leider keine weiteren Exemplare zur Hand. Ich wäre Ihnen daher sehr zu Dank verbunden, wenn Sie Herrn Adolf Behne bitten wollten, Ihnen diese für Ihre Veröffentlichung zuzusenden, in die aufgenommen zu werden ich mich sehr glücklich schätzen würde.*«[45] Walter Gropius schrieb daraufhin sofort an Adolf Behne, den Freund und Kampfgefährten aus alten Tagen, der ihn jedoch abschlägig beschied; zu seinem Bedauern könne er die Vorlagen nicht herausgeben, da er sie für eine eigene, in Vorbereitung befindliche Publikation benötige. So mußte Walter Gropius denn schließlich auch auf Abbildungen zum Werk Garniers in seinem Band verzichten.

Gropius und Moholy-Nagy fanden endlich mit Albert Langen in München einen neuen Verleger, so daß 1925 mit dem ersten der Bauhausbücher, eben der »Internationalen Architektur« von Walter Gropius, die Reihe eröffnet werden konnte; bis 1927 lagen bereits, als ›erste Serie‹ deklariert, acht Bauhausbücher vor[46], von denen zwei – die Gropiussche Arbeit wie das achte der Bauhausbücher, »Malerei, Photographie, Film« von Moholy-Nagy – schon in einer zweiten Auflage erschienen waren.

Seine Studie über »Internationale Architektur« brachte Walter Gropius nur wenig Freunde ein, sie wurde alsbald auf das heftigste befehdet und sollte sich schließlich als der umstrittenste Titel in der gesamten Reihe der Bauhausbücher erweisen, die bis 1931, als die verheerenden Folgen der Weltwirtschaftskrise zur Einstellung der Reihe führten, noch auf vierzehn Bände anwachsen konnte. Die Gründe für die Ablehnung seiner Arbeit sah Walter Gropius vor allem im Unverständnis der Leser und Kritiker, die Ziele und Absichten seiner alle vorhandenen Richtungen der Architektur einbeziehenden Darstellung nicht zu erkennen vermochten oder gar bewußt mißdeuteten. Seiner eigenen Einschätzung der Situation gab Walter Gropius im Sommer 1925 in einem Brief an Frank Lloyd Wright Ausdruck, in dem er sich für das ihm zur Verfügung gestellte Material bedankte. Er wies auf die Wertschätzung hin, die der Amerikaner bei »der jüngeren Generation deutscher Architekten« genoß, *»von denen Sie als der Vater der ganzen Bewegung angesehen werden...*

Wir lasen kürzlich im ›Berliner Tageblatt‹ Ihren großartigen Nachruf auf Sullivan. Wir ersehen daraus, daß selbst für Sie in Amerika die Lage nicht leicht ist und daß Sie in ihrem Ringen um Anerkennung recht einsam sind. Nichtsdestoweniger sind wir völlig überzeugt in dem Gefühl, daß sich Ihr Werk nicht aufhalten läßt und daß wir es noch erleben werden, wie die Amerikaner ihren eigenen Stil anerkennen und ihr Selbstvertrauen in die richtige Richtung lenken werden.« Abschließend sprach Gropius von seinem Wunsch, einmal nach Amerika reisen und Wright persönlich kennenlernen zu können, er wolle »dieses problematische Land« selbst erleben; überdies erbat er sich weitere »Pläne, Photographien und Skizzen«, die »hauptsächlich für Konstruktionszwecke« verwendet werden sollten.[47*]

Mitarbeit in den Berufsverbänden

Eigentlich hätte sich Walter Gropius bei aller Arbeit, die auf ihm lastete, damit bescheiden können, daß er seinen angemessenen Beitrag im Leben leistete, doch er fühlte sich verpflichtet, durch seine Mitarbeit in Berufsverbänden und Fachgruppen auch weiterhin die Belange der Künstler und Architekten zu fördern, soweit es ihm seine Zeit erlaubte und soweit es ihm in Dessau, fern vom großen Zentrum Berlin, möglich war.

Als ordentliches Mitglied gehörte er nach wie vor dem Deutschen Werkbund und dem Bund Deutscher Architekten (BDA) an. Anderen Vereinigungen hatte er nur zeitweilig angehört, sei es, daß diese Vereinigungen sich nach einer Weile von selbst auflösten oder in anderen, neuen Gruppierungen aufgingen, sei es auch, daß er selbst ausschied. In der ersten Nachkriegszeit waren die Verbände, Gruppen und Grüppchen wie Pilze aus dem Boden geschossen, aber nicht viele von ihnen hatten Bestand gehabt. Manche Gruppen hatten sich nur zur Erreichung eines bestimmten Zieles zusammengeschlossen und waren, sobald das Ziel erreicht war, wieder auseinandergegangen. Dies galt für den Arbeitsrat für Kunst und für die Novembergruppe ebenso wie für den Freundeskreis der »gläsernen Kette«.

Jetzt, im Jahre 1925, schien die Zeit für einen neuen Zusammenschluß gekommen, um all jene Kräfte zu sammeln, die sich der modernen Architektur verschrieben hatten. Die Vertreter des neuen Bauens wollten endlich stärker angehen gegen die noch immer vorherrschende historisierende Richtung, die vor allem in Berlin ihre Hochburg hatte und als deren Exponenten sie Hermann Muthesius ansahen, sie wollten sich kritisch mit dem Deutschen Werkbund auseinandersetzen, der, wie Walter Gropius später erklärte, damals bereits zu einer verkrusteten Institution geworden war, auf überholte Gestaltungsprinzipien festgelegt und darin verharrend. Auch am Bund Deutscher Architekten hatte man etliches auszusetzen, da er sich in seiner Funktion als Interessenvertretung, wie Gropius meinte, durch veraltete Geschäftsmethoden und umständliches institutionelles Gehabe selbst behinderte. Das waren die Gründe, warum sich in Berlin eine Gruppe jüngerer Architekten zusammenfand und die Architekten-Vereinigung »Der Ring« gründete. »Der Ring« – auch der »Zehnerring« genannt – setzte es sich zum Ziel, die Grundlagen für eine neue, dem neuen Zeitalter angemessene Baukultur zu schaffen.[48]

Zu den Gründungsmitgliedern gehörten, wie Walter Gropius sich erinnerte, außer ihm Bruno und Max Taut, Hans und Wassili Luckhardt, Ludwig Mies van der Rohe, Richard Döcker, Hans Scharoun, Adolf Behne und, last not least, Hugo Häring, der eigentliche Organisator der neuen Vereinigung, der sie auch, solange sie bestand, als Sekretär führte.[49]

Walter Gropius setzte, wie er später betonte, alles daran, um möglichst keines der Treffen auszulassen, die der »Ring« in Berlin abhielt, auch wenn es ihm manchmal schwerfiel angesichts der Arbeit, die im Bauhaus und im eigenen Büro auf ihn wartete. Immerhin, so erinnerte er sich vierzig Jahre danach, tat bereits der Zusammenschluß der Architekten im »Ring« seine Wirkung, er »*reichte aus, um den BDA zum Zittern zu bringen, und als Ergebnis wurden zwei von uns zur Wahl für den Vorstand des BDA aufgestellt. Das waren Hans Poelzig und ich selbst.*«[50]

Schon bald nach seiner Gründung trat der »Ring« mit Ausstellungen an die Öffentlichkeit, mit Beiträgen in Zeitungen und Zeitschriften suchte die Vereinigung ein breiteres Publikum zu erreichen.[51] Der Zusammenschluß der Avantgarde unter den Architekten war gerade zum rechten Zeitpunkt zustandegekommen. In seiner Studie über »Neues Bauen« hat Norbert Huse diesen Zeitpunkt um die Mitte der zwanziger Jahre beschrieben, indem er die Entwicklung der deutschen Architektur in ihrer Verquickung mit der politischen und wirtschaftlichen Entwicklung skizziert: »*Den Jahren der Revolution, der bürgerkriegsähnlichen Unruhen und der Inflation zwischen 1919 und 1923 folgte 1924–1929 eine Phase der wirtschaftlichen und politischen Stabilisierung, die mit der Weltwirtschaftskrise in die Auflösungsphase überging. Für das Neue Bauen war vor allem die zweite Phase wichtig...«*[52]

Es begann vor allem die Zeit der großen Siedlungsprojekte und der großen Siedlungsbauten in Deutschland, an denen sich die modernen Architekten bewähren sollten, ob sie nun dem »Ring« angehörten oder nicht – aufgerufen waren dazu alle, die sich von der Vergangenheit abgewandt hatten, die bereit waren, sich den Fragen und Problemen der Gegenwart zu stellen: Stadtplanung und Siedlungsbau, Wirtschaftlichkeit im Bauwesen und Wohnraumbeschaffung, die Beziehungen zwischen Wohnstatt und Arbeitswelt, die Gestaltung der städtischen Umwelt, die Berücksichtigung sozialer Belange. Die Vorarbeit war geleistet, in Deutschland wie in anderen Ländern, jetzt ging es um die Verwirklichung. Es war vielleicht kein Zufall, daß Le Corbusiers programmatische Skizze »Vers une architecture«, 1923 veröffentlicht, 1926 auch in deutscher Sprache erschien.[53]

Sullivan, Loos, van de Velde, Berlage, das waren die Wegbereiter, deren Grundsätze von den Architekten im »Ring« aufgegriffen und einbezogen wurden in den Entwurf einer funktionalen Architektur der Gegenwart.[54] Allerdings hatte der »Ring« in seiner Zielsetzung, meinte Walter Gropius später im Rückblick, wenig zu tun mit der Diskussion über Kunst und Architektur, die draußen im Lande vor sich ging. Über das Schöne in der Kunst sprach man schon lange nicht mehr, spätestens mit dem Kriegsausbruch war den Menschen wohl der Sinn dafür ausgegangen. Man gab sich nüchtern und sachlich, es schien eher die Meinung vorzuherrschen, Kunst habe etwas mit der Anwendung überflüssiger Schnörkel und Ornamente zu tun.

Eine Reise in den Süden – fast eine Flucht

Walter und Ise Gropius fühlten sich, als der letzte Monat des Jahres 1925 anbrach, doch reichlich mitgenommen, die Aufregungen und Anstrengungen dieses Jahres, vom Fortgang aus Weimar über Ises Krankheit bis hin zum Neuanfang des Bauhauses hatten ihre Spuren hinterlassen; da half es auch nicht viel, daß sich die Zukunft für das Bauhaus wie für das eigene Architekturbüro recht gut anzulassen schien. Obendrein zeigte sich der Winter in diesem Jahr von seiner unfreundlichsten Seite, und so bedurfte es nur noch eines Wochenendes mit wolkenverhangenem Himmel und scheußlich naßkaltem Wetter, um die Beiden zu einem Entschluß kommen zu lassen – sie mußten fliehen, diesem Dessauer Winter entfliehen. Sie entschieden sich nach einigem Zögern, trotz der teuren Bahnfahrt, für eine Reise nach Rapallo, zu der sie Ises Schwester Hertha gedrängt hatte;

Herthas Freundin, Frau Riese, die in dem berühmten Seebad an der italienischen Riviera lebte, hatte ihnen bereitwilligst ihre Gastfreundschaft angeboten. Zwei Tage, nachdem sie sich endgültig für Rapallo entschieden hatten, erhielten sie ihre Reisepässe. Sie mußten mühsam die letzten Pfennige für die Reise zusammenkratzen, denn ihr ohnehin nicht übermäßiges Einkommen war noch zusätzlich in Anspruch genommen durch die Hilfestellung, die Hertha und Mutter Gropius von ihnen erwarteten; Hertha stand vor der Geburt eines Kindes, und Mutter Gropius brauchte Unterstützung, nachdem die Inflation das Vermögen hatte dahinschmelzen lassen. Am Morgen des 18. Dezember, es war der letzte Freitag vor Weihnachten, verließen sie Dessau und fuhren südwärts bis Como, von wo aus sie der Anschlußzug nach Rapallo brachte. Zwar hatten sie zunächst Pech mit dem Wetter, denn statt des ersehnten Sonnenscheins erwartete sie, ganz und gar ungewöhnlich für diese Region, ein bedeckter Himmel, doch das wurde mehr als wettgemacht durch die herzliche Gastfreundschaft der Frau Riese. Sie erwies sich als eine höchst interessante Person. Vordem hatte sie in Hellerau eine Pension geführt und dabei einige Größen der Zeit persönlich kennengelernt, so die Architekten Richard Riemerschmid und Heinrich Tessenow, den Bauhäusler Joost Schmidt, die Tanzerzieher Emile Jaques-Dalcroze und Mary Wigman mit ihrer Schülerin Gret Palucca, den englischen Schriftsteller G. B. Shaw und den französischen Bildhauer Bourdelle; Walter Gropius war so beeindruckt von Frau Riese, daß er ihr die Leitung des Atelierhauses, des ›Prellerhauses‹, in Dessau anbot. Die mondäne Atmosphäre des Seebads ließ die Beiden aus dem grauen Norden wieder aufleben und beflügelte ihre Gedanken, bis sie sich schließlich zu dem Einfall verstiegen, hier in Rapallo ließe sich ein Winterferienheim für die Bauhäusler einrichten; sie suchten und fanden schließlich sogar ein großes Haus, das für eine erträgliche Summe zu pachten war. Die Weihnachtsfeiertage verbrachten sie zusammen mit Frau Riese, danach zogen sie, um ihr nicht länger zur Last zu fallen, ins Hotel Bristol. Das Hotel beherbergte einen berühmten Gast, neben anderen Engländern hatte Neville Chamberlain mit Familie hier Zuflucht gesucht vor dem Winter in London. Den Silvesterabend begingen sie ruhig und zurückgezogen, sie hielten sich eher an Orangensaft als an Champagner. Gleich in den ersten Januartagen 1926 gab es noch einen großen Wirbel in Rapallo, Benito Mussolini traf mit Neville Chamberlain zu einem Gedankenaustausch über den kurz zuvor – im Oktober 1925 – abgeschlossenen Vertrag von Locarno zusammen. Walter und Ise Gropius mußten rasch noch in ein anderes Hotel ziehen, da die Zimmer im Bristol für das diplomatische Gefolge benötigt wurden. Ise Gropius vermerkte daneben in ihrem Tagebuch, daß sie auch Gerhart Hauptmann begegnet seien, der jedoch einen so unangenehmen Eindruck auf sie machte, daß sie ihm lieber aus dem Weg gingen und ihn nicht begrüßten – obwohl der Dichter bereits seit geraumer Zeit Mitglied des

»Kreises der Freunde des Bauhauses« war und sogar dem Kuratorium angehörte, während seine Frau Margarete eine Freundin Alma Mahlers war.

Sie brachen wohl am Sonnabend, den 9. Januar, zur Heimreise nach Dessau auf (es könnte auch Mittwoch, der 6., gewesen sein). Im Zug führte sie ein glücklicher Zufall mit Erich Mendelsohn und seiner Frau zusammen, so leisteten sie sich im gemeinsamen Abteil bei angeregten Gesprächen Gesellschaft. Mendelsohn war kurz zuvor erst wieder in Leningrad gewesen, er berichtete von den Erlebnissen und Erfahrungen während mehrerer Rußlandreisen, die er in den vergangenen zwei Jahren unternommen hatte, und verglich diese mit den Erfahrungen seiner Amerikareise im Jahre 1924. Kein Wunder, daß da Walter Gropius auch wieder davon sprach, daß er unbedingt die Vereinigten Staaten kennenlernen müsse.

Walter und Ise Gropius machten auf der Rückfahrt noch einen Umweg über Wiesbaden. Nach Rapallo war ihnen die Nachricht übermittelt worden, daß Hertha am 19. Dezember 1925 einem gesunden Mädchen das Leben geschenkt hatte. In Wiesbaden sahen sie nun bei Hertha zum ersten Mal die kleine Ati, Beate Eveline, gerade drei Wochen alt – sie konnten nicht ahnen, daß beinahe auf den Tag genau zehn Jahre später Beate zu ihrer eigenen Tochter werden würde.

Aufträge für das Bauhaus und das Büro Gropius

Wenn Walter Gropius unermüdlich in der Öffentlichkeit warb, in seinen Vorträgen und in seinen Veröffentlichungen, in persönlichen Gesprächen und in zahllosen Briefen, so sollte das schließlich nicht ohne Früchte bleiben – Aufträge stellten sich allmählich ein, für die Bauhaus-Werkstätten wie für das eigene Architekturbüro, und nicht zuletzt die wirtschaftliche Erholung nach dem Sturz in die Inflation sollte ihr Teil dazu beitragen. Für das Gropiussche Büro bedeuteten die Jahre zwischen 1924 und 1927, was den Arbeitsanfall anbelangt, recht geschäftige Jahre, doch viele der Aufträge dienten nur der Projektierung, oder mußten noch im Stadium der Projektierung wieder gestrichen werden, wirkliche Bauaufträge dagegen waren rar.

Aus eben diesen Jahren hat sich das Kontobuch des Architekturbüros erhalten, das erkennen läßt, daß einmal an Aufträgen und Arbeit durchaus kein Mangel herrschte, daß zum anderen aber auch die finanzielle Decke außerordentlich dünn war.[55] Daraus läßt sich ablesen, daß Walter Gropius zur Bestreitung seines Lebensunterhalts auf seine Bezüge als Direktor des Bauhauses angewiesen war, da ihm das Architekturbüro einfach nicht genug einbrachte. Tatsächlich zwang ihn die Finanzlage des Büros des öfteren dazu, aus seiner eigenen Tasche draufzuzahlen, um Fehlbeträge auszugleichen.

Wie vordem schon in Weimar, war das Gropiussche Büro auch in Dessau im Bauhaus-Gebäude untergebracht, und zwar in dem brückenartig die Bauhausstraße überspannenden Verbindungstrakt, der vom Werkstatt-Trakt zum Berufsschulflügel führte. Der zweigeschossige, in Höhe des zweiten Hauptgeschosses ansetzende und mit dem Werkstatt-Trakt bündig abschließende Verbindungstrakt nahm in seinem unteren Geschoß die Verwaltung, im Obergeschoß das Gropiussche Büro und seit 1927 auch die Architektur-Abteilung des Bauhauses auf. Da in dem Architekturbüro, so hatte Gropius es von Anfang an vorgesehen, neben den festangestellten Mitarbeitern auch Lehrer und Schüler arbeiteten, ergaben sich gelegentlich Probleme, bei denen sich Angelegenheiten des Büros mit solchen der Schule verwoben. Ein derartiger Fall ergab sich gegen Ende 1926, als Ernst Neufert das Büro verließ, um eine Lehrtätigkeit aufzunehmen. Hans Poelzig hatte Neufert an Otto Bartning empfohlen, der für seine Bauhochschule in Weimar noch immer Lehrkräfte suchte. Nun hatten sich zwar Gropius und Bartning darauf verständigt, daß sie einander nicht die Lehrkräfte abjagen würden, aber dennoch wurde Neufert die Stelle eines Ersten Fachlehrers für Architektur in Weimar angeboten, und er nahm an.

Als Bürochef bei Gropius hatte Ernst Neufert einen ungewöhnlichen Ordnungsdrang an den Tag gelegt, Aufräumen und Ordnung halten ging ihm über alles. Seiner lobenswerten Tätigkeit waren aber auch, wie sich nachträglich herausstellte, die frühesten Skizzen und Entwürfe von Walter Gropius zum Opfer gefallen – ein unersetzlicher Verlust. Neuferts Sinn für die Bewahrung der Zeugnisse der Vergangenheit war weit weniger entwickelt als sein Drang zur Arbeitseffizienz durch Wahrung von Ordnung und Übersichtlichkeit; es erschien ihm als schiere Platzverschwendung, wenn man alle Zeichnungen und Unterlagen für ausgeführte und erledigte Aufträge aufbewahren, geschweige denn, wenn man alle Skizzen, Entwürfe, Pläne von Projekten sammeln wollte, die niemals zur Reife gediehen oder gar zur Ausführung gekommen waren. Innerhalb des einen Jahres, das er für Gropius arbeitete – es war das Jahr nach der Übersiedlung nach Dessau, in dem Walter Gropius mit Arbeit wahrhaft überhäuft war – waren alle diese, wie ihm schien, überflüssigen Relikte vergangener Tage verschwunden; Ise Gropius merkte fast ein halbes Jahrhundert später dazu nur an: »Neufert hat sämtliche früheren Entwürfe weggeworfen, während wir auf Urlaub in Italien waren.«[56] Ernst Neufert selbst hat seinerseits, knapp vierzig Jahre nach seinem Ausscheiden aus dem Büro, das Verschwinden jener älteren Zeichnungen und Unterlagen in einem anderen Licht gesehen, er verwies darauf, daß Walter Gropius mit seinem Büro zwei-, dreimal umgezogen sei und er, Neufert, nur einer in einer Folge von ständig wechselnden Mitarbeitern war; die Zeichnungen, erklärte er, lagen gestapelt im Büro, und er könnte sich durchaus vorstellen, daß gelegentliche Besucher sich im geeigneten Augenblick bedient hätten.[57]

In die Zeit, da Neufert Bürochef war, fielen der Baubeginn und die Arbeiten am Bauhaus-Gebäude bis hin zur Erstellung des Rohbaus; im April 1926 hatte man das Richtfest feiern können. In diesem Zusammenhang sollte post festum eine weitere unangenehme Überraschung ans Licht kommen. Anfang 1927, bald nach der Einweihung des Bauhauses, forderte Bürgermeister Hesse eine vollständige und genau aufgeschlüsselte Aufstellung der gesamten Baukosten an. Die Widersacher der Schule, ließ er Walter Gropius dazu wissen, könnten eine öffentliche Untersuchung verlangen, und darauf sollte man besser vorbereitet sein. Die Rechnungsprüfer der Stadtverwaltung machten sich an die Arbeit, und als sie schließlich das vollständige Zahlenwerk vorlegten, fanden sich der Bürgermeister wie der Architekt in großer Verlegenheit – über die von der Stadt zugewiesenen Mittel hinaus standen noch Forderungen in Höhe von rund 100 000 Mark offen. Fehlerquellen gab es genug, die damit zum Vorschein kamen. Eine ganze Reihe von Fehlbuchungen Ernst Neuferts wurde aufgedeckt, dem man freilich die Arbeitsüberlastung zugute halten mußte, es gab einen Wirrwarr um Kreditforderungen zur Absicherung von Arbeiten, die dann nicht ausgeführt wurden, es waren zusätzliche, über die vertraglich festgelegten Summen hinausgehende Zahlungen zu leisten in Fällen, in denen die vorgesehenen, preisgünstigeren Materialien sich als nicht sofort lieferbar erwiesen und man, um Zeitverluste zu vermeiden, zu entsprechend teurerem Material gegriffen hatte. Als größter Einzelposten in diesem Wust stellte sich eine noch offenstehende Forderung der Stadt Dessau in Höhe von 35 000 Mark für gelieferte Ziegel heraus, die Neufert überhaupt nicht eingetragen hatte; er, der sonst in Geschäftsdingen stets sorgfältig verfuhr, hatte wohl angenommen, daß in diesem Falle keine Kosten für das Bauhaus entstünden, da das Schulgebäude ebenso wie die zu dessen Errichtung gelieferten Ziegel Eigentum der Stadt waren. Gerade hinsichtlich der Materialkosten gab es überdies besondere Verwirrung, da in etlichen Fällen die Firmen das gelieferte Material dem Bauhaus kostenlos als Spende überließen – in solchen Fällen hatte man sich zwar bei den Firmen bedankt, die ordnungsgemäße Verbuchung des Vorgangs aber übersehen. Bei alledem war Walter Gropius der Überzeugung, daß er die Schuld an der verfahrenen Situation einzig sich selbst zuzuschreiben habe, weil er es an der genauen Kontrolle der Buchführung fehlen ließ. Um der Überziehung der Mittel entgegenzuwirken und letztlich einem öffentlichen Skandal aus dem Wege zu gehen, konnte man nur noch zu Notmaßnahmen greifen; so wurden bestellte Möbel und Einrichtungsgegenstände, die noch nicht geliefert waren, rasch wieder abbestellt, einige noch geplante Arbeiten unterblieben, und einige Partien des Gebäudes wurden zunächst nur provisorisch hergerichtet.

Als Nachfolger Ernst Neuferts trat Otto Meyer-Ottens, kurz Omo genannt, bei Walter Gropius ein. Wie Neufert kam auch er von der

Baugewerbeschule Paul Klopfers in Weimar, er besaß nicht nur Erfahrung als freiberuflicher Architekt, sondern er hatte auch bereits im Gropiusschen Büro in Weimar mitgearbeitet. Gropius war ständig bemüht, die Finanzierung zu sichern, und als ein Erfolg dieser Bemühungen ist wohl die Tatsache anzusehen, daß eine Reihe von Aufträgen zur Planung oder Ausführung von vergleichsweise recht anspruchslosen Projekten angenommen wurde.

Zu den Arbeiten, die 1925 aus dem Architekturbüro hervorgingen, gehörte der Plan zu einem Sanatorium mit Bettenhäusern für Tuberkulosekranke im Thüringischen; Walter Gropius war aufgefordert worden, einen solchen Plan zunächst einmal im Vorentwurf anzufertigen. Das Sanatorium sollte im Thüringerwald entstehen, weil man glaubte, daß die Landschaft ein Heilklima bot, das in besonderer Weise der Heilbehandlung von Patienten mit Lungenleiden und Beschwerden der Atemwege dienlich sei. Der Lageplan, den Gropius entwarf, sah eine offene Anlage vor, die in der Gruppierung und Ausrichtung der Gebäude zwischen den Häusern für die Patienten und den übrigen Baulichkeiten unterschied, wobei für die Patienten die günstigsten Voraussetzungen geschaffen werden sollten; so waren insbesondere Sonneneinstrahlung und Windeinwirkung berücksichtigt, daneben waren aber auch schöne Ausblicke auf die Wälder und Höhenzüge der Umgebung bedacht.

Ein weiterer Entwurf, um den Walter Gropius 1925 gebeten wurde, galt einem neuen Vereinshaus für den Dresdner Lehrerverein. Der Lehrerverein hatte kurz umrissen, wie er sich sein neues Haus vorstellte, und damit etliche Probleme aufgeworfen, die zu lösen waren. Ein spezielles Problem war der vorgesehene Standort mitten im dichtbebauten Stadtgebiet; das Baugrundstück stieß beiderseits an anschließende Gebäude. Die Entwurfslösung, die Gropius den Dresdner Lehrern vorlegte, entsprach nicht nur in allen Punkten der gestellten Aufgabe, sie sah auch noch weitere, zusätzliche Annehmlichkeiten vor, die das Vereinshaus bieten würde, und ging damit selbst über die kühnen Vorstellungen der Auftraggeber weit hinaus. Der beigefügte Kostenvoranschlag jedoch brachte das Projekt sogleich auch zum Scheitern; die geschätzten Summen lagen jenseits dessen, was der Lehrerverein aufbringen konnte. Nach dieser Erfahrung suchten sich die Lehrer, fürs erste noch nicht entmutigt, ein passenderes Grundstück, geräumiger und billiger, weiter draußen am Stadtrand aus, auf das sie einen schlichten kastenförmigen Bau als bescheidenes Heim setzen wollten, doch am Ende verliefen alle Pläne im Sande.

Ebenso unausgeführt wie das Lehrervereinshaus blieb ein weiteres Projekt, das Walter Gropius 1925 im Auftrag der Deutschen Wohnungsgesellschaft (DEWOG) entwickelte. Zu diesem Auftrag gehörten Entwürfe zu freistehenden Einfamilien-Siedlungshäusern unterschiedlichen Typs. Im Rahmen der Entwurfsarbeit fertigte Gropius auch eine Reihe kleiner

Abb. 84 W. Gropius: Fabrikationsgebäude für die Firma Müller & Cie., in Kirchbrak (im Bau), 1925

Modelle solcher Siedlungshäuser, die anschließend von der DEWOG an ihrem Berliner Sitz in Schaufenstern und Schauräumen ausgestellt wurden. Die Gesellschaft hatte in ihrem Auftrag besondere Bedingungen gestellt. So waren die relativ bescheidenen Abmessungen der Hauseinheiten festgelegt, und Einfachheit in der Bauweise ebenso wie in Grundriß, Aufriß und Raumverteilung war vorgeschrieben. Dazu wurden verschiedene Maßnahmen zur Standardisierung wie etwa die Einbeziehung möglichst vielfach und vielseitig verwendbarer Teile gefordert, zugleich aber wurde Wert gelegt auf eine denkbar große Variationsmöglichkeit, was die Gestaltung und das äußere Aussehen der individuellen Hauseinheiten anbelangte. Gropius war auf diese Aufgabe in besonderem Maße vorbereitet, hatte er doch, was der Auftrag ihm vorschrieb, seit seiner Denkschrift für die AEG von 1910 immer wieder in der Theorie durchdacht und seit seinen Versuchen mit dem Anker-Steinbaukasten von 1911 wie mit der Darstellung seines »Baukastens im Großen« vom Anfang der zwanziger Jahre am Kleinstmodell erprobt. Die Einfamilienhäuser wurden bald als »DEWOG-Siedlungshäuser« bekannt.

Auch Carl Benscheidt, überaus zufrieden mit dem Fabrikgebäude, das Walter Gropius für ihn entworfen hatte und besonders glücklich über die werbewirksame Diskussion, die das Faguswerk in der Fachwelt ausgelöst und weiterhin in der Öffentlichkeit verbreitet hatte, blieb mit seinem Architekten in Verbindung und suchte ihm Aufträge zu verschaffen. So war 1925 auf seinen Vorschlag hin Walter Gropius mit dem Entwurf zu einem Altersheim beauftragt worden, das in Alfeld an der Leine gebaut werden sollte. Am Ende sollte es freilich auch hier wieder bei der Absicht bleiben, gebaut wurde das Heim niemals. Die Zeichnungen und Pläne zu diesem Entwurf gehören zu den spurlos verschwundenen Unterlagen des Büros, doch Gropius charakterisierte diesen Entwurf später aus der Erinnerung – nach seiner Vorstellung sollte dieses Altersheim als ein einziges vielgeschossiges und schlicht gehaltenes Gebäude in Gestalt eines Scheibenhochhauses entstehen.[58] Daneben konnte Carl Benscheidt selbst Gropius gelegentlich mit kleineren Aufträgen bedenken, so fertigte Gropius die Pläne zum Umbau einer Schmiede und die Entwürfe zu einem Ausstellungsstand für eine Stuttgarter Musterschau wie zu neuen Beleuchtungseinrichtungen. Von Gropius stammten außerdem noch die Pläne zu den umfangreichen Renovierungs- und Umbauarbeiten, die Carl Benscheidt jr. 1925 an seinem Haus ausführen ließ.

Den Bemühungen Carl Benscheidts verdankte Walter Gropius in diesem Jahr 1925 schließlich noch einen weiteren Auftrag. Die Firma Müller & Cie. betraute ihn mit dem Entwurf eines Werksgebäudes in Kirchbrak *(Abb. 84)*, einem kleinen Ort an der Leine etwa fünfzehn Kilometer westlich von Alfeld. Das Besondere an dieser Aufgabe war die Absicht der Firma, Produktionsstätten und Büroräume unter einem Dach zu vereinigen, neben drei für die Fabrikation vorgesehenen Stockwerken mit entsprechender Auslegung und Geschoßhöhe waren weitere, den Bürofluchten vorbehaltene Stockwerke mit ganz anderer Fensteranordnung und Raumteilung und entsprechend niedrigerer Geschoßhöhe unterzubringen. Es galt also, zwei im Entwurf divergierende und im Grunde gegensätzliche Gebäude dennoch in einem Entwurf zu integrieren, eine Aufgabe, die Walter Gropius mit Erfolg und offensichtlich auch zur Zufriedenheit der Auftraggeber löste, denn das Werksgebäude wurde nach seinen Plänen begonnen und war 1926 fertiggestellt.

Die Siedlung Dessau-Törten – ein Experimentierfeld für den Wohnungs- und Siedlungsbau

Im Frühjahr 1926 bahnte sich eine Entwicklung an, die Walter Gropius endlich die Möglichkeit eröffnen sollte, sein bisher nur in der Theorie und im Modellspiel herangebildetes Konzept von Siedlungsbau und Vorfabrikation in der Praxis zu erproben. Das Anhaltische Staatsministerium stellte der Stadt Dessau aus dem Ertrag der Hauszinssteuer eine Summe von rund

360 000 Reichsmark zur Verfügung, die der Planung und Durchführung eines experimentellen Siedlungsbauprojekts dienen sollte. Das Projekt zielte vor allem auf die Verbesserung der Wirtschaftlichkeit im Wohnungsbau ab, wie sie durch Verwendung neuartiger Materialien, Anwendung neuartiger Bauweisen und eine weitgehende Standardisierung zu erreichen waren; die Vorarbeit dazu leisteten bereits das Reichskuratorium für Wirtschaftlichkeit und der Reichs-Wohnungstypen-Ausschuß. Auf der Grundlage einschlägiger Untersuchungsergebnisse und Empfehlungen sollte ein Siedlungsbauprojekt als Experiment und Demonstrationsobjekt erarbeitet und verwirklicht werden.

Am 25. Juni 1926 beschloß der Dessauer Gemeinderat mit sechsundzwanzig gegen neun Stimmen, Walter Gropius mit dem Entwurf und Bau von sechzig Hauseinheiten am Stadtrand in der Gemarkung Törten zu beauftragen; der Gemeinderat war der Ansicht, daß dem Architekten und Direktor des Bauhauses Gelegenheit gegeben werden müsse, sein Können unter Beweis zu stellen *(Abb. 85)*. Die Einfamilien-Siedlungshäuser waren für Arbeiterfamilien mit niedrigerem Einkommen vorgesehen; die Parzellen von dreihundertfünfzig bis vierhundert Quadratmetern Größe sollten ihnen die Möglichkeit zu Kleintierhaltung oder Gemüseanbau bieten. Das Experiment Dessau-Törten fiel in das Arbeitsgebiet der Reichsforschungsgesell-

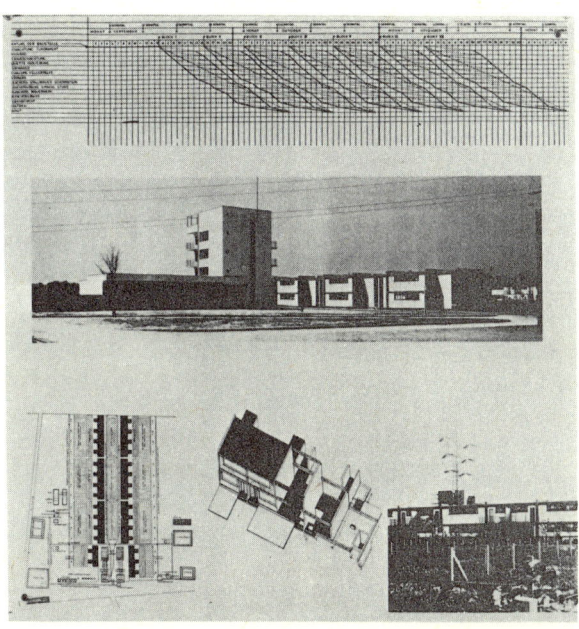

Abb. 85 W. Gropius: Siedlung in Dessau-Törten (Einfamilien-Siedlungshäuser, Entwürfe und Ansichten, Zeitdiagramm), 1926

schaft für Wirtschaftlichkeit im Wohnungsbau (seit 1929: im Bau- und Wohnungswesen), die ihrerseits hernach Zuschüsse aus Reichsmitteln zur Verfügung stellte.

Walter Gropius entwarf einen Generalbebauungsplan für das zugewiesene Areal, der eine Errichtung der Siedlung in drei Bauabschnitten mit jeweils unterschiedlichen Typen von Reihenhäusern vorsah.[59] Mitte September 1926 begannen die Arbeiten für den ersten Bauabschnitt, gegen Ende des Jahres standen die sechzig zweigeschossigen Reihenhäuser bereits im Rohbau. Rationell waren die Bauweise wie die Fertigungsmethoden; die tragenden Wände wurden aus Schlackenbetonsteinen aufgemauert, als nichttragende Wände zog man Schlackenbetonplatten ein, für die Deckenkonstruktion verwendete man Eisenbetonträger, und Steine, Platten wie Träger wurden unmittelbar an der Baustelle hergestellt.

Das Projekt gab Gropius Veranlassung, sich erneut auch theoretisch damit zu befassen und dazu zu äußern. Einem Aufsatz, in dem er einen ganzen Katalog seiner Mindestforderungen für eine Rationalisierung und Technisierung im Wohnungs- und Siedlungsbau zusammenfaßte, stellte er programmatisch seine Ziele voran: »*Die gesamte Bauwirtschaft befindet sich in der Umstellung. Bedeutende Kräfte regen sich in allen Teilen des Landes, um der chronischen Wohnungsnot, die uns überfallen hat, energisch zu Leibe zu gehen... Es ist höchste Zeit, in das Stadium nüchterner Rechnung und exakter Auswertung praktischer Erfahrung zu treten... Das Wohnhaus ist ein betriebstechnischer Organismus, dessen Einheit sich aus vielen Einzelfunktionen organisch zusammensetzt.*

Bauen bedeutet Gestaltung von Lebensvorgängen. Die Mehrzahl der Individuen hat gleichartige Lebensbedürfnisse. Es ist daher logisch und im Sinne eines wirtschaftlichen Vorgehens, diese gleichgearteten Massenbedürfnisse einheitlich und gleichartig zu befriedigen. Es ist daher nicht gerechtfertigt, daß jedes Haus einen anderen Grundriß, eine andere Außenform, andere Baumaterialien und einen anderen ›Stil‹ aufweist. Dieses bedeutet Verschwendung und falsche Betonung des Individuellen... Jedem Individuum bleibt die Wahlfreiheit unter den nebeneinander entstehenden Typen...«[60]

In den beiden folgenden Jahren wuchs die Siedlung Dessau-Törten in zwei weiteren Bauabschnitten heran, 1927 entstanden hundert, 1928 hundertsechsundfünfzig Hauseinheiten, darunter in zentraler Lage das Einkaufszentrum des Konsumvereins mit fünfgeschossigem Etagenwohnhaus. Später wurden unter Hannes Meyer noch mehrere Laubenganghäuser mit Einfachstwohnungen hinzugefügt.

Es war selbstverständlich, daß das Bauhaus und insbesondere die Studierenden von Anfang an regsten Anteil an Planung und Bau der Siedlung nahmen und sich beteiligten. Walter Gropius meinte dazu später, daß die Bauhaus-Studierenden auf diese Weise unmittelbaren Einblick in die fortschreitenden Ergebnisse und Erfahrungen gewinnen und die Planungsarbeit und Bauleitungstätigkeit des Gropiusschen Büros am praktischen Fall studieren und überprüfen konnten. Kein Wunder aber, daß Dessau-Törten bald als Werk des Walter Gropius wie des Bauhauses galt, zumal Gropius selbst die Siedlung in seine Darstellung der »Bauhausbauten« einbezog.[61]

Nach der nationalsozialistischen Machtübernahme suchten die Bewohner durch bauliche Veränderungen, vor allem durch den Umbau der Fenster, der Siedlung ein anderes Aussehen zu geben, und auch der Zweite Weltkrieg ließ Dessau-Törten nicht unverschont; immerhin vermag man im Gesamtbild noch heute das planerische Konzept von Walter Gropius zu erkennen.

Die Weißenhof-Siedlung in Stuttgart

Mit der Fertigstellung der Meister-Häuser im Sommer und des Bauhaus-Gebäudes im Herbst, mit der Einweihung des neuen Bauhauses schließlich im Dezember 1926 war dieser Teil der Arbeit des Gropiusschen Büros abgeschlossen, und während in Dessau-Törten die Bauarbeiten vorangingen, konnte sich Walter Gropius neuen Aufgaben zuwenden. Er bewarb sich um weitere, größere Aufträge und nahm die Gelegenheit wahr, sich an Wettbewerben zu beteiligen. Seit dem Neubeginn nach Kriegsende hatte das Architekturbüro noch nie so mit voller Kraft arbeiten können wie in den folgenden anderthalb Jahren. In der Mehrzahl handelte es sich, soweit die Projekte tatsächlich zur Ausführung kamen, um Aufträge für Wohnhäuser oder Siedlungsbauten.

Einer dieser Aufträge war von besonderer Art. Er galt der Errichtung zweier Einfamilienhäuser im Rahmen einer Siedlungsanlage, die einerseits als Experiment, als Ausstellungsobjekt erstehen sollte, andererseits aber auf Fortbestand, auf wirkliche, dauerhafte Nutzung angelegt war. Der Württembergischen Sektion im Deutschen Werkbund war es gelungen, die Stadt Stuttgart zur Auftragserteilung für eine ganze Siedlung zu bewegen, die im Rahmen der unter dem Titel »Die Wohnung« stehenden Werkbund-Ausstellung 1927 vorgeführt werden sollte. An dem einzigartigen Experiment, dessen künstlerische Leitung Ludwig Mies van der Rohe übertragen war, beteiligten sich insgesamt siebzehn führende Architekten aus fünf europäischen Nationen.[62] Die Siedlung in Stuttgart am Weißenhof war das erste Projekt, das die namhaftesten modernen Architekten, die bis dahin nur getrennt an verschiedenen Orten gewirkt hatten, zu gemeinsamer Arbeit zusammenführte.[63]

Mies van der Rohe hatte für das Areal am Weißenhof einen Gesamtbebauungsplan erstellt, der, unter Berücksichtigung und in Ausnutzung der

Hanglage, die Wegeführung festlegte und den einzelnen Architekten die zu bebauenden Grundstücke zuwies; damit waren die Grundlinien der gesamten Siedlungsanlage abgesteckt. Mit der Siedlung sollten rund dreihundertzwanzig Wohnungen in Einfamilienhäusern und einem ›Appartementhaus‹ – das sich Mies selbst vorbehalten hatte – geschaffen werden. Darüber hinaus gab es keine weiteren Vorschriften, die den entwerfenden Architekten die Hände gebunden hätten, mit einer einzigen Ausnahme – das flache Dach war Bedingung. Ansonsten zeigten die allgemeinen Rahmenbedingungen, daß die Häuser und Wohnungen für die mittleren Schichten gedacht waren. Bei der Weißenhof-Siedlung ging es dem Werkbund, der Stadt Stuttgart und den Architekten nicht um einen Beitrag zur Bekämpfung der Wohnungsnot, sondern um eine Demonstration des Neuen Bauens, sozusagen am lebenden Modell, verbunden mit einer Demonstration des ›Neuen Wohnens‹ in den von den Architekten geschaffenen Häusern.[64]

Wenn die Architekten am Weißenhof eine Siedlung schufen, die sich im Gesamteindruck als ein harmonisch geschlossenes Ganzes darstellt, so waren die individuellen Lösungen sehr unterschiedlicher Art; groß genug war die Spannweite zwischen den Entwürfen eines Le Corbusier und eines Peter Behrens. Ludwig Mies van der Rohe als der künstlerische Leiter des Projekts – er war seit 1926 zweiter Vorsitzender des Deutschen Werkbunds – hatte programmatisch seine Sicht der zu lösenden Aufgabe dargelegt. Er ging aus von der Überzeugung, »*daß das Problem der neuen Wohnung ein baukünstlerisches Problem ist, trotz seiner technischen und wirtschaftlichen Seite. Es ist... deshalb nur durch schöpferische Kräfte, nicht aber mit rechnerischen oder organisatorischen Mitteln zu lösen. Aus diesem Glauben heraus habe ich trotz aller heute gültigen Schlagworte wie ›Rationalisierung‹ und ›Typisierung‹ es für notwendig gehalten, die in Stuttgart gestellten Aufgaben aus der Atmosphäre des Einseitigen und Doktrinären herauszuheben. Ich war bemüht, das Problem umfassend zu beleuchten, und habe darum die charakteristischen Vertreter der modernen Bewegung aufgefordert, zu dem Wohnproblem Stellung zu nehmen.*«[65]

Von Walter Gropius stammen die Häuser 16 und 17 der Weißenhof-Siedlung *(Abb. 86)*. Während er damals, 1927, mit dem Weiterbau der Siedlung Dessau-Törten beschäftigt war, stand er hier am Weißenhof vor einer verwandten und doch gänzlich andersgearteten Aufgabe. An eine Typisierung, von der Mies van der Rohe in seinen programmatischen Äußerungen gesprochen hatte, war naturgemäß nicht zu denken, doch von der Rationalisierung, die Mies ebenfalls beiseitezulassen gedachte, wollte und konnte er nicht lassen, hatte er sich doch lange genug damit beschäftigt und Wege zur Lösung gewiesen. So klingt es wie ein unmittelbarer Widerspruch gegen Mies van der Rohe, wenn Gropius in der Erläuterung zu seinen beiden Häusern auf die »fabrikatorische Haushestellung« ver-

Abb. 86 W. Gropius: Haus in der Weißenhof-Siedlung bei Stuttgart, 1927

weist.[66] Eines der Häuser entstand als Stahlrahmenkonstruktion, ausgefacht mit Bauplatten von vergleichsweise geringer Stärke; dies war, wie Gropius es nannte, die »Trockenbauweise«.[67] Das zweite Haus wurde in »Halbtrockenbauweise« ausgeführt; auch hier bildete das Stahlskelett die Grundlage, doch wurde weniger mit vorgefertigten Teilen gearbeitet, so daß eine größere Flexibilität in der Baugestaltung zu erzielen war.

Die Weißenhof-Siedlung war und ist eine exemplarische Schöpfung des Neuen Bauens. Sie löste freilich Anerkennung und Bewunderung ebenso aus wie Ablehnung und Anfeindungen. War damals schon das flache Dach fast zu einer Frage der Weltanschauung geworden, zumindest in den Augen der Kritiker und Widersacher, so mußte eine ganze Siedlung als Demonstration der modernen Architektur, hineingesetzt in die grüne Umgebung der alten Landeshauptstadt, zu Widerspruch und Protest führen.[68] Daß es in der Tat um mehr ging als nur um neue Formen der Architektur und neue Bauweisen, dessen waren sich die Veranstalter der Stuttgarter Werkbund-Ausstellung durchaus bewußt. Das offizielle Programm sprach es offen aus: *»Das Problem der Neuen Wohnung ist im Grunde ein geistiges Problem und der Kampf um die Neue Wohnung nur ein Glied in dem Kampf um neue Lebensformen.«*[69] Als Musterbeispiel für die Ziele und Leistungen des Neuen Bauens hat die Weißenhof-Siedlung ihren Wert bis heute ebenso bewahrt wie als Wohnstätte derer, die hier leben und sich zu Hause fühlen.

Für Mies van der Rohe hatte die Werkbund-Ausstellung noch ein unerwartetes Nachspiel. Auf einem Treffen der Architekten-Vereinigung

»Der Ring« in Berlin am 26. August 1927 sah er sich plötzlich heftiger Kritik ausgesetzt. Man bestritt nicht seine Leistung als Organisator und Leiter des Projekts am Weißenhof, doch man warf ihm vor, er habe sich nicht genügend um die Werbung für die Mustersiedlung in der Öffentlichkeit bemüht; der Weißenhof hätte in viel stärkerem Maße in den Mittelpunkt der Ausstellung gerückt werden müssen. Mies van der Rohe fühlte sich völlig zu Unrecht angegriffen und erklärte schließlich beleidigt seinen Austritt aus dem »Ring«. Hans Poelzig suchte noch die leidige Angelegenheit aus der Welt zu schaffen und die Vereinigung vor dem Verlust eines so angesehenen Mitglieds zu bewahren, er bat darum Walter Gropius um Vermittlung und führte eine Aussprache zwischen diesem und Mies van der Rohe herbei. Gropius wandte alle Mittel der Überredungskunst auf, um den Gekränkten zu besänftigen und zum Einlenken zu bewegen, doch es half nichts; Mies van der Rohe beharrte auf seiner Entscheidung, und der »Ring« hatte eines seiner Gründungsmitglieder verloren. Bei alledem war die Kritik aus den Reihen der Berliner Architekten völlig überflüssig gewesen, denn die Weißenhof-Siedlung warb für sich selbst und sicherte sich von allein ihren Platz in der Geschichte der modernen Architektur.

Wohnhäuser und Villen

Eine ganze Reihe von Aufträgen für das Architekturbüro zwischen dem Jahresende 1926 und dem Auszug aus Dessau im Frühjahr 1928 entfiel auf Wohnhausbauten.

Der Auftrag zu einem der größten Wohnhäuser, die von Walter Gropius in diesem Zeitabschnitt entworfen und auch tatsächlich gebaut wurden, kam von Therese Zuckerkandl, deren Gatte einst Regierungsrat und Professor in Jena gewesen war. Obgleich die unterschiedlichen Wünsche der einzelnen Familienmitglieder die soziale Stellung der Familie ausdrückten, wußte Therese Zuckerkandl ganz genau, was für jeden einzelnen in der Familie gut und richtig war, und so kam es, daß im Fall dieses stattlichen Wohnhauses, das nach den Plänen von Walter Gropius gebaut wurde, der Entwurf in sehr viel kürzerer Zeit zustandekam als im Fall so manchen bescheideneren Hauses, das dann noch nicht einmal gebaut wurde. Das Haus Zuckerkandl in Jena *(Abb. 87),* eine zweigeschossige Villa mit seitlich angesetztem dreigeschossigen Treppenhaus und Dachterrasse, war 1928 fertiggestellt.

Ein besonderes Geschick war einem Auftrag beschieden, der Walter Gropius ungefähr ein Jahr lang beschäftigte und sich, soweit es ihn betraf, schließlich doch zerschlug. Der Auftraggeber, Herr Harnischmacher, war Direktor einer Firma in Mainz, die Schuhpflegemittel herstellte. Er schien sich noch nicht so recht schlüssig zu sein, was für ein Haus er eigentlich haben wollte, und kam im Mai 1927 nach Dessau, um die Angelegenheit zu

Abb. 87 W. Gropius: Haus Zuckerkandl in Jena, 1927–28

besprechen, wie auch Gropius seinerseits in der Folgezeit den Klienten einmal in Mainz aufsuchte, ohne daß man so recht von der Stelle kam. Allmählich aber schien Harnischmacher sich doch für das vorgeschlagene und in Umrissen skizzierte Projekt *(Abb. 88)* zu erwärmen, und als er am 25. Januar 1928 nochmals nach Dessau kam, war er begeistert und machte den Eindruck, als ob er nun gleich bauen wolle. Die lebhafte Diskussion mit dem Klienten brachte Walter Gropius dazu, Marcel Breuer, der bis dahin nichts mit dem Projekt zu tun gehabt hatte, heranzuziehen und ihm vorzuschlagen, daß er die Innenausstattung übernehme und fortan seinerseits in Verbindung mit Harnischmacher bleibe.[70] Für Walter Gropius, der zehn Tage nach diesem Gespräch sein Rücktrittsgesuch bei Bürgermeister Hesse einreichte, war damit die Angelegenheit praktisch zu Ende gegangen; der Klient konnte sich noch nicht so bald zum Bau entschließen. Für Marcel Breuer hingegen, der getreulich die Verbindung mit dem Klienten hielt, erwies sich das Ganze am Ende als ein Glücksfall. Zwischen Harnischmacher und Breuer entwickelte sich im Laufe der Zeit ein besonderes Vertrauensverhältnis, und als der Fabrikant sich 1932 endlich entschloß, sich ein Haus, nunmehr in Wiesbaden, bauen zu lassen, betraute er Marcel Breuer mit dem Entwurf – für den damals Dreißigjährigen, der 1928 nach dem Weggang von Walter Gropius ebenfalls das Bauhaus verlassen hatte

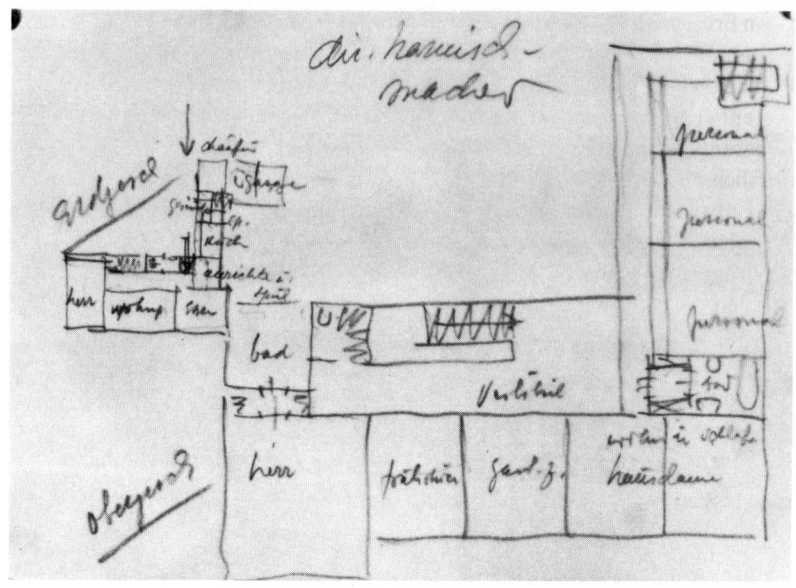

Abb. 88 W. Gropius: Entwurfszeichnung zum Haus Harnischmacher in Mainz, 1927

und als freier Architekt in Berlin lebte, war es der erste Bau, den er entwerfen und auch ausführen konnte.

Ein weiterer Auftrag aus dem Sommer 1927 war der Entwurf zu einem Haus für Joseph Lewin in Berlin-Zehlendorf. Walter Tralau und Johann Niegemann fertigten die Zeichnungen, wobei ihnen Otto Meyer-Ottens und Carl Fieger gelegentlich zur Hand gingen. Das Haus sollte auf dem Grundstück Königsweg 13 im Ortsteil Babelsberg-Nord an der südlichen Peripherie Berlins entstehen, der bis zur Bildung von Groß-Berlin im Jahre 1920 noch zum Kreis Potsdam gehört hatte. Tralau war mehrmals nach Berlin gereist, um mit dem Auftraggeber an Ort und Stelle alle Fragen durchzusprechen. So schien alles zu völliger Zufriedenheit geregelt, und die Zeichnungen für die Bauausführung lagen bereits fix und fertig vor, da kam die Überraschung – der Bauherr hatte sich in letzter Minute dazu entschlossen, daß er sein Haus nicht am Königsweg, sondern auf dem Grundstück Fischerhüttenstraße 106 haben wollte. Glücklicherweise unterschied sich das neue Grundstück hinsichtlich Ausrichtung, Abmessungen und Umgebung nicht sonderlich von dem ursprünglich vorgesehenen, so daß die Pläne mit nur geringfügigen Abänderungen der neuen Situation angepaßt werden konnten. Das 1928 errichtete Haus, ein in kubischen Formen gegliederter Bau mit flachem Dach, in Ziegelmauerwerk ausgeführt und weiß geputzt, besteht noch heute, läßt aber infolge nachträglicher Veränderungen die einstige Gestalt kaum mehr erkennen.

Im Frühjahr 1927 meldete sich ein Professor Hecke aus Hamburg mit dem Wunsch, Walter Gropius möge ein Haus für ihn und seine Familie entwerfen. Gropius legte seine Skizzen an und ließ danach seine Mitarbeiter einen Vorentwurf samt einem ersten Kostenvoranschlag erarbeiten, in dem sicheren Gefühl, daß er hier einen Auftraggeber vor sich hatte, der auch wirklich bauen wollte. Dem mochte wohl so sein, und gewiß mochte auch der Entwurf zu einem auf vergleichsweise geringerer Grundfläche doch alle Annehmlichkeiten eines Familienheims bietenden Haus die Wünsche des Auftraggebers erfüllen, aber zwischen den Wünschen und ihrer Erfüllung standen die Kosten, und der Voranschlag öffnete der Familie endlich die Augen. Der Traum vom eigenen Heim blieb unerfüllt.

Adolf Sommerfeld in Berlin war ein anhänglicher Klient, und es vergingen selten einmal ein, zwei Monate, ohne daß ein Projekt für ihn auf dem Reißbrett haftete, und wenn es sich auch nur um bescheidenere Anschlußaufträge handelte. So ließ der Bauunternehmer etwa die vorhandene Garage auf dem Grundstück seiner Dahlemer Villa durch An- und Umbauten zu einem ganzen Nebengebäude mit Chauffeurwohnung und Kegelbahn erweitern. Im Sommer 1927 beschäftigte er das Architekturbüro mit der Umarbeitung von Skizzen und Plänen zu dem Küchenanbau, den Gropius 1926 für ihn entworfen hatte.

Ein Auftrag des Jahres 1927 kam Walter Gropius in besonderem Maße entgegen – es ging um die Entwürfe zu wohldurchdachten, mustergültigen Einfamilien-Wohnhäusern, die durch Standardisierung in der Konstruktion und angemessene Anwendung vorgefertigter Teile verhältnismäßig rasch und kostengünstig zu errichten waren. Auftraggeber war Dr. Moser, Chef der Firma Molling & Co. in Berlin, einer als Wohnungs- und Grundstücksmakler recht bedeutenden Firma, die sich vor allem den guten Entwurf im Wohnhaus- und Wohnungsneubau angelegen sein ließ. Walter Gropius skizzierte seine Entwürfe zu solchen Einfamilienhäusern in verschiedenen Varianten und fertigte danach Modelle an, die anschließend von der Firma Molling zur Interessentenwerbung in ihren Berliner Räumen ausgestellt wurden.

Auch ein Siedlungsprojekt gehörte zu den Arbeiten des Jahres 1927, im Januar wurde Walter Gropius aufgefordert, Entwürfe zu einer Siedlung Biesenhorst bei Berlin einzureichen. Vorgesehen war eine gemischte Siedlung aus freistehenden Einfamilienhäusern und Reihenhäusern, die, jeweils zu größeren Gruppen zusammengefaßt, auf der grünen Wiese entstehen sollten. Gropius hatte bereits einen Bebauungsplan für das gesamte Areal angelegt, Vorentwürfe für die verschiedenen Haustypen angefertigt und die geschätzten Kosten des Projekts zusammengestellt, als er aus Berlin gestoppt wurde. Dort hatte man nicht vermocht, innerhalb der dreimonatigen Optionsfrist, die für den Ankauf des Areals eingeräumt worden war, die

Finanzierung auch nur annähernd zu sichern, und damit war der ganze schöne Plan ins Wasser gefallen.

Ähnlich war der Verlauf der Dinge bei einer weiteren interessanten Aufgabe, mit der Walter Gropius 1927 beauftragt wurde. Der Marburger Professor Jacobsthal beabsichtigte, ein Wohnhaus für Lehrkräfte der Universität zu bauen; er besaß ein kleines, aber baureifes Grundstück, und er wußte aus unmittelbarer Erfahrung, daß Wohnraum für die jüngeren oder neuberufenen Lehrer knapp und begehrt war. Gropius sollte für ihn ein Haus mit Wohnungen für mehrere Familien unter optimaler Ausnutzung des zur Verfügung stehenden Grundstücks entwerfen. Überdies hatte Gropius, wie er wohl wußte, Rücksicht zu nehmen auf die besonderen Bedingungen dieser Aufgabe; zu bedenken waren einmal die Eigenart der kleinen alten Universitätsstadt und zum anderen die Voraussetzung jeder fruchtbaren geistigen Tätigkeit, nämlich Ruhe und Abgeschiedenheit. So entwarf Walter Gropius ein mehrgeschossiges Laubenganghaus, das es jedem Bewohner ermöglichte, von der Straße aus unmittelbar zu seiner Wohnungstür zu gelangen; dazu war auf dem unbebauten Teil des Grundstücks für jede Familie ein eigenes Stück Gartenland vorgesehen. Leider scheiterte auch hier die Verwirklichung des Projekts an der Finanzierung, die Mittel des Professors Jacobsthal reichten dafür nicht aus, und Walter Gropius mußte abermals einen Entwurf ad acta legen.

Schließlich beteiligte sich Walter Gropius 1927 noch mit Entwürfen an einem Wettbewerb zum Thema »Das Wochenendhaus«, mit einem Preis freilich wurde er nicht bedacht. Ganz vergebens war die Arbeit dennoch nicht gewesen, dann einmal konnte er hier an der speziellen Aufgabe wiederum seine Vorstellungen vom standardisierten Hausbau mit vorgefertigten Teilen zumindest auf dem Papier durchexerzieren, zum anderen aber sollte ihm, was er mit den vorbereiteten Skizzen und Studien zu diesem Wettbewerbsentwurf geschaffen hatte, endlich rund vier Jahre später zugutekommen, als die Firma Hirsch Kupfer- und Messingwerke AG. in Finow in der Mark mit einem besonderen Auftrag an ihn herantrat.

Aufträge zu Ladengeschäften und Ausstellungsständen

Die Zeit zwischen der Jahrhundertwende und dem Kriegsausbruch war für das Genossenschaftswesen zumal in Deutschland, einem der Ursprungsländer dieser Bewegung, eine Blütezeit gewesen, und hatten auch die Kriegs- und Nachkriegsjahre die Entwicklung der Genossenschaften gehemmt und hatte die Inflation sie finanziell geschädigt, so setzte doch dank der Förderung durch die erstarkenden Gewerkschaften und durch sozialdemokratisch geführte Regierungen Mitte der zwanziger Jahre der Aufschwung wieder ein.

Walter Gropius hatte nie ein Hehl daraus gemacht, daß die Genossenschaften eine Einrichtung ganz in seinem Sinne waren. Cooperatives nennt man die Genossenschaften im Englischen, und Cooperation, das Zusammenwirken der Kräfte, das gemeinsame Handeln, hat er als permanente Forderung über sein Leben gestellt; als praktisches Beispiel seiner eigenen Bestrebungen konnte er zudem auf die Gründung der Bauhaus-Siedlungsgenossenschaft im April 1922 verweisen – auch wenn die Bauhaus-Siedlung selbst infolge der Zeitumstände niemals zustandekam. So war es kein Wunder, daß er zu den Architekten gehörte, die des öfteren von Genossenschaften zur Teilnahme an Wettbewerben um neue Bauprojekte aufgefordert wurden.

Im Frühjahr 1927 beteiligte sich Walter Gropius an einem Wettbewerb, den drei Konsumvereine in Dresden gemeinsam ausgeschrieben hatten. Die Aufgabenstellung bot einige Schwierigkeiten. Auf einem Stück Land in Dresden-Löbtau, das Gemeineigentum dieser Konsumvereine war, sollte ein Komplex entstehen, der verschiedene Großbetriebe und eine Wohnanlage miteinander vereinigte; vorgesehen waren neben Mietwohnungen unter anderem eine Bäckerei, eine Wurstfabrik, ein Lagerhaus und die zugehörigen Büroräume. Nach einem Bericht aus dieser Zeit gewann der Architekt Barbig mit seinem Entwurf zu einem massiven neungeschossigen Block den Ersten Preis. Der Architekt Richter sollte zunächst den Zweiten und Walter Gropius den Dritten Preis erhalten, doch dann wurde der Richtersche Entwurf für »außer Konkurrenz eingereicht« befunden und der Gropiussche Beitrag mit dem Zweiten Preis bedacht.

Im Anschluß an dieses erste Dresdner Projekt arbeitete Walter Gropius einen weiteren Wettbewerbsentwurf für Dresden aus. Es ging dabei um das Warenhaus »Vorwärts«, das eine Konsumgenossenschaft errichten wollte. Mit viel Mühe und Sorgfalt, mehr noch vielleicht als sonst schon, erstellten Gropius und seine Mitarbeiter den Entwurf, mit dem sie allen Anforderungen der Ausschreibung gerecht zu werden glaubten, doch vergebens – einen Preis konnten sie nicht davontragen. Abschreiben mußte Walter Gropius auch seine Arbeit an den Skizzen zu einem Molkereiladen, den der Konsumverein in der Siedlung Dessau-Törten einzurichten gedachte; es gelang dem Konsumverein nicht, sich ein geeignetes Grundstück zu sichern, und so mußte der Plan schließlich aufgegeben werden.

Ausstellungsstände wurden häufig von Architekten entworfen und gestaltet; der Deutsche Werkbund etwa hatte sich schon vor dem Weltkrieg darum bemüht, und auch das Bauhaus arbeitete recht erfolgreich auf diesem Gebiet.[71] Insbesondere nahm man den Architekten für derartige Aufgaben in Anspruch, wenn sich zu den Interessen der Sicherheit von Ausstellungspersonal und Besuchern noch künstlerische Ambitionen gesellten. Der Ruf, daß es mit Einfühlungsvermögen und Erfindungsreichtum an eine ungewöhnliche Aufgabe herangehe, war dem Gropiusschen Büro vorausgeeilt, als Else Weiter aus Leipzig für den Genossenschaftsbund der Hausfrauen den Auftrag zu Entwurf und Ausführung einer außerordentlich kunstvollen Ausstellungskoje auf der Leipziger Messe erteilte. Für einen Ausstellungsstand des Verbands der Glas- und Spiegelglasindustrie hatten Carl Fieger und Ernst Neufert gemeinsam zunächst Skizzen zu mehreren Alternativlösungen angefertigt und vorgelegt, nach getroffener Entscheidung fertigten sie dann die Zeichnungen für die Ausführung. Zwei Besonderheiten zeichneten diese Aufgabe aus – einmal war der Stand für eine Wanderausstellung bestimmt, die an verschiedenen Orten gezeigt werden sollte, und zum anderen war das Ausstellungsgut durchgehend zerbrechlich. Der ganze Stand mußte daher aus kleineren Teilen aufgebaut werden, die sich nach dem Abbau in Kästen verpacken und weiterversenden ließen, wobei diese Kästen ihrerseits als die Sockelbausteine des Standes zu dienen hatten. Die Arbeit des Teams Fieger-Neufert fiel zur vollen Zufriedenheit der Auftraggeber aus, und umgekehrt konnte das Gropiussche Büro mit der Honorierung durch den Industrieverband zufrieden sein. Schließlich war noch ein Stand für eine Ausstellung in Ludwigshafen zu entwerfen, eine Arbeit, die das nunmehr schon versierte Büro sehr schnell erledigt hatte. Offenbar war diese Seite der Tätigkeit des Gropiusschen Büros in der Öffentlichkeit nicht unbeachtet geblieben. Eine Kölner Tageszeitung wandte sich an Gropius und bat um Zeichnungen und Bildmaterial von der Kölner Werkbund-Ausstellung von 1914, da sie einen Artikel darüber bringen wollte; Carl Fieger nahm sich der Sache an und verhalf den Kölnern zu den gewünschten Vorlagen.

Das Arbeitsamt in Dessau

Im Jahre 1927 schrieb die Stadt Dessau einen Wettbewerb zur Gewinnung eines Entwurfs für ein neues Arbeits-Nachweis-Amt aus. Die Arbeitslosigkeit bereitete in Deutschland schon vor dem Ausbruch der Weltwirtschaftskrise schwere Sorgen, die Zahl der Arbeitslosen hatte sich im Winterhalbjahr 1925/26 der Zweieinhalb-Millionen-Grenze genähert, im Winterhalbjahr 1928/29 überschritt sie bereits dreieinhalb Millionen. Noch hatte man die Ursachen nicht erkannt und hielt die Arbeitslosigkeit, zumal sich während der Sommermonate die Situation stets wieder besserte, als eine Folge von Mechanisierung und Rationalisierung für unvermeidlich. So hatte der Reichstag zum Ausgleich der als unabwendbar erachteten Härten am 7. Juli 1927 das Gesetz über Arbeitslosenversicherung und Arbeitsvermittlung beschlossen.

Walter Gropius reichte seinen Wettbewerbsentwurf ein, und diesmal war er der glückliche Gewinner, das Preisgericht erkannte ihm den mit 1500

Mark dotierten Ersten Preis zu, und die Stadt Dessau beauftragte ihn mit der Bauausführung. Das neue Arbeitsamt entstand 1928–1929 im Zentrum der Stadt neben dem alten Friedhof, an der Einmündung der Mauerstraße in den Askanischen (später August-Bebel-) Platz, als Eisenskelettbau, ausgefacht mit lederfarbenen Verblendsteinen. Der Bau *(Abb. 89)* setzt sich aus dem zweigeschossigen, flachgedeckten Verwaltungstrakt und der anschließenden eingeschossigen, halbrunden und mit Sheddächern ausgestatteten Vermittlungsstelle zusammen. Das Halbrund der Vermittlungsstelle greift an der Ostseite über den Verwaltungstrakt hinaus und ist bis zu dessen mittlerer Längsachse vorgezogen, hier liegt der Haupteingang mit dem großen Raum der Beratungsstelle; daneben weist die Vermittlungsstelle noch fünf weitere Zugänge in der Außenwand auf, bestimmt für die verschiedenen Berufssparten und gedacht zur Vermeidung von Ballungen im Inneren. Zwei kleinere Nebengebäude an der Ostseite, im Winkel zwischen dem Halbrund und dem Verwaltungstrakt, schaffen einen Übergang zum Gelände des Friedhofs und zu dem Wohnhaus-Altbestand auf der gegenüberliegenden Straßenseite; das eine dieser Gebäude enthielt den Abstellraum für die Fahrräder der Arbeitsuchenden.[72]

In der Wettbewerbsausschreibung hatte die Stadt Dessau eine Forderung

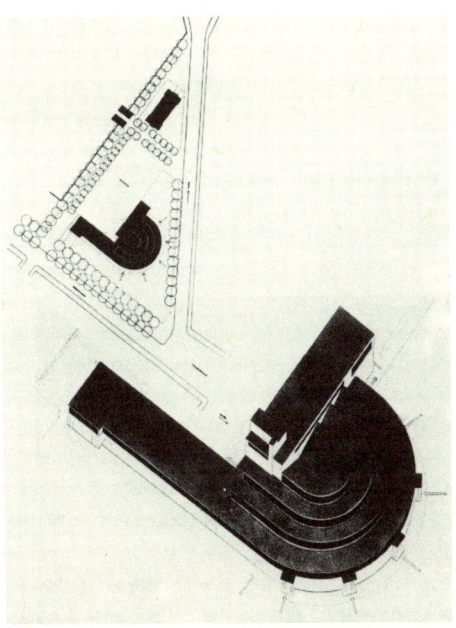

Abb. 89 W. Gropius: Das Arbeitsamt in Dessau (Entwurf), 1928–29

ausdrücklich hervorgehoben – das neue Arbeits-Nachweis-Amt müsse so ausgelegt sein, daß mit möglichst wenigen Beamten die Stellenvermittlung für eine große Zahl von Arbeitsuchenden aus den verschiedensten Berufen durchzuführen sei. Darauf ging Walter Gropius ein, als er im Jahr nach der Fertigstellung des Baues seine Gestaltungsprinzipien beim Entwurf darlegte: *»aus dieser forderung resultiert die halbkreisform des grundrisses, die die anordnung der großen warteräume – nach berufsgruppen segmentförmig geteilt – an der peripherie ermöglicht, die der einzelberatungsräume dagegen dahinter im innern. diese lösung hat noch den weiteren vorteil, daß dem schwankenden raumbedarf für die männlichen und weiblichen beratungsstellen durch verschiebbarkeit der trennungsschranke im inneren umgang variabel entsprochen werden kann. die halbkreisform hatte zur folge, dass die belichtung der im innern liegenden räume mit hilfe konzentrisch angeordneter sheddächer gelöst wurde und durch anlage einer entlüftungseinrichtung die funktion der shed-oberlichter im wesentlichen auf die lichtzufuhr beschränkt blieb.«*[73]

Am Innenausbau wie an der Ausstattung beteiligten sich wiederum die Bauhaus-Werkstätten, so lieferte die Metall-Werkstatt die Beleuchtungskörper, die Wandmalerei-Werkstatt die Entwürfe zur farblichen Ausgestaltung sämtlicher Räume und die Tischlerei-Werkstatt Möbel und Einrichtungsgegenstände.

Das Arbeitsamt ist unter den Bauten von Walter Gropius in Dessau der einzige, der die Zeit der nationalsozialistischen Herrschaft und des Zweiten Weltkriegs unversehrt überstanden hat.

Die Siedlung Dammerstock bei Karlsruhe

Die Stadt Karlsruhe schrieb 1927 einen Architektenwettbewerb für das Neubauprojekt einer Siedlung aus, die in der Gemarkung Dammerstock am südlichen Stadtrand von Karlsruhe entstehen sollte. Walter Gropius hatte mit seinem Beitrag auch in diesem Fall Erfolg, er gewann den Ersten Preis und wurde anschließend mit der Gesamtplanung des Projekts und mit dem Entwurf und der Ausführung einzelner Abschnitte beauftragt, als Projektleiter hatte er außerdem die Koordination unter den – mit ihm – insgesamt neun beteiligten Architekten zu übernehmen. Vorgesehen war eine Bebauung des Areals überwiegend mit Einfamilien-Reihenhäusern, daneben sollten am Ostrand der Siedlung, entlang der Ettlinger Allee, einige Etagenwohnhäuser entstehen.

Walter Gropius selbst baute in der 1928 fertiggestellten Siedlung drei unterschiedliche Haustypen, sämtlich mit flachem Dach, in Ziegelmauerwerk ausgeführt und weiß geputzt. Seine zweigeschossigen Einfamilien-Reihenhäuser, unterkellert und mit kleiner Gartenterrasse, nutzten mit

Abb. 90 W. Gropius: Laubenganghäuser in der Siedlung Karlsruhe-Dammerstock, 1928

dreieinhalb Zimmern, Küche und Bad, dazu der Waschküche im Keller, den Raum optimal. Sein viergeschossiges Laubenganghaus enthielt Zweieinhalb-Zimmer-Wohnungen mit Balkon, sein fünfgeschossiges Wohnhaus Viereinhalb-Zimmer-Wohnungen bis auf das oberste Geschoß, das, in Vorwegnahme des Penthouse-Konzepts, Kleinwohnungen mit großer Dachterrasse bot *(Abb. 90).*[74]

Aus der Erinnerung hat Walter Gropius später dazu erklärt, daß es bei dem Dammerstock-Projekt um die Schaffung von gesunden und praktischen Wohnungen und Lebensumständen mittels des Siedlungsbaus ging, unter Berücksichtigung der Ansprüche und Gewohnheiten wie der Einkommensverhältnisse der Durchschnittsfamilie in Deutschland.[75] Selbstverständlich war der Wohnungsbau im mehrgeschossigen Block wesentlich rationeller und wirtschaftlicher als im Einfamilien-Reihenhaus oder gar im freistehenden Einfamilienhaus, doch Gropius wußte wie alle seine Berufskollegen nur zu gut, daß die Menschen dem Wohnen im Einfamilienhaus, dem eigenen Heim, allemal den Vorzug gaben vor dem Wohnen im mehrgeschossigen, viele Familien beherbergenden Block, Tür an Tür mit den lieben Nachbarn – dem Leben in den Mietskasernen der großen Städte wollte man ja gerade entfliehen, wenn man hinaus in die Siedlung zog. Er selbst, betonte Gropius dabei, sah keinen Grund, auf das vielgeschossige Wohnhaus zu verzichten, viel eher war er davon überzeugt, daß durch Verbesserungen jeder Art und durch neue Formen im Wohnungsbau das Leben in großen Wohnhäusern, sogar in Wohnhochhäusern, wieder attraktiv gemacht werden könne.

Eine »Stadtkrone« für Halle

Ein letzter Wettbewerb im Jahre 1927, an dem sich Walter Gropius mit seinem Büro beteiligte, war die Ausschreibung der Stadt Halle an der Saale für ein neues Kultur- und Sportzentrum, das eine unter anderem für Theateraufführungen geeignete Stadthalle, ein Museum und ein Sportforum umfassen sollte. Für Walter Gropius war dies eine besonders reizvolle Aufgabe, denn er transponierte im Geiste den zu entwerfenden Komplex aus kommunalen Bauten und Anlagen sofort auf eine höhere Ebene – in seiner Vorstellung stand dahinter das Idealbild einer »Stadtkrone«, von der die Freunde im Berliner Kreis der »gläsernen Kette« einst geschwärmt hatten und die Bruno Taut 1919 in seiner Schrift prophetisch pries: »*Der Sozialismus im unpolitischen, überpolitischen Sinn, fern von jeder Herrschaftsform als die einfache, schlichte Beziehung der Menschen zueinander, schreitet über die Kluft der sich befehdenden Stände und Nationen hinweg und verbindet den Menschen mit dem Menschen. Wenn etwas heute die Stadt krönen kann, so ist es zunächst der Ausdruck dieses Gedankens.*« Gleichsam als Ablösung der Kathedrale vergangener Zeiten faßt die »Stadtkrone« die großen, nicht der Verwaltung dienenden Bauten des Gemeinwesens – »Theater, Musikhalle, Volkshäuser« – zusammen und bildet eine Stätte der Versammlung, einen Ort der Begegnung. Die »Stadtkrone« läßt die Stadtbewohner »*fühlen, was sie als Menschen einander zu geben haben und führt den Herdentrieb, die Urkraft des Zusammenschlusses, zur Veredlung.*« Mit der Gestaltung der Anlage, mit der Staffelung der Bauten, mit dem Ausdruck der architektonischen Formen wird die »Stadtkrone« zum Sinnbild menschlichen Gemeinschaftslebens schlechthin: »*So stuft sich das ganze von oben nach unten herab, ähnlich wie sich die Menschen in ihren Neigungen und in ihrer Veranlagung staffeln. Die Architektur wird kristallisiertes Abbild der Menschenschichtung.*«[76]

Auch Walter Gropius war damals dieser Idee gefolgt, und die Diskussion im Berliner Freundeskreis klingt noch nach, wenn er im April 1919, in den frühesten Tagen des Bauhauses in Weimar, gleich eine ganze Neustadt mit einer »Stadtkrone« konzipiert: »*Ich stelle mir vor, daß in Weimar eine große Siedlung sich um den Belvedereberg bilden soll, mit einem Zentrum von Volksbauten, Theatern, Musikhaus und als letztem Ziel einem Kultbau...*«[77]

Nun, acht Jahre später, arbeitete er seinen Wettbewerbsbeitrag für Halle aus, und auf dem Reißbrett entstand tatsächlich eine »Stadtkrone«. Der Entwurf sieht am Steilhang über dem Saaleufer eine asymmetrische, aber im entscheidenden Punkt streng achsenbezogene Anlage vor. Als fixes Element vorgegeben ist das Längsoval der Sportarena, und aus diesem Element heraus entwickelt sich der Plan der Anlage. An der einen Schmalseite wird die Arena gesäumt von weiteren Bauten für den Sport und die Sportler, oberhalb der anderen Seite steht über einem in drei Terrassen gefaßten Hang das Museum, ein flachgedeckter zweigeschossiger, in drei Stufen gestaffelt vortretender Bau. In der kurzen Mittelachse der Arena aber, gegenüber der großen überdachten Eingangstribüne, erhebt sich die Stadthalle, die klar und deutlich die Form der Krone aufnimmt. Die wichtigste Partie des zweigeschossigen Hallenbaus nämlich, der große Saal im Obergeschoß mit 1900 Sitzplätzen, der im Grundriß unter Bezugnahme auf die dahinterliegende Folge kleinerer Säle die Form des Ovals zur Birnenform abwandelt, ist umstanden von zwölf stählernen, glasverkleideten und bis zur doppelten Höhe des Hallenbaus selbst aufsteigenden Gittertürmen, die das frei über dem Ganzen schwebende Dach tragen und zugleich, während sie in ihrem Inneren die Treppen aufnehmen, die Zugänge zu den beiden Ebenen im ersten und zweiten Geschoß bilden. War diese Konstruktion schon eine ungewöhnliche Erfindung, so war die Konstruktion der – gegenläufig zu dem zur Mitte hin absteigenden Auditorium – zur Mitte hin elliptisch aufsteigenden Decke über dem großen Saal noch ungewöhnlicher und kühner, denn diese ist an den Türmen unterhalb des freitragenden Daches aufgehängt.[78]

Es war wohl der kühnen Neuerungen zuviel gewesen. Eine Anlage ganz im Geiste des Neuen Bauens, daran hatte man sich schon gewöhnt, aber eine ehrbare Stadthalle, umstanden von stählernen Gittertürmen wie von den Sendemasten einer Radiostation – die Großfunkanlage Zeesen stand damals vor ihrer Fertigstellung und wurde am 20. Dezember 1927 in Betrieb genommen –, mit einem freitragenden Dach und darunter einer über den Köpfen der Zuschauer schwebenden Saaldecke, damit wußten die Preisrichter nichts anzufangen. Der Wettbewerbsentwurf des Architekturbüros Gropius wurde noch nicht einmal einer lobenden Erwähnung für würdig gehalten.[79]

Das Totaltheater

Walter Gropius hatte sich bei seinem Wetttbewerbsentwurf zu einer auch für Theateraufführungen geeigneten Stadthalle für die Hallenser bereits von Vorstellungen leiten lassen, die ihn zu einem weiteren Projekt führen sollten, mit dem er zuletzt in diesem Jahr 1927 beschäftigt war: den Plänen zu einem Theaterneubau, zu einem Theaterbau neuer Art für das Theater der neuen Zeit. Seine grundlegenden Vorstellungen umriß er vier Jahre später, anläßlich der Diskussion eines anderen Theaterentwurfs von seiner Hand, mit der Aufzählung seiner »Forderungen an das heutige Theater«: »*ein volksverbindendes* Gemeinschaftstheater – *die universale* architektonische Zusammenfassung *aller raumbildenden Faktoren, aus deren zweck- und zielbewußter Gliederung sich die* menschliche Zusammenfassung *ergeben muß. – Die* Durchbrechung *der Trennung zwischen der* ›Welt des

Scheins‹ des Schauspielers und der ›realen Welt‹ des Zuschauers – die
›Aktivierung des Zuschauers‹ selbst, dessen schöpferische Fähigkeiten wach
gestoßen und wirksam gemacht werden müssen:
   durch Verwischung von jenseits und diesseits, von Bühne und Zuschauerhaus;
   durch Hineintragen des szenischen Geschehens in das Zuschauerhaus
selbst;
   durch die Verlebendigung des ganzen Schauhauses vom dreidimensionalen
Raume aus anstatt vom flachen ›Bühnenbild‹;
   durch Aktivierung der Wände und Decken dieses Schauhauses mit Hilfe
von Projektion und Film zur Erweiterung der zentralen Bühnenszene bis
nahe an den Zuschauer heran, der so dem Schauplatz der Szene selbst
räumlich zugehört...«[80]

Den Anstoß zur Beschäftigung mit diesem Projekt, das Walter Gropius
wie selten eines zuvor fesselte und einzigartige erfinderische Leistungen von
ihm verlangte, hatte Erwin Piscator gegeben. Piscator war im März 1927 mit
seiner Uraufführung von Ehm Welks »Gewitter über Gotland« bei Publikum und Kritik so mächtig angeeckt, daß er seinen Abschied von der
Volksbühne nahm und im September 1927 unter dem Namen »Piscator-Bühne, Theater am Nollendorfplatz« sein eigenes Haus eröffnete. Walter
Gropius erlebte dort eine Aufführung und war davon so bewegt, daß er sich
nach Schluß der Vorstellung hinter die Bühne begab und Piscator aufsuchte,
um mit ihm über Fragen der neuen Form des Theaters und eines entsprechenden Theatergebäudes zu reden; es ergab sich daraus eine höchst
anregende Diskussion unter zwei Männern, die einander verstanden.[81]

Piscator war mit seinem Haus am Nollendorfplatz durchaus noch nicht
zufrieden; seinen Inszenierungen setzte der alte Bau mit seinen Gegebenheiten enge Grenzen und verursachte entsprechende Kosten, die sich
wiederum in den Eintrittspreisen niederschlugen, was in Verbindung mit
den nur zwölfhundert vorhandenen Sitzplätzen den Zustrom der von
Piscator noch immer erwarteten Proletariermassen zu seinen Stücken
naturgemäß verhinderte.

Es dauerte denn auch nicht lange, und Gropius wurde von Piscator mit
dem Entwurf zu einem »Totaltheater« für mindestens zweitausend Zuschauer beauftragt – dies sei aber wirklich, meinte der Theatermann dazu,
das absolute Minimum. Der Entwurf, den Walter Gropius ausarbeitete und
im kleinen Modell vorführte, sah eine einzigartige Lösung vor: einen
Theaterbau als festes Gehäuse, in dessen Innerem sich durch mechanische
Veränderungen mehrere unterschiedliche Bühnen- und Zuschauerräume
herstellen ließen *(Abb. 91)*.[82]

Das Totaltheater war darauf angelegt, »daß die Spielleitung... alle
Bühnenformen in einem Hause nach ihrem Wunsch verwenden kann:
Tiefenbühne, Prozeniumsbühne und Rundbühne«. Der Grundriß zeigt das

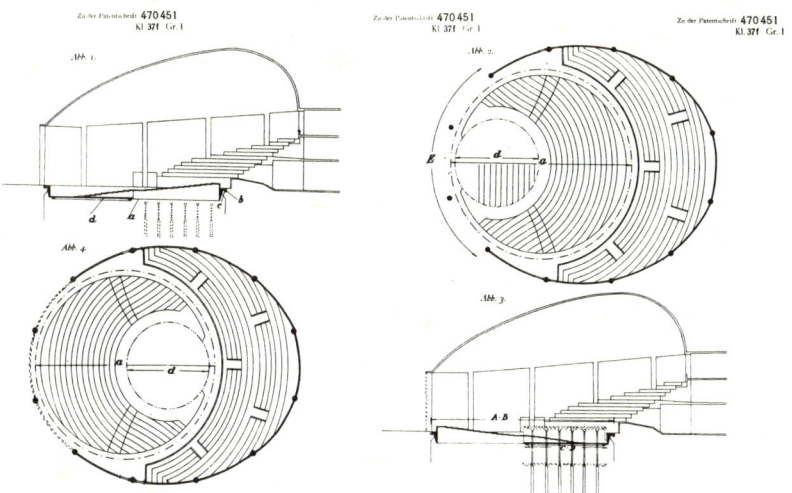

Abb. 91 W. Gropius: Entwurf zu einem »Total-Theater« für Erwin Piscator, 1927-28

große Oval des Zuschauerraums, an das sich als massiver, halbkreisförmig abschließender Querriegel die Tiefenbühne anschließt. Der Zuschauerraum selbst stellt sich als ein zwischen zwölf bis zur Decke durchgehenden Stützen aufgehängtes, muschelförmig zum Podium der Tiefenbühne hin absteigendes Oval dar. Zwischen dem Ring der Außenmauer und dem Stützenkranz verbleibt ein Umgang, der von der Tiefenbühne aus begehbar und mit Bühnenwagen befahrbar ist. Einen Teil des Parketts im Zuschauerraum bildet eine kleinere kreisförmige Scheibe als versenkbares Element unmittelbar am Podium der Tiefenbühne. Diese Scheibe kann abgesenkt, von den Stuhlreihen befreit und danach wieder gehoben werden, um dann als Proszeniumsbühne zu dienen. Diese kleinere Scheibe ihrerseits bildet zugleich den exzentrisch gelagerten Teil einer rund viermal so großen schwenkbaren Scheibe, die entweder das Parkett des Zuschauerraums darstellt oder aber, nach Entfernung der Stuhlreihen von der kleineren Scheibe, um 180° geschwenkt werden kann, so daß sich mit der Spielfläche der kleineren Scheibe eine runde, allseitig von Zuschauerreihen umfaßte Zentralbühne ergibt. Die Schwenkung der großen Scheibe, maschinell bewerkstelligt, läßt sich auch während der laufenden Vorstellung ausführen, so daß ein unmittelbarer Übergang vom Spiel auf der Proszeniumsbühne zur Handlung auf der Zentralbühne möglich ist.

Weiter erläutert der Erfinder des Totaltheaters dazu: »*Die mechanisch-maschinellen Mittel zur Verwandlung der Spielebenen werden wirksam ergänzt durch das Mittel der Lichtprojektion. Piscators Forderung, allenthalben Projektionsebenen und Filmapparate einzuordnen, habe ich besonderes*

Interesse entgegengebracht, da ich im Vorgang der Lichtprojektion das einfachste und wirksamste Mittel moderner Bühnenszenerie erblicke. Denn in dem Neutrum des verdunkelten Bühnenraums kann man mit Licht bauen...

Zwischen den zwölf Tragsäulen des Zuschauerraumes werden Projektionsschirme ausgespannt, auf deren transparenten Flächen aus zwölf Filmkammern zu gleicher Zeit von rückwärts gefilmt wird, so daß sich die Zuschauerschaft zum Beispiel mitten im wogenden Meer befindet oder allseitig Menschenmassen auf sie zulaufen.

Das Ziel dieses Theaters besteht nicht in der materiellen Anhäufung raffinierter Tricks, sondern alles ist lediglich Mittel und Zweck, zu erreichen, daß der Zuschauer mitten in das szenische Geschehen hineingerissen wird.«[83]

Der Theaterneubau für Erwin Piscator kam nicht zustande, das Totaltheater von Walter Gropius wurde niemals gebaut. Als Grund dafür sah Gropius in späteren Jahren den Ausbruch der Weltwirtschaftskrise an, doch in Wirklichkeit war das Scheitern aller schönen Pläne in der Person Piscators und in seiner Art des agitatorisch-politischen Theaters begründet. Der Kulturhistoriker Walter Laqueur hat das einmal so skizziert: »*Piscator hatte nicht nur die Unterstützung der Kommunistischen Partei, sondern bekam auch materielle Hilfe von einem reichen Gesinnungsgenossen, Felix Weil, der auch das Frankfurter Institut für Sozialforschung finanzierte. Die Berliner Kritiker waren dafür, Piscator eine Chance zu geben, da sie seine großen Talente des Neuerers anerkannten. Was er aber erreichen wollte, brachte er nicht fertig, denn dem politischen Theater spendete fast ausschließlich ein bürgerliches Publikum Beifall; Arbeiter fanden selten, wenn überhaupt, den Weg ins Theater, und wenn sie gingen, hatten sie wohl kaum jemals Freude daran. Es war Piscators Ziel, das Klassenbewußtsein der Proletarier zu schärfen, sie zu kämpferischen Streitern für die Sache der Weltrevolution zu machen. Wenn aber Arbeiter überhaupt das Theater besuchten, wollten sie Stücke anderer Art sehen.*«[84]

Erwin Piscator gelang es nicht, mit seinen Stücken auch geschäftliche Erfolge zu erzielen, und als er schließlich obendrein noch in Konflikt mit der offiziellen Parteilinie geriet, wie sie Stalins Kulturfunktionäre festlegten, und als Folge die Unterstützung durch die kommunistischen Freunde verlor, ging es mit seiner Bühne am Nollendorfplatz zu Ende: 1929 mußte er das Haus schließen. Walter Gropius aber erwarb sicherheitshalber den patentrechtlichen Schutz für seine Erfindung, das Totaltheater.[85]

Das Bauhaus in Dessau – ein neuer Anfang und seine Schwierigkeiten

Für das Bauhaus hatte der Ortswechsel, der Neuanfang in Dessau und der neue Status als nunmehr städtische Bildungseinrichtung tiefgreifende Veränderungen mit sich gebracht. Was in Weimar sowohl in der Leitung der Schule wie im Lehrbetrieb praktiziert worden war, schien nun nicht mehr möglich, mußte überdacht und neu geordnet werden. Das begann sich schon deutlich abzuzeichnen, noch bevor im Herbst 1926 die Meister ihre Häuser an der Burgkühnauer Allee so recht bezogen hatten und die Schule ihre Arbeit im neuen Bauhaus-Gebäude aufnehmen konnte.

So lebte noch einmal eine Diskussion um eine scheinbare Äußerlichkeit auf, die zuvor schon in Weimar geführt worden war, die aber nun in Dessau das gegenteilige Ergebnis hervorbrachte. Es ging dabei um die Frage, ob der Formmeister am Bauhaus nicht den Titel eines Professors führen sollte. Im April 1922 hatte man in Weimar diese Frage diskutiert. Walter Gropius – der selbst gegen diesen akademischen Titel war – hatte anschließend die schriftliche Stellungnahme aller Meister eingeholt, und als im September 1922 Wassily Kandinsky ans Bauhaus kam, war die Angelegenheit noch immer nicht erledigt, denn auch er mußte noch seine Stellungnahme abgeben; am Ende aber blieb man beim Titel des Meisters.[86] Im Juli 1926 nun, als die Meister-Häuser vor der Fertigstellung standen und die zukünftigen Bewohner sich auf den Umzug einrichteten, kam die Frage von neuem auf; unter anderen traten Kandinsky und Klee dafür ein, daß man sich um die Verleihung des Professorentitels bemühen solle. Es gab noch einiges Hin und Her in dieser Sache, aber am 31. Oktober 1926 war dann an allerhöchster Stelle die Entscheidung gefallen – der Staat Anhalt verlieh dem Bauhaus den Status einer Hochschule, die Meister wurden zu Professoren: »*Nach der vom Anhaltischen Staatsministerium und der Regierung genehmigten Satzung wird das Bauhaus künftig als Untertitel die Bezeichnung ›Hochschule für Gestaltung‹ führen...*

Die Leitung des Instituts führt der Direktor, dem dabei die Konferenz zur Seite steht, zu der außer dem Direktor die Professoren und die vollamtlichen Lehrer gehören.«[87]

War nun, zumindest in der offiziellen Terminologie, aus dem Meister am Bauhaus ein Professor, aus dem Meisterrat die Konferenz geworden, so war damit nur eine der Schwierigkeiten aus der Welt geschafft, die Walter Gropius mit seinen Meistern hatte. Es ging vor allem ums liebe Geld. Mit der Industrie hatte das Bauhaus zwar Verträge geschlossen und konnte auf Einkünfte hoffen, doch das ging nicht immer so reibungslos ab, zuweilen gab es auch Streitereien um vertragliche Abmachungen, die Kasse wollte sich nicht so schnell füllen. Auch die Stadt Dessau sah sich außerstande, angesichts der Wirtschaftslage neben dem festgesetzten Budget noch Zuschüsse zu leisten. Die Meister ihrerseits waren knapp bei Kasse und suchten um Aufbesserung ihrer Bezüge nach.

Oskar Schlemmer hatte sich mit einer derartigen Anfrage an Walter Gropius gewandt, und anschließend hatte auch Tut Schlemmer in das Klagelied ihres Mannes eingestimmt. Ihr mußte Gropius antworten: *»Wie können wir es erreichen, daß wir mit den Einnahmen des Bauhauses auskommen, da doch die verzweifelte Wirtschaftslage Deutschlands die Werkstätten daran hindert, Geld zu verdienen? Aber Sie dürfen zu mir nicht im Ton der Anklage sprechen. Ich habe es Schlemmer absolut klar gemacht, wie die Lage hier war... Da die notwendigen Produktiv-Werkstätten am Leben erhalten werden mußten, stand eben für die Bühne nur ein Teil-Gehalt zur Verfügung. Er müsse sich um Arbeit außerhalb bemühen. Wenn ihm das nicht gelungen ist, dann ist das wohl eine schmerzliche Erfahrung für Sie, aber ich persönlich bin außer Stande, etwas daran zu ändern, solange ein höheres Budget von der Stadt überhaupt nicht zur Diskussion steht. Im Gegenteil, einige Werkstätten müssen eingeschränkt werden. Der in Aussicht stehende Auftrag für Schlemmer für das Theater ist das einzige, was in greifbare Nähe gerückt ist... Was ich sonst noch versuchen kann, ist einzig, Aufträge von den hiesigen Theatern zu bekommen, und Schlemmer muß versuchen, Arbeit außerhalb der Stadt zu bekommen... Aber ich möchte die Bühne mit Schlemmers wertvollem Werk auf jeden Fall erhalten.«* Anschließend zählte Gropius im einzelnen auf, was Schlemmer an Zahlungen, Gehalt und Miete für das für ihn vorgesehene Meister-Haus mit Atelier werde zu gewärtigen haben, um am Ende zu betonen: *»Was mich in Schrecken versetzt..., ist Ihre Bemerkung, daß Sie unter diesen Bedingungen nicht mit nach Dessau umziehen können. Ich vermag nicht einzusehen, daß das etwas einbringen soll, da zwei Haushalte mehr kosten, denn Schlemmer würde das neue Meisterhaus einbüßen...*

Kommen Sie und schauen Sie sich das Haus an... Kommen Sie bald...«[88] Oskar Schlemmer blieb dem Bauhaus erhalten, er und Tut bezogen bald danach ihr Haus an der Burgkühnauer Allee. Seine Arbeit mit der Bauhaus-Bühne war außerordentlich erfolgreich; darin waren sich Bürgermeister Fritz Hesse und der Direktor des Stadttheaters mit Walter Gropius einig.

Ende August 1926, zum Schluß des Sommer-Semesters, war die finanzielle Lage des Bauhauses so bedrohlich geworden, daß Walter Gropius sich zu einer ungewöhnlichen Maßnahme entschloß. Auf einer Sitzung schlug er den Meistern und vollamtlichen Lehrern vor, daß sie zur Entlastung des Etats in dieser kritischen Situation vorübergehend auf zehn Prozent ihres Gehalts verzichten sollten. Die meisten der so Angesprochenen schienen bereit, sich im Interesse der Schule mit einer derartigen Einbuße abzufinden, nicht jedoch Paul Klee und Wassily Kandinsky. Paul Klee schrieb nach der Abreise in die Ferien einen Protestbrief an Walter Gropius.

»*Lieber Herr Gropius!*
Der Eindruck der letzten Sitzung bleibt trotz Feriengefühl, sonnigen Tagen etc außerordentlich verstimend. Es soll uns scheints nicht gegönt sein, unpolitische Luft zu atmen und immer wieder werden wir (leider!) auf politisches Gebiet gedrängt. Diesmal auf stadtpolitisches.
Die Tatsache, daß der Bürgermeister sich, was die nachträgliche notwendige Finanzierung unseres Bauhauses betrifft, für ohnmächtig erklärt, und daß jeder einzelne von uns dafür bluten soll, ist beträchtlich...
Ich habe vermieden, jemanden von den Kollegen zu beeinflussen, aber ich kann mir auch gar nicht denken, wie der zur Diskussion stehende Gehaltsabbau verwirklicht werden soll? Keinesfalls auf dem Abstimmungswege, weil da nur Einstimmigkeit zum Ziel führt, Einstimmigkeit, welche nicht vorhanden ist, weil sowohl ich als Kandinsky, der mich vor seiner Abreise nach Müritz ausdrücklich in diesem Sinne informierte und autorisierte, dagegen stimen würden.
So sehe ich den weiteren Verhandlungen trüb entgegen, und befürchte etwas, was in der schlimmsten Weimarer Phase vermieden wurde: eine innere Erschütterung.
Mit der Last dieser Gedanken reise ich nach dem Süden...«[89] Walter Gropius ließ sich fast sechs Wochen Zeit mit seiner Antwort, die dann aber umso entschiedener ausfiel.
»*Lieber herr klee!*
auf ihren brief vom anfang september wollte ich ihnen erst antworten, nachdem sich die verhältnisse hier mehr geklärt haben. dies ist nun inzwischen geschehen.
ihr brief hat mich erschreckt und ich kann auch heute noch nicht ihre ablehnung in einer für uns alle schwierigen situation verstehen, die sie den vorgängen nach nicht richtig beurteilen. nicht einzelne personen sind schuld, wenn die dinge weniger günstig gelaufen sind, ... sondern die verhältnisse: die nicht voraussehbare wirtschaftsbaisse und die verständnislosigkeit des publikums gegen unsere künstlerische auffassung... der bürgermeister dagegen ist hier das rückgrat unserer existenz. er ist unermüdlich und klug tätig unsere sachlage zu verbessern; ich kann nicht genug bewundern mit welchem verantwortungsgefühl er dabei vorgeht...
ich vermag es nun aus unserer ganzen sachlage heraus nicht zu erkennen, warum gerade aus der entstandenen geldfrage des etats eine ›innere erschütterung‹ werden soll, solange wir innerlich an unserer gemeinsamen aufgabe beteiligt sind...
mir persönlich wird es ebenso schwer wie dem bürgermeister, persönliche opfer fordern zu müssen, aber niemand hat bisher einen anderen plan, der zum ziele führen kann, gewiesen...
ich kann mir nun einfach nicht vorstellen, lieber herr klee, daß sie mich bei dieser sache im stich lassen und bitte sie herzlich um ihre zustimmung. ich

zeige diesen brief auch gleichzeitig kandinsky und richte die gleiche bitte an sie. nach ihrer rückkehr müssen wir dann mündich darüber sprechen; ich habe den bürgermeister gebeten, nichts zu überstürzen und diese angelegenheit ruhig ausreifen zu lassen.

ich danke ihnen und ihrer lieben frau für ihren gruß aus elba und hoffe, daß sie einen reichlichen wintervorrat an südlichen erinnerungen nach dessau mitbringen werden. ich selbst fahre für einige tage nach paris und bordeaux, um endlich die arbeiten corbusiers kennen zu lernen...«[90]

Man muß diese Auseinandersetzung auch im Licht einer Entwicklung sehen, die sich bereits vorher angebahnt und von der Walter Gropius, wie bereits erwähnt, ein Jahr zuvor Ise geschrieben hatte: »*Gestern Abend bei Kandinskys, beide dick und braun, sehr erholt, aber ich sehe leider, daß er u. Klee das Bauhaus mehr u. mehr nur als Sinekure benutzen, schade, wieder mal eine Enttäuschung.*«[91] Es war nicht allein die Frage des Geldes, um die es hier ging, es war auch eine Frage der grundsätzlichen Einstellung zum Bauhaus, seiner Arbeit und seinen Zielen. Anfang 1927 wurde der Vorschlag von Walter Gropius zu einer freiwilligen Gehaltskürzung noch einmal im Kreis der Meister diskutiert. Wassily Kandinsky wandte sich abermals, wie erwartet, ganz energisch gegen eine Einschränkung seiner Bezüge. Paul Klee meinte sarkastisch, vielleicht wären andere bereit, etwas zurückzustecken, besonders in den Ausgaben für ihre Werkstätten; was er selbst an Alternativvorschlägen vorbrachte, ließ sein eigenes Budget unberührt. Man einigte sich schließlich auf einen Kompromiß; für eine kurze Zeit sollten fünf Prozent der Bezüge eingespart werden.

Walter Gropius war in dieser Zeit sehr viel unterwegs, sei es, daß es um Vorträge oder um Belange der Schule oder um Angelegenheiten seines eigenen Büros ging. Nur ganz selten einmal begleitete ihn Ise auf solchen Fahrten; dafür wurde sie mit brieflichen Berichten entschädigt. Die Reise nach Paris und Bordeaux im Oktober 1926, die Gropius zuvor Paul Klee angekündigt hatte, zeitigte einen solchen Bericht: »*ich vermisse dich überall, wie entzückt wärest du über die unnachahmliche grazie dieser stadt und ihrer frauen... habe bedeutendes erlebt, aber ich brauche mich mit meiner architektur vor niemandem zu verkriechen. ich habe viel photographiert u. trotz der kürze der zeit ein klares bild über den stand der modernen französischen architektur gewonnen, sehr wenig, weniger als bei uns!*

...was treibst du? bist du mir auch treu? ich dir – was viel mehr besagen will angesichts dieser weiblichen fauna sans comparaison. ich spreche hier übrigens ganz frech mit allen französisch, habe mich wieder hineingefunden.

ich sehne mich nach dir! kleyer telegraphiert ich solle sonntag mit unserem auto nach dessau fahren, das fertig sei, aber ich will sonntag früh gegen 8° unbedingt bei dir sein, sage das noch niemand, hörst du, damit wir ganz allein sind... attend moi donc... ganz paris will ich dir im kusse bringen...«[92]

Eine Reise freilich, die Walter Gropius liebend gern unternommen hätte, sollte nicht zustandekommen – so sehr er sich auch nach einem Wiedersehen mit seiner Tochter Mutzi sehnte, einen Besuch in Wien mußte er sich versagen. Mit Alma dort in Wien und Ise daheim in Dessau, das konnte nicht gut gehen. Ise wollte auf gar keinen Fall nach Wien fahren, doch um Vater und Kind die Möglichkeit zu einem Wiedersehen zu bieten, lud sie Manon zu einem Besuch in Dessau ein; daß mit dem Kind natürlich auch Alma nach Dessau kommen würde, war sie bereit in Kauf zu nehmen. Eine Antwort aus Wien allerdings blieb aus. Noch nicht einmal zur Einweihungsfeier des Bauhauses – auf diesen Anlaß hatte Walter Gropius zuletzt seine Hoffnung gesetzt – wollte Alma mit Mutzi nach Dessau kommen.

Die Einweihungsfeier des Bauhauses

Nachdem die Meister sich in ihren neuen Häusern und die Bauhäusler sich in ihrer neuen Schule eingerichtet hatten, nachdem der Lehrplan aufgestellt und der Lehrbetrieb wieder angelaufen war, beging man im festlichen Rahmen die Einweihung des neuen Bauhauses.

Am Sonnabend, den 4. Dezember 1926, versammelten sich die geladenen Gäste zum Festakt in der Aula des Bauhauses.[93] Zu den Festrednern gehörte natürlich auch Walter Gropius, der in seiner kurzen Ansprache noch einmal die besondere Eigenart der Schule in Ausbildung und Zielsetzung, das Konzept der gemeinsamen Arbeit hervorhob: *»heute kann man mit Genugtuung feststellen, daß von den Ideen, die das Bauhaus gesammelt und geboren hat, eine lebendige Bewegung ausgeht, die über die Landesgrenzen hinaus bekanntgeworden ist, eine Bewegung, die die Struktur unseres modernen Lebens in sich trägt. Diese Wirkung kann nicht der einzelne schaffen, sie entstand durch die Reinheit der Idee und Intensität der gemeinsamen Leistung unserer Meister und Studierenden... Je mehr es uns gelingen wird, die Gemeinschaft unserer Arbeit immer inniger zu gestalten, wird es auch gelingen, von dem gemeinsamen geistigen Zentrum aus die Verbindung zwischen Industrie, Handwerk, Wissenschaft und den raumgestaltenden schöpferischen Kräften unserer Zeit herzustellen.«*[94]

Es war ein großer Tag in der Geschichte der Schule, und es wurde das größte Fest, das man jemals am Bauhaus feiern sollte. An die fünfzehnhundert Gäste waren nach Dessau gekommen, Künstler, Handwerker, Architekten, Vertreter von Universitäten und Hochschulen, Repräsentanten des Staates und der Politik, führende Männer aus Wirtschaft und Industrie.[95]

Georg Muche hatte zusammen mit Richard Paulick die Veranstaltungen geplant. Nach dem Festakt konnten die Gäste eine Ausstellung besichtigen, auf der Meister und Studierende beispielhafte Arbeiten zeigten, es gab Führungen durch das neue Gebäude, durch die Meisterhäuser und durch die

Siedlung Dessau-Törten. In Törten waren die sechzig Häuser des ersten Bauabschnitts zu sehen, die, von Walter Gropius entworfen und unter seiner Bauleitung ausgeführt, ihrer Fertigstellung entgegengingen, sowie das Stahlhaus, das Georg Muche zusammen mit Richard Paulick entworfen hatte und das noch im Stadium der Montage studiert werden konnte.[96] Die Siedlung bot vor allem den Architekten unter den Gästen Gelegenheit, aus eigener Anschauung die neuartigen Methoden im »rationellen Wohnungsbau« kennenzulernen, die Gropius hier angewandt hatte, von der Gesamtplanung über die Vorfertigung der Bauelemente am Bauplatz bis zur Koordinierung der Arbeit der bauausführenden Firmen. Am Abend zeigte Oskar Schlemmer mit der Bauhaus-Bühne seine Darbietungen, und Paul Klee gab ein Konzert. Mit der Vorbereitung dieses Konzerts hatte sich Klee besondere Mühe gemacht, bereits drei Wochen vorher hatte er Ise Gropius brieflich mitgeteilt, daß er dafür ein Violinkonzert von Mozart gewählt habe und daß seine Frau ihn auf dem Flügel begleiten werde.[97] Die Vorführung didaktischer Filme, in denen die Gäste umfassender über die Arbeit des Bauhauses informiert wurden, rundeten am folgenden Tag das Programm der Einweihungsfeier ab.

Dem neuen Bauhaus und seiner Einweihung widmeten deutsche wie internationale Tageszeitungen und Fachzeitschriften teilweise ausführliche Berichte; so sorgten etwa Dorothy Thompson[98] und Ilja Ehrenburg[99] mit ihren Beiträgen dafür, daß auch Zeitungen in den Vereinigten Staaten und in der Sowjetunion dem Ereignis gebührenden Platz einräumten. Allgemein wurde das neue Bauhaus-Gebäude selbst als ein bedeutender Beitrag zur modernen Architektur und seine Einweihung als ein bedeutendes Ereignis im kulturellen Leben gewürdigt.

Mit der Einweihungsfeier waren freilich die turbulenten Tage noch nicht vorüber, auch wenn in der Schule selbst allmählich wieder Ruhe einkehrte. Weiterhin kamen die Besucher in Scharen nach Dessau. Am Sonntag, den 12. Dezember, vermerkte Ise Gropius in ihrem Tagebuch, daß man im Bauhaus und rund um das Bauhaus, die Meister-Häuser und die Siedlung Törten an die siebenhundert Personen gezählt habe, darunter neben vielen Schaulustigen auch etliche, die an einer Ausbildung in der Schule interessiert waren. Noch am darauffolgenden Sonntag, den 19. Dezember, gab es einen Massenansturm der Besucher, als die Ausstellung von Arbeiten Wassily Kandinskys im Dessauer Kunstverein mit einem Einführungsvortrag von Ludwig Grote eröffnet wurde.

Der Andrang galt diesmal der Ausstellung im Kunstverein, und vielleicht lag es daran, daß dies nach anstrengenden und aufregenden Monaten für Walter und Ise Gropius der erste ruhige Sonntagnachmittag war. Der Abend allerdings verlief weniger geruhsam und beschaulich. Da erschien Georg Muche bei ihnen und tat so, als ob er nur eben einmal zu Besuch gekommen wäre, während er in Wirklichkeit eine ganz bestimmte Absicht verfolgte – er wollte nämlich seinen Anspruch auf die Leitung der geplanten Architektur-Abteilung des Bauhauses anmelden. Er führte als Formmeister die Weberei-Werkstatt, doch das schien ihm nicht mehr zu genügen, er hatte größere Ambitionen. Zur Untermauerung seines Anspruchs verwies Muche darauf, daß er sich schließlich in Entwurf und Bau von Häusern bewährt habe, vom Haus am Horn für die Weimarer Bauhaus-Ausstellung 1923 bis zu seinem Stahlhaus in Dessau-Törten, das er soeben bei der Einweihungsfeier hatte vorstellen können. Daß er ansonsten noch wenig mit dem Baugewerbe in Berührung gekommen und mit der Architektur vertraut geworden sei, betrachtete er ebenso wie sein mit einunddreißig Jahren noch vergleichsweise jugendliches Alter als einen Vorteil, denn umso größer seien die Begeisterung und der Erfindungsreichtum, die er einzusetzen habe. Walter Gropius gab zu verstehen, daß er Muches Wunsch als durchaus natürlich empfinde, daß er ihm aber bestenfalls eine Mitarbeit bei Aufbau und Leitung der Architektur-Abteilung anbieten könne. In Wahrheit setzte Gropius ganz andere Qualifikationen voraus für den Mann, der diese Abteilung einmal leiten sollte. Muche deutete schließlich noch an, daß er möglicherweise mit Ende des Semesters seinen Abschied vom Bauhaus nehmen werde.

Die Weihnachtsfeiertage wären wohl für so manchen Bauhäusler, der kein Geld für die Fahrt nach Hause hatte und in Dessau bleiben mußte, recht trübselig verlaufen, hätte es nicht die kleinen Freuden gegeben, die ihm von anderen zugedacht waren. Bürgermeister Fritz Hesse und Gattin erschienen in der Schule, wünschten allen ein gesegnetes Fest und hinterließen für jeden eine kleine Weihnachtsgabe. Die Studierenden hatten kleine Geschenke gebastelt und die Räume festlich ausgeschmückt. Lene Schmidt-Nonne schleppte dampfende Töpfe und Schüsseln heran und sorgte für das leibliche Wohl. Ise Gropius braute einen kräftigen Punsch. Paul und Lily Klee stimmten Weihnachtslieder an. Es war durchaus kein bescheidener Heiliger Abend, es war ein wahrhaft fröhliches Fest.

Am 27. Dezember fuhren Walter und Ise Gropius nach Berlin, um Silvester zusammen mit seiner Mutter zu feiern. Sie nutzten die Tage dort zu einem Wiedersehen mit guten alten Freunden. Die ersten Tage im neuen Jahr 1927 verlebten sie noch in Berlin, dann aber ging es gleich nach dem Dreikönigstag wieder zurück nach Dessau.

Das Bauhaus zum Jahresbeginn 1927 – und der Schwierigkeiten kein Ende

Zur ersten Gastvorlesung im neuen Jahr kam am 9. Januar 1927 Erich Mendelsohn nach Dessau. Er schilderte Erlebnisse und Erfahrungen während seiner Reisen durch die Vereinigten Staaten und Sowjetrußland, berichtete von seinen Beobachtungen zur Architektur und zur Kunst der beiden Länder und stellte in Vergleichen deren Hervorbringungen einander gegenüber. Seine Ausführungen belegte er ausgiebig durch Lichtbilder nach seinen eigenen Aufnahmen, und obendrein würzte er den Vortrag noch durch Erinnerungen an seine Begegnung mit Frank Lloyd Wright. Es war ein begeisternder Vortrag, und Erich Mendelsohn erntete denn auch den verdienten Beifall. Er hatte gerade sein »Bilderbuch« zur amerikanischen Architektur herausgebracht, dort konnten alle Interessenten weiter nachlesen;[100] dazu zeigte man in einer kleinen Ausstellung im Bauhaus eine Übersicht über sein Werk.

Zollten hier die Bauhäusler dem Gast aus Berlin einmal einmütig Lob, so ließen sie solche Einmütigkeit im Umgang miteinander leider recht oft vermissen. Unter den Meistern gab es immer wieder Reibereien, Eifersüchteleien und Konkurrenzneid führten oft zu Spannungen oder gar zu regelrechten Streitigkeiten. Kennzeichnend für die Situation ist ein Vorgang aus den ersten Wochen des Jahres 1927, der schließlich zu einer Auseinandersetzung zwischen Gropius und Kandinsky führte. Er deckt einen eindeutigen Mangel an Verständigung, wenn nicht gar einen gewollten Verzicht auf Zusammenarbeit innerhalb des Lehrkörpers am Bauhaus auf, und er läßt darüber hinaus auf einen allmählichen Zerfall der persönlichen Beziehungen zwischen den beteiligten Personen schließen.

Im Grunde stand hinter der ganzen Sache der Wunsch von Walter Gropius, daß die anderen Meister ihn von einem Teil seiner Aufgaben entlasten, einen Teil der Verantwortung selbst übernehmen sollten – und das war ein Wunsch, der gerade einem Mann wie Kandinsky recht ungelegen kommen mußte, der sich von Anfang an behutsam gegen die Übernahme von Verantwortung abgeschirmt hatte. Es ging um eine Regelung dieser Art, die Walter Gropius sich erbeten und danach in einem Brief aufgezeichnet hatte, um diesen in Umlauf zu geben und die verbindliche Stellungnahme der betreffenden Meister einzuholen. So dringlich ihm selbst aber die Regelung sein mochte, den Adressaten seines Briefes erschien sie wohl weniger wichtig und eilig. Nachdem Wochen vergangen waren, ohne daß Gropius etwas gehört hatte, stellte er endlich Nachforschungen an und entdeckte, daß sein Brief von Hand zu Hand gegangen war, von Moholy-Nagy zu Muche, von Muche zu Breuer, bei dem er dann hängengeblieben war – auf Befragen erklärte Breuer nur, »zu überbürdet zu sein, er bedaure, daß alles auf ihn abgewälzt würde«. Und einige der in dem Brief angesprochenen Adressaten, so auch Kandinsky, verwiesen darauf, daß sie das Schreiben nie zu Gesicht bekamen. Auf eine entsprechende Notiz Kandinskys hin sandte ihm Gropius einen Brief, in dem er noch einmal den Verlauf der Angelegenheit schilderte, um danach mit beschwörenden, ein wenig schon nach Verzweiflung klingenden Worten an den Freund und Mitarbeiter zu appellieren: »*ich stand... vor der beschämenden tatsache, daß diese arbeit eben nicht geleistet worden war und daß derjenige, dem sie schließlich von den verantwortlichen herren übergeben worden war, wegen überlastung streikte. aus ihrem brief muß ich leider sehen, daß sie selbst wohl ziemlich ohne kenntnis sind, wie es eigentlich um mich im bauhaus aussieht und welche übermenschliche last ich hier zu tragen habe, die durch das nicht funktionieren oder die zurückgezogenheit einiger meister noch bedeutend vermehrt wird.*

ich muß heute erklären, daß ich nur weiter arbeiten kann, wenn ich die bestimmte versicherung der meister erhalte, mich mehr als bisher zu unterstützen. sonst muß ich mich zurückziehen, denn es hat keinen zweck sich umsonst aufzureiben.

ich hoffe, daß sie mich verstehen und mir helfen werden!«[101]

Nicht immer waren es gravierende Dinge, die zu Spannungen und Streitigkeiten führten, manchmal konnten auch relativ belanglose Anlässe böses Blut machen, Kleinigkeiten, von denen man erwarten würde, daß sie durch ein klärendes Wort rasch aus der Welt zu schaffen wären. So führte ein eigentlich nichtiger Anlaß zu einer beleidigten Reaktion Paul Klees. Das geschah unmittelbar, nachdem die Verwaltung des »Kreises der Freunde des Bauhauses« von Ise Gropius in die Hände von Paul Klee und Frau Luers übergegangen war. Da veranstaltete das Bauhaus einen Musikabend, für den Frau Luers zuständig war; es spielte der Geiger Adolf Busch, am Flügel begleitet von Rudolf Serkin. Daraufhin machte Ise Gropius den Vorschlag, daß man sich nach dem Konzert mit den »Freunden des Bauhauses« in gemütlicher Runde zusammensetzen sollte und daß Hinnerk Scheper die Vorbereitungen für dieses gesellige Beisammensein übernehmen könne. Damit aber rief sie sofort Paul Klee auf den Plan, der, selbst Musikkenner und Musiker und obendrein nunmehr mit der Leitung des »Kreises der Freunde« betraut, verletzt erklärte, daß er sich übergangen fühle, und gekränkt sein gerade erst übernommenes Amt wieder niederlegte.

Eine weitere Unternehmung entsetzte sowohl Klee wie auch Kandinsky: Ise brachte einen Tanzlehrer aus Berlin nach Dessau, um den jüngeren Lehrern Unterricht in den modernsten Tänzen, einschließlich des Charleston, geben zu lassen. Es war ein »Intensivkurs«, der im Hause von Gropius stattfand, wo ein Grammophon zur Verfügung war, und wo der Tanzlehrer während seiner Anwesenheit auch lebte.

So war es in der Tat ein bewegtes Leben, das sich da am Bauhaus abspielte, auch wenn nicht gerade eine der großen Haupt- und Staatsaktionen auf dem Programm stand. Sie waren eben doch mehr oder minder Individualisten, die Bauhäusler. Viele von ihnen faßten die vielberedete Freiheit des schöpferischen Künstlers als ein ganz persönliches und natürliches Privileg auf, und das galt für Meister wie für Studierende. Doch sie alle,

Studierende wie Meister, mußten sich in das teilen, was das Bauhaus zu bieten hatte, in das Arbeitsangebot der Werkstätten, in das Essensangebot der Kantine, in das Wohnungsangebot des Atelierhauses und der Meister-Häuser. Und für sie alle mußte das, was zur Verfügung stand, gerecht verteilt werden, das begann mit der Aufschlüsselung der Etatmittel und endete noch lange nicht mit der Zuweisung von Material für die Werkstätten und von Lebensmitteln für die Kantine. Dies alles verlangte einverständliches, gemeinschaftliches Handeln, das ebenso Voraussetzung für die Durchführung gemeinsamer Vorhaben war, ob es nun um die Erfüllung eines bestimmten Werkstatt-Projekts oder die Veranstaltung eines geselligen Abends ging. Individualistischen Neigungen mußten angesichts solcher Bedingungen Schranken gesetzt werden. Daß am Bauhaus nicht der Zustand heilloser Anarchie eintrat, sondern im allgemeinen der Zustand eines, wie Walter Gropius es später nannte, »vergnügten Durcheinanders«, war vor allem seinem Einwirken zu verdanken. Er besaß die Einsicht in die Notwendigkeiten, und er besaß die Kraft, unter den Bauhäuslern ein erforderliches Maß an Gemeinsamkeit, an Einordnung und Selbstbeschränkung durchzusetzen.

Daß aber die Bauhäusler sich nicht zu sehr nur mit sich selbst beschäftigten, dafür sorgte nicht zuletzt der auch im weiteren Verlauf des Jahres 1927 buchstäblich nicht abreißende Strom der Besucher. Zu ihnen gehörte der Berliner Journalist und Kritiker Max Osborn, der am Tag der Einweihungsfeier des Bauhauses vorausgesagt hatte: »*Nicht nur aus Deutschland, aus der ganzen Welt werden die Menschen künstlerischen Interesses künftig nach dieser freundlichen Stadt Dessau pilgern, um das imponierende Dokument des Kunstwillens unserer Tage kennenzulernen, das sich in dem Neubautenkomplex des Bauhauses präsentiert.*

Was hier geschaffen wurde, ist zugleich ein erstaunliches Denkmal der beispielhaften Energie, mit der ein einzelner Mann, von dem Bewußtsein seines künstlerischen Rechts durchdrungen und getragen, Widerstände besiegte, die sich wie Berge türmten.«[102] Und die prominenten Besucher kamen, wie eben Max Osborn selbst, nicht nur, um das neue Bauhaus kennenzulernen, sondern auch, um mit Walter Gropius zu sprechen und Gedanken auszutauschen. So erschien der Maler und Architekt Bernhard Pankok, Direktor der Kunstgewerbeschule in Stuttgart, der sich besonders für die Bauhaus-Bühne interessierte, und Erwin Piscator hielt sich wiederholt in Dessau auf, um mit Walter Gropius über die Arbeit am Entwurf des Totaltheaters zu sprechen oder unmittelbar mit den Mitarbeitern im Architekturbüro die Zeichnungen durchzusehen und zu diskutieren.[103] Ein immer wiederkehrender Gast bei Walter und Ise Gropius war ihr Freund van der Leeuw, den es ständig aufs neue nach Dessau zog. Er nahm regen Anteil an der Arbeit des Bauhauses, bewunderte dessen Direktor und fühlte sich hingezogen zur Gattin des Direktors. Ise Gropius erinnerte sich noch nach Jahrzehnten amüsiert, wie van der Leeuw jede Gelegenheit nutzte, oder solche Gelegenheiten nötigenfalls listig herbeiführte, um mit ihr zusammenzusein. Ise Gropius hielt ihn auf Distanz, und der Freundschaft war es nicht abträglich. Im Frühjahr 1927 hatte van der Leeuw eine ausgedehnte Reise durch die Vereinigten Staaten unternommen und wußte anschaulich davon zu berichten; damit nährte er in Walter Gropius wieder den alten und noch immer unerfüllt gebliebenen Wunsch, selbst einmal nach Amerika zu fahren und »das Land der unbegrenzten Möglichkeiten« aus eigener Anschauung kennenzulernen.

Walter und Ise Gropius auf Reisen

Im späteren Frühjahr 1927 unternahmen Walter und Ise Gropius eine zwölftägige Reise in die Niederlande; sie folgten damit dem Wunsch van der Leeuws, der sie beharrlich dazu gedrängt hatte. Die Eintragungen in Ises Tagebuch lassen es so erscheinen, als sei dies eher eine Ochsentour denn eine Ferienfahrt gewesen. Walter Gropius hielt in Amsterdam einen Vortrag, danach ging es zur Besichtigung der Bauten aus alter Zeit und zum Studium der modernen Architektur weiter von Stadt zu Stadt. Dabei begegneten sie vielen der namhaften Architekten des Landes, so etwa Hendrik Berlage, Mart Stam, Willem Dudok, Gerrit Rietveldt und Cornelis van der Vlugt; van der Vlugt war auch eine Weile ihr Gastgeber in Rotterdam. Ein Besuch in Scheveningen wurde nicht ausgelassen, doch es verblieb wenig Zeit, sich dort am Strand ein wenig zu erholen.

Auch in Deutschland war Walter Gropius immer wieder unterwegs, bis zum Sommer 1927 hatte er in einem halben Jahr mehr als ein Dutzend Vorträge in ebenso vielen Städten absolviert.[104] Seine Themen reichten von Wohnungs- und Siedlungsbau, Stadtplanung und neuen Bauweisen bis zu Fragen der Berufsausbildung des Architekten und zur Darstellung der modernen Architektur. Doch wo immer er auch sprach und wie immer sein Thema lautete, auf eines mußten seine Zuhörer nie verzichten – in keinem Falle versäumte er, ausführliche Hinweise auf das Bauhaus, seine Aufgaben und Ziele einzuflechten und die Produktion der Bauhaus-Werkstätten hervorzuheben, war er doch stets auf der Suche nach weiteren Aufträgen für die Schule.

Im Mai 1927 fand in Frankfurt am Main ein Kongreß für den Neuen Bau statt, in dessen Rahmen Walter Gropius am 29. Mai einen Vortrag über geistige und technische Voraussetzungen des neuen Bauens hielt. In seinen Ausführungen verwies er darauf, daß die Stadtplanung nicht länger mehr an den Grenzen der Städte haltmache, daß sie über deren Umkreis hinausgreife und sich zur Regionalplanung entwickele. Die technischen Grundlagen für den modernen, rationellen Wohnungsbau seien gegeben, sie hätten sich hier schon bewährt und würden dort noch weiter erprobt, doch es gelte, auch die geistigen Grundlagen zu schaffen, den Menschen das Verständnis für Wesen, Absichten und Ziele des modernen Wohnens zu erschließen.[105]

In den ersten Tagen des August 1927 brachen Walter und Ise Gropius dann zur Fahrt in ihrem kleinen Wagen, einem Adler, auf, um sich mit seiner Mutter und seiner Schwester samt Familie in ihrem Sommerhaus in Timmendorfer Strand zu treffen. Den lang schon zugesagten Besuch bei der Mutter hatten sie immer wieder verschieben müssen, nun endlich konnten sie einmal mehr das Beisammensein im Familienkreis genießen und sich gleichzeitig nach dem anstrengenden Semester als Feriengäste am Strand erholen. Reichlich zwei Wochen blieben sie bei der Familie, bis sie sich am 18. August, einem Donnerstag, mit ihrem Wagen zu einer kleinen Rundreise aufmachten. Sie fuhren über Rostock nach Warnemünde, setzten mit der Fähre nach Gedser über und fuhren dann weiter nordwärts nach Kopenhagen. Dr. Vogeler, Korrespondent für das »Berliner Tageblatt«, hatte dafür gesorgt, daß Walter Gropius zu einem Vortrag eingeladen worden war und anschließend Gelegenheit zu Gesprächen mit dänischen Architekten fand. Was die dänische Hauptstadt an Architektur zu bieten hatte, erschien Walter Gropius wenig beeindruckend, da er kaum etwas entdeckte, was auf die neue Bewegung nach dem Weltkrieg, auf die Moderne verwies. Von den Auswüchsen, wie sie in Deutschland die Gründerzeit hervorgebracht hatte, war Kopenhagen verschont geblieben, doch Gropius kam zu der Ansicht, daß sich Architekten und Stadtplaner in Dänemark mit dem beschieden, was man einmal erreicht hatte. Von Kopenhagen aus fuhren Walter und Ise Gropius, um auch noch ein Eckchen von Schweden kennenzulernen, nordwärts, nahmen die Fähre über den Øresund nach Hälsingborg und fuhren die Küste entlang nach Trelleborg, von wo aus sie die Fähre nach Saßnitz brachte; über die Insel Rügen und Stralsund ging es dann zurück nach Dessau. Es waren anregende und erholsame Ferientage gewesen, und Walter Gropius fühlte sich geradezu verjüngt, als sie wieder zu Hause ankamen.

Gäste am Bauhaus

Was die Verwaltungsarbeit am Bauhaus vor allem zur Last werden ließ, war die endlose Korrespondenz; an das Telefon als Instrument der Kommunikation hatte man sich noch immer nicht so recht gewöhnt. Und nicht immer waren die Briefe, die eingingen oder geschrieben werden mußten, von so sonderlichem Gewicht, vieles an der Korrespondenz war mehr oder minder Routine. Manchmal mochte ein Brief aber auch ein besonderes Maß an Aufmerksamkeit und Fingerspitzengefühl erfordern.

Abb. 92 W. Gropius und W. Ostwald, 1927

Das war so im Fall des vierundsiebzigjährigen Wilhelm Ostwald, des Chemikers und Philosophen, der sich zu einem Fachmann der Farbenlehre entwickelt hatte. Ostwald war zu Gastvorlesungen an das Bauhaus eingeladen worden und erschien Mitte Juni 1927 in Dessau, um im Gespräch die näheren Einzelheiten festzulegen *(Abb. 92)*. Alle Fragen schienen geklärt, als er sich verabschiedete und sich im Gästebuch, da er ja bald seine Vorlesungen antreten würde, mit einem schlichten »Auf Wiedersehen« eintrug. Doch vierzehn Tage später erhielt Walter Gropius einen Brief von Ostwald, der ihn aufschreckte.[106] Der Gelehrte hatte sich die Angelegenheit inzwischen durch den Kopf gehen lassen und war zu dem Schluß gekommen, daß die Studierenden möglicherweise gar nicht bereit und in der Lage wären, sich mit seinen Vorstellungen auseinanderzusetzen und an den Diskussionen im Anschluß an die Vorlesungen teilzunehmen. Offenbar überwand Ostwald seine Zweifel doch noch rechtzeitig, denn er erschien, wie vereinbart, zu seinen Vorlesungen und fand in den Bauhäuslern aufmerksame und interessierte Zuhörer, die der Persönlichkeit des großen Gelehrten und Nobelpreisträgers ebenso Achtung zollten wie seinen Vorstellungen, die er ihnen nahezubringen suchte. Ostwalds 1923 veröffentlichte »Farbkunde« war den Bauhäuslern bekannt und wurde von ihnen benutzt,[107] und der Einfluß seiner Vorstellungen mag sich im Werk manches Studierenden oder Meisters niedergeschlagen haben, doch viel Aufhebens davon machte man unter den Künstlern am Bauhaus nicht – man ließ sich viel mehr von der Intuition und den eigenen Vorstellungen leiten als von den Weisungen einer abstrakten wissenschaftlichen Lehre. Walter Gropius persönlich war sehr von dem großen Gelehrten eingenommen, er schätzte die Art, wie er immer wieder auf Goethes Farbenlehre hinzuführen wußte, er bewunderte sein vielseitiges Wissen und seine Bemühungen um eine international verständliche und gültige Formulierung auf dem Gebiet des Fachwissens; was sich ihm ganz besonders einprägte, war dessen Gleichung »Harmonie = Ordnung«.

Als besonders geschätzten Gast begrüßte man am 5. September 1927 Hendrik Berlage *(Abb. 93)* im Bauhaus. Der Einundsiebzigjährige lernte damit zum ersten Mal die Schule kennen, während er doch seit langem schon in Verbindung mit Walter Gropius stand und seit Jahren dem Kuratorium des »Kreises der Freunde« angehörte. Er war durchaus mit dem Werk der jüngeren Expressionisten vertraut und zeigte sich angeregt durch die Arbeiten, die ihm Studierende wie Meister vorführen konnten. In der Diskussion kam die Rede dann natürlich auch auf das damalige Tagesgespräch der Architekten, den nicht lange zuvor abgeschlossenen Wettbewerb um den Entwurf zu einem neuen Völkerbundsgebäude in Genf. Berlage fand Töne höchsten Lobs für den preisgekrönten Entwurf Le Corbusiers und sprach sich dafür aus, daß diesem auch der Auftrag zum Bau des neuen »Palasts der Nationen« übertragen werden müsse.[108] Offensichtlich beeindruckt von dem, was er in Dessau gesehen und erlebt hatte, verabschiedete er sich mit der knappen Eintragung in das Gropiussche Gästebuch: »Ich werde immer an diesen Tag denken!«*

Der Wettbewerb für Genf war auch drei Tage nach Berlages Besuch in Dessau wieder das Gesprächsthema. Am Donnerstag, den 8. September, reiste Walter Gropius zu einem Blitzbesuch nach Zürich, wo er einen Vortrag zu halten hatte. Vor dem Vortrag traf er sich zum Mittagessen mit Sigfried Giedion und dessen Frau, und natürlich machte sich Giedion für Le Corbusier stark und drang in seinen Gast, er möge seinerseits seinen Einfluß geltend machen, daß Le Corbusier mit der Ausführung des neuen Völkerbundsgebäudes beauftragt werde. Nach dem Vortrag lernte Gropius den Architekten Karl Moser kennen, der sich ebenfalls für Le Corbusier einsetzte.

Ein berühmter Gast bescherte dem Bauhaus schließlich noch ein Musikfest. Béla Bartók war der Einladung durch Walter Gropius gefolgt und kam am 12. und 13. Oktober 1927 nach Dessau *(Abb. 94)*. Er kam nicht unvorbereitet, denn Křenek, Busoni und Strawinsky, die mit ihm befreundet waren und bereits vordem das Bauhaus besucht hatten, wußten einiges von der Schule zu berichten und hatten ihn neugierig gemacht. Am Mittwoch, den 12. Oktober, gab er ein Konzert für den »Kreis der Freunde« und die Bauhäusler. Er trug nicht nur Werke von Zoltán Kodály und anderen Komponisten vor, sondern auch eigene Stücke, darunter eine bis dahin noch unveröffentlichte Sonate. Bartók zeigte sich auf der Höhe seines Könnens; er hatte gerade zuvor auf einem Musikfest in Frankfurt am Main

Abb. 93 W. Gropius und H. Berlage, 1927

Abb. 94 W. Gropius mit B. Bartók und P. Klee, 1927

Triumphe feiern konnten, als Adolf Furtwängler – mit dem Komponisten am Flügel – dessen Konzert Nr. 1 für Klavier und Orchester der Öffentlichkeit vorstellte. Nach dem Konzert war er, der städtische Generalmusikdirektor Rother sowie Walter und Ise Gropius bei den Klees zu Gast, die das musikalische Ereignis gebührend zu feiern wußten. Am folgenden Tag ließ sich Bartók durch das Bauhaus führen. Er zeigte merkwürdigerweise nur ein flüchtiges Interesse, als Oskar Schlemmer ihm seine Bühnenentwürfe vorführte, obwohl dieser sich auch mit Entwürfen zu Bühnenbildern und Kostümen für Bartóks eigene Oper befaßt hatte. Viel mehr bewegten ihn die Gespräche über Arbeit und Ziele des Bauhauses und über Aspekte der zeitgenössischen Kunst. In Kandinskys 1926 erschienenem »Beitrag zur Analyse der malerischen Elemente« erkannte Bartók bedeutsame Parallelen zur modernen Musik.[109] Ise Gropius griff zu lyrischen Tönen, als sie in ihrem Tagebuch ihre Eindrücke von dem großen Musiker festhielt; sie fand ihn »lieb... bezaubernd... männlich« und fühlte sich »ganz von ihm eingenommen«.

Vorträge und Verhandlungen – Finanzielle und politische Sorgen

Walter Gropius nahm weiterhin, wie gewohnt, jede Einladung zu einem Vortrag an, wenn es sich nur mit seinen sonstigen Verpflichtungen und Terminen vereinbaren ließ. Auch der Sommer und Herbst 1927 warteten mit zahlreichen Gelegenheiten zu Vorträgen auf. In manchen Fällen wurden in den Einladungen die erwartete Zusammensetzung der Zuhörerschaft beschrieben und eine Reihe von Themen vorgeschlagen, in anderen Fällen wurden Ausführungen zu einem ganz bestimmten Thema erwartet. Und in allen Fällen, auch dies wie gewohnt, versäumte es Gropius nie, an geeigneter Stelle vom Bauhaus und seiner Arbeit zu sprechen, zuweilen flocht er außerdem Hinweise auf sein eigenes Architekturbüro ein, immer in der Hoffnung, damit mögliche Auftraggeber anzusprechen.[110]

So war Walter Gropius Mitte Oktober 1927 an der Volkshochschule in Magdeburg zu Gast, die eine Vortragsreihe über »Städtebau und Siedlung« veranstaltete. Er sprach zum Thema »Typisierter Siedlungsbau und maschinelles Bauen«. Ein Zeitungsbericht vom nächsten Tag hob seine Grundgedanken hervor: »*Wie wir uns zu der Maschine stellen, darauf kommt es an. Steigern der Mechanisierung kann nicht das Ziel sein. Es gibt nur einen Ausweg: die kameradschaftliche Zusammenarbeit. Dadurch allein kann dem Individuum wieder größerer Einfluß geschafft werden... Nicht mehr die autoritative Beherrschung des Individuums, sondern Entlastung der Einzelpersönlichkeit von materieller Leistung für geistigere Zwecke, das dürfte allein die Aufgabe der Maschine sein... Heute müsse der Architekt auch Organisator sein... Man erkannte, daß nur in gründlicher Vorarbeit des*

Handwerks für die Industrie die Lösung liegen könne, also im kameradschaftlichen Zusammenarbeiten... Auch bei uns setze eine stärkere Typisierung [des Bauens] ein, zu einem Teile verursacht durch die Industrie. Die individuelle Freiheit könne dadurch gewahrt werden, daß nur Teile typisiert würden, der Gesamtbau aber nach persönlichen Forderungen gestaltet werde.«[111]

In der Tat war Walter Gropius viel auf Reisen, denn neben seinen Vorträgen entführten ihn auch andere Anlässe wie etwa Veranstaltungen und Zusammenkünfte der Fachverbände, namentlich des Bundes Deutscher Architekten, häufig aus Dessau. Meist ging es bei den Tagungen der Berufsverbände um die Diskussion von Fachfragen, aber gelegentlich fiel auch einmal ein kleiner privater Abstecher mit an. So hatte Gropius anläßlich eines Treffens in Berlin Gelegenheit, an einer vom »Ring« für die Architekten veranstalteten Besichtigungsfahrt nach Schloß Paretz teilzunehmen; dort, auf den Spuren Friedrich Gillys wandelnd, gedachte er in Wehmut eines früheren Ausflugs nach Paretz, den einst sein Vater mit ihm unternommen hatte. Wenn ihn in dieser Zeit die Reise besonders häufig nach Berlin führte, so lag ein Grund dafür nicht zuletzt in dem zähen Fortgang der Verhandlungen, die er mit der Reichsforschungsgesellschaft und dem Reichsarbeitsministerium zu führen hatte. Es ging dabei um die Zuteilung des bereits im Etat eingesetzten Reichszuschusses von 350 000 Reichsmark für die Siedlung Dessau-Törten. Die Beamten im Ministerium ließen sich offenbar weniger von den Tatsachen beeindrucken, sie hielten sich wohl lieber an die Hetztiraden des Konrad Nonn, der ja auch Beamter war. Gegen dessen so abwegige wie gehässige Polemik hatte der »Ring« im April 1927 Stellung bezogen: *»Herr Dr. Nonn führt gegen das Bauhaus einen heftigen Kampf. Er gehört... zu der Gruppe von Fachleuten, deren Fachvernunft sich durch das Bauhaus heftig und im Innersten angegriffen fühlt... Die Empörung gekränkter Fachvernunft hat sich nun wieder in dem Sturmangriff des Zentralblattes der Bauverwaltung Luft gemacht... Geradezu bedenklich... wirkt dieser Aufsatz, weil er den Anschein erweckt, als ob die Bestrebungen, für die ein Reichskredit gewährt werden soll, gar nicht von Gropius, sondern von seinen Gegnern auf den Weg gebracht worden wären... Hat denn Dr. Nonn vergessen... oder will er nur vergessen machen, daß gerade Gropius, und mit ihm nur sehr wenige, schon vor dem Kriege und mit aller Energie nach dem Kriege, die Forderung nach Typisierung und Rationalisierung des Wohnungsbaus aufgestellt und propagiert hat? Daß er sogar diese Arbeit, die eigentlich Sache der öffentlichen Stellen gewesen wäre, der Staats- und Gemeindebehörden..., selbst in die Hand nahm und bis heute so weit brachte, als sie überhaupt von einem einzelnen Menschen mit vollkommen unzulänglichen Mitteln zu bringen ist? Wir halten es für die Schuld der allzu bedächtigen und übervorsichtigen Fachvernunft,* *daß die Behörden diese Aufgaben so lange vernachlässigt haben.*«[112] Eine sachliche Stellungahme dieser Art mochte die Gemüter der Beamten auch nicht so schnell bewegen, und so gab es ein erbittertes Tauziehen zwischen dem Ministerium und der Reichsforschungsgesellschaft, das die Anweisung der Gelder um beinahe ein ganzes Jahr verzögerte.

Die häufige Abwesenheit von Dessau allerdings sollte Walter Gropius, so überzeugend auch seine Gründe für diese Reisen sein mochten, am Ende noch Ärger daheim einbringen. Er und Bürgermeister Fritz Hesse gerieten sich in die Haare. Der Bürgermeister zeigte sich zuweilen recht übelgelaunt. Seine Partei, die Sozialdemokraten, fand es zunehmend schwieriger, sich im Stadtrat durchzusetzen, und er, Hesse, fand es zunehmend schwieriger, die vorgesehenen Gelder für das Bauhaus lockerzumachen. Hesse warf Gropius vor, daß er kaum einmal in Dessau, geschweige denn an seinem Schreibtisch in der Direktion anzutreffen sei. Bei einer heftigen Auseinandersetzung drohte er Gropius schließlich an, daß er ihm die Reisetage, die er für seine auswärtigen Vorträge in Anspruch nehme, von seinen Urlaubstagen abziehen werde – wann immer er Gropius zu sprechen wünsche, sei dieser nicht da, und das sei ein unerträglicher Zustand.

Offensichtlich hatte der Bürgermeister des öfteren Grund, mit Gropius zu sprechen. Häufig erschien Hesse im Bauhaus, um irgendwelchen Beschwerden nachzugehen. Da gab es Berichte, wonach angeblich in der Kantine politische Versammlungen radikaler Schüler abgehalten würden, und da gab es Stimmen im Gemeinderat, die verlangten, daß dieser Tummelplatz der Radikalinskis dichtgemacht werden müsse. Fritz Hesse selbst war im Laufe der Zeit von einer ganz persönlichen Abneigung gegen Moholy-Nagy erfaßt worden und wollte diesen am liebsten von der Schule entfernt haben. Dann kam Hesse wieder mit der Forderung, daß die Kosten für die Schule verringert werden müßten; Gropius solle die Druckerei-Werkstatt schließen und darüber hinaus im gesamten Unterrichts- und Ausbildungsbetrieb die Kosten einschneidend senken. Auf diese Forderung antwortete Gropius mit dem Vorschlag, daß die Stadt bestimmte Beträge, die sie ihm noch schulde, an seiner Stelle dem Bauhaus überweise.

Das war ein recht großzügiger Vorschlag, doch in Wahrheit konnte sich Gropius eine solche Großzügigkeit gar nicht leisten, denn mit seinen persönlichen Einkünften stand es nicht zum besten. Sein Architekturbüro hatte praktisch keinen einzigen Auftrag, der etwas einbrachte. Gropius hatte sich auf einige große Projekte verlassen, die in Aussicht standen, vor allem auf Bauvorhaben der AHAG in Berlin, der Firma Adolf Sommerfelds, doch mit keinem dieser Projekte kam er zum Zuge. Für Hannes Meyer, der im April 1927 an das Bauhaus gekommen war, hatte man einen Auftrag zugesagt, der sich ebenfalls zerschlug. Und nicht anders ging es mit den Plänen zu einer kleinen Siedlung für die Jungmeister, die an der

Friedrichsallee gegenüber dem Bauhaus entstehen sollte und mit denen Marcel Breuer beauftragt war; noch bevor er mit der Arbeit recht begonnen hatte, war der Auftrag schon wieder gestrichen.

Walter Gropius, die Tochter Manon und Alma Mahler-Werfel

Ise Gropius suchte ihren Mann zu entlasten, soweit sie es vermochte, und führte darum auch die Korrespondenz mit Alma Mahler-Werfel für ihn. Anfang 1927 hatte Alma erneut vorgeschlagen, daß sie beide nach Wien kommen sollten, um Manon dort zu besuchen; das sei doch eine bessere Lösung, als daß die kleine Mutzi nach Dessau reisen müßte, denn die Stadt und das Bauhaus seien für sie eine »fremde Umgebung«. Falls ihnen die Reise nach Wien aber nicht möglich sei, würde sie es so einzurichten suchen, daß Mutzi im Herbst nach Dessau käme. Weitere Briefe gingen zwischen Dessau und Wien hin und her, bis um die Jahresmitte eindeutig zu erkennen war, daß Alma nicht daran dachte, eine feste Zusage für einen Besuch in Dessau zu machen; statt dessen verlangte sie nur immer wieder, Walter Gropius solle doch nach Wien kommen. Im Juli berichtete Ise ihr von dem bevorstehenden Ferienaufenthalt in Timmendorfer Strand und fügte hinzu, daß sie nunmehr Mutzis Besuch erwarteten, »es ist Walters sehnlichster Wunsch«; sie beschuldigte Alma, daß sie sich um den Besuch und um ihre Zusage drücken wolle.

Daß sich der Zeitpunkt, da Mutzi nach Dessau kommen sollte, danach noch immer weiter hinausschob, lag allerdings nicht allein in Almas Verzögerungstaktik begründet, es hing auch mit der Suche nach einer geeigneten Schule für Mutzi zusammen, und da sie mit dem Beginn des neuen Schuljahres, Ostern 1928, die Schule besuchen sollte, galt es, sie rechtzeitig im Herbst 1927 anzumelden. Es war an der Zeit, daß die nunmehr elfjährige Mutzi mit anderen Kindern ihres Alters zusammenkam; bislang war sie in Wien unter der Obhut der Mutter aufgewachsen, betreut von Hauslehrern oder umsorgt von einer Gouvernante. Sie war ein recht scheues Kind. Wenn sie durch ihre Mutter mit deren Freunden bekanntgemacht wurde, gab sie sich durchaus selbstsicher, doch fast kühl – und sie hatte keine Freude an derlei Umgang mit Erwachsenen. Wann immer die Gelegenheit sich bot, entwischte sie aus dem Salon, ganz wie ihr Vater das als kleiner Junge getan hatte. Schließlich war es ein als vorzügliche Schule bekanntes Mädchenpensionat in Genf, auf das die Wahl fiel, der auch Walter Gropius gern zustimmte. So traf man sich zur Anmeldung in Genf, es gab ein kurzes Wiedersehen zwischen Vater und Tochter, doch schon am nächsten Morgen reiste Alma mit Mutzi wieder ab, um über Venedig nach Wien zurückzukehren. Danach aber kam endlich die Nachricht von Alma, daß sie sich entschlossen habe, Mutzi nach Dessau zu bringen und sie für vier

Wochen dort zu lassen. Walter Gropius legte daraufhin mit Bedacht seine Termine möglichst so, daß er recht viel Zeit für seine Tochter haben würde, doch Woche um Woche verging, und als Alma mit Mutzi in Dessau eintraf, war es November geworden. Unglücklicherweise war das eine Zeit, in der Gropius durch die Schule wie durch das eigene Büro außerordentlich in Anspruch genommen war; zudem hatten die vorsorglich vorgenommenen Terminverschiebungen jetzt den gegenteiligen Effekt, daß er nunmehr mit Terminen überhäuft war. So hatten Vater und Tochter während dieser vier Wochen nicht sonderlich viel voneinander, und daran konnten auch Ises dringliche Ermahnungen nichts ändern, daß er sich doch etwas mehr Zeit für sein Kind nehmen müsse. Es blieb nicht viel mehr als das Zusammensein bei hie und da einer gemeinsam eingenommenen Mahlzeit, an einigen allzu kurzen Abenden und an den Wochenenden; ansonsten mußte sich Walter Gropius mit dem beruhigenden Gedanken begnügen, daß die Tochter in seiner Nähe war *(Abb. 95).*

Mutzi nahm ein ungewöhnliches Interesse an Musik und Theater und war offensichtlich begabt dafür. So genoß sie die Orchesterproben und ein Konzert ebenso wie alles, was an der Bauhaus-Bühne vor sich ging. Die Kinder der Meisterfamilien machten der Tochter des Direktors pflichtschuldig ihre Aufwartung, doch das waren zu kurze und oberflächliche Begegnungen, als daß sich daraus engere Beziehungen hätten entwickeln können. Spielgefährten fand sie nicht. Ständig von Erwachsenen umgeben, blieb sie das scheue Kind, das sie war; im Umgang mit den weniger konventionell erzogenen Kindern der Bauhaus-Gemeinde hatte sie ihre liebe Mühe.

Als die vier Wochen abgelaufen waren, brachten Walter und Ise Gropius Mutzi nach Berlin zu Alma und Franz Werfel zurück. Es kam zu einer recht verhaltenen Begegnung zwischen den beiden Paaren, in der von menschlicher Wärme nichts zu verspüren war – sie gehörten zwei getrennten Welten an. In Almas Augen war Mutzis Besuch in Dessau nicht gerade glücklich verlaufen, und gewiß sah sie darin keinen Anreiz, die Tochter so bald wieder zu ihrem Vater zu bringen.

Das Bauhaus im neunten Jahr – der Gründer verabschiedet sich

Die letzten Wochen des Jahres 1927 brachten für Walter Gropius noch eine Fülle von Aufgaben, und er war entschlossen, sie bis zum Jahresende zu lösen. Viele der Schwierigkeiten, mit denen er sich herumschlagen mußte, entsprangen im Grunde den individualistischen Neigungen einzelner Lehrer.

So gab es eine Auseinandersetzung mit Marcel Breuer. Walter Gropius hatte die Fähigkeiten Breuers, seines begabtesten Schülers, stets sehr hoch eingeschätzt und mit dem Gedanken gespielt, daß dieser eines Tages sein Nachfolger als Leiter des Bauhauses werden könne, doch für diese verant-

Abb. 95 W. Gropius mit seiner Tochter Manon in Dessau, 1927

wortungsvolle Aufgabe fehlte es dem fünfundzwanzigjährigen Jungmeister noch an Reife und Erfahrung. Jetzt aber kam Breuer, der seit 1925 die Tischlerei-Werkstatt leitete, unversehens bei Gropius um seinen Abschied ein, er wollte das Bauhaus verlassen und fortan als freier Architekt arbeiten. Freilich überlegte er sich die Sache danach noch einmal und verkündete bald darauf seinen Entschluß, am Bauhaus zu bleiben. Soweit die gängige Version, die Geschichte von der angeblichen Palastrevolution des Marcel Breuer. Ise Gropius hingegen hielt in ihren Tagebuchaufzeichnungen einen etwas anderen und weniger dramatischen Verlauf der Dinge fest. Danach hatte sich Breuer eigenmächtig auf vertragliche Abmachungen mit einem ungarischen Handwerksmeister zur Fertigung von Stahlrohrmöbeln nach seinen Entwürfen eingelassen. Inzwischen hatte aber auch Heinrich König im Auftrag und mit Billigung des Bauhauses einen Vertrag über die Produktion dieser Möbel mit der Firma Meissner GmbH abgeschlossen. Walter Gropius, zur Bereinigung der Angelegenheit aufgerufen, mußte sich in Anbetracht der Sachlage selbstverständlich für den durch König abgeschlossenen Vertrag entscheiden, und damit hatte er die prompt erfolgende Kündigung Breuers hervorgerufen. Vier Wochen später entschloß sich Breuer dann doch, am Bauhaus zu bleiben.

Der Niederländer Mart Stam war der Mann gewesen, den Walter Gropius, als 1926 die Einrichtung einer Architektur-Abteilung am Bauhaus vorbereitet wurde, am liebsten als deren Leiter berufen hätte, doch der siebenundzwanzigjährige Architekt hatte sein Angebot damals abgelehnt. Mart Stam war weniger an Ausbildung und Verwaltungsarbeit interessiert als vielmehr an Fragen der Stadtplanung und des Siedlungsbaus, er zog die praktische Arbeit vor. Allerdings hatte er sich bereiterklärt, gelegentlich zu Gastvorlesungen und kritischen Vorträgen an das Bauhaus zu kommen – ein Versprechen, das er Ende 1928 auch einlösen sollte.

Unter den Männern, die gegen Ende jenes Jahres 1926 zu Vorträgen an das Bauhaus kamen, war der Architekt Hannes Meyer, dessen in Zusammenarbeit mit Hans Wittwer entstandene Entwürfe Walter Gropius mit großem Interesse studiert hatte – und wenn Gropius mit der Einladung an Meyer noch ein anderes, zunächst ganz persönliches Ziel verfolgt hatte, so blieb das allen übrigen verborgen. Meyers Vortrag am 21. Dezember 1926 wurde von den Studierenden wie von den Meistern mit großem Beifall aufgenommen. Walter Gropius war vertraut mit Meyers und Wittwers Entwurf zur Petersschule in Basel aus dem Jahre 1926 und fand hernach seine Einschätzung ihrer Arbeit durch deren Wettbewerbsentwurf zum Völkerbundspalast in Genf von 1927 bestätigt. Was ihn besonders auf Hannes Meyer hatte aufmerksam werden lassen, war nicht allein, daß der damals Siebenunddreißigjährige sich bereits einen Namen gemacht hatte, sondern vor allem das betont soziale Engagement des Architekten. Den programmatischen Aufsatz »Die neue Welt«, den Meyer 1926 veröffentlicht hatte, lernte Gropius erst später kennen. In diesem Aufsatz legte Meyer seine Grundprinzipien dar, die K.-H. Hüter 1966 knapp zusammengefaßt hat: »*Radikalen Bruch mit der Vergangenheit, radikale Anerkennung der technischen und wissenschaftlichen Faktoren der Gegenwart. Bauen ist ein technischer und biologischer, kein ästhetischer Vorgang. Das Wohnhaus ist eine Maschinerie zur Erfüllung seelischer und körperlicher Bedürfnisse, und seine Form ergibt sich aus meßbaren, sichtbaren und wägbaren Funktionen.*«[113]

Der bedeutendste Auftrag, den die Architektur-Abteilung des Bauhauses unter Hannes Meyer ausgeführt hat, war die Errichtung der Bundesschule des Allgemeinen Deutschen Gewerkschaftsbundes in Bernau bei Berlin. Die Entwürfe entstanden 1928, ausgeführt wurde der ausgedehnte Komplex 1928–1930.[114] Meyer beschäftigte auch die Studierenden bei der Planung, so arbeitete etwa Hermann Burzel am Projekt der Bundesschule des A.D.G.B. mit. Walter Gropius bewunderte damals Hannes Meyer und hielt auch in späteren Jahren stets daran fest, daß Meyer einen wertvollen Beitrag zur Entwicklung der modernen Architektur geleistet hat, unbeschadet der Tatsache, daß Meyers Arbeiten meist im Zusammenwirken mit anderen entstanden. So hatte er im letzten Kriegsjahr mit Georg Metzendorf am Projekt einer Krupp-Siedlung zusammengearbeitet und später wurde, wie bereits erwähnt, Hans Wittwer sein Partner; als Hannes Meyer an das Bauhaus ging, folgte ihm auch Hans Wittwer bald nach, ein bedächtiger Schweizer und begabter Architekt, fünf Jahre jünger als Meyer. Wenn Walter Gropius in späterer Zeit bestimmte Zweifel an Meyers Leistung anmeldete, dann hatten ihn Überlegungen dazu geführt, wie er sie 1963 einmal formulierte: *»Ich rätsele herum, was Meyer wirklich gebaut hat. Er war eng mit Wittwer verbunden, der ein schöpferischer Mensch von sehr bescheidenem Auftreten war. Ich bin zum Schluß gekommen, daß Wittwer unter den beiden der schöpferisch Entwerfende war, nicht nur, bevor sie ans Bauhaus kamen, sondern auch in der Ausführung der Schule in Bernau. Seinen Partner am Werk hat Meyer jedoch unterdrückt, bis Wittwer schließlich 1929 das Bauhaus verließ, wahrscheinlich, weil er sich von Meyer betrogen fühlte.«*[115]

Das waren allerdings Erkenntnisse, die Walter Gropius erst Jahrzehnte später und im Rückblick aufdämmerten. Damals, Ende 1926, hatte er Hannes Meyer und zugleich auch Hans Wittwer angeboten, ans Bauhaus zu kommen und die geplante Architektur-Abteilung zu übernehmen. Meyer kam im April 1927 nach Dessau, und Wittwer folgte ihm bald darauf. Wie zuvor schon mit dem Angebot an Mart Stam, verfolgte Walter Gropius insgeheim, ja vielleicht, ohne sich selbst das so recht eingestehen zu wollen, den Gedanken, daß er einen Mann an das Bauhaus holen müsse, der über kurz oder lang als sein Nachfolger die Leitung der Schule übernehmen könne. Im Rückblick, mehr als drei Jahrzehnte nach den Ereignissen, schilderte Gropius seine ersten Eindrücke von Meyer als neuem Mitarbeiter am Bauhaus so: *»Meyer wirkte, als er eintraf, recht kameradschaftlich und liebenswürdig, doch er war das ganze Gegenteil von einem offenherzigen Menschen, außerordentlich vorsichtig, und keiner kannte ihn wirklich, weil er einfach nicht bereit war, Flagge zu zeigen... Da ich mir der politischen Schwierigkeiten jener Tage nur zu bewußt war, fragte ich ihn geradeheraus, in welche Richtung seine Neigungen gingen, und er antwortete, daß er politisch ganz und gar uninteressiert sei... Nicht die Spur von seiner linkslastigen*

Einstellung ließ sich erkennen . . . Seine Arbeit tat er damals mit Anstand, und da es meine Überzeugung ist, daß ein Mann, sobald er einmal auf einen bestimmten Posten gestellt ist, freie Hand haben müsse, mischte ich mich nicht ein . . . Ich kann mich nicht daran erinnern, mit wem er sich zusammentat, doch bald nach seiner Ankunft verstrickte er sich in familiäre Probleme, die ihn eher mehr denn minder unter den Lehrern isolierten.«[116]

Mit der Aufgabe, die neue Architektur-Abteilung einzurichten, war Meyer von Gropius an das Bauhaus geholt worden, und dieser Aufgabe unterzog er sich mit vollem Erfolg. Architekturstudien hatte es auch zuvor schon am Bauhaus gegeben, freilich eher sporadisch und selektiv. Nunmehr konnte Gropius mit Befriedigung sehen, wie das Studium systematisch aufgebaut wurde, wie sich das Arbeitsgebiet für die Studierenden an Inhalt und Zielsetzung ständig erweiterte. Meyer als Leiter der Architektur-Abteilung oder Bau-Abteilung, wie sie auch genannt wurde, lehrte Architekturtheorie. Er beschäftigte sich insbesondere mit den Beziehungen zwischen Wohnung und Umwelt; was er anstrebte, war die Herausbildung wissenschaftlich exakter Grundlagen für jede Art von Entwurfsarbeit. Er bediente sich dabei der verschiedenen Komponenten, die insgesamt die Beziehungen zwischen Wohnung und Umwelt bestimmen und die er formelhaft zu erfassen suchte. So ging er aus von Geräuschen: im Haus, von Haus zu Haus, von Haus zu Garten, von Haus zu Straße, Kindern, Hunden, Katzen, Kraftfahrzeugen; von Gerüchen: Apfelblüten und Grillfeuer, Komposthaufen und Küchenabfälle, frische Wäsche und Auspuffabgase; von Ausblicken: auf das Haus gegenüber, auf den Garten nebenan; vom Sozialverhalten: Unterschiede der gesellschaftlichen Schichten, Anteilnahme an Politik und Gemeindeleben, Begegnungen auf dem Markt und im Waschsalon, Freundschaften, Nachbarschaftsbeziehungen. Auch die Einwirkungen von draußen auf die Innenwelt der Wohnung bezog Meyer ein: Postbote, Wasser-, Gas-, Stromableser, Schornsteinfeger, Kohlenträger, Handwerker, Waschfrau, Hausverwalter; Verwandte, Freunde, Gäste; Bettler, Diebe, Einbrecher; Kinder, eigene und fremde; Handlungsreisende; Autos und Fahrräder; Krankheiten; Ungeziefer; Radio und Reklame. Fast ein Jahr lang konnte Walter Gropius noch als Direktor des Bauhauses das Wirken Hannes Meyers in der Schule beobachten, und da gab es kaum etwas in dessen Auftreten, in dessen Äußerungen oder in dessen Arbeit, was auf irgendwelche aufgestauten Gefühle oder gar auf noch schlummernde politische Absichten in diesem Manne hätte schließen lassen.

War das Bauhaus von Anfang an seitens einer bestimmten politischen Richtung und seitens bestimmter Kreise der Wirtschaft angegriffen worden, so war auch Walter Gropius persönlich von jeher derartigen Anfeindungen ausgesetzt gewesen. Die Angriffe, teils aus der politischen Ecke kommend, teils auch von beruflichen und wirtschaftlichen Interessengruppen und von

Abb. 96 »Dessauer Bauhaus-Krach«. Karikatur von H. M. Lindhoff, in: »Kladderadatsch« vom 4. 3. 1928

akademischen Kreisen ausgehend, schienen im Lauf des Jahres 1927 an Häufigkeit und Intensität zuzunehmen; satirische Glossen und Karikaturen in Zeitungen und Zeitschriften *(Abb. 96, 97, 98)* trugen das ihre dazu bei, Walter Gropius und das Bauhaus lächerlich zu machen. Daß man Gropius auf der Gegenseite als einen ernsthaften Gegner ansah, machte die Veranstaltung einer deutschen Handelsorganisation am 3. November 1927 in Berlin deutlich, auf der sich rund sechzig führende Männer aus Handel und Gewerbe, Handwerk und Industrie trafen – sie stand unter dem Motto »abwehr der übertreibungen des neuen baustils«. Aus dem Tagungsbericht geht hervor, daß man in diesen Kreisen über die neue Entwicklung im Bauwesen aufs äußerste besorgt war; offensichtlich waren die Hersteller und Anbieter herkömmlicher Produkte der Gefahr bewußt, daß ihre Produkte bald aus der Mode kommen und keinen Absatz mehr finden würden. Ein durch Unterstreichung hervorgehobener Absatz in diesem Bericht beginnt mit der Feststellung: »*in der aussprache wurde geschildert, was zur bekämpfung des baustils der herren gropius und ihrer richtung bislang geschehen sei.*«[117]

Mit besonderer Empörung reagierte Walter Gropius allerdings auf ehrenrührige Angriffe, die auf seine persönliche Ehre, auf seine Integrität als Architekt und als Leiter des Bauhauses abzielten. Mit besonderer Erbitterung erfüllte ihn eine Attacke, die Heinrich Peus, der Verleger des »Dessauer Volksblatts« und Vorsitzende der SPD in Dessau, Mitte Januar 1928 gegen ihn lanciert hatte und die er als infame Beleidigung empfand. Peus hatte Gropius auf einer öffentlichen Versammlung bezichtigt, sich an den Honoraren für die Siedlung Dessau-Törten über Gebühr bereichert zu haben, und damit die ohnedies schon aufgeputschte Stimmung unter den Mitgliedern des Törtener Siedlerverbands noch weiter angefacht. Als übelste Manipulation aber empfand es Gropius, daß Peus seine eigene betont sachlich gehaltene Gegendarstellung offenbar unterdrücken wollte. So sandte er dem Verleger einen geharnischten Brief: »*mit empörung hörte und las ich von den unverantwortlichen bemerkungen, die sie in der tivoliversammlung betreffs meines honorars für die törtener häuser gemacht haben. trotzdem habe ich, um die gegenwärtige situation nicht zu erschweren, meine berichtigung an die presse in einer unpolemisch sachlichen form geschickt...*
seit jahren kämpfe ich für die verbilligung des wohnungsbaus, bin auf diesem gebiet anerkannt und muß nun erleben, wie gerade die menschen, für die ich diese arbeit leiste, gegen mich aufgehetzt werden....«[118]
Zwei Tage, nachdem Gropius diesen Brief an Peus gesandt hatte, suchte er den Verleger zu einer Aussprache in dessen Büro auf, die, wie ihm schien, zu einer Klärung der Situation führte. Doch noch im Laufe dieses Tages mußte er ein weiteres Mal an Heinrich Peus schreiben: »*nachdem ich heute*

Abb. 97 »In konsequentem Kampf gegen das Ornament hat ein Dessauer Architekt sich und seiner ganzen Familie die Ohren abgeschnitten.« Karikatur von Th. Th. Heine, in: Simplicissimus, 3. 9. 1928

bei ihnen war, las ich ihren aufsatz im heutigen volksblatt. es wird mir danach sehr schwer, an ihre vertrauenswürdigkeit zu glauben!

... ich schickte gestern gleich nach der absendung der ersten ... fassung eine zweite ausführlichere an die redaktion ... hierin ist vermerkt, daß der besondere verbilligende § für serienbauten berücksichtigt wurde bei der festsetzung des honorars. ihnen paßt das nicht in ihre tendenz und sie erwecken ausdrücklich den eindruck, als ob bei der honorarbestimmung der serienbau nicht berücksichtigt worden sei.

sie entnehmen meiner Erklärung, daß ich freiwillig 24% der gebühren zur verbilligung der häuser hingegeben habe ...

niemand ist berechtigt mich öffentlich so herabzusetzen, der ich freiwillig weit über das maß hinaus gegangen bin in geldlicher anständigkeit, was sonst üblich ist! ...

vor allen dingen steht es mir aber nicht an, meine gesinnungstätigkeit und opfer die ich bringe öffentlich auszuposaunen, und ich habe die freiwillige abgabe von honorar nur unter dem druck dieser unglaublichen moralischen verdächtigungen mitgeteilt, ebenso wie ich es nicht ausposaunt habe, daß ich dem etat des bauhauses im vergangenen jahr über m. 8000 zur verfügung gestellt habe, was mehr als dreiviertel meines direktorgehalts ausmacht...
 warum verlangen sie den freiwilligen verzicht auf jeglichen verdienst nur von mir und nicht von jedem anderen an der bauarbeit beteiligten!«[119] Als einzige Reaktion darauf kam noch eine Postkarte von Peus, auf der dieser schlicht vermerkte: *»sehr geehrter herr professor!*
 ich bin so beschäftigt, daß ich noch nicht zu einer antwort kam.
 der erste artikel war schon gesetzt und umbrochen, es war zu spät.
 weiteres folgt.«[120]
Immerhin hatte sich der Verleger der Kleinschreibung bedient, wie man sie am Bauhaus pflegte.

Jener 17. Januar 1928, ein Dienstag, an dem Walter Gropius den zweiten Brief an Heinrich Peus schrieb, war ein entscheidender Tag. Nach seiner Aussprache mit dem Verleger, und noch voller Zorn über dessen großspuriges Gehabe, ließ Gropius die Lehrerschaft wissen, daß er wahrscheinlich seinen Rücktritt einreichen werde, falls die im »Volksblatt« erhobenen Anschuldigungen und Vorwürfe nicht samt und sonders widerrufen würden. Daraufhin erklärte Moholy-Nagy spontan, daß, falls Gropius gehe, auch er das Bauhaus verlassen werde. Und Walter Gropius war entschlossen, seinen Abschied zu nehmen, so oder so.

Auch die Tatsache, daß sich eine deutliche Besserung der wirtschaftlichen Situation des Bauhauses abzuzeichnen begann, die sich nicht zuletzt in den durchschnittlich rund zweihundert Anfragen pro Woche entweder nach offenen Studienplätzen oder nach Produkten der Werkstätten widerspiegelte, vermochte Gropius von seinem Entschluß nicht abzubringen. Es war vor allem die Verschärfung der Lage in Dessau selbst, die durch die unablässig gegen ihn und das Bauhaus gerichteten Angriffe mit den widerlichsten Behauptungen und Entstellungen herbeigeführt wurde, aus der heraus sein Entschluß erwachsen war. Er wollte sich von der Schule zurückziehen und wieder als freier Architekt arbeiten – in der Hoffnung, daß damit die gegen das Bauhaus gerichteten Feindseligkeiten zunächst einmal abgelenkt würden und schließlich vielleicht ganz zum Erliegen kämen. Aber natürlich war es nicht ein Entschluß, den er nach der Auseinandersetzung mit Heinrich Peus und dem »Dessauer Volksblatt« auf der Stelle gefaßt hatte. Schon seit geraumer Zeit hatte er sich mit dem Gedanken getragen, sich von seinen Aufgaben an der Schule zu lösen und wieder in seinen eigentlichen Beruf zurückzukehren; was ihn noch hatte zögern lassen, war die Sorge um den geeigneten Nachfolger. Offensichtlich waren zum Jahreswechsel die Würfel

Abb. 98 W. Gropius. Karikatur von B. F. Dolbin in der Magdeburger Zeitung vom 16. 10. 1927

für ihn gefallen, denn am ersten Tag des neuen Jahres 1928 hatte er Bürgermeister Fritz Hesse in einem vertraulichen Brief über seine Absicht unterrichtet und ihm die Gründe dafür geschildert.[121] Es sei die vergiftete politische Atmosphäre in Dessau, in der er zum Sündenbock gemacht werde, er stieße eher auf Ablehnung denn auf Ermutigung, und das Bauhaus werde in seiner Arbeit durch die unzureichende finanzielle Ausstattung behindert. Die Schule müsse durch eine grundlegende Reorganisation den gegebenen Umständen angepaßt werden, und die Aufgabe der Reorganisation sei in den Händen eines neuen Mannes besser aufgehoben als in den seinen. Er würde es begrüßen, wenn man ihm nach Möglichkeit eine gewisse finanzielle Unterstützung gewähren könne, um ihm den Übergang ins Privatleben zu erleichtern.

In einem weiteren und nunmehr offiziellen Brief an Fritz Hesse, den er, wie der Entwurf zeigt, ebenfalls noch im Januar 1928 aufsetzte, bat er Bürgermeister und Magistrat um die vorzeitige Lösung seines Vertrags. In diesem Schreiben, das er am 4. Februar überreichte, legte er betont sachlich und äußerst zurückhaltend die Gründe für seinen Rücktritt dar, um abschließend den Mann zu benennen, den er als seinen Nachfolger vorschlug: *»Ich habe den Wunsch, meine Kräfte künftig in einem durch amtliche*

Pflichten und Rücksichten nicht so beengten Arbeitsfeld zu freierer Entfaltung zu bringen, zumal meine öffentliche Inanspruchnahme außerhalb Dessaus ständig zunimmt. Ich bin überzeugt, daß das Bauhaus heute innerlich und äußerlich so gefestigt dasteht, daß ich seine Weiterführung ohne Schaden meinen bisherigen, mit mir sachlich und persönlich eng verbundenen Mitarbeitern überlassen kann...

Als meinen Nachfolger schlage ich den Leiter unserer Bauabteilung, Herrn Hannes Meyer, vor, den ich nach seinen sachlichen und persönlichen Eigenschaften für geeignet halte, das Institut weiter gedeihlicher Entwicklung entgegen zu führen.«[122] Dieses Rücktrittsgesuch übergab Walter Gropius dem Bürgermeister zusammen mit einem persönlich gehaltenen Brief, in dem er ihn um seine Unterstützung bat: »*Anliegend mein offizielles Schreiben an den Magistrat betreffs Beendigung meines Vertrags. Ich lasse mich wie in allen unseren Verhandlungen von der Sorge um das Wohl des Instituts leiten, dem ich die durch meinen Weggang entstehende Unruhe gern erspart hätte. Deswegen fühle ich mich bedrückt, da ich keine Gelegenheit haben werde, meine Absichten vor dem feindseligen Dessauer Publikum zu vertreten. Ich möchte Sie daher bitten, diese Umstände, wenn Sie dem Magistrat meine Entscheidung vortragen, bei der Beratung zu bedenken.«*[123]

Noch im Laufe dieses 4. Februar, eines Sonnabends, gab Gropius eine öffentliche Erklärung an die Presse, in der er nochmals, zum Teil in wörtlicher Wiederholung seines offiziellen Rücktrittsgesuchs, die Gründe für seine Entscheidung darlegte.[124] Es war auch für die Bauhäusler ein bewegter Tag gewesen, Sigfried Giedion hatte eine Gastvorlesung gehalten, und für den Abend war ein geselliges Zusammensein anberaumt. Gerüchte vom bevorstehenden Rücktritt des Direktors waren durchgesickert, so daß Gropius die Tatsachen nicht länger verheimlichen konnte. Die Wirkung, die Walter Gropius bei dem als fröhliches Fest geplanten Abend auslöste, beschrieb Ise Gropius in ihrem Tagebuch: »*Da die Pressenachrichten noch am Abend in einem Extrablatt ausgegeben wurden, mußte Gropius seine Rücktrittsabsicht den Studierenden, die einen Tanzabend arrangiert hatten, bekannt geben. Die Stimmung war so betreten, daß Gropius erst durch vieles Bitten erreichte, daß doch getanzt wurde.«*

Es hatte Walter Gropius viel Mühe gekostet, mit seinen inständigen Ermahnungen, sie sollten doch musizieren, tanzen, vergnügt sein und sich nicht den Abend verderben lassen, die anfängliche Betroffenheit bei den Studierenden zu lösen. Das Fest nahm seinen Anfang, und Walter Gropius war ruhig und gelassen. Gegen drei Uhr morgens gab Andy Weininger eine Gesangseinlage, unter den Versammelten war eine fast wehmütige Stimmung aufgekommen. Dann aber trat Fritz Kuhr auf und sprach Walter Gropius direkt an. Er warf ihm vor: »*Du kannst uns einfach nicht im Stich lassen. Wir haben uns durchgehungert. Das Bauhaus ist nicht eine Kleinig-*

keit, die man einem anderen weiterreicht. Wenn auch ein paar Meister reaktionär sind, die Studierenden stehen hinter Dir. Wir haben eine Mission zu erfüllen. Die ist das Programm des Bauhauses. Hannes Meyer als Direktor des Bauhauses ist eine Katastrophe – das Ende.« Ise Gropius notierte hierzu: *». . . Kuhr . . . machte es in einer so rührenden und überzeugenden Form, daß er von allen Bauhäuslern sofort unterstützt wurde, und es war für Gropius eine sehr schwierige Situation.«* Walter Gropius suchte die Wogen zu glätten, er rief die Studierenden trotz der fortgeschrittenen Stunde zu einer nüchternen Betrachtung auf und appellierte an sie: *»In vino veritas est. Aber Kuhr ist im Irrtum. Nichts ist heutigentags an eine einzige Person gebunden. Man muß positiv sein, nicht negativ.«* Doch unter den Studierenden gärte es weiter, vor allem der Angriff auf Hannes Meyer hatte Wirkung gezeigt, bis dann Moholy-Nagy mannhaft in die Bresche sprang, um die Situation zu retten. Ise Gropius vermerkte: *». . . die Stimmung wurde so negativ, daß schließlich Moholy sich dazu überwand, für Meyer zu sprechen, um eine allgemeine Revolte zu verhüten. Seine schöne Selbstlosigkeit und sein glühendes Interesse für das Bauhaus kamen dabei sehr klar zutage und machten allgemein Eindruck.«* Eindringlich beschwor Moholy-Nagy, wie vor ihm Gropius, die Studierenden, sich jetzt nicht zu entzweien und geschlossen zusammenzustehen. Mahnend hatte Walter Gropius geendet: *»Um fünf Uhr morgens sind alle müde. Das Ganze schafft nur Unruhe – und dann morgen die Presse! Die Feinde haben Plakate angeschlagen.«*[125]

Ultimo: März 1928 – Rückblick und Ausblick

Der Magistrat der Stadt Dessau stimmte der vorzeitigen Lösung des Vertrags mit Walter Gropius zu, das Vertragsverhältnis wurde mit Wirkung vom 1. April 1928 beendet. Der Direktor des Bauhauses war zurückgetreten – das war eine Nachricht, die bei den Gegnern unverhohlene Genugtuung auslöste, bei den Freunden jedoch mit recht gemischten Gefühlen aufgenommen wurde. Die Zeitungen brachten die Meldung von diesem unerwarteten Rücktritt in ausführlichen Berichten, die von der objektiven Schilderung der tatsächlichen Vorgänge bis hin zu spekulativen Erörterungen der mutmaßlichen Hintergründe reichten.[126]

Walter Gropius war über die Presseberichterstattung nicht sonderlich glücklich und meinte, einzig der Beitrag von Max Osborn in der »Vossischen Zeitung« habe den wahren Sachverhalt wiedergegeben. Da Gropius während dieser letzten Wochen in Dessau alle Hände voll zu tun hatte, um am Bauhaus die Geschäfte zu übergeben und den Umzug, seinen eigenen wie den seines Architekturbüros, nach Berlin in die Wege zu leiten, war es wiederum Ise, die in seinem Namen an Max Osborn ebenso schreiben mußte wie an alle anderen Freunde, die sich nach dem Bekanntwerden des

Rücktritts bei ihnen gemeldet hatten. Max Osborn teilte sie mit: »*Ich moechte ihnen auch im namen von* gropius *sehr herzlich danken fuer diesen unbekuemmerten aufsatz, der als einziger den wahren sachverhalt traf. alle anderen kombinationen ueber unstimmigkeiten im bauhaus selbst sind vollkommen daneben gegriffen und wir wundern uns, daß man darauf verfallen ist, anstatt auf die viel naeherliegenden geldlichen mißstaende, die gropius schließlich zu seinem entschluß gebracht haben. die vollkommene teilnahmslosigkeit von reichsstellen und industrie, die zwar in der letzten zeit viel entgegenkommender ist, sobald es sich um uebernahme von modellen handelt, laeßt uebersehen, daß vorlaeufig auf einen ausbau des bauhauses auf keinen fall zu rechnen ist, im gegenteil hat die etatberatung ergeben, daß ein abbau stattfinden muß... das alles ist fuer* gropius, *dessen plaene alle auf eine breitere entwicklung drangen, allmaehlich untragbar geworden. er hat 9 jahre lang die unerhörten opfer an zeit gebracht und ist heute mit einem wissen und einer erfahrung ausgeruestet, die es nicht mehr dulden, daß er sich hier in dessau mit hinz und kunz herumschlaegt, waehrend draußen viele aufgaben, zu deren loesung er aus zeitmangel nicht kommt, unfertig liegen bleiben... es sieht so aus, daß auch dem bauhaus besser geholfen waere, wenn gropius sich draußen eine starke position verschafft, von der aus er dem bauhaus viel mehr moeglichkeiten zum eingreifen ins praktische leben geben kann...«*[127]

Auch an Heinrich König, den treuen Freund, dem Walter Gropius für seinen »anteilnahmsvollen brief« danken ließ, hatte Ise kurz zuvor ausführlich geschrieben und ihm im gleichen Sinne, vielfach mit den gleichen Worten, die Vorgänge und Zusammenhänge dargelegt. Dabei hatte sie hinzugefügt: »*sie können mir glauben, daß gropius, der zähe und geduldig ist und das äußerste ertragen hat, um das bauhaus aufzubauen, diesen entschluß nicht leichten herzens und etwa nur aus egoistischen gründen heraus gefaßt hat... aber einmal ist das maß voll und die dessauer, die ihre ganzen politischen kämpfe allmählich auf seinem rücken ausgetragen haben, haben seine langmut doch wohl überschätzt, denn jetzt sind sie etwas erstaunt und möchten gerne einiges rückgängig machen.*

... es wäre gropius ein leichtes gewesen, mit dem bauhaus dieselbe schlußgeste zu machen wie seinerzeit in weimar, aber gerade das wollte er vermeiden, weil er die sichere zuversicht hat, daß hannes meyer, den er schon mit dem gedanken einer eventuellen nachfolgerschaft frühjahr 1927 hierher geholt hat, die sache zwar mit engeren grenzen, aber auf einer guten grundlage fortführen wird. die bauhäusler haben sich entschlossen, seinen standpunkt anzuerkennen...

gropius selbst ist voller arbeitsdurst und lebt schon ganz in der zukunft...«[128]

Von einer bestimmten Vorstellung, die Walter Gropius insgeheim hegte, von der er niemals gesprochen hat und die doch beim Abschied vom Bauhaus wieder in ihm erwacht sein mag, berichtete vierzig Jahre später

Richard Paulick. Der einstige Bauhäusler und spätere Präsident der Deutschen Akademie der Künste in Ost-Berlin erklärte: »*Sein Schaffensproblem, das schon 1910 das Exposé an Walter Rathenau veranlaßte, ist die Industrialisierung des Bauens, das ihn auch am Bauhaus und später in den USA beschäftigt.*

Sehr früh wird ihm klar, daß die Systembauweisen baukünstlerisch keine Lösung sind, daß man einen ›Baukasten im Großen‹ schaffen muß, wenn man das industrielle Bauen gestalterisch beherrschen will. Das ist ohne staatliche Lenkung unmöglich.

Deshalb war es in den zwanziger Jahren sein heimlicher, nie öffentlich vorgetragener Wunsch, ein Ministerium für Bauwesen in Deutschland zu schaffen, in dem er als Staatssekretär die technische Politik steuern kann.«[129] Von Regierungsseite allerdings ist eine solche Vorstellung niemals erwogen worden, noch konnte Walter Gropius jemals darauf hoffen, daß man ihm ein derartiges Angebot machen würde. Dem stand allein schon die politische Konstellation im Reich entgegen, wie sie sich auch – in entsprechend kleinerem Maßstab – in den Dessauer Verhältnissen widerspiegelte.

Während Walter Gropius offiziell noch im Amt war, übernahm Hannes Meyer bereits die Aufgaben des Direktors. Hatte schon der Rücktritt von Gropius und die Ernennung von Meyer bei den Studierenden zum Protest geführt, so erregte dieser plötzliche Wechsel in der Verwaltung noch mehr den Unmut der Lehrer wie der Schüler – Walter Gropius dagegen nahm es dankbar hin, war er damit doch endlich entlastet und hatte die Hände frei, um den Auszug aus Dessau und die Rückkehr nach Berlin zu bewerkstelligen.

Noch in den ersten Februartagen, kurz nach der Rücktrittserklärung von Walter Gropius, legte Hannes Meyer vor den Studierendenvertretern seine Gedanken über die zukünftige Arbeit des Bauhauses dar. Es war natürlich noch kein fertiges Konzept, doch immerhin eine programmatische Skizze: »*Die Organisation des Bauhauses muß, wenn sie lebensfähig sein soll, sich nach den vorhandenen Tatsachen richten. Eine vollständige Umgestaltung kann weder heute noch später möglich sein, soll es auch nicht, in erster Linie richtet sich die Organisation nach dem Etat... Der Leiter einer Anstalt hat auch nicht die Aufgabe, dem Institut eine persönliche Prägung zu geben. Er ist lediglich dazu da, alle Richtungen, die sich in ihm vereinigen, zu einem positiven Ganzen zusammenzufügen. Vergleichen wir das Bauhaus mit einer Fabrik: Auch der Direktor ist lediglich Arbeiter, und ein Arbeiterwechsel bringt der Gesamtheit keine Störungen.*«[130] Soweit sich Hannes Meyer als Leiter der Architektur-Abteilung zu sozialen Fragen geäußert hatte, soweit sich seine Einstellung in seiner Arbeit niederschlug, schien er in seinen Ansichten nicht weit von Walter Gropius entfernt zu sein. Meyer war damals nicht gerade ein offener, umgänglicher Mensch, er gab sich im

Gegenteil eher zurückhaltend und verschlossen; Walter Gropius hielt es, rückblickend, für möglich, daß Meyer bewußt mit seiner wahren Einstellung hinterm Berg gehalten, daß er sein sozialistisch-kollektivistisches Dogma verschleiert habe.

Wie Gropius hatte auch Moholy-Nagy seinen Vertrag mit Wirkung vom 1. April 1928 aufgelöst. Mit Meyer verstand sich Moholy-Nagy ganz und gar nicht, die beiden waren gegensätzliche Naturen; neben seiner Verbundenheit mit Gropius war es dieser Umstand, der Moholy-Nagy in seinem Entschluß bestärkte, ebenfalls auszuscheiden. Gerade in den letzten Wochen vor dem Rücktritt hatte er noch mit Aufträgen für seine Metall-Werkstatt ansehnliche Erfolge erzielt, doch angesichts der Situation des Bauhauses mußte er allzu viel Zeit am Schreibtisch verbringen, um als sein eigener Buchhalter Kalkulationen zu erstellen, statt schöpferischer Arbeit nachzugehen – gewiß ein zusätzlicher Anreiz, der Schule Valet zu sagen.

Auch Herbert Bayer und Marcel Breuer hatten ihre Verträge gekündigt, fanden sich dann aber bereit, erst mit dem Ende des Sommersemesters 1928 auszuscheiden. Bayer fühlte sich Gropius loyal verbunden und wollte nicht länger bleiben, nachdem dieser gegangen war. Breuer fühlte sich durch den Lehrbetrieb auf die Dauer zu sehr eingeengt, er wollte sich neuen, größeren Aufgaben zuwenden.

Georg Muche hatte das Bauhaus und Dessau bereits im Juli 1927 verlassen, drei Monate, nachdem Hannes Meyer als Leiter der neuen Architektur-Abteilung an das Bauhaus berufen worden war; anscheinend wollte es Muche nicht in den Kopf, daß er weiter die Weberei-Werkstatt leiten sollte, statt in das erwünschte und angestrebte Fach Architektur überzuwechseln. Offensichtlich standen in Wahrheit andere, unbekannt gebliebene Gründe dahinter, daß er im Sommer 1927 zu Johannes Itten nach Berlin ging, um an dessen privater Kunstschule ein Lehramt zu übernehmen. Muche sprach gelegentlich davon, daß er fühle, daß die Studierenden ihm nicht über den Weg trauten und daß er »so nicht arbeiten könne«. Die Studierenden freilich hatten daraufhin, zur Rede gestellt, unumwunden erklärt, daß sie ihn sehr bewunderten, sie wünschten, daß er weiterhin ihr Meister bleibe; auch dies aber hatte schließlich nichts gefruchtet, Muche schien in seinem Selbstvertrauen erschüttert. Als er seinen Abschied nahm, befand er sich in recht kläglichen finanziellen Verhältnissen. In der Hoffnung, damit wenigstens die Umzugskosten bestreiten zu können, bat er um eine Ausgleichszahlung für Verbesserungen, die er an dem von ihm bewohnten Meister-Haus vorgenommen hatte – und wurde prompt abschlägig beschieden; die Stadt hatte kein Geld, und das Bauhaus auch nicht.

Alle, die da das Bauhaus verließen, Meister wie Jungmeister, hatten Jahre ihres Lebens der Ausbildung der Studierenden gewidmet, nun wollten sie sich neuen Aufgaben zuwenden und als freie Künstler arbeiten. Walter Gropius hatten sie sich verpflichtet gefühlt, mit Hannes Meyer verband sie nichts. Der Auszug der Meister aus Dessau brachte auch einen Besitzerwechsel in den Meister-Häusern an der Burgkühnauer Allee mit sich, in die von Muche und Moholy-Nagy bewohnten Häuser zogen Josef Albers und Hinnerk Scheper, das Gropiussche Haus übernahm Hannes Meyer.

Für Ise Gropius war die Trennung von Dessau denn doch keine so ganz leichte Sache, der Auszug bedeutete das Ende eines Lebensabschnitts. So gestand sie in ihrem Brief an Heinrich König zum Schluß ein: »*uns persönlich, vor allem auch mir, wird der abschied vom bauhaus ganz unglaublich schwer; wir wissen zu genau, daß es nicht möglich sein wird, einen kreis so eng verbundener menschen noch einmal zu schaffen, und daß wir in zukunft auf vieles verzichten müssen, was sich hier selbstverständlich ergab! auch der abschied von unserem haus, das wir doch erst ein jahr bewohnen, ist eine traurige sache, und ich fürchte mich etwas vor der berliner mietswohnung. aber das ist ja nichts im vergleich zu den anderen dingen, von denen wir uns trennen müssen!*«[131]

Für Walter Gropius aber war mit seinem Entschluß zum Rücktritt die Entscheidung gefallen, für ihn waren Dessau und das Bauhaus ein abgeschlossenes Kapitel. So endete denn auch Ises Brief an Max Osborn kurz und bündig mit der Feststellung: »*wenn er einmal mit einer sache wirklich abgeschlossen hat, dann gehoert sein ungeteiltes interesse dem neuen beginn.*«[132]

Anmerkungen

Texte und Briefstellen, die als wörtliche Zitate erscheinen (und im allgemeinen *kursiv* gesetzt sind), werden grundsätzlich nach dem Wortlaut der deutschen Originale wiedergegeben.

In einzelnen Fällen, in denen die deutschsprachigen Originale nicht mehr zugänglich waren, sind die Zitate Rückübersetzungen aus dem Englischen. Frau Ise Gropius hat seiner Zeit anhand der – ihr damals vorliegenden – Unterlagen diese deutschen Texte ins Englische übersetzt. In solchen Fällen ist das im ursprünglichen Wortlaut nicht vorliegende Zitat durch * hinter der Anmerkungsziffer gekennzeichnet.

Die Schreibweisen, vor allem der Briefe, wurden aus Gründen der Authentizität ohne Korrektur übernommen.

Die zitierten Passagen von Äußerungen in englischer Sprache sind sämtlich in deutscher Übersetzung wiedergegeben. Dies gilt insbesondere für Äußerungen von Walter Gropius aus der Zeit nach 1934, nach seinem Weggang aus Deutschland – aus der Zeit also, da er sich überwiegend der englischen Sprache bedienen mußte.

Abgekürzt zitierte Literatur:

Giedion	= Sigfried Giedion, Walter Gropius, Mensch und Werk, Stuttgart 1954
A. Mahler-Werfel	= Alma Mahler-Werfel, Mein Leben, Frankfurt/M. 1960
Wingler	= Hans Maria Wingler, Das Bauhaus 1919–1933, Weimar, Dessau, Berlin und die Nachfolge in Chicago seit 1937, 3. Aufl., Bramsche 1975

Anmerkungen zu den Seiten 13–37

Vorwort

[1] Gropius, Brief an Manon Burchard, Lincoln, Mass., 16. Febr. 1963.
[2] Gropius, Brief an Herbert Bayer, Cambridge, Mass., 19. März 1951.
[3] Gropius, Brief an Herbert Bayer, Cambridge, Mass., 30. April 1951. »Argans Buch«: G. C. Argan, Walter Gropius e la Bauhaus, Turin 1951; deutsch: Walter Gropius und das Bauhaus, Reinbek 1962.
[4] S. Giedion, Walter Gropius, New York 1954; deutsch: Walter Gropius, Mensch und Werk, Stuttgart 1954.
[5] W. Gropius, The Scope of Total Architecture, New York 1954; deutsch: W. Gropius, Architektur. Wege zu einer optischen Kultur, Frankfurt a. M. 1956 (Fischer-Bücherei). Neuauflage mit einem Nachwort von Hans M. Wingler, Frankfurt a. M. 1982.
[6] W. Gropius, Rede anläßlich der Entgegennahme der Goldenen Albert-Medaille der Royal Society of Arts in London, November 1961. Von Gropius nochmals verwendet bei der Verleihung des Kaufmann International Design Award am 4. Jan. 1962.
[7] Ise Gropius, Brief an Nikolaus Pevsner, Lincoln, Mass., 14. Juni 1963.

Prolog

[8] Gropius, Testament, Berlin, April 1933.

1. Teil: Die Grundlagen

I Herkunft – Jugendjahre – Weltkrieg

[9] Zu den zahlreichen Abweichungen in der Schreibweise des Familiennamens zwischen dem 16. und 18. Jahrhundert wie zu weiteren während dieses Zeitabschnitts in der Familie vertretenen Berufen vgl. Deutsches Geschlechterbuch (Brandenburgisches), Limburg a. d. Lahn 1972.
[10] Hans Gropius, ein Rechtsanwalt, hatte beim Militär gedient und war Beamter, als er im April 1848 Vorsitzender des Untersuchungsausschusses in Fraustadt wurde; zuvor war er an den Vorgängen in Posen beteiligt gewesen. Wilhelm Ernst diente in der Nationalgarde und der Heimwehr.
[11] Im Verlauf seines abenteuerlichen Lebens war er auch zeitweilig Hauslehrer der Kinder Wilhelm von Humboldts und Reisegefährte Jakob Salomon Bartholdys gewesen.
[12] Johann Carl Christians älterer Bruder Johann Heinrich Georg Friedrich Gropius (1779–1854) war einstmals als Lehrling in die Firma eingetreten und wurde beim Tod Gabains im Jahr 1826 Mitinhaber.
[13] In dem Schinkel zugeschriebenen Entwurf waren auch Anbauten für ein Verlagshaus und für eine Buch- und Kunsthandlung vorgesehen.
[14] Paul Ortwin Rave hielt einen derartigen Geschäftsvorgang für so bedeutsam, daß er ihm 18 Seiten in seiner Studie widmete: P. O. Rave, Schinkel, Berlin 1952, S. 107–124.

¹⁵ Carl Wilhelms Sohn Paul Johann Gropius (1821–1888), der das Diorama samt seiner Bestände übernommen hatte, baute auf der gegenüberliegenden Straßenseite an der Stelle einer älteren Gropiusschen Werkstatt eine neue Werkstatt mit Lagerhaus; alle Gemälde gingen 1882 bei einem Großbrand verloren, der die Gebäude völlig zerstörte.

¹⁶* Gropius, Brief an Klaus Karbe, Cambridge, Mass., 5. Mai 1967.

¹⁷ Vgl. dazu allgemein E. Muret, Bearb., Geschichte der Französischen Kolonie in Brandenburg-Preußen, unter besonderer Berücksichtigung der Berliner Gemeinde, Berlin 1885. Unter den Hugenotten waren Textilfabrikanten, die französische Webtechniken in Preußen einführten; sie entwickelten sich zu den schärfsten Konkurrenten der Textilproduzenten in Frankreich. Einer solchen Hugenottenfamilie entstammte Georg Abraham Gabain, einer der Vorfahren der Familie Gropius (Vgl. o. S. 34 f).

¹⁸ Gerhard Marcks im Gespräch in Köln, Juli 1964.

¹⁹ Gropius, The Scope of Total Architecture, New York 1962, S. 141; deutsche Ausgabe (1982), (s. Anm. 5), S. 167.

²⁰ Gropius, Brief an die Schwester, Manon Burchard, Lincoln, Mass., 16. Febr. 1963. Offensichtlich hatte Gropius zu dieser Zeit, dreißig Jahre nach dem Tod der Mutter, den bitteren Meinungsaustausch über Alma Mahler im Briefwechsel während des Weltkriegs vergessen (vgl. Walter Gropius in Briefen vom 3. Juli 1915, vom Sept. 1915 und vom 3. Jan. 1916, in dem er sich kritisch über die mangelnde Anpassungsfähigkeit seiner Mutter äußerte).

²¹ Schinkel mußte für die Friedrich-Werdersche Kirche verschiedene Entwürfe vorlegen, so zu einem klassischen Bau und einem »im Mittelalterstil«. König Friedrich Wilhelm III. wünschte eine gotische Kirche, und Schinkels entsprechender Entwurf wurde am 8. Mai 1824 gebilligt. In die endgültige Gestaltung der 1825 begonnenen und 1830 fertiggestellten Kirche sind zweifellos Erfahrungen eingeflossen, die Schinkel auf seiner Studienreise nach England im Jahre 1826 sammeln konnte.

²² Es gab damals zwei Formen der höheren Schule, das humanistische Gymnasium und die Realschule, die stärker die modernen Sprachen und die Naturwissenschaften pflegte.

²³ Das Haus in Timmendorfer Strand war Walters Mutter 1889 von ihrer Tante Auguste Wahlaender (die in zweiter Ehe mit dem 1889 für ein Jahr die Preußischen Staatseisenbahnen führenden Präsidenten Becher verheiratet war) zum Geschenk gemacht worden.

²⁴ Gropius, Brief an die Mutter, Toledo, 15. Nov. 1907.

²⁵ Der Besitz war nach Angaben von Klaus Karbe der Mutter von Walter Gropius noch zu Lebzeiten ihres Vaters übereignet worden, die ihn dann 1890 an Henry Suermondt in Aachen verkaufte. Eine andere Version dagegen gab Walter Gropius selbst. Er berichtete, daß sein Großvater mütterlicherseits den ganzen Besitz verkauft habe bis auf 12 Morgen, die er behielt und die nach dessen Tod seine, Walters, Mutter erbte, die das Anwesen schließlich ihren Kindern Walter und Manon hinterließ.

²⁶ Zwischen Greifenhagen und Königsberg in Pommern gelegen. (Polnische Ortsnamen heute: Zarczyn, Gryfino, Chojna.) Das Haus Groß-Schönfeld war 1965 noch vorhanden. Die Hauptgebäude des Gutes beherbergten zu der Zeit eine staatliche Düngemittelfabrik.

²⁷ Zwischen Deutsch-Krone und Märkisch-Friedland gelegen. (Polnische Ortsnamen heute: Gornico, Walcz, Miroslawiec.)

²⁸ Gropius, Brief an Alfred Gropius, Lincoln, Mass., 10. Okt. 1961.

Anmerkungen zu den Seiten 51–58

[29] Polnische Ortsnamen heute: Drawsko Pomorski, Jez Lubie.

[30] Etwa 15 Kilometer südlich von Dramburg an der Straße nach Neuwedel gelegen. (Polnischer Ortsname heute: Pozrzadio Wlk.)

[31] Manon Burchard erinnert sich, daß sie einmal glaubte, er habe vorher auch noch für sehr kurze Zeit ein weiteres Gymnasium, insgesamt also vier verschiedene Gymnasien, besucht. Darin drückte sich wohl, so ihre Erklärung, die Art aus, in der er auf seine erste Erfahrung in der höheren Schule wie auf den mehrfachen Wohnungswechsel der Eltern reagierte. Die Familie war kurz vor seiner Geburt aus der Kochstraße, wo sie in der Nähe des Prinz-Albrecht-Palais lebten, in die Genthiner Straße 23 umgezogen. 1895 bezogen sie die Wohnung am Kurfürstendamm 25, 1902 wechselten sie in die Rankestraße 16 über.

[32*] Luise Gropius, Brief an Erich Gropius, Berlin, 3. Febr. 1903.

[33*] Luise Gropius, Brief an Erich Gropius, Berlin, 28. Febr. 1903.

[34] Vgl. Gropius, Brief an Manon Burchard, Lincoln, Mass., 17. Febr. 1965. Mit diesem Brief beglückwünscht Walter Gropius die Schwester zum 85. Geburtstag und schreibt: »du warst ausgesprochen eine Autorität fuer mich, vielleicht noch mehr wie Muttchen... Deine menschliche Gaenze hat mich immer beeinflußt...«

[35] Caes. de bello Gall. IV, 17–18.

[36] Thierschs und Bühlmanns Vorlesungen über Komposition und Proportion wurden ein Jahr später, 1904, in dem in Stuttgart erscheinenden und von J. Durm, H. Ende und E. Schmitt herausgegebenen »Handbuch der Architektur« veröffentlicht. Das eigene Exemplar von Walter Gropius befindet sich in seiner Privatbibliothek.

[37] George Collins führt auch noch Theodor Fischer, einen weiteren Schüler Sittens, unter Gropius' Lehrern an der Technischen Hochschule auf. Gropius selbst erklärte dagegen, daß er »Theodor Fischer niemals persönlich kennengelernt« habe, daß er allerdings »wußte, daß er großes Ansehen genoß und beliebt bei seinen Studenten war«. Gropius stand damals gerade erst am Beginn seines Studiums und »war ein völlig unbeschriebenes Blatt zu jener Zeit«, so daß es er »gar nicht wagte, zu einem bekannten Professor zu gehen, bevor« er nicht selbst »etwas gelernt hatte«. Vgl. George R. Collins and Christiane C. Collins, Camillo Sitte and the Birth of Modern Planning New York 1965, S. 77.

[38] Gropius, Brief an die Mutter, München, 5. Juli 1903.

[39] Gropius, Brief an die Mutter, München, 11. Juli 1903.

[40] Nach der Angabe von Walter Gropius starb sein Bruder Georg im Haus ihrer Großtante Auguste Becher. Vgl. Gropius, Brief an Klaus Karbe, Cambridge, Mass., 10. Okt. 1967.

[41] Gropius, Brief an die Mutter, Wandsbek, 18. Nov. 1904. Auch später noch gedachte Walter Gropius des toten Bruders und einer verstorbenen Schwester, die er nicht mehr kennengelernt hatte. Er entwarf einen Gedenkstein für das Grab der Geschwister, von dem er der Mutter in seinem Brief vom 27. Juni 1906 aus Wandsbek schrieb: »ich habe Hoffnung, das Denkmal bei Deiner Rückkehr fertiggestellt zu haben.« Und am 17. Juli 1906 konnte er ankündigen: »Unser Denkmal soll nun endlich in den kommenden Tagen aufgestellt werden...«

[42] Gropius, Brief an den Vater, Wandsbek, 5. Jan. 1905.

[43] Gropius, Brief an Klaus Karbe, Cambridge, Mass., 20. Sept. 1965. Willy Martens war als Architekt im Büro von Martin Gropius und Heino Schmieden tätig; er heiratete später

Bertha, die älteste der sieben Töchter von Martin Gropius, also eine Kusine des Vaters von Walter Gropius.

[44] Franz Wichards war 1896 als Pate bei der Taufe der kleinen Marlene, Onkel Erichs Tochter und Walter Gropius' Kusine, auf Gut Janikow anwesend.

[45] Gropius, Brief an die Mutter, Wandsbek, 29. Sept. 1904.

[46] Gropius, Brief an die Mutter, Wandsbek, 9. Okt. 1904.

[47] Zur Zeit des deutsch-französischen Krieges von 1870/71 stellte der Adel die Hälfte der Offiziersaspiranten. Die Söhne von höheren Offizieren, höheren Beamten und Großgrundbesitzern machten ein weiteres Drittel aus. Der Rest entstammte den begüterten Schichten aus Handel und Wirtschaft. Die Söhne des gehobenen Mittelstands rückten erst allmählich nach. Um die Jahrhundertwende gesellten sich dann die Professorensöhne, die Abkömmlinge der ›Mandarine‹ an den deutschen Universitäten, den Adligen hinzu. Bei den Husaren allerdings setzte sich das Offizierskorps weiterhin fast ausschließlich aus Adligen zusammen.

[48] In Walter Gropius' Bibliothek hat sich sein Exemplar der entsprechenden Dienstvorschrift erhalten: Instruktion zum Reitunterricht für die Kavallerie, Herausgegeben mit Allerhöchster Genehmigung S. M. Kaiser Wilhelms, Kriegsministerium, 31. August 1882, Neue Ausgabe, Berlin 1904.

[49] Gropius, Brief an die Mutter, Wandsbek, 9. Okt. 1904.

[50] Gropius, Brief an die Mutter, Wandsbek, 23. Okt. 1904. Das flotte Aussehen freilich war es wohl noch nicht, was den strammen Husaren ausmachte. Im vorangegangenen Brief, vierzehn Tage zuvor, hatte Walter der Mutter anvertraut: »Der kleine Dr. Lehmann fiel am ersten Tage 4× vom Roße trotzdem es lammfromm war.«

[51] Gropius, Brief an die Mutter, Wandsbek, 7. Nov. 1904.

[52] Gropius, Brief an die Mutter, Wandsbek, 14. Nov. 1904.

[53] Gropius, Brief an die Mutter, Wandsbek, 4. Dez. 1904.

[54] Gropius, Brief an den Vater, Wandsbek, 5. Jan. 1905.

[55] Gropius, Brief an die Mutter, Wandsbek, 10. Febr. 1905.

[56] Gropius, Brief an die Mutter, Wandsbek, 23. Okt. 1904.

[57] Gropius, Brief an den Vater, Wandsbek, 4. Dez. 1904.

[58] Gropius, Brief an die Mutter, Wandsbek, 2. Mai 1905.

[59] Gropius, Brief an die Mutter, Wandsbek, 19. März 1905.

[60*] Luise Gropius, Brief an Walter Gropius, Berlin, 12. Mai 1905.

[61] Gropius, Brief an die Mutter, Wandsbek, 2. Mai 1905.

[62] Das wurde von Rudi Matz 1965 im Gespräch bestätigt. Rudi Matz, ein Vetter von Walter Gropius, hatte dessen Onkel Erich in der Arbeit auf Gut Janikow unterstützt und das Gut jahrelang als Inspektor geleitet. Vgl. auch Klaus Karbe, Brief an Walter Gropius, Bad Godesberg, 14. Dez. 1965: »Tante Bertraut... schwört Stein und Bein, daß... Walter sowohl Schmiede, Speicher und selbst die Hofmauer gebaut hat, d. h. daß er die Pläne dazu geliefert hat.«

[63] Gropius, Brief an Klaus Karbe, Cambridge, Mass., 20. Sept. 1965.

[64] Gropius, Brief an die Mutter, Berlin, 27. Juni 1906.

[65] Gropius, Brief an die Mutter, Berlin, »d. 31. 1906«, aufgrund aller Indizien vermutlich der Bericht von drei Tagen Ende Januar 1907. Vgl. dazu die Äußerungen im Brief aus Mittelfelde vom 15. Febr. 1907, u. Anm. 75.

Anmerkungen zu den Seiten 70–82

[66] Auch als Herrenhaus Golzengut und als Görengut bezeichnet (Thieme-Becker); nicht zu verwechseln mit dem in der Nähe gelegenen Gut Gölz der Frau von Borcke.

[67] Der kluge und liebenswürdige alte Herr war der erste Jude gewesen, mit dem Walter Gropius wirklich Gespräche führen und Gedanken austauschen konnte; der zweite war dann sein wie er als Einjährig-Freiwilliger dienender Kamerad Lehmann bei den Wandsbeker Husaren.

[68] Zwei dieser Häuser sind noch heute vorhanden. Das eine läßt nach Umbauten die ursprüngliche Gestalt kaum noch erkennen, das zweite bewahrt bis jetzt trotz aller Spuren des Verfalls etwas vom ursprünglichen Aussehen.

[69] Fast alle Landarbeiter, hie und da mit Ausnahme der Vorarbeiter, galten zwar formell als Deutsche, waren aber Polen; viele von ihnen waren Analphabeten. Sie unterlagen im Zuge der Germanisierungsbestrebungen strengen gesetzlichen Bestimmungen.

[70] Gropius, Brief an die Mutter, Berlin, 16. Juni 1906.

[71] Gropius, Brief an die Mutter, Berlin, 26. Juni 1906.

[72] Gropius, Brief an die Mutter, Berlin, 17. Juli 1906.

[73] Gropius, Brief an die Mutter, Berlin, 21. Juli 1906.

[74] Ferdinand Tanner, Die Bauhütten des Mittelalters, Ein Vortrag, Regensburg 1871.

[75] Gropius, Brief an die Mutter, Mittelfelde, 15. Febr. 1907.

[76] Gropius, Brief an die Mutter, Berlin, 29. August 1907.

[77] Die Familie Gropius, in ihrem Stolz verletzt, war nicht bereit gewesen, die beleidigende Zurückweisung des Sohnes auf sich beruhen zu lassen. Der Vater hatte seinen Bruder Felix – der vordem den Neffen in der Uniform des Hauptmanns der Garde-Artillerie so beeindruckt hatte – mit eingespannt, und schließlich war es gelungen, den Widerstand des Obersten zu überwinden und die Angelegenheit zu bereinigen. Hochbefriedigt sandte die Familie ihrem Sohn die freudige Botschaft nach Spanien, doch nun stellte sich dieser, als ginge ihn das kaum etwas an. Er schrieb zurück: »Über den Ausgang meiner Militärgeschichte bin ich selig, mir ist damit ein Stein vom Herzen. Ich hätte fast Lust, aus Opposition doch in Wandsbek zu bleiben, würde darüber erst mit Hoffmannsegg disputieren. Vorläufig liegt mir das aber ganz fern, ich bin ganz Spanier...« Gropius, Brief an die Mutter, Madrid, 8. Jan. 1908.

[78*] Gropius, Brief an die Eltern, An Bord der »Albingia«, 2. Okt. 1907, vgl. dazu u. Anm. 89.

[79] Gropius, Brief an die Eltern, Burgos, 9. Okt. 1907.

[80] Gropius, Betrachtungen über die Architektur des spanischen Castells Coca bei Segovia, Manuskript (unveröffentlicht), Segovia und Berlin 1907–1908, auf der letzten Seite datiert Weihnachten 1908.

[81] Gropius, Brief an die Mutter, Medina del Campo, 21. Okt. 1907.

[82] Gropius, Brief an die Mutter, Madrid, 8. Jan. 1908.

[83] Gropius, Brief an die Mutter, Medina del Campo, 21. Okt. 1907.

[84] Gropius, Brief an die Eltern, Madrid, 31. Okt. 1907.

[85] Gropius, Brief an die Eltern, Madrid, 31. Okt. 1907. Anfänglich nahm Walter Gropius die Lebensweise der privilegierten Schicht, in deren Gesellschaft er sich bewegte, ganz unbefangen als eine Selbstverständlichkeit hin: »Alle haben viel Geld, schöne Sachen und interessanten Verkehr.« Gropius, Brief an die Mutter, Segovia, 6. Nov. 1907.

[86] Gropius, Brief an die Eltern, Sevilla, 16. Dez. 1907.
[87] Gropius, Brief an die Eltern, Segovia, 6. Nov. 1907.
[88] Gropius, Brief an die Mutter, Toledo, 15. Nov. 1907.
[89] Gropius, Brief an die Eltern, An Bord der »Albingia«, 2. Okt. 1907. Die Klagen waren wirklich bitter: »Den einzigen Kummer bringt mir der Gefährte, der ohne irgend eine Regung von Temperament an allem mit stumpfsinniger Schlafmützigkeit vorbeigeht, noch nicht eine originelle Äußerung tat und überhaupt kaum 3 mal am Tag den Mund auftut. Das ist entsetzlich und ich muß mich gewaltig zusammennehmen um ihm gegenüber meine Unbefangenheit zu behalten. Ich verspüre dauernd Lust, ihn mal zu verhauen, blos um ihn schreien zu hören. Wenn das so bleibt muß es zu Krächen kommen.« Vgl. o. Anm. 78.
[90] Gropius, Brief an die Mutter, Sevilla, 28. Nov. 1907.
[91] Gropius, Brief an die Mutter, Madrid, 26. Dez. 1907.
[92] Gropius, Brief an die Mutter, Madrid, 26. Dez. 1907.
[93] Gropius, Brief an die Mutter, Madrid, 8. Jan. 1908.
[94] Lucius Grisebach, Brief an Reginald R. Isaacs, Berlin, 16. März 1976. Die Freundschaft der beiden jungen Spanienreisenden hat wohl die Nagelprobe ihres Auftritts als Kunstkenner nicht überstanden. Lucius Grisebach erklärt dazu: »Hellmuts Freundschaft mit Walter Gropius hat nicht lang gehalten, denke ich. Hellmut wurde ein sehr konservativer Architekt von Landhäusern im herkömmlichen Stil. Er hat mir immer erzählt, daß er es gewesen ist, der den Barockstil Süddeutschlands in Pommern eingeführt hat. Das charakterisiert ihn ganz und gar. Als Gropius der erfolgreiche moderne Architekt wurde, hat er das nicht geschätzt und ihm den Erfolg niemals wirklich gegönnt. Aber er war ein sehr netter Herr und Onkel...«
[95] Gropius, Brief an die Eltern, Sevilla, 16. Dez. 1907.
[96] Gropius, Brief an die Mutter, Madrid, Zweiter Weihnachtstag, 26. Dez. 1907.
[97] Gropius, Brief an den Vater, Madrid, 26. Dez. 1907.
[98] Gropius, Brief an die Mutter, Segovia, 6. Nov. 1907.
[99] Walter Gropius im Gespräch in Cambridge, Mass., 24. Aug. 1965: »Ich entwickelte mich zu einem Experten für spanische Keramik. Mein Urteil wurde von Sammlern in Anspruch genommen wie zum Beispiel von dem Finanzminister de Osma in Madrid und von José Gestoso y Pérez in Sevilla, der mich mit seinem Buch ›Historia de los Barros Vidriados Sevillanos‹, Sevilla 1903, beschenkte.« – Das Buch befindet sich jetzt im Bauhaus-Archiv in Berlin. Die Seiten sind zu mehr als der Hälfte von Walter Gropius in seiner unverkennbaren Handschrift säuberlich mit Randnotizen versehen. Diese Anmerkungen sind zumeist in Deutsch gehalten; offensichtlich hat sich Gropius eines Wörterbuchs bedient, um geläufigere Synonyma in der jeweiligen Sprache zu finden, doch zeigt sich ebenso, daß er mit dem Spanischen durchaus vertraut war. Letzteres wird auch aus gelegentlichen Skizzen deutlich, die er zu beschreibenden Textpartien an den Rand gezeichnet hat. Herta Hesse[-Frielinghaus], Brief an Walter Gropius, Hagen i. W., 2. April 1969, macht noch auf einen Aufsatz von Karl Ernst Osthaus aufmerksam, in dem von der »weitgehenden Mitarbeit Wendlands bei der Entdeckung von Fliesen in Spanien« die Rede ist.
[100] Erschienen Madrid 1905.
[101] Walter Gropius im Gespräch in Cambridge, Mass., 24. Aug. 1965.

[102] Die Kapelle der Kolonie Güell in Santa Coloma de Cervelló hat Walter Gropius nach eigenen Angaben erst 1961 gesehen: Gropius, Brief an George R. Collins, Cambridge, Mass., 3. Jan. 1962.

[103] Walter Gropius im Gespräch in Cambridge, Mass., 24. Aug. 1965.

[104] Gropius, Brief an Herta Hesse[-Frielinghaus], Cambridge, Mass., 8. Mai 1969. Darin spricht Walter Gropius von der bewährten und freundschaftlichen Verbundenheit mit Karl Ernst Osthaus. Vgl. die auszugsweise Wiedergabe des Briefes in: H. Hesse-Frielinghaus, (Hrsg.), K. E. Osthaus, Leben und Werk, Recklinghausen 1971, S. 459; s. auch u. Anm. 107.

[105] Gropius, Brief an die Mutter, Sevilla, undatiert, vermutlich spätes Frühjahr 1908.

[106] Die AEG (so seit 1887: Allgemeine Electricitäts-Gesellschaft), 1883 von Emil Rathenau gegründet, war um die Jahrhundertwende zu einem der größten Elektrokonzerne der Welt herangewachsen und hatte das Konkurrenzunternehmen Siemens & Halske in Berlin überflügelt. Vgl. dazu Tilmann Buddensieg, Industriekultur · Peter Behrens und die AEG 1907–1914, zus. mit Henning Rogge u. a., Berlin 1979.

[107] Gropius, Brief an Herta Hesse [– Frielinghaus], Cambridge, Mass., 8. Mai 1969; »Osthaus brachte mich zu meinem Meister, Professor Peter Behrens, und ich zeichnete unter Behrens die beiden in Osthaus' Siedlung [der Gartenvorstadt] errichteten Häuser und beaufsichtigte die Gebäude in Hagen, stets in enger Verbindung mit Osthaus.« Vgl. dazu H. Hesse-Frielinghaus (Hrsg.), K. E. Osthaus, Leben und Werk, Recklinghausen 1971, S. 459. Die beiden Häuser in der Gartenvorstadt Hohenhagen waren die von Behrens entworfenen Häuser Schroeder und Cuno. Dazu Gropius 1958 im Rückblick auf seine Zeit bei Behrens: »In der ersten Phase – ganz im Geiste Behrens' – hatte ich lebhaften Anteil an den Häusern Schröder und Dr. Cuno, die ich fast allein durchdetaillierte.« S. dazu Helmut Weber, Walter Gropius und das Faguswerk, München 1961, S. 23.

[108] Gropius, Brief an Hans Curjel, Cambridge, Mass., 16. Juni 1960. Ähnliche Angaben gingen auch an andere Adressaten, vgl. z. B. Gropius, Brief an James M. Fitch, Cambridge, Mass., 22. Juli 1960: »Ich war in Behrens' Büro mit Mies zusammen. Le Corbu trat kurz, nachdem ich ausgeschieden war, in das Büro ein.« Le Corbusier arbeitete rund fünf Monate, von April bis September 1910, bei Behrens.

[109] Gropius, Brief an die Mutter, Medina del Campo, 21. Okt. 1907. Knapp zwei Wochen zuvor hatte er bereits über seine beiden »Schmerzenskinder« geklagt, nämlich seinen Reisegefährten und diese Verkrampfung der Hand: Gropius, Brief an die Mutter, Burgos, 9. Okt. 1907.

[110] Gropius, Brief an Heinrich Wurm, Cambridge, Mass., 5. Okt. 1965. »Nach einer Notiz auf einem zweiten Exemplar dieses Manuskripts, das ich besitze, wurde es Emil Rathenau A. E. G., Berlin, im April 1910 übergeben.«

[111] W. Gropius, Programm zur Gründung einer Allgemeinen Hausbaugesellschaft auf künstlerisch einheitlicher Grundlage m. b. H., Manuskript, Berlin 1910. Auszugsweise veröffentlicht in: H. M. Wingler, a.a.O., S. 26 f. Eine Abschrift des Original-Manuskripts besitzt das Bauhaus-Archiv in Berlin.

[112] Gropius, Brief an Wulf Herzogenrath, Cambridge, Mass., 30. Okt. 1968.

[113] Vgl. dazu F. Neumeyer, Die AEG-Arbeitersiedlungen von Peter Behrens, in: T. Buddensieg u. a., Industriekultur (o. Anm. 106) S. 127–140. Zu der lebhaften Diskussion der damaligen Zeit über die Gartenstadt hatte Behrens bereits im März 1908 – also just in

dem Moment, da er Walter Gropius in sein Büro aufnahm – einen Beitrag geliefert: P. Behrens, Die Gartenstadtbewegung, Die Gartenstadt 2, 1908, S. 26 ff.; Auszüge daraus erschienen im Berliner Tageblatt, 25. März 1908, Abendausgabe. Vgl. dazu T. Buddensieg, a.a.O., S. 68 u. ö.

[114] P. Behrens, Der Fabrikneubau, Das Echo · Deutsche Export Revue (Berlin) Nr. 1936, 16. Okt. 1919, S. 1294–1299; zitiert nach T. Buddensieg, u. a., Industriekulltur (o. Anm. 106), S. D 286. Man darf sich fragen, ob die Tatsache, daß Gropius sich in jenem Frühjahr 1910 im Büro von Behrens so überflüssig vorkam (›lächerlich, hier herumzuhokken‹), daß er nach der Übergabe seines Programms ausschied, vielleicht damit zusammenhing, daß ihm neben der Anerkennung seitens der AEG auch die Förderung durch den Meister versagt blieb. Überdies war es auch, wie unvermeidlich, zu Reibereien zwischen Behrens und seinem forschen jungen Mitarbeiter gekommen, es gab Auseinandersetzungen über festgestellte konstruktive Mängel der von Behrens entworfenen Häuser in Hagen, so daß Gropius am 5. März 1910 beschloß, seinen Abschied zu nehmen – »in der letzten Zeit ist es zu verschiedenen Differenzen zwischen Behrens und mir gekommen, die sich so gesteigert haben, daß ich mich gestern genötigt gesehen habe, auf meine fernere Zusammenarbeit mit ihm zu verzichten.« Gropius, Brief an Karl Ernst Osthaus, Berlin, 6. März 1910. Zitiert nach: H. Hesse-Frielinghaus (Hrsg.), K. E. Osthaus, Leben und Werk, Recklinghausen 1971, S. 419.

[115] W. Gropius, Programm (o. Anm. 111); diese Passage auch zitiert in: Gropius, Brief an Heinrich Wurm, Cambridge, Mass., 5. Okt. 1965.

[116] Ausgeführte Bauten und Entwürfe von Frank Lloyd Wright, Berlin 1910. Im darauffolgenden Jahr brachte der gleiche Verlag, Ernst Wasmuth, eine weitere Publikation über den amerikanischen Architekten heraus: Frank Lloyd Wright, Ausgeführte Bauten, Einl. Ch. R. Ashbee, Berlin 1911. Es nimmt nicht wunder, daß Walter Gropius in späteren Jahren diese beiden Titel leicht einmal durcheinanderbrachte.

ALMA MAHLER – ERSTE ERFOLGE ALS ARCHITEKT

[117] Gropius folgte damit einer Gewohnheit seiner Zeit, die im damaligen Deutschland beinahe eine Pflichtübung war. Wenn der Sommer kam, zog man sich, soweit man den besseren Ständen – und hier schlossen sich gekrönte Häupter nicht aus – oder den wohlhabenderen Schichten angehörte, zum Kuraufenthalt in eines der Modebäder zurück, um alle möglichen echten oder eingebildeten Leiden auszukurieren oder sich, zweifellos einem dringenden Bedürfnis folgend, einfach zu erholen.

[118] Im Rückblick bleibt, überschaut man das Leben des Walter Gropius, als eine Tatsache festzuhalten, daß er offenbar dazu neigte, sich mit verheirateten oder doch durch ein Verhältnis gebundenen Frauen einzulassen und anschließend auch mit den jeweiligen Gatten oder Lebensgefährten in Verbindung zu treten; was ihn zu letzterem trieb, ob es Gewissensbisse oder andere Beweggründe waren, ist eine müßige Frage. Verfolgt man die Korrespondenz zwischen ihm und der Mutter, die bis zu deren Tod nicht abriß, so gewinnt man daraus das Gefühl einer engeren, über das Maß der Mutter-Sohn-Beziehungen hinausgehenden Bindung zwischen den beiden. Darin mag einer der Gründe liegen, warum ihn Frauen anzogen, die so gebunden wie stark waren – an einen anderen Mann

gebunden und zugleich von Natur aus energisch, ja herrschsüchtig – und warum er seinerseits anziehend auf solche Frauen wirkte.

[119] Alma Mahler, Brief an Walter Gropius, Toblach, undatiert, vermutlich Juni 1910.

[120] Gropius, Brief an Alma Mahler, Tobelbad, undatiert, vermutlich Juni 1910.

[121] A. Mahler Werfel, And The Bridge Is Love, New York 1958, S. 52. Die Erinnerungen deutsch: A. Mahler-Werfel, Mein Leben, [Vorw. Willy Haas], Frankfurt a. M. 1960. Die deutsche Ausgabe verzichtet gänzlich auf eine Schilderung dieser Ereignisse; eine Begründung dafür ist nicht ersichtlich, sie läßt sich allenfalls aus Bemerkungen im Vorwort über die Bestrebungen eines Herausgebers (S. 9–11) erahnen. So verbleibt hier als einzige Erwähnung der Geschehnisse dieser Zeit eine Tagebuchnotiz vom Jan. 1915: »Mein Freund, der bedeutende Architekt Walter Gropius, liegt irgendwo in einem Feldlazarett. Er war unter Toten verschüttet und hat einen schweren Nervenschock. Ich fühle oder ahne es, er wird in meinem Leben etwas bedeuten. Ich hatte mich in den Jahren 1910 und 1911 sehr mit ihm befreundet.« (S. 72).

[122] Gropius, Brief an Gustav Mahler, Toblach, undatiert, vermutlich Juni 1910.

[123] Alma Mahler, Brief an Walter Gropius, Toblach, undatiert, vermutlich Juni 1910.

[124] Alma Mahler, Brief an Walter Gropius, Wien, 8. Juli 1910.

[125] Gropius, Brief an Anna Moll, Wien, 17. Juli 1910. Almas Vater Jakob Emil Schindler war 1892 gestorben, ihre Mutter hatte sich 1897 mit dem Maler Carl Moll verheiratet, einem einstigen Schüler ihres Mannes.

[126] Alma Mahler, Brief an Walter Gropius, Wien, 27. Aug. 1910.

[127] Alma Mahler, Brief an Walter Gropius, Wien, undatiert, vermutlich Anfang Sept. 1910. – Dort in München dirigierte Gustav Mahler am 12. Sept. 1910 die Uraufführung seiner Achten Symphonie, die zu einem triumphalen Erfolg für den Komponisten wurde.

[128] Alma Mahler, Brief an Walter Gropius, Wien, 19. Sept. 1910.

[129] Gropius, Brief an Alma Mahler, Neu Babelsberg, 21. Sept. 1910, Die »Arbeit für das Denkmal« bezieht sich auf den Wettbewerbsentwurf für das geplante Bismarck-Nationaldenkmal über dem Rhein bei Bingen; vgl. u. Anm. 135.

[130] Alma Mahler, Brief an Walter Gropius, Wien, 12. Okt. 1910.

[131] Alma Mahler, Brief an Walter Gropius, New York, 27. Okt. 1910.

[132] Alma Mahler, Brief an Walter Gropius, Toblach, 6. Sept. 1910.

[133] Alma Mahler, Brief an Walter Gropius, New York, 8. Nov. 1910.

[134] Anna Moll, Brief an Walter Gropius, Wien, 13. Nov. 1910.

[135] Das »Preisausschreiben für ein Bismarck-National-Denkmal auf der Elisenhöhe bei Bingerbrück« hatte 1910–1912 auch zahlreiche junge, noch unbekannte Architekten zu Einsendungen gelockt, so etwa den noch im Büro von Behrens arbeitenden Mies van der Rohe; sie alle gingen leer aus. Das Rennen machte Wilhelm Kreis, der allein drei Entwürfe vorgelegt hatte. Das Denkmal, das »anläßlich der Jahrhundertfeier am 1. April 1915« entstehen sollte, kam nie zustande; es war noch nicht einmal begonnen, als der Krieg ausbrach. Zu den Entwürfen vgl. aus damaliger Sicht M. Dessoir und H. Muthesius, Das Bismarck-Nationaldenkmal, Eine Erörterung des Wettbewerbs, Jena 1912.

[136] Carl Benscheidt im Gespräch in Alfeld, Aug. 1964. Der Brief in Wortlaut und Faksimile in: H. Weber, Walter Gropius und das Faguswerk, München 1961, S. 28–30.

[137] W. Gropius, Monumentale Kunst und Industriebau, Manuskript (Maschinenschrift), unveröffentlicht, datiert 29. Jan. 1911 (S. 13). Auszugsweise wiedergegeben in:

Anmerkungen zu den Seiten 108–122

H. Weber, Walter Gropius und das Faguswerk, München 1961, S. 27 f. Das Manuskript enthält Skizzen und Fotografien zur Ergänzung. Im Rückblick war Gropius später zu der Überzeugung gelangt, daß er mit diesem Vortrag, auch wenn es seinen Darlegungen noch an der wünschenswerten Deutlichkeit und Genauigkeit fehle, erstmals in die kritische Auseinandersetzung mit den Fragen der Architektur eingetreten sei.

[138] Zur Baugeschichte vgl. ferner H. Weber, Walter Gropius und das Faguswerk, München 1961.

[139] Alma Mahler, Brief an Walter Gropius, New York, 25. März 1911.

[140] Gropius, Brief an Alma Mahler, Berlin, 23. Jan. 1911. In München hatten Alma Mahler und Walter Gropius im Jahr zuvor gemeinsam eine Aufführung der Siebten Symphonie Gustav Mahlers erlebt.

[141]* Gropius, Brief an Alma Mahler, Berlin, undatiert, vermutlich gegen Ende Mai 1911.

[142] Gropius, Brief an Alma Mahler, Timmendorfer Strand, 4. Juni 1911.

[143] Gropius, Brief an Alma Mahler, Hotel Kummer, Wien, undatiert, vermutlich Mitte August 1911.

[144] Alma Mahler, Brief an Walter Gropius, Wien, »15ten«, vermutlich 15. Aug. 1911.

[145] Gropius, Brief an Alma Mahler, Berlin, 18. Sept. 1911.

[146] Gropius, Brief an Alma Mahler, Berlin, 1. Dez. 1911.

[147] Gropius, Brief an die Mutter, Dr. Lahmanns Sanatorium »Weißer Hirsch« bei Dresden, 15. Dez. 1911.

[148] Gropius, Brief an die Mutter, Dr. Lahmanns Sanatorium »Weißer Hirsch« bei Dresden, 17. Dez. 1911.

[149] Alma Mahler, Brief an Walter Gropius, Wien, 21. Nov. 1912.

[150] Gropius, Brief an Alma Mahler, Berlin, 3. Dez. 1912.

[151] Alma Mahler, Brief an Walter Gropius, Wien, 6. Mai 1914.

[152] Gropius, Brief an Joachim Hotz, Cambridge, Mass., 27. Sept. 1968. Nach diesem Brief wäre der Entwurf 1910 entstanden, doch geben die Quellen allgemein 1913 als Entstehungsjahr an.

[153] Die Firma besteht heute als die AMA-Werk G. m. b. H., Maschinen- und Apparatebau, Fährkenstr. 2, Alfeld.

[154] Gropius erklärte dazu später, er sei natürlich schon 1907 auf den Deutschen Werkbund aufmerksam geworden: »Ich wußte, daß die Gründung des Werkbunds bevorstand, glaubte aber damals noch nicht so weit zu sein, daß ich an dem Ereignis hätte teilnehmen können.«

[155] Die Ausstellung wurde am 15. Mai 1914 eröffnet und schloß programmgemäß im Oktober. Kennzeichnend für die Ziele war der Untertitel: »Kunst in Handwerk, Industrie und Handel · Architektur«. In den ersten drei Monaten (bis Kriegsbeginn) zählte man über eine Million Besucher. Man hatte fürsorglich auch an das Wohlbefinden der Gäste gedacht, für Unterhaltung und Erfrischung war gesorgt: Orchester und Kapellen spielten auf, es gab Bühnenaufführungen und Puppenspiele. Restaurants, Teestuben und Imbißstände bemühten sich um das leibliche Wohl.

[156] Gropius, Brief an die Mutter, Berlin, April 1914.

[157] Vgl. Deutsche Werkbundausstellung Cöln 1914, Ausstellungskat., Köln 1914, S. 316; Die Werkbundausstellung in Cöln a. Rh., Jahrbuch des Deutschen Werkbundes 1915, München 1915, S. 33–35, 138–141 u. ö.

Anmerkungen zu den Seiten 122–136

[158] Gropius, Brief an Joachim Hotz, Cambridge, Mass., 27. Sept. 1968. 1913 oder 1913–1914 wird von anderen Quellen als Entstehungszeit angegeben. Vgl. Schlafwagen, Jahrbuch des Deutschen Werkbundes 1915, München 1915, S. 133.

[159] Es war nicht das erste Mal, daß Henry van de Velde mit Fachkollegen aneinandergeriet. Er hatte gerade zuvor einen heftigen Streit mit Auguste Perret über dessen Planung für das Théâtre Champs-Elysées in Paris (1911–1913) ausgefochten. Perret hatte hier als Verfechter des Prinzips des strukturellen Gestaltens gegen van de Velde als Vertreter des Prinzips eines räumlichen und künstlerischen Gestaltens gestanden. Perrets Werk blieb nicht ohne Einfluß auf Walter Gropius, war er doch einer der ersten, die Stahlbeton für andere als reine Zweckbauten anwandten.

[160] Eine bequeme Zusammenfassung der Leitsätze und (in Auszügen) der bedeutsamen und weiterwirkenden Diskussion mit verständnisvollem Kommentar bringt J. Posener, Anfänge des Funktionalismus · Von Arts and Crafts zum Deutschen Werkbund (Bauwelt Fundamente 11), Berlin 1964, S. 199–227.

[161] August Endell, Brief an Walter Gropius, Köln, 28. Mai 1914.

[162] Gropius, Brief an Nikolaus Pevsner, Cambridge, Mass., 16. Apr. 1963.

[163] Gropius, Brief an Reginald R. Isaacs, Cambridge, Mass., 7. Jan. 1965.

[164] Walter Gropius, handschriftliche Aufzeichnung, geschrieben in Lincoln, Mass., etwa 1965. Obwohl die Vorgänge zum Zeitpunkt der Niederschrift dieser Notiz bereits ein gutes halbes Jahrhundert zurücklagen und Gropius fast der letzte Überlebende aus den Reihen der Wortführer von damals war, bewegte ihn die alte Auseinandersetzung noch immer zutiefst – das Blatt trägt am oberen Rand groß sein Urteil: »Schweinestall!«

[165] Gropius, Brief an Stanford Anderson, Cambridge, Mass., 14. Febr. 1964.

[166] Bruno Taut, Brief an Walter Gropius, Berlin, 1. Juli 1914.

[167] Walter Gropius hat später erklärt, daß sich Adolf Meyer niemals zum Soldatenleben hingezogen fühlte; doch auch Meyer blieb, wie alle anderen Staatsbürger, von den Ereignissen nicht verschont, er mußte bald danach das Büro ganz schließen und als Kriegsverpflichteter Dienst tun.

Die Kriegsjahre

[168] Gropius, Telegramm an die Mutter, Rathenow, 8. Aug. 1914.

[169] Gropius, Brief an die Mutter, Le Quieux, 19. Sept. 1914.

[170] Am 25. Sept. 1914 war Walter Gropius das Eiserne Kreuz verliehen worden; er war der erste Angehörige des Husaren-Regiments Nr. 9, der diese Auszeichnung empfing. Daneben wurde ihm auch eine weniger offizielle Anerkennung zuteil – die von ihm in ihrer strategischen Bedeutung erkannte und genutzte Anhöhe wurde im Sprachgebrauch der Truppe als »Gropius-Höhe« bezeichnet.

[171] Gropius, Brief an die Mutter, Le Quieux, 26. Sept. 1914.

[172] Gropius, Brief an die Mutter, Moussey, 7. Okt. 1914.

[173] Max Burchard, Telegramm an Manon Gropius, Alfeld, 13. Okt. 1914.

[174] Karl Ernst Osthaus, Brief an Walter Gropius, Hagen, 1. Okt. 1914.

[175] Ostgruppe Berlin des Bundes Deutscher Architekten, Brief an Walter Gropius, Berlin, 21. Okt. 1914.

Anmerkungen zu den Seiten 136–144

[176] Gropius, Brief an die Mutter und Burchards, Moussey, 11. Nov. 1914. Der Brief vermerkt eine Änderung der Feldpostanschrift: »Ltnt. Gropius, 1ste Res. Husaren Reg. 9, 30. Res. Division, Korps Eberhardt, Armee von Falkenhausen, über Straßburg.« Drei Wochen später folgt noch eine Änderung: »nicht Corps Eberhardt, sondern neuerdings XV. Reserve-Corps«, Brief vom 7. Dez. 1914, s. u. Anm. 177.

[177] Gropius, Brief an die Mutter und Burchards, Wisch [bei Straßburg], 7. Dez. 1914.

[178] Gropius, Brief an die Mutter, Laitre, undatiert, vermutlich 5. oder 6. Jan. 1915.

[179] Gropius, Brief an die Mutter, Feldlazarett 58, Wisch bei Straßburg, Anfang Jan. 1915. Ban-de-Sapt ist ein Dorf auf einem Höhenzug der Vogesen südostwärts von Senones.

[180] Gropius, Brief an die Mutter, Wisch, 16. Jan. 1915.

[181] Dr. Rose, Brief an Manon Gropius, Wisch, 18. Jan. 1915.

[182] Alma Mahler, Brief an Walter Gropius, Semmering, 31. Dez. 1914; s. u. Anm. 186.

[183] Das Ölbild mit dem Titel »Die Windsbraut«, auf der am 30. Mai 1914 eröffneten Jahresausstellung der Neuen Münchener Sezession ausgestellt, wurde allgemein als ideale Vision der Liebe zwischen dem Künstler und seinem Modell und zugleich als Abgesang auf diese Liebe verstanden. Das Bild befindet sich im Kunstmuseum Basel.

[184] In ihren Lebenserinnerungen sprechen beide vom Ende ihrer Liebe aus der jeweiligen Sicht. Alma Mahler schreibt, Kokoschka habe ihr ›Leben erfüllt und zerstört, zu gleicher Zeit‹. Oskar Kokoschka erklärt, er sei an Alma ›fast zugrunde gegangen‹, habe sich aber am Ende durchgerungen und ›mit ihr gebrochen‹.

[185] Alma Mahler, Brief an Walter Gropius, Wien, 4. Sept. 1914.

[186] Alma Mahler, Brief an Walter Gropius, Semmering, 31. Dez. 1914; s. o. Anm. 182.

[187] Gropius, Brief an die Mutter, Wisch, 16. Jan. 1915.

[188] Manon Gropius, Brief an den Sohn, Berlin, undatiert, vermutlich gegen Ende April 1915.

[189] Alma Mahler, Brief an Walter Gropius, Wien, 2. Mai 1915.

[190] Alma Mahler, Brief an Walter Gropius, Wien, undatiert, vermutlich Mai oder Juni 1915. Im Schloß von Moussey, einem kleinen Ort in den Vogesen nordostwärts von Senones, hatte Walter Gropius vor seiner Einlieferung ins Lazarett in Quartier gelegen.

[191] Alma Mahler, Brief an Walter Gropius, Hotel Bristol, Berlin, undatiert, vermutlich Mai 1915.

[192] Alma Mahler, Brief an Walter Gropius, Berlin, undatiert, vermutlich Juni 1915.

[193] Manon Gropius, Brief an den Sohn, Berlin, 24. Mai 1915.

[194] Manon Gropius, Brief an den Sohn, Berlin, 7. Juni 1915.

[195] Gropius, Brief an die Mutter, Aus dem Felde, 3. Juli 1915. Der Brief, der noch die volle Absenderangabe trägt: »Leutnant Gropius, 30. Reserve-Division, 9. Reserve Husaren-Regiment, Hptqu.«, war vermutlich an der Front längs der Mosel zwischen Nancy und Epinal geschrieben. Offensichtlich zog Gropius Alma Mahlers zweiten Vornamen Maria vor, da er weniger mit den Erinnerungen an Gustav Mahler und Oskar Kokoschka beladen war – daher auch Almas verzücktes »Alma Gropius! Maria Gropius!« in ihrem wohl kurz zuvor in Berlin geschriebenen Brief an ihn, s. o. Anm. 192.

[196] Manon Gropius, Brief an Alma Mahler, Timmendorf, 11. Juli 1915.

[197] Manon Gropius, Brief an den Sohn, Timmendorf, 12. Juli 1915.

[198] Zeit-Echo (München), 1914/15, S. 300 f. – Nach Oskar Kokoschkas eigener Aussage

Anmerkungen zu den Seiten 144-153

war der Titel ein Anagramm auf ihrer beider Vornamen, Alma und Oskar, und besagte soviel wie »Gegensätze ziehen sich an«.

[199] Alma Gropius, Brief an Walter Gropius, Wien, undatiert, vermutlich Juni/Juli 1915.

[200] Alma Gropius, Brief an Walter Gropius, Wien, undatiert, vermutlich gegen Ende Aug. 1915.

[201] Alma Gropius, Brief an Walter Gropius, Wien, undatiert, vermutlich 1. oder 2. Sept. 1915.

[202] S. o. Anm. 201.

[203] Alma Gropius, Brief an Walter Gropius, Wien, undatiert, gegen Mitte Sept. 1915.

[204] Die Kunstgewerbeschule war 1881 durch die Großherzoglich Sächsische Zentralbehörde für Kunst und Gewerbe begründet worden. Henry van de Velde, der seit 1900 in Deutschland tätig war, trat 1902 in die Schule ein, an der er ein Seminar für Kunst und Kunsthandwerk einrichtete. 1908 konnte er die Organisationsform und den Lehrbetrieb der Schule, die zugleich ihren neuen Namen erhielt, nach seinen Vorstellungen umgestalten; das Ziel war nicht zuletzt, mit dieser Kunstgewerbeschule eine Beratungs- und Verbindungsstelle zu schaffen, die zwischen Industrie, Handwerk, Handel einerseits und den künstlerischen Berufen andererseits vermittelte.

[205] Henry van de Velde blieb schließlich noch bis zum Jahresende 1917 in Deutschland.

[206] Die beiden anderen von van de Velde vorgeschlagenen Männer waren der Bildhauer Hermann Obrist und der Architekt August Endell.

[207] Gropius, Brief an die Mutter, Moussey, 19. April 1915.

[208] Manon Gropius, Brief an den Sohn, Berlin, undatiert, vermutlich gegen Ende April 1915.

[209] Henry van de Velde, Brief an Walter Gropius, Weimar, 8. Juli 1915.

[210] Gropius, Brief an Henry van de Velde, Im Felde [Nancy-Epinal], 4. Dez. 1915.

[211] Fritz Mackensen, Brief an Walter Gropius, Worpswede, 26. Sept. 1915. Die Hochschule für bildende Kunst war 1860 als Großherzoglich Sächsische Kunstschule gegründet worden und trug ihren späteren Namen seit 1910. Fritz Mackensen hatte die Direktion seit 1908 inne.

[212] Fritz Mackensen, Brief an Walter Gropius, Weimar, 2. Okt. 1915. Dieser wie auch der folgende Brief Mackensens auszugsweise wiedergegeben in: Wingler, a.a.O., S. 28f.

[213] Fritz Mackensen, Brief an Walter Gropius, Worpswede, 14. Okt. 1915.

[214] Gropius, Brief an Fritz Mackensen, Im Felde [Nancy-Epinal], 19. Okt. 1915. Auszugsweise wiedergegeben in: Wingler, a.a.O., S. 29.

[215] Alma Gropius, Brief an Walter Gropius, Wien, undatiert, vermutlich Okt. 1915.

[216] Karl Ernst Osthaus, Brief an Walter Gropius, Hagen, 22. Okt. 1915. Zitiert nach: H. Hesse-Frielinghaus (Hrsg.), K. E. Osthaus, Leben und Werk, Recklinghausen 1971, S. 468.

[217] Als Walter Gropius nach Kriegsende die Stellung in Weimar übernahm, gehörte die Wiederaufnahme des Werkstättenbetriebs zu seinen ersten Maßnahmen.

[218] Alma Gropius, Brief an Walter Gropius, Wien, undatiert, wohl Jan. 1916.

[219] W. Gropius, Vorschläge zur Gründung einer Lehranstalt als künstlerische Beratungsstelle für Industrie, Gewerbe und Handwerk, Geschrieben im Felde während des Dienstes, Namur, 25. Jan. 1916 (Maschinenschrift, 8 S.). Auszugsweise wiedergegeben in: Wingler, a. a. O, S. 29f.

Anmerkungen zu den Seiten 154–161

[220] Gropius, Brief an Ludwig Grote, Cambridge, Mass., 15. Febr. 1949. Aus den brieflichen Äußerungen Fritz Mackensens läßt sich verspüren, daß man gemeinhin gegen den Werkstättenbetrieb an Kunstschulen war, da man ihn für zu kostenaufwendig hielt und außerdem eine mögliche Konkurrenz gegenüber der freien Wirtschaft fürchtete. Gropius setzte in seinem Brief an Ludwig Grote noch ausdrücklich hinzu: »Der endgültige Entwurf des Bauhaus-Konzepts war erst gegen Ende 1918 festgelegt, nachdem ich nach Kriegsende nach Berlin zurückgekehrt war.«

[221] Gropius, Brief an die Mutter, Im Felde [Nancy-Epinal], 13. Sept. 1915.

[222] Alma Gropius, Brief an Walter Gropius, Wien, undatiert, vermutlich Ende Sept. 1915. Manon Gropius hatte wohl gelegentlich Alma Mahler gegenüber erwähnt, daß der Vater von Walter Gropius immerhin Geheimrat gewesen sei.

[223] Alma Gropius, Brief an Walter Gropius, Breitenstein, Semmering, undatiert, vermutlich Ende Sept. 1915.

[224] Gropius, Brief an Alma Gropius, Im Felde, »25. Sonntag«, offensichtlich 25. Juli 1915.

[225] Gropius, Telegramm an die Mutter, Heilig Blasien (Unterelsaß), 23. Okt. 1915.

[226] Gropius, Brief an die Mutter, In den Vogesen, Dez. 1915.

[227] Gropius, Brief an die Mutter, In den Vogesen, Ende Dez. 1916.

[228] Gropius, Brief an die Mutter, In den Vogesen, 3. Jan. 1916.

[229] Alma Gropius, Brief an Walter Gropius, Wien, undatiert, vermutlich Jan. 1916.

[230] Manon Gropius, Brief an Alma Gropius, Berlin, 5. Febr. 1916.

[231] Alma Gropius, Brief an Walter Gropius, Semmering, undatiert, vermutlich März 1916. Das dreigeschossige Landhaus am Berghang in Semmering bei Wien hatte Alma noch zu Lebzeiten Gustav Mahlers geplant. Nachdem sie im Sommer 1910 Walter Gropius kennengelernt hatte, bezog sie ihn in die Diskussion um die Gestaltung des Hauses ein; die Entwicklung ihres Verhältnisses zueinander hält fortan Schritt mit Planung, Bau und Umbau des Hauses. Die früheste Erwähnung findet sich in einem Brief Alma Mahlers aus New York vom 8. Nov. 1910: »Ich werde Dir meine Pläne für das Haus auf dem Semmering schicken, und Du kannst Mama alles aufschreiben, was fehlt und welche Vorstellungen Du dazu beitragen kannst ... Ich wünsche etwas nach Deinem Entwurf in meinem Haus.« Am 12. Febr. 1911 wandte sich Anna Moll, Almas Mutter, in Angelegenheiten des Hauses an Gropius. Am 9. Februar 1912 bat Alma ihn, er möge doch sehen, was er aus den »total verkorksten Plänen für das Häuschen« machen könne; zu dieser Zeit hatten sie sich bereits auseinandergelebt. Gropius brachte in die Planung die Gestaltung der durchgehenden Wand des Wohnzimmers als Kaminwand ein, die massiv aus großen Blöcken des in der Gegend anstehenden Granits aufgeführt wurde. Das Haus war im Frühjahr 1914 fertiggestellt, und Oskar Kokoschka hatte noch Gelegenheit, die Wand über dem Kamin mit einem großen Fresko auszumalen; vgl. dazu A. Mahler-Werfel, Mein Leben, Frankfurt a. M. 1960, S. 66. Die »Porch«, die Veranda, um deren Ausbau es im Frühjahr 1916 ging, sollte als bequemer Aufenthaltsort dienen und den ungetrübten Genuß des Ausblicks auf die umliegende Bergwelt gewährleisten.

[232] Alma Gropius, Brief an Walter Gropius, Semmering, undatiert, vermutlich Sommer 1916.

[233] Alma Gropius, Brief an Walter Gropius, Semmering, undatiert, vermutlich Sommer 1916.

Anmerkungen zu den Seiten 161–171

[234] Alma Gropius, Brief an Walter Gropius, Semmering, undatiert, vermutlich 9. Juni 1916; vgl. u. Anm. 236 und 238a.

[235] Alma Gropius, Brief an Walter Gropius, Semmering, undatiert, vermutlich Sommer 1916; vgl. o. Anm. 233.

[236] Alma Gropius, Brief an Walter Gropius, Semmering, undatiert, vermutlich 9. Juni 1916; vgl. o. Anm. 234 und 238a.

[237] Manon Gropius, Brief an den Sohn, Breitenstein, Semmering, 2. Juni 1916.

[238a] Alma Gropius, Brief an Walter Gropius, Semmering, undatiert, vermutlich 9. Juni 1916; vgl. o. Anm. 234 und 236.

[238b] Alma Gropius, Brief an Walter Gropius, Semmering, undatiert, vermutlich 13. Juni 1916.

[239] Gropius, Brief an die Mutter, In den Vogesen, undatiert, vermutlich Juli 1916. Erich Gropius verkaufte in diesem Jahr seinen Besitz Janikow und Golzengut an Dr. Reichert. (Dr. Reichert war mit der Familie Frank befreundet – Ilse Frank wurde 1923 die Gattin von Walter Gropius.) Danach lebte Erich Gropius auf Gut Matzdorf, einem rund 1700 Morgen großen Besitz bei Tzschecheln, Kreis Sorau, Niederschlesien.

[240] Gropius, Brief an Karl Ernst Osthaus, Im Felde, 25. Juni 1916. Zitiert nach: H. Hesse-Frielinghaus (Hrsg.), K. E. Osthaus, Leben und Werk, Recklinghausen 1971, S. 468f. Osthaus und Gropius waren inzwischen Duzfreunde geworden.

[241] Gropius, Brief an die Mutter, Namur, Nov. 1917.

[242] Gropius, Brief an die Mutter, Im Feldquartier, Vogesen, 17. Aug. 1916.

[243] Gropius, Brief an die Mutter, Namur, Nov. 1917; s. o. Anm. 241.

[244] Gropius, Brief an die Mutter, Im Feldquartier, Vogesen, 17. Aug. 1916; s. o. Anm. 242.

[245] Alma Gropius, Brief an Walter Gropius, Wien, undatiert, vermutlich Sept. 1916.

[246] Peter Behrens, Brief an Walter Gropius, Neu-Babelsberg, Sept. 1916.

[247] Gropius, Brief an die Mutter, In den Vogesen, 20. Sept. 1916.

[248] Gropius, Brief an die Mutter, In den Vogesen, 5./6. Okt. 1916.

[249] Gropius, Brief an die Mutter, In den Vogesen, undatiert, vermutlich Mitte Okt. 1916.

[250] A. Mahler-Werfel, And the Bridge Is Love, New York 1958, S. 89. In der deutschen Ausgabe ist auch diese Episode – wie vordem die Unterredung zwischen Gustav Mahler und Walter Gropius in Toblach im Sommer 1910 – nicht vorhanden, lediglich das Fazit am Ende ist aufgenommen: »Meine Empfindung für Walter Gropius war einer müden Dämmerehe gewichen. Man kann keine Ehe auf Distanz führen.« A. Mahler-Werfel, Mein Leben, Frankfurt a. M. 1960, S. 83. Vgl. dazu o. Anm. 121.

[251] Alma Gropius, Brief an Walter Gropius, Wien, undatiert, vermutlich gegen Ende Okt. 1916.

[252] Alma Gropius, Brief an Walter Gropius, Wien, undatiert, vermutlich Nov. 1916.

[253] Gropius, Brief an die Mutter, Wien, undatiert, wohl Dez. 1916.

[254] Alma Gropius, Brief an Manon Gropius, Wien, Sylvester 1916.

[255] Gropius, Brief an die Mutter, Wien, undatiert, wohl Dez. 1916; vgl. o. Anm. 253.

[256] Gropius, Brief an die Mutter, Im Felde, undatiert, offensichtlich Anfang Jan. 1917.

[257] Alma Gropius, Brief an Walter Gropius, Wien, undatiert, vermutlich Febr./März 1917.

[258] Gropius, Brief an die Mutter, Wien, 26. März 1917.
[259] Gropius, Brief an die Mutter, Schloß Flawinne bei Namur, »den 17. Juni, anno 1917!« Walter Gropius versäumte es allzu oft, seine Briefe mit dem entsprechenden Datum zu versehen – eine Nachlässigkeit, die seine Mutter immer wieder beklagte (und die nachträglich auch die Forschung beklagen muß). Bei diesem Brief fügte er darum als Trost für die Mutter hinzu: »Heute habe ich das Datum groß über meinen Brief gesetzt, bist Du zufrieden?«
[260] Gropius, Brief an die Mutter, Namur, undatiert, vermutlich Aug./Sept. 1917.
[261] Gropius, Brief an die Mutter, Somme, 11. Nov. 1917.
[262] Gropius, Brief an die Mutter, Wien, 15. Dez. 1917.
[263] Gropius, Brief an die Mutter, Großes Hauptquartier, undatiert, vermutlich Jan./Febr. 1918.
[264] Ein Stimmungsbild von diesem Urlaub und dem Weihnachtsfest gibt A. Mahler-Werfel, a.a.O., S. 88f.
[265] Gropius, Brief an die Mutter, Frankreich, 7. Jan. 1918.
[266] Alma Gropius, Brief an Walter Gropius, Wien, undatiert, vermutlich Jan. 1918.
[267] Gropius, Brief an Karl Ernst Osthaus, Im Felde, 24. 4. 1917. Zitiert nach: H. Hesse-Frielinghaus (Hrsg.), K. E. Osthaus, Leben und Werk, Recklinghausen 1971, S. 469f.
[268] Gropius, Brief an Karl Ernst Osthaus, Wien, 19. 12. 1917. Vgl. o. Anm. 267.
[269] Gropius, Brief an die Mutter, Im Felde, undatiert, vermutlich Jan./Febr. 1918.
[270] Alma Gropius, Brief an Manon Gropius, Wien, undatiert, vermutlich Ende Jan. 1918.
[271] Alma Gropius, Brief an Manon Gropius, Semmering, undatiert, vermutlich Febr. 1918.
[272] Gropius, Brief an die Mutter, Im Feldquartier, 10. April 1918.
[273] Gropius, Brief an die Mutter, Feldlazarett, Mai 1918. Das Datum des »27ten« dürfte sich auf den 27. März 1918 beziehen, den Tag, an dem die letzte deutsche Offensive im Westen begann.
[274] Gropius, Brief an die Mutter, Breitenstein, 22. Juni 1918. Aus dem Brief geht hervor, daß Alma Gropius weiterhin von den Einkünften aus dem Nachlaß Gustav Mahlers lebte; daß sie von dem Sold, der dem Leutnant Gropius zustand, nicht die Stadtwohnung in Wien und das Haus auf dem Semmering unterhalten und dazu noch ihre aufwendige Lebensführung bestreiten konnte, liegt auf der Hand.
[275] Gropius, Brief an Richard Meyer, Im Felde, 7. Juni 1918. Zitiert nach: G. Hassenpflug, Geschichte der Kunstschule in Hamburg, Hamburg 1956, S. 17 und Taf. 19.
[276] Gropius, Brief an die Mutter, Kriegsspital Grinzing b. Wien, Baracke 23, 17. Juli 1918.
[277] Gropius, Brief an die Mutter, Spital Grinzing b. Wien, Baracke 23, 8. Aug. 1918.
[278] Gropius, Brief an die Mutter, Wien, 17. Aug. 1918.
[279] A. Mahler-Werfel, a.a.O., S. 117.
[280] Aus Franz Werfels Tagebuch, Eintragung unter dem 26. August 1918: A. Mahler-Werfel, a.a.O., S. 114.
[281] So sprach Gropius noch mehr als vier Jahrzehnte später mit Hochachtung von Generalfeldmarschall von Hindenburg; er sei nicht lediglich einer der deutschen Heerführer des Weltkriegs gewesen, sondern deren berühmtester, der Heerführer schlechthin.

Später, als Reichspräsident, habe er nie etwas mit den Nationalsozialisten zu tun haben wollen, und wenn er ihnen schließlich zur Machtübernahme verholfen habe, müsse man ihm zugute halten, daß er im Greisenalter die Dinge nicht mehr recht habe überschauen können, so daß er dem Einfluß falscher Berater erlegen sei.

II. Weimar: 1919–1923

DIE NACHKRIEGSZEIT

[1] Er wurde verabschiedet als Leutnant und Adjutant im Stab 9. Reserve-Husaren-Regiment, 30. Reserve-Division, XV. Reserve-Corps.

[2] A. Mahler-Werfel, a.a.O., S. 121.

[3] Alma Gropius, Brief an Manon Gropius, Wien, November 1918.

[4] A. Mahler-Werfel, a.a.O., S. 122.

[5] Alma Mahler-Werfel, a.a.O., S. 117.

[6] Alma Mahler-Werfel, a.a.O., S. 124.

[7] Gropius, Brief an die Mutter, Berlin, vermutlich Anfang Dez. 1918; vgl. u. Anm. 20.

[8] Alma Gropius, Brief an Manon Gropius, Wien, undatiert, vermutlich Anfang Jan. 1919.

[9] Gropius, Brief an die Mutter, Berlin, Jan. 1919.

[10] Gropius, Brief an Alma Gropius, Berlin, 12. Febr. 1919.

[11] Gropius, Brief an die Mutter, Berlin, undatiert, vermutlich Anfang März 1919; vgl. u. Anm. 26.

[12] Alma Gropius, Brief an Walter Gropius, Wien, undatiert, vermutlich Anfang März 1919.

[13] Gropius, Brief an Karl Ernst Osthaus, Berlin, 23. Dez. 1918. Zit. nach H. Hesse-Frielinghaus (Hrsg.), K. E. Osthaus, Leben und Werk, Recklinghausen 1971, S. 470, 471, 472 (Anm. 54, 58, 65).

[14] Gropius, Brief an die Mutter, Berlin, undatiert, entsprechend einer Notiz zum Mord an Karl Liebknecht nach dem 15. Jan. 1919; vgl. u. Anm. 19.

[15] Gropius, Brief an die Mutter, Berlin, 31. März 1919; vgl. u. Anm. 27.

[16] Gropius, Brief an die Mutter, Berlin, Ende Jan. 1919. Erich Gropius war am 18. Jan. 1919 verstorben.

[17] Richard Gropius, ein Vetter von Walter Gropius sen., Teilnehmer am Feldzug gegen Dänemark und am Krieg von 1870/71, Professor und Familienforscher, hatte noch bis zum Alter von fünfundsiebzig Jahren (er war 1843 geboren) in Diensten des Roten Kreuzes gestanden und war für die Betreuung Kriegsgefangener zuständig gewesen. Sein Sohn Hans Gropius, ein gleichaltriger Vetter von Walter Gropius (er war genau zwei Tage jünger als dieser), war als Marineoffizier bei der Versenkung der »Emden« gefallen. Walters Onkel Felix Gropius, ebenfalls Kriegsteilnehmer von 1870/71, hatte 1914 im Alter von fünfundsechzig Jahren seine wohldotierte Stellung aufgegeben und wieder in den aktiven Dienst zurückkehren müssen. Seine Pflichten hatten ihn an die Westfront nach Belgien und Frankreich wie an die Ostfront nach Rußland und Serbien geführt, bis er nach

dem Zusammenbruch entlassen wurde. Die Damen, Walters Tanten und Kusinen, hatten zumeist freiwillige Dienste für das Rote Kreuz oder für karitative Organisationen geleistet.

[18] Gropius, Brief an die Mutter, Berlin, undatiert, vermutlich Ende Jan./Anfang Febr. 1919.

[19] Gropius, Brief an die Mutter, Berlin, undatiert, entsprechend der Notiz zum Mord an Karl Liebknecht vermutlich nach dem 15. Jan. 1919; vgl. o. Anm. 14.

[20] Gropius, Brief an die Mutter, Berlin, undatiert, vermutlich Anfang Dez. 1918; vgl. o. Anm. 7.

[21] Gropius, Brief an Karl Ernst Osthaus, Berlin, 23. Dez. 1918. S. o. Anm. 13.

[22] Dem Arbeitsrat für Kunst gehörten in der Aufbauphase bereits rund vierzig Mitglieder an, darunter auch Max Taut, Gerhard Marcks, Hans Scharoun, Max Pechstein, Georg Kolbe, Hans und Wassili Luckhardt. Als aktive Förderer setzten sich unter anderen Lyonel Feininger, Erich Mendelsohn, Adolf Meyer, Karl Ernst Osthaus und Ludwig Hilberseimer für seine Ziele ein.

[23] U. Conrads, Programme und Manifeste zur Architektur des 20. Jahrhunderts (Bauwelt Fundamente 1), Berlin 1964, S. 38 f.

[24] Gropius, Brief an Reginald R. Isaacs, Cambridge, Mass., 7. Jan. 1965. Kurz zuvor hatte Walter Gropius die Anfrage aus Ost-Berlin erhalten, ob er etwas dazu sagen könne, daß in die Zielsetzung des Arbeitsrats für Kunst auch unmittelbar aus dem revolutionären Rußland übernommene Programmpunkte eingegangen seien, wie es ein Brief von Gropius an Adolf Behne aus der Arbeitsrat-Zeit vermuten lasse: Karl-Heinz Hüter, Brief an Walter Gropius, Berlin-Karlshorst, 15. Dez. 1964. Eine Antwort darauf hat Gropius später gegeben: »Ich war 1918 Vorsitzender des Arbeitsrats für Kunst... Ich kann mich nicht erinnern, irgendetwas in der Hand gehabt zu haben, das direkt aus Rußland kam.« Gropius, Brief an Wulf Herzogenrath, Cambridge, Mass., 30. Okt. 1968.

[25] Gropius, Brief an Karl Ernst Osthaus, Berlin, 6. Jan. 1919. Zit. nach: H. Hesse-Frielinghaus (Hrsg.), K. E. Osthaus, Leben und Werk, Recklinghausen 1971, S. 471 f.

[26] Gropius, Brief an die Mutter, Berlin, undatiert, vermutlich Anfang März 1919; vgl. o. Anm. 11.

[27] Gropius, Brief an die Mutter, Berlin, 31. März 1919; vgl. o. Anm. 15.

[28] Mitglieder der Novembergruppe waren unter anderen Lyonel Feininger, Gerhard Marcks, Otto Mueller, Erich Heckel, Karl Schmidt-Rottluff, Christian Rohlfs, Otto Bartning, Hans Poelzig und Bruno Taut.

[29] B. Taut, Die Stadtkrone, Jena 1919; B. Taut, Alpine Architektur, Hagen i. W. 1920.

[30] Daneben nannte sich die Künstlerrunde auch »Der gläserne Kreis«. Die beste bisher vorliegende Darstellung bietet wohl der Ausstellungskatalog: Die gläserne Kette, Visionäre Architekturen aus dem Kreis um Bruno Taut · 1919–1920, Ausstellung Berlin, Akademie der Künste, Berlin 1966.

[31] Es ist auch möglich, daß das »Spectrum mysticum« dem Arbeitsrat für Kunst zugedacht war, in dem die meisten der angesprochenen Teilnehmer der Runde Mitglieder waren. Bruno Taut hat das Gedicht vielleicht nie zu Gesicht bekommen, das Original jedenfalls verblieb zusammen mit anderem Material aus jener Zeit in Walter Gropius' Akten. Eine Abschrift des Gedichts (Maschinenschrift) besitzt das Bauhaus-Archiv Berlin.

[32] Erst 1929–1930 entdeckte Frank Moller das Wohnberge-Material unter den Akten im Büro von Walter Gropius und vervollständigte mit dessen Hilfe die Zeichnungen.

[33] Aus der Ansprache von Walter Gropius bei Eröffnung der Ausstellung im »Graphischen Kabinett« J. B. Neumann, Berlin, Kurfürstendamm 232, im April 1919.

[34] U. Conrads, Programme und Manifeste zur Architektur des 20. Jahrhunderts (Bauwelt Fundamente 1), Berlin 1964, S. 43 f.

[35] Gelegentlich auch »Ausstellung für junge Architekten und Künstler« genannt. Zu den Ausstellenden gehörten etwa Erich Mendelsohn, damals zweiunddreißig, und Hans Luckhardt, damals neunundzwanzig Jahre alt. Gezeigt wurden auch die utopischen Entwürfe von Bruno Taut, Hans Scharoun, August Hablik und Hermann Finsterlin.

[36] Walter Gropius hatte mit seinem Vorschlag, Hochhäuser für Wohnzwecke zu errichten, einen Gedanken in die Diskussion eingebracht, der nach ihm von anderen Architekten aufgegriffen wurde, so von Bruno Möhring 1920, von Hans Scharoun und Richard Döcker 1921. Diese nachfolgend vorgelegten Konzepte hielten sich allerdings im Entwurf, soweit es die vorgesehenen Gebäudehöhen erlaubten, vorzugsweise an die herkömmlichen klassizistischen Formen.

[37] Walter Gropius hat nachweislich an der Versammlung im November 1919 teilgenommen, auf der die beiden Organisationen den Zusammenschluß vollzogen, sowie an mindestens zwei Zusammenkünften der noch miteinander verbundenen Gruppen kurz vor der neuerlichen Spaltung.

WEIMAR UND DAS BAUHAUS

[38] Gropius, Brief an die Mutter, Berlin, undatiert, vermutlich Anfang Dez. 1918.

[39] Gropius, Brief an Karl Ernst Osthaus, Berlin, 23. Dez. 1918. Zitiert nach: H. Hesse-Frielinghaus (Hrsg.), Karl Ernst Osthaus, Leben und Werk, Recklinghausen 1971, S. 472.

[40] Gropius, Brief an Ernst Hardt, Berlin, 16. Jan. 1919.

[41] Ernst Hardt, Brief an Walter Gropius, Weimar, 28. Jan. 1919. Hardt, Autor von Kurzgeschichten und Bühnenstücken, leitete das Weimarer Theater bis 1924. Die Professoren Richard Engelmann, Bildhauerei, und Walther Klemm, Graphik, hatten bereits 1917 an der Ausarbeitung von Reformvorschlägen des Lehrerkollegiums der Hochschule für bildende Kunst mitgewirkt, die neben anderem die Angliederung einer Abteilung für Technik und Kunstgewerbe sowie die Anstellung von Technikern als Lehrkräften für handwerkliche Ausbildung vorsahen; vgl. Wingler, a.a.O., S. 31 f.

[42] Gropius, Brief an Oberhofmarschall von Fritsch, Berlin, 31. Jan. 1919; wiedergegeben in: Wingler, a.a.O., S. 32 f.

[43] Gropius, Brief an die Mutter, Berlin, undatiert, vermutlich Anfang Febr. 1919.

[44] Die Kunstgewerbeschule hatte von 1908 bis 1915 unter der Leitung von Henry van de Velde gestanden, die Hochschule für bildende Kunst von 1908 bis 1919 unter der Leitung von Fritz Mackensen.

[45] Gropius, Brief an die Mutter, Berlin, Febr. 1919.

[46] Wiedergegeben in: Wingler, a.a.O., S. 34.

[47] Gropius, Brief an Ernst Hardt, Berlin, 3. März 1919.

[48] Der Antrag im Faksimile wiedergegeben in: Wingler, a.a.O., S. 36. In den

Gesprächen mit dem Lehrerkollegium im Zusammenhang mit diesem Antrag hat Gropius, soweit sich feststellen läßt, zum ersten Mal den von ihm gefundenen Begriff »Bauhaus« verwendet; die zuweilen in der Fachdiskussion geäußerte Vermutung, daß er den Begriff von der Bauhütte des Mittelalters hergeleitet habe, ist nicht von der Hand zu weisen, bedenkt man seine in den Briefen an Osthaus vom 23. Dez. 1918 und an Hardt vom 16. Jan. 1919 vorgetragenen Gedanken.

[49] Die Gebäude für die zwei Schulen waren zwischen 1904 und 1911 nach Henry van de Veldes Entwürfen entstanden.

[50] Gropius, Brief an die Mutter, Berlin, 31. März 1919.

[51] Der Anstellungsvertrag wurde anschließend durch die von den Sozialdemokraten unter Baudert und Froelich geführte Republikanische provisorische Regierung von Sachsen-Weimar-Eisenach und von den zuständigen Abteilungen des Staatsministeriums bestätigt. Zur Einstellung des Freiherrn von Fritsch vgl. Wingler, a.a.O., S. 42.

[52] Gropius, Brief an Ernst Hardt, Weimar (z. Z. Berlin), 14. April 1919.

[53] Das Programm, ein vierseitiges Faltblatt, ist datiert und unterzeichnet: »April 1919. Die Leitung des Staatlichen Bauhauses in Weimar: Walter Gropius.« Im Faksimile wiedergegeben in: Wingler, a.a.O., S. 38–41. Es ist zuweilen angezweifelt worden, daß Gropius selbst der Autor des Manifests gewesen sei, da dieses angeblich nicht in Art und Stil seinen übrigen Schriften und Vorträgen entspreche. Eine befremdliche Behauptung; man vergleiche z. B. seine Worte im Flugblatt zur Berliner »Ausstellung für unbekannte Architekten«: »Wollen, erdenken, erschaffen wir gemeinsam den neuen Baugedanken. Maler und Bildhauer, durchbrecht also die Schranken zur Architektur und werdet Mitbauende, Mitringende um das letzte Ziel der Kunst: die schöpferische Konzeption der Zukunftskathedrale, die wieder alles in einer Gestalt sein wird...« und im Weimarer Manifest: »Wollen, erdenken, erschaffen wir gemeinsam den neuen Bau der Zukunft, der alles in einer Gestalt sein wird:... der... einst gen Himmel steigen wird als kristallenes Sinnbild eines neuen kommenden Glaubens.« Gropius hat sich später eindeutig dazu geäußert. »Das Bauhaus-Manifest wurde von mir geschrieben, und ich bin allein dafür verantwortlich. Man muß in der besonderen Atmosphäre jener Tage gelebt haben, um es verstehen zu können. Ich durchlebte eine Mischung aus tiefer Niedergeschlagenheit, die der Niederlage im Krieg und den Auflösungserscheinungen im Geistes- und Wirtschaftsleben folgte, und aus glühender Hoffnung auf das Verlangen, etwas Neues auf diesen Ruinen aufzubauen ohne die erdrückende Vormundschaft des Staates... Ein realistischer Aufruf zu realistischer Arbeit würde das Konzept verdorben haben: jungen Menschen voller neuer Ideen eine weite Grundlage zu bieten, um diese Ideen zu läutern und zu erproben.« Gropius, Brief an Tomas Maldonado, Lincoln, Mass., 24. Nov. 1963. Übrigens ist auch im Zusammenhang mit dem Manifest die Vermutung geäußert worden, daß darin aus dem revolutionären Rußland übernommene Vorstellungen aufgegangen seien, worauf angebliche Indizien hindeuteten; so notiert Harry Graf Kessler unter dem 24. März 1919, daß er sich im Hotel Kaiserhof in Berlin zusammen mit Walter Gropius und anderen Gästen mit Markowski getroffen habe, dem »insgeheim in Berlin verbliebenen Vertreter der Sowjetregierung«, der auf Kesslers Fragen »Schilderungen der Zustände in Rußland gab«: H. Graf Kessler, Tagebücher 1918–1937, Hrsg. W. Pfeiffer-Belli, Frankfurt a. M. 1961, S. 162. Auch im Fall des Manifests hat Gropius eindeutig erklärt: »Es war nicht auf irgendetwas aufgebaut, das ich aus Rußland bekommen hätte. Ich habe es lediglich mit

einer kleinen Gruppe von Freunden besprochen, den Brüdern Taut, Bartning und Adolf Behne...« Gropius, Brief an Wulf Herzogenrath, Cambridge, Mass., 30. Okt. 1968. Auch der Begriff »Bauhaus« ist eine Wortschöpfung von Gropius, den er gegen den Begriff »Bauhütte«, der in der Literatur so oft im Zusammenhang auftaucht, in einem Brief an Jacques Paul vom 25. April 1969 deutlich abhebt: »Meine Prägung des Wortes ›Bauhaus‹ war eigentlich intuitiv. Ich würde nie ›Bauhütte‹ verwendet haben, denn das war ein spezieller Terminus des Mittelalters. Ich wollte eine neue, paradoxe, Bezeichnung mit einer weitergefaßten Bedeutung. ›Bauen‹ hat in der deutschen Sprache eine viel breitere Bedeutung, ähnlich dem Wort ›etwas erschaffen‹. Man ›bildet‹ [builds, ›baut‹] auch jemandes Charakter.«

[54] Gropius, Brief an Karl Ernst Osthaus, Berlin, 23. Dez. 1918. Vgl. o. Anm. 39.

[55] Gropius, Brief an die Mutter, Berlin, 22. April 1919.

[56] Gropius, Brief an die Mutter, Berlin, undatiert, vermutlich Anfang April 1919.

[57] Gropius, Brief an Tomas Maldonado, Lincoln, Mass., 24. Nov. 1963.

[58] Zu dem Kostenvoranschlag vgl. o. Anm. 46.

[59] Die Gespräche während der Fahrt blieben Lyonel Feininger für immer im Gedächtnis; siebenunddreißig Jahre lang, bis zu seinem Tod, sandte er Walter Gropius pünktlich in der Erinnerung an die Ereignisse dieses denkwürdigen Tages seine Geburtstagswünsche.

[60] Gropius, Brief an die Mutter, Weimar, undatiert, vermutlich Mitte April 1919.

[61] Gropius, Brief an Klaus Karbe, Cambridge, Mass., 17. Juni 1968.

[62] Gropius, Brief an Walter Scheidig, Cambridge, Mass., 3. Okt. 1966. Zur Teekanne (1923) vgl.: Bauhaus-Archiv · Museum, Sammlungs-Kat., Berlin 1981, S. 117f., Nr. 221.

[63] Der preisgekrönte Entwurf, der, wie Gropius später auf Befragen zustimmend meinte, von Peter Röhl stammte, diente als Vorlage für das Signet, das von 1919 bis 1921 vom Bauhaus geführt wurde und das Gropius in keiner Weise schätzte. Er bat später Oskar Schlemmer, ein neues Signet zu entwerfen, das danach, seit 1922 verwendet, zu einem Symbol des Bauhauses wurde. Die Signets in: Wingler, a.a.O., S. 46 u. 53.

[64] In den späteren Jahren konnte eine ganze Reihe solcher Lizenzverträge abgeschlossen werden. Etliche Bauhaus-Modelle haben die Industrieproduktion in allen Teilen der Welt beeinflußt, besonders die Entwürfe von Lampen und Leuchten, Möbeln, Porzellan, Textilien und Tapeten.

[65] Gropius, Brief an Walter Scheidig, Cambridge, Mass., 3. Okt. 1966. Otto Dorfner war der Besitzer einer Buchbinderei, die ursprünglich zur Großherzoglich Sächsischen Kunstgewerbeschule gehört hatte und dann privatisiert worden war. Der erfahrene Buchbindermeister hatte seine festen Vorstellungen vom klassischen Bucheinband und erhob immer wieder Einwände gegen die von Paul Klee zu erteilende künstlerische Beratung. Das Bauhaus löste 1922 den Vertrag mit Dorfner, der jedoch auch weiterhin Aufträge erhielt und hervorragend ausführte.

[66] Gropius, Brief an Eckhard Neumann, Cambridge, Mass., 25. März 1968. Vgl. dazu Bauhaus-Archiv · Museum, Sammlungs-Kat., Berlin 1981, S. 151–159, Nr. 295 u. 302.

[67] Der Gesellenbrief des Bauhauses, von Herbert Bayer entworfen, ist beiläufig auch ein Zeugnis für die Zweifel an allem Hergebrachten, an der Tradition. Der Gesellenbrief trägt unten links in der Ecke den Vermerk: »um zeit zu sparen, schreiben wir alles in kleinbuchstaben, und nebenbei: warum zwei alfabete verwenden, wenn wir mit einem dasselbe machen können? warum mit großbuchstaben schreiben, wenn man nicht mit

großbuchstaben sprechen kann?« Allerdings war Schrift und Rechtschreibung auch das besondere Anliegen von Bayer, der später (1938) dazu erklärte: »*ein alfabet ist so gut wie die kombination von zwei alfabeten.* darüber hinaus ist die vereinfachte schreibweise eine entlastung für schulkinder, studenten, stenotypisten, berufstätige und geschäftsleute. ein einzelnes alfabet kann besonders auf der schreibmaschine schneller geschrieben werden, da die umschaltung auf versalien wegfällt. schriftsetzen ist einfacher, da satz und schriftkästen kleiner sind...« Vgl. dazu Bauhaus-Archiv Berlin, Sammlungs-Katalog, Berlin 1981, S. 157, Nr. 301.

[68] Walter Gropius hatte stets darauf bestanden – und das lange vor der Zeit, da in Deutschland mit der Umwandlung der Technischen Hochschulen zu Technischen Universitäten eine analoge Vorstellung verwirklicht wurde –, daß das »Studium am ›Staatlichen Bauhaus (Hochschule für Gestaltung)‹ dem Universitätsstudium und Universitätsabschluß gleichwertig« sei, und er hat später erklärt, daß dieser Tatsache auch mit der Anerkennung des Bauhaus-Diploms »seitens der thüringischen Regierung in Weimar und anschließend seitens der Stadt Dessau« Rechnung getragen wurde. Walter Gropius, Beeidete Versicherung (in Sachen August Brauneck), Cambridge, Mass., 2. Nov. 1964.

[69] Lyonel Feininger, Brief an Julia Feininger, Weimar, 30. Mai 1919. Auszugsweise wiedergegeben in: Wingler, a.a.O., S. 42 f. In der Rückerinnerung wußte der einstige Bauhäusler Lothar Schreyer davon zu berichten, wie alle, die Alma Gropius damals kennenlernten, beeindruckt waren von ihrer Schönheit, ihrer unnachahmlichen Haltung und der Art, in der sie – darin ganz wienerisch und gar nicht weimaranisch – in ihrem Salon allein den Ton angab. Lothar Schreyer im Gespräch in Hamburg, Juli 1964.

[70] Lyonel Feininger, Brief an Julia Feininger, Weimar, 22. Juni 1919. Auszugsweise wiedergegeben in: Wingler, a.a.O., S. 43.

[71] Lyonel Feiningers Sohn hat ein halbes Jahrhundert später, 1968, das damalige Klima von Weimar treffend charakterisiert: »In gewissem Sinne ähnelte der Widerspruch zwischen der Stadt und der Bauhaus-Gemeinde dem, was wir heutzutage beobachten... Damals wie heute hatte ein unpopulärer Krieg weite Teile der Bevölkerung zu mehr als bloßem Widerspruch geführt, zur Weigerung, mitzumachen, zum Wunsch, zu entfliehen; er hatte zum Nachdenken und damit zu bestimmten Überzeugungen geführt... Die Skurrilität der frühen Bauhaus-Bevölkerung, die den Zorn der Gaststadt in solchem Maße erregte, entsprang dem Verlangen nach Reinigung. Diese Leute, die Bauhäusler..., hatten sich dem Geistigen verschrieben und schreckten vor dem Gedanken zurück, sie könnten etwas Modisches sein. Sie bildeten eine Gemeinschaft des Geistes, nicht eine Bewegung, was immer man heute unter diesem Begriff verstehen mag...« T. Lux Feininger, Ansprache über den Künstler vor der Putney School, Putney, Vermont, Va., 10. Nov. 1968.

[72] Gropius, Brief an die Mutter, Weimar, 14. Juni 1919.
[73] Gropius, Brief an die Mutter, Weimar, 9. Juli 1919.
[74] Gropius, Brief an Alma Gropius, Weimar, 12. Juli 1919.
[75] Gropius, Brief an Alma Gropius, Weimar, 18. Juli 1919.
[76] Franz Werfel, Brief an Walter Gropius, Wien, 20. Aug. 1919.
[77] A. Mahler-Werfel, a.a.O., S. 89.
[78] Alma Gropius, Brief an Walter Gropius, Wien, 24. Sept. 1919.
[79] Die Briefe von Walter Gropius an Lily Hildebrandt – vornehmlich aus den Jahren

Anmerkungen zu den Seiten 230–236

zwischen 1919 und 1923 – befinden sich im Privatarchiv ihres Sohnes Reiner Hildebrandt, der sie 1974 dem Autor zugänglich machte.

[80] Gropius, Brief an Lily Hildebrandt, Weimar, undatiert, vermutlich Sept. 1919. Der Hinweis auf den Mangel an Geld und die Versuche zur Geldbeschaffung erscheint etwas merkwürdig, wenn man gleichzeitig Walter Scheidigs Angaben über die Spenden liest, die Walter Gropius für einen »Bauhausfonds« verbuchte: »In der Zeit vom April bis Oktober 1919 konnte er für den Eingang von fast einer Million Mark auf diesem Fonds danken«, die von Freunden und Gönnern aufgebracht worden waren; W. Scheidig, Bauhaus Weimar · 1919–1924 · Werkstattarbeiten, München 1966, S. 19. Allerdings sollte man sich von dieser Summe auch nicht zu sehr beeindrucken lassen und dabei bedenken, daß zu dieser Zeit die Geldentwertung bereits in vollem Gange war; schon in seinem Kostenvoranschlag für die Weimarer Schule vom 28. Februar 1919 hatte Gropius nachdrücklich geltend gemacht, »daß der heutige Wert des Geldes etwa nur ⅓ bis ¼ des Friedensstandes beträgt«. Der Kostenvoranschlag in Wingler, a.a.O., S. 34; vgl. o. Anm. 46.

[81] Gropius, Brief an Lily Hildebrandt, Weimar, 14. Okt. 1919.

[82] Walter Gropius, Brief an Lily Hildebrandt, Weimar, undatiert, offensichtlich 15. Okt. 1919.

[83] Walter Gropius, Brief an Lily Hildebrandt, Weimar, undatiert, wohl Nov. 1919.

[84] Gropius, Brief an Lily Hildebrandt, Weimar, undatiert, vermutlich Mitte Nov. 1919.

[85] Gropius, Brief an Lily Hildebrandt, Weimar, 21. Nov. 1919.

[86] Elisabeth Förster, Brief an Walter Gropius, Weimar, 15. Mai 1919.

[87] Elisabeth Förster, Brief an Walter Gropius, Weimar, 24. Juli 1919.

[88] Elisabeth Förster, Brief an Walter Gropius, Weimar, 29. Juli 1919.

[89] Gropius, Brief an Hans Curjel, Cambridge, Mass., 19. Okt. 1961.

[90] Gropius, Brief an Lily Hildebrandt, Weimar, 13. Dez. 1919.

[91] Gropius, Brief an Lily Hildebrandt, Weimar, undatiert, vermutlich 19. Dez. 1919 (sonst allenfalls 30. Dez.) entsprechend der Notiz über die Sitzung des Staatsrats.

[92*] Gropius, Brief an die Mutter, Weimar, undatiert, vermutlich Ende Dez. 1919.

[93] W. Gropius, Die Reaktion in den Hochschulen, Ein öffentlicher Vortrag an der Universität Berlin, Manuskript, undatiert, vermutlich Anfang 1920. Die Anfeindungen, oft in rüdem Ton vorgetragen, riefen natürlich auch Befürworter des Bauhauses auf den Plan. So traf etwa unversehens ein Brief vom Starnberger See ein; Hans Renberg, Brief an Walter Gropius, Seeshaupt, 11. Jan. 1920: »Ich las von der stumpfsinnigen Hetze der schillernden Spießer Weimars gegen Ihren herrlichen Bau. Trotzdem mir die Gelegenheit versagt war, mit Ihnen in näherer Berührung zu sein, werden Sie wissen, daß ich mich eins fühle mit Ihnen in dem Willen, dem Gefasel all der schreibbeflissenen Schmeißfliegen auf dem altweimaraner Dunghaufen Halt zu gebieten und in dem heiligen Haß gegen die lichtscheuen Anbeter von Stagnation und ungestörter Verdauung! Ich wünsche Ihnen erfolgreichen Kampf und Sieg gegen Ihre Feinde!« Das Vokabular war freilich seit 1914 nicht ungewöhnlich, so hatte man sich in den Kriegsjahren mit dem Feind und der Feindpropaganda auseinandergesetzt, und Walter Gropius mag wohl zuweilen unter Freunden ebenso wenig ein Blatt vor den Mund genommen haben wie gelegentlich in Briefen: »Ich bin im Augenblick grillig und unerträglich wegen des Drecks und Gestanks dieser schäbigen Kleingeister, die um uns herumkriechen.« Gropius, Brief an Lily Hildebrandt, Weimar, 1. Febr. 1920.

Anmerkungen zu den Seiten 236–247

[94] Die Ergebnisse der Untersuchung legte das Kultusministerium in Weimar unter dem Datum des 1. Mai 1920 in einem sorgfältig abwägenden, objektiven Bericht vor; wiedergegeben in: Wingler, a.a.O., S. 49–52.
[95] Gropius, Brief an die Mutter, Weimar, 19. Jan. 1920.
[96] Gropius, Brief an Lily Hildebrandt, Weimar, 1. Febr. 1920.
[97] Alma Gropius, Brief an Walter Gropius, Wien, undatiert, vermutlich Nov. 1919.
[98] Alma Gropius, Brief an Walter Gropius, Wien, undatiert, vermutlich Anfang Dez. 1919.
[99] Alma Gropius, Brief an Walter Gropius, Wien, undatiert, vermutlich Mitte Dez. 1919.
[100] Gropius, Brief an Alma Gropius, Weimar, Febr. 1920.
[101] Vgl. o. Anm. 95.
[102] A. Mahler-Werfel, a.a.O., S. 144 und 143.
[103] Alma Gropius, Brief an Manon Gropius, Semmering, 30. April 1920.
[104] Gropius, Brief an die Mutter, Berlin, undatiert, vermutlich spätes Frühjahr 1920.
[105] Vgl. o. Anm. 84.
[106] In den Briefen an die zwei Frauen sieht sich Walter Gropius des öfteren, und nicht selten auch unter Einbeziehung der Geliebten, als Teil der Sternenwelt. Sein Brief an Lily Hildebrandt vom 15. Okt. 1919 (vgl. o. Anm. 82) brachte das Bild: »Zwei Meteore küßten sich im Weltenraum.« Hier im Brief an Maria Benemann vom 19. April 1920 heißt es: »zwei Sterne vereinigten ihren Flammenbrand.« Sich selbst bezeichnete er als »Wanderstern« oder »Sternschnuppe«.
[107] Gropius, Brief an Maria Benemann, Weimar, undatiert, Poststempel 19. April 1920. Es scheint, soweit dies die erhaltene Korrespondenz erkennen läßt, der erste seiner Briefe an Maria Benemann gewesen zu sein, in dem er sie mit dem vertrauten »Du« anredete.
[108] Gropius, Brief an Maria Benemann, Weimar, undatiert, vermutlich April 1920.

DAS BAUHAUS – FORTSCHRITTE UND SCHWIERIGKEITEN

[109] Gropius, Brief an Lily Hildebrandt, Weimar, undatiert, vermutlich Juni 1920; die Entscheidung des Landtags folgte der Anhörung und Beratung am 9. Juli. Vgl. u. Anm. 116.
[110] Das Sitzungsprotokoll auszugsweise wiedergegeben in: Wingler, a.a.O., S. 52f.
[111] Gropius, Brief an P. Russell Diplock, Cambridge, Mass., 8. Okt. 1968.
[112] Gropius, Brief an Lily Hildebrandt, Weimar, undatiert, vermutlich Mitte Mai 1920, entsprechend dem Hinweis auf die erwartete Rückkehr Almas aus Amsterdam.
[113] Die Reise nach Amsterdam und das dortige »Mahler-Fest« beschreibt Alma in ihren Erinnerungen: A. Mahler-Werfel, a.a.O., S. 145–148.
[114] Gropius, Brief an Lily Hildebrandt, Weimar, undatiert, vermutlich Juni 1920, entsprechend dem Hinweis auf eine Fahrt nach Bürgel und eine gerade überwundene Erkältung: »Ich war nur 2 Tage fort hier in der Nähe bei den Bürgeler Töpfern, war aber so heftig erkältet, daß ich wieder zurückkam.«
[115] Gropius, Brief an Lily Hildebrandt, Weimar, undatiert, vermutlich Juni 1920.
[116] Gropius, Brief an Lily Hildebrandt, Weimar, undatiert, vermutlich Juni 1920; vgl. o. Anm. 109.

Anmerkungen zu den Seiten 247–258

[117] Alma Gropius, Brief an Manon Gropius, Semmering, 20. Juli 1920.
[118] Manon Gropius, Brief an Alma Gropius, Alfeld, undatiert, vermutlich Ende Juli 1920.
[119] Gropius, Brief an Lily Hildebrandt, Weimar, undatiert, vermutlich Mitte/Ende Okt. 1920.
[120] A. Mahler-Werfel, a.a.O., S. 150 und 151.
[121] Gropius, Brief an Lily Hildebrandt, Weimar, undatiert, vermutlich Nov./Dez. 1920.
[122] Gropius, Brief an Lily Hildebrandt, Weimar, 8. Dez. 1920.
[123] Gropius, Brief an Lily Hildebrandt, Weimar, undatiert, vermutlich Nov. 1920.
[124] Gropius, Brief an Lily Hildebrandt, Weimar, undatiert, vermutlich Dez. 1920.
[125] »Ergebnisse der das Staatliche Bauhaus in Weimar betreffenden Untersuchung«, wiedergegeben in: Wingler, a.a.O., S. 49–52; das betr. Zitat dort S. 51.
[126] Zu dieser Gruppe gehörten Gyula Pap, Franz Probst, Friedl Dicker, Naum Slutzky, Anni Wotiz, Franz Singer und Margit Tery-Adler, die sich sämtlich später als vielbeachtete Künstler einen Namen machten.
[127] Gropius, Brief an Lily Hildebrandt, Weimar, undatiert, vermutlich 30. Dez. 1920.
[128] Gropius, Brief an Lily Hildebrandt, Weimar, undatiert, vermutlich 30. Dez. 1920; vgl. o. Anm. 127.
[129] Gropius, Brief an Lily Hildebrandt, Weimar, undatiert, vermutlich Winter 1920.
[130] Gropius, Brief an Lily Hildebrandt, Weimar, undatiert, vermutlich Anfang Frühjahr 1921. Schon zuvor hatte sich Walter Gropius in Briefen mit Lily Hildebrandt über deren Klagen auseinandersetzen müssen, daß er sie oft lange Zeit auf eine Antwort warten lasse oder daß seine Briefe manchmal allzu knapp ausfielen. So hatte er ihr in einem vermutlich vom Juni 1920 stammenden Brief mitgeteilt: »Briefe schreiben habe ich nie geliebt und gekonnt, und wenn, so tue ich es nur in gespannten Augenblicken, bleiben diese aus, so bleibe ich stumm.« In einem anderen Brief, vermutlich von Ende Oktober 1920, hatte er ihr erklärt: »Das Schreiben ist eine leidige Kunst; ich bin im allgemeinen zu schnell, zu ungeduldig, um meine Regungen aufzuschreiben, aber wir haben sonst jetzt nichts anderes und brauchen also das traurige Federsurrogat.«
[131] Gropius, Brief an Lily Hildebrandt, Bad Gastein, Hotel Bellevue, undatiert, vermutlich Anfang Frühjahr 1921.
[132] Gropius, Brief an Lily Hildebrandt, Bad Gastein, Hotel Bellevue, undatiert, vermutlich Anfang Frühjahr 1921.
[133] Gropius, Brief an Lily Hildebrandt, Weimar, undatiert, vermutlich Ende April/Anfang Mai 1921.
[134] Gropius, Brief an Lily Hildebrandt, Weimar, undatiert, vermutlich Ende Frühjahr 1921.
[135] Gropius, Brief an Lily Hildebrandt, Weimar, undatiert, vermutlich Ende Frühjahr 1921.
[136] Gropius, Brief an Lily Hildebrandt, Weimar, undatiert, vermutlich Ende Frühjahr 1921; vgl. o. Anm. 135.
[137] Gropius, Brief an Walter Scheidig, Cambridge, Mass., 3. Okt. 1966.
[138] »Die Satzungen des Staatlichen Bauhauses zu Weimar«, als Broschüre herausgegeben im Januar 1921; wiedergegeben (leicht gekürzt) in: Wingler, a.a.O., S. 53–56.
[139] Gropius, Brief an Walter Scheidig, Cambridge, Mass., 3. Okt. 1966.

Anmerkungen zu den Seiten 258–267

[140] Gropius, Brief an Lily Hildebrandt, Weimar, undatiert, vermutlich Dez. 1920. Man las unter anderem auch aus den Werken von Rainer Maria Rilke, Richard Wagner, Stefan George und Hans Christian Andersen.
[141] Gropius, Brief an Lily Hildebrandt, Weimar, undatiert, vermutlich Anfang Frühjahr 1921.
[142] Hans Bellmann im Gespräch in Cambridge, Mass., 1965.

DAS EIGENE ARCHITEKTURBÜRO IN WEIMAR

[143] Zu den Studierenden gehörten Marcel Breuer, Joost Schmidt, Fred Forbat und Farkas Molnár.
[144] Es ist Walter Gropius gelegentlich vorgeworfen worden, daß er mit dem Entwurf des Hauses Sommerfeld, das eher dem herkömmlichen Typus der städtischen Villa folgt, seinen Prinzipien untreu geworden sei; wiederholt mußte er sich mit solchen Vorwürfen auseinandersetzen. Vgl. dazu Gropius, Brief an Peter Blake, Cambridge, Mass., 10. Jan. 1949. Der Entwurf zum Haus Sommerfeld entstand etwa gleichzeitig mit dem Entwurf zum Stadttheater in Jena.
[145] A. Mahler-Werfel, a.a.O., S. 144 f.
[146] Vgl. dazu Johannes Schlaf, Das neue Denkmal in Weimar, in Bruno Tauts »Frühlicht«, Heft 4, Sommer 1922, wiedergegeben in B. Taut, Frühlicht 1920–1922 (Bauwelt Fundamente 8), Berlin 1963, S. 191–193. Das Denkmal der Märzgefallenen wurde unter der nationalsozialistischen Herrschaft beseitigt und nach 1945 rekonstruiert.
[147] Gropius, Brief an Donald Egbert, Cambridge, Mass., 14. Okt. 1948. Zwanzig Jahre später ergänzte Gropius diese Erläuterung; Gropius, Brief an Dietrich Clarenbach, Cambridge, Mass., 1. Aug. 1968: »Ich glaube, es ist nicht möglich, die bildhauerische Idee in Worte umzusetzen, doch der Ausgangspunkt war ein revolutionärer Aufstand, der vom Militär in Weimar 1920 oder 1921 blutig niedergeschlagen wurde. Es war darum meine Idee, ein Symbol zu errichten, das den Geist der Freiheit wider alle Fährnisse zum Ausdruck bringen sollte.« Vier Monate später folgte darauf noch ein Zusatz; Gropius, Brief an Dietrich Clarenbach, Cambridge, Mass., 24. Dez. 1968: »Ich zögere, irgendeine literarische Erklärung für das Denkmal zu geben. Es muß der Vorstellung des Betrachters überlassen bleiben, wie er es interpretieren will. Es wurde gewiß zu jener Zeit mit einem echten Gefühl für die fortschrittliche Tat der Arbeiter gemacht, die das neue Denken ... der Zeit verteidigen wollten.«
[148] Gropius, Brief an Karl Ernst Osthaus, Berlin, 31. Okt. 1911; wiedergegeben in: H. Hesse-Frielinghaus (Hrsg.), K. E. Osthaus, Leben und Werk, Recklinghausen 1971, S. 462 f.
[149] Walter Gropius, Wohnhaus-Industrie, in: Adolf Meyer (Hrsg.), Ein Versuchshaus des Bauhauses in Weimar (Bauhausbücher, 3), München 1925.
[150] Zu den Entwürfen von Forbat und Molnár vgl.: Bauhaus-Archiv Berlin, Sammlungs-Katalog, Berlin 1981, S. 186 f., Nr. 355 und 356.
[151] Der Hang des Firmeninhabers zu moderner Kunst hatte wohl keinen Einfluß auf die Entscheidung des Preisgerichts gehabt, Otto Haesler trug mit seinen Entwürfen zu einer Werkssiedlung herkömmlicher Art den ersten Preis davon. Seine zu langen Zeilen

Anmerkungen zu den Seiten 267–274

aneinandergereihten Arbeiterhäuser, zweieinhalbgeschossig, in Ziegelmauerwerk aufgeführt und mit Ziegeldächern gedeckt, wurden bei Luftangriffen auf die nahegelegenen Werksanlagen während des Zweiten Weltkriegs weitgehend zerstört.

[152] H. Brandenburg, Das Theater und das Neue Deutschland, Jena 1919; Eugen Diederichs, der Verleger der Broschüre, war selbst Mitglied der Gesellschaft. Brandenburg widmet den Theaterstudien von Peter Behrens aus dem Jahr 1900 wie den einschlägigen Arbeiten anderer Mitglieder des Vorstands der Gesellschaft seine besondere Aufmerksamkeit. Im Archiv Gropius in Lincoln, Mass., hat sich das Exemplar der Broschüre erhalten, das einst dem Gropiusschen Bauatelier in Weimar gehörte und Adolf Meyers Bleistiftsignatur trägt.

[153] Gropius, Brief an Ernst Hardt, Weimar, 22. Juni 1921.

[154] Gropius, Brief an Stadtbaudirektor Bandlow, Weimar, 27. Sept. 1921. In der Art, wie Gropius in diesem Brief mit ausführlichen Erläuterungen auf sein Thema eingeht, wird etwas von dem Feuereifer spürbar, mit dem er bei der Sache war – nicht anders als in Dingen seines persönlichen Lebens und in Angelegenheiten des Bauhauses.

[155] Gropius, Brief an Ernst Hardt, Weimar, 28. Sept. 1921.

[156] Gropius, Brief an Ernst Hardt, Weimar, 14. April 1919.

[157] B. Taut, Architektur-Programm, in: Ulrich Conrads, Programme und Manifeste zur Architektur des 20. Jahrhunderts (Bauwelt Fundamente, 1), Berlin 1964, S. 39.

[158] Gropius, Brief an Adolf Sommerfeld, Weimar, 6. Okt. 1921. Das Datum des Briefes (Durchschrift im Archiv Gropius) stellt zugleich das Datum der Transaktion dar. Danach überließ Gropius dem Berliner Mäzen gegen die Zahlung von 220 000 Mark folgende Gegenstände: zwei Servierplatten mit Palmettenmuster an den Rändern, massiv Silber, und fünf kleinere Platten, zwei Kristallkaraffen, zwei Hemden, ein Laken, diverse Taschentücher, zwei Tischtücher, kreuzstichgemustert, mit napoleonischen Wappen und Krone, sowie ein Buch, »Menuiserie«, in Gold und Leder gebunden. Jahrzehnte später hat Walter Gropius diese Transaktion noch einmal erläutert; Gropius, Brief an Klaus Karbe, Cambridge, Mass., 20. Sept. 1965: »Die Sachen, die Carl Gropius aus der Schlacht von Belle Alliance mitgebracht hatte, gehörten meinem Vater, der sie später mir überließ. Während der schrecklichen Inflation 1923 verkaufte ich sie an Adolf Sommerfeld, um mit dem Geld die Verproviantierung der Bauhaus-Kantine zu finanzieren, da unsere Studierenden, die ohne einen Pfennig in der Tasche aus dem Krieg heimkehrten, elend in der Klemme waren.«

[159] Vgl. Bauhaus-Archiv Berlin, Sammlungs-Kat., Berlin 1981, S. 182 und 186, Nr. 353.

[160] Gropius, Brief an Morton Frank, Cambridge, Mass., 20. März 1958.

[161] Insgesamt 263 Entwürfe aus 25 Ländern wurden im Laufe des November 1922 eingereicht. Aus Deutschland allein gingen 25 Entwürfe ein; unter anderen beteiligten sich neben Gropius und Meyer auch Max Taut in Berlin, Bruno Taut in Magdeburg und Karl Barth in Wiesbaden an dem Wettbewerb. Der Löwenanteil entfiel naturgemäß auf die Entwürfe der Architekturfirmen in den Vereinigten Staaten, die sich schon immer in der geschickten Handhabung des herkömmlichen klassizistischen Formenapparats und in der Anpassung an die jeweils vorherrschende Richtung im Wolkenkratzerbau bewährt hatten.

[162] The International Competition for a New Administration Building for the Chicago Tribune, (The Tribune Co., Hrsg.) Chicago, Ill., 1922. Darin der Entwurf von Gropius und Meyer: Abb. 197.

[163] Gropius, Brief an Lily Hildebrandt, Weimar, undatiert, vermutlich Jahresmitte 1921.

[164] Gropius, Brief an Lily Hildebrandt, Im Zug von Hamburg nach Frankfurt, undatiert, vermutlich 6. oder 13. Okt. 1921.

[165] Das wird beispielsweise im Fall der hier verwendeten Briefe von Walter Gropius an Lily Hildebrandt deutlich; nur in sieben der insgesamt etwa vierzig angezogenen Briefe finden sich wiederkehrende Anredeformeln.

[166] Gropius, Brief an Lily Hildebrandt, Weimar, 14. Okt. 1919.

[167] Gropius, Brief an Hans Hildebrandt, Weimar, 22. März 1922: »Mit herzlichem Dank bestätige ich den Eingang von 6000.– M für das Blatt ›Melancholia‹ von Dürer auf mein hiesiges Bankkonto der Bank von Thüringen. Ich verwende die Summe zu gemeinnützigen Zwecken.« Bereits im vorangegangenen Jahr hatte sich Gropius von Familienerbstücken getrennt, um Geld für das Bauhaus zu beschaffen. Waren es im Herbst die Gegenstände aus dem Besitz Napoleons I. gewesen, die er an Sommerfeld verkaufte, so war es im Frühjahr schon einmal ein Dürer gewesen, den er durch die Hildebrandts zu Geld machen ließ – Gropius, Brief an Lily Hildebrandt, Weimar, undatiert, vermutlich Ende April/Anfang Mai 1921: »Für das Dürergeld tausend Dank; ich weiß, daß es sicher *sehr* mühsam war, die Summe zu erzielen.«

[168] Gropius, Brief an Lily Hildebrandt, Weimar, undatiert, vermutlich Anfang April 1922.

[169] Gropius, Brief an Lily Hildebrandt, Weimar, undatiert, vermutlich Anfang Sommer 1922.

[170] Vgl. dazu das Werbeblatt für den »Kreis der Freunde des Bauhauses« aus dem Jahr 1924, in Faksimile wiedergegeben in: Wingler, a.a.O., S. 92 f. Das Blatt führt auch die sechzehn Mitglieder des Kuratoriums des Freundeskreises namentlich auf. Es ist eine Liste imposanter Namen, ein kleiner Querschnitt durch das deutsche Kultur- und Geistesleben der damaligen Zeit, in dem Albert Einstein ebensowenig fehlt wie Gerhart Hauptmann; der Zufall des Alphabets will es, daß die Liste angeführt wird von Peter Behrens und endet mit – Franz Werfel.

[171] Gropius, Brief an Lily Hildebrandt, Weimar, undatiert, vermutlich Jahresmitte 1922; Gropius erwähnt in dem Brief, daß Lothar Schreyer – der Mitte 1921 an das Bauhaus kam – nun bereits ein Jahr mitarbeite. Drei, vier Monate zuvor hatte Gropius Lily schon einmal zu ihrer erfolgreichen Mitgliederwerbung für den »Kreis der Freunde« unter den angesehensten und bedeutendsten Architekten und Künstlern beglückwünscht; Gropius, Brief an Lily Hildebrandt, Weimar, undatiert, vermutlich Jan./Febr. 1922: »Du bist ein nobler Kerl und ich freue mich unbändig, wenn ich Dir trotz meiner konzessionslosen Härte wieder Fröhlichkeit und ›Keßheit‹ verschaffen konnte, so daß Du gleich Deine Verführungskünste auf die Architekturkanonen abladen konntest. Es hätte mir Spaß gemacht, dabei zu sein.«

[172] Gropius, Brief an Lily Hildebrandt, Weimar, undatiert, vermutlich Mitte Nov. 1919.

[173] Gropius, Brief an Lily Hildebrandt, Weimar, undatiert, vermutlich Dez. 1920.

[174] Gropius, Brief an Lily Hildebrandt, Weimar, undatiert, vermutlich Dez. 1920.

[175] Gropius, Brief an Lily Hildebrandt, Weimar, undatiert, vermutlich Herbst 1922.

[176] Gropius, Brief an Lily Hildebrandt, Weimar, undatiert, vermutlich Herbst 1922; offensichtlich wenige Tage nach dem voranstehenden Brief geschrieben.

[177] Gropius, Brief an Lily Hildebrandt, Weimar, undatiert, vermutlich Okt. 1922.
[178] Gropius, Brief an Lily Hildebrandt, Weimar, undatiert, vermutlich Okt./Nov. 1922.
[179] Gropius, Brief an Lily Hildebrandt, Weimar, undatiert, vermutlich Okt. 1922.

DAS BAUHAUS – LEHRE UND LEHRER

[180] Paul Klee, Schriftliche Stellungnahme, Weimar. Dez. 1921; in Faksimile wiedergegeben in: Wingler, a.a.O., S. 60.
[181] Gropius, Brief an Lily Hildebrandt, Weimar, undatiert, vermutlich Jan./Febr. 1922.
[182] Gropius, Brief an Lily Hildebrandt, Weimar, undatiert, vermutlich Anfang April 1922.
[183] J. Itten, Mein Vorkurs am Bauhaus, Gestaltungs- und Formenlehre, Ravensburg 1963, S. 12.
[184] Zum Thema vgl. jetzt St. von Wiese, ›Laßt alle Hoffnung fahren!‹ · Bauhaus und De Stijl im Widerstreit, in: Bauhaus-Archiv Berlin, Sammlungs-Kat., Berlin 1981, S. 264–270. Nach van Doesburgs wohl zuverlässigsten Angaben (zitiert bei von Wiese, S. 267) lernte er Gropius im Dez. 1920 im Hause Bruno Tauts in Berlin kennen. Marcel Franciscono verweist durch eine Nebenbemerkung auf den alten Streit um den Zeitpunkt der ersten Begegnung der beiden Künstler und um die Situation van Doesburgs gegenüber dem Bauhaus: »van Doesburg, der, wie man behauptet hat, im Jahr 1919 eingeladen wurde, am Bauhaus zu lehren) ...« und führt in einer Fußnote, neben weiterer Literatur, die Behauptung der Frau des Holländers an: »Nach Nelly van Doesburg wurde er von Gropius eingeladen. Gropius hat dies bestritten und dazu erklärt, daß sich van Doesburg um eine Anstellung dort bemüht habe.« M. Franciscono, Walter Gropius and the Creation of the Bauhaus in Weimar, Urbana, Ill., 1971, S. 38 f.
[185] Theo van Doesburg, Brief an Walter Gropius, Leiden, 10. März 1922.
[186] Rückblickend sagte Walter Gropius bei einer Diskussion in Cambridge, Mass., im Juni 1965 zu diesem Thema knapp und bündig: »van Doesburg wurde nur aus persönlichen Gründen abgelehnt ... Er würde das Bauhaus völlig durcheinandergebracht haben.« Drei Jahre später äußerte er sich noch einmal ausführlicher dazu; Walter Gropius, Brief an Wulf Herzogenrath, Cambridge, Mass., 30. Okt. 1968: »Doesburg hatte wahrscheinlich erwartet, daß ich ihm die Anstellung als Lehrer am Bauhaus anbieten würde, doch mir selbst und der Lehrerschaft mißfielen die Aggressivität und der Ausschließlichkeitsanspruch, mit denen Doesburg auftrat, darum habe ich ihn niemals gebeten, Lehrer zu werden. Er hatte einigen Einfluß auf einige der Studierenden, und wir alle waren interessiert an seinen Vorstellungen, so wie wir eben alles aufzunehmen suchten, was uns ins Blickfeld kam, aber wir lehnten es ab, einem einseitigen System zu folgen!«
[187] Lyonel Feininger, Brief an Julia Feininger, Weimar, 7. Sept. 1922; wiedergegeben in: Wingler, a.a.O., S. 68.
[188] Vgl. dazu Th. van Doesburg, Die neue Architektur und ihre Folgen, Monatshefte für Baukunst, 1925, S. 507: »Architektur, abstrakter in ihren Ausdrucksmitteln, hat niemals wie Malerei und Bildhauerei mit der Illusion der natürlichen Formen zu kämpfen gehabt. Deshalb war es in der Architektur eher als in der Malerei und Plastik möglich, die neuen Formen des Gestaltens zu verwirklichen ...« Zitiert nach: H. Sting, Der Kubismus, Diss. TH Aachen 1965, S. 109.

[189] Vgl. z. B. W. Gropius, Internationale Architektur (Bauhausbücher, 1), München 1925: In diesem ersten Band der Reihe der Bauhausbücher ist nichts von einem ausgeprägten Einfluß des Stijl zu entdecken, selbst wenn sich Anzeichen einer Beeinflussung an den Arbeiten Farkas Molnárs und einiger anderer Schüler bemerkbar machen. Als weiterer Band der Reihe erschien Th. van Doesburg, Grundbegriffe der neuen gestaltenden Kunst, Übers. Max Burchartz (Bauhausbücher, 6), München 1925; für die Veröffentlichung dieser 1915 entstandenen Studie, die van Doesburg während seiner Zeit in Weimar überarbeitet hatte, war Walter Gropius nachdrücklich eingetreten.

[190] Bruno Taut, Brief an Walter Gropius, Dehlewitz [bei Magdeburg], 2. Mai 1922.

[191] Walter Gropius (zugeschrieben), Der freie Volksstaat und die Kunst, Maschinenschrift, 2 S. Eine Abschrift besitzt das Bauhaus-Archiv Berlin. Vom »Frühlicht« erschien zuletzt Heft 4 vom Sommer 1922; das geplante Herbst-Heft kam nicht mehr zustande.

[192] Gropius, Brief an Lily Hildebrandt, Weimar, undatiert, vermutlich Aug. 1922; vgl. u. Anm. 194.

[193] Gropius, Brief an Lily Hildebrandt, Weimar, undatiert, vermutlich August 1922; vgl. u. Anm. 195. Der zunehmend schneller werdende Währungsverfall hatte am 2. Aug. 1922 einen katastrophalen Anstoß erhalten – an diesem Tag war an der Börse der Kurs gegenüber dem US-Dollar, der gegen Ende Juni 1922 noch bei rund 350 M. gehalten hatte, jäh auf 860 M. emporgeschnellt; gegen Ende Aug. 1922 hatte er bereits 1990 M. erreicht. Am 15. Aug. 1922 konnte die Reichsregierung wegen Zahlungsunfähigkeit die fällige Reparationsrate von 2 Millionen Pfund Sterling nicht mehr aufbringen und überwies stattdessen nur 500 000 Pfund.

[194] Gropius, Brief an Lily Hildebrandt, Weimar, undatiert, vermutlich Aug. 1922; vgl. o. Anm. 192.

[195] Gropius, Brief an Lily Hildebrandt, Weimar, undatiert, vermutlich August 1922, vgl. o. Anm. 193.

[196] Gropius, Brief an Lily Hildebrandt, Weimar, undatiert, vermutlich letzte Woche Sept. 1922; die Premiere fand am Sonnabend, den 30. Sept., statt.

[197] Oskar Schlemmer, Brief an Hans Hildebrandt, Weimar, 4. Okt. 1922; wiedergegeben in: O. Schlemmer, Briefe und Tagebücher, Hrsg. Tut Schlemmer, München 1958, S. 135 f. Vgl. u. Anm. 210.

[198] Zeitungsbericht, »Rupam«, Calcutta, Jan. 1923, vermittelt durch Hans Maria Wingler, Brief an Walter Gropius, Darmstadt, 22. Nov. 1963.

[199] Gropius, Brief an Lily Hildebrandt, Weimar, undatiert, vermutlich Jahresmitte 1922 entsprechend den Notizen über die Gropiussche Ausstellung und Kandinskys Berufung.

[200] Gropius, Brief an Lily Hildebrandt, Weimar, undatiert, vermutlich Okt. 1922.

[201] Gropius, Brief an Lily Hildebrandt, Weimar, undatiert, vermutlich Okt. 1922.

[202] Gropius, Brief an Lily Hildebrandt, Weimar, undatiert, vermutlich Ende Nov./Anfang Dez. 1922. Es ist jedoch seltsam, daß Carl fortfuhr, Masken, Kostüme und Bühnendekoration für die Seminare seines Bruders Oskar zu entwerfen.

[203] Gropius, Brief an Lily Hildebrandt, Weimar, undatiert, vermutlich Ende 1922/Anfang 1923 entsprechend einem Hinweis auf die laufende Auseinandersetzung mit Johannes Itten.

[204] S. o. Anm. 203.

[205] Gropius, Brief an Walter Scheidig, Cambridge, Mass., 3. Okt. 1966.

[206] S. o. Anm. 205.

[207] Lyonel Feininger, Brief an Julia Feininger, Weimar, 5. Okt. 1922; wiedergegeben in: Wingler, a.a.O., S. 68f.

[208] Gropius, Brief an Lily Hildebrandt, Weimar, undatiert, vermutlich Anfang 1923. Dr. Rauth scheint sich allerdings, wenn es unbequem für ihn wurde, gern dem Zugriff entzogen zu haben, wie sich ein halbes Jahr später herausstellte – Gropius, Brief an Lily Hildebrandt, Weimar, undatiert, vermutlich Juni 1923: »Rauth hält mich weiter hin, hat zweimal abgesagt, nun soll ich ihn am Sonnabend in Berlin treffen, hoffentlich weicht er nicht abermals zurück. Seine Angaben mit Amerika, Nasenoperation scheinen alle nicht zu stimmen, ich bin etwas mißtrauisch geworden und kenne mich in ihm nicht aus. Jedenfalls hat er sich dreimal verleugnen lassen, war aber anwesend, wie ich dann feststellen konnte.«

[209] Vgl. dazu Oskar Schlemmer, Das Staatliche Bauhaus in Weimar, in: Wingler, a.a.O., S. 79. Das Schlemmersche Manifest von 1923 ist häufig mit dem Gropiusschen Bauhaus-Manifest von 1919 verwechselt worden. Einige Jahre später hat Hannes Meyer in einem polemischen Brief an den Dessauer Bürgermeister Fritz Hesse Kapital aus dem Begriff Schlemmers zu schlagen versucht. Das vollständige Werbeblatt (also mit dem Schlemmerschen Manifest) abgebildet in: W. Scheidig, Bauhaus Weimar · 1919–1924 · Werkstattarbeiten, München 1966, S. 56–57.

[210] Das »Triadische Ballett« umfaßte drei nach Farbe und Stimmung unterschiedene Akte oder Teile. Die »Erste (Gelbe) Reihe« war lebhaft und freudig bewegt, die »Zweite (Rosa) Reihe« getragen und von sonorer Tonlage, die »Dritte (Schwarze) Reihe« geheimnisvoll und bizarr phantastisch. Den insgesamt zwölf Tänzen der drei »Reihen« entsprachen die insgesamt zwölf Kostüme der Tänzer; viele dieser Kostüme hatte Oskar Schlemmers Bruder Carl entworfen und angefertigt. Die Kostüme machten aus den Tänzern ballonartig aufgeblasen wirkende Figurinen von puppenhafter Erscheinung; sie setzten sich aus wechselnden und vielfach kontrastierenden geometrischen Formen zusammen. Der Bühnenrahmen, die Beleuchtung und die Begleitmusik entsprachen der neuartigen, abstrakten Vorstellungen folgenden Choreographie. Vgl. o. Anm. 197.

[211] W. Gropius, Le Corbusier · Eulogy, Harvard Graduate School of Design, Cambridge, Mass., Newsletter, Bd. 12, 1965/66 (H. 1, Nov. 1965).

[212] Zu diesen Freunden und Bekannten gehörten Peter Behrens, Bruno und Max Taut, Hans Richter, Naum Gabo, Erich Mendelsohn, El Lissitzky und Hermann Muthesius.

[213] Den Gedanken an die Gründung einer derartigen Vereinigung mit entsprechender Zielsetzung hat Gropius nie aufgegeben, auch wenn die Diskussion in Weimar ohne konkretes Ergebnis blieb. Fünf Jahre später nahmen mit dem Treffen auf dem Schloß La Sarraz in der Schweiz vom 26. bis 28. Juni 1928 die »Congrès Internationaux d'Architecture Moderne«, CIAM, ihren Anfang, die danach mehr als dreißig Jahre lang das Forum eines internationalen Gedankenaustauschs bildeten und in deren programmatischen Erklärungen auch die in jener Weimarer Diskussion vorgetragene Zielsetzung Eingang fand.

[214] Vgl. A. Meyer (Hrsg.), Ein Versuchshaus des Bauhauses in Weimar (Bauhausbücher, 3), München 1925; s. jetzt Ch. Wolsdorff, Georg Muche als Architekt, in: Georg Muche, Das künstlerische Werk 1912–1927, Kritisches Verzeichnis, Hrsgg. vom Bauhaus-Archiv Berlin, Berlin 1980, S. 24–28, 144f.

Anmerkungen zu den Seiten 301–313

[215] G. Muche, Blickpunkt, 2. Aufl., Tübingen 1965, S. 128 f. Franciscono läßt es so erscheinen, als seien die Studierenden für Muche gerade wegen seiner engen Beziehungen zu Johannes Itten eingetreten (oder auch ungeachtet dieser Beziehungen): M. Franciscono, Walter Gropius and the Creation of the Bauhaus in Weimar, Urbana, Ill., 1971, S. 241.

[216] Gropius, Brief an Lily Hildebrandt, Weimar, undatiert, vermutlich März 1923; am 6. März 1923 konnte Gropius eine erste Zusage Sommerfelds über einen Finanzierungsbeitrag bis zu 20 Millionen Mark verbuchen.

[217] Vgl. Wingler, a.a.O., S. 80 f., 351 f. Das Haus am Horn (heute Am Horn 61) war durch Um- und Anbauten 1926, 1927 und 1933 zuletzt recht entstellt; es wurde 1970 und 1971 grundlegend restauriert.

[218] Vgl. Ch. Wolsdorff, Das Haus am Horn im Spiegel der Presse, in: Georg Muche, Das künstlerische Werk 1912–1927, Kritisches Verzeichnis, Hrsgg. vom Bauhaus-Archiv Berlin, Berlin 1980, S. 31–45.

[219] Gropius, Brief an Lily Hildebrandt, Weimar, 23. Sept. 1923.

[220] Die beiden für Ehrengäste reservierten Eintrittskarten für die Plätze 7 und 8 zum Preis von je 2000 Mark bewahrt das Bauhaus-Archiv bis zum heutigen Tag.

[221] Gropius, Schreiben an die Schwestern Frank, Hannover, 28. Mai 1923.

[222] Ilse Frank, Brief an Walter Gropius, Hannover, undatiert, vermutlich Anfang Juni 1923.

[223] Ilse Frank, Brief an Walter Gropius, Adolfshütte, Dillenburg, undatiert, vermutlich Juni 1923.

[224] Ilse Frank, Brief an Walter Gropius, Adolfshütte, Dillenburg, 6. Juli 1923.

[225] Gropius, Brief an Ilse Frank, Weimar, undatiert, Poststempel: 10. Juli 1923.

[226] Ilse Frank, Brief an Walter Gropius, Dillenburg, undatiert, vermutlich Juli 1923.

[227] Gropius, Brief an Ilse Frank, Weimar, undatiert, Poststempel: 15. Juli 1923.

[228] Ilse Frank, Brief an Walter Gropius, Ambach, Poststempel: München, 13. Juli 1923.

[229] Ise Gropius im Gespräch in Lincoln, Mass., Juli 1974.

[230] Gropius, Brief an Lily Hildebrandt, Weimar, undatiert, vermutlich Ende 1922/Anfang 1923 entsprechend einem Hinweis auf die laufende Auseinandersetzung mit Johannes Itten.

[231] Gropius, Brief an Lily Hildebrandt, Weimar, undatiert, vermutlich Juni 1923.

[232] Gropius, Brief an die Mutter, Jena, 20. Aug. 1923.

[233] Daß das junge Paar sich überhaupt zu diesem Zeitpunkt eine Auslandsreise leisten konnte, grenzt schon fast an ein Wunder, da die sich überschlagende Inflation gerade ihrem Ende zutrieb. Zum Schluß dieses Monats August, zehn Tage nach dem Aufbruch der beiden aus Weimar, erreichte die Entwertung eine neue Rekordmarke, vgl. die Meldung der »Frankfurter Zeitung«, 68. Jg., Nr. 641, 20. Aug. 1923, S. 1: »Ein neuer Sturz der Mark... An der heutigen Valutabörse hat der Dollar den Wert von 10 Millionen Mark überschritten. Die Entwertung geht rasend vor sich. Am 1. August stand der Dollar noch auf einer Million, bis zum 17. August war er auf über 3 Millionen gestiegen, bis zum Ende des Monats hat er, mit dem Anfang verglichen, seinen Wert verzehnfacht.«

[234] Der einstige Bauhäusler Kurt Schmidt half bei der Renovierung. Fünfundvierzig Jahre später gedachte er dieser Tage; Kurt Schmidt, Brief an Walter Gropius, Gera, 6. Aug. 1968: »Weimar – ich erinnere mich noch an Ihre Wohnung – ich glaub damals hieß sie Augustastraße, wo sie war. Wie hatte ich da geschwitzt, um in Ihren Wohnräumen die

Anmerkungen zu den Seiten 313–319

Röhlsche Stalaktidenfarbspritzergipsgestaltung mit Hammer und Spachtel von der Decke und den Wänden zu entfernen um dann einen klaren und farbschönen Anstrich auf die Wände zu setzen.« Karl-Peter Röhl hatte als Bauhaus-Studierender drei Jahre zuvor an der Gestaltung der Wohnräume gearbeitet.

[235] W. Gropius, Le Corbusier · Eulogy, Harvard Graduate School of Design, Newsletter, Bd. 12, 1965/66 (Nr. 1, Nov. 1965)

[236] Paul Klee war ein ungewöhnlich begabter Musiker. Aus der Musik schöpfte er vielfach Anregung für sein Werk. Tatsächlich hatte er in seinen frühen Jahren zwischen der Musik und der Malerei geschwankt, bis er sich als Neunzehnjähriger mit der Aufnahme des Studiums an der Münchner Akademie für letztere entschied.

[237] Wenige Jahre später, als Walter und Ise Gropius nach Berlin zogen, sollte sich die Situation ändern. Dort hörten sie in der Kroll-Oper, deren Orchester Otto Klemperer dirigierte, nicht nur Strawinsky, sondern auch die weithin die Gemüter erregenden neuen Kompositionen von Hindemith, Schönberg und Křenek. Bei besonderer Gelegenheit lud Klemperer das Ehepaar zu einer Aufführung der Zehnten (unvollendeten) Symphonie Gustav Mahlers ein; beim anschließenden Abendessen mit dem Dirigenten machte dieser sie mit zwei österreichischen Gästen bekannt, dem Komponisten Franz Schreker und dem Pianisten Artur Schnabel. Die Freundschaft zwischen Klemperer und dem zwei Jahre älteren Gropius endete erst mit des letzteren Tod im Jahr 1969; die Behauptungen über Klemperers angebliche Rolle während der nationalsozialistischen Herrschaft konnten ihr keinen Abbruch tun.

[238] Die Arbeit erschien zwei Jahre später: J.J.P. Oud, Holländische Architektur (Bauhausbücher, 10), München 1926.

[239] So überbrachte der Autor dieses Buches Walter Gropius im Juli 1965 wieder einmal eine Nachricht von Lily Hildebrandt, die auch wieder, wie so viele Briefe zuvor, von Ise Gropius beantwortet wurde.

[240] Vgl. in diesem Zusammenhang M. Benemann, Leih mir noch einmal die leichte Sandale, Hamburg 1978.

[241] Gropius, Brief an Ise Gropius, Weimar, undatiert, vermutlich März 1924.

[242] Gropius, Brief an Ise Gropius, Weimar, undatiert, vermutlich April 1924.

[243] Gropius, Brief an Lily Hildebrandt, Weimar, undatiert, vermutlich Frühjahr 1924.

DAS BAUHAUS IM KREUZFEUER DER GEGNER

[244] Gropius, Brief an Generalleutnant Hasse, Weimar, 24. Nov. 1923; auszugsweise wiedergegeben in: Wingler, a.a.O., S. 89.

[245] Gropius, Brief an Generaloberst von Seeckt, Weimar, 30. Nov. 1923. Hans von Seeckt (1866–1936), Generalstabsoffizier des Ersten Weltkriegs, war von 1920 bis 1926 Chef der Heeresleitung und damit Oberkommandierender der Reichswehr. Während des Kapp-Putsches 1920 hatte er den Einsatz der Reichswehr gegen die putschenden Einheiten unter Generalleutnant von Lüttwitz verweigert, und unter seiner Führung waren seit 1920 die geheimen Verbindungen zwischen Reichswehr und Roter Armee aufgebaut worden, die zu einer zeitweiligen Zusammenarbeit auf russischem Boden führten. Walter Gropius sah in ihm einen kalten, herrschsüchtigen Preußen und hemmungslosen Nationalisten, der

mit Beharrlichkeit das persönliche Ziel der Wiedererrichtung der deutschen Militärmacht entgegen den Bestimmungen des Versailler Vertrags verfolgte und somit eine bedeutsame Rolle im Staat spielte. Generaloberst von Seeckt war es auch gewesen, der 1920 während des Kapp-Putsches den loyalen Regierungstruppen verboten hatte, auf die Soldaten des putschenden Generals von Lüttwitz zu schießen. Auf diese Art hatte er eine blutige Auseinandersetzung innerhalb des Militärs verhindert, wofür er mit dem Posten des Oberkommandierenden der Armee belohnt wurde – trotz der Verluste unter den regierungstreuen Arbeitern.

[246] Zum Hintergrund der Ereignisse grundlegend: K. Hohlfeld, Die Reichsexekution gegen Sachsen im Jahre 1923, Ihre Vorgeschichte und politische Bedeutung, München 1964.

[247] Gropius, Brief an Ise Gropius, Weimar, undatiert, vermutlich 12. März 1924.

[248] Ise Gropius, Brief an Walter Gropius, Sanatorium Königspark, Dresden, undatiert, vermutlich 14. März 1924.

[249] Gropius, Brief an Ise Gropius, Weimar, undatiert, vermutlich Ende März 1924.

[250] Gropius, Brief an Ise Gropius, Weimar, undatiert, vermutlich Ende März 1924.

[251] Gropius, Brief an Ise Gropius, Weimar, undatiert, vermutlich März 1924. Peter Behrens war von Ise für den »Kreis der Freunde des Bauhauses« gewonnen worden. Dr. Hans Driesch, Biologe und Philosoph, lehrte seit 1921 als Professor in Leipzig.

[252] Gropius, Brief an Ise Gropius, Weimar, undatiert, vermutlich März 1924. Dr. Will Grohmann galt schon damals als einer der angesehensten Kunstkritiker Deutschlands.

[253] Gropius, Brief an Ise Gropius, Weimar, undatiert, vermutlich März 1924.

[254] Gropius, Brief an Ise Gropius, Weimar, undatiert, vermutlich Ende März 1924.

[255] Gropius, Brief an Ise Gropius, Weimar, undatiert, vermutlich Ende April 1924.

[256] Ise Gropius, Brief an Walter Gropius, Sanatorium Königspark, Dresden, undatiert, vermutlich April 1924.

[257] Ise Gropius, Brief an Walter Gropius, Sanatorium Königspark, Dresden, undatiert, vermutlich April 1924.

[258] Gropius, Brief an Ise Gropius, Weimar, 24. April 1924.

[259] Gropius, Brief an Lily Hildebrandt, Weimar, undatiert, vermutlich April/Mai 1924.

[260] Gropius, Brief an Lily Hildebrandt, Weimar, undatiert, vermutlich spätes Frühjahr 1924.

[261] Gropius, Brief an Lily Hildebrandt, Weimar, undatiert, vermutlich Ende April/Anfang Mai 1924.

DAS LETZTE JAHR DES BAUHAUSES IN WEIMAR

[262] Vgl. die Notiz über Emil Lange in: Wingler, a.a.O., S. 256.

[263]* Ise Gropius, Brief an Manon Burchard, Weimar, undatiert, vermutlich Ende Mai 1924.

[264] Ise Gropius, Brief an Manon Gropius, Weimar, undatiert, vermutlich Ende Mai 1924.

[265] Werbeblatt des Bauhauses, 1924, in Faksimile wiedergegeben in: Wingler, a.a.O., S. 92 f. Dem Kuratorium des Freundeskreises gehörten zu dieser Zeit an: Peter Behrens, Hendrik Berlage, Adolf Busch, Marc Chagall, Hans Driesch, Albert Einstein, Herbert

Eulenberg, Edwin Fischer, Gerhart Hauptmann, Josef Hoffmann, Oskar Kokoschka, Hans Poelzig, Arnold Schönberg, Adolf Sommerfeld, Josef Strzygowski, Franz Werfel. Mitglied des Freundeskreises war auch Igor Strawinsky.

[266] Theo van Doesburg, Brief an László Moholy-Nagy, Paris, undatiert, vermutlich Anfang Mai 1924. Der achtseitige handschriftliche Brief (Bauhaus-Archiv Berlin) ist adressiert: »Herrn Moholy-Nagy zur Vermittlung. Mit der Bitte diesen Brief auf einer Meisterratssitzung vorzulesen.« Vgl. dazu Bauhaus-Archiv Berlin, Sammlungs-Katalog, Berlin 1981, S. 268 f. und Anm. 7 (Stephan von Wiese).

[267] Piet Mondrian, Brief an die »Direction Bauhaus Weimar«, Paris, 30. Mai 1924.

[268] Vgl. z. B. Konrad Nonn, Staatliche Müllzufuhr · Das staatliche Bauhaus in Weimar, »Deutsche Zeitung«, 24. April 1924; wiedergegeben in: Wingler, a.a.O., S. 90 f.

[269] Vgl. das Modell zu einem »Sommerhaus am Meer« für die Familie von Klitzing in: S. Giedion, Walter Gropius, Mensch und Werk, Stuttgart 1954, S. 175.

[270] Gropius, Brief an Ise Gropius, Weimar, undatiert, vermutlich März 1924.

[271] Dem Vorstand gehörten neben Paul Hensel, einem weiteren Erlanger Professor, folgende Persönlichkeiten an: Ernst Cassirer, Benedetto Croce, Bertrand Russell, Hans Driesch, Graf Ebner von Eschenbach-Baader und Carson Chang.

[272] Das Gropiussche Büro führte das Projekt als »Philosophische Akademie auf dem Burgberg, Spandorf-Erlangen, 1924–1925«.

[273] Vgl. Pläne und Modell in: S. Giedion, Walter Gropius, Mensch und Werk, Stuttgart 1954, S. 122.

[274] 1977 griff ein Zeitungsbeitrag das Schicksal des Projekts und die Geschichte vom wundersamen Verschwinden des Professors Hoffmann noch einmal auf: Spektakuläre Pläne · Denker-Weltzentrale, »Erlanger Tageblatt«, 9. April 1977. Allein das Gropiussc' Architekturbüro hatte an Honoraren für Adolf Meyer, Farkas Molnár, Erich Brenc. Marcel Breuer und andere runde 2000 Mark ausgegeben, die ihm der treulose Auftraggeber natürlich ebenfalls schuldig blieb.

[275] Vgl. Bauhaus-Archiv Berlin, Sammlungs-Katalog, Berlin 1981, S. 189, Nr. 360.

[276] Gropius, Brief an Ise Gropius, »Im D-Zug« [von Frankfurt am Main], Poststempel: Weimar, 6. Aug. 1924.

[277] Ise Gropius, Brief an Walter Gropius, Opladen, 28. Sept. 1924.

[278] Gropius, Brief an Ise Gropius, Weimar, undatiert, vermutlich Sept. 1924.

[279] Vgl. o. Anm. 278.

[280] Thüringische Rechnungskammer (Hrsg.), Bericht über Prüfung der Kassen- und Buchführung beim Staatlichen Bauhaus in Weimar, Weimar, September 1924; auszugsweise wiedergegeben in: Wingler, a.a.O., S. 100–102.

[281] S. o. Anm. 280.

[282] (Dr. Wilhelm Necker) Bericht über die wirtschaftlichen Aussichten des Bauhauses, datiert Weimar, 19. Oktober 1924, unterzeichnet von W. Gropius und Dr. Necker, gedr. als Anhang zum Bericht der Thüringischen Rechnungskammer (s. o. Anm. 280); auszugsweise wiedergegeben in: Wingler, a.a.O., S. 102 f.

[283] S. o. Anm. 280.

[284] Gropius, Brief an Lily Hildebrandt, Weimar, undatiert, vermutlich März 1923; am 6. März 1923 hatte Adolf Sommerfeld eine Vorfinanzierung bis zu einer Höhe von 20 Millionen Mark zugesagt.

Anmerkungen zu den Seiten 341–354

[285] Gropius, Brief an P. Russell Diplock, Cambridge, Mass., 8. Okt. 1968.
[286] Gropius, Brief an Ise Gropius, Weimar, undatiert, vermutlich 24. Sept. 1924.
[287] Ise Gropius, Brief an Walter Gropius, Opladen, 29. Sept. 1924.
[288] Ise Gropius, Brief an Walter Gropius, Opladen, 30. Sept. 1924.
[289] Ise Gropius, Brief an Walter Gropius, Düsseldorf, 4. Okt. 1924. Verbeeck war Oberbaurat in Köln und, wie Ise es ausdrückte,»Gewährsmann für Adenauer«, Ritters war Baurat.
[290]* Gropius, Brief an Ise Gropius, Weimar, undatiert, vermutlich Anfang Oktober 1924.
[291]* Ise Gropius, Brief an Walter Gropius, Opladen, 2. Okt. 1924.
[292] Ise Gropius, Brief an Walter Gropius, Opladen, 5. Okt. 1924.
[293] Vgl. o. Anm. 282.
[294] Haushaltsausschuß des Thüringischen Landtags, Beratungen zum Haushaltsplan 1924, Bericht vom 9. Dez. 1924; wiedergegeben in: Wingler, a.a.O., S. 103–105.
[295] Leiter und Meister des Staatlichen Bauhauses in Weimar, Offener Brief, 26. Dez. 1924, abgedr. in der Weimarer Tageszeitung »Deutschland«, 29. Dez. 1924; wiedergegeben in: Wingler, a.a.O., S. 106.

III Dessau: 1925–1928

Der Abschied von Weimar – Das Bauhaus zieht nach Dessau

[1] Heinrich König im Gespräch in Frankfurt am Main, Juli 1964.
[2] 1929 veranstaltete die Mendelssohn-Stiftung anläßlich des 200. Geburtstags des Philosophen in Dessau Gedenkfeiern mit einem geistig-kulturellen Rahmenprogramm; dem Veranstaltungskomitee gehörte neben Edwin Redslob, Albert Einstein, Arnold Zweig, Max Liebermann und anderen auch Walter Gropius an.
[3] Es war die erste nach dem Vorbild des ›Englischen Parks‹ gestaltete Parkanlage Deutschlands, entworfen von dem Gartenbaumeister Johann Eyserbeck, dessen Nachfolger – darunter Neumark, Schoch, Lenné und Fürst Pückler – die Anlagen weiter vervollkommneten. Der Wörlitzer Park wurde auf Goethes Anregung hin in Weimar nachgebildet.
[4] Lyonel Feininger, Brief an Julia Feininger, Weimar, 11. Febr. 1925; in: Wingler, a.a.O., S. 108.
[5] Fritz Hesse im Gespräch in München, Juli 1964.
[6] Lyonel Feininger, Brief an Julia Feininger, Weimar, 20. Febr. 1925; in: Wingler, a.a.O., S. 108.
[7] S. o. Anm. 5.
[8] Ise Gropius, Brief an Manon Gropius, Weimar, undatiert, vermutlich März 1925.
[9] Lyonel Feininger, Brief an Julia Feininger, Weimar, 9. März 1925; in: Wingler, a.a.O., S. 108 f.
[10] S. o. Anm. 5. Nach anderen Quellen fand die Vorlage des Berichts bereits mittwochs, am 11. März, statt. Das wird durch Feiningers Angaben bestätigt, der unter dem

Anmerkungen zu den Seiten 355–364

Donnerstag notiert: »Heute ist vermutlich eine Sitzung der Meister, wobei Gropius, der gestern abend aus Dessau zurück kam, berichten wird.« L. Feininger, Brief an Julia Feininger, Weimar, 12. März 1925; in: Wingler, a.a.O., S. 109.

[11] Tischlerobermeister Wagner, Eine Besichtigung des Weimarer Bauhauses, »Anhalter Anzeiger«, 18. März 1925; in: Wingler, a.a.O., S. 112.

[12a] S. o. Anm. 5.

[12b] S. o. Anm. 5.

[13] Auch in diesem Fall spielte die üble »Gelbe broschüre« eine Rolle; der Dessauer Kaufmann Georg Büchlein wurde am 29. Juni 1927 vom Landgericht Dessau »wegen Beleidigung« zu einer Geldstrafe verurteilt. Das Urteil wiedergegeben in: Wingler, a.a.O., s. 138f.

[14] Übernahme des Bauhauses beschlossen, Bericht von der Sitzung des Dessauer Gemeinderats vom 24. März 1925, »Anhalter Anzeiger«, 25. März 1925; in: Wingler, a.a.O., S. 113f.

[15] Vgl. dazu: Das Ende des Bauhausstreites, Bericht über die öffentliche Sitzung des Gemeinderats unter dem Vorsitz von Bürgermeister Hesse, »Anhalter Anzeiger«, 7. Juli 1925.

[16] Unter dem 4. Nov. 1925 vermerkte das Anhaltische Amtsgericht Dessau: »Unter Nr. 200 Abt. B des Handelsregisters ist eingetragen: Die Firma Bauhaus-Gesellschaft mit beschränkter Haftung in Dessau. Gegenstand des Unternehmens ist die Alleinverwertung sämtlicher in dem Bauhaus in Dessau – einem städtischen Unternehmen – hergestellten Muster und Erzeugnisse.« Veröffentlicht in: »Amtsblatt für Anhalt«, 162. Jg., Nr. 91, 13. Nov. 1925; in: Wingler, a.a.O., S. 122.

[17] Zu diesen Schülern gehörten Max Sichel, Walter Traulau, Richard Paulick und Erich Brendel.

[18] An ausgebildeten Zeichnern beschäftigte das Büro unter anderen die Mitarbeiter Sebök, Sturtzkopf, Fieger, Hans Harksen, Niegemann, Throll und Ganzlin.

[19] Zur Einweihungsfeier vgl.: Wingler, a.a.O., S. 380; dort auch, S. 381–389, eine gute erste Übersicht über das Bauhaus-Gebäude. Ein großes Modell des Bauhauses aus der Entwurfsphase im Bauhaus-Archiv Berlin: Sammlungs-Katalog, Berlin 1981, S. 184 und S. 190, Nr. 362.

[20] Zur Diskussion um das Flachdach aus dieser Zeit vgl. die von Gropius veranstaltete Umfrage: Walter Gropius, Das flache Dach, Bauwelt, 17. Jg., 1926, S. 162–168, 223–227, 361, 1038.

[21] Hermann Klumpp, Brief an Carl Bauer, Quedlinburg, 3. Aug. 1970.

[22] F. Hesse, Von der Residenz zur Bauhausstadt, Privatdruck, Bad Pyrmont 1964, S. 212.

[23] Ise Gropius, Brief an Manon Gropius, Dessau, undatiert, vermutlich Frühjahr 1925.

[24] Die Meister-Häuser zeigt in einer knappen, aber anschaulichen Übersicht: Wingler, a.a.O., S. 390–395. Der Architekt selbst hat zum Bauhaus-Gebäude und zu den Meister-Häusern eine eigene Studie vorgelegt: W. Gropius, bauhausbauten dessau (Bauhausbücher, 12), München 1930.

[25] Gerhard Marcks, Brief an Walter Gropius, Halle, 9. Okt. 1925. – Die 1915 von Paul Thiersch begründete Kunstschule auf Burg Giebichenstein war schon von der Konzeption her in Ausbildung und Zielsetzung ganz anders angelegt als das Bauhaus; vgl. dazu R. Fahrner, Hrsg., Paul Thiersch · Leben und Werk, Berlin 1970.

[26] Gerhard Marcks, Brief an Ise Gropius, Köln, 6. Juli 1969.

[27] Ein Vergleich der Schülerlisten des Bauhauses aus der Weimarer und aus der ersten Dessauer Zeit könnte es so erscheinen lassen, als sei die Mehrzahl der Studierenden nach dem Auszug des Bauhauses in Weimar verblieben. Vgl. jedoch dazu die Feststellung von W. Scheidig, Bauhaus Weimar 1919–1924 · Werkstattarbeiten, München 1966, S. 41, wonach neben den Meistern auch die Studierenden »nahezu geschlossen« der Schule nach Dessau folgten. Vgl. außerdem die Schülerlisten des Bauhauses in: Wingler, a.a.O., S. 551–561.

[28] Programm des Staatlichen Bauhauses in Weimar, April 1919: »Das Lehrgeld beträgt jährlich 180 Mark (es soll mit steigendem Verdienst des Bauhauses allmählich ganz verschwinden).« Vgl. Wingler, a.a.O., S. 41.

[29] Bauhaus Dessau, Lehrplan, Nov. 1925: »aufnahmegebühr: mk. 10.– / grundlehre: mk. 30.– pro halbjahr / hauptlehre: frei. verdienstmöglichkeit aus verwerteter arbeit / baulehre: mk. 50.– pro halbjahr«. Druckblatt, wiedergegeben in: Wingler, a.a.O., S. 118 f.

[30] Quelle wie Anm. 29.

[31] W. Gropius, Bauhaus Dessau – Grundsätze der Bauhausproduktion, Druckblatt des Bauhauses Dessau, März 1926; wiedergegeben in: Wingler, a.a.O., S. 120.

[32] Beratendes Organ des Direktors war die Konferenz (der Meisterrat), die sich aus dem Direktor, den Professoren und den vollamtlichen Lehrkräften (also den Formmeistern) zusammensetzte. In besonderen Fällen, in denen das Bauhaus als Ganzes oder in denen unmittelbare Angelegenheiten der Studierenden betroffen waren, konnte die Konferenz die Vertretung der Studierenden anhören. Die Vertretung der Studierenden war kein Organ des Bauhauses, doch wurde deren Mitwirkung in der Vorbereitung entsprechender Entscheidungen der Direktion von Gropius und den Lehrern stillschweigend vorausgesetzt und akzeptiert.

[33] W. Gropius, Brief an Wulf Herzogenrath, Cambridge, Mass., 30. Okt. 1963: »Von Anbeginn habe ich das Bauhaus demokratisch organisiert. Der Meisterrat war mein beratendes Organ, in das ich von Anfang an zwei Vertreter der Studierenden hineingesetzt habe. Das hat es verhindert, daß jemals so etwas wie ein Aufruhr im Bauhaus zustandekam, weil die Studierenden dank ihrer Vertretung im Meisterrat das Gefühl hatten, daß sie mitverantwortlich waren für die Entwicklung des Instituts. Es gab schwere Debatten unter uns, aber abgestimmt haben wir nie. Ich als der Direktor traf die endgültige Entscheidung, nach gründlicher Diskussion im Meisterrat.«

[34] K. Kokk, Das Bauhaus tanzt..., »8 Uhr Abendblatt«, 18. Febr. 1924; wiedergegeben in: Wingler, a.a.O., S. 98 f.

[35] In Weimar hatte es einige Versuche gegeben, die einheimische Jugend zu Veranstaltungen der Bauhäusler zu locken, so etwa zum Drachenfest im Herbst; diesen Versuchen war wohl ein ähnlicher Erfolg beschieden wie jenem Versuch der uradeligen Dame, von dem Kandinsky 1924 dem Berliner Reporter berichtete, s. o. Anm. 34. Zum Drachenfest 1922 vgl. den Zeitungsbericht in: Wingler, a.a.O., S. 70. Einen besonderen Anlaß zur Annäherung zwischen Bauhäuslern und Bevölkerung bot noch der alljährliche Weihnachtsmarkt vor der historischen Kulisse des alten Marktplatzes in Weimar, auf dem die Studierenden selbstverfertigte Geschenke für die Kinder anboten.

[36] Richard Paulick im Gespräch in Ost-Berlin, Juli 1964. – Im gleichen Jahr 1925, in dem

Anmerkungen zu den Seiten 368–374

das Bauhaus nach Dessau übersiedelte, wurde die Hellerauer Tanzschule nach Laxenburg bei Wien verlegt.

[37] Ise Gropius im Gespräch in Lincoln, Mass., Aug. 1974.

[38] Gropius, Brief an Ise Gropius, Dessau, Sept. 1925.

[39] Gropius, Brief an Ise Gropius, Dessau, Sept. 1925.

[40] W. Gropius, Plan zur Errichtung einer Wohnhausfabrik, Manuskript, Dessau, 1925. Unveröffentlicht.

[41] Gropius, Brief an Reichskanzler Hans Luther, Dessau, 27. April 1926.

[42] Zu den Vortragsorten gehörten München, Aachen, Lübeck, Dresden, Magdeburg, Essen, Mannheim, Bern, Zürich, Dortmund, Münster, Berlin, Frankfurt am Main und Rotterdam.

[43] Notiz, datiert 16. Juni 1926, in: Zentralblatt der Bauverwaltung, 46. Jg., 1926, S. 293–304. Walter Gropius bezog sich in diesem Vortrag auf den Katalog des Versandhauses Sears, Roebuck and Company in Chicago, Ill., den er schon fünfzehn Jahre zuvor kennengelernt und auf den er in seiner Denkschrift für die AEG von 1910 bereits angespielt hatte. Die Serienhäuser der Hodgson Company in Dover, Mass., konnte er 1928 auf seiner Reise in die Vereinigten Staaten kennenlernen.

[44] W. Gropius, Wie bauen wir billigere, bessere und schönere Wohnungen?, Werkland (Leipzig), 4. Jg., 1926, S. 268.

[45] Tony Garnier, Brief an Walter Gropius, Lyon, 9. Juli 1924: »J'ai récemment envoyé mes *ouvrages et* les photographies des *mes travaux* à M^r le Dr Adolf Behne... et je n'en n'ai pas d'autres exemplaires disponibles. Je vous serais donc très reconnaissant de demander à Mr Adolf Behne de vous les communiquer pour votre publication dans laquelle je serais très heureux de figurer.« Walter Gropius konnte später Illustrationen von Garniers Arbeiten in seine Lichtbildersammlung aufnehmen, mit der er seine Vorträge in Deutschland und den Nachbarländern wie hernach auch in England und Amerika bestritt.

[46] Vgl. hierzu die 1927 erschienene, von László Moholy-Nagy gestaltete Verlagsankündigung, in: Wingler, a.a.O., S. 140 f.

[47] Gropius, Brief an Frank Lloyd Wright, Dessau, undatiert, vermutlich Sommer 1925. Louis Henri Sullivan, von vielen als der ›Vater der modernen Architektur‹ angesehen, starb am 14. April 1924 in Chicago, Ill.

[48] Hugo Häring nannte die Jahre 1923–1924 als die Zeit, in der sich die Architekten zusammenfanden und schließlich den »Ring« gründeten; es erscheint durchaus möglich, daß sich die ersten Ansätze zu dem späteren Zusammenschluß in der Zeit der Bauhaus-Ausstellung von 1923 ergaben, während der auch ein Treffen von Werkbund-Mitgliedern in Weimar stattfand. Die Bezeichnung als »Zehnerring«, erklärte Gropius später, habe man gewählt, um damit zum Ausdruck zu bringen, worauf es den Mitgliedern vor allem ankam: Zusammenarbeit, und Zusammenfassung aller Gebiete der Kunst und der Architektur.

[49] Die Frage, wer dem »Ring« von Anfang an angehörte und wie viele Männer es waren, ist mittlerweile zu einer Streitfrage geworden, in der sich einstige Mitglieder uneins sind und die auch von der Zeitgeschichte bisher nicht geklärt werden konnte. Neben den Namen, die Walter Gropius aus dem Gedächtnis aufzählte, nennt eine weitere Liste noch Hans Poelzig, Martin Wagner, Walter Curt Behrendt und Peter Behrens. Diese und die von Gropius genannten Namen tauchen auch auf einer dritten Liste auf, dort aber werden

außerdem Otto Bartning, Otto Haesler, Ludwig Hilberseimer, Erich Mendelsohn und Heinrich Tessenow hinzugesellt. In einem Bericht, den das »Berliner Tageblatt« im Juli 1926 brachte, ist von einer Umbildung der Vereinigung und von einer noch höheren Mitgliederzahl die Rede, hier werden noch Arthur Korn, Ernst May und Adolf Meyer genannt. (Vgl. auch »Die Form«, 1926, S. 225). Der »Ring« hielt etwa ein Jahrzehnt zusammen, und im Lauf dieser Zeit veränderte sich naturgemäß auch die Zusammensetzung seiner Mitgliederschaft; hierin mag einer der Gründe für die unterschiedlichen Angaben über die Zahl der Mitglieder und über Zugehörigkeit oder Nichtzugehörigkeit bestimmter Personen liegen. Doch welche Namen die verschiedenen Listen auch aufführen mögen, ein Name fehlt in keinem Falle – Walter Gropius.

[50] Gropius, Brief an Doris Mühlschlegel, Cambridge, Mass., 18. Jan. 1965.

[51] »Der Ring« führte, um in der Öffentlichkeit auf sich aufmerksam zu machen und gleichsam wie mit einem Markenzeichen für seine Ideen werben zu können, ein offizielles Emblem, ein ungefähr kreisförmiges Symbol, das auf den Namen der Vereinigung anspielte wie auf deren Geschlossenheit: Umschließung eher denn Ausschließung. Ein ursprünglich ins Auge gefaßtes Emblem in Form eines doppelten Achtecks oder, als Hinweis auf den »Zehnerring«, Zehnecks wurde verworfen, da in der betonten vielfachen Brechung bei beiden Formen eher ein Hinweis auf Disharmonie denn auf Harmonie zu liegen schien. Daß die Vereinigung auch in der breiteren Öffentlichkeit Beachtung fand, belegt die Tatsache, daß die Bauwelt dem »Ring« ein Sonderheft widmete.

[52] N. Huse, »Neues Bauen« 1918-1933. Moderne Architektur in der Weimarer Republik, München 1975, S. 122.

[53] Le Corbusier, Kommende Baukunst, Berlin und Leipzig 1926.

[54] Der »Ring« blieb schließlich auch nicht ohne Einfluß auf die Arbeit des Bundes Deutscher Architekten; lange nach dieser Zeit fand Ernst May, daß der BDA für das Erbe der deutschen Architektur gestanden habe, wie es sich im Werk des Carl Friedrich Schinkel, des Hermann Muthesius und des Walter Gropius verkörpere. Die Architekten-Vereinigung »Der Ring«, die schon seit ihrer Gründung vielfach als ein revolutionärer Bund angesehen worden war, galt den Nationalsozialisten als kommunistische Organisation, ihre Mitglieder wurden als Juden oder Bolschewisten verfemt, deren Werk als nichtarisch und entartet verworfen.

Aufträge für das Bauhaus und das Büro Gropius

[55] Privatbüro Gropius, Kontenbuch 1924-1927. Im Besitz des Bauhaus-Archivs Berlin. Das Kontenbuch zeigt noch an verschiedenen Stellen durch Anmerkungen markierte, auf Unachtsamkeit oder böse Absicht zurückzuführende Falschbuchungen, Hinweise auf die Tätigkeit eines mit der Buchhaltung beauftragten Sekretärs, den Walter Gropius wegen Unehrlichkeit entlassen mußte.

[56] Ise Gropius, Anmerkung, Lincoln, Mass., Aug. 1974.

[57] Ernst Neufert im Gespräch in Darmstadt, Juli 1964.

[58] Gropius machte bei dieser Gelegenheit ausdrücklich darauf aufmerksam, daß dieser Entwurf zu einem Altersheim für Alfeld von 1925 in keiner Weise eine Vorwegnahme seines späteren Wettbewerbsentwurfs für ein Altersheim in Kassel bedeutete; der Entwurf für Alfeld stellte keinen Prototyp dar und hatte auch keine Nachfolge.

Anmerkungen zu den Seiten 384–393

[59] Der Plan und eine knappe Übersicht über die Siedlung in: Wingler, a.a.O., S. 396–399.

[60] W. Gropius, Systematische Vorarbeit für rationellen Wohnungsbau, Bauhaus, Zeitschrift für Gestaltung, 1. Jg., 1926/27, S. 1 f.; leicht gekürzt wiedergegeben in: Wingler, a.a.O., S. 136 f.

[61] W. Gropius, bauhausbauten dessau (Bauhausbücher, 12), München 1930, S. 184–187. Wie selbstverständlich wird die Siedlung auch in eine breit angelegte Übersicht einbezogen, die eine graphische Fachzeitschrift der Arbeit des Bauhauses widmete: Offset Buch- und Werbekunst (Leipzig) 1926, S. 355–432 (= H. 7, Sonderheft / Bauhausheft).

[62] Zu diesen Architekten gehörten neben Mies van der Rohe und Gropius unter anderen auch Le Corbusier mit seinem Bruder Pierre Jeanneret, Mart Stam, Peter Behrens, J. J. P. Oud, Ludwig Hilberseimer, Richard Döcker, Hans Poelzig, Hans Scharoun, Max und Bruno Taut.

[63] Die Tatsache selbst, daß hier ein internationales Team von Architekten gemeinsam an einem Projekt arbeitete, bezeichnete schon ein ungewöhnliches und einmaliges Ereignis für jene Jahre, da Deutschland erst allmählich in die internationale Diskussion der modernen Architektur eintrat und einbezogen wurde; die Weißenhof-Siedlung entstand 1927, die CIAM wurden erst 1928 begründet. Das Projekt war überdies ein Zeichen der Zeit; Deutschland war inzwischen aus den Nöten der ersten Nachkriegsjahre heraus und hatte sich auch wirtschaftlich erholt, so daß man nun Mittel für ein solches Projekt aufzubringen bereit war, das nicht auf die Befriedigung unmittelbarer Bedürfnisse wie etwa die Behebung der Wohnungsnot abzielte, sondern in die Zukunft wies.

[64] Vgl. dazu den zeitgenössischen Bericht: Deutscher Werkbund (Hrsg.), Bau und Wohnung, die Bauten der Weißenhofsiedlung in Stuttgart, errichtet 1927 nach Vorschlägen des Deutschen Werkbundes im Auftrag der Stadt Stuttgart und im Rahmen der Werkbundausstellung »Die Wohnung«, Stuttgart 1927. Der Bericht läßt die einzelnen Architekten mit Erläuterungen zu ihren Bauten zu Worte kommen. Aus neuerer Zeit liegt eine Studie vor: J. Joedicke und Chr. Plath, Die Weißenhofsiedlung, Stuttgart 1968.

[65] Deutscher Werkbund (Hrsg.), Bau und Wohnung, s. o. Anm. 64, S. 7.

[66] W. Gropius, Wege zur fabrikatorischen Haushertellung (Häuser 16 und 17), in: Deutscher Werkbund (Hrsg.), Bau und Wohnung, s. o. Anm. 64, S. 59–67.

[67] W. Gropius, Trockenbauweise, Baugilde, 9. Jg., 1927, S. 1362.

[68] Vgl. dazu aus jüngster Zeit: N. Huse, Die »Neue Wohnung« · Stuttgart-Weißenhof: Streit um eine Ausstellung; diese knappe Zusammenfassung in: N. Huse, »Neues Bauen« 1918 bis 1933, Moderne Architektur in der Weimarer Republik, München 1975, S. 72–78.

[69] Zitiert nach: J. Joedicke und Chr. Plath, Die Weißenhofsiedlung, Stuttgart 1968, S. 10.

[70] Ise Gropius vermerkt in ihrem Tagebuch unter Donnerstag, dem 1. März 1928, daß Breuer und Gropius den Stand der Dinge im Fall Harnischmacher durchsprachen und danach Breuers Aussichten erörterten, der daran dachte, das Ehepaar Gropius auf der Reise in die Vereinigten Staaten zu begleiten (Ise Gropius, Tagebuch, 3. Mai 1927 und 1. März 1928). Vier Wochen zuvor, am Sonnabend, den 4. Febr. 1928, hatte Walter Gropius dem Bürgermeister Fritz Hesse sein Rücktrittsgesuch als Direktor des Bauhauses überreicht.

[71] Zu Ausstellungsständen der Bauhaus-Werkstätten (Joost Schmidt, Alexander Schawinsky) vgl. z. B.: Wingler, a.a.O., S. 482 f.

Anmerkungen zu den Seiten 395–402

[72] Vgl. Grundriß, Außen- und Innenansicht in: Wingler, a.a.O., S. 400.

[73] W. Gropius, bauhausbauten dessau (Bauhausbücher, 12), München 1930, S. 202.

[74] Den Bebauungsplan und die von Gropius gebauten Häuser zeigt: Giedion, a.a.O., S. 212–214. Vgl. dazu den Bericht: Siedlung Dammerstock bei Karlsruhe, Zentralblatt der Bauverwaltung, 49. Jg., 1929, S. 725–731.

[75] Wie im Falle der Weißenhof-Siedlung in Stuttgart wurde auch diese Siedlung im Rahmen einer Ausstellung zum Thema der »Wohnung« gezeigt; vgl. dazu: Siedlung Dammerstock bei Karlsruhe, Ausstellung »Die Gebrauchswohnung«, Katalog, Karlsruhe 1929.

[76] B. Taut, Die Stadtkrone, Jena 1919, S. 59 f. und 66. Ein knappes Referat über Tauts Vorstellungen in: N. Huse, »Neues Bauen« 1918 bis 1933, Moderne Architektur in der Weimarer Republik, München 1975, S. 22–25.

[77] Gropius, Brief an Ernst Hardt, Weimar (z. Z. Berlin), 14. April 1919.

[78] Die Zeichnungen wiedergegeben in: Giedion, a.a.O., S. 162 f. Vgl. dazu: Halle · Stadthalle, Museum und Sportforum, Stein, Holz, Eisen (Frankfurt am Main), 42. Jg., 1928, S. 832–838.

[79] Eine nachträgliche Ehrung widerfuhr dem Entwurf dann doch, die Zeichnungen wurden im Sommer 1928 im Rahmen einer repräsentativen Schau deutscher Kunst der Gegenwart im berühmten Kaufhaus R. H. Macy's in New York gezeigt.

[80] W. Gropius, (zum Wettbewerb für das Ukrainische Staatstheater in Charkow) Bauwelt, 22. Jg., 1931, S. 51.

[81] Wenn Gropius später, gelegentlich einer Ehrung für Piscator, diese folgenreiche Begegnung und den sich daraus ergebenden Auftrag in das Jahr 1926 und in seine Weimarer Zeit zurückverlegte, so unterlag er damit einer Täuschung der Erinnerung. Piscator eröffnete seine Bühne am Nollendorfplatz am 3. Sept. 1927 mit Ernst Tollers »Hoppla, wir leben«, damit ist der terminus post quem gegeben. Und den terminus ante quem bezeichnet ein Zeitungsaufsatz: W. Gropius, Vom modernen Theaterbau, »Berliner Tageblatt«, 2. Nov. 1927.

[82] Die Entwurfzeichnungen und das Modell in: Giedion, a.a.O. S. 154–157; ferner auch in: Wingler, a.a.O., S. 401.

[83] W. Gropius, in: Erwin Piscator, Das politische Theater, Berlin 1929, S. 125. Vgl. außerdem: W. Gropius, Moderner Theaterbau unter Berücksichtigung des Piscator-Theaterneubaus in Berlin, Scene (Berlin), Bd. 18, 1928, S. 4. Danach hat der Architekt noch einmal Erläuterungen zu seinem Totaltheater gegeben: W. Gropius, Theaterbau, Reale Accademia d'Italia, Fondazione Alessandro Volta, Convegno di lettere. Ottobre 1934, Rom 1935, S. 154–177.

[84] W. Laqueur, Weimar · Die Kultur der Republik, Übers. Otto Weith, Frankfurt am Main und Berlin 1976, S. 184.

[85] Deutsches Reich, Reichspatentamt, Patentschrift Nr. 470451, Kl. 37 f., Dez. 1928, ausgegeben am 15. Jan. 1929.

Anmerkungen zu den Seiten 403–415

DAS BAUHAUS IN DESSAU – EIN NEUER
ANFANG UND SEINE SCHWIERIGKEITEN

[86] Die Stellungnahmen der Meister in: Wingler, a.a.O., S. 66–68.
[87] »Anhaltischer Anzeiger«, Nr. 256, 31. Okt. 1926; auszugsweise in: Wingler, a.a.O. S. 131.
[88] Gropius, Brief an Tut Schlemmer, Dessau, undatiert, vermutlich Sommer 1926.
[89] Paul Klee, Brief an Walter Gropius, Bern, 1. Sept. 1926.
[90] Gropius, Brief an Paul Klee, Dessau, 13. Okt. 1926. Dieser Brief wie der vorangegangene Brief Klees an Gropius, Anm. 89, in: Wingler, a.a.O., S. 130 f.
[91] Gropius, Brief an Ise Gropius, Dessau, undatiert, vermutlich Sept. 1925.
[92] Gropius, Brief an Ise Gropius, Paris, Okt. 1926. Herr Kleyer betreute als Angestellter der Adler Automobilwerke den bevorzugten Kunden Walter Gropius besonders fürsorglich.
[93] Das Bild der überfüllten Aula zeigt: Wingler, a.a.O., S. 380.
[94] Nach dem Bericht der Dessauer Tageszeitung »Volksblatt für Anhalt«, Nr. 285, 6. Dez. 1926; in: Wingler, a.a.O., S. 134.
[95] Prominentester unter den Gästen aus der Stadt Dessau selbst war Hugo Junkers, der Inhaber der berühmten Flugzeug-Werke.
[96] Georg Muche, Stahlhaus in Dessau-Törten, Stein, Holz, Eisen (Frankfurt am Main), 41. Jg., 1927, S. 274 f. Vgl. dazu: Bauhaus-Archiv Berlin (Hrsg.), Georg Muche, Das künstlerische Werk 1912-1927, Kritisches Verzeichnis, Berlin 1980, S. S. 29 f. und 149 (Christian Wolsdorff). Finanziert wurde das Stahlhaus von der Firma Carl Kästner AG. in Leipzig.
[97] Paul Klee, Brief an Ise Gropius, Dessau, 18. Nov. 1926. Daß Paul und Lily Klee eine Vorliebe für Mozart hatten, war allgemein bekannt; vgl. dazu die Notiz über ein früheres Konzert Paul Klees: H. H. Stuckenschmidt, Am Bauhaus 1923, »Frankfurter Allgemeine Zeitung«, 29. Sept. 1973.
[98] »New York Evening Post«, Aug. 1926.
[99] I. Ehrenburg, Visum der Zeit, München 1929, S. 225.
[100] E. Mendelsohn, Amerika, Bilderbuch eines Architekten, Berlin 1926.
[101] Gropius, Brief an Wassily Kandinsky, Dessau, 7. Febr. 1927.
[102] M. Osborn, Das neue ›Bauhaus‹, »Vossische Zeitung«, 4. Dez. 1926; in: Wingler, a.a.O., S. 134.
[103] Zu den Besuchern gehörten ferner die Architekten Leendert Cornelis van der Vlugt, Otto Haesler, Ernst May, Adolf Loos, Ludwig Hilberseimer, Ludwig Mies van der Rohe, Bruno Taut und Hugo Häring.
[104] Vorträge hielt Gropius unter anderem in Breslau, Dortmund, Hildesheim, Kassel, Münster und Hamburg; in Hamburg vermochte der Saal die rund tausend Menschen nicht zu fassen, die zu seinem Vortrag gekommen waren.
[105] Vgl. dazu: W. Gropius, Geistige und technische Grundlagen des Wohnhauses, Stein, Holz, Eisen (Frankfurt am Main), 41. Jg., 1927, S. 315–319; W. Gropius, Geistige und technische Grundlagen des Wohnhauses, Umschau (Frankfurt am Main), 31. Jg., 1927, S. 909.
[106] Wilhelm Ostwald, Brief an Walter Gropius, Großbothen, 30. Juni 1927.

[107] So bezogen sich u. a. Walter Gropius und Joost Schmidt auf Wilhelm Ostwald, vgl. dazu: Wingler, a.a.O., S. 77 und 152.

[108] Vgl. dazu: Report of the Jury on the Architectural Competition for the Erection of the League of Nations Building at Geneva, Genf 1927; ferner: Monatshefte für Baukunst, 11. Jg., 1927, S. 345–352, 416–423, 452–459, 501 f.

[109] W. Kandinsky, Punkt und Linie zu Fläche, Beitrag zur Analyse der malerischen Elemente (Bauhausbücher, 9), München 1926.

[110] Vorträge hielt Gropius in dieser Zeit unter anderem in Aachen, Augsburg, Braunschweig, Marburg, Mülheim und Stuttgart. Für den 9. September 1927 war er zu einem Vortrag vor Architekten, Künstlern und Gebrauchsgraphikern erneut nach Zürich eingeladen.

[111] Gropius über den typisierten Siedlungsbau, »Magdeburgische Zeitung«, 16. Okt. 1927.

[112] Architekten-Vereinigung »Der Ring«, Stellungnahme in der Polemik Dr. Nonn – Bauhaus, »Dessauer Zeitung«, Nr. 87, 13. April 1927; in: Wingler, a.a.O., S. 138.

[113] K.-H. Hüter, Bauhaus contra Bauhaus, Deutsche Architektur (Berlin-Ost), 1966, H. 1, S. 54. Der hier von Hüter besprochene Aufsatz: H. Meyer, Die neue Welt, Das Werk (Zürich), 1926, H. 7 (Sonderh.).

[114] Vgl. die Situationsskizze und Ansichten in: Wingler, a.a.O., S. 468 f.

[115] Gropius, Brief an Roger D. Sherwood, Cambridge, Mass., 9. Aug. 1963. Gropius fügt in dem Brief noch hinzu: »Das ist meine eigene Interpretation, für die ich Ihnen keine Beweise liefern kann, aber nachdem Meyer das Bauhaus verlassen hatte, habe ich von irgendwelchen weiteren Architekturprojekten, an denen er gearbeitet hätte, nichts mehr gehört oder gesehen, weder in Rußland noch in Mexiko.«

[116] Gropius, Brief an Roger D. Sherwood, Cambridge, Mass., 9. Aug. 1963. Die Reihenfolge der hier zitierten Passagen wurde neu geordnet und entspricht nicht der ursprünglichen Reihenfolge im Brief.

[117] Zitiert nach der Niederschrift der »hauptgemeinschaft des deutschen einzelhandels, berlin«, der syndikus, vom 18. November 1927.

[118] Gropius, Brief an Heinrich Peus, Dessau, 15. Jan. 1928.

[119] Gropius, Brief an Heinrich Peus, Dessau, 17. Jan. 1928.

[120] Heinrich Peus, Postkarte an Walter Gropius, undatiert, Poststempel: Dessau, 18. Jan. 1928.

[121] Gropius, Brief an Fritz Hesse, Vertraulich, Dessau, 1. Jan. 1928.

[122] W. Gropius, Rücktrittsgesuch an Bürgermeister Fritz Hesse und den Magistrat der Stadt Dessau, 4. Febr. 1928; in: Wingler, a.a.O., S. 144.

[123] Gropius, Brief an Fritz Hesse, Dessau, 4. Febr. 1928.

[124] Gropius, Brief an Fritz Hesse, Dessau, 4. Februar 1928. Vgl. dazu außerdem: Gropius, Brief an Roger D. Sherwood, Cambridge, Mass., 9. Aug. 1963. In diesem bereits wiederholt zitierten Brief faßt Gropius, fünfunddreißig Jahre nach den Ereignissen, noch einmal knapp seine Motive für den Rücktritt zusammen: »Da die politische Opposition in Dessau anwuchs und gegen mich gerichtet war, hielt ich es für klüger, mich aus der Schußlinie zu entfernen und das Institut in die Hand eines Nachfolgers zu übergeben. Der Kampf gegen die auf mich abzielenden Angriffe kostete so viel Zeit, daß ich einfach nicht genügend zu meiner eigenen produktiven Arbeit kam. Das ist es, was mich dazu brachte,

Anmerkungen zu den Seiten 432–437

meinen Rücktritt einzureichen. Die politischen Bedingungen waren jedoch nicht so schlecht, daß wir geglaubt hätten, das Bauhaus würde sich nicht dagegen behaupten können. Tatsächlich glaubte ich, daß, nachdem ich weg war, Hannes Meyer in der Lage sein würde, das Institut mit Erfolg weiterzuführen.« Eine Einschätzung seiner damaligen Situation gab Gropius am Abend jenes 4. Febr. 1928 in seiner Erwiderung auf Fritz Kuhrs Appell, s. u. Anm. 125, als er erklärte, er reibe sich im Kampf gegen die Widersacher auf, so beanspruche »jetzt neunzig Prozent meiner Arbeitsleistung der Abwehrkampf«: Wingler, a.a.O., S. 145.

[125] Ise Gropius, Tagebuch, Dessau, 1928; auszugsweise wiedergegeben in: Wingler, a.a.O., S. 144. Der Wortlaut des Rededuells ist, da in jedem Falle nachträglich aus dem Gedächtnis niedergeschrieben, unterschiedlich überliefert; vgl. dazu die Version eines ungenannten Studierenden aus dem Nachlaß von Otti Berger, in: Wingler, a.a.O., S. 145.

[126] Vgl. dazu den Aufsatz eines Fachmanns in einer der angesehensten Tageszeitungen Deutschlands – W. Dexel, Warum geht Gropius? (Zur Situation des Bauhauses), »Frankfurter Zeitung«, Nr. 209, 17. März 1928; in: Wingler, a.a.O., S. 145 f.

[127] Ise Gropius, Brief an Max Osborn, Dessau, 20. Febr. 1928.

[128] Ise Gropius, Brief an Heinrich König, Dessau, 15. Febr. 1928.

[129] Mitteilung im Rahmen einer Umfrage: Margit Staber, Wer ist Walter Gropius? – eine Umfrage, »Süddeutsche Zeitung«, Nr. 259, 29. Okt. 1969. Ein weiterer Hinweis auf diesen Wunschtraum ist in einer Tagebuchnotiz von Ise Gropius zu sehen, wonach Hans Poelzig empfohlen hatte, daß man Walter Gropius zum Chef der Bauverwaltung in Preußen, wenn nicht gar zum Leiter einer neu zu schaffenden zentralen Bauverwaltung für das ganze Reich machen solle.

[130] Aufzeichnung aus dem Nachlaß von Otti Berger, in: Wingler, a.a.O., S. 148.

[131] S. o. Anm. 128.

[132] S. o. Anm. 127.

Abbildungsnachweis

Die weitaus größte Zahl der Bildvorlagen stammt aus dem Archiv von Walter und Ise Gropius, die ihre Bestände dem Autor bereitwillig zur Verfügung gestellt haben.

Abb. 28: Foto R. R. Isaacs.
Abb. 53: Original im Bauhaus-Archiv/Museum für Gestaltung, Berlin.
Abb. 71: Copyright 1983 by Cosmopress, Genf. Original im Bauhaus-Archiv/Museum für Gestaltung, Berlin.
Abb. 72: Original im Bauhaus-Archiv/Museum für Gestaltung, Berlin.
Abb. 75: Nach einer Zeichnung von Henry Isaacs, London, der ein nicht mehr verwendungsfähiges Foto auf diese Weise nutzbar gemacht hat.
Abb. 77: Mit freundlicher Genehmigung von Frau Tut Schlemmer.
Abb. 81: Nach Junkers-Luftbild.
Abb. 90: Aus: Die Baugilde, 11. Jg., 1929, S. 1663.
Abb. 91: Abbildung nach der eingereichten Patentschrift. Originale im Busch-Reisinger Museum, Harvard University, Cambridge, Mass.
Abb. 96: Aus: »Kladderadatsch«, 81. Jg., Nr. 10, vom 4. März 1928.
Abb. 97: Aus: »Simplicissimus«, 33. Jg., Nr. 23, S. 303, vom 3. September 1928.

Personen- und Ortsregister

Aachen 483
Adenauer, Konrad 336, 337, 342, 343, 475
Ailette 175
Albers, Josef 19, 215, 294, 295, 296, 363, 437
Alfeld 106, 108, 117, 332, 382, 449, 479
Alfeld-Delligsen 119
Alfeld-Gronau 331
Amalfi 352
Ambach 311
Amiens 184
Amsterdam 245, 413
Andersen, Hans Christian 465
Anderson, Stanford 450
Argan, G. C. 14
Argau 440
Arndt, Alfred 362
Arras 178
Ascona 318
Augsburg 483
Avila 80

Bad Gastein 252
Bad Liebenstein 332
Bamberg 163
Ban de Sapt 137, 144, 451
Bandlow, Stadtbaudirektor 466
Barbig, Architekt 393
Barcelona 88, 89
Barth, Karl 466
Bartholdy, Jakob Salomon 440
Bartning, Otto 194, 362, 364, 378, 457, 460, 479
Bartók, Béla 416, 418
Basedow, Johann Bernhard 350
Basel 424
Baudert, Politiker 459
Baudesson, Daniel 40

Bauer, Carl 476
Baumeister, Willi 293
Baumgarten 98
Bayer, Herbert 13, 19, 215, 260, 360, 363, 436, 440, 460, 461
Bayreuth 350
Becher, Auguste 92, 442
Becher, Präsident 117
Behne, Adolf 194, 197, 200, 243, 294, 295, 372, 374, 457, 460, 478
Behrendt, Walter Curt 478
Behrens, Peter 90, 91, 92, 93, 94, 96, 97, 122, 126, 158, 167, 200, 268, 280, 323, 356, 357, 386, 446, 466, 470, 473, 478, 480
Behrens, Petra 91
Belling, Rudolf 196
Bellmann, Hans, 259, 465
Benemann, Joachim 18
Benemann, Maria 241, 242, 247, 317, 463, 472
Benscheidt, Carl 106, 107, 332, 381, 382, 448
Benscheidt, Carl jr. 382
Berger, Otti 484
Berlage, Hendrik 375, 413, 416, 473
Berlin 16, 23, 36, 38, 57, 90, 97, 110, 114, 126, 139, 140, 142, 143, 144, 146, 151, 156, 157, 159, 161, 171, 187, 188, 190, 192, 194, 198, 200, 203, 205, 211, 212, 219, 230, 232, 236, 237, 263, 276, 279, 291, 314, 345, 350, 351, 370, 373, 374, 381, 388, 391, 409, 419, 422, 428, 433, 435, 470, 472
Berlin-Charlottenburg 52, 66
Berlin-Dahlem 261
Berlin-Moabit 92
Berlin-Steglitz 52

486

Berlin-Zehlendorf 267, 390
Bernau 425
Beyer, Hans 327, 337
Bilbao 78, 80
Bill, Max 19
Blake, Peter 465
Bode, Wilhelm von 46
Bötticher, Architekt 38, 136
Bogler, Theodor 213, 302
Bordeaux 406
Borrmann, Richard 66
Bourdelle, Antoine 376
Bouton, Charles Marie 36
Brandenburg, Hans 268, 466
Brauneck, August 461
Braunschweig 483
Breitenstein 226, 238
Brendel, Erich 474, 476
Breslau 482
Brest-Litowsk 183
Breuer, Marcel 17, 19, 216, 334, 357, 359, 363, 389, 421, 422, 423, 436, 465, 474, 480
Brockhausen, von 76, 77
Brünn 177
Budapest 177
Bühlmann, Josef 56, 442
Bürgel 463
Bunzel, Hermann 425
Burchard, Familie 451
Burchard, Joachim 304
Burchard, Manon 42, 440, 441, 442, 473
Burchard, Max 42, 106, 450
Burchartz, Max 469
Burgos 80
Busch, Adolf 411, 473
Busoni, Ferruccio 299, 416

Cassirer, Ernst 474
Celles 129, 131, 132
Cestoso y Pérez, José 445
Chagall, Marc 473
Chamberlain, Neville 376
Chang, Carson 474
Charkow 481
Charleville 172
Charnetzky, Architekt 119

Chicago 274
Clarenbach, Dietrich 465
Collins, George 442
Costa del Sol 88
Croce, Benedetto 474
Curjel, Hans 446, 462

Daguerre, Jacques 36
Darmstadt 347
De Francis, Lisa 20
Denipaire 128
Dessau 16, 19, 24, 261, 267, 335, 347, 348, 349, 350, 351, 352, 353, 354, 355, 356, 357, 359, 360, 362, 363, 364, 365, 367, 368, 369, 373, 375, 376, 378, 380, 382, 388, 394, 395, 396, 403, 404, 407, 408, 415, 425, 430, 431, 432, 433, 434, 435, 437, 476, 478, 483
Dessau-Törten 383, 384, 385, 393, 408, 409, 419, 428, 482
Deutsch-Krone 441
Deweys, John 36
Dicker, Friedl 464
Diederichs, Eugen 466
Dillenburg 308, 311
Diplock, Russell P. 463, 475
Döcker, Richard 374, 458, 480
Doesburg, Theo van 285, 286, 287, 329, 468, 469, 474
Dorfner, Otto 215, 460
Dorner, Alexander 304, 305
Dortmund 482
Douaumont 166
Dramburg, 51, 68, 72, 73, 442
Drescher, Prof. 56
Dresden 114, 320, 322, 323, 326, 368, 393
Dresden-Löbtau 393
Driesch, Architekt 323
Driesch, Hans 473, 474
Dudok, Willem 316, 413
Dürckheim, Karlfried Graf von 364
Düsseldorf 343

Ebert, Carl 299
Ebert, Friedrich 188
Ebner von Eschenbach-Baader, Graf 474
Egbert, Donald 465

487

Ehrenburg, Ilja 408
Einstein, Albert 467, 473, 475
Elsässer, Martin 337
Endell, August 122, 124, 164, 450, 452
Engelmann, Richard 204, 209, 243, 256, 458
Engler, Paul 136
Epinal 142, 451
Erdmann, Eduard 299
Erdmannsdorff, von, Friedrich-Wilhelm 350
Erfurt 267, 345
Erlangen 332
Erlangen-Spandorf 474
Essen 343
Eulenberg, Herbert 474

Feininger, Julia 352
Feininger, Lyonel 209, 212, 219, 220, 243, 287, 294, 296, 351, 352, 361, 362, 457, 460, 461, 468, 470, 476
Fellerer, Frau 318, 322
Fiechter, Prof. 56
Fieger, Carl 260, 390, 394, 476
Fieger-Neufert, Architekten 394
Finow 392
Finsterlin, Hermann 197, 198, 458
Fischer, Dir. 343
Fischer, Edwin 474
Fischer, Theodor 442
Fitz 118
Förster-Nietzsche, Elisabeth 231, 233, 234, 462
Forbat, Fred 267, 271, 273, 465
Franciscono, Marcel 468, 471
Frank, Hermann 305, 309, 310, 311
Frank, Hertha 304
Frank, Morton 466
Frank und Lehmann 337
Frankfurt am Main 230, 232, 278, 280, 347, 351, 357, 413
Franz Ferdinand, Erzherzog 127
Franzensbad 181
Friedrichroda 312
Friedrich Wilhelm, Großer Kurfürst 38
Fritsch, Freiherr von 204, 207, 458, 459
Fröhlich, Otto 209

Fröhlich, Paul 243
Froelich, Politiker 459
Fry, H. Maxwell 19
Furtwängler, Adolf 418

Gabain, George Abraham 344, 441
Gabo, Naum 470
Ganzlin, Zeichner 476
Garnier, Tony 372, 478
Gaudí, Antoni 89
Genf 416, 421, 424
Gent 117
Genzmer, Prof. 66
George, Stefan 465
Geyer, Prof. 66
Giebichenstein, Burg 364, 476
Giedion, Sigfried 14, 416, 432, 440
Gölz, Gut 444
Görengut 444
Goethe, Joh. W. von 26, 234, 416
Golzengut 51, 52, 68, 70, 77, 98, 444, 454
Graz 177
Greifenhagen 441
Greil, Max 243
Grisebach, Familie 331
Grisebach, Hans 46
Grisebach, Helmut 46, 78, 82, 84, 85, 445
Grisebach, Lucius 84, 445
Grohmann, Will 323, 473
Gropius, Alfred 441
Gropius, Annemarie 48
Gropius, Carl 272
Gropius, Carl Wilhelm 34, 35, 36, 37, 38
Gropius, Carl Wilhelm Adolf 34
Gropius, Carl Willy 51
Gropius, Erich 42, 51, 68, 69, 70, 73, 76, 77, 98, 193, 442, 454, 456
Gropius, Felicitas 48
Gropius, Felix 32, 42, 48, 118, 193, 456
Gropius, Ferdinand 36, 38
Gropius, Georg 44, 52, 54, 56, 57, 442
Gropius, Georg Christian 34
Gropius, George (Friedrich Georg) 36, 38
Gropius, Georg Siegfried Ludwig 32
Gropius, Hans 34, 440, 456
Gropius, Ise, geb. Ilse Frank 16, 17, 24, 84, 304, 305, 308–317, 320, 323–325, 328,

330, 332, 335–337, 342–344, 352,
360–362, 364, 368, 375–378, 406–409,
411–414, 418, 421, 422, 424, 432, 433,
437, 440, 454, 471–480, 482, 484
Gropius, Johann Carl 34, 38
Gropius, Johann Carl Christian 34, 35
Gropius, Johann Heinrich Georg Friedrich 440
Gropius, Konrad 48
Gropius, Luise, geb. Hönig 47, 52, 62, 442, 443
Gropius, Manon 450, 451, 452, 453, 454, 455, 456, 463, 464, 473, 475, 476
Gropius, Manon, geb. Scharnweber 38, 40, 43, 44, 46, 52, 54, 96, 114, 138, 141, 142, 144, 148, 158, 162, 165, 170, 177, 178, 184, 189, 191, 192, 219, 222, 228, 234–236, 239–241, 245, 247, 252, 263, 293, 317, 318, 324, 326, 330, 421, 441–446, 449–451, 453–463, 471
Gropius, Manon Alma Justine Caroline (Mutzi) 181, 189, 222, 223, 228, 247, 250, 324, 325, 407, 422
Gropius, Martin 34, 38, 189, 190, 191, 442
Gropius, Martin Carl Philipp 38
Gropius, Paul Johann 441
Gropius, Richard 32, 456
Gropius, Walther 32, 38, 43, 87, 442, 443, 445
Gropius, Wiene 51
Gropius, Wilhelm Ernst 34, 35, 37, 38, 91
Groß-Schönfeld 47, 48, 441
Grote, Ludwig 349, 350, 351, 354, 355, 408, 453
Grunow, Gertrud 256

Hablik, August 288, 458
Hälsingborg 414
Häring, Hugo 374, 478, 482
Haesler, Otto 267, 465, 479, 482
Hagen 106, 191, 192, 196, 347
Hahn, Peter 19
Halban (Prof.) 182
Halle 350, 364, 398, 481
Halle-Giebichenstein 351
Hamburg 61, 78, 180, 336, 482
Hannover 304, 305, 308, 311, 312

Hardt, Ernst 203, 204, 206, 208, 268, 269, 458, 459, 466, 481
Harksen, Hans 476
Harnischmacher, Familie 388, 480
Hartmann, von 70
Hartwig, Josef 328, 334
Hasse, Generalleutnant 319, 320, 472
Hassmann, Oberleutnant 159
Hauptmann, Gerhart 46, 376, 467, 474
Hecke (Prof.) 391
Heckel, Erich 457
Heine, Gerhard 355
Heinersdorff 136
Heller, Konzertunternehmer 162
Hensel, Paul 474
Hensler, Prof. 68
Herzogenrath, Wulf 446, 457, 460, 468, 477
Hesse, Fritz 347, 349, 350, 351, 352, 354, 355, 356, 359, 360, 361, 379, 389, 404, 409, 420, 431, 470, 475, 476, 480, 483
Hesse-Frielinghaus, Herta 446
Hilberseimer, Ludwig 19, 457, 479, 480, 482
Hildebrandt, Hans 16, 229, 276, 278, 281, 291, 297, 467, 469
Hildebrandt, Lily 16, 228–230, 232–237, 241–243, 245–255, 258, 274, 276, 279, 280, 282, 284, 289, 290, 292, 293, 297, 302, 303, 311, 312, 317, 318, 324–327, 332, 340, 461–465, 467, 469, 470–473
Hildebrandt, Reiner 18, 461
Hildesheim 482
Hilversum 316
Hindemith, Paul 299, 472
Hindenburg, Paul von, Generalfeldmarschall 184, 185, 455
Hirschfeld-Mack, Ludwig 362
Hitler, Adolf 187, 346
Hodgson Company 94
Hölzel, Adolf 229, 293
Hönig, Familie 51
Hönig, Luise 75, 76
Hoeßlin, Franz von 349
Hoffmann, Josef 122, 474
Hoffmann, Rolf 332, 334
Hohenschönhausen 47

489

Hohenstein 51, 118
Hood, Raymond M. 274
Hopp, Hans 18
Hotz, Joachim 449, 450
Howells, John Mead 274
Hudnut, Joseph 17
Hüter, Karl-Heinz 18, 457
Humboldt, Wilhelm von 440

Isaacs, Charlotte Aldes 20
Isaacs, Henry 20
Isaacs, Mark 20
Itten, Johannes 19, 191, 214, 228, 242, 243, 252, 256, 276, 283, 284, 285, 286, 287, 293, 294, 295, 296, 317, 436, 468, 469, 471

Jacob, Professor 66
Jacobsthal, Prof. 392
Jäckh, Ernst 135
Janikow 19, 51, 52, 58, 68, 70, 72, 77, 164, 443, 454
Jaques-Dalcroze, Emile 368, 376
Jeanneret, Pierre 480
Jena 268, 269, 296, 298, 299, 312, 388
Junkers, Hugo 482

Kaesbach, Walter Prof. 343
Kästner, Carl 482
Kallenbach, Familie 267
Kallies, 51, 70
Kandinsky, Nina 361
Kandinsky, Wassily 267, 292, 313, 321, 328, 351, 362, 367, 369, 403, 404, 406, 408, 410, 411, 418, 469, 477, 482
Kappe, Fabrikant 332
Karbe, Klaus 18, 441, 442, 443, 460
Karlsruhe 350, 396
Karlsruhe-Dammerstock 396, 397, 481
Kassel 479, 482
Kerckhoff, Familie 192
Kessler, Harry Graf 459
Kirchbrak 382
Klee, Lily 220, 361, 409
Klee, Paul 220, 242, 267, 283, 284, 311, 313, 314, 328, 332, 351, 361, 362, 369,

403, 404, 405, 406, 408, 409, 411, 460, 468, 482
Kleffel, Fabrikant 98
Klein, César 194
Klemm, Walther 204, 209, 219, 220, 243, 256, 458
Klemperer, Otto 315, 472
Klitzing, von 51, 70, 330, 331, 474
Klopfer, Paul 273, 380
Klotzbach, Prof. 343
Klumpp, Hermann 360, 476
Koch, Prof. 68
Kodaly, Zoltan 416
Köln 92, 120, 121, 122, 125, 136, 139, 198, 336, 337, 338, 342, 343, 394
König, Heinrich 349, 350, 354, 355, 360, 424, 434, 437, 475, 489
Königsberg 36, 117, 441
Kokoschka, Oskar 115, 139, 144, 160, 451, 453, 474
Kolbe, Georg 457
Konstantinopel 164
Kopenhagen 414
Korn, Arthur 479
Krehan, Max 213
Kreis, Wilhelm 448
Křenek, Ernst 299, 416, 472
Krupp 93
Kühnel, Ernst 88
Kuhr, Fritz 432, 433, 484

Laitre 137, 451
Lange, Emil 328, 339, 344, 390, 473
Langen, Albert 372
Langerfeld, Familie 116
Laqueur, Walter 402
La Sarraz 470
Lasker-Schüler, Else 252, 258
Le Corbusier 90, 91, 299, 313, 316, 375, 386, 416, 446, 472, 480
Leeuw, van der 412, 413
Léger, Fernand 316
Le Havre 78, 80
Lehmann, Walter Dr. 60, 337, 443, 444
Leiden 286
Leipzig 323, 351, 369, 394
Leningrad 377

Leopold Friedrich Franz, Herzog von Anhalt-Dessau 350
Le Quieux 131
Leutheußer, Richard 341
Leverkusen 336
Levin, Joseph 390
Liebermann, Max 475
Liebknecht, Karl 187, 194
Lindig, Otto 213, 294, 363, 369
Lissitzky, El 470
Löwenstein 302
Lompel, Prof. 56
London 91
Loos, Adolf 375, 482
Lucas, Fabrikant 343
Luckhardt, Hans 197, 374, 457, 458
Luckhardt, Wassili 136, 197, 200, 374, 457
Ludendorff, Erich, General 174, 184
Ludwigshafen 394
Luise, Königin 36
Luther, Hans, Reichskanzler 478
Luxemburg, Rosa 187, 194

Mackensen, Fritz 149, 150, 151, 152, 153, 180, 204, 452, 458
Madrid 81, 82, 86, 89
Märkisch-Friedland 441
Magdeburg 351, 418
Mahler, Alexander 56
Mahler, Alma 15, 16, 18, 98–100, 102–105, 109–116, 139–144, 146, 147, 151, 152, 156–163, 165–168, 170–179, 181–184, 189–192, 214, 218–220, 222, 223, 225–330, 235–242, 245–250, 252, 263, 308, 314, 316, 317, 322, 324–326, 343, 349, 352, 376, 407, 421, 441, 448, 449, 451–456, 461, 463, 464
Mahler, Anna (Gucki) 98, 170, 191
Mahler, Gustav 15, 98, 99, 100, 102, 103, 104, 105, 109, 110, 111, 112, 114, 157, 161, 448, 449, 451, 453, 454, 455, 472
Maldonado, Tomas 459, 460
Mann, Thomas 268
Mannheim 347
Marburg 483
Marc, Franz 258
Marcks, Dietrich 46, 90

Marcks, Gerhard 19, 41, 84, 158, 213, 243, 351, 363, 364, 441, 457, 476, 477
Markowski 459
Martens, Wilhelm (Willy) 57, 442
Matz, Rudi 443
Maubeuge 174
May, Ernst 357, 479, 482
May, Franz 371, 372
Mecenseffy, Prof. 56
Meerwein, Georg G. 19
Meier, Eberhard 56
Mendel, Familie 116
Mendelsohn, Erich 202, 288, 303, 377, 409, 457, 458, 470, 479
Mendelssohn, Moses 350
Mengelberg, Willem 162, 177, 245
Ménil 129
Metzendorf, Georg 425
Metzner, Familie 68, 72
Meyer, Adolf 97, 98, 105, 109, 114, 116, 117, 119, 121, 127, 148, 216, 243, 260, 266, 267, 269, 273, 274, 301, 331, 332, 334, 344, 357, 426, 450, 457, 465, 466, 470, 474, 479, 483
Meyer, Hannes 360, 420, 424, 425, 426, 432, 433, 434, 435, 436, 437, 470, 483, 484
Meyer, Max 119
Meyer, Richard 180, 455
Meyer-Ottens, Otto 379, 390
Mickin, Walter 18
Mies van der Rohe, Ludwig 19, 23, 90, 196, 200, 202, 356, 360, 374, 385, 386, 387, 446, 448, 480, 482
Miller, Oskar v. 370
Mittelfelde 76, 77, 443
Mögelin, Else 294
Möhring, Bruno 136, 458
Moholy-Nagy, László 19, 215, 294, 295, 321, 351, 361, 362, 363, 371, 372, 410, 420, 430, 433, 436, 437, 474, 478
Moll, Anna 111, 183, 223, 448, 453
Moll, Carl 115
Moller, Frank 458
Molnár, Farkas 267, 271, 273, 357, 363, 465, 469, 474
Mondrian, Piet 285, 329, 474

491

Moser, Dr. 391
Moser, Karl 416
Moussey 133, 134, 137, 142, 451
Moyenmoutier 129
Muche, El 361
Muche, Georg 19, 216, 242, 260, 294, 301, 302, 317, 334, 351, 362, 363, 407, 408, 409, 410, 436, 437, 470, 471, 482
Mühlschlegel, Doris 479
Mülheim 483
Müller, A. 327
Mueller, Otto 457
München 55, 57, 58, 254, 278
Münster 482
Mussolini, Benito 376
Muthesius, Hermann 122, 124, 125, 148, 164, 268, 374, 470, 479
Mutzenbecher 60

Namur 153, 172
Nancy 142, 451
Naumann, Friedrich 124
Necker, Wilhelm Dr. 328, 339, 341, 344, 474
Neu-Babelsberg 97
Neufert, Ernst 334, 357, 378, 379, 394, 479
Neumann, Eckhard 460
Neuwedel 442
New York 104
Niegemann, Johann 390, 476
Niendorf 60
Nietzsche, Friedrich 234
Nikisch, Arthur 157
Nonn, Konrad 330, 343, 355, 419, 474, 483

Obrist, Hermann 122, 268, 452
Ochs, Dirigent 162
Opladen 336, 342
Osborn, Max 412, 433, 434, 437, 484
Osthaus, Karl Ernst 89, 90, 94, 106, 124, 134, 136, 151, 164, 165, 166, 176, 191, 192, 194, 195, 203, 211, 264, 266, 268, 446, 450, 452, 454, 455, 456, 457, 458, 460, 465
Ostwald, Wilhelm 364, 414, 483
Otte, Benita 362

Oud, J. J. P. 316, 472, 480
Ozenfant, Amédée 313

Paganini, Nicolo 350
Palucca, Gret 376
Pankok, Bernhard 412
Pap, Gyula 464
Paretz, Schloß 419
Paris, 36, 104, 113, 313, 406, 450
Paul, Jacques 460
Paulick, Richard 368, 407, 408, 435, 476, 477
Paulsen, Friedrich 136
Pazaurek 253
Pechstein, Max 457
Perl, Frl. 135
Perret, Auguste 450
Peters, Heinz 19
Peus, Heinrich 428, 430, 483
Pevsner, Nikolaus 440, 450
Pfann, Prof. 56
Pfitzner, Hans 208
Piscator, Erwin 400, 402, 412, 481
Poczatek, Andrzej 19
Poelzig, Hans 164, 374, 378, 388, 457, 474, 478, 480, 484
Posen 119
Posener, Julius 124
Prag 177
Pritchard, Jack 19
Probst, Franz 464
Puig i Cadafalch 88

Rapallo 375, 376
Raschdorff, Emil 66
Rathenau, Emil 93, 446
Rathenau, Walther, 93, 94, 435
Rathenow 127
Rauth 278, 279, 297, 470
Redslob, Edwin 302, 323, 475
Rehorst, Carl 121
Reichert, Gutsbesitzer 454
Reims 179
Reinhardt, Max 240
Reitz, Operndirigent 219
Renberg, Hans 462
Richter, Architekt 393
Richter, Hans 470

Riemerschmid, Richard 268, 368, 376
Rietveldt, Gerrit 413
Rilke, Rainer Maria 465
Ritter, Familie 343, 475
Röhl, Karl-Peter 460, 472
Rohlfs, Christian 457
Rose, Dr. 451
Rosenstiel, Gutsbesitzer 70
Rothe, Akademiedirektor 279
Rother, Generalmusikdirektor 418
Rotterdam 413
Rügen, Insel 414
Russell, Bertrand 474

Saarinen, Eliel 274
Salamanca 80
San Domingo de Silos 80
San Sebastian 80
Sarajewo 127
Saßnitz 414
Schacht, Hjalmar 341
Schädlich, Christian 18
Scharnweber, Familie 47
Scharnweber, Johann Christian Friedrich 40
Scharnweber, Karl August Georg 40
Scharoun, Hans 288, 374, 457, 458, 480
Schawinsky, Alexander 480
Scheerbarth, Paul 197, 258
Scheidig, Walter 460, 462, 464, 477
Scheper, Hinnerk 363, 411, 437
Scherchen, Hermann 299
Scheveningen 413
Schindler, Jakob Emil 98
Schinkel, Karl Friedrich 26, 35, 36, 37, 43, 350, 440, 479
Schlemmer, Carl 292, 327, 469, 470
Schlemmer, Oskar 242, 273, 290, 291, 292, 293, 294, 296, 298, 317, 327, 329, 362, 404, 408, 418, 460, 469, 470
Schlemmer, Tut 294, 361, 404, 482
Schlesier, Karl-Heinz 19
Schmidt, Joost 216, 261, 357, 362, 363, 376, 465, 480, 483
Schmidt, Kurt 299, 471
Schmidt-Nonne, Lene 409
Schmidt-Pauli, Edgar von 18

Schmidt-Rottluff, Karl 457
Schmidt-Schlegel, Philipp 18
Schmidt, Ofenfabrikant 213, 216
Schmieden, Heino 38, 442
Schmitz, Dr. 337
Schnabel, Artur 472
Schönberg, Arnold 208, 472, 474
Schrecker, Franz 167, 472
Schreyer, Lothar 19, 256, 294, 461, 467
Schubring, Paul 68
Schultz, R. F. L. 164
Schultz, Staatssekretär 329
Schumacher, Fritz 336
Schwitters, Kurt 305
Sears, Roebuck & Co. 94
Sebök, Stefan 476
Seeckt, Generaloberst Hans von 319, 320, 472
Segovia 80
Seippel, Beigeordneter 343
Semmering 162, 163, 167, 181, 182, 453, 455
Semper, Gottfried 26
Senones 128, 129, 131, 451
Serkin, Rudolf 411
Sevilla, 89, 90, 445
Shaw, G. B. 376
Sherwood, Roger D. 483
Sichel, Max 476
Siemens & Halske 446
Simmel, Georg 19
Singer, Franz 252, 464
Sizilien 351, 352, 354
Slutzky, Naum 464
Soissons 31, 175, 179
Solf und Wichards 58, 68
Sommerfeld, Adolf 261, 262, 263, 272, 302, 303, 340, 391, 420, 466, 467, 471, 474
St. Blaise 137
St. Michel 128
St. Petersburg 37
Staber, Margit 484
Stahl 323
Stam, Mart 19, 413, 424, 425, 480
Stargard 51, 70
Stettin 47

493

Stölzl, Gunta 363
Strack, Johann Heinrich 68
Stralsund 414
Straßburg 133, 139, 140, 142
Strawinsky, Igor 299, 315, 416, 474
Stresemann, Gustav 319
Strzygowski, Josef 474
Stuckenschmidt, Hans Heinz 299
Sturtzkopf, Zeichner 476
Stuttgart 229, 241, 290, 291, 312, 385, 386, 480, 483
Stuttgart, Weißenhof-Siedlung 385, 386, 387, 388
Suermondt, Henry 441
Sullivan, Louis 274, 373, 375, 478

Tagore, Rabindranath 292
Taormina 352
Taut, Bruno 122, 126, 194, 195, 197, 198, 199, 200, 268, 270, 287, 288, 374, 398, 457, 458, 460, 465, 466, 468, 469, 470, 480, 482
Taut, Max 374, 457, 466, 470, 480
Tery-Adler, Margit 464
Tessenow, Heinrich 194, 376, 479
The Architects Collaborative (TAC) 19
Thedy, Max 209, 220, 243, 256
Thiersch, August 56, 442
Thiersch, Paul 476
Thompson, Dorothy 337, 408
Throll, Zeichner 476
Timmendorf 329
Timmendorfer Strand 46, 68, 69, 74, 78, 330, 414, 421
Tobelbad 98
Toblach 98, 99, 100, 102, 454
Tönnies, Prof. 19
Traulau, Walter 390, 476
Trelleborg 414
Triana 89
Tschuangtse, 258

Valladolid 80
Velde, Henry van de 122, 124, 125, 126, 136, 147, 148, 149, 150, 151, 203, 204, 207, 233, 234, 375, 450, 452, 458, 459
Venedig 312

Verbeeck, Familie 343, 475
Verdun 166
Verona 312
Versailles 188
Vigier, François Claude 20
Vlugt, Cornelis van der 413, 482
Vogel, Familie 81
Vogeler, Korrespondent 414

Wagenfeld, Wilhelm 362
Wagner, Tischlerobermeister 354, 476
Wagner, Martin 17, 478
Wagner, Richard 350, 465
Wahlaender, Auguste 441
Walden, Herwarth 196, 294
Wandsbek 58, 64, 444
Wangenheim, Gutsbesitzer 70
Weber, Max 19
Weil, Felix 402
Weimar 15, 16, 19, 136, 148, 149, 151, 152, 154, 155, 164, 180, 188, 196, 198, 203, 204, 205, 206, 207, 208, 211, 213, 219, 221, 222, 225, 227, 228, 229, 233, 234, 235, 237, 239, 241, 244, 254, 255, 260, 263, 264, 267, 270, 271, 273, 274, 278, 279, 281–285, 286, 291, 296, 298, 299, 300, 303, 304, 308, 311, 312, 313, 315, 319, 322, 323, 324, 327, 329, 331, 336, 338, 342, 344, 346, 347, 349, 351, 352, 355, 357, 362, 364, 365, 366, 367, 368, 375, 378, 380, 398, 403, 409, 434, 452, 470, 471, 477
Weimar, Haus Am Horn 301, 302, 303, 338, 340, 471
Weinbrenner, Friedrich 350
Weininger, Andy 432
Weißberger, Josef (Pepe) 82, 85, 88, 89
Weiter, Else 394
Wendland, Hans 88, 89, 90, 445
Werfel, Franz 174, 177, 181, 183, 189, 191, 219, 222, 225, 226, 227, 238, 240, 245, 352, 422, 455, 461, 474
Werfel, Martin Johannes (Bubi) 189, 191, 192, 194, 219
Werner 48
Werner, Eduard 107
Westphal, Senator 61

White, Merry Isaacs 20
Whitman, Walt 258
Wichards, Franz 58, 68, 443
Wichert 230
Wichert, Ernst 230, 347
Wien 111, 144, 157, 158, 159, 161, 167,
 168, 170, 173, 174, 176, 177, 178, 181,
 182, 189, 190, 191, 218, 219, 223, 225,
 227, 237, 238, 245, 253, 254, 324, 325,
 326, 407, 421, 455
Wiesbaden 377
Wiese, Stephan von 468
Wigman, Mary 376
Wilhelm II., Kaiser 184
Wilhelm-Ernst, Großherzog von Sachsen-
 Weimar-Eisenach 148, 152, 153, 203, 206
Willich, Hans 56
Wingler, Hans Maria 19, 438,
 458ff passim

Wirth, Louis 19
Wisch 138, 451
Wittenberge 117
Wittwer, Hans 424, 425
Wolf, (Professor) 66
Wolsdorff, Christian 19, 470, 471
Wotiz, Anni 464
Wright, Frank Lloyd 96, 274, 373, 410,
 447, 478
Würzburg 276, 278
Wurm, Heinrich 446, 447

Zachmann, Josef 327
Zuchow, Gut 51, 70, 330
Zuckerkandl, Berta 139
Zuckerkandl, Emil 139
Zuckerkandl, Therese 388
Zürich 416, 483
Zweig, Arnold 475